존재양식의 탐구

존재양식의 탐구

ENQUÊTE SUR LES MODES D'EXISTENCE

근대인의 인류학

une anthropologie des Modernes

브뤼노 라투르

황장진 옮김

존재양식의 탐구

1판 1쇄 발행 2023년 12월 1일
1판 2쇄 발행 2024년 1월 10일

지은이 브뤼노 라투르
옮긴이 황장진
펴낸이 안희곤
펴낸곳 사월의책

편집 박동수
디자인 이원우

등록번호 2009년 8월 20일 제2012-000118호
주소 경기도 고양시 일산서구 중앙로 1388 동관 B113호
전화 031)912-9491 | 팩스 031)913-9491
이메일 aprilbooks@aprilbooks.net
홈페이지 www.aprilbooks.net
블로그 blog.naver.com/aprilbooks

ISBN 979-11-92092-26-3 93110

차 례

1부 · 근대인의 존재양식에 대한 탐구를 어떻게 가능하게 할 것인가

2부 · 어떻게 존재양식의 다원주의로부터 이득을 얻는가

3부 · 어떻게 집합체들을 재정의할 것인가

"만일 당신이 신의 선물을 알았더라면."

"Si scires donum Dei."

일러두기

1. 이 책은 Bruno Latour의 *Enquête sur les modes d'existence: Une anthropologie des Modernes* (La Découverte, 2012)을 완역한 것이다. 초역은 영어 번역본 *An Inquiry into Modes of Existence* (Harvard University Press, 2013)를 이용했으며, 전체를 프랑스어 원본과 대조하여 오류를 수정했다. 라투르의 저작을 활용하는 국제적 관례에 따라 원어 병기는 영어 번역본에 준했으며 의미가 불명료할 때는 프랑스어도 병기했다.

2. 단행본이나 정기간행물에는 겹낫표(『 』)를 사용했고, 논문, 단편소설, 영화, 미술 작품 등에는 낫표(「 」)를 사용했다.

3. 원문에서 굵은 글씨로 강조한 '용어 설명'은 한국어판에서는 고딕체로 표시했으며 독자의 검색 편의를 위해 원어를 함께 병기했다. 각 용어에 대한 설명은 modesofexistence.org 사이트에서 찾아볼 수 있다. 이 사이트에 등록하면 이 책의 디지털 버전(프랑스어, 영어)과 주석, 참고문헌, 찾아보기, 용어 설명, 보충 문헌에 접근할 수 있다.

4. 원문에서 이탤릭체로 강조한 것은 한국어판에서는 방점(·)을 사용하여 강조했다.

5. 원문에서 대문자로 강조한 것은 한국어판에서는 꺾쇠괄호(〈 〉)를 사용하여 강조했다.

6. 대괄호([ ]) 안에 있는 보충 설명은 독자의 이해를 돕기 위해 옮긴이가 추가한 것이다.

7. 각 장 소제목에 표시된 ⊙와 ⊙ 기호는 소제목들의 상호 연관성을 표시하기 위한 것으로, 원서를 그대로 따랐다.

독자에게

진행 중인 집단적 탐구를 위한 사용자 매뉴얼

이 책은 제가 지난 사반세기 동안 끈질기게 추구해온 탐구를 요약하고 있습니다. 유럽연합의 관대한 지원금 덕분에 독자들이 이 임시 보고서를 읽고 나아가 MODESOFEXISTENCE.ORG 사이트에서 제공하는 연구 장치를 통해 탐구를 확장할 수 있는 플랫폼을 조성할 수 있었습니다. 혼자서 시작했던 이 연구는 이제 여기에서 AIME: An Inquiry into Modes of Existence, 또는 EME: Enquête sur les Modes d'Existence라는 코드명 아래 모인 소규모 팀의 도움으로 확장되고 있습니다. 모든 것이 순조롭게 진행된다면, 우리 플랫폼을 통해 훨씬 더 큰 연구 공동체를 동원할 수 있게 될 것입니다.

사이트에 등록하면 이 책의 디지털 버전과 우리가 제공하는 주석, 참고문헌, 찾아보기, 용어 설명, 보충 문헌에 접근할 수 있습니다. 이제 우리의 습관 속에 확고하게 자리 잡은 디지털 인터페이스의 유연성 덕분에 우리는 지속적으로 진화하는 비평 자료를 제공하고, 독자들이 덧붙이는 논평에서 혜택을 얻으며, 독서 방식을 다양화합니다. (텍스트에서 굵은 글씨로 표시된 용어는 디지털 용어 설명을 가리킵니다.)

이 프로젝트가 흥미롭고도 어려운 것은 독자들이 이 책을 읽는 것뿐만 아니라 다소 낯선 환경을 탐험하도록 초대받았기 때문입니다. 우리의 디지털 인터페이스는 독자들에게 특정한 수의 경험을 되짚어볼 수 있게 해줄 충분한 손잡이들을 제공하도록 설계되어 있습니다. 제 생각에 그러한 경험은 근대인의 역사의 중심에 있지만, 그 경험에 대한 근대인 자신의 설명은 그것을 이해할 수 있게 만드는 데 별로 도움이 되지 않습니다. 근대인을 경험적으로 묘사하기 어려운 것은 제가 보기에 한편으로 경험 그 자체와 다른 한편으로 이용 가능한 형이상학이 승인한 경험에 대한 설명 사이의 모순 때문입니다. 바로 이러한 모순을 넘어서기 위해 저는 우리가 매일 직면하는 다양한 진리 가치를 둘러싼 해석의 충돌에 세심한 주의를 기울이는 작업으로 독자들을 초대하는 것입니다. 제 가설이 옳다면, 독자들은 상이한 양식들modes이 구별될 수 있으며 쌍을 이루는 그 양식들의 교차들crossings이 경험적으로 정의될 수 있고 따라서 공유될 수 있음을 알게 될 것입니다. 우리가 그러한 목적을 위해 개발했던 디지털 환경을 통한 이러한 공유에 독자들이 참여하기를 권합니다.

왜냐하면 독자들이 이 탐구의 주장에 다가가는 새로운 방법을 발견하기만 한다면, 탐구의 틀을 형성하는 질문지에 아주 다른 대답을 제안할 수 있을 것이라고 확신하기 때문입니다. 디지털 인터페이스 덕분에 독자들은 각각의 양식에서, 그리고 두 양식을 가로지르는 각각의 교차에서 길을 찾아 나아갈 수 있을 것입니다. 독자들은 우리가 모으기 시작한 문서들을 검토한 후에 아마 다른 문서를 제공할 준비를 할 수 있을 것입니다. 작업 수행의 전체적인 관심은 참가자들이 책을 읽었는지 아닌지와 무관하게 여기에서 시작된 작업을 새로운 문서, 새로운 출처, 새로운 증언으로 확장할 수 있는지, 가장 중요하게는 얻어진 결과와 관련해 프로젝트를 수정하거나 조정함으로써 질문을 변경할 수 있는지에 있습니다. 이 실험실은 이제 새로운 발견을 위해 활짝 열려 있습니다.

원한다면 독자들은 마지막 단계에서 우리가 함께 재검토하게 될 경험에 대한 해석으로 나와는 다른 설명을 제안함으로써 독창적인 형태의 외교diplomacy에 참여할 수도 있을 것입니다. 실제로 우리는 일련의 계획된 만남에서 매개자들의 도움으로 이 임시 보고서에서 제안된 것 이상의 다른 버전, 다른 형이상학을 제안하려고 노력할 것입니다. 나아가 우리가 정의할 가치들을 보호하기에 더 적합한 다른 제도들의 윤곽을 그려볼 수도 있을 것입니다.

이 프로젝트는 "디지털 인문학"이라는 아직은 모호한 용어로 알려진 것을 개발하는 작업의 일환입니다. 디지털 인문학은 계속 진화 중인 스타일로서 사회과학과 철학의 전통적인 스타일을 보완하기 시작했습니다. 나는 기술 프로젝트를 연구하면서 모든 전선에서 동시에 혁신을 추진하는 것은 언제나 실패할 위험이 있다는 점을 배웠지만, 우리는 여기에서 방법과 개념, 스타일과 내용의 혁신을 동시에 탐험하기로 했습니다. 읽기와 쓰기, 집단적 탐구를 위한 새로운 기법을 사용하는 이 하이브리드 장치가 그것이 개시하려고 하는 경험 철학empirical philosophy의 작업을 촉진할지 아니면 복잡하게 할지는 오직 경험만이 말해줄 것입니다. 시간이 촉박합니다. 우리는 근대인의 모험을 다른 방식으로 묘사하려는 이 시도를 2014년 8월—비극으로 기억되는 1914년 8월 이후 한 세기가 되는 때—까지 마무리해야 합니다. 독자들은 왜 제가 혼자서는 이 기획에서 성공할 수 없는지 이미 알고 있을 것입니다!

감사의 말

1987년 부활절에 생-쉴피스-드-파비에르Saint-Sulpice-de-Favieres에서 시작된 이 프로젝트는 2007년 스리지-라-살Cerisy-la-Salle에서 열린 학술대회에서 논의된 첫 번째 초안의 주제였다. 긴 시간 동안 참여해준 모든 분들께 감사의 말씀을 드리고 싶다. 이 보고서에서 제안한 실험적 장치에 대해 조금이나마 자신감을 가질 수 있도록 도와주신 많은 동료들과 친구들이 이 작업을 격려하고 논의하는 데 수고를 아끼지 않았다— 덕분에 그 비판을 반영하여 이 보고서를 다시 작성하는 데 5년이나 걸렸지만 말이다. 프레데리크 아이투아티Frédérique Aït-Touati, 도미니크 불리에Dominique Boullier, 이브 시통Yves Citton, 제라르 드 브리스Gerard de Vries, 그레이엄 하먼Graham Harman, 에두아르두 비베이루스 지 카스트루Eduardo Viveiros de Castro, 프랑수아 쿠렌François Cooren, 필리프 피냐르Philippe Pignarre, 그리고 벨기에의 구성주의 그룹 GECO의 친구들, 특히 니콜라스 프리그노Nicolas Prignot가 최종본을 수정하는 데 큰 도움을 주었다. 그 외에도 미셸 칼롱Michel Callon, 앙투안 에니옹Antoine Hennion, 파비앙 무니사Fabian Muniesa, 그리고 CSI의 모든 친구들이 모든 페이지에서 자신의 작업의 메아리를 발견할 수 있을 것이다. 이사벨 스탕게르스Isabelle Stengers는 이 책의 여러 버전을 읽고 수정하고 비평했기 때문에 인텔이 전자 칩에 사용하는 것처럼 권위 있는 "내부에 있음is inside"이라는 인장을 사용할 수 있었으면 좋겠다고 생각했다. 하지만 현재 디지털 버전을 작업 중인 팀원들, 크리스토프 르클레르크Christophe Leclercq, 도나토 리치Donato Ricci, 하이코 뮐러Heiko Müller, 그리고 무엇보다도 지적 열정으로 집필을 재개할 수 있게 해준 도로테아 하인츠Dorothea Heinz가 없었다면 이 프로젝트를 완성할 용기와 희망을 갖지 못했을 것이다.

이 책의 출판과 AIME 플랫폼의 개발은 유럽연구위원회의 연구 보조금(ERC No. 269567) 덕분에 가능했다. 이 프로젝트를 처음부터 끝까지 지원해준 시앙스포 유럽연구단에 감사드리며, 1995년과 2005년에 두 차례 안식년을 허락해준 국립광업학교에 감사를 표한다.

개요

내가 독자들에게 요청할 과제 수행의 어려움을 숨길 수는 없으므로, 시작 단계에서 이 탐구의 전반적인 흐름을 제시해서 내가 독자들을 어디로 안내하고 싶은지 알리려 한다(이는 독자들이 어려운 구간에서 버티는 데 도움이 될 것이다). 길 안내자가 앞으로 다가올 시련을 알리고, 손을 내밀고, 더 자주 쉬게 하고, 경사로와 밧줄을 추가할 수는 있겠지만, 독자들이 그와 함께 넘기로 한 봉우리를 평평하게 하는 것은 그의 능력 밖이다….

나는 이 탐구에 대한 보고서를 세 부분으로 나누었다. 1부에서는 우선 목표를 설정하고(1장), 이 다소 특이한 탐구에 필요한 데이터를 확립하려 한다(2장). 또한 근대인에 대한 이해를 진전시키려는 우리의 모든 노력을 이해할 수 없게 그리고 심지어 터무니없게 만들 두 가지 주요 장애물을 제거해야 한다. 이 두 가지 장애물은 분명히 서로 연관되어 있지만, 그럼에도 나는 그것들을 구별해서 먼저 두 장(3장과 4장)을 객관적 지식의 핵심 질문—〈과학〉의 출현은 왜 다른 양식들을 파악하기 어렵게 만드는가?—에 할애하고, 다음 두 장(5장과 6장)에서 구성과 실재가 어떻게 연결되는지의 문제—왜 우리는 어떤 것이 "참"이면서 "만들어진" 것이라고, 즉 "실재적"이면서 제조된 것이라고 동시에 말할 수 없는가?—를 다룬다. 1부의 끝에서 우리는 길을 안내해주는 경험의 실, 즉 윌리엄 제임스가 정의한 경험주의—경험 이외에 아무것도 아닌, 그러나 경험 이하도 아닌—에 의지해서 다양한 유형의 존재자들에 대해 잘 말하는 법을 알게 될 것이다.

그렇게 지반이 정리되고, 경험이 다시 한 번 신뢰할 수 있는 안내자가 되고, 말하기가 근대주의 특유의 어색한 제약으로부터 해방되고 나면, 이제 우리는 2부에서 존재양식의 다원성으로부터 이득을 얻고 무엇보다 주체/객체의 분할이라는 감옥에서 벗어날 수 있는 위치에 있게 될 것이다. 우리가 식별할 첫 여섯 가지 양식은 비교인류학을 위한 완전히 다른 기초를 제공해줄 것이며, 이는 다른 문화들이 특별히 관심을 기울여온 것과는 대조되는 것들이다. 이를 통해 우리는 양식들의 출현, 양식들이 갖는 가치들의 변동, 그리고 각 양식의 출현이 다른 양식들을 파악하는 우리의 능력에 미친 부정적 효과를 이해할 수 있을 것이다. 나는 또한 이 분석을 활용하여 양식들을 좀 더 체계적인 방식으로 배열할 수 있도록 다른 좌표계를 제안할 것이다.

이 좌표계를 통해 3부에서는 더 지역적이며 사회과학의 관습에 가까운 여섯 가지 양식을 식별할 것이다. 이 양식들은 우리 탐구의 마지막 두 가지 주요 장애물인 〈사회〉라는 관념, 그리고 특히 아마도 다른 어떤 양식보다 근대인의 인류학적 특유성을 더 잘 정의하는 두 번째 자연으로서의 〈경제〉라는 관념을 피해 가는 데 도움이 될 것이다.

페데리코 펠리니 감독의 영화 「오케스트라 리허설」의 시작 부분을 보면 각 악기의 연주자가 다른 악기 연주자들 앞에서 자신의 악기가 오케스트라에 정말 필수적인 유일한 악기라고 인터뷰 팀에게 말한다. 그 장면처럼 독자들이 여기에서 차례로 검토되는 각 양식이 가장 훌륭한 양식이라고, 가장 판별력 있고 가장 중요하고 가장 합리적인 양식이라고 느낀다면 책이 제대로 된 것이다…. 그러나 가장 중요한 테스트는 각 양식마다 경험(내가 발견했다고 주장하는 경험의 실)이 그것의 제도적 보고서와 명확하게 구별될 수 있다는 것이다. 이것이 다음 단계에서 더 만족스러운 보고서를 제안할 수 있는 유일한 방법이다. 1부와 2부를 마무리하면서 우리는 마침내 "결코 근대인이었던 적이 없는" 사람들의 단순히 부정적인 버전이 아니라 긍정적인 버전을 제시할 수 있을 것이다. "우리에게 일어난 일이 여기 있다. 우리가 물려받은 것이 여기 있다. 이제 우리는 이 역사적 인류학으로, 더 낫게는 이 지역적 존재론으로 무엇을 할 것인가?"

무엇을 할 것인가? 이것이 전체 결론의 목표이며, 탐구에 대한 간단한 요약 보고서인 이 텍스트가 독자의 관심을 불러일으키기를 열망하는 공동 연구 플랫폼의 운명이 거기에 달려 있기 때문에 그 목표는 매우 간략해야 한다. 여기서 인류학자는 일련의 "외교적 대표"를 제안하는 프로토콜 책임자로 변신한다. 이 외교적 대표는 우리가 2부와 3부에서 전개한 일련의 가치들을—그 모든 가치들이 근대인의 매우 지역적이고 특정한 역사를 정의한다—갱신된 제도 내에서 그리고 갱신된 말하기 체제에 따라 계승할 수 있게 해줄 것이다.

그리고 나서야 비로소 우리는 "타자들"—이전의 "타자들"!—을 향해 몸을 돌려 어떤 가치를 제도화하고 유지하고 어쩌면 공유할 것인가에 대한 협상을 시작할 수 있다. 우리가 성공한다면, 근대인들은 자신들에게 무슨 일이 일어났는지, 무엇을 물려받았는지, 어떤 약속을 이행할 준비가 되어 있는지, 어떤 전투를 치를 준비를 해야 하는지 마침내 알게 될 것이다. 적어도 타자들은 이 점에서 자신들이 어디에 서 있는지 마침내 알게 될 것이다. 함께하면 우리는 우리 역사의 어떤 측면도 부인하지 않으면서 전 지구적인 것의 출현, 〈지구〉의 출현에 정면으로 맞설 준비를 더 잘 해낼 수 있을 것이다. 보편적인 것이 마침내 손이 닿을 수 있는 곳에 있을 것이다.

제도를 다시 신뢰한다고?

기후학자에게 제기된 충격적인 질문은 ⊙ 가치를 실행자들이 하는 설명으로부터 구별해야 할 의무를 우리에게 부과한다.

우리는 근대화와 생태화 가운데 선택해야 한다 ⊙ 다른 좌표계를 제안함으로써.

그것은 우리로 하여금 상상적인 외교 현장을 정의하도록 한다 ⊙ 누구의 이름으로 협상할 것인가 ⊙ 그리고 누구와 협상할 것인가?

이 탐구는 처음에는 언어행위에 대한 탐구와 닮았다 ⊙ 상이한 존재양식들을 식별하는 법을 배우는 동안에.

우선 목표는 경제와 생태 사이에서 동요하는 사람들을 따라가는 것이다.

디지털 환경이 제공하는 새로운 수단을 통해—희망컨대!—우리가 어떻게 공동 작업을 해나갈지 독자들이 이해하기 전에, 이 탐구가 다루려는 주요 문제에 대한 맛보기를 제공하고자 한다. 가장 작은 요소가 단계를 거쳐 가장 큰 요소로 이어질 수 있으니 우선 한 편의 일화로 시작해보자.

기후학자에게 제기된 충격적인 질문은 ▶

다양한 프랑스 기업에서 지속 가능한 발전을 담당하는 임원 15명가량이 탁자에 둘러앉아 콜레주 드 프랑스의 기후학 교수와 마주하고 있다. 2010년 가을이고, 현재의 기후교란이 인간에게서 기인한 것인지에 대한 논쟁이 치열히 벌어지고 있다. 한 기업인이 교수에게 약간 무심해 보이는 질문을 던진다. "그런데 왜 우리가 다른 사람들보다 당신을 더 믿어야 합니까?" 놀라웠다. 어떻게 기후 전문가와 소위 기후 회의론자를 ("회의적"이라는 훌륭한 단어를 남용하면서) 같은 선상에 놓을 수 있는 가? 마치 기후변화 문제가 그들 사이의 단순한 의견 차이에 불과한 것 인 양 말이다. 그 기업인이 기후 전문가보다 더 우수한 측정 도구에 접 근할 수 있는가? 어떻게 일반 회사 관리가 전문가들의 입장을 단순한 계산으로 저울질할 입장에 있을 수 있는가? 그러나 무엇보다도 그가 어 떻게 감히 기후 과학에 대한 "믿음"을 말할 수 있는가? 그 질문이 생태 문제에 특별히 관심을 가져야 하는 일을 하는 사람에게서 나왔다는 점 에서 특히 충격적이다. 기후변화 논쟁이 이렇게나 퇴보한 것인가? 마치 TV 토론을 하듯이 반대되는 두 입장이 대등한 척하면서 지구의 운명에 대해 논하는 수준으로 변질된 것인가?

  교수가 어떻게 답할지 궁금하다. 그것은 믿음의 문제가 아니라 사실 의 문제라는 것을 상기시켜서 성가신 질문자를 물리칠까? 의심의 여지 가 거의 없는 "반박할 수 없는 데이터"를 다시 한 번 요약할까? 그러지 않는다. 긴 한숨을 쉬고 나서 교수는 놀랍게도 이렇게 대답한다. "과학 제도를 신뢰하지 않는다면 우리는 매우 심각한 곤경에 처합니다." 그러 고는 기후분석에 관여하는 수많은 연구자, 복잡한 데이터 검증 시스템, 논문과 보고서, 동료 평가 원칙, 기상관측소의 광범위한 연결망, 부유식 기상 부표, 인공위성, 정보의 흐름을 보장하는 컴퓨터 등을 그의 청중 앞에 제시한다. 이어서 칠판 앞에 서서 데이터를 수정하는 데 필요한 모 델의 함정과 이러한 각 지점에서 해결해야 하는 일련의 의심에 관해 설 명하고는 이렇게 덧붙인다. "그런데 저쪽 진영은 어떨까요? 적합한 장 비를 갖춘 이 분야의 유능한 연구자가 없습니다." 교수는 제기된 질문에 답변하면서 이렇게 입장들을 저울질하기 위한 최선의 도구로 제도라는 관념을 사용한다. 그는 상급법원을 보지 않는다. 그것이 바로 제도라는 자원에 대한 "신뢰 상실"이 그에게 "매우 심각한" 문제라고 덧붙이는 이유다.

교수의 답변은 질문만큼이나 놀라웠다. 5~10년 전이라면, 연구자, 특히 프랑스 연구자가 논쟁 상황에서 "과학 제도에 대한 신뢰trust in the institution of science"를 언급하는 일은 없었을 것이다. 통계적인 의미에서 "신뢰 구간"을 가리켰을 가능성도 있겠지만, 연구자는 확실성certainty, 즉 그런 청중 앞에서 그것이 어디에서 기원하는지에 대해 상세히 논할 필요도 없을 그런 확실성에 호소했을 것이다. 그런 확실성은 연구자가 토론 상대방을 무지한 사람으로, 논적을 비합리적인 사람으로 취급할 수 있도록 했을 것이다. 제도는 가시화되지 않았을 것이고 신뢰에 호소할 필요가 없었을 것이다. 연구자는 대문자 S로 시작하는 〈과학Science〉이라는 상급 재판소에 호소했을 것이다. 〈과학〉에 호소하면 토론은 불필요하다. 학교로 돌아가 교실에 앉아서 배우거나 나쁜 점수를 받거나 하는 문제가 되기 때문이다. 그러나 신뢰에 호소해야 한다면, 토론 상황이 완전히 달라진다. 지극히 물질적이고 세속적인 요소들로—석유 로비, 동료 평가, 모델 제작의 제약, 천 쪽에 달하는 보고서의 오타, 연구 계약, 컴퓨터 버그 등으로—복잡하게 뒤얽힌 연약하고 섬세한 제도에 대한 우려를 공유해야 한다. 그러한 우려는—이것이 본질적인 점이다—연구 결과에 의문을 제기하기 위한 것이 아니라, 오히려 그것이 유효하고 견고하며 공유될 수 있도록 보장한다.

내가 놀란 것은 이 점이다. 어떻게 콜레주 드 프랑스 연구자는 반박할 수 없는 확실성에 대한 호소가 주는 편안함을 포기하고 제도로서의 과학에 대한 신뢰에 기댈 수 있는가? 오늘날 누가 여전히 제도를 신뢰한단 말인가? 기후교란을 인간이 초래했다는 우리의 확신이 만들어지는 수많은 기관, 회의, 학회, 정상회의, 모델, 전문 서적, 논문 등의 가공할 복잡성을 모두가 볼 수 있도록 드러내기에 지금은 가장 나쁜 시기가 아닌가? 마치 가톨릭 신부가 신의 존재를 의심하는 예비 신자의 물음에 답하면서 바티칸의 조직도와 공의회 기구의 역사, 교회법 논문의 수많은 주석을 설명하는 것과 비슷하다. 우리 시대에 손가락으로 제도를 가리키는 것은 그것을 비판하는 무기일 수는 있지만, 확립된 진리에 대한 신뢰를 회복하기 위한 도구이지는 않을 것 같다. 그러나 교수가 회의적인 기업인들로부터 자신을 방어하기 위해 선택한 방법은 바로 제도이다.

그리고 그는 옳았다. 지구의 전체 시스템처럼 복잡한 객체에 대한 유효한 지식, 수십억 인구의 존재의 가장 내밀한 세부적인 것들의 근본적인 변화를 가져올 지식을 얻는 문제에 관해 열띤 논쟁이 벌어지는 상황에서, 반박할 수 없는 확실성보다는 과학 제도에 의지하는 것이 훨씬 더 안전하다. 그러나 그것은 또한 훨씬 더 위험하기도 하다. 교수가 이렇게 자신의 주장의 지지대를 바꾸기까지 많은 용기가 필요했을 것이다.

그러나 교수가 자신이 한 과학철학에서 다른 과학철학으로 미끄러져 갔다는 것을 알았을 것 같지는 않다. 그보다는 더는 무기를 선택할 여지가 없었던 것 같다. 기후변화에 회의적인 그의 적들은 완전한 확실성을 얻을 때까지 행동하지 않고 기다려야 한다고 주장하고, 제도라는 관념을 단지 그를 궁지에 몰아넣기 위해 사용하고 있었기 때문이다. 실제로 그들은 기후학자들도 단지 "압력단체" 가운데 하나, 모델 제조자들의 "압력단체"라고 비난하지 않았던가? 회의론자들은 기후학자들의 연구 자금의 흐름을 추적하고, 자신들이 손에 넣은 이메일로 드러난 영향력과 결탁의 연결망을 추적하며 즐거워하지 않았던가? 그러면 회의론자들은 어떻게 그들의 지식을 얻었는가? 그들은 〈확실성〉은 "결코 숫자의 문제가 아니기" 때문에 모두가 틀린 문제에서 자신들은 옳다고 자부심을 느꼈던 것 같다. 회의론자들은 기후학자들의 많은 수와 장비 및 예산의 규모가 언급될 때마다 "권위에 의한 논증"이라며 분개했다. 어떠한 제도로도 타락시킬 수 없는 대문자로 시작하는 〈진리Truth〉에 호소함으로써 〈신뢰〉에 대립되는 〈확실성〉의 고상한 제스처를 반복했다. 그리고 갈릴레오 사건의 주름 안에 자신들을 감쌌다. 갈릴레오는 혼자서 당대의 제도, 교회, 종교, 과학적 관료주의에 맞서 이기지 않았느냐고 하면서 말이다. 궁지에 몰린 교수는 선택의 여지가 거의 없었다. 〈확실성〉은 적들이 차지했고 대중은 무례한 질문을 던지기 시작했기 때문에, 그리고 과학이 의견과 혼동될 심각한 위험이 있었기 때문에, 그는 가까이 있는 수단에 의지했다. 그것은 바로 자신이 20년 동안 내부에서 알아왔고 궁극적으로 의심할 이유가 없는 제도에 대한 신뢰였다.

그러나 아무도 제도에 대해 이야기하지 않는다. 여기서 교수가 의지하려고 택한 지지대의 허약함이 발견된다. 대답하느라 고생하는 그를 내가 약간 냉소적으로 바라보더라도 그는 나를 용서해야 할 것이다. 내가 "과학 제도"라는 용어에 긍정적인 의미를 부여하려고 애써온 **과학학**SCIENCE STUDIES이라는 분야에 속해 있으니까 말이다. 초창기였던 1980년대 초에 과학학은 많은 과학자들에 의해 과학적 〈확실성〉에 대한 비판뿐만 아니라—사실 그랬다—신뢰할 수 있는 지식에 대한 비판으로도—결코 그렇지 않았다—여겨졌다. 우리는 객관성의 생산이 어떻게—어떤 도구, 어떤 기계, 어떤 물질적, 역사적, 인류학적 조건으로—가능한지 이해하고 싶었다. 물론 대문자로 시작하는 〈과학〉을 대중의 의견에 반해 토론도 없이 단번에 일으켰을 초월적인 〈확실성〉에 호소하지 않으면서 말이다. 우리가 보았듯이 과학적 객관성은 "**합리주의**

RATIONALISM"라는 포괄적인 용어로 알려진 것만으로 방어하기에는 너무 중요했다. "합리주의"라는 용어는 지나치게 고집스러운 상대방을 비합리적이라고 비난하며 논쟁을 중단시키는 데 너무 자주 사용되었다. 생태 문제가 정치의 전면에 등장하기 훨씬 전부터, 우리는 이미 합리적인 것과 비합리적인 것 사이의 구별이 **공통 세계**COMMON WORLD의 구성 요소들에 대한 논쟁을 해결하기에 충분하지 않으리라 생각했다. 우리가 보았듯이 과학의 문제는 그보다 더 복잡했고 그래서 우리는 객관성의 제조를 새로운 방식으로 조사하고자 했다. 나를 포함해 과학사나 과학사회학을 연구하는 동료들은, 과학자들만큼이나 우리도—물론 다른 방식으로—애착하는 객관성을 과학자들이 마침내 현실적으로 방어할 수 있도록 준비시키려 했는데, 과학자들이 그런 우리의 연구에 대해 "**상대주의**RELATIVISM"라며 적개심을 보일 때 우리가 놀랄 수밖에 없는 것은 바로 그런 이유에서이다.

그러니 기후학자의 대답에 내가 조금 놀란 것은 이해할 만할 것이다. "글쎄요, 당신은 과학 제도에 대해 가져야 하는 신뢰에 대해 긍정적으로 말하고 있습니다…. 하지만 친애하는 동료여, 당신은 언제 그런 신뢰의 필요성을 공개적으로 주장한 적이 있습니까? 언제 당신의 제조 비결을 공유하는 데 동의한 적이 있습니까? 언제 과학이 신뢰받으려면 과학적 실천은 조심스럽게 유지되어야 하는 연약한 제도로 이해되어야 한다고 큰소리로 강력하게 호소한 적이 있습니까? 아니, 내내 그런 일을 해온 것은 우리 아닌가요? 당신은 우리를 상대주의자라며 우리의 도움을 퉁명스레 거절했었지요. 당신은 그런 인식론의 변화에 정말 준비되어 있나요? 당신은 정말로 비합리성을 비난하는 것이 가져다주는 안락함을 포기할 것인가요? 당신과 시비를 다투는 모든 사람의 입을 닫아버리는 그 오만한 방식 말입니다. 그런 준비 없이 '신뢰'라는 관념으로 갑자기 피신하는 것은 좀 늦은 감이 있지 않나요?" 내가 그날 기후학자에게 이런 질문을 하지 않은 것은 "과학학"의 "상대주의"에 대해 토론할 시기는 이미 지났기 때문이었다. 그런 다툼을 하고 있기에는 모든 상황이 너무 심각해졌다. 우리는 같은 적들이 있고 같은 비상 상황에 대응해야 한다.

◉ 가치를 실행자들이 하는 설명으로부터 구별해야 할 의무를 우리에게 부과한다.

이 일화를 통해 독자는 전례 없는 종류와 규모의 생태 위기에 직면한 우리가 왜 제도INSTITUTION라는 핵심 관념, 특히 과학 제도라는 관념에 부여된 역할을 탐구해야 하는지 이해할 수 있을 것이다. 내가 그러한 탐구에 전념하는 것은 교수의 대답에서 그가 방어하고자 하는 가치VALUE—객관성—와 이 가치를 정의하기 위해 제안하는 설명account 사이의 모순까지는 아니더라도 적어도 강력한 긴장을 쉽게 알아차릴 수 있기 때문이다. 교수가 사실상 〈확실성〉에 대한 호소와 〈신뢰〉에 대한 호소 사이에서 망설이는 것처럼 보이기 때문이다. 앞으로 보겠지만 이 두 가지는 완전히 다른 철학, 혹은 형이상학, 더 낮게는 존재론과 관련된다.

나는 교수가 그 차이를 제대로 파악할 시간이 없었음을 잘 알고 있다. 그런 세부 사항은 기후학자에게 기대할 수 있는 종류의 것이 아니니까. 그러나 사회학자, 철학자, 인류학자로서 (라벨은 별로 중요하지 않다) 내가 하는 일은 이 단절을 충분히 오랫동안 가능한 한 깊이 탐구하는 것, 그래서 그러한 가치를 공유하고 지속할 수 있게 할 해결책을 제안하는—나에게는 이것이 이 프로젝트의 핵심이다—것이다. 앞으로 살펴보겠지만 이 탐구를 통해 내가 추구하는 명제는 일련의 **대조**CONTRASTS를 이용해서, 사람들이 방어하려는 가치를 역사의 과정에서 그것에 주어진 설명과 구별하고, 그래서 마침내 그 가치를 위해 설계될 제도 안에 그 가치를 설치, 더 낫게는 창설하려는 것이다.

나는 "가치"와 "제도"라는 단어가 두렵게, 심지어 극히 반동적으로 들릴 수 있음을 잘 알고 있다. 뭐라고! 가치로 돌아가라고? 제도를 신뢰하라고? 그것은 우리가 겨우 벗어나고 없애고 맞서 싸우고 심지어 경멸하며 물리쳤던 것 아닌가? 그러나 위에서 분석한 일화는 우리가 실제로 새로운 시대에 들어섰을 수도 있음을 보여준다. 지금의 거대한 규모의 생태 위기는 다가오는 것에 반응할 유연성을 우리에게서 박탈하는 일련의 반응, 또는 조건반사를 재고할 수밖에 없게 한다. 이것이 적어도 내가 시작했던 가설이었다. 콜레주 드 프랑스 연구자가 〈확실성〉에서 〈신뢰〉로 전환하기 위해서는 정말 "심각한" 어떤 일이 벌어져야 한다. 이것이 우리의 공동 작업을 짓누르고 있는 심각성이다.

이 탐구의 목적은 내가 **외교적**DIPLOMATIC이라고 부르는 장치를 만드는 것이다. 이 외교적 장치는, 내가 그것을 작동하게 할 수 있다면(물론 혼자서는 할 수 없다), "합리주의"라는 이름으로 공격당한 연구자에게 그가 소중히 여기는 것에 대한 대안적 정의를 제시해서 도움을 줄 수 있을 것이다. 내가 학문적 제도에 대한 신뢰를 통해서, 연구자가 자신이 추구해온 가치를 상실했다고 느끼지 않게 하면서, 객관성을 재정의하는 데 성공할 수 있을까? 그 작업이 완수되면 그는 완전히 다른 과학철학에 의지해야 할 것인데도 말이다. 그리고 내가 이 작업을 그와 함께 할 수 있을까? 이 탐구에 걸린 핵심 문제는 정보원들이 소중히 여기는 가치들의 경험을 공유하는 것, 단 그 가치들에 대한 설명의 수정, 더 정확하게는 형이상학(가치 경험을 서툴게 변호하다가 그것을 잃을 위험에 처하게 되는 극히 갈등적인 경우에서 정보원들이 그를 통해 경험을 표현하는 그런 형이상학)의 수정을 제안해서 그렇게 하는 것이다. 우리가 소중히 여기게 된 몇 가지 개념들에 대해, 근대화라는 지나치게 좁은 틀에서는 주어지지 않았던 발전의 기회가 부여될 수 있을까? 결국 개념들에도 "지속 가능한 발전"이나 "보호종"이라는 관념이 적용될 수 있는 것이다!

우리는 근대화와 생태화 가운데 선택해야 한다 ⊙

왜 그렇게 많은 가치들이 더 이상 공격을 견뎌내지 못하는가? 내가 1960년대 초에 아프리카에서 현장 연구를 시작한 이후로 계속 기록하려 해온, "근대주의라는 괄호의 끝end of the modernist parenthesis"이라고 지칭할 만한 또 다른 현상 때문이다. 이 책에서 앞으로 "근대화"나 "근대인MODERNS"은 "생태ECOLOGY"에 반대되는 용어이다. 우리는 근대화와 생태화 가운데 선택해야 한다.

약 20년 전에 출판된 『우리는 결코 근대인이었던 적이 없다』라는 책에서 나는 두 개의 세계, 즉 〈자연〉의 세계와 〈사회〉의 세계, 비인간의 세계와 인간의 세계 사이에 17세기부터 형성되기 시작한 관계를 시금석 삼아, 지나치게 다의적인 "근대적"이라는 단어에 정확한 의미를 부여하려고 했다. 그 책의 다소 거창한 제목에서 "우리"는 특정한 민족이나 특수한 지리를 가리키는 것이 아니라, 〈과학〉이 〈정치〉와 근본적으로 거리를 두길 기대하는 모든 사람을 가리키는 단어였다. 어디에서 태어났든 날아가는 시간의 화살에 실려 가며, 그들 뒤로는 불행히도 〈사실〉과 〈가치〉를 결합하는 낡은 과거가 있고 앞으로는 〈사실〉과 〈가치〉

의 구별이 마침내 날카롭고 분명해지는 빛나는 미래가 있다고 느끼는 모든 사람을 가리켰다. 근대인의 이상형은 전진을 멈출 수 없는 **"근대화 전선**MODERNIZATION FRONT**"**을 통해 그러한 과거에서 그러한 미래로 향해 가는—향해 가던—사람이다. 그러한 개척 전선, 그러한 프론티어 덕분에 근대인은 자신에게서 떨쳐내야 하는 모든 것을 "비합리적인" 것으로, 진보하기 위해 지향해야 하는 모든 것을 "합리적인" 것으로 규정할 수 있게 된 것이다. 이처럼 근대인은 **자유**FREEDOM를 향해 나아가기 위해 과거에 대한 애착에서 벗어나고 있던 사람이었다. 요컨대 어둠에서 빛으로, **계몽**ENLIGHTENMENT으로 향해 가고 있던 사람들이었다. 내가 이 특이한 좌표계를 정의하기 위한 시금석으로 〈과학〉을 사용한 것은 과학에 대해 생각하는 방식의 혼란이 근대화의 장치 전체를 위협했기 때문이다. 사람들이 사실과 가치를 다시 뒤섞기 시작한다면, 시간의 화살은 비행을 중단하고 주저하며 사방으로 꼬여서 마치 스파게티 한 접시—아니면 뱀 소굴—처럼 보이게 될 것이다.

20년 전만 해도 굳이 천재가 아니어도 근대화가 끝나리라는 것을 느낄 수 있었다. 인간과 비인간의 뒤얽힘이 증가하면서 가치와 사실을 구별하는 것이 매일—사실 매분마다—점점 더 어려워지고 있었기 때문이다. 당시 나는 과학과 사회의 "하이브리드"의 증식을 언급하며 많은 사례를 제시했다. 지난 20여 년 동안 과학적, 기술적 논쟁의 수와 범위가 확대되어 이제 기후 자체의 문제에까지 이르렀다. 지질학자들이 지구 역사에서 홀로세 이후의 시대를 지칭하기 위해 **"인류세**ANTHROPOCENE**"**라는 용어를 사용하기 시작한 만큼, 그것은 앞으로 과학혁명, 산업혁명 시기부터 현재에 이르는 시대의 의미를 요약하는 편리한 용어로 사용될 수 있을 것이다. 조금 완고하고 심각한 성향인 지질학자들조차 인류를 화산이나 심지어 판구조와 같은 규모의 힘으로 보고 있다면, 이제 한 가지는 확실하다. 〈과학〉과 〈정치〉의 결정적인 구별을 볼 희망은—과거와 마찬가지로 미래에도—전혀 없다.

그 결과, 과거와 현재를 구별했던 그 시금석, "근대적"이라고 느끼는 사람들에게 정체성을 부여해 지구를 둘러쌀 태세였던 근대화 전선을 그렸던 그 시금석은 이제 효력을 잃었다. 이제 우리는 **가이아**GAIA 앞으로 소환되었다. 가이아란 우리를 둘러싸고 있으면서도 또한 우리에 의해 둘러싸인 지구Earth를 지칭하기 위해 어떤 전문가들이 사용하는, 과학과 신화로 구성된 기이한 이중 합성의 형상이다. 가이아는 우리가 그것의 내부와 외부를 형성하는 뫼비우스의 띠이며, 우리에게서 위협받으면서도 우리를 위협하는 정말로 전 지구적인 지구Globe이다. 이 탐구 프로젝트의 분위기를 극적으로—아마 과도하게 극적으로—묘사해보자면, 가이아와의 임박한 대결 앞에서 근대화 전선의 여파를 등록하려 하는 것이라고 할 수 있다.

마치 지금까지 근대인은 (스스로를 찾아가는 이 가변 형상의 사람들을 지칭하기 위해 나는 대문자로 시작하는 Moderns를 사용한다) 근대화 전선의 요구에 따라 그때그때 고안된 불안정한 제도 안에 어떻게든 보호했던 가치들을, 그것들 자체가 어떻게 지속할 것인가 하는 질문은 계속 미뤄둔 채 정의했던 것 같다. 그들에게 미래는 있었지만 앞으로 무슨 일이 일어날지—혹은, 무엇이 앞으로 도래할지—에는 관심이 없었다. 무엇이 다가오고 있는가? 예기치 않게 다가오고 있는—그들이 예상하지 못한 것 같은—그것은 무엇인가? "가이아", "인류세" 시대. 정확한 이름은 중요하지 않다. 어쨌든 〈자연〉과 〈사회〉의 근본적인 구별—근대인은 그러한 구별을 통해 자신들의 좌표계를 구축하고 있었다—을 그들에게서 영구히 박탈한 어떤 일이다. 그 사건 이후 그들에게는 모든 것이 더 복잡해졌다. 결단코 근대적이기를 이젠 그만둔 사람들은 중얼거린다. "내일 우리는 〈자연〉의 질서와 〈사회〉의 질서를 혼합할 존재들의 훨씬 더 많은 얽힘을 고려해야 할 것이다. 내일 우리는 훨씬 더 많고 다양한 존재들이 부과한 훨씬 더 많은 수의 제약에 매여 있다고 어제보다 훨씬 더 많이 느낄 것이다." 여기서부터 과거는 변화된 형태를 가진다. 과거는 우리 앞에 다가오는 것과 마찬가지로 낡지 않았기 때문이다. 미래는 산산조각이 났다. 우리는 더 이상 과거에 가능했던 방식대로 자신을 해방시킬 수 없을 것이다. 완전히 새로운 상황이다. 우리 뒤에 애착이 있고 우리 앞에는 훨씬 더 많은 애착이 있다. "근대화 전선"의 중지. 유일하게 가능한 운명으로서의 해방의 종언. 그리고 더 나쁘게는 "우리"는 우리가 누구인지, 물론 어디에 있는지 이제는 알지 못한다. 자신이 근대적이라고 믿었던 우리…. 근대화의 끝. 이야기의 끝. 다시 시작할 시간.

◉ 다른 좌표계를 제안함으로써.

근대주의라는 괄호가 닫히고 있는 지금, 우리가 잃어버린 좌표계를 대체할 수 있는 다른 좌표계가 있는가? 내가 지난 사반세기 동안 다른 연구와 나란히 끈질기게 추구해왔고, 이 책과 그에 수반되는 디지털 장치를 통해 공유하고 확장하고자 하는 기획이 바로 그것이다. 나는 "우리는 결코 근대적이었던 적이 없다"라는 단호히 부정적인 제목을 같은 주장의 긍정적인 버전으로 보완하는 것이 실제로 가능하다고 믿는다. 우리가 근대적이었던 적이 없다면, 우리에게 무슨 일이 있었나? 우리는 무엇을 계승할 것인가? 우리가 누구였나? 우리는 누가 될 것인가? 우리는 누구와 연결되어야 하는가? 지금부터 우리는 어디에 위치하는 것인가? 이 모두는 폐쇄 과정에 있는 그 유명한 근대성에 관한 철저한 탐구 없이는 접근하기 시작할 수 없는 역사인류학적, 비교인류학적 질문이다.

왜 나는 자신이 그러한 탐구를 제안하고 그러한 대안을 제공할 수 있다고 믿는가? 내가 근대인의 모험을 특징짓기 위해 근대성이라는 주제를 유예함으로써, 내 생각에 대안적 버전으로 제시될 수 있는 일정한 수의 가치들의 경험을 탐지해왔다고 생각하기 때문이다.

나는 예컨대 객관성의 경험이 대문자 〈과학〉에 의해 잘 보호되지 못했다고 확신한다. 아무도 진정으로 그것을 방어할 필요성을 느끼지 않았기 때문이다. 위의 일화에서처럼 객관성이 심각하게 도전받게 되면 연구자들의 실천을 매우 다르게 묘사하는 것이 바람직해진다. 이는 근본적으로 재정의된 과학 제도에 대한 신뢰를 마침내 회복할 수 있게 해줄 상이한 표상을 과학자들에게 제공하는 것이다. 곧 보게 되겠지만, 재묘사 작업은 꽤 흔히 마주치지만 근대성의 틀 안에서 편안한 공간을 항상 발견하지는 못했던 다른 가치들에 더 많은 공간을 내어줄 수 있게 해준다는 점에서 가치 있는 일이다. 예를 들어 정치, 종교, 또는 법이 그러한데 그 가치들은 위풍당당한 대문자 〈과학〉을 옹호하는 사람들에게 짓밟혀왔지만 이제는 더 쉽게 전개될 수 있게 되었다. 이제 근대화가 아니라 생태화의 문제라면, 좀 더 풍요로운 생태계에서 더 많은 수의 가치가 공동 거주하도록 할 수도 있을 것이다.

그래서 나는 앞으로 독자들에게 이중의 분리를 제공할 것이다. 첫째로 각각의 가치에 고유한 **경험**EXPERIENCE을 그것에 대한 전통적인 설명으로부터 분리해낼 것이다. 다음으로 협상 테이블 위에 올리고 비판 앞에 내놓을 완전히 임시적인 대안적 정식화를 이 경험에 부여할 것이다.

왜 이런 방식으로 해나가는가? 내가 보기에 경험은 주의 깊게 추구된다면 공유될 수 있지만, 내가 제공하는 경험의 대안적 정식화는—어떤 경우에도 처음부터—공유될 수 없을 것 같기 때문이다.

내가 오랫동안 해온 과학 실천에 관한 연구가 한 가지 예가 될 수 있다. 나는 "과학학"이 과학적 연결망들에 대해 제시한 묘사descriptions에 대한 비판은 거의 들어보지 못했다(반대로 그러한 묘사의 진실성은 언제나 인정되어왔는데 마치 우리가 하비William Harvey를 본받아 학문적 혈관의 동맥과 정맥을 발견하기라도 한 것처럼 말이다). 그러나 나와 동료들이 객관성의 제조를 설명하기 위해 제안한 대안적 버전에 대해 일부 연구자들이—우리가 그들의 가치를 다른 사람들이 마침내 이해할 수 있게 하려고 노력했던 바로 그 연구자들이—격한 반론을 제기했다. 바로 "연결망network"과 "제조fabrication"라는 단어가 때때로 우리의 대화 상대들에게 충격을 주기에 충분했고, 이는 우리가 얼마나 서툴렀는지를 보여준다. 우리가 얼마나 형편없는 외교관이었던가!

우리가 무엇을 계승해야 할지 알기 위해 근대인의 재고 목록을 작성하는 것이 목표이기 때문에, 특히 다음 세 가지 구성성분을 혼동하는 것은 비극일 것이다. 첫째, 근대인이 다양한 투쟁 과정에서 발명한 설명. 둘째, 그와 같은 역사 속에서 공유될 수 있는 경험을 통해 그들이 고수해온 가치. 셋째, 그와 같은 경험에 대한 나 자신의 지나치게 특정적이거나 논쟁적인 정식화.

그런 이유에서 내가 독자들에게 제공하려는 장치는 두 가지 순서로 제시된다. 첫째는 탐구 보고서로, 독자들은 경험에 주어진 것에 부합하거나 부합하지 않는 것처럼 보이는 어떤 것도 덧붙이거나 뺄 수 있다. 둘째는 실로 협상negotiation이라고 불러야 할 절차로, 저자와—**공동조사**

자COINVESTIGATORS가 되어 있을―일부 독자들은 그것을 통해 그와 같은 경험을 공동으로 재정식화하는 데 참여하는 일을 상상할 수 있다.

내가 하려는 일이 바로 그렇다. 거칠게 말하자면, 내가 독자들의 관심을 일으키고자 하는 경험들을 발견하려 하는 것은 옳지만, 근대주의에 대한 대안을 제시하려 하면서 각각의 경험에 대해 제안한 표현은 종종 잘못될 수 있다. 그리고 내가 틀렸다면, 그것은 구성적인 문제다. 왜냐하면 외교관이란 혼자서 옳을 수 없기 때문이다. 외교관은 평화안을 제안하고 그것을 자신이 대표하는 사람들과 상대측이 검토할 수 있도록 보낼 수 있을 뿐이다. 따라서 이 책의 목표는 탐구 보고서이자 아마도 평화중재 과정의 예비 단계로서 역할을 하는 것이다.

그것은 우리로 하여금 상상적인 외교 현장을 정의하도록 한다 ▶

그러한 외교적 상황이 생경한 것은 단지 선택된 절차(디지털 환경!)나 내가 (정말 아무런 권한도 없이!) 대표한다고 주장하는 사람들의 성격 때문만은 아니다. 그것은 또한 외교관들이 결국 개입해야 하는 갈등 자체에서 비롯된다. 근대화는 적절하게 끝낼 수 있는 형태의 전쟁을 절대 하지 않기 때문이다. 그렇다면 교전 당사자들이 이제 평화 회담을 꿈꿀 만큼 지치게 한 갈등은 무엇인가? 바로 당사자들 어느 누구도 정의될 수 없는 이상한 갈등이다. 앞에서 언급한 근대인도, "타자들"도 정의될 수 없다. 근대인은 결코 "근대적이었던 적이 없었고", "타자들"은 모호하게 유지된 근대성과의 비교를 통해서만 "타자들"일 수 있기 때문이다. 내가 이 탐구를 통해 제시하려고 하는 외교 현장은―고백하건대 완전히 상상적인 현장이다―가이아가 다가옴에 따라 앞서 언급한 근대인과

"타자들"을 다시 만나도록 하는 현장이다. 내가 그려보려는 상황은 근대인이 나머지 세계에 다시 한 번 자신을 제시하는, 그러나 이번에는 자신이 무엇을 가치 있게 여기는지 마침내 정말로 알면서 그렇게 하는 상황이다.

◉ 누구의 이름으로 협상할 것인가 ◉

놀랍고 다소 퇴보적으로까지 보일 수도 있겠지만, 우리가 이 탐구에서 결국 관심을 가져야 하는 것은 근대인들, "서구인들", 심지어 "유럽인들"이다. 걱정할 필요는 없다. 나르시시즘이나 향수 어린 정체성 찾기 같은 것은 아니다. 단지 **인류학**ANTHROPOLOGY이 유럽, 또는 어쨌든 서구에서 기원한 근대화 과정, 누구도 더 구체적으로 명시하려 하지 않았고 인류학자들이 연구할 대상으로 보지도 않았던 근대화 과정과 "다른 **문화들**CULTURES" 간의 대조를 설정해야 한다는 것을 오랫동안 당연시해왔기 때문이다. 그럼에도 불구하고 다른 문화들에서 나타나는 비합리성, 좀 더 너그럽게는 대안적 합리성에 대한 판단은 항상 기본 정의로 주어지는 표준 근대화와의 비교를 통해 이루어진다. 인류학자들이 아무리 "야생의 사고"를 존중하기를 원했어도, 그들이 그 차이를 인식해야 했던 출발점은 "교화되고" "학습된" 사고인 것이다. 그것이 "근대성" 자체에 스며들어 있는 "문화적이거나" "낡은" 또는 "반동적인" 요소들을 식별하는 데 사용되어온 근대성의 이상이다. 게다가 어떤 이들은 여전히 그러한 근대화 전선과의 비교를 통해 미래의 비밀을 간파하려 한다(문화들은 수렴되고 갈라지고 갈등할 것인가 등등). 그와 같은 접근법의 결과로 우리는 여전히 근대인에 대한 인류학을 결여한다.

사실 이 가변 형상의 사람들은 항상 자신과 타자들을 묘사하는 데 있어 실재적인 문제를 일으켜왔다. 근대적이었던 적이 없었으면서도 자신들이 그러하다고 확고히 생각해왔기 때문이다. 근대인은 근대적이었던 적이 결코 없었지만, 자신들이 근대적이라고 믿어왔으며, 그 믿음 또한 매우 중요하다. 그 믿음이 그들로 하여금 무수히 많은 모순된 방식들로 행동하게 만들었기 때문이다. 이제 우리는 그런 모순된 방식들을 가려내는 방법을 배워야 하며, "믿음BELIEF"이라는 관념 자체를 포기해야 할지도 모르겠다. 달리 말하면, 비교인류학이 언젠가 다루어야 할 근대인 특유의 어떤 불투명성이 있다. 그러한 불투명성은 자기 인식과 자기 분석, 비판과 명료성을 실천한다는 근대인의 주장과 대비되며, "다른 문화들"은 불투명하고 민족지 연구가 절실히 필요하다는 이상한 생각과도 대비된다는 점에서 더욱 수수께끼 같은 것이다. 내가 특별한 연구 프로토콜을 개발해야 했던 것은 이러한 불투명성—아마도 거짓 투명성—과 싸우기 위해서이다. 앞으로 살펴보겠지만 근대인에 대한 인류학은 "타자들"에 대한 인류학보다 결코 더 쉽지 않다. 더구나 "타자들"은 이미 "타자들"이기를 멈추었기 때문에, 이제 그 어느 때보다 불투명한 근대인보다 분석하기가 더 쉬워졌을 것이다!

　나는 마치 근대인이 그들이 소중히 여기고 말하자면 그들의 자기 정의를 구성하는 여러 가치들을—비록 이러한 가치들을 완전히 확고하게 이해하지 못했음에도 불구하고—그들의 역사 속에서 발견한 것처럼, 종종 다른 문명으로부터 차용한 것처럼 가정할 것이다. 또한 그러한 이해의 결여 때문에 그들이 이번에는 이론적 수준에서—타자들의 가치들은 물론이고—자신들의 가치를 존중하는 법을 찾지 못한 것처럼 가정할 것이다. 다시 말해, 이 가설은 근대인이 실천에서 그러한 가치들을 하나씩 발견해내는 것에 들인 만큼 많은 에너지를 가치들의 전체적인 설계에는 쏟지 않았던 것으로 본다. 이는 단지 근대인이 두 개의 얼굴을 가진 "한 입으로 두말하는 백인들"이어서가 아니다. 오히려 자신들의 보물에 치여서 자신들이 진정으로 소중히 여기는 것이 무엇인지 명확히 규정할 기회가 없었기 때문이다. 과도한 미식의 문제인가, 아니면 탐욕의 문제인가? 누가 알겠는가! 어쨌든 이런 종류의 너그러운 픽션 덕분에, 나는 공식 버전과 비공식 버전 사이의 커다란 간극을 알면서도 그것 때문에 그들을 비난하지는 않으며 민족지 조사를 해나갈 수 있을 것이다. 이런 의미에서 나는 근대화의 순전히 부정적인 버전보다는 긍정적인 버전을 제공한다고 말할 수 있다—약간 긍정주의자로 보일 위험과 기본적으로 내 연구 대상과 공모한다는 비난을 감수하면서 말이다 (그러나 공모는 우리가 공감이라고 부르는 민족학자ethnologist의 속성에 대한 또 다른 이름이지 않은가?).

◉ 그리고 누구와 협상할 것인가?

곧 분명해지겠지만 좋은 게 너무 많아 정말로 소중히 여기는 것을 택하는 데 곤혹스러워하는 상황에 대한 이 픽션은 근대인에게서 모든 과도함을 깨끗이 씻어내서 그들을 결백하게 만들려는 것이 결코 아니다. 그 목표는 무엇보다도 근대적 모험이라고 불릴 수 있는 것에 대해—그것을 근대화 전선의 도래와 더 이상 (더 좋게든 더 나쁘게든) 혼동하지 않으면서—마침내 어느 정도 실재적인 묘사를 제안하는 것이다. 만약 그것이 정말로 전쟁을 벌일 문제라면, 전쟁을 선언하라. 단, 우리가 그것을 어떻게 끝낼지를 결국 알 수 있도록 전쟁의 목표를 정의하라. 그러한 묘사 프로젝트는 그 자체로 유용하다. 그것이 성공적으로 완수된다면, 우리는 더 이상 (〈이성〉의 도래가 그랬듯이) 판타지도 아니고 근대화의 목표에 대한 부정적이거나 단순히 비판적인 버전도 아닌 어떤 표준을 비교인류학에 제공할 수 있을 것이기 때문이다. 그것은 다른 면에서도 유용하다. 마침내 "우리" 근대인이 실제로 무엇이었는지 알게 되면 우리는 그 "우리"를 머리부터 발끝까지 재협상할 수 있으며, 따라서 가이아라는 새로운 지평 앞에서 우리가 "타자들"과 함께 무엇이 될지도 재협상할 수 있을 것이기 때문이다.

비교인류학은 사실 우리가 "서구WEST"(극히 모호한 용어로 우리는 그것에 정확한 의미를 부여할 수 있어야 한다)라는, 언제나 배경에 있는 비교 지점의 대안적 버전에 접근할 수 없다면 허공에 붕 뜬 상태에 있게 된다. 근대인의 유산 목록을 작성하지 않으면, 우리는 진정한 비교인류학에 착수할 수도 없고—아마도 훨씬 더 심각하게는—근대인과 나머지 세계와의 관계의 미래에 대한 장기적인 가설을 세울 수도 없다. "나머지 세계"란 "우리"가 근대적이었는지 아니면 완전히 다른 어떤 것이었는지에 따라 정의가 달라진다. 그러나 이미 분명해지고 있었듯이 이 세계는 더 이상 결코 "나머지"가 아니다!

일종의 치기 어린 분노로 지구를 파괴하며 형언할 수 없는 무질서 속에서 자신들과 타자들의 가치들을 뒤엎고 있는 눈부신 광인들의 몰락을 다른 모든 사람들이 불안한 마음으로 지켜본다. 마치 무서운 괴물로부터 뒷걸음쳐 도망치는 것처럼 광인들의 눈은 과거로 고정되어 있고 이내 불가피한 근대화와 돌이킬 수 없는 〈이성〉의 지배라는 망토로 모든 것을 덮어버린다. 나는 그런 무시무시한 제국의 장면이 지나가고 나서, 광인들이 진정하고 집으로 돌아가 정신을 차리고 열을 식히고 난 뒤

다시 돌아와 모습을 나타내는 것으로 가정할 것이다. 사과하기 위해서가 아니라 (누가 사과를 요구할 정도로 약하단 말인가?) 자신들이 무엇을 찾고 있었는지 설명하고, 자신들이 궁극적으로 무엇을 고수하고 있었는지 마침내 스스로 발견하기 위해서 말이다. 그렇다면 "타자들"이—마침내—"서구적" 프로젝트에 어느 정도는 관심을 가질 수도 있다는 생각이 완전히 환상에 불과한 것은 아니다.

"서구인들"이 미래를 대비하는 데 있어서 그러한 근대성의 리콜은— "리콜recall"이라는 단어가 갖는 모든 의미에서("자동차를 리콜한다"는 의미를 포함해서)—근대화 전선을 반대편으로 확장한다는 그들의 이상한 주장보다 더 유용하다. 서구(적어도 의문의 여지 없이 유럽)가 마침내 상대적으로 약한 상황에 놓이는 것은 전적으로 가능하다—사실 이미 대체로 그렇게 되었다. 이제는 오만함의 문제가 아니다. 회개의 문제도 아니다. 과거에 "근대성"이라는 이름으로 무슨 일이 일어났는지(말하자면 상속 유산에 대한 관심)에 대해서뿐만 아니라 특히 가까운 미래에 그 단어가 무엇을 의미할 수 있을지에 대한 상세한 설명을 시작할 때가 되었다. 논박할 수 없는 힘의 권위가 사라지고 "역사를 훔치는 것"이 불가능해질 때, 마침내 외교관의 순간이 도래할 것인가?

서구가 추출하고 소중히 여기고 오해하고 학대하고 다시 봉합하고 유산으로 유용해온 가치들에 대한 이 탐구는, 우리가 더 이상 강자의 위치에 있지 않고 타자들이 "근대화"하겠다고—그러나 낡은 방식으로 그리고 이를테면 우리 없이!—주장하는 측이 되는 시대를 대비해 우리가 착수해야 할 지구적 협상에 기여하고자 한다. 그럼에도 불구하고 우리는 우리의 가치들에 대해서—그리고 아마도 타자들의 가치들에 대해서도(그러나 유럽의 과거 역사에서 누렸던 특권은 없이)—말할 것이 있다고 주장할 것이다. 다시 말해, "서구인들"은 먼저 자신들에게, 그리고 다음에는 타자들에게 완전히 다른 방식으로 제시되어야 한다. 대사관 사무국에서 사용되는 훌륭한 표현을 빌리자면, 그것은 자기와 타자 간의 새로운 경계를 재협상하기 위해 "외교적 대표diplomatic representations"를 만드는 문제이다.

그러나 외교를 하려면 외교관들이 있어야 한다. 외교관들은—그들을 파견하는 사람들과는 달리—주권자들이 정말 소중히 여기는 것을 결국 발견해낼 수 있는—종종 끝없이 이어지는 협상 속에서 그들이 찾아내는 어떤 것들을 희생시키면서—사람들이다. 외교는 어둠 속에서 길을 더듬어 나아가야 하는 섬세한 탐험이며, 배신자라는 비난에 중단되지 말아야 하고 이 탐구에서 특권적 위치를 차지하는 활동이다.

그렇다면 그 작업을 정당화하는 두 가지 질문은 다음과 같다. 근대적 모험에 대한 실재적인 묘사를, 비교인류학에 보다 신뢰할 만한 비교의 기반을 줄 수 있을 그런 묘사를 마침내 제공할 수 있는가? 그러한 비교인류학은 근대화라는 관념이 드러낸 동시에 위태롭게 만든 가치들의 미래에 대한 이미 진행 중인 지구적 협상의 예비 단계 역할을 할 수 있는가? 그러한 탐험에 뛰어들기에는 너무 늦었다는 말을 들을 것이다. 저질러진 범죄 때문에 너무 늦었다, 가이아가 너무 갑자기 들이닥치기 때문에 늦었다고 말이다. "이젠 너무 늦었어." 그러나 나는 반대로 바로 그러한 긴급함 때문에 천천히 성찰하기 시작해야 한다고 믿는다.

이 탐구는 처음에는 언어행위에 대한 탐구와 닮았다 ⊙

어떻게 해나갈 것인가? 분석철학자에게 더 적합한 표현을 사용하자면, 이 탐구는 많은 예기치 않은 주제에 대해 상당히 체계적으로, 내가 다양한 **존재양식**MODES OF EXISTENCE이라고 불러온 것들에 관련된 **범주 오류** CATEGORY MISTAKES를 명백히 설명할 수 있게 해준다고 말할 수 있다.

가치들의 갈등을 두 개씩 쌍으로—예컨대 과학 대 종교, 법 대 정치, 과학 대 허구 등—비교함으로써, 우리는 긴장(앞에서 언급한 불투명성을 부분적으로 설명하는 긴장)의 상당 부분이 한 양식의 진실성veracity을 판단하기 위해 다른 양식의 진리진술veridiction 조건을 사용한다는 사실에서 비롯된다는 점을 곧 관찰하게 될 것이다. 이 핵심 문제에 많은 시간을 할애해야 할 것이다. 그것은 분명 우리가 양식의 다원론을 받아들이고 따라서 각 양식의 진실이나 거짓을 판단하는 키key의 다원성을 받아들이는 것을 전제한다.

그러나 J. L. **오스틴**AUSTIN과 그 후계자들의 "언어행위speech acts" 연구에 의지하면 크게 어려운 일은 아니다. 우리의 지적 전통에서 굳게 확립된 **적정성 및 비적정성 조건**FELICITY AND INFELICITY CONDITIONS이라는 관념은 상이한 진리진술 유형들을 단일한 모델로 환원하지 않고 서로 대조할 수 있게 한다. 어려움이 생기는 것은 나중에 이러한 양식들을 보다 실체적인 실재로 만들기 위해 이 탐구의 언어학적 또는 언어에 묶인 버전을 넘어서 가야 할 때일 것이다. 그러나 탐구의 핵심은 경험의 진실이나 거짓에 대한 단언을 명확히 하는 것이다. 내가 보기에 독자들에게 가치 있는 유일한 테스트는 이것인 것 같다. 존재양식을 다시 묘사하는 것이 가치들 간의 갈등—과거에는 다소 폭력적인 논쟁을 야기했던 갈등—을 명료하게 하는가, 그렇지 않은가? 그러므로 구별되는 경험 형태들의 진실과 거짓이 우리의 첫 번째 관심사일 것이다. 그러나 진실과 거짓에도 여러 가지 유형이 있으며, 각각은 매우 구체적이고 실천적이며 경험적인 조건들에 의존한다. 사실 어쩔 수 없는 일이다. 〈이성의 왕국〉에 주거 장소가 하나만 있는 것은 아니니까.

내가 여러 가지 유형에 대해 말할 때, 어떠한 진실에도 도달할 수 없다는 상대주의적 (교황청이 말하는 의미에서) 주장을 하는 것이 아니다. 내가 주장하는 것은 그 유형들에는 양립할 수 없는 적정성 조건들이 있으며 그것들은 각자 자신의 방식으로 판단 대상의 (상대주의적이 아닌 상대적인) 진실과 거짓에 대한 논박의 여지가 없는 (물론 실제로는 언제나 논쟁을 불러일으킨다) 판단에 도달할 수 있게 한다는 사실이다. 예를 들어 법[LAW]의 경우가 그러하다(우리는 이 주제에 많은 시간을 할애할 것이다). 법은, 그것의 가치가 "과학적"이라고 말하는 판단에 적용될 수 있는 식별력을 가진 가치들과는 절대로 닮지 않았음에도, 고유한 진실과 거짓의 체제를 유지해왔다. 그리고 이러한 진실이 각각의 양식 안에서 얼마나 허약한지를 보여줄 때 우리가 하려는 것은 회의론자들처럼 그 진실의 결함을 강조하는 것이 아니라, 그것이 좀 더 오래 존재를 유지할 수 있도록 해주는 제도로 주의를 끌어들이는 것이다(그리고 이미 보았듯이 바로 여기서 제도에 대한 신뢰라는 관념이 전면에 나온다).

따라서 우리의 기획은 처음부터 끝까지 사실상 (합리주의적이지는 않더라도) 합리적이라 할 수 있다. 이성이란 다양한 유형의 경험을 단계적으로 따라가게 해주고 각각의 양식에서 매 경우 판단의 실천적 조건을 파악한 후 참과 거짓을 추적하게 해주는 것이라는 정의에 동의한다면 말이다. 나는 오컴의 면도날 은유가 세계로부터 합리적이지 않은 모든 것을 제거해야 한다는 주장을 뒷받침하는 데 사용되는 것은 잘못이라고 늘 생각해왔다. 그것은 내 생각에 고르디우스의 매듭 은유와 혼동되는 것 같다. 후자는 알렉산더 대왕이 고르디우스의 매듭을 고생스럽게 풀어내는 대신 칼로 베어버린 것을 가리킨다. 나는 늘 오컴의 면도날 이야기가 한때 외과 의사들이 사용했던 것과 같은 고급스러운 나무로 만들어진 작은 상자를 암시한다고 상상했다. 이 상자에는 모든 섬세한 이성의 작동에 적합하게 만들어진 수많은 도구가 초록색 펠트 칸막이들 사이에 가지런히 놓여 있다. 아무리 냉철한 합리주의자라 하더라도 하나하나 잘 연마된 여러 종류의 도구가 있다면 기쁘지 않을까? 그런 도구가 그들이 미래에 대비하기 위해 다른 문화들과 다시 연결될 수 있도록 해준다면 특히 더 그렇지 않을까?

◉ 상이한 존재양식들을 식별하는 법을 배우는 동안에.

그런데 왜 존재양식에 대한 탐구를 말하느냐고? 그 이유는 합리주의가 적어도 이론적으로 명백히 참여했던 근대화의 모험을 왜 정의할 수 없었는지 우리 자신에게 질문해야 하기 때문이다. 이렇게 이론이 실천을 이해하는 데 실패한 것을 설명하기 위해서라면 위에서 제시된 너그러운 픽션으로 족할 수도 있겠다. 그러나 앞으로 탐구를 통해 드러날 다양한 경험을 수용할 수 있는 새로운 좌표계를 발명해야 할 때 우리는 이내 가로막혀 나아가지 못할 것이다. 여기에서 언어 자체로는 충분하지 않을 것이기 때문이다. 문제는—인류학적이라기보다는 철학적 문제이다—언어가 가치의 다원론을 받아들일 수 있도록 만들어져야 한다는 것이다. 그리고 말로만이 아니라 "정말로" 그렇게 되어야 한다. 따라서 존재양식의 문제가 **형이상학**METAPHYSICS, 더 낫게는 **존재론**ONTOLOGY—근대인과 그들의 여행에만 관련된 것이니 확실히 지역적 문제—과 관련된다는 사실을 감추려는 것은 무의미하다.

곧 분명해지겠지만 적정성 조건의 다양성을 전개함에 있어 그것이 단지 상이한 "언어 게임"의 문제에 불과하다고 말하는 것은 사실 아무런 효과가 없을 것이다. 그러한 관대함은 사실은 극단적인 인색함을 가리는 덮개일 것이다. 우리가 그렇게 한다면 다양성을 설명하는 역할을 여전히 존재가 아니라 **언어**LANGUAGE에 맡기는 것이 되기 때문이다. 그렇다면 존재는 계속 단일하고 특유한 방식으로 표현되거나, 적어도 계속 단일한 양식에 따라—또는 전문 용어로는 단일한 **범주**CATEGORY에 따라—심문받을 것이다. 어떻든 간에—상식적인 관점에서 비용이 많이 들지 않는—"말하기 방식"이 증식된다고 하더라도 결국 여전히 하나의 존재양식만 있게 될 것이다.

"더 얘기해봐. 흥미롭군!"이라고 말하는 것은 서구에서 문화들의 다양성을 받아들일 수 있게 한 개방적인 태도와 폐쇄적인 태도의 이러한 기묘한 조합을 규정하는 아주 불공평하지는 않은 방식일 것이다. 다양한 문화들이 우리의 관심을 끄는 것은 사실이지만 그것들이 "단지 말하기 방식들"에 불과한 것도 사실이다. 다소 도착적인 정신적 제한을 통해, 우리는 한편으로는 그러한 표상들의 극단적인 다양성을 인정하면서도, 다른 한편으로는 표상들이 실재에 접근하게 하지는 않는다. 말하자면 상대주의는 절대 현금을 거래하지 않는다. 문화들의 다양성과 세계들의 다중성, 미래의 공동 세계 구성, 보편자들의 확장에 대한 유산된 대화의 모든 약점을 설명할 수 있는 것은 바로 이러한 종류의 정신적 제한, 평화주의와 우월한 겸양의 기이한 조합이다. 그런 순환에서는 아무도 개방적인 태도에 대해 존재론적 대가를 치르지 않는다. 상이한 말들과 단일한 실재, 표상들의 다원론과 존재의 일원론. 결과적으로 외교는 무용하다. 모든 대표자가 실제로는 다른 더 높은 곳에서 이미 중재가 이루어졌다고 믿기 때문이다. 모든 당사자가 최적의 분배, 논박할 수 없는 중재자, 그리고 어딘가에 〈게임마스터〉가 있다고 믿기 때문이다. 결국 협상할 것이 없다. 가장 협조적인 이성이라는 선한 모습을 하고 폭력이 재개된다. 우리는 신성 재판 시대 이후로 조금도 나아가지 못했다. "모두 불태워라. 〈실재〉가 가려내리라!"

그러므로 서로 다른 존재양식들에 대해 말하고 그 양식들을 어느 정도 정밀하게 탐구한다는 것은 말과 사물, 언어와 존재 사이의 오랜 노동 분업을 재검토한다는 것이다. 우리가 직면할 다른 모든 것과 더불어, 이 분업이 필연적으로 의존하는 철학의 역사와도 대결해야 할 것이라는 걱정이 들기는 한다. 우리의 목표는 언어의 다양성은 더 적게 취하고—신용이 아니라 현금으로 지불해야 한다—존재 안으로 받아들여지는 존재자들의 다양성은 더 많이 취하는 것이다—복수의 범주들이 있는 것이며, 지식에 대한 의지가 존재의 다양성을 탐구할 수 있게 해주는 유일한 범주는 아니다(이 난제를 다루는 데 많은 시간을 들일 것이다). 적정성 또는 비적정성 조건들은 언어행위 이론에서처럼 말하기 방식만을 가리키는 것이 아니라, 진실과 거짓 사이의 식별 가능한 차이들 가운데 하나에 결정적으로 그러나 각각의 경우에 다르게 관여하는 존재양식들을 가리킨다. 말은—말하기 전에 천천히 다시 생각해보게 만들 만큼 충분히—우리가 생각하는 것보다 훨씬 더 우리를 얽맨다.

그러나 역으로 존재론적 다원주의는 코스모스들의 인구를 조금 더 풍부하게 한다는, 그래서 세계들을 보다 공평한 기초에서 비교하고 평가하기 시작할 수 있게 한다는 이점이 있다. 이후로 내가 과학의 "존재자들"이나 기술의 "존재자들" 등에 관해 말해도 놀라지 말아야 한다. 기본적으로 "X란 무엇인가?"(과학이란 무엇인가? 기술의 본질이란 무엇인가?)라는 오래된 질문으로 돌아가야 하겠지만, 그 과정에서 각각의 경우마다 서로 다른 속성을 갖는 새로운 존재자들을 발견하게 될 것이다. 말하기의 자유에서 잃을 것을—말은 존재의 무게를 갖는다—이론에서는 더 이상 자리가 없고 매 경우마다 그에 적합한 언어가 발견되어야 하는 여러 유형의 개체들과 접촉할 수 있는 힘을 통해 되찾을 것이다. 그것은 분명히 아주 위험한 일일 것이다.

이 탐구를 민족지 연구 차원만으로 제한하는 것이 더 적당했을 수도 있다. 인정한다. 그러나 그것이 근대인이 말하는 것과 그들이 행하는 것 사이의 심연을 넘어 마침내 다리를 연결하는 문제인 만큼, 나는 존재양식에 대한 탐구가 **철학**PHILOSOPHY 없이도 가능할 어떤 방법도 찾을 수 없었다. 내가 철학으로 눈을 돌리는 것은 현장 연구가 제공할 수 없는 무언가를 "토대"에서 발견할 수 있으리라는 헛된 희망에서가 아니라, 반대로 현장이 모든 단계에서—근대인 가운데서도—드러내는 놀라운 발명들을 마침내 이론적으로 정당하게 다룰 수 있는 **메타언어**METALANGUAGE를 만들어내려는 희망에서이다.

게다가 지나치게 기본적인 것으로 보이는 질문들을 다루지 않고는 제도라는 관념을 회복할 수 없음을 보게 될 것이다. "하늘과 땅에는 모든 철학에 있는 것보다 더 많은 것이 있다"는 것이 사실이라 해도, 철학적인 탐험이 없다면 하늘은 물론이고 땅에 있는 것도 충분히 표현하지 못하리라는 것도 사실이다. 어쨌든 나는 선택의 여지가 없다. 근대인은 〈관념〉의 인간이고 그들이 쓰는 지역 언어는 철학이니까. 우리가 "타자들"—이전의 타자들—과 가이아—진정 다른 〈타자〉—를 정면으로 마주할 작은 기회라도 갖기를 원한다면, 우선 근대인의 특이한 지역적 존재론에 집중해야 할 것이다.

**우선 목표는 경제와 생태 사이에서
동요하는 사람들을 따라가는 것이다.**

여하튼 시대가 지난—또는 누군가 아마도 조금 성급하게 그렇게 주
장한—〈거대서사〉와 같은 재료로 만들어진 대체 서사를 근대인에게 제
공하지 않는다면, 그들이 소중히 여기는 주제인 근대화 전선에 대한 애
착을 고치지 못할 것이다. 곤란함과는 곤란함으로 싸우고, 형이상학적
인 기계에는 더 큰 형이상학적인 기계로 맞서야 한다. 미국 언론에서
"스토리텔링" 옹호자들이 말하듯이 외교관들도 "서사"가 필요하다. 왜
근대인은 주거 공간, 거주지, 도시 계획에 대한 권리를 갖지 못한 유일
한 사람들인가? 그들은 어쨌든 대체로 꽤 아름다운 도시들을 가지고 있
고, 도시 거주자이고 시민이며 자신들이 "문명화"되었다고 말한다(때때
로 그렇게 말해진다). 왜 우리는 그들에게 더 편안하고 편리하며 그들의
과거와 미래를 모두 고려하는 거주 형태—어떤 면에서 보다 지속 가능
한 거주지—를 제안할 권리가 없단 말인가? 그들이 거기서 편히 지내지
못할 이유가 무엇인가? 오랫동안 그들을 집 없는 존재로 만들었고—그
리고 바로 그 이유로 그들이 지구에 화염과 살육을 가져오게 한—영원
한 유토피아 속에서 그들이 왜 계속 헤매야 한단 말인가?

그 가설이 터무니없다는 것은 나도 잘 안다. 그러나 고객들에게 집의
새로운 형태, 그리고 방과 기능의 새로운 분배를 제안하는 건축가의 프
로젝트, 혹은 더 낫게는 형태와 기능을 재분배함으로써 정말 새로운 도
시를 상상하는 도시계획가와 마찬가지로, 그 가설도 무분별하지는 않
다. 공장은 여기 두고, 지하철은 저기서 다니게 하고, 이 지역에서는 차
량 운행을 금지하는 등등. 그것은—타자들을 위한—외교의 문제가 아

니라—자신들을 위한—편의의 문제일 것이다. "그리고 과학을 저기에 두고 정치를 이쪽으로 옮기고 법을 바닥에 놓고 허구를 이곳으로 움직이면, 좀 더 편하지 않겠는가? 사람들이 말하곤 했듯이 편의성이 더 커지지 않겠는가?" 다시 말해 근대성의 리콜이라는 이 사업 전체를 거대한 디자인의 문제로 변환하면 어떨까?

그런 허황된 가설은 그에 합당한 유일한 테스트를 통해 판단해야 한다. 즉, 잠재 거주자들이 거기서 더 편안하게 느낄 것인가? 더 살 만한가? 그리고 그것이 바로 내가 앞에서 외교의 이름으로, 그리고 제도라는 아직은 모호한 관념으로 말했던 테스트이다. 사실 모든 것은 바로 이 문제다. 안정적이지는 않더라도 적어도 지속 가능하고 적당한 거주지에서 근대인을 살게 할 수 있을까? 더 단순하고 근본적으로 말하자면, 결국 그들에게 거주 공간을 제공할 수 있을까? 오랫동안 사막에서 헤매고 난 후 이제 그들은 〈약속의 땅〉이 아니라 지구 자체, 간단히 말해 자신들의 발밑과 주위에 동시에 있는 유일한 것, 알맞게 가이아라고 이름 붙여진 것에 도착하기를 희망하는가?

그 문제는 흔히 생각하는 만큼 한가하지 않다. 지난 3세기 동안의 모험이 경제로부터 생태로의 이중의 퇴거에 대한 이야기로—〈거대서사〉라고? 맞다. 인정한다—요약될 수 있다는 것을 기억한다면 말이다. 경제*economy*와 생태*ecology*는 오이코스*oikos*라는 친숙한 거주지의 두 가지 형태이다. 우리가 알고 있듯이 전자는 거주 불가능하며 후자는 아직 우리를 위해 준비되어 있지 않다! 전 세계가 "〈경제〉" 안으로 이주하도록 강제되었다. 우리는 이제 "〈경제〉"가 유토피아—아니, 그보다는 디스토피아, 즉 인민의 아편 같은 어떤 것—에 불과하다는 것을 안다. 우리는 지금 무기와 짐을 가지고 "생태"라고 불리는 새로운 주거지로 갑자기

이주하라고 요청받고 있다. "생태"는 우리에게 더 살 만하고 지속 가능한 것으로 팔렸지만, 당장은 우리가 그토록 떠나고 싶어 하는 〈경제〉처럼 형태나 실체를 갖추고 있지는 않다.

그렇다면 근대화하는 이들이 우울해하는 것은 놀랄 일이 아니다. 그들은 인공 낙원에서 두 번이나 쫓겨난 이중의 난민이고, 할부로 구입한 거주 공간을 어디에 두어야 할지 알지 못한다! 있는 그대로 말하자면 그들은 어디에서 정착해야 할지 모른다. 그들은 이동 중인 여행자이며, 살던 곳을 떠나와서 지금 경제라는 디스토피아와 생태라는 유토피아 사이를 떠돌고 있는 무리다. 그들은 피난처를 설계해줄 수 있고 임시 거주지의 도안을 보여줄 수 있는 도시계획가를 필요로 한다. 이처럼 일반화된 거주 위기 앞에서 겸양은 반역일 것이다. 어쨌든 철학은 적당했던 전통이 없다. 가브리엘 타르드가 그랬듯이 철학은 항상 외친다. "가설을 세운다 *Hypotheses fingo*!"

1부

How to Make an Inquiry into

근대인의 존재양식에 대한 탐구를
어떻게 가능하게 할 것인가

the Modes of Existence of the Moderns Possible

1장

탐구의 목표를 정의하기

연구자가 근대인들 속으로 현장조사에 나선다 ▶ 행위자−연결망이라는 관념 덕분에 영역 경계를 존중하지 않으면서 ▶ 행위자−연결망 관념은 과정으로서의 연결망과 결과로서의 연결망을 구별할 수 있게 한다.

탐구는 첫 번째 존재양식인 연결망[NET]을 특정한 "통과"를 통해 정의한다.

그러나 연결망[NET]은 가치를 규정하지 못한다는 한계가 있다.

법은 특정한 이동 양식을 통해 비교 지점을 제공한다.

따라서 영역이나 연결망 관념에 의존하지 않는 "경계"의 정의가 있다.

객관적 지식의 확장 양식을 다른 유형의 통과들과 비교할 수 있다.

따라서 어떠한 상황도 [NET] 유형에 대한 파악 및 연속성과 불연속성 간의 특정한 관계를 통해 정의할 수 있다.

세 번째인 종교적 유형의 "통과" 덕분에 연구자는 가치를 발견하기 어려운 이유를 알 수 있다 ▶ 그것은 제도와의 매우 특정한 관계 때문이다 ▶ 그리고 이로 인해 연구자는 가치의 역사와 가치의 간섭을 고려해야 한다.

연구자가 근대인들 속으로 현장조사에 나선다 ▶

"서구 사회"의 **가치**VALUE 체계를 재구성해보겠다는 생각을 가진 인류학자가 있다고 가정해보자―서구의 정확한 경계는 이 단계에서 중요하지 않다. 또한 인류학자는 훌륭한 최근 저자들의 글을 읽고, 근대인에 관한 연구를 인류학의 고전적인 현장들과 피상적으로 유사한 측면―다양한 민속문화, 마을 축제, 고대의 유산, 여러 고풍스러운 특징 등―으로 제한하려는 유혹에서 벗어났다고 가정해보자. 먼 곳에 있는 사회를 연구하는 인류학자들을 충실히 모방하기 위해서 그는 주변부나 흔적, 잔재보다는 과학, 경제, 정치, 법 등 근대적 제도들의 핵심에 초점을 맞추어야 하며, 그것들을 서로 연결된 하나의 집합으로 모두 동시에 다뤄야 한다는 것을 잘 알고 있다.

더 어렵고 적어도 흔하지 않은 경우이긴 하지만, 이제 그가 **옥시덴탈리즘**OCCIDENTALISM에 저항할 줄 안다고 가정해보자. 가까운 것에 적용되는 **이국주의**EXOTICISM의 한 형태인 옥시덴탈리즘은 칭찬이든 비판이든 서구가 자기 자신에 대해 하는 말을 믿는 경향이 있다. 근대주의가 자신에 대해 하는 설명이 실제로 그 자신에게 일어난 일과 무관할 수도 있다는 것을 우리 연구자는 이미 잘 알고 있다. 한마디로 그는 진정한 인류학자이다. 그는 **행위 과정**COURSES OF ACTION을 오랫동안 깊이 분석해야 정보원들의 진정한 가치 체계를 발견할 수 있음을 알고 있다. 그는 정보원들 속에서 살아가고 그들의 환영을 받았으며 그들이 자신의 가치 체계에 대해 설명하는 방식에 주의를 기울여야 하지만, 그것에 너무 많은 중요성을 부여하지 않아야 한다는 것을 알고 있다. 어쨌든 분명한 것은 그것이 상상할 수 있는 가장 통상적인 민족지적 방법이라는 것이다.

그럼에도 불구하고 어디서부터 시작해야 할 것인가 하는 문제가 그에게 상당히 복잡하게 느껴진다면, 그것은 근대인이 〈법〉, 〈과학〉, 〈정치〉, 〈종교〉, 〈경제〉 등 분명히 서로 연관되면서도 구별되는 **영역들**DOMAINS의 형태로 인류학자 앞에 나타나며, 그는 그것들이 결코 서로 혼동되어서는 안 된다고 들었기 때문이다. 게다가 연구자는 자신을 하나의 영역으로 제한해야 하고, "모든 것을 한 번에 다 파악하려고 하지 말라"는 강한 조언을 들었다. 영토들이 경계선으로 구분되고 대비 색으로 표시되는 지도의 은유가 사용되는 것도 자주 보았다. 누군가가 "〈과학〉 안에" 있으면 "〈정치〉 안에" 있지 않고, "〈정치〉 안에" 있으면 "〈법〉 안에" 있지 않다고 확신하는 식으로 말이다.

정보원들이 이런 구별에 집착하는 것은 분명하지만, 인류학자는 그런 영역 이야기가 거짓이라는 것을 이내 깨닫는다(현장조사를 몇 주만 해도, 심지어 신문만 읽어도 알 수 있을 것이다). 이를테면 그는 소위 "〈과학〉" 영역은 오히려 〈정치〉에 속할 것 같은 요소들로 가득하고, 〈정치〉

영역은 〈법〉에서 온 요소들로 가득하며, 〈법〉 영역도 주로 〈경제〉에서 온 방문자나 탈주자들로 이루어져 있다는 것을 알게 된다. 〈과학〉의 모든 것이 과학적인 것은 아니고, 〈법〉의 모든 것이 법적인 것은 아니며, 또한 〈경제〉의 모든 것이 경제적인 것은 아니라는 점이 그에게 곧 분명해진다. 한마디로 근대인의 영역들에 따라 연구를 해나갈 수 없다는 것을 깨닫는다.

그는 다른 기준점을 어떻게 찾을 수 있을까? 우리는 인류학자가 전적으로 그에 해당하는 가치로만 구성된 제도를 발견하기를 기대할 정도로 순진하다고 가정할 수 없다. 마치 〈종교〉에서 모든 것이 "종교적"이고, 〈과학〉에서 모든 것이 "과학적"이며, 〈법〉에서 모든 것이 "법"과 관련되는 것처럼 말이다. 대신 그는 비판적이거나 냉소적으로 되려는 유혹에 저항할 만큼 충분히 지성적이라고 가정할 수 있을 것이다. 즉, 그는 〈과학〉에 정치적 "차원" 혹은 "측면"이 있거나 〈법〉에 경제적 차원이 있거나 〈종교〉에 법적 차원이 있는 것에 놀라며 시간을 낭비하지는 않을 것이다. 아니, 오히려 그는 동질적인 경계선으로 구분되는 별개의 영역들이라는 관념이 그리 타당하지 않다는 결론에 침착하게 도달한다. 나아가 그는 지도학적 은유는 한쪽으로 제쳐둔 채 자신이 여전히 정보원의 가치 체계를 확인하기를 희망한다면 완전히 다른 조사 도구가 필요하다는 것을 알게 된다. 바로 경계선이라는 것이 동질적인 두 가지 집합을 나누는 구분선이라기보다는 이질적인 요소들 간의 경계를 가로지르는 통행crossborder traffic을 증대시키는 선이라는 사실을 고려하는 조사 도구 말이다.

◀ 행위자-연결망이라는 관념 덕분에
영역 경계를 존중하지 않으면서 ▶

　인류학자가 우연히 **연결망**NETWORK이라는 관념을—어쩌다 **행위자-연결망**ACTOR-NETWORK이라는 관념까지도(그렇게 터무니없는 가설은 아니다)—접하게 되었다고 가정해보자. 그는 예컨대 〈과학〉이 〈정치〉나 〈경제〉, 〈종교〉와 구별되는 영역인지 묻는 대신, 실천의 어떠한 부분에서든 기꺼이 시작할 것이다. 예를 들어 그가 실험실에 들어간다. 거기서 하얀 실험 가운과 유리 시험관, 미생물 배양액, 각주가 달린 논문 등을 발견한다. 그 모든 것이 그가 실제로 "〈과학〉 안에" 있음을 나타낸다. 그러나 이제 그는 집요하게 정보원들의 작업 수행에 필요한 일련의 구성 요소들ingredients의 기원에 주목하기 시작한다. 그런 방식으로 해나가며 그는 구성 요소들의 목록을 빠르게 재구성하는데, 이 목록은 (영역이라는 관념과는 상반되게) 항상 더 많은 이질적 요소들을 포함하고 있다는 사실로 특징지어진다. 단 하루 동안 그는 특허 문제를 처리하러 온 변호사, 윤리적 문제를 논의하러 온 목사, 새 현미경을 수리하러 온 기술자, 보조금에 대한 투표를 이야기하러 온 선출직 공직자, 신생 기업의 출범을 논의하려는 "엔젤 투자자", 새로운 발효제 개발에 관심 있는 기업인 등등의 방문을 볼 수 있다. 정보원들이 이 모든 행위자가 실험실의 성공에 필요하다고 장담했으니, 인류학자가 무수히 많은 삭제 흔적으로 끊임없이 도전받고 있는 영역 경계boundaries를 식별하려고 하는 대신, 어느 것이든 주어진 요소의 연결connections을 따라가 그것이 어디로 이어지는지 찾아내는 것을 누구도 더 이상 막을 수 없다.

　인류학자가 별개의 영역이라는 관념과 전혀 다른 위상학을 가진 연결망 관념을 발견하고 적어도 처음에 크게 만족스러웠다는 것은 인정해야 한다. 서로 다른 부분들에서 시작하더라도 그러한 연결을 모두 다 따라갈 수 있으므로 특히 더 그러하다. 예컨대 그가 특허를 수단으로 사용하기로 했다면 실험실, 변호사 사무실, 이사회, 은행, 법원 등을 차례로 방문하게 될 것이다. 그러나 다른 수단을 택한다면 마찬가지로 이질적인 다른 유형의 실천들을 각 경우마다 서로 다른 순서로 모두 방문하게 될 것이다. 인류학자가 일반화하기 좋아한다면 〈과학〉 영역이나 〈법〉 영역, 〈종교〉 영역, 〈경제〉 영역 같은 것은 없으며, 실제로 있는 것은 연결망들이라고 결론지을 것이다. 그러한 연결망들은 그 모든 오래된 영역들에서 차용되고 매번 다른 방식으로 재분배되는 실천의 요소들을 언제나 새로운 분절 방식에 따라 결합associate하며, 경험적 조사에 의해서만 발견될 수 있다.

◉ 행위자–연결망 관념은 과정으로서의 연결망과 결과로서의 연결망을 구별할 수 있게 한다.

인류학자는 영역 관념을 가지고는 다른 모든 것이 불가해하게 움직이는 것을 그저 바라보면서 한 장소에 머물고 있을 수밖에 없다. 그러나 연결망 관념은 인류학자에게 자신이 따라가고 싶은 행위자들과 동일한 이동의 자유를 준다. 오해를 피하기 위해서 우리 연구자에게 연결망이란 예컨대 철도 운송망이나 상수도망, 하수도망, 휴대전화 연결망처럼 단지 기술적 장치만이 아니라는 점을 분명히 해두자. 이 용어에 대한 모든 비판에도 불구하고 연결망이라는 용어에는 여러 이점이 있다. 우선 구체적으로 나타내기 쉽다(우리는 하수도 연결망, 케이블 연결망, 스파이 연결망 등에 대해 이야기한다). 다음으로, 이동되고 있는 것과 이동을 가능하게 하는 것을 혼동하지 않으면서 흐름에 주의를 기울이도록 만든다(인터넷이 이메일"로" 만들어지지 않듯이 송유관도 휘발유"로" 만들어지지 않는다). 마지막으로, 연결망은 사소한 중단만으로도 작동 실패를 불러올 수 있을 정도로 강력한 연속성 제약을 설정한다(송유관이 누출되면 운영자는 밸브를 닫아야 하고, 와이파이 구역에서 3미터만 이동해도 "네트워크 커버리지"가 더 이상 없다는 표시가 나오며 연결이 끊어진다).

그러나 연결망이라는 단어가 그것의 기술적 유래에서 겸손, 기술성, 물질성, 비용이라는 환영할 만한 함의를 지니고 있더라도(연결망은 항상 모니터링되고 유지보수되어야 한다는 점을 잊지 않게 해주더라도), 우리의 민족학자ethnologist가 관심을 두는 연결망 관념은 우리가 앞으로 염두에 두어야 하는 매우 특별한 이중 운동double movement으로 정의된다. 휴대전화 연결망을 통해 정보가 순환할 수 있다는 사실은 휴대전화 연결망이 지금 당장 장애 없이 작동하도록 구성된 방식에 대해서는 아무것도 알려주지 않는다. 즉, 모든 요소가 제자리에 있고 모든 것이 제대로 돌아가고 있을 때 휴대전화의 디지털 화면에서 우리가 추적할 수 있는 것은 세로 막대의 일정한 수로 (보통 1에서 5까지) 표시되는 신호의 품질뿐이다. 따라서 기술적 연결망이라는 일반적인 의미에서의 "연결망"은 우리 연구자가 관심을 두는 의미에서의 "연결망"의 뒤늦은 결과이다. 연구자가 후자의 연결망을 따라가고자 한다면, 신호의 품질을 확인할 것이 아니라 다수의 제도, 감독 기관, 실험실, 수학 모델, 안테나 설치자, 표준화 기구, 무선전파의 유해성에 관한 논쟁에 참여하는 항의자들을 차례로 방문해야 한다. 요컨대 이 모든 것이 궁극적으로 휴대전화가 수신하는 신호에 기여한다. "연결망"이라는 단어가 갖는 두 가지 의미의 구별은 연구자가 철도에 관심을 가져도 마찬가지일 것이다. 즉, 선로를 따라가는 것은 프랑스 국영 철도 회사를 조사하는 것과 같지 않다. 그 단어를 좀 더 은유적으로 써서 "영향력의 연결망"을 조사하는 경우에도 마찬가지일 것이다. 여기서도 모든 것이 제자리에 있을 때 순환하는 것과 그러한 순환을 가능하게 하는 배치를 혼동해서는 안 된다. 여전히 의구심이 든다면 영화 「대부」를 다시 재생해보면 된다. 영향력이 마침내 도전받지 않고 순환하기 시작하려면 먼저 얼마나 많은 범죄가 저질러져야 하는가? "거절할 수 없는 제안"이란 정확히 무엇인가?

따라서 같은 "연결망"이라는 단어를 쓰면서 우리는 모든 것이 제자리에 있을 때 순환하는 것과, 순환에 필요한 이질적 요소들의 집합이 이루는 배치를 혼동하지 않도록 주의해야 한다. 러시아가 제국을 계속 운영할 수 있게 해주는 천연가스는 코카서스의 가스전gas fields에서 프랑스의 가스난로로 지속적으로 순환하지만, 이 순환의 연속성과 애초에 순환을 가능하게 만든 것을 혼동한다면 커다란 오류일 것이다. 다시 말해 가스관은 "가스로" 만들어진 것이 아니라 강철관, 펌프장, 국제 조약, 러시아 마피아 단원, 영구 동토층에 고정된 철탑, 동상에 걸린 기술자, 우크라이나 정치인 등으로 만들어지는 것이다. 불을 붙이기만 하면 되는 가스의 특성과 그러한 가스를 얻기 위해 거쳐야 하는 연결망 사이에는 엄청난 거리가 있다. 전자는 생산물이고 후자는 실제로 존 르 카레 스타일의 소설이다. 더욱이 지정학적 위기로 가스 공급이 중단되면 누구나 이것을 알아차린다. 위기가 발생했을 때, 더 일반적으로는 "연결망 중단"(휴대전화의 확산으로 우리 모두 이 표현을 알게 되었다)이 발생했을 때, "연결망"이라는 단어의 두 가지 의미(제자리에 있는 것과 그것을 제자리에 있게 하는 것)가 서로 만나게 된다. 그러면 모두가 "공급이 재개"되려면 함께 결합되어야 하는 일련의 요소들을 처음부터 다시 탐색하기 시작한다. 당신은 우크라이나와 리조토 요리하기 사이의 연관성을 예견한 적이 있는가? 그렇지 않을 것이다. 그러나 지금 그 연관성을 발견하고 있다. 이런 일이 당신에게 일어난다면, 당신은 가스가 당신의 난로까지 도달하려면 우크라이나 대통령의 기분을 통과해야pass through 한다는 것을 알고 약간 놀랄 것이다. 연결망이라는 개념 뒤에는 항상 그런 움직임, 그런 놀라움이 있다.

우리의 친구인 민족학자가 구별되지만 보완적인 두 가지 현상—즉, 한편으로는 불연속적인 일련의 이질적 요소들을 모집하거나 구성할 수 있게 해주는 탐색적 작업, 그리고 다른 한편으로는 모든 요소가 제자리에 있고 유지가 보장되고 위기가 발생하지 않을 때 연속적인 방식으로 순환하는 것—을 다루는 데 사용할 수 있는 이 단일한 관념에 관심을 두는 이유를 이해하는 것은 어렵지 않다. 첫 번째 의미의 연결망 구축을 따라가다 보면 두 번째 의미의 연결망 또한 따라갈 수 있을 것이다. 물리학에서 정지 상태가 운동의 한 측면인 것처럼, 지속적이고 안정적이며 유지되는 연결망도 알고 보면 이질적 결합들로 구성되는 연결망의 특수한 경우이다. 따라서 민족학자가 이미 짐작했듯이, 결합의 운동과 예상치 못한 요소들을 통과하는 과정이 그의 특권적 도구가 될 수 있을 것이다. 그것은 이를테면 그가 실천의 확장에 필요한 구성 요소들을 발견하면서 경험하는 수많은 놀라움을 점점 더 빨라지는 찰칵 소리로 나타내는 가이거 계수기와 같다.

탐구는 첫 번째 존재양식인 연결망[NET]을
특정한 "통과"를 통해 정의한다.

이제 연결망이라는 관념을 좀 더 구체화할 수 있다. 연결망은 어떤 시험trial—민족지 조사라는 놀라움의 시험—을 통해 밝혀진 일련의 결합들associations을 가리키며, 이러한 시험은 특정 행위의 연속성을 얻기 위해 어떤 일련의 작은 불연속성들을 통과pass해야 하는지 이해할 수 있게 해준다. 행위자-연결망 이론의 핵심에 있는 이러한 **자유 결합**FREE ASSOCIATION의 원칙—더 정확히 말하면 이러한 **비환원**IRREDUCTION의 원칙—은 많은 관찰자에게 그들의 정보원만큼이나 자유롭게 이동하며 연구할 수 있는 여지를 허용함으로써 그 비옥함을 입증했다. 이것이 관찰자 겸 조사자가 처음 사용하려는 원칙이다.

근대인이 그에게 가리킨 저 오랜 영역들을 연구하기 위해 우리 인류학자는 이제 연결망이라는 도구를 갖게 되었다. 여기서 연결망은 적어도 처음에는 그를 놀라게 하는 또 다른 요소를 통과하는 특정 방식으로 정의된다. 예를 들어 실험실 생활에서 행위 과정의 연속성은 작은 중단들interruptions, 약간의 공백들hiatuses 없이는 보장되지 않으며 민족지는 점점 더 늘어나는 그러한 목록을 계속 추가해야 한다. 말하자면 행위 과정의 연속성은 (테니스에서 말하는 패싱샷처럼) 특정한 **통과**PASS에 달려 있는 문제이며, 이는 어떠한 개체가 습관적인 사건의 경로 속에서 어떤 단계, 도약, 문턱의 중개를 거쳐 다른 개체를 경유해 통과하는 것으로 이루어진다.

이미 일이 벌어지고 난 뒤에 외부에서 새로운 구성 요소를 발견하는 민족학자가, 그전에 행위가 진행 중일 때 내부에서 그것을 발견한 실험실 책임자와 같은 방식으로 그러한 통과를 경험할 것이라고 가정하는 것은 터무니없는 일이다. 기록된 놀라움은 관찰자만의 것이다. 무지한 그는 정보원들이 이미 아는 것을 발견해 나간다. 민족학자들은 모두 이런 상황에 익숙하며 그러한 순간이 조사에 얼마나 필수적인지 잘 알고 있다. 그러나 놀라움과 시험trial이라는 관념은 시간을 약간만 뒤로 이동하면 정보원들 스스로가 프로젝트의 존속을 위해 그들 역시 통과해야 했던 어떤 요소를 자신의 입장에서 어떻게 배우게 되었는지를 분명히 밝히는 데에도 도움이 될 수 있다. 어쨌든 우리 민족학자가 처음 연구 대상으로 선택한 실험실 책임자는 자신의 프로젝트가 결실을 보려면 특허 출원 절차를 "통과"해야 한다는 사실을 불과 몇 년 전에야 알게 되었다. 실험실 책임자는 그것을 "예상치 못했다." 그는 자신이 그 장애물을 "통과"해야 한다는 걸 알지 못했던 것이다.

놀라움이라는 관념은 연구자와 정보원에게 공통된 것으로 이해될 수 있다. 아무리 사소한 위기나 논란, 고장이라고 해도 그들 모두가 목록에 추가되어야 하는 예상치 못한 새로운 요소를 맞닥뜨릴 수 있으며, 그들 중 누구도 기대치 않은 상황에 직면할 수 있다는 점에서 특히 더 그렇다. 예를 들어 불만을 품은 경쟁자가 "특허 침해"로 고소하는 경우, 이를 예상하지 못했다면 이번에는 변호사를 "통과"하거나 아니면 파산을 각오해야 한다. 그래서 실험실 전체와 민족학자는 자신들이 계속 기능하려면 존재를 위해 필요한 것들의 목록에 예상치 못한 새로운 요소를 추가해야 한다는 것을 배우게 될 수밖에 없다. 그들의 눈앞에서 연결망은 더욱 풍부해지고 복잡해지며 적어도 한층 확장되고 있다.

이제부터 어떤 개체의 존재existence를 위해 필요한 다른 개체들을 탐색하는 이 첫 번째 양식을 연결망network을 나타내는 [NET]로 표시하겠다. (이 탐구 전체에 걸쳐서 새로운 용어의 발명을 피하고자 전통적인 영역들의 관습적인 이름—〈법〉,〈종교〉,〈과학〉 등—을 유지할 것이다. 그러나 그런 이름에 정확한 전문적 의미를 부여하고자 할 때는 세 알파벳 철자로 된 코드를 사용하겠다. 전체 목록은 부록에서 확인할 수 있다.)

그러나 연결망[NET]은 가치를 규정하지 못한다는 한계가 있다.

우리 인류학자는 자신의 발견이 꽤나 자랑스럽지만, 연결망의 실 가닥을 따라가면서 이동의 자유를 얻은 대신 특유성specificity을 상실했다는 사실을 알아차리고 열정이 조금 누그러진다. 이렇게 정의된 연결망 덕분에 그가 자신이 선택한 수단을 이용해 영역 경계에 상관없이 실로 어디든 돌아다닐 수 있게 된 것은 사실이다—정보원들은 이론상으로는 그에게 영역 경계를 부과하고자 하지만 실제로는 그들도 그와 마찬가지로 영역 경계를 아무렇지도 않게 가로지른다. 그러나 그는 〈법〉이나 〈과학〉,〈경제〉나 〈종교〉의 부분들을 연구하면서 자신이 그것들 모두에 대해 거의 같은 것을 말하고 있다고 느끼기 시작하고 혼란에 빠진다. 즉, 그것들이 "조사를 통해 밝혀진 예상치 못한 요소들로 이질적으로 구성되어 있다"고 말하고 있는 것이다. 확실히 그는 정보원들과 마찬가지로 한 가지 놀라움에서 또 다른 놀라움으로 옮겨가지만, 놀랍게도 이러한 놀라움은 각 요소가 같은 방식으로 놀라워지기 때문에 이제는 어떤 면에서 놀랍지 않게 된다.

이제 그가 강하게 느끼는 것은, 정보원들이 자신의 작업을 수행하기 위해 동원해야 하는 실로 놀랄 만큼 다양한 개체들의 목록을 작성하기로 그에게 동의할 때조차도, 결국에는 계속해서 (이것은 자기기만인가?

허위의식인가? 환상인가?) 그들이 실상 때로는 법, 때로는 과학, 때로는 종교 등을 행하고 있다고 조용히 단언한다는 것이다. 영역이라는 관념은 무의미하지만(그는 이 문제를 다시 열고 싶지 않다), 모든 일이 마치 연결망에 어떤 경계, 어떤 내적 한계가 있는 것처럼 일어나며 연결망 관념 때문에 그가 그것을 포착할 수 없는 것처럼 보인다. 영역들 사이에 경계선은 없지만, 영역들 사이에 실재적인 차이는 있다고 그는 자신에게 말한다.

우리의 친구는 여기서 교착 상태에 봉착한다. 결합associations의 다양성을 유지할 것인가, 아니면 가치values의 다양성을 존중할 것인가? 결합의 다양성을 유지한다면 가치의 다양성을 잃게 된다(가치들은 "마구 섞여서는 안 된다." 정보원들은 이 점을 고수하는 것 같다). 가치의 다양성을 존중한다면(〈과학〉은 〈정치〉와 같지 않고 〈법〉은 〈종교〉가 아니다 등등), 영역이라는 관념 외에는 이러한 대조를 수집할 방법이 없으나 그는 영역 관념이 시험을 견뎌내지 못한다는 것을 잘 알고 있다. 첫 번째 형태의 다양성은 결합의 극단적 이질성에 계속 주의를 기울일 수 있게 해주고, 두 번째 형태의 다양성은 올바른 도구를 가지고 있다면 특정한 연결망에서 순환하는 것으로 보이는 가치의 유형을 규정하고 그것에 특유한 음조tonality를 부여할 수 있도록 해준다. 이 두 가지 다양성을 모두 유지하기 위해 그가 무엇을 해야 할 것인가?

처음에는 기술적 연결망의 은유가 인류학자에게 계속 도움이 된다. 연결망 배치와 그러한 배치의 결과물—즉, 휴대전화 신호나 전기, 철도, 영향력, 가스 등과 같은 특정 유형의 자원의 지속적인 공급—을 구별할 수 있게 한다는 점에서 그렇다. 그가 스스로에게 이렇게 말한다고 생각해보자. 내가 재구성하려는 가치 체계에 대해서도 같은 것이 적용된다고 말이다. 즉, 가스관이 가스"로" 구성된 것이 아닌 것처럼 〈법〉도 법 "으로" 구성된 것이 아니라는 것은 확실하지만, 일단 법적 연결망이 제 자리에 놓이면(그가 이제 이해하듯이 다수의 법적이지 않은 요소들을 통해 확립되면), 그러한 연결망이 실제로 "법의" 공급을 보장한다. 가스나 전 기, 영향력, 전화 서비스가 (종종 동일한 지하 통로를 공유하더라도—특히 영향력이 그렇듯!) 서로 혼동되지 않고 각각의 연결망으로 규정될 수 있 는 것처럼, 과학과 법, 종교와 경제 등에서도 "정기적인 공급"을 규정하 는 데 동일한 용어를 사용하는 것이 어떨까? 이것들은 [NET] 유형의 일련의 결합으로 정의될 수 있는 연결망들이지만, 그 안에서 지속적이 고 신뢰할 수 있는 방식으로 순환하는 것은 (큰 비용을 들여 규칙적으로 유지된다면) 실제로 여러 가치와 각종 서비스, 구별되는 제품들을 공급 하는 것이다.

이 타협책을 통해 인류학자는 조사 작업에서 봉착했던 교착 상태에 서 벗어날 것이고, 더 중요하게는 모든 활동에 대해 똑같은 말을 함으로 써—그를 환영하고 그에게 정보를 제공하고 자신의 일을 가르쳐주는 인내심 있는—정보원들에게 불필요한 충격을 주는 일을 멈출 수 있을 것이다. 그는 자신이 들은 말—현장은 연속된 영역들로 조직되어 있지 않다—을 의심할 줄 알면서도 그와 동시에 정보원들이 정당하게 애착 을 갖고 있는 가치의 다양성을 존중할 수 있을 것이다.

불행하게도 오래지 않아 인류학자는 기술적 연결망이라는 은유가 자 신이 정의하려는 연결망들의 구체적 특질을 나타내는 데 충분하지 않 다는 것을 깨닫게 된다. 그가 가스 생산자들에게 질문을 하면, 그들은 분명 특정 가스관을 건설하는 데 필요한 수많은 변수들의 놀라운 목록 을 보여줄 것이고 그중 상당수는 예측 불가능할 것이다. 그러나 그들은 운송되는 제품에 대해서는 전혀 의심하지 않을 것이다. 가스는 냄새는 없지만 화학적 구성과 흐름, 가격으로 쉽게 특징지을 수 있기 때문이다. 더 정확히 말하자면, 그리고 이것이 인류학자를 가장 화나게 하는 것인데, 그와 정보원들은 어떤 주어진 문장이 "법적"인 반면 다른 문장은 그렇지 않다는 것, 어떤 태도는 "과학적인 무언가가 있는" 반면 다른 태도는 그렇지 않다는 것, 어떤 감정은 "종교적"인 반면 다른 감정은 불경하다는 것을 어떠한 상황에서도 즉각 감지할 수 있다. 그러나 이러한 매우 정확한 판단에 의해 지정된 것의 본성을 규정qualifying할 때, 정보원들은 일관성 없는 진술들에 의지하며 이상적인 제도와 수많은 공중누각을 발명해서 그러한 진술들을 정당화하려 한다. 연결망 관념을 통해 그는 긍정적인 경험적 조사를 할 수 있는 도구를 갖게 되었지만, 연결망들이 전달한다고 주장하는 각각의 가치에 대해서는 그가 파악할 수 없을 만큼 정교하게 연마된 "뭐라고 표현할 수 없는 어떤 것"만을 갖고 있을 뿐이다.

그러나 그는 진정한 인류학자이다. 그는 긍정적 조사를 포기해서도 안 되며, 가치들을 정의하는 "뭐라고 표현할 수 없는 어떤 것"이 그를 어딘가로 이끌 것이라는 확신도 포기해서는 안 된다는 것을 알고 있다. 어쨌든 그는 아주 어려운 탐구와 씨름하고 있다. 영역 관념이 적당치 않다면 연결망 관념 자체도 그렇다. 그러므로 그는 조금 더 나아가서 연결망들에서 순환하는 가치들을 규정할 수 있게 될 때까지 계속 다시 시작해야 할 것이다. 근대인을 재정의할 수 있게 해주는 것은 바로 이 두 가지 요소의 결합이다—그는 이제 이를 확신한다. 가치, 영역, 제도, 연결망 사이에서 근대인이 확립한 관계가 아무리 얽혀 있다고 해도, 우리 인류학자가 주의를 돌려야 할 곳은 바로 여기다. 그가 앞으로 나아갈 수 있게 해주는 것은 자신이 이미 현장조사에서 연결망들의 움직임과 공통점이 있는 행위 과정들과 마주쳤다는 우연한 깨달음이다. 즉, 그런 행위 과정들 또한 불연속성을 도입함으로써 **통과**PASS를 정의한다. 그것이 그의 진정한 "유레카" 순간이다.

법은 특정한 이동 양식을 통해 비교 지점을 제공한다.

확실히 그것들은 동일한 통과나 동일한 불연속성은 아니지만 그럼에도 불구하고 가족 유사성을 공유한다. 인류학자가 정확히 이해하고 있듯이 법적 제도가 법"으로" 또는 법 "안에서" 만들어지는 것은 아니다. 좋다. 그런데 우리 민족학자는 조사 과정에서 법에 매우 특유한 움직임이 있다는 것을 발견했다. 법 전문가들이 그다지 중요하게 여기지 않고 그저 **수단**MEANS/MOYEN이라고 부르는 것이다. 그들은 몇 분마다 이렇게 말한다. "합법적 수단이 있는가?" "이것은 적당한 수단이 아니다." "이 수단으로는 아무것도 안 된다." "이 수단은 우리를 몇 가지 다른 방향으로 이끌 수 있다." 등등. 그는 작업 과정에서 성난 원고들이 제기하는 모양을 갖추지 못한 요구가 먼저 변호사를 거쳐 판사에게 전달되고 판결을 통과하기 전에 그들이 거기서 소위 법적 "수단"을 "추출"하는 변형 과정을 따라가 보기도 했다. 다소 불명료한 고발, 적합한 형식에 따른 요청, 당사자들의 주장, 판결 사이에서 그는 다른 어떤 것과도 닮지 않은 궤적trajectory을 추적할 수 있다. 물론 상호 연결된 모든 요소는 서로 다른 세계에 속하지만, 그것들이 연결되는 양식은 완전히 특유한specific 것이다(이는 13장에서 다시 살펴보겠다).

법적 세계 바깥의 관찰자에게 이 움직임은 불연속적이다. 매 단계에서 n-1, n, n+1 단계 사이에 유사성이 거의 없기 때문이다. 하지만 법 전문가에게는 이 움직임이 연속적으로 보인다. 심지어 이 특정한 움직임이 법 전문가를, 외부에서 볼 때 매우 두드러지는 일련의 공백들hiatuses에도 불구하고 그 연속성을—어려운 작업을 통해—파악할 수 있는 사람으로 정의한다고 할 수도 있다. "수단"이라는 단어가 법률 전문 사전에 나오지 않더라도 법 전문가는 그것의 의미를 이해하는 사람이며 "진정한 법 전문가에게" 그것은 명백하게 나타난다. 그러나 수단이라는 관념이 극히 모호하며, 외부 관찰자는 물론이고 원고들 자신에게도 전혀 이해할 수 없는 논리를 가진 불연속성으로 특징지어진다는 것은 어쩔 수 없다.

따라서 영역이나 연결망 관념에 의존하지 않는 "경계"의 정의가 있다.

따라서 적어도 민족학자가 보기에 여기에는 실제로 내적인 경계boundary가 있다. 그것은 법의 영역과 외부 세계 사이에 경계선border을 긋지는 않지만(최종 판결에서 원고, 변호사, 판사, 언론인은 만약 경계선이 있다면 실질적인 거르는 체가 될 정도로 모두가 "법 외적인 요인들"의 예를 거론한다), 그럼에도 불구하고 민족학자로 하여금 이 뒤섞인 모티프들 전체를 가로지르는 궤적에 특유하게 법적인 어떤 것이 있다고 말할 수 있게 한다. 우리 관찰자의 열정은 이해할 만하다. 그는 법적 활동을 유지하는 데 필요한 요소들의 기이함은 물론이고 이질성을 포기하지 않은 채 법에서 연결망의 운송물에 해당하는 것을 정의해냈다고 생각한다. 아니, 실제로 〈법〉은 법"으로" 만들어지지 않지만, 결국 모든 것이 제자리에 있고 잘 작동할 때, 법적이라고 불릴 수 있는 특정한 "유체fluid"

가 거기서 순환하며, 그것은 "수단"이라는 용어 (그리고 "절차"라는 용어) 덕분에 추적할 수 있다. 실상 여기에 절차의 작업이나 수단의 추출을 통해 한 단계에서 다음 단계로 도약하는 법 특유의 통과가 있다. 요컨대 우리가 어떻게 규정할지 배워야 할 특정한 유형의 연결, 특정한 유형의 결합이 있다.

객관적 지식의 확장 양식을 다른 유형의 통과들과 비교할 수 있다.

우리 조사자가 낙관적이라고 한다면, 이러한 통과, 이러한 유형의 변형transformation을 이번에는 소위 〈과학〉영역에 관한 연구에서 이미 확인했던 마찬가지로 놀라운 또 다른 변형과 비교할 수 있다는 것을 곧 알아차리기 때문이다. 그가 〈과학〉에서 "모든 것이 과학적이지는 않다"는 사실을 깨닫는 데 그리 오래 걸리진 않았다. 그는 심지어 과학적 사실을 유지하는 데 필요한 모든 구성 요소의 현기증 나는 목록을 작성하는 데 상당한 시간을 보내기까지 했다(더욱이 정보원들의 공식적 이론은 그런 목록을 작성하게 하지 않는다—요컨대 여기서 실험실 민족지 연구의 기여를 볼 수 있다). 그러나 지식 생산의 가장 내밀한 세부 사항으로 들어감으로써 그는 결국 너무나 다른 요소들 간의 특정한 공백으로 특징지어지는 어떤 궤적을 식별했다고 믿는다. 그 요소들은 이 궤적이 없었다면 결코 어떠한 종류의 순서로도 정렬되지 않았을 정도로 서로 다른 것들이다. 불연속적 도약들로 이루어진 이 궤적을 통해 과학 연구자는 예를 들어 효모 배양물, 사진, 도표, 다이어그램, 방정식, 사진 설명, 제목, 요약, 단락, 논문 사이에서 그것들의 연쇄적인 변형에도 불구하고 어떤 것이 유지되고 있으며 그가 멀리 떨어진 현상에 접근할 수 있게 한다고 결정할 수 있다. 마치 누군가가 저자와 현상 사이에 다른 사람들이 차례로 건널 수 있는 일종의 다리를 놓은 것처럼 말이다. 이 다리를 과학 연구자들은 "어떤 현상의 존재에 대한 증거proof를 제공하는 것"이라고 부른다.

우리 민족학자를 정말로 놀라게 한 것은 외부에서 이 행위 과정을 보는 사람에게는 그러한 증거 제시의 매 단계가 갑작스러운 불연속성 discontinuity으로 표시된다는 것이다. 즉, 도표가 그 출발점이었던 효모 배양물과 "닮지" 않았듯이 방정식도 도표와 "닮지" 않았다. 외부인에게는 매 단계가 이전 단계나 이후 단계와 "무관하지만", 이 연결망 내에서 작업하고 있는 사람에게는 연속성continuity이 실제로 존재한다. 다시 말해, 과학 연구자는 과학 연결망의 유지를 가능하게 하는 구성 요소들의 목록이 아무리 이상하더라도, 그때까지 멀리 있던 다른 것을 붙잡을 수 있게 해주는 어떤 요소의 유사성을 유지하기 위해 변형에서 변형으로 도약하여 이 경로를 따라갈 수 있는 사람이다. 그렇게 하지 못했다면 그는 아무것도 증명하지 못했을 것이며(3장과 4장에서 이 움직임을 다시 살펴볼 것이다), 뒤죽박죽인 서류 더미에서 진행할 수단을 추출하지 못하는 사람이 변호사일 수 없듯이 그도 더 이상 과학자일 수 없을 것이다. 이렇듯 전혀 다른 그 두 가지 직업이 동일한 역량capacity으로 식별된다. 그것은 일련의 불연속성을 통해 연속성을 파악하는, 그런 다음 또 다른 불연속성을 통과함으로써 또 다른 연속성을 파악하는 역량이다. 그래서 이제 민족학자는 법에서의 수단만큼이나 식별력이 있지만 완전히 구분되는 새로운 통과 유형을 가지게 된다.

그는 이제 연결망 내에서 순환하는 특정한 유체를 정의할 수 있고, 경계선으로 분리된 영역이라는 관념에 의존하지 않고도 연결망을 연구할 수 있게 되었다고 생각하니 흥분하지 않을 수 없다. 그는 자신이 근대인의 인류학을 수행하기 위한 현자의 돌, 즉 정보원들이 무엇보다도 소중히 여기는 가치들을 존중할 수 있는 독특한 방법을 발견했다고 생각한다. 그 가치들을 정당화하는 것으로 여겨지는 영역별 할당을 한순간도 믿을 필요가 없이 말이다.

〈법〉은 "법적인 것"으로 만들어지지 않지만 "법적인 어떤 것"이 그 안에서 순환한다. 〈과학〉은 "과학으로" 만들어지지 않지만 "과학적인 어떤 것"이 그 안에서 순환한다. 결국 그 상황은 가스망이나 전기망, 전화망을 비교할 수 있게 해주는 상황과 상당히 같다. 단, 순환하는 가치들의 정의가 전혀 명확하지 않고, 그것들을 확장하려 하는 사람들이 옹호하는 이론이 그 가치들의 수집을 허용하지 않는다는 것만 제외한다면 말이다.

**따라서 어떠한 상황도 [NET] 유형에 대한 파악 및
연속성과 불연속성 간의 특정한 관계를 통해 정의할 수 있다.**

우리 조사자는 이제 좀 더 강력한 도구를 사용할 수 있게 되었다. 그는 어떠한 행위 과정에서도 행위자들이 그러한 행위를 수행하기 위해 통과해야 하는 예기치 못한 구성 요소들을 식별하려 한다. 일련의 도약으로 구성된 그러한 움직임은 (우리 민족학자와 정보원들이 마주치는 놀라움으로 탐지되며) 하나의 연결망[NET]을 그려낸다. 그 이질적 연결망은 원칙적으로 어떠한 요소든 서로 결합시킬 수 있다. 어떠한 경계선도 연결망의 확장을 제한하지 않는다. 그것의 움직임을 되짚어가는 데에는 경험적 조사의 규칙 외에 다른 규칙은 없으며 각 경우, 가 계기, 각 순간마다 다를 것이다. 누군가 통과할 수 없는 경계가 존재한다며 반론을 제

기할 때마다 연구자는 그 경우를 [NET] 유형의 연결망처럼 다룰 것을 주장할 것이다. 그리고 그 상황에 참여하기 위해 결합되고 동원되고 등록되고 번역된 존재자들의 매번 특유한 목록을 정의할 것이다. 상황만큼 많은 목록이 있을 것이다.

요컨대 [NET]의 경우에 상황의 **본질**ESSENCE은 그 상황이 지속되거나 연장되거나 유지되거나 확장되기 위해 통과해야 하는 다른 존재자들의 목록이다. 따라서 연결망을 추적한다는 것은 항상 **시험**TRIAL을 통해 (조사도 시험이지만 혁신이나 위기도 시험이다) 존재자의 전건antecedents과 후건consequents, 말하자면 선행자와 계승자, 모든 세부사항(안과 밖)을 재구성하는 것이다. 좀 더 철학적으로 말하자면, 어떤 것이 동일자the same가 되거나 동일자로 남아 있기 위해 통과해야 하는 타자들others이며, 나중에 살펴보겠지만 이것은 누구도 "아무것도 하지 않은 채" 단순히 "동일한 상태로 남아 있을" 수 없다는 것을 전제로 한다. 동일성을 유지하기 위해서는 우리가 **번역**TRANSLATION이라고 부르는 것을 통과—어쨌든 "경유해 통과pass through"—해야 한다.

동시에 인류학자는 본질에 대한 이러한 정의에, 두려움 없이 어디든 갈 수 있게 해주는 또 다른 구성 요소가 추가되어야 한다는 것을 이해했다. 그것은 주어진 상황에서 그것으로부터 배출되는 가치를 규정할 수 있게 해주는 구성 요소이다. 그러한 궤적들은 [NET]의 궤적들과 같은 일반적 형태를 띠며, 마찬가지로 도약, 불연속성, 공백으로 정의된다. 그러나 그것들은 연결망과 달리, 예기치 않은 행위자들의 이질적 목록들로 이어질 뿐만 아니라, 매번 특정한 유형의 연속성으로도 이어지는 연쇄들을 만들어낸다. 조사자는 적어도 두 가지 그러한 유형을 이미 식별했다. 즉, 법에서의 수단과 과학에서의 증거이다. (그리고 세 번째는—

[NET]이라는 의미에서의─연결망으로서 궁극적으로 그것을 통해 우리는 조사 과정에서 드러나는 불연속성들, 예기치 않은 결합들의 중개를 통해 연속성을 획득한다.)

따라서 상황의 의미는 두 가지 유형의 데이터 덕분에 정의될 수 있다. 첫 번째는 [NET] 유형의 일반적 데이터로서, 우리가 놀라운 결합들을 경유해 통과해야 한다는 것 외에는 아무것도 알려주지 않는다. 두 번째는 우리가 매번 그러한 데이터에 추가해야 하는 것으로, 해당 활동의 특성quality을 정의할 수 있게 해준다. 첫 번째 유형의 데이터는 우리 친구가 근대인의 모험을 정의하는 결합들의 기이한 다양성을 탐구하게 해줄 것이다. 두 번째 유형의 데이터는 근대인이 소중히 여기는 가치들의 다양성을 탐구하게 해줄 것이다. 첫 번째 목록은 연결망에서 결합될 수 있는 개체들과 마찬가지로 무한하며, 두 번째 목록은 근대인이 이제 방어하기를 배운 가치들과 마찬가지로 유한하다. 우리는 적어도 그렇기를, 그래서 연구자의 프로젝트가 결실을 볼 수 있기를 희망해야 한다.

세 번째인 종교적 유형의 "통과" 덕분에
연구자는 가치를 발견하기 어려운 이유를 알 수 있다 ▶

연구자가 본격적으로 시작하기 전에 마지막 하나의 난관이 남아 있다. 정보원들이 그토록 확고하게 애착하는 가치들을 명시specify하는 것이 왜 그렇게 어려운가? 영역들은 그것들이 담고 있다고 여겨지는 것들의 본성에 대해 왜 그렇게도 약한 암시만을 제공하는가? (영역들은 모든 측면에서 다른 영역들로 넘쳐 나오며, 심지어 그것들이 소중히 여기고 보호한다고 말하는 것을 정의하지도 못한다.) 요컨대 왜 근대인들 사이에서 이론은 실천과 그렇게 동떨어져 있는가? (조사자가 "법 이론"이나 "과학 이론"에서 법과 과학의 궤적들을 이해하는 데 도움이 되는 어떤 것도 발견하지 못했다는 점을 상기하자. 그 궤적들은 그가 명시화하는 데 수년간의 현장 연구가 걸렸을 정도로 매우 특유하다.) 연구자가 이 새로운 문제를 인식하지 못할 리는 없다. 그는 이론이 실천 위에 은밀하게 던져진 가림막veil에 불과하다는 지나치게 단순한 생각을 받아들일 수 없기 때문이다. 이론은 의미가 있어야 하고, 이론과 실천 사이의 간극은 중요한 역할을 해야 한다. 그러나 어떤 역할인가?

다행히도 우리의 친구는 좋은 교육을 받았고, 이제 이 문제가 자신이 다른 분야, 즉 종교에서 연구했던 매우 고전적인 질문과 무관하지 않다는 것을 알아차린다(새로운 유레카 순간이다). 실제로 그는 교회(확실히 제도이다!)가—자신의 기원으로 거슬러 올라가서—머리끝에서 발끝까지 자신을 변형해왔으면서도, 어떻게 자신에게 충실할 것인가 하는 문제가 교회의 역사 전체를 가로질러왔다는 것을 상기한다.

그가 교회에 더욱 관심을 두는 것은 교회가 통과의 세 번째 예, 법이나 과학의 예만큼 특유하지만 완전히 구별되는 예를 제공하기 때문이다(11장에서 살펴볼 것이다). 여기서도 우리는 공백hiatus을 발견한다. 사제, 주교, 개혁가, 신도, 은둔자가 자신이 필요하다고 믿는 혁신이 충실한 영감인지 불경한 배반인지 고민하는 괴로운 공백이다. 한편으로 과거에 대한 충실성—어떻게 "신앙의 보물"을 보존할 것인가—과 다른 한편으로 성공하기 위해, 즉 지속되고 세계로 확산되기 위해 끊임없이 혁신해야 할 중대한 필요성 사이의 차이를 (정식화하기 쉽지 않다) 발견하려는 이 완고한 노력에 이보다 더 많은 에너지를 쏟는 (설교, 공의회, 재판소, 논쟁, 성인들, 심지어 범죄를 통해) 제도는 없었다….

이는 새로운 통과다. 외부에서 볼 때는—순전히 날조된 것이나 경건한 거짓말까지는 아니더라도—불합리한 추론으로 나타나는 불연속성의—항상 새로 시작해야 하고 항상 위험한—식별로 얻어지는 새로운 연속성이다. 만약 법적, 과학적 통과가 무지한 우리 관찰자에게 각각 자신의 장르에서 이해할 수 없는 변형이라는 인상을 주었다면, 종교적 통과가 제공하는 것은 그의 머리털을 곤두서게 한다. 그러나 우리 관찰자는 종교적 통과를 다른 통과들과 비교하는 법을 배워야 한다. 아무리 현기증이 날지라도 그러한 이동 자체가 어떤 정보원들에게는 없어서는 안 될 가치를 수반하기 때문이다. 충실한가 충실하지 않은가. 그것은 그가 대화하는 많은 정보원에게 삶과 죽음, 구원과 저주의 문제이다.

◉ 그것은 제도와의 매우 특정한 관계 때문이다 ◉

이 새로운 통과의 예가 연구자에게 아무리 중요하다고 해도(프로젝트의 성공에 대한 연구자의 자신감이 급속히 커졌다는 것은 이해할 만하다), 여기서 그의 관심사는 무엇보다도 이 특정한 통과와 그것을 수용하는 제도 사이의 연결이다. 그는 그러한 통과를 고려하지 않고 종교를 연구하는 것은 어불성설이라는 것을 잘 알고 있다. (기독교의 예로 제한하자면) 팔레스타인의 여호수아라는 사람의 설교에서부터 종교 개혁, 가장 최근의 교황 회칙에 이르기까지, 모든 진술과 의식, 신학적 정교화는 충실함과 충실하지 않음, 전통과 반역, 갱신과 분열을 구별할 수 있는 시금석과 관련되기 때문이다. 그러나 그와 동시에 마치 〈종교〉나 심지어 교회가 전적으로 종교적인 것 "안에" 있는 것처럼, 이 쉽볼렛shibboleth만으로 종교적 제도 전체를 설명할 수 있다고 가정하는 것은 어불성설이다. 이 점에 대해 의심이 든다면, 우리 연구자는 루터의 전기나 교황의 역사, 근대주의 논쟁(천주교가 이 19세기 후반의 에피소드에 부여한 의미에서)에 대한 연구를 살펴보면 된다. 누군가 충실함/충실하지 않음의 구별을 시금석으로 사용하려고 할 때마다 분명히 그것은 언제나 무수히 많은 다른 고려사항 가운데 놓여 있었다. 이 모든 종교 역사의 사례들은 분명히 행위자-연결망([NET]) 유형의 접근 방식으로 훨씬 더 잘 파악할 수 있다.

아니다. 교회의 역사에서 우리 연구자의 관심을 끄는 것은—그가 아직 결합하지 못한—이 두 가지 질문의 바로 그 관계에서의 부단한 변동이 교회의 역사에서 명확히 보인다는 점이다. 연결망과 가치, 영역과 제도 간의 무수한 간극은 무지한 관찰자인 그의 문제일 뿐만 아니라, 정보원들 자신도 끊임없이 명시적으로 의식적으로 직면하는 문제이다. 성 바울에 의한 기독교의 "발명"이든, 성 프란치스코에 의한 수도회의 갱신이든, 루터(성 루터라고 할 뻔했다)의 종교 개혁이든, 노후하고 무력해진 제도와 그 제도가 거대한 변형을 겪으면서 계속 자신의 기원에 근본적으로 충실하게 남아 있도록 하는 데 필요한 갱신 사이의 관계가 등장한다. 그리고 매 경우 판단이 요구된다. 매 경우 연구자는 다시 시작하고, 갱신에 결실이 있을지 의심하며, 처음으로 돌아가서 갱신된 모든 요소를 재고하고 재분배해야 한다.

달리 말해, 민족학자는 가치와 그것을 품고 있는 제도 사이의 관계의 복잡성을 보여주는 거의 완벽한 모델이 교회의 역사 안에 있다는 것을 분명히 느끼고 있다. 제도와 가치가 일치할 때도 있지만 전혀 그렇지 않을 때도 있다. 불미스러운 변형의 위험을 무릅쓰고 모든 것을 개혁해야 할 때도 있지만, 개혁이 결국 위험한 혁신이나 심지어 배반으로 드러나는 경우도 있다. 그리고 고해성사의 비밀에서부터 재판소와 학살, 웅장한 공의회 장면에 이르기까지, 지난 2천 년 동안 이러한 판단에 참여하지 않아도 되는 행위자는 없었다. 매번 그 상황에 특유한 판단의 유형에 따라 판단해야 하는 것이다.

인류학자는 여기서 발견되는 가치와 제도 사이의 관계는 독특한 경우일 수 있다고 자신에게 말한다. 처음의 메시지에 계속 충실한가 그렇지 않은가 하는 주된 문제에 집중되고 그 문제에 따라 판단되는 일련의 배반과 발명, 개혁과 새로운 시작, 정교화는 오직 종교의 영역에서만—그리고 아마도 기독교 교회의 역사에서만—발견할 수 있을 것이다. 그러나 인류학자 자신의 (그의 유레카 순간의 기원인) 생각은 아마도 근대인의 모든 제도에서 상황이 같으리라는 것이다. 즉, 매 경우마다 한편으로 근대인의 가치의 역사와 다른 한편으로 가치에 의해 방향이 주어지고 가치를 포용하고 보호하는—종종 배반하는—제도 사이의 고유하고 특유한 관계를 상상해야 한다.

◉ 그리고 이로 인해 연구자는
가치의 역사와 가치의 간섭을 고려해야 한다.

가스망, 전기망, 휴대전화 연결망 등을 공존하게 하는 사람들은 여기서 발견되는 문제를 마주치지 않는다. 각각의 경우에 그들은 연결망(제자리에 있는 연속적인 순환의 의미에서)을 설명하는 연결망(제자리에 있어야 하는 불연속적인 결합의 의미에서)을 가지고 있다. 그러나 근대인의 인류학의 경우 고려해야 할 두 가지 유형의 변종variations이 있다. 하나는 가치이며, 다른 하나는 시간의 경과에 따른 가치의 변동이다. 이러한 역사는 가치의 유형에 따라 다를 것이라는 점에서 더욱 복잡하며, 게다가 주식 가격이 변동하는 방식과 유사하게 개별 가치의 역사가 다른 모든 가치의 변동에 간섭할 것이라는 점에서 더더욱 복잡하다.

인류학자를 불안하게 하는 것은 어떤 가치가 강력한 제도에 의해 전개되면 다른 모든 가치가 이해되고 표현되는 방식을 변경한다는 점이다. 예를 들어 종교적인 것에 대한 정의에서의 작은 오류가 과학을 이해할 수 없게 만들며 그 역도 마찬가지이다. 법에서 기대할 수 있는 것에서의 극히 작은 간극으로도 종교는 파괴될 수 있다. 그러나 이러한 관점의 장점은, 연구자가 이론과 실천 사이의 간극을 단순한 "허위의식"의 문제로, 즉 실재를 은폐하고 있으며 조사를 통해 벗겨내면 되는 단순한 가림막으로 취급하는 것을 피할 수 있다는 것이다. 각각의 양식과 각각의 시대마다, 그리고 다른 모든 가치와 다른 모든 제도와 관련하여 "이론"과 "실천" 사이의 관계를 확립하는 특정한 방식이 있을 것이다.

그 과제가 자신에게 막대하게 보일지라도 우리 민족지학자ethnographer는 스스로 자랑스러워할 만하다. 그는 연구의 목표를 정의했다. 자신의 통상적인 방법을 근대적 현장에 특유한 두 가지 추가적 요소, 즉 연결망 분석과 가치 탐지로 보완했다. 마지막으로, 그는 각 주제에 대해 자신이 식별하게 될 가치와 그것을 보호해야 하는 제도 사이의 관계 변동을 고려해야 한다는 것을 알고 있다. 이 모든 점이 그의 작업 구상 방식에 중요하다.

사실 그는, "경성과학hard sciences"을 모방해서 마치 곤충학자가 곤충을 다루듯이(이는 곤충학자뿐만 아니라 곤충에게도 매우 불공평한 경성과학 연구의 신화적 이상이다), 연구 대상을 거리를 두고 고려해야 한다고 생각하는 실증주의적 민족학자는 아니다─나는 이 점을 더 일찍 짚었어야 했다. 아니다. 그는 오늘날의 인류학자는 자신의 연구 대상에게 자신의 연구 주제에 대해 말하는 법을 배워야 한다는 것을 알고 있다. 바로 그런 이유로 그는 비판적 거리 두기의 자원들에는 거의 의지할 수 없다. 정보원들의 가치에 충실하면서도 영역을 믿지 않고 따라서 영역에서 나오는 보고를 믿지 않으며, 그러나 또한 가치와 제도의 연결을 재정식화한다는 생각을 포기하지 않으면서(나중에 보겠지만 일종의 균형 잡기이다), 연결망을 통해 실천을 묘사하는 법을 안다는 것에 그는 만족한다. 다시 말해, 그는 외교의 위험을 두려워하지 않는 인류학자이다. 그는 누군가에게 그 사람이 정말 중요하게 여기는 것에 대해 잘 말하는 법을 배우는 일이 얼마나 어려운지 알고 있다.

2장

탐구를 위한 문서 수집

탐구는 범주 오류의 탐지로 시작한다 ⊛ 일차 오류와 혼동하지 않기 위해서이다 ⊛ 이차 오류만이 중요하다.

양식마다 특정한 진리진술의 유형이 있다 ⊛ 법의 예로 되돌아가서 살펴보자.

따라서 참과 거짓은 주어진 양식의 내부와 외부에서 표현된다 ⊛ 먼저 각 양식의 적정성 및 비적정성 조건을 정의하고 ⊛ 다음으로 그 양식의 해석의 키, 즉 그것의 전치사를 정의한다면 말이다.

그러면 각 양식에 대해 그것의 음조로 말할 수 있을 것이다 ⊛ "범주"의 어원이 암시하고 ⊛ 법의 요구 조건과 종교의 요구 조건 사이의 대조가 증명하듯이.

탐구는 연결망 유형[NET]에 대한 이해와 전치사 유형[PRE]에 대한 이해를 연결한다 ⊛ 피벗 테이블을 구성하는 교차들을 정의함으로써.

그것은 다소 특이한 [NET·PRE] 교차이다 ⊛ 행위자-연결망 이론과의 양립 가능성 문제를 일으키는 교차이다.

탐구 조건들의 요약.

합리적인 것이란 다양한 이성들의 실 가닥을 따르는 것이다.

탐구는 범주 오류의 탐지로 시작한다 ▶

앞 장에서 탐구의 목표—연결망들의 무한한 다양성을 계속 따라가면서 연결망들 각각의 구별되는 확장 방식을 규정하는 것—를 충분히 명료하게 제시했기를 희망한다. 그런데 우리로 하여금 이 연구에 충분한 경험적 차원을 부여하고 그래서 독자들이 그렇게 식별된 경험을 경험에 대한 통상적인 설명 및 추후의 대안적인 설명과 구별할 수 있게 해줄 문서들을 어떻게 등록할 것인가?

그런 문서들의 출처는 지극히 평범하며 우리가 따를 방법도 매우 초보적이다. 우선 우리는 어떤 것을 다른 것으로 착각할 때 우리가 저지르는 오류를 기록할 것이며, 그 후에 대화 상대가 우리를 바로잡아주고, 우리는—때로는 고통스러운 테스트를 통해—향후 유사한 상황에 계속 적용해야 할 **해석의 키**INTERPRETIVE KEY를 바로잡아야 한다. 지난 몇 년 동안 나에게 분명해진 것은 우리가 그러한 해석적 갈등을 충분히 주의 깊게, 충분히 체계적으로, 충분히 오랫동안 기록할 수 있다면, 여러 해석의 키들 사이의 대조가 드러나는 특권적 장소들을 마침내 식별해낼 것이라는 점이다. 따라서 이 작업을 위한 원재료는 **범주 오류들**CATEGORY MISTAKES이 쌍으로 식별되는 방대한 도표이다. 그 결과물은 내가 **피벗 테이블**PIVOT TABLE이라고 부르는 것으로, 그것의 가장 중요한 항목들을 읽는 법을 곧 살펴볼 것이다.

여기서 "범주 오류"라는 용어의 사용 자체가 약간의 혼동을 줄 수도 있다. 범주 오류의 표준적인 예로 소르본 대학의 건물을 차례로 둘러본 외국인 방문객이 결국 "소르본 대학을 보지 못했다"고 불평하는 경우를 들 수 있다. 안내자가 그의 요청을 잘못 이해한 것이다. 그가 보고 싶었던 것은 기관이었는데 안내자는 건물을 보여준 것이다…. 그것은 방문객이 건물이 보여줄 수 있는 것과는 완전히 다른 무언가를 찾았기 때문이다. 그는 총장이나 교수회, 대학의 변호사를 소개받았어야 했다. 방문객이 요청한 것이 참인지 거짓인지, 만족스러운지 그렇지 않은지 판단할 수 있는 키를 안내자가 잘못 알아들은 것이다. 이런 의미에서 나는 "오류"라는 용어를 다시 사용할 것을 제안한다—"범주"를 어떻게 이해해야 할지는 나중에 구체적으로 설명할 것이다.

◀ 일차 오류와 혼동하지 않기 위해서이다 ▶

우리는 오류를 너무 자주 범하기 때문에 우리가 저지를 수 있는 모든 오류를 기록하려고 하는 것은 무용할 것이다. 여기서 우리는 오류 자체의 원인의 탐지와 관련된, 이차 오류라고 부를 수 있는 것들에만 관심을 둔다. 그것들을 일차 오류와 명확히 구별하기 위해서 철학의 역사와 **경**

험주의EMPIRICISM의 정의에서 때때로 과도한 역할을 해온 감각 오류의 예를 살펴보자.

멀리서 보면 사각형처럼 보이는 성탑이 있다고 하자. 내가 그것을 향해 걸어가자 처음의 형태가 바뀌고 불안정해져서 나는 잠시 머뭇거린다. 그럴 만한 가치가 있다면 더 가까이 다가가서 명확히 확인할 수 있도록 내 경로를 바꾸고 그래서 결국 그것이 둥글다는 것을—그것이 둥글다는 것이 증명되었음을—알게 된다. 만약 스스로의 힘으로 알아내지 못한다면, 가방에서 쌍안경을 꺼내 그 소박한 도구의 중개를 통해 호기심을 충족시킨다. 스스로 충분히 다가가지 못하거나 쌍안경으로 충분히 확대된 이미지를 얻지 못한다면, 더 잘 아는 주민에게 묻거나 지리조사 지도를 보거나 관광 안내소에서 얻은 안내 책자를 참조한다. 현지 주민의 지식이나 안내 책자의 사진, 쌍안경으로 확대된 이미지, 내 눈으로 본 것이 여전히 의심스럽다면, 내 경로를 다시 바꿔 지적도를 보러 가거나 현지 전문가에게 가서 문의하거나 다른 안내 책자를 참조할 것이다.

이 탐구에서 우리는 이와 같은 유형의 오류에 관심을 두지 않으며 그 이유는 간단하다. 그런 오류들은 말하자면 모두 동일한 경로, 즉 교정되는 지식rectified knowledge의 경로에 위치하며, 따라서 모두 동일한 해석의 키에 속한다. 그것들이 아무리 당혹스럽더라도 문제를 점진적으로 해결해 나가기 위해 그 오류들에 어떻게 접근해야 할지는 전혀 모호하지 않다. 절대적이고 최종적인 확실성을 요구하지 않는 한, 연구를 해나가고 도구를 정교화하고 적절한 정보원들을 모음으로써—요컨대 지식을 향한 운동에 시간과 수단을 제공함으로써—감각 오류는 언제나 해소할 수 있는 것이다. 모든 감각 오류는 위치를 변경하거나 도구에 의존하거나 다른 정보원들에게 다양한 형태의 도움을 구하거나 혹은 이 세 가지 자원을 조합함으로써 교정할 수 있다. 그런 더듬어 나가는 방식이 성공하지 못할 수도 있겠지만, 그러한 오류를 끝내려고 한다면 항상 이런 정신으로 해나가야 한다.

따라서 범주 오류의 목록을 작성하는 프로젝트가 우리를 인식론자와 회의론자 사이의 논쟁으로 이끌지는 않을 것이다. 조사도 하지 않고 도구를 갖추지도 않으며, 자신의 길에서 벗어날 시간도 허용하지 않고, 인정받은 신뢰할 수 있는 증인 집단을 모으지도 않은 채 확실히 알기를 원하는 어떤 인식론자들의 경솔한 요구를 좌절시키려고 했기 때문에, 회의론자들은 불행한 인간 정신이 항상 오류의 그물망에 걸려 있다는 예를 더 많이 보여줘야 했다. 그러나 우리가 조금씩 교정되는 지식의 가능성을 의심하지 않고, 지식이 갖추어야 할 물질적, 인간적 수단들의 중요성을 과소평가하지 않도록 주의한다면, 회의론자들의 반대가 우리를—책의 서론에서 기후 회의론자들의 반대가 연구자를 당황하게 만든 것 이상으로—곤란하게 만들지는 않을 것이다. 르네 데카르트가 거리에서 보이는 사람들이 옷 입은 로봇이 아닌가 의아해할 때, 그에게 이렇게 제안할 수 있을 것이다. "그런데 르네, 거리로 나가서 직접 확인해보면 어떨까요? 손가락으로 그들의 피부를 꼬집어보는 건 어때요? 아니면 하인이 하는 말을 믿어보면 어떨까요? 난롯가에서 벗어나지 않고는 이런 종류의 불확실성을 종식시킬 수 없습니다." 데카르트가 근본적 회의에 빠질 수밖에 없었던 것은 단지 그가 기만적인 신이라는—역시 과장된—괴물과 맞서야 한다고 믿었기 때문이다. 물론 현재의 연구는 회의론자들에 대응하거나 교정되는 지식의 유일한 경로를 계속 따라가는 문제는 아니다(비록 우리가 여러 사악한 천재를 마주쳐야 하더라도).

⊙ 이차 오류만이 중요하다.

우리가 관심을 두는 것은 참과 거짓의 문제를 다루는 방법 자체에 대해 혼란스러워하는 경우이다. 즉, 주어진 양식 내에서의 오류의 해결이 아니라 양식 자체에 대한 불확실성이다. 감각senses 오류가 아니라 방향 direction 오류인 것이다. 감각 오류는 연구 프로젝트를 시작하고 도구를 정교화하며 신뢰할 수 있는 증인 집단을 구성함으로써, 요컨대 객관적 지식을 향해 나아감으로써 잠정적으로 교정할 수 있지만, 그와 대조적으로 방향 오류는 종종 우리를 넘어뜨리며 교정하기 훨씬 더 어려워 보인다. 근대인에 관한 현장 연구를 하는 인류학자의 노트에는 그런 혼란이 가득하다. 소르본 대학 방문객처럼 그는 어떤 것을 다른 것으로 착각하고 있고, 주어진 방향 내에서의 오류가 아니라 주의를 돌려야 할 방향 자체에 대해 오류를 범하고 있다는 불안한 느낌이 자주 들기 때문이다.

"예를 들어 재판은 상대방이 소송 비용을 부담하라는 판결로 끝나지만, 나는 그가 내게 저지른 잘못을 '극복할' 수 없을 것 같다. (변호사는 '판결'에 대한 '항소'는 없을 것이라고 장담하지만) 나는 소송의 종결과 내가 느끼는 깊은 불만족을 화해시키지 못하는 것 같다. 판사는 판결을 내렸지만 나에게는 아무것도 정말 끝나지 않은 느낌이다."

"나는 상급자의 '반복되는 거짓말'에 분개한다. '진실을 말한다'는 것이 그에게 무슨 의미인지 명확히 말하지 못하면서 말이다. 왜냐하면 그는 거대한 기관을 이끌고 있고 그 메커니즘은 나뿐만 아니라 그에게도 심오한, 어쩌면 필요한 모호함 속에 잠겨 있기 때문이다. 더 잘 아는 사람들은 '권력의 비밀'이라고 말하는 것을 내가 성급하게 '거짓말'이라고 하는 것 아닐까?"

"장례식의 지루한 설교는 짜증스럽고 거북스럽고 어쨌든 넌더리나게 감상적이라는 점에서 이런 질문들은 나를 더욱 성가시게 한다. 내게 그것은 허울로 꾸며진 글에 대해 논평하려고 엄청난 거짓말 덩어리를 덧붙이는 것 같다. 나는 곧 화장로로 미끄러져 내려갈 친구의 관 앞에서 그들이 '영생'이라는 단어에 부여하는 의미를 받아들일 수 없다."

"그들은 아직도 내가 느끼는 감정, 심장을 뛰게 하는 분노가 내 안에 있으며 그것을 억제하기 위해 장기간의 분석을 거치고 자신 속으로, 오직 자신 속으로 깊이 들어가야 한다고 말한다. 그러나 나는 객관성과 외부성, 자명성, 며칠 전 정원의 나무를 꺾은 폭풍과 같은 위력 등을 가진 힘들이 나를 위협한다는 생각을 떨칠 수 없다(모두가 내가 그런 생각을 하지 않게 하려 한다!)."

"그와 관련해 정원의 나무를 꺾은 폭풍에 대해서도 어떻게 생각해야 할지 모르겠다. 나는 의지와 무관한 자연의 힘 때문이라고 보지만, 내가 읽는 이 잡지는 그것이 지구 온난화의 결과이며 지구 온난화는 인간이 행한 최근 산업 활동의 결과라고 한다. 그리고 기자는 자신의 추론에 따라 우리 지역을 휩쓸고 지나간 재앙이 인간이 행동하지 않았기 때문이라고 한다."

"내가 잘못 알고 있다는 느낌이 그렇게 자주 드는 것도 놀랄 일은 아닌 것 같다. 내가 보기에는 지금 나의 감정처럼 외부에서 온 것 같은 것이 사실은 내부에서 온다고 사람들은 말한다. 내가 망설임 없이 거대한 외부의 탓으로 돌리던 것이 사실은 좁은 인간 세계의 집단적 의지의 결과라고 한다. 여기서 나는 새로운 딜레마에 빠진다. 나는 감정을 어떻게 통제하는지를 적어도 모호하게나마 알아가고 있었지만, 지구 온난화를 극복하기 위해 내가 무엇을 할 수 있을지는 전혀 알지 못했다. 나는 집단적 행위에 대해 자연의 힘이나 자신의 내면보다도 이해하지 못하고 있다."

수첩에 서술된 것과 같은 오류들이 감각 오류와 같은 종류가 전혀 아니라는 점은 명확하다. 우리 모두가 그렇듯이 조사자가 쉽게 길을 잃는 것은 주장되고 있는 것들의 방향과 궤적, 움직임을 파악할 키를 식별하지 못하기 때문이다…. 궤적은 행위 과정을 파악하는 의미, 즉 우리가 뛰어 들어갈 방향이다. 둥근 탑을 네모난 탑으로, 금성을 저녁별로, 적색왜성을 은하계로, 단순한 폭풍을 토네이도로, 로봇을 사람으로 착각할 때, 이 모든 오류는 동일한 경로에서 발견된다. 그것은 객관적 지식의 경로와 관련되기 때문에 "인식론적" 경로라고 말할 수 있다. 이러한 오류들은 모두 같은 유형에 속하며, 조사를 시작함으로써 잠정적으로 교정될 수 있다. 조사는 아마도 길고 논쟁적이며 도구에 비용이 들겠지만, 어쨌든 (적어도 잠정적으로) 종결될 수 있다. 지식에 수단이 주어지자마자, 우리는 절대적 지식 주장과 그러한 주장을 무너뜨리려는 회의적 반응을 기각할 수 있다. 그러나 그런 종류의 오류를 처리하고 나서도, 다른 모든 불확실성들은 여전히 굳게 남아 있다. 감각의 오류를 기각해도, 방향의 오류는 남는다.

양식마다 특정한 진리진술의 유형이 있다 ▶

방향의 오류는 더 이상 지식의 운동만을 위험에 빠뜨리는 인식론적 장애물과 같은 탐구의 경로에 위치하지 않으며, 회의론자나 그 반대자들의 관심을 끌지 않는다. 그런 오류는 해석의 키 자체와 관련되기 때문이다. 등산객이라면 잘 알듯이, 표시가 잘 되어 있는 길로 거침없이 출발하는 것과 애초에 해석하기 어려운 표지판 앞에서 갈 길을 정하는 것은 전혀 다른 일이다.

내가 작업하기 시작했고 확장하려고 하는 문서 데이터베이스는 이런 종류의 망설임과 관련이 있다. 나의 가설은 오류의 원천이 다수이며, 각각의 오류는 우리가 객관적 지식이라는 단일한 문제를 추구하면서 매 단계마다 발견하는 것만큼이나 많은 장애물을, 매번 다른 종류의 실천으로 제시한다는 것을 상정한다. 회의론자들이 심오한 사상가처럼 보인다면, 그것은 지식의 문제를 유일하게 중요한 문제로 만들려는—지식이 다른 모든 양식을 판단할 수 있게 해주기 때문에(지식에게서 그럴 수 있는 모든 수단을 박탈한 후에!)—사람들의 과장에 회의론자들이 반발하기 때문이다(방향은 잘못되기는 했지만 환영할 만하다). 다시 말해 회의론자들도 반대자들과 마찬가지로 불행히도 한 가지 유형의 오류만 다루었으며, 회의론 철학들이 근대인이 얽혀 있는 가치들의 갈등에 대해 할 수 있는 말이 그렇게도 적은 이유가 바로 그것이다. 결과적으로 객관적 지식 획득의 장애물만을 강박적으로 따라가다 보면, 오류의 원인 자체에 대해 오류를 범할 위험에 놓이는 것이다.

그러나 망설임의 순간들을 인정하는 것만으로는 데이터베이스에 그것들을 어떻게 기록할지를 아는 데 충분하지 않다. 우리는 각 양식이 참과 거짓을 결정하기 위해 명시적이고 의식적으로 호소하는 판단의 원칙들도 식별해야 한다. 이것이 우리의 탐구에서 결정적인 지점이다. 그리고 무엇보다도 바로 이 주제를 둘러싼 회의론자들과 합리주의자들의 끝없는 논쟁이 필수적인 묘사의 과제로부터 우리의 관심을 빼앗아갔을 것이다.

각 양식은 실상 놀랄 만큼 정밀하게 **진리진술**VERIDICTION의 양식을 정의한다. 각 진리진술 양식은 참과 거짓에 대한 인식론적 정의와 무관하지만, 그럼에도 불구하고 **참**TRUE과 **거짓**FALSE이라는 한정어를 보증한다.

◉ 법의 예로 되돌아가서 살펴보자.

법의 예로 되돌아가면 이 점을 쉽게 이해할 수 있을 것이다. 법원의 판결이 말하자면 내가 "그것을 극복"할 수 있게 해주는 형태의 종결을 제공하기를 요구한다면, 그것은 사실상 불가능한 요구이다. 법적 기구가 제공하는 유형의 종결이 나의 정신에 대한 보상을 목표로 하는 것은 아니기 때문이다(그 점은 내게 고통스러울 정도로 명백해진다). 그것의 목표는 단지 텍스트를 사실 및 다른 텍스트와 연결하는 것이며, 그 연결은 우리가 이미 접한 용어인 **수단**MEANS이나 절차에 의해 (비록 설명되진 않지만) 규정되는 현기증 나는 여정에 따라 의견의 중개를 통해 이루어진다. 더 나아가 피해 배상 판결이 문제의 진실을 "객관적으로" 확립할 것이라고 내가 기대했다고 해도 사정은 마찬가지일 것이다. 정직한 판사라면 해당 사건에서 "객관적" 진실이 아니라 "법적 진실"을 결정했다고 말할 것이다. 법조인들이 흔히 그렇듯이 판사가 라틴어를 안다면, 그는 라틴어 격언을 인용해 판결이 "진실인 것으로 받아들여진다 *pro veritate habetur*"라고 말할 것이다. 그 이상도 이하도 아니다. 만약 다소 철학적인 판사라면 사람들에게 진실의 법적 요구 조건과 과학적 요구 조건, 즉 수단과 증거를 "혼동하지 말라"고 요청할 것이다. 나아가 공정성의 사회적 요구 조건은 물론이고 정신적 배상의 심리적 요구 조건과도 혼동하지 말라고 요청할 것이다. 그는 "이 모든 것을 조심스럽게 구분해야 한다"고 말할 것이다. 그리고 그가 옳을 것이다.

내가 일부러 매우 특유한 법의 세계에서 가져온 이 사례는, 우리가 조심스럽게 접근하면 상이한 종류의 진리를 식별할 수 있으며 가능한 범주 오류를 미리 암시할 수 있음을 보여준다. 만약 당신이 재판소의 판결을 진실하고 공정하고 친밀한 것으로 받아들인다면, 오류를 범하는 것이다. 당신은 판결이 결코 줄 수 없는 것을 판결에 요구하고 비통한 불만족을 자초하고 있다. 만약 당신이 "법적"이라고 불리는 유형의 실천이 빚어낼 수밖에 없는 결과에 분개한다면, 당신은 잘못된 화를 내고 있을 수도 있다. 물론 변호사는 판사 앞에서 당신의 주장을 강화할 수 있는 모든 "법적 오류"를 파악하려고 노력할 것이다. 이런 종류의 오류는 법의 경로에서 내내 발생하며 관련 당사자, 판사, 변호사, 해설가들은 그런 오류를 발견하는 법을 배운다. 그래서 우리는 적어도 이 경우에서 "법적" 오류와 범주 오류를 어떻게 구별하는지 알 수 있다. 전자는 이미 선택된 경로에서 발견되는 반면, 후자는 따라가는 것이 적절할 것 같은 경로에 대한 주저함을 유발한다.

따라서 참과 거짓은 주어진 양식의 내부와 외부에서 표현된다 ▶

따라서 적어도 과학적 증거의 경우와 법적 수단의 경우에서 두 가지 현상을 구별하는 것이 충분히 가능하다. 하나는 두 가지 양식 가운데 한 양식 안에서 참과 거짓의 차이를 탐지하는 것이며 또 하나는 선택된 양식에 따라 참과 거짓의 상이한 용도 사이의 차이를 탐지하는 것이다.

어떤 종교적 혁신의 충실성을, 오직 그것이 모든 면에서 전통을 따르는지에 따라 판단하겠다고 주장하는 경우에도 상황은 마찬가지일 것이다. 반대로 그 혁신이 충실성을 유지할 수 있는 것은 그것이 전통을 전혀 "닮지" 않았기 때문이다. 혁신은 전통을 단순히 되풀이하는 대신 "완전히 다른 방식으로" 다시 시작하기 때문이다. 17세기 의례논쟁에서 대담한 예수회 신부들이 교황청의 경직된 입장을 변화시키기 위해 주장했던 것이 바로 그것이다. 중국인들을 회심시키기 위해 교회는 성 바울이 그리스인들을 위해 했던 것과 같이, 설교의 정신을 되찾기 위해서 의례의 정식 문구에서 모든 것을 바꾸는 데 동의해야 한다는 주장이었다. 그들이 보기에 그것만이 사도의 사명에 충실할 수 있는 방법이었다. 교회가 문구를 성령으로 생각한다면 재앙이 아닐 수 없다! 아니, 죄악이다! 성령에 반하는 가장 심각한 죄이다…. 이 새로운 에피소드에서 범주 오류의 식별로 생기는 문제가 분명히 드러난다. 외부인이나 모르는 사람들이 보기에 충실함과 불충실함에 대한 판단은 사소한 문제에 불과하고 진실에 대한 완전한 무관심의 증거이며, 관대하게 말하자면 합리적 진실의 모든 기준의 "중단"처럼 보인다고 해도, 종교보다 참과 거짓의 구별에 더 집착하는 제도는 찾아보기 힘들다. 그러나 우리는 법이나 과학 같은 완전히 구별되는 양식에 따라 종교적 진리진술을 판단해야 한다는 주장 또한 잘못이라는 것을 안다.

따라서 법이나 종교에 대해서도 인식론에 대해 했던 것과 정확히 같은 말을 할 수 있다. 모든 지식의 장애물은 단일한 경로에 내내 남아 머물면서 의심을 잠정적으로 끝낼 수 있을 조사의 시작으로 제거되어야 한다. 법적 통과의 장애물인 법적 오류나 종교적 확장의 장애물인 종교적 불충도 그와 마찬가지로 다루어져야 한다. 물론 "객관적 지식"이 아니라 말하자면 "법적인 어떤 것", 또는 "종교적인 어떤 것"을 뒤에 남기는 특정한 유형의 경로 내에서 말이다. 이런 의미에서 "법적인 어떤 것", "과학적인 어떤 것", "종교적인 어떤 것"을 뒤에 남기는 과정들, 연결망들, 궤적들을 계속 뒤섞는 것은 범주 오류를 범하는 것이다. 줄곧 (예컨대 모든 방법론적 오류, 모든 법적 오류, 모든 이단, 모든 불경함과 관련되는) 단일한 경로를 따라 내려진 판단으로 데이터베이스를 채울 수 있겠지만, 그래도 해석의 키의 다수성을 이해할 수 있는 방법은 여전히 주어지지 않을 것이다. 각 유형의 실천마다 나름의 방식으로 참과 거짓을 구별하기 위해 개발해온 풍부한 어휘를 식별하는 것이 필요하다면, 모든 양식의 교차들crossings이 우리 연구의 핵심이 되어야 할 것이다. 여기가 오류의 원인이 분명히 가장 중요한—그리고 또한 가장 부족하게 연구된—곳이기 때문이다.

◄ 먼저 각 양식의 적정성 및 비적정성 조건을 정의하고 ►

우리가 길을 잃지 않으려면, 두 가지 구별되는 표현이 필요할 것이다. 하나는 주어진 경로에서 제거해야 할 장애물을 가리키는 표현이고, 다른 하나는 특정한 해석의 키에 우리의 주의를 기울이게 하는 처음의 선택을 가리키는 표현이다. 위에서 언급한 대조로 돌아가면, 법이나 지식, 종교의 경우에 절차나 조사, 설교가 시작된 시점은 분명하다. 세 가지 모두 어느 정도의 장비, 집단화, 전문가 의견, 도구, 판단 등에 의존하며, 그것들의 배치와 사용이 각 종류의 진실에서 "진실을 말하는" 것과 "비진실을 말하는" 것이 무엇을 의미하는지 식별하는 것을 가능하게 한다. 그러한 경로들이 공통으로 가지고 있는 것을 규정하기 위해—그리고 하이킹 여행의 은유에서 벗어나기 위해—언어행위 이론을 통해 잘 알려진 **적정성 및 비적정성 조건**FELICITY AND INFELICITY CONDITIONS이라는 용어를 사용할 것을 제안한다. 우리는 각각의 진리진술의 경로에서 진실이나 비진실을 말하기 위해 충족되어야 하는 조건들을 그 양식에 따라 명시할 것을 요구할 수 있을 것이다.

⊙ 다음으로 그 양식의 해석의 키,
즉 그것의 전치사를 정의한다면 말이다.

첫 번째 용어, 예컨대 법의 경우 절차를 수립하고, 교정되는 지식의 경우 증거 탐색을 시작하고, 종교의 경우 전도를 시작하게 해주는 골조를 정의하는 용어는 그렇게 정리할 수 있다. 하지만 어떤 유형의 적정성 조건을 다른 유형의 적정성 조건과 구별하는 것은 어떻게 부를 것인가? 위 사례들에서 "법의 오류," "감각 오류," "불충실"이라고 부른 것들이 법적 활동에 적합한 진리진술, 과학적 지식의 획득에 적합한 진리진술, 종교적 충실함에 적합한 진리진술을 서로 구별하는 데 도움이 될 것이다. 나는 이러한 상이한 궤적들을 가리키기 위해 **전치사**PREPOSITION라는 용어를 선택했다. 문자적, 문법적 의미 그대로 전치사라는 용어는 명제가 진술되기 전에 위치를 취하는 것, 그럼으로써 명제가 어떻게 파악될지 결정하고 따라서 해석의 키를 구성하는 것을 나타낸다.

내가 전치사라는 표현을 빌려온 윌리엄 제임스William James는 이 세계에 의자, 열, 미생물, 도어매트, 좌표계 등의 영역과 같은 방식으로 존재하는 "with"나 "after", "between" 등의 영역은 없다고 단언한다. 그러나 이 각각의 전치사는 세계의 경험을 파악하는 데 필요한 관계의 유형을 제공함으로써 그 뒤에 따라오는 것을 이해하는 데 결정적인 역할을 한다.

적정성 조건과 전치사 사이의 이러한 구별에 불가사의한 것은 전혀 없다. 우리가 서점에서 앞면에 "소설"이나 "기록물", "연구", "다큐픽션", "회고록", "수필"이라고 적혀 있는 책들을 둘러본다면, 바로 그런 표시들이 전치사의 역할을 하는 것이다. 그 표시들은 한두 단어에 불과하며 우리가 사게 될지도 모르는 책 속의 수많은 단어에 비하면 아무것도 아니지만, 이후 우리가 그 책을 읽는 데 결정적으로 관여한다. 우리가 매 페이지마다 그 책이 우리 생각에 "허구"인지 "본격 기록물"인지 "수필"인지 "연구 보고서"인지에 따라서, 작가가 우리 앞에 던지는 말들을 완전히 다른 음조tonality로 받아들일 것이기 때문이다. "기록물"을 내내 "소설"이라 믿으면서 읽는 것이나 그 역의 경우도 범주 오류에 해당하리라는 것은 누구나 알 수 있다. 문학 장르의 정의나 악보의 조표처럼 이런 종류의 암시는 처음에는 단지 표지물에 지나지 않지만, 해석의 전체 과정에 영향을 미친다. 음악적 은유로 말하자면, 악보를 다른 키로 편곡transcribe하지 않으면 곡 전체가 이상하게 들릴 것이다. 이 예에서 볼 수 있듯이, 우리에게 제시되는 명제의 의미를 이해하기 위해서는 뒤에 따라오는 것을 어떻게 이해하고 번역하고 편곡할지 결정하는 해석의 키라는 처음의 문제를 결정해놓아야 한다.

그러나 전치사 자체가 아무것도 말하지 않는다면, 모든 것이 뒤따라오는 것에 달린 것인가? 그렇지 않다. 전치사를 제거하면, 뒤에 이어질 진술에서 아무것도 이해하지 못할 것이기 때문이다. 그렇다면 모든 것은 전치사에 있고, 뒤따라오는 것은 전치사가 "잠재적으로" 담지하고 있는 본질의 전개에 불과한 것인가? 그렇지 않다. 전치사는 따라오는 것에 대해 아무것도 말하지 않으면서 오직 일정한 방식으로 일정한 각도에서 일정한 키로 우리에게 관여하기 때문이다. 전치사는 기원도 근원도 원칙도 권력도 아니지만, 따라오는 과정으로 환원될 수 있는 것도 아니다. 전치사는 어떤 것의 **토대**FOUNDATION도 아니지만 모든 것이 전치사에 의존한다. (우리는 나중에 언어 이론에서 빌려온 "전치사"라는 용어에 어떻게 더 많은 실재의 무게를 실을지 살펴볼 것이다.)

그러면 각 양식에 대해 그것의 음조로 말할 수 있을 것이다 ▷

어떤 사람에게 그가 정말 중요하게 여기는 것에 대해 잘 말해야 한다는 순진한 주장 뒤에 숨어 있는 요구를 독자들은 이제 이해할 것이다. 그것은 하나가 아니라 모든 범주 오류를 피해야 한다는 것이다. 우리 근대인의 인류학자는 단지 장비를 갖추고 교정되는 지식의 경로에서 저지를 수 있는 실수만을 피하려는 것이 아니다. 그는 또한 참과 거짓을 판단하는 방법은 유일하며 그것이 객관적 지식의 방법이라고 믿는 거대한 오류, 제곱된 오류를 피하려고 하는 것이다. 그는 각 양식의 모든 적정성 조건을 따르면서 양식의 수만큼이나 많은 수의 언어로 말하고 있다고 주장한다. 다시 말해, 그는 또 다른 성령강림절의 기적을 희망하고 있다. 즉, 모두가 각자 자신의 언어로 이해하고 각자의 고유한 적정성 조건에 따라 참과 거짓을 판단할 것이다. 현장에 대한 충실성은 이러한 대가를 치른다.

◁ "범주"의 어원이 암시하고 ▷

이런 프로젝트에 위험이 없지 않다. 특히 "범주"라는 단어의 거의 잊힌 어원이 마음을 놓을 수 없게 하기 때문이다. "범주category"라는 단어 안에는 그리스인들에게 필수적이었던 아고라agora가 있다는 것을 상기하자. 인간 정신이 특정한 상대자 없이 세계 데이터의 매끄러운 직조로부터 자의적으로 새긴 유형이나 구분을 가리키는 일반적인 말이 되기전에, kata-agorein은 우선 "어떤 사물이나 사람에 대해서 또는 반대해서공개적으로 이야기하는 법"을 뜻했다. 아리스토텔레스는 그 용어를—"고발"을 의미하던—법적 용법으로부터 떼어내서 수 세기에 걸쳐 끊임없는 논평의 대상이 되는 학술 용어로 만들었다. 그것은 아리스토텔레스에 의하면 어떤 것에 대해 무언가를 서술하는 열 가지 방식을 포괄하는 것이었다. 그러나 다시 아고라로 돌아가 보자. 올바른 범주를 발견하고, 올바른 음조로 말하고, 올바른 해석의 키를 선택하고, 우리가 말하려는 바를 올바로 이해하는 것, 이 모든 것이 우리가 무언가에 대해서 그것에 관심을 가진 사람들에게—단 하나의 키로 말하는 것이 아니라, 모든 사람 앞에서, 전원회의에서—잘 말할 수 있는 준비를 갖추는 것이다.

우리가 한 가지 유형의 오류만 피하면 되고, 잘 정의된 한 가지 양식에서만 잘 말하는 것과 잘 말하지 못하는 것을 구별하면 된다면, 혹은 집에서 혼자서 그렇게 하는 것으로 충분하다면, 삶은 복잡하지 않을 것이다. 범주의 문제, 즉 범주가 무엇이고 얼마나 많은 범주가 있는지는 처음부터 웅변의 문제이자(어떻게 잘 말하는가?), 형이상학의 문제이고(얼마나 많은 말하는 방법이 있는가?), 정치, 또는 더 낮게는 외교의 문제이다(우리가 말하는 상대방이 어떻게 반응할 것인가?). 범주의 철학이라는 거대한 질문을 다시 한 번 제기할 때—"얼마나 많은 방법으로 다른 어떤 것에 대해 무언가를 진정으로 말할 수 있는가?"—우리는 상대방의 반응을 주의 깊게 살펴야 할 것이다. 그리고 여기서는 옳다는 것으로, 우리가 옳다고 믿는 것으로 충분하지 않다. 누군가에게 어떤 것에 대해 잘 이야기하고 있다고 주장하는 사람은 두려워해야 할 것이다. 그가 상대방에게 충격을 주지 않도록 다양한 해석의 키들의 관계를 매우 조심스럽게 유의하지 않으면 결국 한 양식을 다른 양식으로 으스러뜨리게 될 가능성이 크기 때문이다. 목표는 물론 언제나 화이트헤드Alfred North Whitehead가 주장한 대로 무엇보다도 **상식**COMMON SENSE에 충격을 주지 않는 것이다. (이 책의 나머지에서 상식은 언제나 양식good sense에 반대된다.)

◁ 법의 요구 조건과 종교의 요구 조건 사이의 대조가 증명하듯이.

내가 이 탐구의 도입부에서 법과 종교의 경우를 선택한 것은 범주들의 운명이 펼쳐지는 공적 광장에서 그 두 가지가 존중받는 방식이 대조적이기 때문이다. 법은 매우 강하고 오래되고 차별화된 제도의 혜택으로, 오늘날까지도 다른 형태의 진실, 특히 객관적 지식의 추구와 혼동되는 것에 저항해왔다. 법에 무지한 사람이 법의 냉엄함과 형식주의, 불만족스러운 판결, 법률가들이 쓰는 전문용어, "끝없는 서류 작업", "시시콜콜한 요구", 서명, 인장에 대해 화내고 불평해봤자 소용없다. 변하지 않는 사실은, 법복을 입은 판사나 책상 뒤에 있는 변호사를 보자마자, 다른 어떤 것으로도 환원될 수 없고 자체의 존엄성을 지닌, 참과 거짓의 문제가 독특한 방식으로 제기되는 종류의 실천에 순응할 수밖에 없음을 분명히 느낄 것이라는 점이다.

사건의 세부 내용을 들여다보다가 당신은 재판을 승리로 이끌 수도 있었을 "법적 수단"이 없다는 것을 알고 놀랄지도 모른다. 예를 들어, 당신은 시간을 벌어줄 수 있었을 수취 증서를 잃어버린다. 변호사는 미안해하며 고소가 "이제는 받아들여지지 않는다"라고 한다. "그렇게 사소한 세부 사항" 때문에 더 이상 소송할 수 없다는 것에 분개해도 소용없다. 당신은 텍스트나 판례에 대한 호소, 서명과 증거 찾기, 유죄 선고의 양식, 당사자들의 모순된 태도, 소송 자료의 구성 등 이 모든 것이 어떤 유형의 진실 말하기, 진리진술을 생산할 수 있는 절차를 정의한다는 것을 바로 이해할 것이다. 그런 유형의 진리진술은 지식의 실천과는 매우 다르지만 그와 유사한 유형의 견고성과 안정성, 심각성을 가진다―그리고 유사한 존중을 요구한다. 따라서 법은 매우 특정한 형태의 추론이 보존되는, 아주 오래되고 지속되어온 제도의 좋은 예를 보여준다. 그것은 진리진술의 기준이 과학과 다르면서도 모든 곳으로 확장될 수 있다. 그러나 아무도 법이 비합리적이라고 말하지 않을 것이다. 시험해보라. 법은 "형식적이고" "임의적이고" "구성되었고" "중재로 지장받는다"며 마음껏 불평할 수 있겠지만, 법을 조금도 약화시키지 못할 것이다. 법은 언제나 법이고, 아마 이국적이고 전문적이며 난해하지만 확실히 법으로 남을 것이다―"악법도 법이다."

종교에서는 사정이 정반대이다. 많은 상황에서 아무리 무지한 사람도 종교를―적어도 기독교를―조롱하더라도 위험에 처하지 않는다. 종교적 삶이 그것의 가장 내밀한 메커니즘에서 참과 거짓의 차이에 집착할 수 있지만, 아무 소용이 없다. 종교는 너무나 쉽게 비이성적이고 정당하지 못한 이들의 피난처로 보인다. 그리고 종종 종교인들 자신의 눈에도 그러하다―이것이 가장 이상한 부분이다. 그들은 아마도 자신들에게 중요한 것에 대해 잘 말할 수 있게 해줄 해석의 키를 잃어버렸기 때문에 조금 성급하게 "불가사의"라고 부른 것 뒤로 서둘러 숨어들었을 것이다. 우리는 법의 냉엄함과 전문적 측면에 놀랄 수도 있고 법을 조롱할 수도 있겠지만 경멸하고 묵살하지는 않는다. 반면 사람들은 종교를 경멸할 완전한 자유가 있는 듯하다. 마치 이제는 구원과 저주의 차이가 중요하지 않고, 그 차이가 (생명의—적어도 구원의—위험을 감수하지 않고서는 누구도 감히 무시할 수 없는) 위험한 권고의 경로를 따르지 않는 것처럼 말이다.

앞에서 역사 과정에서 양식들이 유지해온 상호관계의 변동을 주의 깊게 살펴보는 것이 중요하다고 한 이유가 이제 분명해졌을 것이다. 법 제도는 명백히 근대주의의 시험을 더 잘 견뎌왔다. 우리 연구자가 법 제도를 종교와 달리 객관적 지식의 추구와 동등한 존엄성을 유지해온 진리진술의 예로 들 정도로 말이다. 종교에 대해서는 그럴 수 없다. 우리는 다른 진리진술의 유형과 충돌하지 않았던 진리진술의 유형이 근대인의 역사에서 왜 그렇게 적었는지 이해하려고 노력해야 할 것이다.

탐구는 연결망 유형[NET]에 대한 이해와 전치사 유형[PRE]에 대한 이해를 연결한다 ⊙

이제 바로 위에서 얻은 결과를 앞 장의 결과와 연결하기만 하면 이 탐구 프로젝트를 정의할 수 있다. 모든 행위 과정COURSE OF ACTION, 이를테면 모든 상황은 그것의 생존subsistence을 위해 등록되고 동원되고 우회되고 번역되어야 하는 예기치 못한 존재자들의 목록을 기록하자마자, 앞에서 본대로 연결망([NET]으로 표시한다)으로 파악될 수 있다. "연결망"이라는 용어는—규칙적으로 유지된다는 조건에서만 가치를 지니며 자신의 가장 약한 연결고리보다 더 강하지 않은—비용이 들고 부서지기 쉬운 일련의 연결들 전체를 확립하지 않고서는 어떠한 이동도 가능하지 않다는 것을 상기시킨다. 그래서 우리가 길을 잃지 않으려면 처음부터 이런 질문을 반드시 제기해야 할 것 같다. "우리는 어떤 연결망에 있는가?" 이러한 이해 방식의 큰 이점은, 행위자들이 자신의 세계를 직조하면서 누리는 자유만큼이나 많은 자유를 분석가에게 허용한다는 것이다. 즉, 현장을 영역으로 조직되는 것으로부터 완전히 자유롭게 하는 것이다. 특히 우리가 예컨대 자연과 문화, 권력과 이성, 인간과 비인간, 추상과 구체 사이의 건널 수 없다고 여겨지는—그러나 근대인은 계속 건너는—경계선으로부터 자유로워지는 법을 배울 때 그러하다.

그러나 방금 보았듯이 동일한 상황이 완전히 다른 방식으로 파악될 수 있다. 그 방식은 뒤에 따라오는 것을 해석할 키를 제공하는 전치사를 사용해 일련의 결합을 만드는 상이한 방법을 비교하기 시작하면 곧바로 확인할 수 있다. 그 두 번째 양식은 [PRE](preposition)로 표시한다. 이 두 번째 이해의 이점은 불연속성들의 유형들과 불연속성들이 따르는 궤적들을 한 번에 한 쌍씩 비교할 수 있게 해준다는 것이다. 그러한 새로운 유형의 이해에서 비교는 연속성을 획득하게 해주는 불연속성과 공백을 가능한 한 정확하게 특징지음으로써 이루어진다. 우리는 이 가운데 세 가지를 이미 확인했다—법적 수단, 과학적 증거, 종교적 설교(모두 명백히 잠정적인 용어이다). 그리고 이제 여기에 [NET]를 추가해야 한다.

따라서 어떠한 상황도 우선 연결망[NET] 양식에서(우리는 그 상황이 갖는 결합의 연결망을 필요한 만큼 멀리 펼칠 것이다), 다음으로 전치사 [PRE] 양식에서(우리는 상황의 확장을 허용하는 연결의 유형을 규정해볼 것이다) 파악할 수 있다고 말할 수 있다. 전자는 결합들의 다양성, 후자는 근대인의 복잡한 역사 과정에서 확인된 양식들의 다수성을 포착할 수 있게 한다. 존재하기 위해서 존재자는 다른 존재자를 경유해 통과해야 할 뿐만 아니라[NET], 이를테면 자신을 **변이시키는**ALTERING 다른 방법을 찾아서 다른 방식으로도 통과해야 한다[PRE]. 이러한 방식으로 진행함으로써 나는 결합 연결망의 형태를 취하는 모든 이론의 주된 약점(대체로 모든 일원론의 약점이기도 하다)을 해결하기를 희망한다. 우리 민족지학자는 이제 정보원들이 그토록 집착하는 듯 보이는 다양한 가치를 존중하면서 연결망 분석에 적합한 기동의 자유를 계속 가질 수 있을 것이다.

◉ 피벗 테이블을 구성하는 교차들을 정의함으로써.

[NET·PRE] 연결을 통해 우리는 이제 내가 **교차**CROSSING라고 부르는 것의 첫 번째 경우를 만나게 된다. 교차의 세밀한 기록은 피벗 테이블의 원재료를 구성한다(양식들의 순서는 항상 부록에 있는 도표에서의 순서를 따르기로 한다). 우리는 실제로 이러한 교차들에 위치함으로써 각 관점들의 환원 불가능한 특성을 파악할 수 있다. 여기서 왜 재판의 결론이 과학적 증거의 결론과 유사하지 않은지, 종교적 설교의 특성을 왜 법이나 과학으로 판단할 수 없는지 알 수 있다. 교차는 두 가지 양식, 두 가지 분기, 두 가지 유형의 적정성 조건을 비교할 수 있게 해준다. 교차는 그러한 것들에 특유한 것을 정의하게 해주는 **대조**CONTRASTS와 그것들의 관계의 종종 뒤틀린 역사를 일련의 시험을 통해 드러냄으로써 그러한 비교를 가능하게 한다. 우리는 각각의 교차와 각각의 대조를 매 경우마다 그 자체의 정교화를 요구하는 별개의 주제로 다루어야 할 것이다. 이 탐구가 왜 시간이 걸리고 어째서 신속하게 확장되어야 하는지 그 이유가 분명해지고 있다!

그것은 다소 특이한 [NET·PRE] 교차이다 ⊙

[NET·PRE] 교차는 탐구 전체를 허가하는 교차라는 점에서 다소 특별하다. [NET] 유형의 묘사의 관점에서 보면 모든 연결망은 서로 유사하지만(그래서 우리 조사자는 **영역**DOMAIN 관념에서 벗어나 자유로이 돌아다닐 수 있다), 이 경우에 **전치사**PREPOSITIONS는 가벼운 자책remorse의 형태를 제외하고는 완전히 비가시적이다(조사자는 자신의 묘사가 정보원들이 필수적이라고 보는 어떤 것을 포착하지 못하고 있다는 일반적인 느낌이 든다). 반대로 [PRE] 유형의 탐구에서 연결망[NET]은 이제 여러 유형의 궤적 가운데 하나에 불과하며, 비록 양식들의 적정성 조건이 각각의 쌍에서 물론 [PRE]의 관점에서만 비교될 수 있음에도 불구하고 양식들은 양립 불가능해진다.

⊙ 행위자–연결망 이론과의 양립 가능성 문제를 일으키는 교차이다.

사회학적 성향을 지닌 독자라면 [NET·PRE] 교차가 **행위자–연결망 이론**ANT과 내가 [PRE]라고 부르는 것 사이에 컴퓨터 과학자들이 말하는 "소프트웨어 호환성" 문제를 일으킨다는 것을 알아차렸을 것이다. 근대인의 인류학자가 조사를 계속할 수 있으려면, 구별되는 영역이라는 관념에서 자신을 자유롭게 해준 논의를 배타적으로 선호하는 경향을 이제 극복해야 한다.

행위자–연결망 이론은 지나치게 좁은 제도라는 관념을 해체하고, 인간과 비인간 사이의 연결을 따라가는 것을 가능하게 하며, 특히 "사회적인 것the social"과 **사회**SOCIETY라는 관념을 다른 것들과 구별되는 별개의 구성 요소가 아니라 자유 결합의 일반적인 원칙으로 변형하는 데에서 중대한 역할을 했다. 행위자-연결망 이론 덕분에 사회는 더 이상—예를 들어 유기적인 것이나 물질적인 것, 경제적인 것, 심리적인 것과 대립되는 것으로서—사회적인 것이라는 특정한 물질로 이루어진 것이 아니라, 매 경우 계속 확장되고 놀라운 연결의 움직임 안에 있는 것이 되었다.

그럼에도 불구하고 그 방법은 비판적 사유의 한계를 일부 가지고 있다는 것을 이제 우리는 이해하고 있다. 즉, 행위자-연결망 이론의 어휘는 자유를 주지만, 정보원들이 완강히 매달리는 가치들을 구별해내기에는 너무 제한적이다. 따라서 그 이론이 마키아벨리주의적이라는 비판에도 정당성이 없지는 않다. 모든 것이 모든 것과 결합할 수 있지만, 어느 것이 성공하고 어느 것이 실패할지를 어떻게 정의할지 알 수 있는 방법이 없다는 것이다. 힘과 이성 사이의 구별에 대항하는 전쟁의 도구로서 그 이론은 결국 이를테면 "성공한" 자들이 확립한 연결 숫자의 유일한 지배하에 모든 결합을 통합하게 될 위험이 있었다. 우리의 새로운 탐구에서 자유 결합의 원칙은 더 이상 모든 상황에 대해 동일한 메타언어를 제공하지 않는다. 그것은 행위 과정을 파악하는 여러 형태 가운데 단지 하나가 되어야 한다. 그것이 가장 자유로운 것은 확실하지만 가장 정확한 것은 아니다.

탐구 조건들의 요약.

나는 이제 이 연구의 목표를 요약할 수 있게 되었다. 탐구는 [NET]와 [PRE]라는 두 가지 양식을 연결함으로써, 대화 상대방들에게 그들이 무엇을 하고 있는지—그들이 무엇을 통과하는지, 그들이 무엇인지— 그리고 무엇에 마음을 쓰는지에 대해 잘 말하는 기술을 습득하고자 하는 것이다. 고대의 웅변 같은 느낌을 주는 "잘 말하는speak well"이라는 표현은 몇 가지 보완적인 요구 조건을 함축한다. 잘 말하는 화자는,

• [NET] 양식으로 연결망을 묘사describe할 수 있어야 한다. 자신에게 이런 방식으로 말하는 데 익숙하지 않은 근대주의의 실행자들에게 충격을 줄 위험을 무릅쓰고서.

• 근대주의의 실행자들에 대해 사람들이 말하는 모든 것이 실제로 그 실행자들이 자신에 대해—실천 속에서—알고 있는 것과 정확히 일치하는지 그들과 함께 확인verify할 수 있어야 한다.

• 연결망과 전치사라는 개념을 사용해 그러한 묘사가 드러내는 것과 행위자들이 제시하는 설명 사이에 차이가 나는 이유를 탐구explore할 수 있어야 한다.

• 마지막으로 가장 위험한 요구 조건으로, 실천과 이론 사이의 차이를 좁히고 근대인이 고수하는 가치들을 (어떤 가치를 위해 다른 가치를 짓밟는 일 없이) 모두 담을 수 있는 제도들을 재설계할 수 있게 하는 실천과 이론 사이의 또 다른 연결의 정식화를 제안propose할 수 있어야 한다.

이 프로젝트는 거대하긴 하지만 최소한 명확히 정의되어 있으며, 요소들이 각기 특유한 테스트의 대상이라는 점에서 더욱 그러하다.

• 첫 번째 테스트는 사실적이고 경험적이다. 우리는 주장의 증거를 제공함으로써 현장에 충실했는가?

• 두 번째는 조사가 끝나는 시점에 원상회복이라 불리는 이미 더 복잡한 협상을 요구한다. 우리의 정식화를 포기하지 않으면서 우리가 놀라게 했을지도 모르는 사람들이 우리를 이해할 수 있게 하는 데 성공했는가?

• 세 번째는 역사적이면서도 사변적이다. 우리는 가치와 연결망 사이의 역사적 변동을 설명했는가?

• 네 번째는 외교관뿐만 아니라 건축가, 도시계획가, 디자이너의 재능을 요구한다. 거주지를 위한 계획안에서 미래의 거주민들은 전보다 더 편안한가?

합리적인 것이란 다양한 이성들의 실 가닥을 따르는 것이다.

독자들은 내가 자신을 위해 "합리적"이라는 형용사를 취하지 않아서 이미 이 훌륭한 계획에 부합하지 못한다고 반론을 제기할지도 모르겠다. 그렇지만 **이성**REASON이라는 고상한 용어를 재사용할 수 있다면 매우 편리할 것이다. 어쨌든 우리가 스스로를 속이고 싶지 않은 것은 사물의 이치를 찾고 싶고, 옳기를 원하고, 오류에 안주하지 않으려 하고, 합리적 존재자로 살기를 원하기 때문이다. 태양 아래 다른 소명이 있을 수도 있고, 다른 문화, 다른 문명도 있을 수 있지만, 우리가 태어난 삶의 형식, 근대인이 진정 물려받기 원하고 착오하지 않기를 간절히 바라는 삶의 형식은 결국 대문자로 시작하는 〈이성〉의 역사와 관련이 있음이 분명하다.

문제는 우리가 부여받은 형태의 이성이 충분히 이성적이지 않고 특히 충분히 까다롭지 않다는 점이다. 그것이 우리가 방금 식별한 연결망들과 언제나 분리되어 있고, 진실과 오류를 단 하나의 키에서만 조사해 왔기 때문이다. 이제 "합리적"이라는 용어에 정확한 의미를 부여할 수 있다면, 그리고 그것이 예컨대 법이나 지식, 종교 같은 연결망 내에서 그 연결망에 적합한 진리진술을 지정할 수 있다면, 이제 그것은 그 수행의 조건 없이는 아무 의미도 갖지 않게 된다. 연결망 없는 이성이란 케이블 없는 전선, 가스관 없는 가스, 전화 회사와의 연결 없는 전화 통화, 하이킹 코스 없는 하이킹 여행자, 법적 수단 없는 원고와 같다. 만약 "가슴은 〈이성〉이 알지 못하는 자신의 이성들을 갖고 있다"는 것이 사실이라면, 각 양식은 〈이성〉이 알지 못하는 자신의 연결망들을 갖고 있다는 것을 우리는 인정해야 한다.

그러나 바로 여기서 당신이 잘못된 길을 택했다고 누군가 말할 것이다. 참과 거짓을 구별하는 복수의 방법들이 있는 것이 아니라고 말할 것이다. "〈이성〉"은 복수형이 아니라 단수형으로 취급해야 하며, 그렇지 않으면 말들은 아무 의미도 없고 당신은 우리에게 비합리성으로 함께 침몰하자고 요구하는 것과 다름없다고 말할 것이다. 그러나 합리적인 것을 특정한 유형의 궤적이 갖는 특이성과 동화시키는 것이야말로 가장 위험하면서도 가장 간과되는 오류, 제곱된 오류의 원천이다. 범주라는 관념이 주어진 것에 대해 잘 말하는 방법들을 증가시킬 수 있게 해준다는 것이 사실이라면, 우리는 그것이 단지 장비를 갖추고 교정되는 지식이라는 하나의 질문에 답하는 것이라고 하는 데 놀라지 않을 수 없을 것이다. 범주 오류라는 관념이 복수의 이성들을 따라갈 수 있게 해야 하는 것은 우리가 이성의 모험을 새롭게 시작하기를 원하기 때문이다.

그런 이유에서 나는 앞으로 **합리적**RATIONAL이라는 형용사를 다양한 연결망들을 가닥에서 가닥으로, 단계에서 단계로 추적하는 것을 가리키는 데 사용할 수 있는 권리를 원한다. 우리는 그 연결망들에 각기 별개의 전치사에 의해 정의되는 진리진술이나 비진리진술의 다양한 궤적들을 첨가할 것이다. 상황을 합리적으로 이해하기 위해서는 연결망을 펼치는 동시에 전치사, 즉 그것이 파악되는 해석의 키를 정의해야 한다([NET·PRE]). 어쨌든 아고라에 서서 누군가에게 무언가에 대해 잘 말하고 싶은 것이야말로 그리스인들이 로고스*logos*라고 부르는 것에 상당히 근접한 것이지 않은가?

결론적으로, 여기서 우리가 앞으로 계속 수행해야 할 "외교적 대표"의 첫 번째 예를 마주하고 있다는 것을 주목하자. 합리주의자들이 소중히 여기는 가치들을 그들이 처음 볼 때는 알아볼 수 없는 방식으로 재정의하면서도, 그들에게 그 가치들의 견고함을 확신시킬 수 있을 것인가? 그렇게 대표되고 재정의된 그들의 가치들이 과거보다 더 확실한 것으로 드러나리라고 그들을 납득시킬 수 있을 것인가? 몇 쪽 지나지도 않았는데 벌써 협상에 성공하기를 요구할 만큼 독자들이 참을성 없고 비정하지는 않겠지만 그래도 수행이 끝날 때 결과를 따져볼 권리는 있다. 그것이 방금 제안한 이성의 정의에 따라 내가 나아가야만 하는 방향이기 때문이다.

3장

대응의 위험한 변화

가장 어려운 문제인 〈과학〉의 문제에서 시작해보자 ⊙ 통과의 식별을 수반하는 방법의 원리를 응용함으로써 ⊙ 통과의 식별은 두 가지 별개의 존재양식의 융합을 해체할 수 있게 해준다.

어떤 평범한 여정의 묘사: 몽 에귀유 등산의 예 ⊙ 이 예는 지시의 연쇄와 불변의 가동물을 정의하는 데 도움이 된다 ⊙ 지시가 인식하는 주체에도 인식되는 객체에도 매여 있지 않음을 보여줌으로써.

〈주체〉/〈객체〉 대응이라는 관념은 두 가지 통과를 융합한다 ⊙ 존재자들은 존재를 지속하기 위해 불변의 가동물을 통과하지 않는다는 것이 명백하기 때문이다.

비록 지시의 연쇄[REF]의 확장에는 제한이 없지만 ⊙ 실제로 서로에게 대응하는 두 가지 존재양식이 있다.

그러므로 새로운 적정성 조건을 등록해야 한다 ⊙ 그것은 언어와 존재 사이의 상이한 분배를 허가할 것이다.

이는 실험실이라는 전형적인 사례에서 특히 분명해진다.

그래서 새로운 존재양식인 재생산의 존재양식[REP]이 두드러진다 ⊙ 그리고 가시적인 상태로 놔두기 어려운 [REP·REF] 교차가 두드러진다 ⊙ 특히 더블 클릭의 간섭에 저항해야 할 때 그러하다.

가장 어려운 문제인 〈과학〉의 문제에서 시작해보자 ▶

합리적인 것과 비합리적인 것의 정의를 둘러싼 논쟁이 그토록 격렬하다면, 그리고 이성의 작용에 어울리는 제도의 형태를 둘러싼 협상의 전망이 그토록 요원해 보인다면, 그 이유는 근대인의 인류학의 주요 문제, 즉 17세기에 시작해서 오늘날까지 계속되고 있는 과학의 난입irruption이 근대인에게 제기한 수수께끼 때문이다. 이 수수께끼는 근대인의 역사 속에서 〈과학〉 이론과 과학 실천 사이에 생겨난 거대한 심연으로 인해 해결 불가능해졌으며, 그 심연은 우리가 소위 "알려진 거주 세계"를 완전히 새로운 방식으로 고려할 수밖에 없게 하는 생태학의 뜻하지 않은 출현으로 더욱 깊어졌다.

우리 근대인의 인류학자는 정보원들이 〈이성〉, 합리적 설명, 믿음이나 비합리성에 대한 투쟁 같은 주제들을 얼마나 중요하게 여기는지, 그리고 그러면서도 합리성의 진전에 대한 그들의 묘사가 얼마나 현실성이 없는지에 대해 놀라지 않을 수 없다. 우리가 그들이 〈이성〉에 대해 공식적으로 하는 말을 믿는다면 — 그들의 눈에는 〈과학〉이 거의 항상 〈이성〉의 가장 높은 수준의 예이다 — 이러한 〈이성〉은 자신의 확장을 위한 물질적, 인간적 수단을 결코 얻을 수 없었을 것이다. 그들의 말대로라면, 대문자로 시작하는 〈과학〉은 이론상 순전히 이론적인 방법만 필요로 하는 만큼, 소문자로 시작하는 과학들은 이미 오래전에 지금도 실험실도 연구원도 사무실도 없이, 요컨대 최소한으로 줄어들었을 것이기 때문이다. 다행히도, 그리고 이것이 근대인에 대한 탐험의 은밀한 매력인데, 그들의 왼손은 오른손이 무엇을 하고 있는지 전혀 알지 못한다. 소문자 과학들은 장비를 갖추고 있는 것으로 결국 드러나지만, 최근까지는 누구도 그러한 과정에 대한 신뢰할 만한 묘사를 제시할 필요를 느끼지 못했다. 독자들이 길을 잃지 않게 하려면, 우리는 과학 제도에 관한 그동안의 모든 연구를 요약해야 하고 그것의 놀라운 실천을 드러낼 수 있게 해주는 연결망을 따라가야 한다. 그러나 나는 과학 제도의 인류학이 아니라 그것의 한 가지 구성 요소, 그 특유한 음조가 특별히 강조될 필요가 있는 구성 요소에 초점을 맞추기로 했다. 바로 과학적 결과는 막대한 비용을 들여 그것을 생산하는 인간에 의존하지 않는다는 확신이다.

모든 것이 세계와 세계에 대한 진술 사이의 **대응**CORRESPONDENCE이라는 문제를 맴돌고 있다. 민족학이 역병처럼 피해야 할 주제가 한 가지 있다면, 대학입학시험 철학 문제로나 나올 법한 그 유명한 "사물과 지성의 일치*adequatio rei et intellectus*"라고 누군가는 말할 것이다. 불행히도 우리는 이 문제를 피해갈 수 없으며 처음부터 직면해야 한다. 다른 모든 것, 즉 우리가 세계에서 기대할 수 있는 것과 언어에서 희망할 수 있는 것이 여기에 달려 있다. 우리는 이 탐구에서 사용해야 할 표현 수단뿐만 아니라 실재론의 유형을 정의하기 위해 그것을 필요로 한다. 이 풀리지 않을 것 같은 문제에 걸려 있는 것은 다름 아닌 실재와 진리의 분할이다. 근대인 특유의 불투명성은 모든 분야의 분석가, 비평가, 실무자, 연구자 등 우리 모두가 이러한 대응의 조건에 대해 합의하지 못하는 데서 비롯한다. 우리가 시작부터 이 양식을 단념한다면 다른 양식들을 정의할 수 없을 것이다.

그러나 무엇에 대해? 그것을 어떻게 부를 것인가? 문제는 바로 이것이다. 즉, 지금까지 "과학적"이라는 형용사가 가리켜온 것은 어떤 방식으로 하나의 특정한 진리진술 양식인 것인가? 사실 우리는 세계와 세계에 대한 진술 사이의 대응에 대해 이야기할 때마다 우리가 정확히 무엇에 대해 말하고 있는지, 세계를 다루고 있는 것인지 아니면 〈과학〉을 다루고 있는 것인지 제대로 알지 못한다. 마치 대응이라는 모호한 관념을 통해 세계와 진술이 구별할 수 없을 정도로 실제로 융합되기라도 amalgamated 한 것처럼 말이다. 한편으로는 세계와 진술이 동일한 것이라고 말하고, 다른 한편으로는 그 둘이 서로 무관하며 사물과 정신의 관계와 같다고 말한다. 마치 세계가 인식될 수 있게 된 것처럼 말이다―그러나 어떤 변형을 통해서 그러한가? 마치 말이 실재를 전달하는 것처럼 말이다―그러나 어떤 중개 수단을 통해서 그러한가? 대응이라는 관념은 실로 뒤죽박죽이다. 누군가 법적 진리진술, 나아가 종교적 진리진술을 정의하려고 할 때, 모든 사람은 적정성 조건들이 매우 정확하게 정의되어야 하며, 이 조건들이 말하자면 법적인 어떤 것이나 종교적인 어떤 것을 뒤에 남기는 각 양식에 특유하다는 것을 알고 있다. 그러나 우리가 과학적인 것에 "대해" 같은 것을 주장한다면, 사람들은 우리가 무엇에 대해 말하려고 하는지 더 이상 알지 못할 것이다. 우리는 과학을 법적인 것이나 심지어 (두렵게도!) 종교적인 것처럼 여러 "표상representation" 양식 가운데 하나에 동화시키는 비판적 입장을 지지하는 것인가? 아니면 우리는 진술과 (자신의 단순한 존재만으로도 자신에 대해 말해진 것을 입증하는) 세계를 동일한 정의로 융합하고 있는 것인가? 우리가 첫 번째 버전을 받아들인다면, 과학을 포함한 모든 진리진술 양식은 실재에 접근하지 못한 채 단순히 말하기 방식으로 전락한다. 두 번째 버전을 받아들인다면, 이 진리진술 양식은 우리가 알지 못하는 어떤 기적을 통해 (혼자 힘으로?) 진리와 실재를 융합시킬 수 있게 된다. 우리가 비너스나 성모 마리아의 탄생을 기적으로 돌리는 것에 동의할 수는 있겠지만, 근대인의 자존심을 고려할 때 〈이성〉의 탄생을 성령의 작용으로 돌리는 것은 다소 당혹스럽다. 그럼에도 우리는 여전히 이해하려 해야 한다. 여전히 이성을 "정말로" 신뢰해야 한다.

우리가 시작부터 이 난제에 맞서야 하는 것은, 그것을 검토하지 않고 내버려두면 다른 양식들에 대해 우리가 내놓을 모든 진단에 해가 될 수 있기 때문이다. 이 양식들은 진리와 실재를 연결하는 자신들의 고유한 방식으로부터 아무런 이득도 얻지 못할 수 있다. 이상하게 보일지 모르지만, 바로 대응이라는 잘못 구성된 관념이 그것이 투영하는 모호함에도 불구하고—혹은 아마도 그 때문에—사실상 다른 모든 양식의 품질quality을 판단하는 데 역할을 해왔다! 그것은 모든 실재를 흡수하고 나서, 다른 양식들에는 "언어 게임"이라는 부차적인 역할만 남겼다. 전혀 예상치 못한 결과를 낳은 역설을 통해—우리는 이를 계속 살펴볼 것이다—하나의 범주 오류의 기형적인 자손이 결국 다른 모든 범주 오류를 탐지하는 최고 심판자의 위치에 오르게 되었다! 나는 탐구의 시작에서부터 이 융합을 해체함으로써 근대인의 인류학의 주요 장애물 중 하나를 제거하기를 원한다. 나중에 과학학의 방법을 통해 과학적 연결망을 묘사하는 작업으로 되돌아올 시간은 언제나 있을 것이다. 실천은 도중에 불가사의하게 사라지는 것이 아니라 언제나 전경에 남아 있는 법이니까.

◉ 통과의 식별을 수반하는 방법의 원리를 응용함으로써 ◉

상상할 수 있듯이 정면으로 그 문제에 접근하는 것은 불가능하다. 문제를 해결하기도 전에 지쳐버리고 말 것이다. 다행히도 이전 장에서 우리는 우리의 탐구가 **궤적**TRAJECTORY의 유형을 식별하는 것과 관련되며 그러한 궤적의 연속성으로 보이는 것이 실제로는 매 경우 서로 다른 불연속성을 뛰어넘는 특정한 방법을 통해 획득되는 것임을 배웠다. 우리는 이미 그 가운데 네 가지 **통과**PASSES, 즉 법적 수단, 과학적 증거, 종교적 설교, 그리고 전천후all-terrain 양식인 결합의 연결망을 식별한 바 있다. 우리는 또한 연속성과 불연속성 사이의 모순을 해결하기 위해 각각의 통과나 양식이 그러한 뛰어넘기의 성공이나 실패의 조건을 규정하는 고유한 진리진술 형태를 정의했음을 배웠다. 마지막으로, 우리는 양식들이 **교차**CROSSINGS 속에서 서로 엇갈릴 때 두 개씩 쌍으로 비교될 수 있으며, 교차는 흔히 적정성 조건 가운데 하나와 관련된 범주 오류의 테스트에 의해 드러남을 이해하게 되었다.

그리 어렵지 않게 알 수 있는 것은 세계와 세계에 대한 진술 사이의 대응이 함정이자 교착 상태를 낳는다는 이야기의 확산이 적어도 징후적으로 그러한 교차를 드러낸다는 것이다. 이 분기점이 유발하는 불안감의 정도로 판단하건대, 무언가 본질적인 것이 여기에 한데 엮여 있음이 틀림없다. 이렇듯 대응의 묘사에 대한 합의가 없는 상황에서 우리가 적어도 의존할 수 있는 것이 있다면, 그것은 누군가 과학을 [NET] 유형의 연결망 양식에 따라 파악되는 실천으로 묘사하기를 희망한다는 바로 그 생각이 불러일으키는 열정이다. 독자는 과학학에 이러한 종류의 열정이 충분히 부여되어 있음을 분명히 인정할 것이다.

◉ 통과의 식별은
두 가지 별개의 존재양식의 융합을 해체할 수 있게 해준다.

이 장에서는 사물과 정신의 대응에 대한 주장, 즉 그 유명한 **사물과 지성의 일치**ADEQUATIO REI ET INTELLECTUS가 (징후로서) 드러내고 (이론으로서) 은폐하는 두 가지 유형의 궤적 사이의 교차를 확인해볼 것이다. 우리는 서로 융합된 두 가지 양식 사이에 쐐기를 박아 넣으려 한다. 이는 두 가지 별개의 통과를 존중하고 이 범주 오류의 효과를 등록하기 위한 것으로, 이 하나의 범주 오류가 또 다른 범주 오류로 이어지며 다른 모든 범주 오류가 그에 의존하기 때문이다. 우리는 재생산reproduction과 지시reference를 혼동하지 말아야 한다는 점에 주의하면서, 그것들에 두 가지 별개의 이름을 붙일 것이며 그에 대한 정의는 나중에 할 것이다. 정보원들이 굳이 교차가 아니라고 주장하는 어떤 것을, 더구나 인식하는 정신과 인식되는 사물의 등치로 해석하는 어떤 것을 두 가지 양식의 교차로 정의하는 것이 다소 반직관적이라는 점은 인정하자. 그러나 독자가 이미 알고 있듯이 모든 분기점에는 그에 맞는 적절한 정교함이 필요하다.

어떤 평범한 여정의 묘사: 몽 에귀유 등산의 예 ⊙

장비를 갖추고 교정되는 지식의 활동을 잘못 이해했다면 놓칠 수도 있는 그러한 접합부jointure를 강조하기 위해 아주 단순한 예를 살펴보자. 그 사례는 새로운 발견에 의존하지 않고(발견에 초점을 맞추면 그것이 암시할 대상의 참신함 때문에 지나치게 쉬운 일이 될 것이다), 반대로 하이킹의 은유와 공명하는 잘 확립된 습관의 대상인 어떤 오래된 지식에 의존한다. 그 길 끝에서 우리는 대응이라는 관념으로 되돌아갈 것이며, 그것이 작지만 결정적인 변경을 겪었음을 발견하게 될 것이다. 대응은 더 이상 정신과 사물을 관계시키는 문제가 아니라, 완전히 별개인 두 가지 진리진술 양식을—그것들을 언제나 구별해야 하는 연속성의 중단을 존중하면서—서로 대응하게 만드는 문제가 될 것이다.

이 논의는 상당히 어렵기 때문에 간단한 건강 산책 정도로 시작하기는 힘들 것 같다. 시간을 거슬러 올라가 하이킹 코스로, 그리고 내가 베르코르Vercors 코스를 시작하기 전에 시간을 내어 구입한 프랑스 지리정보 지도 3237 OT "Glandasse Col de la Croix Haute"로—뭐 어떤가?—돌아가 보자. 나는 파 드 레귀유Pas de l'Aiguille로 가는 길의 시작점을 찾기 어려워 지도를 펼쳤다. 코팅된 종이 지도에서 골짜기로 시선을 옮기며 지그재그로 이어지는 길을 찾았고, 구름 낀 날씨에 감각도 혼란스럽고 장소도 낯설었지만 내 위치를 알 수 있었다. 노란 표지판들이 등산로 곳곳에 놓여 있고 관광 안내소가 친절하게도 그 표지판들을 지도 위에 세심하게 표시해놓아서 도움이 되었다. 그 덕분에 지도와 실제 풍경 사이에서 왔다 갔다 하며—항상 그렇지는 않지만—같은 단어, 같은 거리와 시간, 같은 모퉁이를 찾을 수 있었다.

지도, 표지판, 등산로는 물론 다르지만 서로 정렬되면 어떤 연속성을 확립한다. 게다가 불확실할 때는 이전에 그 길을 갔던 수많은 등산객들의 발자국이나 당나귀 배설물 더미가 반갑게도 내가 따라갈 길을 확인해주곤 했다. 그 결과 나는 분명히 "야외", "신선한 공기 속", "자연의 품 안", "휴가"라는 특권을 누리면서도, 확실히 하나의 연결망 안에 있었으며 그 연결망의 벽들이 서로 너무 가까워서 나는 10분마다 벽에 기대어 지도와 표지판, 다른 하이커들이 택한 방향이 실제로 대응하는지, 그래서 파 드 레귀유로 이끌어줄 일종의 일관된 통로를 형성하는지 확인했다. 불필요한 확인은 아니었다. 베르코르 고원은 (내가 추가적인 예방 차원에서 구입한 지형 안내서가 조금 무서운 용어로 경고한 대로) 안개와 크레바스, 사막으로 유명하고, 군데군데 있는 돌탑 말고는 (아마도 경관 미학적인 이유로) 신호등이나 안내판이 없다. 내가 연결망 안에 있어야 한다는 것에 의심이 든다면("표시된 길 밖으로 가지 마시오!"), 내가 갔던 길을 따라 올라가 길을 잃어 봐도 된다. 신발 끝도 안 보이는 안개 자욱한 날에 말이다….

그러나 나는 어떤 특정한 통로를 다루고 있었음을 인정해야 한다. 그것의 벽은 물질화되어 있었지만(그렇지 않았다면 그렇게 걱정하며 길을 확인하지 못했을 것이다), 예컨대 미로의 벽이나 광산 갱도의 벽만큼 연속적인 재료로 만들어진 것은 아니었다. 그 통로는 이차원의 종이 지도, 노란색으로 칠해진 나무 표지판, 발에 밟힌 풀과 손때 묻은 잎으로 표시된 산길, 가다가 보이는 지형지물(돌탑인가 아니면 그냥 쌓인 돌인가? 나는 매번 망설였다) 등으로 이루어져 있었고, 이러한 요소들은 어느 하나도 서로 물질적으로 닮지 않았다. 그럼에도 그 요소들은 전반적인 일관성을 유지했고 그래서 "내가 어디 있는지 알게" 해주었다. 지형지물들의 불연속성은 결국 이론의 여지 없는 접근의 연속성을 획득했다. 그것들이 1장에서 증거들의 움직임에 대해 논하며 살펴봤던 아주 특정한 유형의 통과를 형성했기 때문이다.

이러한 연쇄의 특정성이란 양립 불가능해 보이는 두 가지 요소, 즉 이동성mobility과 불변성immutability을 극대화시키는 연결을 확립한다는 것을 말한다. 지도 3237 OT를 접으면 배낭 주머니 안에 쏙 들어간다. 나는 여정 내내 지도를 가지고 다니며 어떤 지점이든 펼쳐서 길을 찾아볼 수 있다. 예를 들어 "샤마이유 산장"이라는 표현이 내게 보이는 특정한 오두막과 대응하는지, 아니면 몇 걸음 더 가서 나오는 다른 오두막과 대응하는지 확인할 수 있으며, 후자의 경우 표시되지 않은 길은 여기 계곡이 아니라 저기 언덕에서 시작될 것이다. (나는 아직 GPS를 구입하지 않았다. GPS를 쓰면 결국 나는 철저하게 둘러싸여서 내가 어디에 있는지 알기 위해 "바깥" 풍경을 볼 필요조차 없을 것이다. 마치 눈은 보이지 않지만 방향 감각만은 완벽한 흰개미처럼 GPS 화면만 보고 있어도 충분할 것이다.)

그러나 이처럼 운반할 수 있고 이동할 수 있고 접을 수 있고 찢어지지 않고 방수가 되는 이차원 지도는 표지판과 관계를 확립하며 산봉우리, 계곡, 고원, 절벽과 관계를 확립한다(그리고 사실상 옛날 지형학자들이 삼각측량을 위해 세운 눈에 띄는 표지물과, 이후에는 항공 사진과, 오늘날에는 도면상의 작은 차이로 지형의 기복을 분간할 수 있게 해주는 인위적으로 채색된 위성 이미지들의 중첩과 관계를 확립한다). 이 관계는 적절하게도 상수constants라고 불리는 일정한 수의 기하학적 연관을 그대로 유지한다. 나침반을 집에 두고 오지 않았다면, 나는 몽 에귀유Mont Aiguille의 남쪽 절벽 가장자리와 레지스탕스 전사자 기념비의 십자가가 형성하는 각도가 3237 OT 지도의 각도와 실제로 "동일"하다는 것을—바라보는 각도의 오차와 편각의 보정을 제외하고는—확인할 수 있었을 것이다. 그래서 비유사성 전체와—몽 에귀유의 지도보다 몽 에귀유와 덜 비슷한 것은 없다—유사성 전체를—내가 나침반으로 재는 각도는 실제로 지도상의 각도와 같다—모두 극대화할 수 있는 여정을 확립하는 것이 가능하다(나는 이를 위해 3세기에 걸쳐 지리학자, 탐험, 인쇄술 발명, 지역 관광 개발, 다양한 장비가 필요했음을 잊지 않고 있다). 나는 지도를 참조해refer to 몽 에귀유를 찾을 수 있고, 몽 에귀유를 참조해 지도가 무엇을 의미하는지 이해할 수 있다. 만약 모든 것이 제자리에 있다면—안개가 끼지 않는다면, 어떤 얼뜨기가 표지판을 돌려놓거나 돌탑을 걷어차지 않는다면, 감각이 나를 속이지 않는다면—나는 완전히 안전하게 길을 따라 이동할 수 있다. 왜냐하면 그와 동시에 나는 문서documents로 포장된 연속적인 길을 따라—비록 그 가운데 어떤 것도 선행하는 것이나 뒤에 오는 것과 아무런 물질적 유사성이 없지만—앞뒤로 이동할 수 있기 때문이다. 게다가 지도가 표지판과 닮지 않았기 때문에, 표지판이 어떤 면에서도 눈에 띄는 표시물과 닮지 않았고, 표시물이 결코 몽 에귀유의 절벽과 닮지 않았기 때문에, 그러면서도 이 모든 것들이 물질적 비유사성의 심연을 가로질러 상수로 유지됨으로써 앞뒤의 항목들을 참조/지시하기 refer to 때문에, 나는 이 연결망의 편리함을 누릴 수 있는 것이다. 즉, 길을 잃지 않고, 내가 어디에 있는지 알고, 오류를 범하지 않는 것이다. 그러나 이 편리함은 상대적이다. 나의 이동이 아무리 안전하다 해도 나는 여전히 가파른 경사로를 땀 흘리며 올라야 하니까!

◉ 이 예는 지시의 연쇄와
불변의 가동물을 정의하는 데 도움이 된다 ▷

이러한 연결망의 고유성을 명확히 표시하기 위해 그것의 궤적을 **지시의 연쇄**CHAINS OF REFERENCE라고 부르기로 하자. 이처럼 매우 고유한 연쇄의 특징은 내가 **불변의 가동물**IMMUTABLE MOBILES이라고 부르는 것에 의해 양방향으로 정렬되어 있다는 점이다.

불변의 가동물이라는 모순어법은 의도적이다. 이 표현은 실제로 두 가지 상반된 방식으로 받아들일 수 있다. 우선, 이 표현의 강한 긴장을 통해 지난 2500년 동안 수많은 학문 분야의 독창적인 창안들이 지시reference라는 핵심 문제를 해결하기 위해 최대 가동성과 최대 불변성이라는 두 가지 상반된 요구 조건을 극대화해왔음을 강조하려는 것으로 이해할 수 있다. 아니면 반대로, 어떠한 변형 없이도 동일성이 동일성을 통해 동일성으로 단순히 미끄러져 가는 것만으로 이동이 가능함을 자명한 것으로 인정함으로써 지시의 문제가 해결되었다고 가정하는 것으로 받아들일 수도 있다. 첫 번째 의미에서 "불변의 가동물"이라는 표현은 그리스 기하학의 소박한 기원에서부터(삼각법이 없었다면 지형도도 없었을 것이다) 오늘날의 엄청난 확장에 이르기까지(예컨대 GPS를 생각해보라) 과학적 삶의 중심에 있는 시각화와 **기입**INSCRIPTION이라는 기술의 발전을 기록하기 위한 과학사와 과학사회학의 노력을 요약한다. 두 번째 의미에서 그 표현은 눈에 띄는 불연속성 없이 이루어지는 대응의 최종 결과를 가리킨다. 분명히 두 가지 의미는 동시에 진실이다. 불연속적인 일련의 지표들의 효과가 만들어내는 최종 산물이 바로 멀리 떨어진 존재자에게 문제없이 도달하는 것을 가능하게 하는 조준 맞추기의 연속적인 여정이기 때문이다─단, 모든 것이 제자리에 있을 때만 그렇다. 이것이 앞서 말했던 **"연결망**NETWORK**"**이라는 단어가 갖는 두 가지 의미이다. 일단 모든 것이 문제없이 작동하면, 가스나 와이파이에 대해 말하는 것을 대응에 대해서도 말할 수 있는 것이다. "모든 층에서 지시의 연쇄가 제공되고 있습니다."

⊙ 지시가 인식하는 주체에도
인식되는 객체에도 매여 있지 않음을 보여줌으로써.

지금 중요한 것은 불변의 가동물이 양방향으로 순환하는 이러한 지시의 연쇄라는 여정이, 그 한가운데 "인간 정신"의 현존을 도입함으로써 명확해지는 것이 전혀 아니라는 점에 주목하는 것이다. 우리가 베르코르 고원이 자아내는 감정에 도달하려면 도로, 산길, 지도, 관광 안내소, 호텔 체인, 등산화, 배낭, 장 자크 루소가 소개한 산책 습관, 19세기에 산봉우리를 찬양하기 위해 생겨난 진부한 표현 등으로 형성된 복합적 연결망에서 한 치도 벗어나지 않아야 한다. 매개가 없으면 접근도 없다. 그러나 이 여정은 "인식되는 사물"이라는 관념을 도입한다고 해도(대칭이 중요하다) 명확해지지 않을 것이다. 보르헤스는 세계를 "뒤덮는" 어떠한 지식도 세계 자체만큼이나 근본적으로 모호할 것이므로 실물과 같은 크기의 지도를 꿈꾸지 말라고 경고했다. 불변의 가동물이 가능하게 하는 지식의 획득은, 지도가 영토와 전혀 닮지 않으면서도, 연속적인 변형의 연쇄를 통해─포함된 재료들의 차이로 인해 끊임없이 중단되는 연속성을 통해─매우 적은 수의 상수를 유지한다는 사실에서 비롯된다. 유사성의 상실을 통해 지시의 연쇄가 갖는 막대한 효율성을 얻을 수 있는 것이다.

달리 말해, 연결망이 확산할 수 있는 것은 그것이 사물res와 지성 intellectus 사이에 어떠한 종류의 관계를 확립해서가 아니라 하나의 기입과 다음 기입 사이에 다리를 놓는 일을 멈추지 않기 때문이다. 이것이 바로 이러한 인식이라는 문제의 모든 기이함을 설명하며, 윌리엄 제임스가 평소의 유머러스한 말투로 "진리의 보행deambulatory 이론"을 도입한 이유이다. 제임스는 우리가 실천 속에서 마주하는 것은 말과 사물 사이의 "목숨을 건 도약"이 아니라 매우 평범하면서도 매우 특별한 어떤 형태의 기어가기crawling이며, 이는 견고하고 확실한 이해를 달성할 때까지 하나의 문서에서 다음 문서로 나아가고 그 과정에서 〈객체〉와 〈주체〉라는 두 가지 의무적인 단계를 통과하는 일은 없다고 말한다.

이 점을 잘 이해했다면, 지시의 연쇄가 영토 안에서 그려내는 특정한 유형의 연결망은, 매 단계마다 유사성의 유혹을 깨뜨린다는 조건에서 상수를 유지하며, 이는 결국 차이의 심연에도 불구하고 동일성에서 동일성으로 진행되는 것처럼 보이는 (이것이 문제의 핵심이다) 이동을 획득하기 위한 것임을 알 수 있을 것이다. 우리가 문서들이 양방향으로 하나씩 번갈아 배열되는 것을 자세히 관찰하지 않으면, 불변의 가동물이 거의 기적에 가깝다는 인상을 받을 것이다! 처음에 우리는, 내가 지도를 펼쳐서 그것을 실제 풍경과 연관시키자마자—물론 "직접적"으로가 아니라 표지판을 비롯한 모든 것의 중개를 통해서—일종의 성변화/실체변화transsubstantiation를 목도하게 된다는 것이 확실하다. 방수로 된 지도에 새겨진 표시에는—내가 계속 왔다 갔다 함에 따라—점차 몽 에귀유의 어떤 속성들이 실리며charged 내가 그것에 더 가까이 갈 수 있게 해준다. 산의 모든 속성이 실리는 것은 아니다(나중에 그 문제로 다시 돌아오겠다). 산의 무게도 냄새도 색깔도 지질학적 구성도 실물 크기도 아니다. 그래서 다행이다. 그렇지 않았으면 나는 보르헤스의 우화에서처럼 그 무게에 짓눌렸을 것이다. 그와 반대로 지도는 몽 에귀유로부터 눈에 띄는 일정한 수의 특징을 추출extract한다. 추출은 하늘을 찌를 듯한 웅장한 절벽들로 인해 더욱 용이한데, 그것들은 마치 여행 안내서에 넣기에 적합한 일종의 항로 표지처럼 몽 에귀유를 잘 "알아볼 수 있게" 해준다.

그렇다면 지시의 연쇄가 지닌 고유성을 포착하기 위해서는 양극단 지점, 즉 지도와 몽 에귀유, 기호와 사물에 제한되어서는 안 된다는 것이 분명하다. 그것들은 임시로 머무는 지점에 불과하다. 거기에 제한될 경우 우리는 "연결망 배치network setup"의 모든 이점을 바로 잃게 될 것이다. 실상 지식의 품질quality을 검증할 수 있게 해주는 것은 그 경로의 모든 일련의 지점들이며, 그래서 내가 그것을 연쇄chain나 연계linkage로 부르는 것이다. 그것의 확장을 이해하기 위해 우리는 이상한 운반 수단을 상상할 필요가 있다. 그 운반 수단은 연약한 케이블을 따라 앞뒤로 계속 움직이며—하나의 매체에서 다음 매체로 도약하며 불연속적이라는 점에서 오히려 더 연속적이다!—점차 영토의 극히 작은 일부를 지도에 싣고 영토로부터 표지들을 한가득 추출한다. (게다가 지도에는 이런 경고가 적혀 있다. "지도에 표시된 경로가 지면의 표시물과 다를 경우 후자를 따르길 권합니다. 지도를 이용하다가 오류나 누락을 발견하면 국립지리연구소에 알려주시기 바랍니다.") 의문의 여지가 없다. 지시하기refer는 어원에서 알 수 있듯이 항상 이와 같이 보고하기, 가지고 돌아오기to report, to bring back/ rapporter이다.

여기에는 어떤 기적도 없지만, 수백 인년person-years에 걸친 가장 혁신적이고 대담하고 완고하고 고비용인 인간의 노력을 요약하고 모으고 방향을 틀고 압축하는 작업은 감탄할 만하다. 이것을 납득하려면, 세 개의 위성의 "커버"를 찾는 GPS 장비의 작은 "클릭 클릭 클릭"을 교차 점검을 통해 얻기 위해 관료제도, 원자시계, 위성 발사, 표준화 등의 측면에서 치러야 했던 비용을 생각해보라. (게다가 나의 훌륭한 지형도의 표지에는 "GPS 호환"이라고 당당하게 적혀 있다. 이 새로운 약어는 우리가 거대한 노력과 비용을 들여 등산로의 "안전"을 강화하기 위해 새로운 정상성을 추가했다는 충분한 증거를 제공한다.) 과학사 연구자들은 이러한 왕복과 보고, 지시의 작업을 가능하게 하는 그러한 종류의 "케이블"의 발명과 설치, 확장과 유지, 보급을 추적하는 데 많은 시간을 들였다. 심지어 베르코르 고원 위에서 맞이하는 멋진 시야조차도 내게는 지도 3237 OT의 특별하지 않은 효과보다 덜 매혹적이다.

그러나 우리는—한쪽 끝에서 다른 쪽 끝까지 경험적으로 귀속하고 묘사할 수 있는—그러한 똑바른 전진, 매혹적인 보행을, 이성으로부터 그것이 이성적이어야 할 유일한 기회를 박탈하게 될 수도 있는 불가해한 수수께끼로 변형시키지 않도록 주의해야 한다. 이성을 이를테면 벌거벗은 것이 아니라 반대로 옷을 입고 있는 것으로, 즉 도구와 장비를 갖춘 것으로 보기로 한다면, 지시의 여정을 정당하게 다루는 것은 사실 원칙적으로 어렵지 않다. 이미 앞 장에서 우리는 이성에 대해 연결망으로 생각할 수도 있고, 연결망과 무관하게 생각할 수도 있다는 것을 알았다. 연결망에서 떨어져 있으면, 우리가 이해한 대로 이성은 귀속할 수 없는 상태로 남아 있게 된다. 그것은 도서관 한구석에 처박혀 있는 지도 3237 OT나, 땅에 세우기 전에 이제르 주 관광 안내소의 창고에 보관 중인 페인트칠한 나무 표지판만큼이나 무의미하다. 그러나 물론 이성이 그것에 방향을 부여하는 연결망 안으로 다시 결합되고, 다시 삽입되고,

다시 동반되고, 다시 절합되고 나면, 지시의 의미에서 이성이란 한 단계와 다음 단계를 각각 분리하는 일련의 불연속성, 공백, 단계, 도약뿐만 아니라 접근을 허용하는 연속성의 결과를 모두 가리키게 된다.

그러한 연쇄가 따라가는 선들은 이제 우리가 일반적인 대응의 관념을 흔들어댈 수 있게 할 것이다. 사실, "인식하는 정신"과 "인식되는 대상"이라고 흔히 불리는 것들은 그 연쇄가 매여 있는 두 가지 극단이 아니라, 오히려 그 둘 모두가 그 연쇄의 확장과 강화에서 유래하는 산물이다. 인식하는 정신과 인식되는 대상은 지식 활동에 의해 신비한 가교로 연결되는 어떤 것이 아니라, 지시의 연쇄의 확장에 따른 누적적인 결과이다. 사실상 우리가 그 두 가지 사이의 "대응"에 대해 쉽게 말하게 되는 것은, 그 두 가지가 같은 동전의 양면처럼 같은 작동operation에서 유래하는 것이기 때문이다. 그것은 마치 우리가 장비를 갖춘 지식의 연결망의 모든 지점에서 과학적 정신과 인식되는 사물을 "수집"할 수 있다는 말과 같지만, 그런 은유는 고무가 고무나무에서 흘러나온다는 말만큼이나 진부하다. 역설적으로, 한편으로 우리가 두 극단(인식 대상과 인식 주체)에 집중해 연쇄를 아예 보지 못하고 연쇄가 확장될 수 없게 할 수도 있고, 아니면 우리가 연쇄에 집중해 인식 대상과 인식 주체가 모두 사라지고 연쇄 자체는 확장될 수 있게 할 수도 있다. 등반 가이드라면 알듯이 여기에 놀라운 것은 없다. 주요 등산로에 장비를 설치하고 벼랑에 길을 내는 사람은 그러한 같은 행위를 통해 한편으로는 사람들이 접근할 수 있는 산을 생산하고 다른 한편으로는 산을 공략할 능력이 있는 등산객이나 등반가를 생산하는 것이다. 지시의 연쇄는 한쪽에 있는 정신과 다른 한쪽에 있는 실재 사이에 매달려 있는 밧줄 다리가 아니라 뱀—우리는 뱀을 지식과 연관시키지 않는가?!—즉, 몸이 더 길고 강해지면서 머리와 꼬리가 점점 더 멀어지는 뱀이라 할 수 있다.

〈주체〉/〈객체〉 대응이라는 관념은 두 가지 통과를 융합한다 ⊙

여기서 조심. 우리는 놓치지 말아야 할, 탐구의 경로에서 어떤 분기점에 도달했으며, 여기서 배낭을 내려놓고 지도를 펼쳐보는 게 나을 것이다. 지시를 통해 접근할 수 있는 세계에 대해, 지성intellectus의 대응물인 사물res 말고 다른 어떤 것이라고 말하는 것이 가능할 것인가? 어떤 특이한 일이 그것에 일어나는가? 지도를 통과하지 않으면서 영토가 통과하는 그것을 어떻게 묘사할 수 있을 것인가? 여기서 속도를 늦추어야 한다. 우리가 "세계"를 "인식되는 사물"로 다룰 때 "세계"를 정당하게 다루지 못할 위험이 있기 때문이다. 과학자들을 "인식하는 정신"으로 다룰 때 그들을 정당하게 대하지 못할 수 있는 것과 마찬가지이다. 존재자들existents과 지도를 한 번에 동시에 고려할 수 있게 해주는 묘사의 양식이 있는가? 세계 안의 지도, 혹은 세계 위의 지도, 아니 이를테면 세계들의 부가물, 절개, 정밀도, 접기라고 할까? 다시 말해, 세계와 세계의 지도를, 대응이라는 관념으로 성급하게 융합하지 않고, 동시에 표면으로 가져올 수 있는가? 우리의 탐구 원칙이 유효하다면 우리는 그 문제를 다음과 같은 형태로 제기해야 한다는 것을 안다. 존재자들을 정의할 수 있게 해주는 **공백**HIATUS, 단계, 도약, 통과를, 불연속성을 통해 연속성을 확립하는 하나의 특별한 방식으로도 간주identify할 수 있는가? 우리가 그것들을 차별화할 수 있다면, 우리는 두 가지 별개의 양식들을 갖게 되며 그 양식들은 서로 대응관계에 들어가게 될 것이지만(상식common sense은 옳았다), 그러한 교차crossing를, 인식되는 사물과 인식하는 정신 사이의 등치와 혼동하지 않고 명확히 구별하고 난 후에만 그러하다(양식good sense은 틀렸다).

◉ 존재자들은 존재를 지속하기 위해
불변의 가동물을 통과하지 않는다는 것이 명백하기 때문이다.

분기점은 처음에는 거의 알아볼 수 없을 정도로 정신과 사물 사이의 대응이라는 관념에 철저히 가려져 있었다. 그러나 지시를 생산하는 연결망과 연결망의 궤적에—유명한 〈주체〉/〈객체〉 관계와 완전히 직교하는orthogonal 것으로 보인다—장비를 갖추고 옷을 입히고 구체화함에 따라, 그 교차는 더욱더 발견하기 쉬워진다. 내가 이 점을 강조하는 것은 근대인의 인류학이 왜 실험실의 민족지학에서 시작해야 했는지, 그리고 더 일반적으로 과학학의 발전에 의존해야 했는지를 상기시키기 위해서이다.

사실 우리가 지시의 "보행"을 내세울수록, 우리는 그 오랜 "인식되는 사물"이 존재를 유지하기 위해 통과해야 했던 바로 그 양식을 다루고 있는 것 같아 보이지 않을 것 같다. 결국 나는 몽 에귀유가 궁극적으로 어디로 향하고 있는지 아직 알지 못하지만, 그것이 자신의 존재를 유지하고, 어제, 오늘, 내일 모두 같은 상태로 남아 있으려면, 한 가지는 확실하기 때문이다. 즉, 그것이 지도상의 기입과 양립 가능한 기하학적 상수를 유지시키기 위해 재료들의 불연속성을 통해 하나의 불변의 가동물에서 또 다른 불변의 가동물로 도약하지는 않는다는 것이다. 그것은 실로 스스로를 유지한다. 그것은 존재하고, 지속하며, 지형학자들의 기구뿐만 아니라 나의 발걸음에도 그 자신을 부과한다. 그러나 어떤 경우든 그것

안에서 그리고 그것을 통해 유지되는 것은 지시의 연쇄를 따라 오가는 속성들과 동일한 기입, 문서, 정보의 속성들을 가지고 있지 않다는 것에는 의심의 여지가 없다. 이것을 "본질essence", "영속permanence", "생존subsistence"이라고 부를 수 있겠지만(조만간 정확한 이름을 붙일 것이다), 그것이—파생 산물로서 객관적인 정신과 객관적으로 인식되는 사물을 동시에 만들어냄으로써—교정되는 지식의 생산을 가능하게 하는 상수들과 동일한 의미이거나 동일한 유형의 연결망에 있는 것은 아니다. 결과적으로, 그런 커다란 범주 오류를 범하지 않으려면, 더 이상 불변의 가동물이 지시의 폭포cascades를 따라 이동하는 것을 몽 에귀유가 자신의 존재 경로를 따라 이동하는 것과 혼동하지 말아야 한다. 여기서 우리는 뚜렷이 구별되는 두 가지 궤적을 다루고 있는 것이다.

그러한 혼동이 생길 수 있는 것은 바로 지식에 대한 비물질적인 묘사 때문이다. 너무나 비물질적이어서 자신의 연결망에서 어렵지 않게 분리되고 자신이 인식했던 것과 혼동될 정도로 불가사의하게 달라붙을 수 있는 것이다(어떻게 그렇게 되었는지는 나중에 살펴보겠다). 두 가지가 서로 비슷하다는 인상이나 둘 사이의 등치라는 불가사의함은 거기서 유래한다. 또한 그런 마술 묘기 앞에서 느끼는 불안감, 마치 그러한 융합에 기만적인 어떤 것—회의론자들이 자신들이 느끼는 불만족의 원인을 딱히 짚어내지는 못하면서 감지하는 어떤 것—이 있는 것 같은 불안감도 거기서 유래한다. 다시 한 번 지식의 작업을 물질화함으로써만 대응이라는 수수께끼에 대한 근대인의 외골수 집착을 다시 논의할 수 있다. 즉, 지식의 작업이 관념화되자마자 그 문제를 논의할 수 있는 시점이 없어지는 것 같다. 두 양식 간의 교차가 사라져버리기 때문이다. 바로 이것이 과학학에 대한 지속적인 몰이해의 원인이다. 과학학의 적들이 지닌 나쁜 의도를 탓해서는 안 된다. 그들에게 지식은 아무런 비용도 들지 않는 것인 만큼 그 문제는 아예 존재하지도 않는 것이다.

그러나 지시의 연쇄들을 가시화하고 지각할 수 있게 만들기 시작하자마자, 그것들의 특별한 고유성도 명백해지고, 결과적으로 존재자들 자신이 그러한 궤적을 통과해야 한다는 요구가 타당하지 않다는 것도 분명해진다. 지시의 연쇄들에 대한 묘사가 더 실재적이고 물질적으로 되자마자, 아무리 순진한 관찰자라도 세계의 객체들이 그러한 연쇄들을 통과하도록 하는 것은 코끼리가 사자 조련사의 고리를 통과하게 하거나 낙타가 바늘구멍을 통과하게 하는 것만큼이나 타당하지 않다고 깨닫게 된다. 지시의 연쇄들을 가시화할 때만 이런 형이상학적 질문이 선명히 나타날 수 있다. 존재자들 자신에게 무슨 일이 일어나는가? 그들은 어떻게 통과하는가? 그리고 이 새로운 질문은—여기에 핵심 요점이 있다—장비와 도구를 갖추고 교정되는 지식에 대한 모욕이나 공격이 아니라, 그것이 어떻게 국지화될 수 있는지에 대한 상세한 설명일 뿐이다.

비록 지시의 연쇄[REF]의 확장에는 제한이 없지만 ⊙

우리의 탐구 전체가 그러한 주요한 오류를 피하는 데 달린 만큼, 지식의 확장은 제한되지 않는다—특히 인간 정신의 주관적인 틀로는 더욱 제한되지 않는다!—는 것을 분명히 이해하는 것이 중요하다. 과학사와 과학사회학 연구자들은 오랫동안 지시의 연결망의 확장을 연구했고—물론 비용을 지불하고, 충분한 시간을 들이고, 적합한 장비를 발명하고, 적합한 전문가 그룹을 결성한다면—그러한 모든 번거로운 것들 impedimenta을 위한 자금을 조달하면서 자신들의 파악을 항상 확장할 수 있었다. 정신의 한계라는 것도 결코 발견하지 못한다. 연구자를 "제한된 관점", 어떤 주어진 관점으로 제한한다면, 그는 즉시 도구, 과제, 연구 프로젝트, 채집물, 잘 설계된 새로운 테스트를 고안해서 그 관점을 이동시킬 수 있는 십여 가지 장치를 찾아낼 것이기 때문이다. 지시의 연쇄가 잘 하는 일이 바로 관점의 이동displacing the viewpoint이다. 상대성 이론 덕분에 우주학자는 파리천문대의 작은 연구실 안에서도 은하계를 돌아다닐 수 있다. 내가 지형도 덕분에 베르코르 고원에서 자신이 어디에 있는지를 알 수 있는 것과 마찬가지이다. 그런 의미에서 과학 지식은 실로 무제한이다.

그러나 지식이 확장되는 곳마다 그것을 따르는 한계가 있다. 비록 확장에 대해 내적인 의미에서의 한계이긴 하지만 말이다. 여기서도 지식의 궤적을 따라가면 그러한 내적 경계를 더 잘 식별할 수 있다. 아무리 멀리 가고 장비를 잘 갖추고 있고 그물망이 촘촘하고 "커버하는 범위"가 완전하고 운영자가 능숙하다고 해도, 지시의 연쇄는 그것이 인식하는 것을 대체할 수 없다. 인식되는 것이 원칙적으로 지식을 "피하고" 영원히 접근 불가능한 "그 자체의" 세계에서 거주하는 것이라서가 아니라, 단지 존재자들 자신도 어딘가로, 다른 어딘가로, 다른 속도와 다른 리듬으로, 완전히 다른 태도로 나아가고 있기 때문이다. 사물들은 "**물자체**THINGS IN THEMSELVES"인 것이 아니라 "자신들에" 속하며, 이는 완전히 다른 문제이다. 그러나 이 가운데 어느 것도 지식에서 접근을 박탈하지 않는다. 반대로 지식은 어떤 연결망이든 어떤 이성이든 그것이 이해해야 하는 것에 놀랄 만큼 잘 접근한다. 따라서 정확히 말하면, 지식 너머라는 것은 없다. 두 가지 경우 가운데 하나이다. 지식이 정말 우리 너머에—지시의 연쇄와는 다른 궤적상에—있다면 우리는 장비를 갖추고 교정되는 지식을 다루고 있는 것이 아니다. 지식이 우리 너머에 있지 않다면 새로운 방법, 도구, 계산법을 통해 접근할 수 있으며 사실 우리는—지식 너머가 아니라—지식의 한계 안에 있는 것이다. "더 높은" 혹은 "더 내밀한" 지식을 가지고 과학에 굴욕을 주려는 이들은, 접근을 확립하지도 않고 무언가에 도달하려는 사람들과 마찬가지이다.

우리 민족학자는 **비판**Critique이 고안한 끝없는 불평거리에서 다소 희극적인 면을 발견한다. 그들은 "우리는 인식되는 사물들에 어떤 경로를 통해 접근한다. 이는 그러한 사물들 자체는 접근할 수 없고 알 수 없다는 것을 의미한다."고 불평한다. 민족학자는 이렇게 답하고 싶다. "사물들에 접근할 수 있는데 무엇에 대해 불평하는 것인가?" 그들은 계속 푸념한다. "그래. 그런데 그것은 우리가 그것들 "자체"를 파악하지는 못한다는 의미이다. 우리가 그것들을 "우리 없이" 있는 상태대로 볼 수 없는 것이다." "글쎄, 하지만 당신이 그것들에 다가가기를 원하기 때문에, 만약 그것들이 "당신 없이" 있는 상태대로 있기를 원한다면, 그것들에 도달하려 하지 않는 게 어떤가?" 그들의 우는 소리가 이어진다. "그러면 우리가 그것들을 알 수 있는 희망이 없을 테니까." 부아가 난 민족학자가 한탄한다. "당신은 몽 에귀유로 가는 길이 있다는 사실에 기뻐하다가, 그 길이 당신에게 거기로 올라갈 수 있게 해주었다고 불평하는 거나 다름없다…." 〈비판〉은 마치 미답의 영토에 어려움 없이 도달하되 다른 관광객은 마주치지 않기를 바라는 심드렁한 관광객처럼 군다.

숙고 끝에 우리 민족학자는 〈비판〉의 이런 비일관성은 완전히 다른 현상의 징후임을 이해하게 된다. 바로 "인식되는 사물"이라는 관념이 세계에 대해 말해질 수 있는 것을 소진하지 않는다는 현상이다. 그것은 인식될 수 없는 것으로 남아 있을 사물들에 대한 과학자들의 지식이 "제한"돼서가 아니라(과학자들은 그런 사물들에 훌륭히 접근하고 감탄스러울 만큼 잘 안다), "객관적 지식"이라는 표현이 (그것이 물질화된다면) 진전, 접근 경로, 어떤 움직임, 즉 다른 유형의 움직임들과 교차하며 그것들로 환원될 수도, 그것들을 환원할 수도 없는 어떤 움직임을 가리키기 때문이다. 인식되는 사물 안에 인식되는 것 이상의 무언가가 항존한다는 이러한 인상은 인식될 수 없는 것을 지시하는 것이 아니라(⟨비판⟩의 불만은 결코 정당화되지 않는다), 다른 양식들의 현존을 지시한다(**인식론**EPISTEMOLOGY은 결국 그런 다른 양식들의 동등한 존엄성이 인정되는 것을 허용하지 않았다). 지식은 모든 것을 파악하고 어디든 갈 수 있지만 자신의 양식 안에서 그러하다. 그것은 확장이 제한되거나 승인되어야 하는 어떤 **영역**DOMAIN이 아니다. 지식은 상이하게 규정되며 끊임없이 교차하는 다른 궤적들과 나란히 자신의 특정한 궤적을 따라가는 하나의 연결망이다.

⊙ 실제로 서로에게 대응하는 두 가지 존재양식이 있다.

그리고 이제 결국 우리는 다시 대응correspondence에 대해 이야기할 수 있게 되었다. 그러나 이 "상호-반응co-response"은 더 이상 "인간 정신"과 "세계" 사이의 것이 아니다. 그것은 바로 한편으로는 존재자들이 일련의 변형 속에서 자신을 반복하기 위해 감수하는 위험과, 다른 한편으로는 상수들이 마찬가지로 현기증 나는 일련의 변형 속에서 자신을 유지하기 위해 감수하는 위험 사이의 긴장되고 어렵고 리듬 있고 놀라움과 긴박감이 가득한 대응이다. 그 두 가지가 때때로 서로에게 반응하는가? 그렇다. 항상 그러는가? 아니다. 탱고를 추려면 두 사람이 필요하듯이,

애초부터 하나가 다른 하나에―종종 자신들의 동작 실수를 증식하며―반응하는 두 가지 움직임이 있지 않다면 상호-반응에 대해 말하는 것은 무의미하다. 객관적 지식이라는 표준적 관념이 고려하지 않는 것은 바로 이러한 무수한 안무들choreography이다.

그러므로 새로운 적정성 조건을 등록해야 한다 ▶

그런데 앞서 보았듯이 양식을 정의할 수 있게 해주는 적정성 조건은 어떤가? "몽 에귀유에 적절한 진리진술"에 대해 터무니없지 않게 이야기할 수 있을까? 물론 그렇다. 그것이 단계와 통과를 인식하는 문제이기 때문이다. 자신의 존재를 유지하는 것, 비존재가 아니라 존재하는 것은 의심할 바 없이 우리가 보통 "진실"이나 "거짓"이라고 부르는 것의―아마도 가장 중요한―요소 가운데 하나이다. 결과적으로, 우리가 한편으로는―지시의 연결망을 따라가지 못하면서―무엇이 진실이고 거짓인지를 말하는 언어, 다른 한편으로는 자신의 단순한 현존이나 부재를 통해 그러한 진술을 검증하는 것으로 족하는 진술된 "사물"을 쥐고 있는 대신, "말"과 "사물"이라는 두 가지 관념을 완전히 포기하고 이제부터는 모두 실재적인, 모두 진실이고 거짓일 수 있는―단, 각기 상이한 진리진술의 유형에 따라 그러한―존재양식들에 대해서만 말하는 것이 더 생산적이다.

여기서 우리는 이 탐구가 왜 존재의 양식과 관련되는지 이해하기 시작할 것이다. 교차하는 두 가지 궤적에 "존재"라는 용어를 귀속시킨다는 생각이 언뜻 놀라울 수도 있다. 한편에는 "존재자"―예컨대 몽 에귀유―가 있고 다른 한편에는 잘 수행되면 존재자의 진실함과 거짓됨을 진술할 수 있는 "지식"이 있다는 것이 우리에게 이어져온 전통적 주장이기 때문이다. 우리는 이제 그러한 과업 분할division of tasks의 적합성에 도전해야 한다. 그러한 분할은 두 가지 모두에게 이상하다. 그것은 장비를 갖춘 지식에 너무 많은 것을 부여하기도 하고 너무 적은 것을 부여하기도 하며, 지식의 대상에 대해서도 마찬가지이다. 장비를 갖춘 지식에 대해 과다한 것은 지식이 모든 곳으로 움직이며 어떻게 그러는지를 우리가 알지 못한다는 것이다. 과소한 것은 지식이 자신의 접근 경로를 확립할 수단을 더 이상 갖지 않기 때문이다. 지식의 대상에 대해 과소한 것은 그것이 알려지기를 기다리며 바보스럽게 거기 있는 것 외에는 할 일이 없기 때문이다. 과다한 것은 지식의 관여 없이 그것 혼자서 자신에 대한 진술의 유효성을 입증하기 때문이다. 그러한 범주 오류를 피하기 위해 우리는 또 다른 종류의 거래, 아마도 앞으로 다가올 가장 어려운 외교적 대표를 제안해야 한다. 우리는 존재양식이라는 관념을 지시의 작업과 조화시켜야 하며, 역으로 존재자 안에서 진실하거나 거짓일 수 있는, 그리고 앞으로 보겠지만 적어도 자신의 방식으로 **절합**ARTICULATED 될 수 있는 역량을 인정해야 한다.

내가 완전히 틀리지 않았다면, 파 드 레귀유의 예를 통해 우리는 고원 전체를 볼 수 있는 고갯마루를 건널 수 있을 것 같다. 사실, 나는 전도된 것을 전도시켜서 이제부터는 적어도 두 가지 유형의 구별되는 이동을 그 안에 포함해서 풍경을 재묘사하려고 시도했다. 하나는 그것을 통해 산이 자신의 길을 가는 이동이고 또 하나는 그것을 통해 우리가 산을 알게 되는, 마찬가지로 존중할 만하고 흥미롭고 동등한 존엄성이 있지만 매우 다른 이동이다. 세계는 절합되며 지식도 마찬가지다. 세계와 지식은 때때로 서로에게 반응한다─그러나 항상 그렇게 하지는 않는다.

여기에 상식을 위협하는 어떤 것이 있는가? 그것은 정말 불가능한 것을 요구하고 보통의 직관에 어긋나는가? 내가 요구하는 것은 더 이상 영토를 지도와 혼동하지 말고 길에 있는 장비를 그것으로 인해 접근할 수 있게 되는 절벽과 혼동하지 말자는 것이다.

그러나 산을 예로 들면서 우리의 작업이 복잡해졌다. 예컨대 고양이 같은 생물이었으면 그 구별이 더 단순해 보였을 것이다. "고양이가 매트 위에 있다"라는 진술의 진리 가치를 입증하려면, 그 진술과 말해진 매트 위의 말해진 고양이의 현존 사이의 "대응"을 확립해야 한다는 분석철학자의 주장은 분명히 옳다(물론 단 두 개의 용어로 지시의 연쇄의 긴 여정을 제대로 묘사하기란 어렵지만 말이다). 그러나 철학자는 고양이 자신에게 똑같이 중요한 또 다른 대응에 대해 말하는 것을 잊었다. 바로 고양이가 시간 t에 존재한 후 시간 t+1에 존재하도록 허용하는 대응이다. 이제 고양이가 붙잡고 있는―"붙잡다hold"라는 단어가 갖는 모든 의미에서!― 하나의 진리 가치가 있다. 고양이가 건너야 하고 모든 생물이 두려움과 떨림 속에서 통과해야 하는 어떤 공백hiatus이 있다. 이렇듯 사물의 상태에 의해 검증되는 진술의 매우 특별한 도약뿐만 아니라, 생존의 테스트를 통해 자신과 유사한 상태로 남아 있는 사물의 상태에 의해 만들어지며 마찬가지로 현기증 나고 주목할 만한 또 다른 통과가 항상 있는 것이다.

왜 분석철학자는 자신의 언어를 고양이에게 부여하기 위해 건너야 하는 심연에만 관심을 두고, 고양이가 매트 위에 머물러 있기 위해 건너야 하는 심연에는 관심을 두지 않는가? (좀 더 철저히 하자면 매트가 계속 존재할 수 있도록 하는, 덜 극적인 통과에도 관심을 두어야 할 것이다!) 실로 대응이라는 것은 있지만, 그 좋은 단어는 첫 번째만이 아니라 다른 두 개의 위험한 통과 사이에 유지되는 관계를 가리키는 것이기도 해야 한다.

◉ **그것은 언어와 존재 사이의 상이한 분배를 허가할 것이다.**

이 단계에서 나는 독자들을 확신시키려는 것이 아니라 단지 존재양식들에 대한 탐구 프로젝트를 받아들이라고 요청하고 있다. 그 탐구는 우리에게 "진리 조건truth conditions"과 "존재existence"를 분리시키는 오류를 범하게 했던 지식이라는 수수께끼를 풀 때와 마찬가지로, 다른 교차들crossings과 보조를 맞춰 단계적으로 나아갈 것이다. 독자들이 지시가 순환하는 좁은 길을 상상 속에서 추적하는 것이 솔직히 기이하다고 생각한다면, 나아가 산이 자신의 존재를 유지하기 위해 "연결망" 안에서 나아간다고 하는 것은 더하다고 느낀다면, 그것은 사물에 대해 말하는 언어라는, 서로 응시하는 한 쌍의 도자기 개 인형과 같은 허구를 유지할 때 우리가 항상 빠지게 되는 근본적인 모호함을 정확히 평가하지 않았기 때문이다. 지시의 연쇄 안에서 객관적 지식과 동행함으로써, 그리고 그것에 존재양식이라는 존재론적 존엄성을 부여함으로써, 그러나 객관적 지식이 그것이 알게 되는 것을 지나치게 유혹적인 내삽interpolation을 통해 자신으로 대체하지 않게 하면서, 상이한 풍경을 스케치하는 것이 가능해야 한다. 어쨌든 우리는 몽 에귀유와 몽 에귀유의 지도를 둘 다 함께 축복할 수 있는 위치에 있기를 원한다. 둘 가운데 하나를 잊거나 다른 하나로 환원시키지 않고서 말이다.

이는 실험실이라는 전형적인 사례에서 특히 분명해진다.

실험실 연구에 중요성을 부여해야 하는 것은 그것이 두 가지 양식 간의 대응의 확립이 얼마나 드물고 복잡한 것인지를 훨씬 더 명확히 볼 수 있게 해주기 때문이다. "사물과 지성의 일치"라는 생각은 그것을 철저히 은폐하고 있다. 연결망이 구축되는 방식을 끄집어 드러내 보이는 것이 거의 불가능할 정도로 오래되고 이미 확립되고 제도화된 과학인 지도학cartography에서 사례를 가져올 것이 아니라, 과학사 연구에서 하듯이 진행 중인 발견의 사례를 택했다면, 그것을 보여주는 과정이 훨씬 더 간단했었을 것이다.

효모를 연구하는 실험실의 예를 들어보자. 그 유명한 고양이와 매트처럼 연쇄에 놓인 두 부분으로만 제한하기란 불가능하다. 보르도의 "효모 연구자들"은 효모 실험 재료를 통해 효모가 자신이 알려지게 할 수 있도록 해준다. 맥주 효모는 그런 실험 재료가 될 준비가 되어 있지 않았다. 포도가 있으면 포도를 발효시켰고, 농부가 있으면 포도액을 생산했지만, 연구 두뇌를 자극하거나 블로그 글이나 논문을 작성하는 데 기여한 적은 없었다. 현미경을 통해 가시화되는 놀라운 변형, 페트리 접시의 흰색 바닥을 배경으로 자신의 윤곽이 선명히 보이게 될 정도까지의 변형을 겪어본 적이 없었다. 자신의 존재의 경로에서, 거대한 냉장고 덕분에 (냉장고의 열림과 닫힘이 실험실 전체의 생활을 조직한다) 통제되고 보정되는 냉동 효과를 통해 고정되어본 적이 없었다. 몇 해가 지난 지금, 그것이 처한 새로운 조건의 인위성이 일으킬 수 있는 모든 문제에도 불구하고, 효모는 문서를 생산하고 자신을 인식하도록 효모 연구자들을 훈련시키고 자신에 대한 **정보**INFORMATION를 제공하는 데 능숙해지고 있다. 그리고 각각의 효모는 많은 단계에서 두 개의 얼굴, 즉 "꼬리"(문서)와 "머리"(실험 재료)를 유지해왔기 때문에 앞에서 말한 왕복 운동에 "실리게embarked" 된다(달리 표현할 방법이 있을까?). 그러한 이중적 측면으로 인해 효모는 지시의 여정에 매일 더 빠른 속도로 참여할 수 있게 된다. 부분적으로 각 효모는 도구를 갖춘 지식을 향한 경주의 많은 단계 중 하나가 되었다(부분적으로만 그렇다는 것은 효모가 자신의 경로를 계속 따라가는 것이기도 하기 때문이다). 여기에 효모의 존재 경로에서 결정적인 분기점이 있다는 것을 어떻게 의심하겠는가? 그것은 효모 연구자들뿐만 아니라 효모에 대해서도 하나의 사건이다.

실험실이 객관성의 운명에 관여하기 위해 자신이 택한 사물들을 파악하는 이 지점에서 우리는 두 가지 존재양식이 어느 정도 상호작용하고 점차 서로에게 대응한다는 것이 무엇을 의미하는지에 대한 예를 볼 수 있다. 그리고 그 실재는 특유하고 독특하다*sui generis*. 그러한 파악이 사물이나 말, 또는 말을 사물에 적용하는 것을 필연적으로 동원한다고 성급하게 말하지 말자. 그러면 우리는 탐구에서 얻은 모든 것을 잃을 것이고, 각각의 극단에서 어떤 유형의 인식되는 객체와 어떤 유형의 인식하는 주체를 생성하는 것은 지시의 효과 가운데 하나이며, 객체와 주체는 그러한 연쇄의 확장의 원인이 아니라 결과일 뿐이며 어떤 면에서는 연쇄의 생산물일 뿐이라는 것을 망각하게 된다. 그러한 연쇄가 더 길고 두텁고 도구를 갖출수록 객관성이 더 "있게" 되며, 접속하거나 가입하기 원하는 화자들에게 이용 가능한, 세계를 순환하는 객관적 지식이 더 "있게" 된다.

이러한 유형의 예에서 쉽게 볼 수 있는 것은 발견이라는 사건이 계속되는 동안 사물의 역동성과 지시의 작업 사이의 대응을 확립하는 것이 갖는 잠재적 위험을 모르는 연구자는 없다는 것이다. 연구자들은 모두 사건과 자기 자신, 그리고 그들이 수많은 실패 후에—실험과 모델화, 재창조, 계산의 경로 전체에서 사물들을 단단히 어제한다면—파악한 사물들에 의해 자신이 변형된다는 것을 알고 있다. 실험실에서 연구자들을 긴장시키는 것은 "연결을 놓칠" 위험이다. (우리가 현재 할 수 있는 것보다 더 외교적으로 제기해야 할 주장이긴 하지만) 여기서 범주 오류는 지식의 발명 이전의 세계가 이미 객관적 지식"으로 만들어졌다고" 믿는 것일 것이다. 그것은 우리가 이렇게 말하는 것을 막지 못한다(아니, 이렇게 말하도록 해준다). 지시의 연쇄가 구축되고 거기에 점차 실재가 실린 이후에 객관적 실재가 있고 그것을 생각할 수 있는 과학자 주체가 있는 것이다.

"세계에서 가장 이해할 수 없는 것은 세계가 이해할 수 있다는 것이다"라고 했던 이가 바로 가장 유명한 과학자인 아인슈타인 아니었던가? 이 금언의 두 번째 부분은 의심할 여지 없이 맞다. 세계는 이해할 수 있다. 그러나 그렇다는 것을 이해할 수 없다는 말은 틀렸다. 불가사의한 것도 기적도 없다. 단지 일련의 위험한 사건들이 있는 것이며, 그 사건들의 각 지점에서 우리는—루트비히 플레크Ludwig Fleck의 아름다운 표현을 빌리면—"사고 집합체thought collectives"와의 조우가 맞춰지는 파드되pas de deux와 더불어 세계의 재생산과 지시의 확장에서 이중의 불연속성이 출현하는 것을 볼 수 있다. 과학자에 의해 파악되는 객체만큼이나 발견에 의해 변형되는 과학자도 특징짓는 지식의 놀라움은 바로 그러한 집합적 사건들에 기초해서 이해해야 한다.

우리가 실재론과 **구성주의**CONSTRUCTIVISM 사이의 논쟁으로 빠져들기 전에, 거기에 달려들려는 이들은 지식에게서 하나의 완전한 종류의 존재양식으로 받아들여질 가능성을 박탈하는 것이 정말 지식의 보증서에 서명하는 것인지 자문해야 한다. 어떤 것에 대해, 그것이 독특한 실재의 문제라는 것을 처음부터 부정하면서 말하는 것이 정말로 그것을 칭송하는 것인가? 지식이 파악하는 유일한 실재가 그것이 알려지기 전과 정확히 똑같다고? 아무것도 바뀌지 않았다고? 뭐라고? 이 모든 일에도 불구하고 아무것도? 존재론적으로 말해서 아무것도? 객관적 지식의 발명으로 세계에서 추출된 감탄스러운 대조를 비가시화하는 것이 과학 제도의 방어에 유용한지는 확실하지 않다.

그러나 지식을 최고의 가치로 여기는 이들과의 논쟁의 주제가 될 것이 불가피한 문제에 대해 평화 제안을 작성하기에는 아직 이르다. (그리고 서론에서 보았듯이 그들이 지식을 고수하는 것은 옳다. 물론 지식의 보호를 책임지는 제도의 설계에 관해서는 분명히 틀렸지만.)

그래서 새로운 존재양식인 재생산의 존재양식[REP]이 두드러진다 ⊙

우리가 지식의 문제를 해결하지 못했다고? 물론 못했다. 그러나 등치 관념이 가시덤불로 뒤덮어놓았던 교차로를 뚫기 시작했다. 아니 적어도 두 가지 양식 사이를 쐐기를 박아 벌렸고, 그래서 대응이라는 관념을 이번에는 긍정적인 용어로 재정의해야 한다.

지금까지 해왔던 것처럼, 우리가 방금 그 중요성을 평가했던 분기점을 표시하기 위해 우리 자신의 작은 표지판들을 주요 경로들에 다시 꽂을 것이다. 첫 번째는 **재생산**REPRODUCTION을 뜻하는 [REP](re-production의 "re"를 강조해서)라는 이름의 존재양식이다. 이 재생산의 존재양식을 통해 모든 개체가 반복되는 공백을 건너가고, 그렇게 단계마다 특정한 궤적을 정의하며, 존재할 것인가 존재하지 않을 것인가라는 특별히 까다로운 적정성 조건을 그 전체가 따른다. 다음은 (놀랄 건 없다) **지시**REFERENCE를 뜻하는 [REF]로 불릴 존재양식이다. 그것은 상이한 성질을 가진 두 가지 형식 사이의 공백으로 정의되는 연쇄들의 확립이다. 그것의 적정성 조건은 그런 연속되는 심연들에 걸쳐 유지되는 상수의 발견에 있으며, 상수는 불변의 가동물의 양방향 움직임으로 궤적을 포장해 원격 존재자들을 접근할 수 있게 만드는 것을 가능하게 하는 상이한 형태의 궤적을 따라간다.

방금 식별한 [REP·REF] 교차를, 지식 문제의 거의 모든 공식적 설명이 "인식하는 정신"과 "인식되는 사물" 간의 관계로 지칭해온 것과 비교해보면 독자들은 근대인의 인류학이 직면하는 어려움을 더 잘 이해할 수 있을 것이다. 재생산[REP]과 지시[REF] 간의 위험한 관계에서 기대할 수 있는 것은 그 이상한 〈주체〉/〈객체〉라는 융합물과는 전혀 닮은 데가 없다. (여러 양식에 속하는 모호한 용어들을 정확히 말해야 할 때, 그 용어들의 전치사preposition 약자를 바로 앞이나 뒤에 붙여 특정하겠다.) 그러나 그 관계에 얼마나 많이 투자했던가! 그 사이의 다리가 무너져버릴지도 모른다는 생각에 얼마나 고뇌했던가! 주체가 객체를 알 수 있는가? 그렇다. 그렇지 않다. 항상 그렇지는 않다. 전혀 그렇지 않다. 절대 그럴 리 없다. 아마 점근적으로. 거울에서처럼. 언어의 감옥의 창살을 통해서만. 이제 그 두 양식의 움직임을 식별한 이들은, "주체"의 형상이 완전히 부재하다는 것을 알아차렸을 것이다. (어떤 측면에서 [REF]가 "인식하는 주체"인가? ― 그것은 반대되는 양끝에서 지식과 인식자들을 생산하는 도구와 형식주의의 연결망이다.) 객체는 더더욱 부재한다. (어떤 측면에서 [REP]가 "인식되는 객체"를 닮았는가? ― 그것이 하는 일은 전혀 다르다!) 결국 〈주체〉나 〈객체〉는 없고, 인식하는 주체와 인식되는 객체가 있으며, 그 둘은 증명된 지식의 확장이 만든 한 쌍의 결과이다. 인식하는 주체와 인식되는 객체가 서로 닮았고 서로 대응한다는 것은 놀랄 일이 아니다. 그것들은 두 번 센 동일한 개체들이기 때문이다! 여기서 근대인의 이론화와 실천 사이의 차이는 다른 어떤 교차에서보다 더욱 크다. 그 차이가 일종의 폭포 효과를 통해 다른 모든 것을 깊은 어둠 속으로 내던져버리지 않았다면, 어떤 문제도 일으키지 않았을 것이다(어쨌든 우리는 우리가 하고 있는 것을 설명하지 않고도 완벽하게 잘 살아남을 수 있다). 다음 장에서 그 폭포 효과의 근원을 추적할 것이다.

◉ 그리고 가시적인 상태로 놔두기 어려운 [REP·REF] 교차가 두드러진다 ▶

놀랍게도 근대인이 자신의 지속 가능성에 필수적인 것 같은 교차를 매우 정교한 제도를 통해 더 신중하게 유지하지 않은 것은, 바로 교차의 성공 덕분에 그것을 사라지게 하는 데 거의 아무것도 들지 않기 때문이다. 우리가 이해하고 있듯이 가스관이나 휴대전화망을 닮은 지시의 경로들이 있다. 일단 그것들이 제자리에 놓이면 (그것들의 유지를 담당하는 이들을 제외하고는) 아무도 "연결망"이라는 단어의 또 다른 의미(기능하는 연결망을 제자리에 놓기 위해 필요한 이질적인 결합들과 관련된 의미)에는 관심이 없어진다. 누군가가 지시의 연쇄에 "가입"하고 익숙해지자마자 그 연쇄의 두께, 물질성, 장비는 사라지고, 그것을 따라가는 데 필요한 모든 불연속성도 서서히 없어진다. 모든 중간 단계가 사라지고 나면, 고려할 것은 정신과 세계라는 두 개의 극단밖에 없게 된다. 변형, 통과, 불연속성은 더 이상 필요하지 않은 것처럼 말이다. 게다가 설상가상으로 연결망이 잘 확립되고 계속 유지되는 경우에만 그러하다. 그러고 나면, 그렇다, 그런 경우에 마치 건물의 모든 층이 조리용 가스를 가지고 있는 것처럼, 주체는 어떤 객체를 가지고 있는 것이다.

⊙ 특히 더블클릭의 간섭에 저항해야 할 때 그러하다.

바로 그 순간에, 지시의 연쇄가 전개되고 안정화되기를 기다려온 일종의 사악한 천재Evil Genius가 개입해 들어온다. 우리는 그 악마를 컴퓨터 마우스에 빗대어 **더블클릭**DOUBLE CLICK이라고 부를 것이다([DC]라고 표시하겠다). 충분히 정밀한 실험을 기초로—지시는 접근을 허용한다—그 사악한 천재는 순수하고 변형 없는 정보에 대한 자유롭고 즉각적이며 논쟁의 여지가 없는 접근의 이점을 취하는 것이 확실히 더 나을 것이라고 당신의 귀에 대고 속삭일 것이다. 불행하게도 완전한 무비용이라는 그러한 이상이 진실과 거짓을 판단하는 기준이라면, 과학을 포함해 모든 것이 거짓이 될 것이다. 그것은 놀랄 일도 아니다. 단순한 **전송**DISPLACEMENT/TRANSLATION을 제외하고는 어떤 종류의 변형도 없는 이동이라는 불가능한 일을 요구할 것이기 때문이다. 만약 매개나 도약, 공백이나 통과의 부재를 진실의 유일무이한 테스트로 삼는다면, 정치인, 판사, 도덕가는 물론이고, 과학자, 엔지니어, 성직자, 현자, 예술가, 사업가, 요리사 등 모두가 조작자, 사기꾼이 될 것이다. 당신의 실천에 방향을 부여하는 연결망들을 정상적으로 유지하기 위해 당신이 한 작동으로 인해 당신의 손이 더럽혀지기 때문이다. 언제나 당신은 동질성을 얻기 위해 이질성을 통과하고, 매끄럽고 연속적이어야 하는 데 난잡한 불연속성을 들여놓았다고 비난받을 것이다. 그동안 거짓말을 해오다가 현장에서 딱 잡힌 꼴이리라.

더블클릭은 **연결망**NETWORK이라는 단어가 갖는 두 가지 의미를 위험스럽게 전도해서, 진실과 거짓의 구분을 위해 일정한 수의 **변형**이나 **번역**TRANSLATION/TRADUCTION의 작동을 필요로 하는 모든 것에 대해—그러나 그 작동은 우리가 살펴본 것처럼 이성 자체의 문제이다—비합리적이라는 비난을 모든 곳에 퍼뜨리기 시작했다. 마치 그 비난자가 동일성에서 동일성을 통해 동일성으로 나아갈 수 있는 이동을 어떠한 매개도 없이 직접 얻을 수 있는 처방전이라도 가지고 있는 것처럼 말이다. 더 나쁜 것은 이 악마가 (정말 악마적이니까!) 이성이 자신의 연결망 내 확장의 수단에 대해 값을 지불하기를 원하는 이들을 도착적으로 "**상대주의자**RELATIVISTS"로 낙인찍기 시작했다는 것이다(그것의 기원은 나중에 이해하게 될 것이다). 변형 없는 이동이 존재한다고 주장하는 그 정반대 입장은 "절대주의" 외에는 어울리는 라벨이 없다는 것은 보지 못한 채 말이다. 우리는 정말 자신을 속이고 싶지 않다. 하나는 합리적이고 다른 하나는 비합리적이라고, 이것은 진실이고 저것은 거짓이라고 말할 수 있기를 바라지만, 무엇보다도 절대주의를 받아들일 정도로까지 기만 자체에 대해 자신을 기만하고 싶지는 않다! 사악한 천재는 모든 형식의 진리진술에—변형 없는 이동, 연결망 없는 이성이라는—독특하고 접근 불가능한 모델을 제시한다고 주장하면서 대조적으로 다른 모든 진리진술을 비합리적이고 자의적인 것으로 만들려 한다.

그러므로 우리 민족학자는 근대인에게 더블클릭으로부터 자신을 보호하도록 가르쳐야 한다. 상대주의에 대한 투쟁은, 근대인이 조심스럽지 못하다면 그들의 문명화된 삶의 수행에 필요한 진리진술의 유형을 하나씩—우선 그 역설 안에서의 역설, 즉 귀속할 수 없는 것이 될 과학적 활동 자체부터—없애고 지우려 한다. 상대주의, 더 낮게는 **관계주의**RELATIONISM, 즉 관계들의 연결망의 구축 속에서, 우리가 너무 많이 벗어나지 않으면서 길을 더듬어가며 탐구에서 나아갈 수 있게 해주는, 그런 섬세한 도움을 구할 수 있어야 한다. 근대주의의 역사가 "〈이성〉의 지배의 출현과 확장"이라고 매우 표준적으로 정의된다면, 그 역사의 방향은 "〈이성〉"을 더블클릭 정보의 확장이라고 부를지, 아니면 구별되는 진리의 원천들을 조심스럽게 유지하는 것이라고 부를지에 따라서 분명히 달라질 것이다. 첫 번째 경우에서는 우리가 더 근대적일수록 우리는—존재하지 않는—한 가지 원천을 제외한 모든 원천들을 고사시킬 가능성이 더 크다. 두 번째 경우에서는 우리가 마침내 "단호히 근대적"이 되기를 상상할수록 진리진술의 원천들을 덜 혼동할 것이다. 우리는 그러한 두 가지 양자택일적인 역사의 실타래를 푸는 법을 알아가야 한다. 우리가 끝내야 하는 오류의 원천이 한 가지 있다면, 모든 실천—무엇보다도 과학의 실천!—을 비합리적이고 자의적인 것으로 만들어서 오류를 끝낸다고 주장하는 것이 바로 그것이다.

4장

공간 만드는 법을 배우기

다양한 양식들에 충분한 공간을 주려면 ⊙ 우리는 먼저 재생산 양식[REP]에 따라 존재자들을 파악하려고 노력해야 한다 ⊙ 이 양식을 여러 궤적 가운데 하나로 만듦으로써 말이다 ⊙ 침투적인 물질적 공간이라는 이상한 관념을 피할 수 있도록.

모든 공간을 차지한 이들이 그럼에도 불구하고 공간이 부족하다면 ⊙ 그것은 그들이 물질이라는 관념을 해체할 수 없었기 때문이다 ⊙ [REP·REF] 교차의 적절한 사용을 통해서 말이다.

이제 우리가 "형식"이라는 단어의 두 가지 의미를 구별하기 시작하자마자 ⊙ 즉, 상수를 유지하는 형식과 지시의 공백을 줄이는 형식으로 ⊙ 우리는 형식주의에 대한 비형식주의적인 묘사를 얻기 시작한다 ⊙ 그러나 그것은 불행히도 "형식"이라는 단어의 세 번째 의미에 의해 지워진 것으로 드러난다.

여기서 우리는 재생산의 존재자들이 따르는 경로에 대해 오류를 범할 위험이 있다 ⊙ 물질이라는 관념에서 두 가지 별개의 과정을 혼동할 위험이 있다는 점에서 그러하다.

몽 에귀유 산행에 대한 형식주의적 묘사는 ⊙ 귀류법 논증을 통해 이중의 이미지를 생성하며 ⊙ 그것은 일차적 성질과 이차적 성질의 분할로 이어진다.

그러나 일차적 성질과 이차적 성질로의 〈이분화〉의 근원이 정확하게 식별되고 나면 ⊙ 그것은 경험에 너무나 반하는 가설이 되며 ⊙ 합리주의의 마법은 사라진다 ⊙ 우리가 이제 더는 존재자들을 물질과 혼동할 수 없기 때문이다 ⊙ 물질은 "체험"만큼이나 세계도 정당히 대하지 않는다.

다양한 양식들에 충분한 공간을 주려면 ▶

근대인이 다양한 양식들의 경험을 지침으로 삼을 수 없었다면, 그것은 모든 양식들, 특히 우리가 방금 자율성을 인정한 궤적들, 특히 재생산[REP]이라고 불리는 궤적을 수용할 공간이 충분치 않았기 때문임을 우리는 알게 될 것이다. 근대인은 하나의 양식이 아니라, 신중하게 구별했어야 하는 두 양식[REP·REF]의 **융합**AMALGAM을 제도화하기로 선택했으며, 이 장과 다음 장에서 그 이유를 규명해볼 것이다. 이 융합의 가장 일반적인 이름은 "물질세계material world", 더 간단하게는 "**물질**MATTER"이다. (구식 용어로 말하자면) 이러한 유물론이라는 **관념론**IDEALISM이 근대인의 인류학이 지닌 주요한 특징이며, 이 탐구의 다른 모든 결과를 좌우하는 첫 번째 결과이다.

다음에 이어질 내용을 명확히 이해하려면, 독자는 "물질"을 실재의 한 영역province으로 간주해서는 안 된다. 오히려 자신의 "바깥에" "외부

세계"를 투사함으로써 "물질"로부터 스스로를 추출해낼 수 있는—나아가 그 외부 세계의 존재는 불확실해진다—"인식 주체", 심지어 "정신"을 창출하는 다소 불행한 결과를 낳은 아주 기이한 하나의 제도로 간주할 준비가 되어 있어야 한다. 바로 이러한 일련의 이상한 발명품들로 인해 근대인은 스스로를 이해할 수 없게 되었고, 더 심각하게는 "물질세계"나 "주체" 없이도 완벽하게 잘 지내던 "다른 문화들"을 파악할 수 없게 되었다.

인류학이 타자들을 "**문화들**CULTURES"로서 조우할 수밖에 없었던 것은 바로 이런 이유에서이다. 경험의 실 가닥으로 돌아가고, 다른 방식으로 존재자들과 관계를 형성해온 사람들로부터 배우며, 나아가 "**생태화하다** ECOLOGIZE"라는 동사가 "**근대화하다**MODERNIZE"라는 동사의 대안이 될 수 있는 이유를 이해하려면, 우리는 먼저 재생산 양식을 강조하고, 다음으로 그것이 어떤 작동을 통해 지시 양식과 혼동되어 "물질"을 생성하게 되었는지 분명히 해야 한다.

◉ 우리는 먼저 재생산 양식[REP]에 따라 존재자들을 파악하려고 노력해야 한다 ▶

언뜻 보기에 우리 민족지학자는 재생산 양식을 정의할 수 없을 것 같다. 그것을 탐지하는 데 도움을 줄 가용한 제도가 근대인들 가운데 없기 때문이다. 재생산 양식을 정의할 때마다 그는 자신이 그것에 대해 오직 지시 양식[REF]에 따라 "알고 있는" 것에 호소할 위험이 있으며, 실증positive 과학들 덕분에 우리가 방금 재구성한 이상한 파드되pas de deux가 있는 대응을 너무 성급하게 없애게 된다. 그래서 그는 과학적 우주론의 표준 버전에 안주하여 원자에서 양자, 행성, 유전자, 세포, 생명체로 이어지는 연속을 전개할 위험이 있으며, 그것은 그를 빅뱅에서 인간 진화로, 그레이트리프트밸리의 루시에서 로스앤젤레스 교외 갱단으로 이어지는 어떤 〈거대서사〉에 이르게 할 것이다. 더 나쁜 것은 그가 〈과학〉의 "바깥"이나 "옆", "너머의" 세계를 파악하기 위한, 과학혁명 자체만큼이나 오래된 무수한 노력에 의존할 수도 있다는 것이다. 그럴 경우 그는 더 "즉각적이고" "순진하고" "민감하며" "감각적이고" "생생하고" 아마도 더 "낭만적인"—어쨌든 장비가 덜 갖춰진—파악에 만족하게 될 것이다. 그러나 그는 결국 자신이 단순한 인간 주체성으로 돌아왔고, 그래서 〈객체〉에서만큼이나 〈주체〉에서도 멀리 떨어진 이 양식에 고유한 독창성에서 가능한 한 멀리 떨어져 있다는 것을 발견하게 될 것이다. 화이트헤드가 생생하게 지적했듯이, 그러한 궤적에 관한 문제는 그것을 사유하는 인간 정신의 현존을 추가함으로써 명확해질 수 있는 것이 아니다.

재생산의 낯설음은 일종의 부정적negative 형이상학으로 더 잘 포착될 수 있을 것이다. 재생산은 분명히 "자연NATURE", 즉 아마도 기원이 정치적인, 모든 존재자들의 때 이른 통일도 아니며, 코스모스—미적인 기원을 가진 지나치게 훌륭한 배열—도 아니다. 도덕법을 모방해 영혼을 고양시키는 데 적합한 숭고한 풍경의 장관도 아니다. 또한 인간의 감정에 무관심한indifferent 세계도 아니다. 재생산의 세계는 차이differences로 가득 차 있고, 그것이 결코 사람을 대상으로 하지 않는다는 사실이 사람에 대한 무관심에 기인한 것도 아니기 때문이다. 재생산의 세계가 법에 복종할 가능성도 거의 없다. 아직 어떠한 법도 없고 복종은 더욱 없기 때문이다. 정신으로, 즉 의인화와 인간성과 영혼으로 재생산의 세계를 보충하는 것도 쓸모없을 것이다. 그리고 물론 재생산의 세계는 객관적이지도 않다. **객관성**OBJECTIVITY은 지시와의 교차를 통해서만 그것에 오기 때문이다. 이 세계가 "배경"처럼 모든 것 "이전에" 있다는 주장이 우리를 더 전진하게 하는 것도 아니다. 이 세계는 오늘의 세계인만큼 내일의 세계이고, 가까운 만큼 멀며, 모든 종류의 **존재자들**EXISTENTS에 적용되기 때문이다. 그리고 우리 민족지학자가 이러한 선언적apophantic 형이상학에 절망한 나머지 이 세계는 특유함이 없고 어쩌면 아예 존재하지 않을 것이라고 말한다면, 재생산 양식에 따라 파악될 수 있는 모든 존재자들은 앞으로 나서서 자신을 독자적으로 자신의 이름으로 인정할 것을 완강히 주장할 것이다. 그들이 자신을 독자적으로 간주할 것을 요구하는 것은 자신이 단지 지식의 조연이나 공범으로 오인되고 싶지 않기 때문이다.

◁ 이 양식을 여러 궤적 가운데 하나로 만듦으로써 말이다 ▷

다행히도 근대인의 인류학자는 **객체**OBJECTS와 **주체**SUBJECTS라는 주요 문제(우리가 그것들과 계속해서 거리를 둔다는 것을 상기시키기 위해 여기서부터는 항상 대문자로 표기한다)와 관련시키지 않고도 **궤적들**TRAJECTORIES을 상당히 정확하게 규정할 수 있게 해줄 질문지를 이제 갖추었다. 모든 연속성은 불연속성, 즉 **공백**HIATUS을 통해 달성된다. 불연속성을 가로지르는 모든 도약은 성공하거나 실패할 수 있는 위험을 감수하는 것이다. 따라서 각 양식에 고유한 **적정성 및 비적정성 조건**FELICITY AND INFELICITY CONDITIONS이 있다. 이러한 통과와 다소간 성공적인 도약의 결과는 바로 흐름, 연결망, 운동, 남겨진 흔적이며, 요컨대 특정한 존재 형태와 결과적으로 특정한 **존재자들**BEINGS을 정의하는 것을 가능하게 하는 궤적이다.

그 질문지를 재생산의 존재자들에게 적용해보면, 그들이 단순한 "물질세계"를 형성한다거나 그들을 "**전언어적**PRELINGUISTIC"이라고 규정하는 것이 왜 만족스럽지 못한 것인지 이해할 수 있다. 반대로 그들은 자신을 표현하고 진술하고 발화하고 훌륭히 절합한다. 물론 그들은 자신을 거의 동일하게 재생산하지만, 그 사실이 그들이 다른 존재자들을 통과해서, 즉 특정한 **통과**PASS를 통해서, 자신의 존재를 유지하는 대가를 치러야 한다는 것을 부인할 이유가 되지는 않는다. 재생산의 존재자들에 대한 최선의 규정은 아마도 그들이 되돌아올 가능성 없이 존재하기를 고집한다는 것일 것이다. 그들이 존재를 지속하기 위해 감수하는 위험은 두 번 다시 감수할 수 없다. 실패하면 영원히 사라진다. 성공과 실패의 차이가 이보다 더 혹독한 양식은 없다.

우리는 재생산의 존재자들을 먼저 **힘의 선**LINES OF FORCE과 **계보**LINEAGES라는 두 가지 형태로 인식할 수 있는데, 이는 그들의 전건antecedents과 후건consequents을 구분하는 아주 작거나 거대한 공백을 정의하는 뚜렷이 다른 두 가지 방식이다. 이 두 가지 유형의 정렬 사이의 차이는 화이트헤드의 유머러스한 지적에서 잘 나타난다. 크리스탈은 자연과학 박물관 유리 상자에 보관하지만 살아 있는 생물은 동물원에 두고 먹이를 주어야 한다!

힘의 선들—"비활성 존재자"라는 비하적인 용어로 불리는 개체들—에 고유한 고집의 결과는 반복repetition과 양quantity이다. 그들은 자신을 반복하고 고집하기 때문에 많다, 아니 셀 수 없이 많다. 물리학과 화학의 탄생에서 유용한 손잡이 역할을 하게 되는 **힘**FORCE이라는 관념은 이러한 반복되는 고집과 증식의 결과이다. 그러나 이러한 개체들이 선, 정렬을 형성한다면 그것은 그러한 공백에도 불구하고, 한 순간에서 다음 순간으로의 (인간의 눈으로는 식별할 수 없는) 도약에도 불구하고, 각 계기가 화이트헤드가 말한 것처럼(그는 그들의 멘토이자 말하자면 보호자였다!) "역사적 경로들"을 그리도록 해주는 무언가를 물려받기 때문이다. "물질세계"라는 관념은 그들의 독창성과 활동, 특히 확산을 포착하는 데 전혀 적합하지 않을 것이다. 그 관념은 힘의 선들의 연결망 내에서의 전개로 남아 있어야 하는 것을 완전하고 동질적인 영역으로 변형할 것이기 때문이다.

그러나 누군가가 여전히 "물질세계"에 대해 말하기를 완강히 고집한다면, 왜곡이 가장 큰 것은 계보일 것이다. 여기서 문제되는 존재자들은 힘의 선들보다 훨씬 수가 적고, 훨씬 더 복잡하며, 모든 종류의 영향과 기회에 훨씬 더 민감하다. 지속하기 위해서 그들은 자신을 반복하고 고집해야 할 뿐만 아니라, 다음 세대에 무언가를—그러나 무엇을?—전달하지 못하면 완전히 사라질 수도 있는 정말 무서운 위험을 감수하면서 우선 지속하는 데 성공하고 그다음에 자신을 재생산하는 데—그 용어의 일반적인 의미에서—성공해야 한다. 게다가 물론 과거로 되돌아갈 가능성도, 두 번째 기회도 없다. 살아 있는 존재자들은—여기서 문제되는 것은 그들이므로—확실히 보다 더 지역적인 얽힘들뿐만 아니라, 더 접혀 있고 더 이질적이며 더 창의적인 얽힘들을 그린다. 우리는 지난 한 세기 반 동안 **다윈주의**Darwinism 덕분에 개체들이 재생산의 중개를 통해 생존에 뛰어들면서 감수하는 위험을 잘 알고 있다. 우리는 "거의 무언가"의 풍요로움을 어려움 없이 경험한다. 우리가 문자 그대로 그것의 후손이기 때문이다. 우리는 말들horses의 증식을 이끄는 〈말Horse〉의 〈이

데아〉라는 것은 없음을 마침내 이해했다. 보편자 논쟁은 여기서, 적어도 이 지점에서 종식된다. 각각의 존재양식이 생존을 위해 통과해야 하는 **변이**|ALTERATION의 형식을 정의한다면, 계보는 생존에 필요한 변이들과 우회로들에 대해 우리에게 많은 것을 가르쳐준다.

그러나 재생산 양식에 따라 존재자들을 파악하는 것이 힘의 선과 계보로 제한되지는 않으며, 언어와 신체, 관념, 그리고 물론 제도 등 스스로를 유지하는 모든 것과 관련이 있다. 그러한 공백을 발견하기 위해 지불해야 하는 대가가, 그 대안을 고려해보면, 생각보다 크지 않다. 그 대안이란 존재자들의 생존을 설명하기 위해 그 배후나 아래에 있는 실체를 상정하는 것이다. 수수께끼를 한 단계 더하는 것이니 이해하기 더 쉬워질 리는 없다. 그 경우 우리는 저 실체 자체 아래에 무엇이 있는지 알아내야 할 것이고, 한 아포리아에서 다른 아포리아로 철학사에서 잘 알려진 무한 소급을 통해 결국 우리가 도달하고자 했던 곳과 정반대인 유일한 〈실체Substance〉에 도달할 것이다. 생존은 실체에 의해 뒷받침될 가능성이 없기 때문에 언제나 변이로 대가를 치른다고 말하는 것이—우리의 (나쁜) 사고 습관 때문에 초기 단계에서는 덜 분명할지라도—더 경제적이고 더 합리적이고 더 논리적이며 더 단순하고 더 우아하다. 이런 방식으로 발견되는 풍경은 언뜻 놀라워 보이지만 존재의 연속성—생존subsistence—을 잃지 않으면서도 초세계ultraworld—실체—로부터 자유롭다는 막대한 이점이 있다. 아래에도 뒤에도 위에도 아무것도 없다. 재생산의 공백 외에 다른 **초월성**TRANSCENDENCE은 없다. 새롭게 획득한 (세계와 세계의 언어 모두에서의) 이러한 움직임의 자유는 우리가 진정한 "유물론자"가 되어야 할 때, 그리고 10장에서 **내재성**IMMANENCE의 의미를 재정의할 때 매우 중요할 것이다.

◀ 침투적인 물질적 공간이라는 이상한 관념을 피할 수 있도록.

민족지학은 분명히 이러한 존재자들을 수용할 제도를 스케치하기 위한 위치에 있지 않다. 우리는 완전히 새로운 외교가 필요하며 그 윤곽은 뒤에 가서 발견할 것이다. 여기서 우리에게 중요한 것은 재생산의 궤적들이 **절합**ARTICULATION 역량, 따라서 표현 역량을 지닌다는 것을 인정함으로써 그 궤적들을 "물질세계", 더 나쁘게는 "외부 세계"의 숨 막히는 손아귀 바깥에 위치시키는 것이다. 그러한 역량은 재생산의 궤적들을 우리가 이미 인정한 다른 양식들과—그것들이 같은 질문지에 응답할 수 있으므로—비교 가능하게 만들어준다. "인과법칙"에 의해서만 지배되는 "외부 세계" 또는 "객관적 세계"라는 널리 퍼져 있는—왜 그런지는 곧 살펴볼 것이다—관념으로 모든 도약을 매끄럽게 만드는 것을 막으려면, 여기서는 적극적이기보다는 방어적인 접근으로도 충분할 것이다. 재생산을 포함한 모든 양식을 통과하려면 공간이 필요하지만, "물질세계"라는 제도는 우리에게 제공할 충분한 공간이 없기 때문이다.

말리노프스키Bronisław Malinowski 덕분에 우리는 모든 인류학자가 이국주의exoticism에 자신도 모르게 굴복하는 약한 순간이 있다는 것을 안다(더위 때문인가? 피로? 향수병? 모기?). "이 사람들은 정말 이상하다. 그들의 관습은 정말 끔찍하다. 집으로 돌아가고 싶다." 인류학자들은 물론 극복하지만, 굴복할 때도 있다. 우리 민족학자도 약점 때문에 때때로 옥시덴탈리즘에 굴복하기도 한다. 특히 어떤 과학 대중화 작가가 양자 세계는 "상식적인 3차원으로 제한되지 않는다"라고 떨리는 목소리로 설명하는 것을 들을 때 특히 그렇다. 민족학자가 정말 이상하다고 생각하는 것은 양자 세계가 아니라, 공통 세계common world에 대한 그 설교자의 생각이다. 뭐라고! 3차원만 있다고? 사방을 둘러봐도 소용없다. 민족학자는 세계의 모든 객체들에 똑같이 들어맞고, 양자 세계들의 놀라운 확산과 현저히 대조되는 그 유명한 "유클리드 공간"이 어디에 있는지 이해할 수 없다. 누군가가 일종의 양보를 해서 보통의 세계ordinary world에 시간이라는 "네 번째 차원"을 추가한다고 해도 마찬가지로 납득할 수 없다. 그는 의문이 들지 않을 수 없다. "이 사람들은 도대체 어떻게 3+1차원 세계에 살고 있다고 믿을 수 있지? 정말 너무 터무니없다. 그냥 집으로 돌아가고 싶다. 근대인은 그렇게 이상한대로 내버려두자." 그런데 문제가 있다. 그가 돌아갈 다른 집이 없다는 것이다!

모든 공간을 차지한 이들이 그럼에도 불구하고 공간이 부족하다면 ⊙

그럼에도 불구하고 문제는 여전히 남아 있다. 어떤 범주 오류의 폭포 효과를 통해 근대인은 자신이 4차원 세계에 살고 있다고 생각하기 시작했는가? 자신의 경험에서 어떤 것도, 도대체 어떤 것도, 이 놀라운 환원을 입증하지 못하는데도 말이다. 경험과 경험에 대한 표상 사이의 이 현기증 나는 간극을 이해하지 못하면, 치료가 필요한 그들의 광분의 종류를 이해할 수 없다. 더구나 이것이 근대적이라는 용어를 정의할 수 있는 유일한 방법이다. 우리는 그 용어를 처음부터 너무 아무렇지 않게 사용했지만, 그것의 의미는 이 탐구가 성공할 때에만 진정으로 설명할 수 있을 것이다.

근대인에 대한 좀 더 정확한 정의는 자신이 3+1차원 세계에 살고 있다고 생각하는 사람이라고 말하는 것이다. 단, 자신이 소중히 여기는 가치들을 어디에 위치시킬 수 있을지 갈수록 더 불안해하고 의아해하는 사람이라고 덧붙여야 한다. 다시 말해, 근대인은 자신이 3+1차원 세계 속에 잠겨 있다고 믿으면서, 그 세계 어디에도 자신의 가치들을 전개할 공간이 그야말로 더는 없다는 것에 괴로워하는 사람이다. 그는 법, 도덕, 허구, 정치, 경제, 조직, 어쩌면 종교, 심지어 정신, 집단 행동 등의 중요성을 고려하고 그것들을 어딘가에 정박시키려 하지만 소용이 없다. 그것들을 둘 곳이 더는 없다. 그는 어둠 속에서 더듬고 있다. "사람의 아들은 머리 둘 곳조차 없다."

"근대적"이라는 형용사가 사용되기 시작한 이후 모든 관찰자를 강타한 이 광분은 유토피아의 꿈에서 비롯된 것이라기보다는, 지상낙원에서의 추방이 아니라 거주 가능한 지구 전체에서의 무자비한 추방으로 인한 그런 종류의 방랑에서 비롯된 것이다. 근대인은 수 세기 동안 정착하려 했지만 스스로 미지의 땅으로의 이동, 유배exile를 선택했다. 마치 백인들이 가는 곳마다 지도에 공백blank(흰색!)을 남긴 것처럼 말이다. 그들이 정확히 3+1차원의 세계에 살고 있다고 믿기 때문이다. 그들이 집에서 쫓겨났는가? 아니다. 스스로를 쫓아낸 것이다! 적어도 생각으로는 그랬다. 실제로는 반대로 모든 곳에 정착했다…. 세계를 정복했지만 여전히 공간이 부족하므로! 이 내부 유배자들은 여전히 "살아갈 공간", "숨 쉴 공간"을 위해 싸우고 있다. 우리 민족학자가 그 역설을 더 자세히 살펴볼 필요가 있다는 것을 우리는 인정하며 그가 잠시 옥시덴탈리즘에 빠져들더라도 눈감아줄 것이다.

근대가 시작된 이후 (이번에는 역사가의 관점에서) 이국주의의 모든 독과 향이 바로 여기서 등장하기 때문에 더욱 그러하다. 근대인은 모든 거주 가능한 땅에서 스스로를 더 많이 추방할수록, 자신과는 달리 단단히 매여 있고 정박하고 뿌리를 내린 사람들, 이른바 "토착민들" 혹은 더 낮게는 "원주민들"을 "타자들" 가운데서 발견했다고 더 많이 믿는다. 아, 근대인이 어떻게 고결한 야만인을 부러워하게 되는가! "우리가 그들처럼 남아 있을 수만 있었다면!" 그리고 유토피아의 유토피아, 유토피아 제곱을 꿈꾸기 시작함으로써 멀리 있는 것과 가까이 있는 것의 두 가지 형태의 이국주의를 뒤섞을 반동주의자들은 결코 부족하지 않을 것이다. "우리가 다시 그들처럼 될 수만 있다면!" 다시 뿌리를 내리고 원주민이 되고 토착민이 되고 다시 "정말 집에 있을 수 있다면!" 이는 가장 무서운 야만성을 창조하는 제조법이다. 바로 근대인은 애초에 집을 떠난 적이 없으니까! 결코 근대적이었던 적이 없었다! 만약 그들이 정말로 이 3+1 차원의 세계에서 살았다면 어떻게 잠시라도 살아남을 수 있었겠는가? 이집트를 떠난 적도 없으면서 자신이 약속의 땅을 찾아 사막을 헤매는 민족이라고 믿는 이상한 모험! 앞에서 말했듯이 근대인에 대한 심층적인 인류학적 연구가 필요하며 그들은 정말 흥미롭다…. 우리는 그들의 상처에 조심스럽게 다가가야 한다. 그들은 위로받을 가치가 있으며 우리는 그들을 돌볼 것을 고려할 수도 있다.

또다시 이 질문들은 정면으로 맞서기에는 너무 방대하지만, 모든 존재양식을 질식시킬 만큼 침투적인invasive **공간**SPACE이라는 이 관념에 대해서 개략적으로라도 계보학 작업을 하는 것이 필수 불가결하다. 마치 대홍수로 모든 것이 파괴되고 뗏목 몇 척만이 물 위에 떠다니는데, 유배된 근대인이 자신이 구하고 싶은 몇 가지 가치를 그 위에 서둘러 쌓아놓은 것 같다.

◉ 그것은 그들이 물질이라는 관념을 해체할 수 없었기 때문이다 ▶

근대인은 자신이 유물론자라고 믿고 이러한 믿음으로 인해 절망으로 내몰리는 사람들이라고 정의해도 틀리지 않을 것이다. 그들을 안심시키기 위해, 그들이 말하는 "엄격한 유물론"이 아닌 "다른 차원"에 자신의 가치들을 위치시키기 위해 정신으로 향하는 것, 즉 그들이 최후의 수단으로, 궁여지책으로all the lost causes(그리고 cause가 실제로 여기서 문제되고 있다!) 전개한 그 모든 노력으로 향하는 것은 그다지 의미가 없을 것이다. 우리가 이제 이해하기 시작했듯이 물질이란 정신의 가장 관념적인 산물이기 때문이다. 우리가 수행해야 할 작업은 정확히 그 반대 방향으로 우리를 이끈다. 우리는 내재성에 도달하고 마침내 경험을 따를 수단을 찾기 위해 물질을 탈관념화de-idealize해야 한다. 모든 것이 물질에 잠겨 있을 때에는 재료도, 접근 가능한 실재도, 우리를 인도할 경험도 없다. 근대의 가치 전체의 전개에 필요한 "살아갈 공간living space"을 재정복하는 데에는 이러한 대가가 따른다.

◉ [REP·REF] 교차의 적절한 사용을 통해서 말이다.

이것은 매우 복잡한 문제이지만, 우리가 완전히 무력한 것은 아니다. 앞서 [REP·REF] 교차를 식별했기 때문이다. 우리는 이미 물질이 지식의 요건—상수의 전이transfer, 혹은 전문 용어로는 **불변의 가동물** IMMUTABLE MOBILES의 전이—과 **생존**SUBSISTENCE의 요건—재생산의 도약을 통한 존재의 유지—을 구별 불가능할 만큼 융합하는 **합성**COMPOSITE 장치라는 것을 이해했다. 마치 지시에 필요한 이동의 양식을 지시가 접근하는 재생산의 존재자들의 이동의 양식으로 착각한 것과 같다. 달리 말해, 물질이라는 관념이 들어와, 서로 근본적으로 구별되는 재생산의 공백들과 지시의 공백들을 구별 불가능하게 만드는 이 작지만 결정적인 수정을 거치도록 함으로써, [REP·REF] 교차를 모호하게 만드는 것이다.

이제 우리가 "형식"이라는 단어의 두 가지 의미를 구별하기 시작하자마자 ⊳

이동이라는 관념 자체에서 이러한 약간의 이동을 허용하는 그 작동을 명시화함으로써 형식주의에 대한 비형식주의적인 묘사를 생산할 수 있는 가능성이 생긴다. 앞으로 전개되는 논의는 독자들에게는 다소 불친절할 수도 있겠지만, 전체를 이해하는 데 꼭 필요하다. 이 교차를 성공적으로 전개하지 못하면 이 탐구의 나머지는 모두 연기 속으로 사라질 수도 있다. (이 장의 나머지 부분은 건너뛰고 책을 다 읽은 후, 단순히 하나의 세계에 대한 여러 표상들이 아니라 다른 존재양식들을 수용할 수 있는 공간이 실제로 있다는 것이 참인지 아닌지 확인한 후에 이 장으로 다시 돌아오는 것이 더 용이할 수도 있다.)

이 모든 것은 **형식**FORM이라는 관념을 하나의 실천으로 재묘사할 수 있는지에 달려 있다. 우리가 이제 알고 있듯이, 지시의 작동은 상수들의 발견과 유지를 보장하는 일련의 변형들을 확립하는 데 달려 있다. 즉, 접근의 연속성이 불연속성들에 달려 있는 것이다. 그것은 주어진 지점(실험실, 연구소, 컴퓨터 센터)에서 시작해 다소 멀리 떨어진 다른 지점에 도달할 수 있게 해주는 왕복 운동을 보장하는 유일한—그러나 그것의 실제적인 발견은 항상 위험하고 취약한—수단이다. 육안으로 볼 수 없는 세포 분열에 연구자가 접근할 수 있도록 해주는 전자현미경에 필요한 수많은 연속적인 작동을 생각해보라. 육안으로 볼 수 없는 은하계에 천문학자가 접근할 수 있도록 해주는 스펙트럼 분석에 필요한 일련의 계산들을 생각해보라. 그 두 가지 무한대에 겁먹을 필요는 없다. 생물학자들과 천문학자들이 실험실에서 조금의 현기증도 없이 그것들에 접근할 수 있으니 말이다(단, 그들이 "접속 제공자들access providers"—과학들에 대한 훌륭한 기본적인 정의를 제공하는 정보기술 용어—의 요금정산소를 통과한다는 조건하에). 인식되는 사물은 그것에 도달하기 위해 밟은 단계가 많아질수록 더 가까워진다!

여기서 어려움은 없다. 형식form은 일련의 변형transformations을 통해 유지되는 것이다. 변형의 정렬alignment이 중단되면 형식은 즉시 사라진다. 장애물 달리기나 릴레이 경주의 은유를 사용해보자. 형식은 첫 번째 의미에서 주자의 위치를 차지한다. 선수가 아무리 뛰어나더라도, 심지어 훈련 경기에서도, 장애물을 넘거나 배턴을 패스할 때마다 챔피언뿐만 아니라 감독과 관중의 심장을 뛰게 하는 작은 흔들림을 우리는 항상 느낀다. 왜? 주자가 넘어지고 장애물을 쓰러뜨리고 배턴을 떨어뜨릴 수도 있기 때문이다. 잘못될 수도 있는 법이다. 형식은 위험한 스포츠라고 불려야 한다.

◄ 즉, 상수를 유지하는 형식과 지시의 공백을 줄이는 형식으로 ►

이제 위험한 지시의 경로상의 연속적인 단계들의 구성을 살펴보자. 그것은 이번에는 매우 구체적인 의미에서의 형식들로 구성된다(프랑스어 forme[형식]와 fromage[치즈]의 어원이 같다는 점은 흥미롭다). 이 두 번째 의미에서 형식이나 모양은 항상 형식화되거나 모양이 되는 것을 허용하는 객체(도구, 문서, 이미지, 방정식 등)이다. 원재료와 더 가까운 동전의 "꼬리" 쪽과 말로 나타내거나 계산하는 단계와 더 가까운 동전의 "머리" 쪽 사이의 이행transition을 보장하기 때문이다.

여기서도 특별할 것이 없다. 발굴 현장에서 채취한 표본을 탈지면을 안에 두른 서랍에 조심스럽게 넣는 것이 "형식화하는" 것이다. 서랍은 표본을 분류할 수 있게 하는 번호가 적힌 라벨로 표시되어 있고, 하얀 탈지면 안감은 표본의 모양을 더 잘 보이게 하기 때문이다(표본이 갈색 흙 위에 놓인 갈색 얼룩이었을 때는 알아보기 어려웠다). 서랍에도 "꼬리" 쪽과 "머리" 쪽이 있다. "꼬리" 쪽은 화석을 받아들이고 "머리" 쪽에서는 화석이 라벨을 받아 자신의 윤곽을 더 기꺼이 드러낸다. 표의문자와 비슷하다. 물론 극히 작은 이행이지만, 고생물학자가 운이 좋다면 화석을 재해석할 수 있게 해주는 일련의 긴 변형들에서 필수 불가결하다.

수 세기에 걸쳐 모든 학문 분야가 서랍처럼 가장 소박한 것에서부터 가장 대담한 방정식에 이르기까지 형식화를 위해 이러한 수많은 장치를 개발해왔다. (그러니 문서 캐비닛, 링 바인더, 카드 목록, 수납장을 경시하지 말자. 그것들에 의존하는 과학들이 얼마나 많은지 알면 놀랄 것이다!)

◉ 우리는 형식주의에 대한 비형식주의적인 묘사를 얻기 시작한다 ◉

가장 중요한 점은 이러한 각각의 형식화의 사건이 그 앞에 오는 n−1 단계와 그 뒤에 따르는 n+1 단계를 통해서만 의미를 갖는다는 것이다. 일단의 연속적인 끼워 넣기embeddings만이 단계들(장애물, 배턴 패스)의 불연속성을 통해 지시(주자)의 연속성을 획득하는 이러한 매우 역설적인 왕복 운동을 가능하게 한다. 구체적인 의미에서의 형식을 말할 때, 그것은 모든 지시 연결망들의 틀과 연쇄를 가리킨다. 말하자면 종적 형식과 횡적 형식이 있다. 종적 형식은 변형을 통해 상수를 재연replay하고, 따라서 이동성을 통해 불변성을 달성한다. 횡적 형식은 이행을 증식시킴으로써, 그리고 한 장소와 다른 장소를 구분하는 거리를 점차 포장함으로써, 종적 형식의 통과를 승인한다. 사다리가 어딘가에 닿으려면 세로대와 가로대가 모두 필요한 것과 비슷하다.

　장애물 달리기와 릴레이 경주, 사다리의 은유에는 분명 한계가 있다. 여기서는 장애물이나 릴레이, 사다리를 증가시키면 경주의 속도가 빨라지기 때문이다! 사실 통과해야 할 단계가 많을수록, 형식이 작은 공백들로 더 많이 분리될수록, 지시는 가져와야 할 것을 잡기 위해 더 빨리 이동할 것이다. 마치 이행을 증식함으로써 먼 거리를 커버할 수 있는 것처럼 말이다. 마침내 모든 것이 작동할 때, 연결망이 제자리를 잡을 때, 접근이 획득된다. 지도나 문서, 화면에 손가락을 갖다 대면 달의 분화구, 간 깊숙한 곳의 암세포, 우주 기원의 모형을 실로 명백히 손에 쥔다. 우리는 정말 세계를 손끝에 두고 있다. 지식에는 한계가 없다. 과학사와 과학사회학이 그러하듯, 그리스 기하학에서 유럽입자물리연구소CERN의 거대한 검출기에 이르기까지 객관적 지식의 동맥과 정맥의 순환을 묘사하는 것은 그런 것들이 불러일으킨 열정을 이해하는 것이다. 그리고 또한 그것들의 취약성을 측정하는 것이기도 하다. 아무리 사소한 것이라도 그것들을 방해할 수 있을 뿐만 아니라, 그것들이 너무 잘 작동하면 시야에서 사라질 위험이 있기 때문이다. 형식의 (첫 번째 의미에서의) 위험한 특성과 (두 번째 의미에서의) 구체적 특성이 사라지면 그 단어의 완전히 기생적인 의미의 발명으로 이어진다. 바로 지시의 성공으로 인해 일이 잘못되기 시작하는 것이다.

⊙ **그러나 그것은 불행히도 "형식"이라는 단어의**
세 번째 의미에 의해 지워진 것으로 드러난다.

얻은 결과에 대한 열정과 갑작스러운 나태함의 분출이 결합하고, 다음 장들에서 볼 수 있듯이 다시 강력한 정치적, 심지어 종교적 동기들과 섞이면서, 우리가 이제 "형식"이라는 단어를 세 번째 의미에서 취하기 시작한다고 가정해보자. 이번에는 지시의 왕복 운동에 관심을 두지 않을 것이다. 지시의 작동에 필요한 모든 운동과 장치를 고려하지 않고, 지시의 연쇄를 이루는 단계들 가운데 일부만 선택할 것이다.

어떤 형식들을 선택할 것인가? (보관 서랍처럼) 이행의 초기에 발견되는 것들은 물론 아니다. 우리가 원하는 역할을 수행하기에는 너무 물질적이고 소박하고 존중받을 가치가 없기 때문이다. 그 대신 우리는 이행의 끝에 있으며, 숫자의, 혹은 더 낫게는 수학적 기호의 일관성을 가진 것들을 분리할 것이다. 이제부터 우리는 지시에서 (연쇄도 연계도 더는 없다) 정말로 중요한 것은 정지된 표기법, 이동이 중단된 문서, 정지 화면이라는 새로운 의미에서의 형식이라고 말할 것이다. 그리고 여기가 그 작동operation의 모든 위험이 들어오는 곳이다. 우리는 지식의 진정한 기초가 거기에, 거기에만 있다고 믿고 싶은 유혹을 받게 될 것이다. "형식"이라는 단어의 세 번째 의미와 함께 우리는 형식주의에 대한 형식주의적 정의를 도입하게 된다. 그것은 앞의 두 가지 의미에서의 형식에 대한 비형식주의적 묘사를 기생적으로 활용할 것이다. 90도로 기울어진 분리된 문서 하나가 이제 연결망 전체에 의해 가능해진 불변의 가동물의 위험한 전이transfer 전체로 오인될 것이다. 마치 마지막으로 남은 장애물 하나에 대한 매혹된 응시를 장애물 경주 코스 전체로 착각하거나, 땅에 떨어진 배턴을 릴레이 경주 전체로, 제일 위에 있는 가로대를 사다리 전체로 여기는 것과 같다!

여기서 우리는 재생산의 존재자들이 따르는 경로에 대해 오류를 범할 위험이 있다 ⊙

앞 장에서 보았듯이 추상화 작업은 구체적인 일이다. 손이 흙으로 검게 된 사람들부터 손이 분필로 하얘진 사람들까지 증거 작업자들proof workers의 연쇄 전체의 노동이다. 우리 민족학자는 의아해한다. 사람들이 왜 이것에 대해 지식의 운동을 중단할 뿐인 추상적인 묘사를 하는 것인가? 여기에 우리가 범할 위험이 없는 범주 오류가 있다. 그러나 이러한 혼동은 근대성의 정의에서 핵심적인 것 같다. 왜 그런가? 역사의 우연이 그것을 그 교차의 다른 편, 즉 재생산[REP]의 운동에서 실행될 또 다른 중단, 또 다른 정지화면과 결합하기 때문이다. 그리고 17세기에—참고로 데카르트 주변에서 **연장실체**RES EXTENSA가 발명되던 때에—바로 그러한 이중의 범주 오류를 통해 "물질"이라는 관념이 등장한다. 근대인은—이것이 그들을 정의할 것이다—물질이라는 사유가 실제 사물을 묘사한다고 믿기 시작한다. 사실 그것은—그 자체 상상된 것인—**사유실체**RES COGITANS가 물질을 상상하기 시작하는 방식일 뿐이었지만 말이다.

앞에서 산, 고양이, 효모, 요컨대 어떠한 힘의 선이나 계보도 연속성을 얻으려면 반드시 일련의 불연속성을 통과해야 한다는 것을 보았다[REP]. 존재를 얻기 위해서는 타자성이 요구된다. 동일성은 **변이**

ALTERATIONS라는 대가를 지불하고 사는 것이다. 이러한 불연속성은 방금 정의한 의미에서의 형식의 불연속성과는 완전히 다르지만, 이러한 특정한 유형의 고집과 지속이 달성될 수 있게 해주는 통과, 통로, 지나감을 구성한다. 그것이 바로 산이 유지되게 해주고, 고양이가 늙어서도 그 유명한 매트 위에서 명상을 계속하게 해주는 것이다(발효된 화이트와인을 마시는 마찬가지로 유명한 철학자의 명상으로 방해받지 않으면서). 이 모든 것이 (매트, 고양이, 산, 효모, 심지어 철학자도) 우리가 방금 살펴본 것처럼 작은 간격, 약간의 도약으로 분리된 그들의 전건과 후건으로 구성된 놀라운 궤적들, 즉 연결망들을 따라 움직인다.

그러나 그러한 불연속성과 계통, 위험을 차례로 지우고 싶은 유혹이 있을 수 있다(그런 유혹이 어디서 오는지는 곧 살펴볼 것이다). 그것들이 언제나 보이는 것이 아니고, 혹은 사람들이 그것들을 강조하지 않을 수 있기 때문에 특히 그러하다. 존재의 지속성이 갖는 공백을 알아채지 못하자마자 우리는 생존 아래 **실체**SUBSTANCE를 은밀하게 도입하게 된다. 그래서 재생산의 존재자들 "아래에", 그들보다 더 오래 지속할 수 있고, 그들이 존재를 위해 요구되는 불연속성을 뛰어넘기 위해 스스로 수고할 필요도 없이 그들의 연속성을 보장해주는 지지대, 하부, 콘솔, 자리가 있을 것이라고 상상하기 시작한다. 우리는 타자를 통한 동일자의 통과에서 출발하여 동일자 위에서의 동일자의 유지로 자신도 모르는 사이에 미끄러져 갈 것이다.

언뜻 보기에 세계의 존재자들을 그들의 전건과 후건으로부터 분리하는 이 갑작스러운 중단을 겪게 하는 것은, 하나의 형식을 그것에 앞선 것과 뒤에 오는 것으로부터 분리함으로써 지시의 과정을 중단시키는 것만큼이나 무의미해 보일 수도 있다. 첫 번째 경우에는 재생산의 운동을 중단시키는 것이고, 두 번째 경우에는 지식과 접근의 운동을 중단시키는 것이다. 그래서 두 번째 가정은 첫 번째 가정만큼이나 그럴 법하지 않아 보인다. 따라서 상식에 의지해 두 가지 가설은 절대 받아들여질 수 없음을 분명히 할 수 있다.

**◄ 물질이라는 관념에서 두 가지 별개의 과정을
혼동할 위험이 있다는 점에서 그러하다.**

단, 그 두 가지 가정, 그 두 가지 중단을 교차시켜, 지시의 측면에서 취해진 형식이 재생산의 측면에서의 실체를 보장하는 것으로 만드는 경우를 제외하고 말이다. 그럴 경우 우리는 모든 위험과 운동, 도약을 제거한다. 세계와 지식 사이의 그 유명한 대응을 일거에 설명한다. 지금까지 번역에 신경 써야 했던 반면 이제 단순한 **전송**DISPLACEMENT/TRANSLATION을 얻는다. 교차 대신에 논쟁의 여지가 없는 필연성의 단순한 운반만이 나타난다(다음 장에서 "논쟁의 여지가 없는"이라는 형용사가 이 혼란 상태에서 무엇을 하고 있는지 볼 것이다).

마치 앞에서 만났던 더블클릭이 두 존재양식을 위험하게 만드는 모든 것을 없애버린 듯하다. 마치 그 사악한 천재가 한 양식에게는 생존을, 다른 양식에게는 원격 존재자들에 대한 접근을 가능하게 해주었던 두 가지 불연속성을 지우는 데 성공한 것 같다. 모든 것이 여전히 제자리에 있는 것처럼 보이지만, 모든 것이 근본적으로 달라졌다. 이동을 달성할 수 있게 해주는 모터가 양쪽에서 없어졌기 때문이다. 몸을 움직일 필요도 없이 이미 늘 미리 이겨놓은 경주이다. 이제 마치 세계(연장실체)와 정신(사유실체) 모두에 비용이 들지 않는 상수의 전송이 있는 것처럼 보인다. 그리고 이제 이 둘은 불가분의 것이 될 것이다. 세계는 알 수 있고, 사유는 세계를 파악한다. 여기서부터는 지식이 가능하다는 사실로부터 세계 그 자체가 "알 수 있음knowability"으로 구성된다는 결론을 도출한 것 같아질 것이다! 물질은 "연장-사유실체res extensa-cogitans"라고 불릴 만한 이런 관념적인 세계가 된다.

몽 에귀유 산행에 대한 형식주의적 묘사는 ⊙

그럴 법하지 않아 보이는 이 작동을 구체화하기 위해 몽 에귀유의 예로 돌아가서, 3장에서 배운 모든 것과 "형식"이라는 단어의 첫 두 가지 정의는 옆으로 제쳐두고 지도가 어떻게 작동하는지 설명해보자.

이제 그러한 귀류법 논증으로demonstration per absurdum 지시의 수수께끼를 설명해보려 한다. 먼저 뒤섞여 있는 연결망, 기하학자, 측지 기준점을 운반하는 노새를 제거할 것이다. 서서히 축적되어온 중재, 지도 제작자, 국립지리연구소, 관광 안내소도 전부 없앨 것이다. 그렇게 몽 에귀유가 계속 존재하기 위해 따라야 하는 존재의 경로에 관한 모든 것을 무시하도록 할 것이다. 우리는 두 존재양식[REP·REF]을 동시에 건너뛸 것이다. 이번 산행은 전혀 힘들지 않다. 정말 건강 산책에 불과하다. 설명은 자명하다. 극복해야 할 장애물이 더는 없으니 당연히 그럴 수밖에! 우리는 지도와 몽 에귀유가 같은 형식을 (그 단어의 세 번째 의미에서) 공유하기 때문에 "비슷하다"고 말할 것이다.

지도가 (두 번째 의미에서) 형식들로 구성되어 있다는 것은 의심의 여지가 없다. 지도는 오직—측지 표적 장비를 갖추고, 측쇄로 정밀하게 (그리고 아주 힘들여) 측정한 기준에서 삼각형에서 삼각형으로 이동하는 측량사들의 위험한 작업을 통해 큰 비용을 들여서 얻은—연결된 각도들을 조금씩 기입했기 때문에 의미가 있는 것이다. 그러나 그 모든 풍부한 실천적 경험, 그 모든 노동을 우리는 지우기로 했다. 이러한 기본 지도에서 지리학자들은 이차원적 투영의 다양한 제약조건을 존중하고 등고선을 그리고 음영을 추가하는 방법을 배웠고, 또한 우리에게 표기 규칙과 색상 코드를 존중하는 방법을 가르쳐주었다. 이제 그것도 잊어버리자. 그러나 그래도 여전히 내 지도가 가진 효과성이 설명되지 않는다. 몽 에귀유 자체가 2차원이 아니기 때문이다. 그것은 여전히 내 주머니에 들어맞게 접히지 않고 등고선이 표시되어 있는 것 같지도 않다. 게다가 오늘은 구름 속으로 사라져서, 지도에 나타나는 "몽 에귀유"라는 15포인트 오블리크체의 보정된 작은 글자 더미라는 측면은 전혀 없다. 지도와 영토를 어떻게 중첩시킬 것인가?

마치 몽 에귀유 자체도 기본적으로, 가장 심층적인 특성에서 기하학적 형식으로 되어 있는 것처럼 여기면 된다. 지식의 뱀인 (선악의 뱀은 아니지만) 사악한 천재가 진정으로 위험한 곳이 바로 여기이다. 여기서 모든 것이 실로 단번에 설명된다. 지도가 영토를 닮은 것은 영토가 기본적으로 이미 지도이기 때문이라는 것이다! 지도와 영토는 같은 것이다. 아니, 같은 형식을 가진 것이다. 사물들은 기본적으로 형식들이기 때문이다. 이제 대응이라는 관념에 논란의 여지가 없는 타당성을 부여할 용어-대-용어 중첩을 얻는다. 그 작동은 힘들지 않고, 통과는 은밀하며, 유혹은 거대하다. 그리고 사실 그러한 설명은 언뜻 보기에 계몽주의 자체를 설명할 수 있을 정도로 계몽적이다. 그것은 인도 제도가 아니라 콜럼버스가 발견하려고 했던 곳보다 더 신화적인 대륙에 이르는 길을 연 콜럼버스의 달걀이다. 그 신화적인 대륙은 바로 **지식**KNOWLEDGE이라는 거대한 미지의 땅terra incognita이며, (형식을 사유하는) 정신과 (형식들인) 사물들을 동일시함으로써 형성되는 대륙이다. 그 관념은 너무나 강력해서 신성한 플라톤 자신이 그것으로부터 이데아라는 관념을 이끌어냈다. 〈객체〉는 〈주체〉가 자신과 대응할 가치가 있다고 여긴다. 둘 다 사유로 이루어지기 때문이다.

⊙ 귀류법 논증을 통해 이중의 이미지를 생성하며 ⊙

그런 계몽적인 설명에는, 애초에 잘 들어맞지 않는 것 같고 그 가정을 터무니없게 만드는 한 가지 작은 세부 사항이 분명히 있다. 내가 걸어 오르고 있는 몽 에귀유가 내가 가끔 펼쳐보는 지도와 조금도 닮지 않았다는 점이다. 몽 에귀유는 온 무게로 땅을 계속 누르고, 안개 속에 가려지고, 지도가 등록할 수 없는 색으로 간간이 빛난다. 특히 계속해서 실척으로 존재하며, 내가 그것을 접거나 축척을 바꾸게 할 방법이 없다.

바로 이 지점에서 우리는 상식에서 제기되는 반론, 몽 에귀유만큼이나 육중한 반론에 답하기 위해, 스스로 첫 번째 가정의 결과인 두 번째 가정의 유혹을 받을 수도 있을 것이다. 그런 상식적인 반론에 답하기 위해 몽 에귀유가 이중적이라고 해보자. 그중에 지도를 닮은 것을 그 산의 형식, 세 번째 의미에서의 형식이라고 치자. 그것을 그 산의 실재적 기초, 진정한 실체로 삼자. 그 외 나머지는 중요하지 않고 사실 비실체적인 것으로 제쳐놓자. 비록 우리가 그러한 형식은 비가시적이고(지도라는 중개자를 통할 때는 제외하고!) 오직 사유의 우주에만 속한다는 것을 인정해야 한다고 하더라도(우리가 달리 어떻게 할 수 있겠는가?), 그 형식은 여전히 실재적이고 객관적이며 심지어—그 융합이 생산되는 곳이 바로 여기다—물질적이다. 데카르트라면 주저하지 않고 몽 에귀유도 그의 유명한 밀랍 조각과 같은 취급을 받게 했을 것이다. 즉, 녹아서 모든 것이 사라지고 연장extension만 남게 될 것이다. 그리고 그러한 근본적이고 제거할 수 없는 객관성의 최선의 증거는 몽 에귀유의 형식적인 반쪽이—우리가 인정했듯이 정말 (무시해도 될 만한 표기 규칙들이 추가된) 기하학적 형식으로 만들어진—지도를 닮았다는 것이다. 그러한 추론은 처음부터 끝까지 논리적이지만, 결과는 그리 합리적이지 않다. 결과가 추론의 실을, 말하자면 (잊지 말자) 궤적과 연결망의 실을 놓쳤기 때문이다.

⊙ **그것은 일차적 성질과 이차적 성질의 분할로 이어진다.**

그리고 그것이 전부가 아니다. 그 나머지는 과연 어떻게 할 것인가? 어쨌든 누적된 그 모든 번거로운 비유사성들을 펜을 한 번 그어서 없애버릴 수는 없는 노릇이다. 그 산은 환원 불가능한 비유사성들 속에 남아 있으며, 네 살 먹은 아이에서 노련한 등산가에 이르기까지 어떠한 관찰자도 그 점을—주요한 결함이다—놓칠 수 없다. 손가락이 어는 것은 안나푸르나 산 정상에 오를 때이지, 안나푸르나 산의 지도를 펼쳐들 때가 아니다. 가장 일반적인 경험의 격한 항의에 직면한 상황에서, 앞에서 말한 추론을 포기하지 않으면서 그러한 난항에서 벗어날 방법은 그런 종류의 논리적으로 일관된 광기에서 한 발 더 나아가는 것밖에는 없다. 이제 그러한 모든 속성들, 그러한 비유사성들은 사실은 불필요한 잉여superfluous라고 가정할 것이다. 왜냐하면 그것들은 몽 에귀유의 형식적 본질, 합리적 객관성에 관여하는 것이 아니라, 몽 에귀유가 (사물을

"사유만으로" "그것의 본질," 즉 "그것의 형식" 속에서 파악하기에는 "너무 제한적"인 정신을 가진) 평범한 인간들mere mortals에게 불러일으키는 "주관적" 인상에 속하기 때문이다. 바로 여기에서 이제부터 그 나머지(거의 모든 것!)는 실재를 결여하는 주변적 속성들의 더미가 된다―그것은 유일무이한 실재적 실체와 대비된다. 실재적 실체의 존재는, 의심이 될 경우, 지도가 증명할 수 있다. (지도에 의미를 부여하는 연결망을 제쳐두는 한에서 그러하다. 연결망의 흔적은 그 도구를 가시화해서 그 증거라는 것을 즉각 무효화할 것이다!)

그러나 일차적 성질과 이차적 성질로의 〈이분화〉의 근원이 정확하게 식별되고 나면 ⊙

17세기에 그렇게 지도제작술에 의해 (지도제작의 실천이 지워지고 난 후에) 파악되는 실재적이고 비가시적이고 사유될 수 있고 객관적이고 실체적이며 형식적인 몽 에귀유를 가리키기 위해, 사람들은 그 산의 **일차적 성질**PRIMARY QUALITIES―가장 지도를 많이 닮은 성질―에 대해 말하는 습관을 갖게 되었다. 나머지(상기하건대 거의 모든 것)를 가리키기 위해, 그들은 **이차적 성질**SECONDARY QUALITIES에 대해 말했다. 이차적 성질은 주관적이고 경험적이며 가시적이고 지각될 수 있는, 요컨대 이차적이다. 그것들이 사유될 수 없고 비실재적이며 게다가 실체, 기초, 즉 사물의 형식의 일부가 아니라는 심각한 결함을 가지고 있기 때문이다.

추론의 현재 단계에서 몽 에귀유는 이중화되어 있다. 화이트헤드의 표현대로 세계가 이분화하기bifurcate 시작한 것이다. 한쪽에는 보이지 않지만 형식적인 실재가 있다. 그것은 지도의 효과를 설명한다. 지도와 영토가 기본적으로 서로 안에 반영되기 때문이다. 다른 한쪽에는 감각이 접근할 수 있지만 비실재적인, 혹은 어쨌든 실체를 결여하는 일단의 특성들이 있다. 그런 특성들은 산을 오르는 인간의 지각적 요건을 지시할 뿐이기 때문에 지도는 그것들을 무시해도 된다(비유사성은 그렇게 "설명"된다!). 그리고 그러한 노동 분업은 지질학, 농학, 기상학 등 각 분과가 지식과 접근의 도구를 앞에 내세우지 않은 채 몽 에귀유에 접근할 때 계속 반복될 것이다. 그러한 다중화된 **이분화**BIFURCATION는 근대 철학과 상식 간의 화해를 한없이 어렵게 만들 것이며, 그것의 발생이 근대인의 특징인 이론과 실천의 대립을 상당 부분 설명해줄 것이다.

그러한 〈이분화〉, 더 낮게는 다중적 〈이분화들〉 때문에, 우리는 물질이라는 이상한 인공물, **연장-사유실체**RES EXTENSA-COGITANS, 즉 변형 없는 이동, 원인과 결과의 엄격한 연계, 논쟁의 여지가 없는 필연성의 운반으로 특징지어지는 그러한 세계의 출현을 목도한다. 그러한 세계가 불가능하고 경험에 반한다는 사실이 그것에 부정적이지 않을 것이다. 오히려 경험과 대조된다는 것이 그것의 실재성을 입증한다. 그러한 모순에 사로잡힌 〈이성〉 자체는 이렇게 외칠 수밖에 없다. "불합리하기 때문에 믿는다 *Credo quia absurdum*!"

⊙ 그것은 경험에 너무나 반하는 가설이 되며 ⊙

그러한 작동이 실행 가능한가? 그런 그럴 법하지 않은 결과들의 폭포 효과가 끝까지 타당하게reasonably — 합리적으로rationally라고는 하지 말자—유지될 수 있는가? 상식의 관점에서 그 질문에 대한 답은 명백히 "물론 아니다!"이지만 그러한 작동은 근대인에 의해 유지되어왔고 모든 것과 모든 사람에게 확장되어왔으며, 이제 견고하고 심각하며 무자비한 물질성을 정의하는 데까지 이르렀다. 이것이 우리의 역사 전체의 매듭 가운데 하나이다. 방금 정의한 의미에서의 "유물론자"가 아니라면, 가시적인 모든 존재가 "인식 가능성knowability"—존재자들이 계속 존재하게 해주는 존재의 경로로부터만큼이나 지시의 연결망으로부터도 동떨어져 있어서 우리에게 지식을 보장해준다는 장점조차 없는 유독한 합성물—이라는 독특한 직조로부터 영구 조각된 것이라고 (마치 세계의 모든 객체들이 수혈을 받고 좀비같이 변한 것처럼) 믿지 않는다면, 그 누구도—적어도 근대인 어느 누구도—자신이 실재론자realist라고 생각하지 않는다.

근대인의 인류학에 익숙하지 않은 독자라면, 몽 에귀유를 이러한 이중화로 그런 수모를 겪게 하고, 상식에 그렇게도 명백한 모순을 부과하고, 더 이상하게는—장비를 갖추고 교정되는 지식의 생산과 순환을 보장하는 유일한 것인—지시의 연쇄의 확립을 생각할 수도 이해할 수도 없게 하면서, 세계의 존재자들로부터 존재의 경로를 모두 박탈하는 그러한 일련의 작동의 수행은 성공할 가망이 없다고 이의를 제기할 것이다. 세계를 비실체적인 것으로, 경험을 헛된 것으로, 과학 자체는 귀속할 수 없게 만들어서 〈이성〉을 구축할 수는 없는 것이다. 이 모든 물질의 문제는 단순한 정신의 놀이로 남아 있어야 했다.

그 독자는 현장 과학자, 증거 작업자, 요컨대 지식 연결망의 확립과 유지에 직접적인 이해관계를 갖는 모든 이들이 들고 일어나서, 그들의 작업 과정을 중단시킬 것이 분명한 다른 버전을 누군가가 내놓는 일을 막을 것이라는 말로 자신을 안심시킬 수도 있을 것이다. 과학자들이 어떻게 지식의 경로에 모든 형태의 무거운 기구와 도구를 갖출 수 없게 만들 관념들의 개발을 허용할 수 있는가? 어떻게 그들이 발견이라는 희귀한 사건들을 포착하기 위해 모든 조건들이 결합되게 하는 일을 가장 먼저 하는 사람이 아닐 수 있다는 것인가? 그들은 그런 일이 좀비들과의 대응을 통해서 되는 것이 아님을 너무나 잘 알고 있다. 게다가 과학이 발전하고 모든 곳에 밀고 들어갈수록 과학 연결망들의 맥박은 점점 더 가시화되고, 사람들은 그러한 연결망들의 이동 양식을 다른 것들과 덜 혼동하게 될 것이다. 이러한 과학의 혈관화는 손목 안쪽의 동맥과 정맥만큼이나 가시적이다. 지도상의 몽 에귀유의 형식을 그것의 근본적인 실재와 순진하게 착각하는 그런 유치한 예에 속아 넘어갈 과학자는 아무도 없을 것이다.

◉ 합리주의의 마법은 사라진다 ▶

그러나 그 독자는 양식good sense이라는 자원에 너무 의지해서는 안 된다. 그렇게 하는 것은 〈과학〉과 과학들 사이의 거대한 간극을 망각하는 것을 의미한다—서론에서부터 보아온 것처럼 그 간극은 모든 실행자들을 분열시키고, 우리가 왜 이 탐탁지 않아 보이는 질문으로 탐구를 시작하기로 했는지를 설명해준다. 방금 개략한 계보(그것을 완성하려면 책을 여러 권 써야 한다)에서 물질은 세계의 한 부분, 즉 훨씬 더 넓은 존재론의 한 구획된 영역으로서 ("사유"나 "정신" 같은 다른 영역의 옆이나 아래에!) 나타나지 않는다. 물질은 하나의 제도이고 조직이며 사유의 힘의 분배(그리고 곧 살펴보겠지만 정치적 힘의 분배)이다. 생경할 수도 있겠지만 근대인의 역사의 핵심에 있는 물질이라는 제도에 대해 말하는 것이 이제부터는 적절한 것이 된다. 그것이 바로 연장-사유실체라는 매우 독특한 분배를 낳았고, 시간이 지남에 따라, 자신을 "〈주체〉"라고 믿는 존재자가 "〈객체〉"라고 믿는 것과 마주하는 이상한 배경도법scenography을 만들어냈다.

과학 실험들뿐만 아니라 공통 경험에도 계속 반하면서도 어떻게 그러한 제도가 수립될 수 있었는가? 사람들이 성취된 효과의 힘보다 비실재적 묘사를 선호할 정도로 위태로운 상황이 있을 수 있음을 기억해야 한다. 그들이 그 모든 대립을 삭제하고 그러한 사고실험에 다소간 견고한 지지를 보낼 만큼 강한 동기들이 있을 수 있는 것이다. 근대인이 너무나 소중히 고수해야 한다고 생각하는 **합리주의**RATIONALISM의 심장부에 있는 동기들이 바로 그러하다.

출발점을 상기해보면 그러한 동기들에 대한 첫 번째 생각을 얻을 수 있을 것이다. 출발점은 바로 두 가지 유형의 공백, 두 가지 유형의 연속성의 중단, 그리고 원격 존재자에 접근할 수 있게 해주는 상수의 발견 [REF]을 생존을 허용하는 불연속성의 발견[REP]만큼이나 위험한 것으로 만드는 두 가지 유형의 매개를 삭제하는 것이었다. 마법의 지팡이를 한 번 휘둘러서—여기서는 정말 마법의 문제인데 그 마법이 〈이성〉이라는 관념의 원천이라는 것만 제외하고 말이다!—모든 곤란함을 없애고, 모든 위험을 제거하고, 모든 실패를 잊고, 많은 비용이 드는 국지적이고 물질적인 조건들을 더 이상 필요로 하지 않게 된다. (어느 누구도 생산하지 않은) 필연성이, 통로도 연결망도 없고 비용도 들지 않는 전이 (비변형untransformed)를 통해, 실재적이고 인식 가능하며 전적으로 (유일한 실체인) 형식으로 구성되는 세계를 통과한다. 그런 구성은 미친 것처럼 보일 수도 있지만 그 이득은 엄청나다.

◉ 우리가 이제 더는 존재자들을 물질과 혼동할 수 없기 때문이다 ▶

존재자들을 물질—물질에 대한 사유—이라는 물속에 빠뜨리고 있는 이 대홍수를 어떻게 중단시킬 수 있을 것인가? 우리가 그러한 **합리적 실체**RES RATIOCINANS가 공간에 속하지도, 공간 안에 있는 것도 아니라는 것을 알아차리자마자, 고난은 멈추고 물은 빠지기 시작한다. 물질이 "모든 곳에" 있다는 인상을 준다면, 그 이유는 그것이 문자 그대로 어디에도 없기 때문이다. 연결망 구축으로 자신의 이동에 대한 비용을 지불하지 않기 때문에 아무 데도 없는 것이다. 물질이 (사유 속에서) 어디나 침투할 수 있다면, 그 이유는 그것이 자신의 확장을 위한 예산을 통제하지 않기 때문이다. 물질은 모든 간극을 없애고 모든 통과를 단락시키고 short-circuit, 마치 변형될 수 없는 필연성의 전송만이, 작은 도약, 작은 연속성의 단절, 원인과 결과 사이의 공백조차 사라진 인과의 연쇄만이 있다는 듯이 행동하기 때문이다(이는 곧 살펴볼 것처럼 논쟁의 종식을 목표로 하는 어떤 주장이 은밀하게 릴레이를 이어받았기 때문이다).

앞에서 우스꽝스럽게 소개한, 양자 세계의 다중성에 어리둥절해하던 과학 대중화 작가가 "공통 세계"가 "3차원만의 공간"에 펼쳐져 있다고 믿을 수 있었던 것은 그가 자신이 사용하는 마이크, 거드름 피우며 연설하는 연단, 자신의 몸과 유전자, 강연장의 벽, 자신이 열광의 분위기로 몰아가던 청중 역시 모두 유클리드 공간에 잠겨 있다고 믿는 데 아무런 비용을 지불할 필요가 없었기 때문이다. 그는 그것들을 구성하는 모든 차원을 사유 속에 잠기게 하고, 어떠한 측정 작업이나 증거 요소도 귀속될 수 없게 만드는 연장실체 속에 그것들을 잠기게 하기 때문에 그렇게 믿을 수밖에 없다.

그 강연자가 자신이 말하고 있던 것을 정말로 측정하기 시작했다면, 예를 들어 목수에게 자신에게 성공을 가져다준 연단의 복제품을 만들어 달라고 하려면, 주머니에서 목공용 줄자, 직각자, 종이, 연필을 꺼내 들어야 했을 것이다. 그것이 다가 아니다. 원근법이나 투영법으로 가구를 그리고 견본집을 뒤져서 색상을 고르고 또 다른 견본집에서 목재의 질을 정해야 했을 것이다. 그래도 연단은 그리기 쉽고 유클리드 공간에서 생각해볼 수 있는 객체와 충분한 유사성이 있다. 그 강연자가 자신의 연설을 듣기 위해 한데 모인 일단의 존재자들의 차원들과 공간 관계, 시간 관계, 리듬을 포착하려고 할 때 그가 해야 할 작업을 우리가 상상이나 할 수 있겠는가? 희망컨대 그가 잠시 연설을 멈추고 그 문제의 모든 차원을 숙고한 후 자신의 결론을 수정해서, 상식의 가장 작은 경험이 동시에 접근할 수 있는 차원들의 다중성과 복잡성에 비하면, 양자 세계는 아이들 놀이에 불과하다고 인정했을 수도 있을 것이다.

이보다 더 현명한 결론이 있다면, 모든 점을 고려할 때 수혈된 합리적 실체가 제거되고 나면, 그 모든 도약과 불연속성, 예기치 못한 분기점을 가진 상식 세계common-sense world가 양자 세계와 매우 유사하다는 결론을 내릴 수도 있다. 딱 한 가지, 상식 세계가 양자 세계보다 무한히 덜 탐사되었다는 점만 제외하고! 얼마나 기막힌 역설인가? 우리가 자신이 합리적 실체를 믿는다고 생각하고 말하자면 그 속에 "잠겨서" 산다고 생각하는 습관에 너무 젖어 있는 바람에, 상식의 세계가 무한히 작은 세계보다 더 생각할 수 없고 더 계산할 수 없고 더 묘사할 수 없게 된 것이다….

⊙ 물질은 "체험"만큼이나 세계도 정당히 대하지 않는다.

우리가 왜 근대인들은 스스로 유물론자라고 믿으면서 그 생각에 좌절하는 사람들이라고 정의할 수 있었는지 이제 이해가 갈 것이다. 근대인들은 그런 입장에 있는 것이 편하지만은 않기 때문이다. 그 누가 무한정 물속에 잠겨서 마른 대지에 다가가지도 못하고 재료도 없이 살아가고 싶겠는가? 그것은 실로 합리적 실체의 확장이 갖는 가장 이상한 결과이다. 그것은 심지어 우리가 근대인의 가치, 그들이 가장 분명하게 소중히 여기는 가치, 그 가운데 우선 과학 자체를 정당히 대하도록 허용하지 않는다.

나는 지금까지 어디에서도 유물론이 불행히도 주관적인 것, 내밀한 것, "체험lived experience"을 놓쳤다고 주장하지는 않았다. 내가 선택한 예에서 몽 에귀유에 대한 나의 감정, "지질학자나 지도제작자들의 얼어붙은 지식으로는 포착할 수 없는" 따뜻한 감정에 독자들이 공명하게 하려고 하지 않았다. 정확히 그 반대로, 지시의 연쇄의 확립, 지도제작법과 지질학, 삼각법의 역사, 그 모든 것이 나의 창백한 감탄 표현이나 아마추어 등산가로서의 감정, 바람이 불어와 가슴의 땀을 식혀줄 때 느끼는 떨림만큼이나 따뜻하고 존중되어야 하며 주의를 기울일 가치가 있었다. 몽 에귀유를 일차적 성질과 이차적 성질로 쪼개고 화해할 수 없는 두 가지 양식으로 이분화하게 함으로 인해 무시되는 것은 주관성, "체험", "인간적인 것"만이 아니다. 특히 나름의 지속 방식을 가진 몽 에귀유, 그리고 그 산을 알기 위해 노력해왔고 자신들의 지시의 연쇄를 전개할 수 있기 위해 산의 지속성에 의지하는 다양한 과학 또한 무시되고 있는 것이다. 이 문제에서 공간이 부족한 것은 인간만이 아니다. 우선 몽 에귀유

자체, 그다음으로 우리가 그 산에 접근할 수 있게 해주는 다양한 과학도 그러하다! 몽 에귀유의 분열이 인간 감정의 무시만 초래했다면 손실이 그렇게 클 수 있었을까? 그것의 위험은 그 손실이 우리에게서 지도와 영토, 과학과 세계를 모두 박탈할 것이라는 데 있다.

우리 연구자는 유물론에 대한 비판으로 인해 (그를 19세기로 데려갈) "유심론spiritualism"의 방어나 (우리를 20세기로 되돌아오게 할) "환원론 reductionism"에 대한 투쟁에 연루될 위험이 있다는 것을 잘 알고 있다. 그러나 그는 이제 그 두 가지 전투가 전사들이 없어서, 더 정확히 말하면 물질이 없기 때문에 중단되었다는 것을 이해한다. 물질이란 것이 아예 없다. 연장실체와 사유실체의 이상한 복합체인 합리적 실체는 세계의 기초가 아니다. 우리가 그것에 "대항해" 싸울 필요가 없다. 그것 없이도 잘 해나갈 수 있다. 물리학자들이 에테르 없이 해나갈 수 있었듯이 말이다. 그것은 사실 잘못 잉태된 제도이다. 완전히 상반되는 제약들 사이에서 어색한 타협을 확립하려는 잘못 작성된 〈헌법Constitution〉의 결과이며, 의도치 않게 이론과 실천 사이에 심연을 만들고 경험을 표현될 수 없는 것으로 격하시키게 된 가치들의 갈등[REP·REF]의 결과이다. 그리고 결국 그것은 재료들의 물질성 자체를 근본적인 무시 아래 감추는 결과를 빚었다.

이어지는 장들에서 살펴보겠지만, 기술이나 경제 같은 근대 "유물론"의 승리의 업적들도 그것들의 원재료raw materials를 물질matter과 혼동한다면 과학만큼이나 이해하기 어렵게 될 것이다. 상식이 양자 세계보다 친숙하지 않은 사람들, 자신들의 가장 큰 업적이자 자부심의 주요 원천인 기술, 경제, 객관적 지식을 설명할 수 없는 사람들을 상상해보라! 근대인이 가이아의 유령이 엄습하는 것을 보고 놀랐다는 것이 그리 놀랄 일은 아니다.

우리가 물질에서 벗어나고 "다른 문화들"과 비교할 수 있으려면, 위로, 예컨대 정신을 향해 올려다볼 것이 아니라, 아래로, 다습하고 풍요롭고 비옥한 형식들이 스스로를 드러내기 시작하는 단단한 땅을 향해 내려다봐야 한다. 물질이 존재하지 않는다면, 물은 이미 빠진 것이다. 물질이라는 제도는 존재자들의 역량을 더할 수 없이 형편없게 분배하고 존재양식들의 전개를 위한 어떠한 보호도 보장하지 않는다. 물질이라는 제도 앞에서 (전투성이 더해진, 어쨌든 절반은 외교가 된) 인류학은 마치 권력에서 물러나 있는 기간 동안 제5공화국 헌법을 놓고 초조하게 안달하던 드골 장군과 비슷한 상황이다. 인류학은 물질이라는 제도에서 좋은 것이 나오지 않는다는 점을 알고 있다. 인류학은 힘을 적절하게 나누고 현재의 배치에 의해 계속 가로막히는 에너지를 해방시킬 상이한 분배를 생각하며, 낡은 절차를 뒤엎을 중대한 사건들을 기다리고 있다. 우리 역시 물질이라는 낡은 제도를 뒤엎을 중대한 사건을 기다리고 있지 않는가? 우리 또한 완전히 다른 〈헌법〉을 기대하고 있지 않는가? 나아가 그런 중대한 사건들은 이미 일어나지 않았는가?

5장

말하기의 장애물 제거하기

우리가 가장 어려운 부분에서 시작해야 했다면 ⊙ 그것은 형식주의를 토론의 종결과 연결하는 "직설적 말하기"에 대한 고집 때문이다.

이 직설적 말하기가 지시[REF]의 요구 사항에 의지할 수 없음에도 불구하고 ⊙ 그것은 다른 모든 양식의 실격으로 이어진다 ⊙ 지식과 정치 사이의 위험한 융합[REF·POL]을 만듦으로써 말이다 ⊙ 그 융합은 토론을 끝내기 위해 경험의 실을 포기하게 만든다.

다행히도 우리가 교차를 인식하도록 해주는 방법은 ⊙ 정치[POL]에 고유한 진리진술을 식별하는 데 성공할 것이다 ⊙ 정치의 진리진술은 〈원〉의 계속되는 갱신과 관련이 있다 ⊙ 지시의 과정은 〈원〉을 적절히 판단할 수 없다.

따라서 우리는 한 가지 이상의 진리진술 유형이 있음을 인정해야 한다 ⊙ "논쟁의 여지가 없는 사실"이라는 기이한 융합을 저지하고 ⊙ 그래서 자연어의 표현 역량을 회복시키기 위해서 말이다.

가장 어려운 과제가 남아 있다. 바로 말과 사물의 구분으로 돌아가는 것이다 ⊙ 물질, 즉 합리적 실체로부터 우리 자신을 해방시키고 ⊙ 우리에게 새로운 분석력과 분별력을 주면서 ⊙ 실재에 괄호를 치지 않고 가치에 관해 말하기 위해서이다.

언어는 그것에 부과되는 세계처럼 잘 절합되어 있다 ⊙ 우리가 기호라는 관념을 회의적으로 취급한다면 말이다.

실로 존재양식이 걸려 있고 두 가지 이상의 존재양식이 있다 ⊙ 그 때문에 우리는 양식들 간의 간섭의 역사를 고려해야 한다.

우리가 가장 어려운 부분에서 시작해야 했다면 ⊙

우리의 탐구를 가장 어려운 주제에서 시작해야 했던 점에 대해 독자들에게 사과해야 할 것 같다. 탐구를 시작할 다른 방법이 없었다. 근대인의 인류학을 그토록 이해할 수 없게 만드는 모든 문제들이 장비를 갖추고 교정되는 지식에 주어진 장소 주위에서 차츰 전개되어왔기 때문이다. 만약 우리가 재생산 양식[REP]과 지시 양식[REF] 간의 혼동을 먼저 풀어내고 두 양식 간의 대응을 명백히 드러내지 않았다면, 우리는 〈주체〉/〈객체〉라는 바이스에 끼인 채 "인간 정신에 의해 인식되는 외부 물질세계"의 존재를 믿어야 했을 것이다. 특히 근대인을 **자연주의자** NATURALISTS"로 간주해야 했을 것이고, 그래서 다른 모든 문화들에 대한 근대인의 편견, 즉 "우리"와 달리 다른 문화들은 물질을 그것의 "상징적 차원"과 "혼동"하는 것 같다는 편견을 공유해야 했을 것이다. 그런데 물질을 꿈꾸고 상상하고 온갖 종류의 "상징적 및 도덕적 차원"과 혼합한 문명이 있다면 그것은 바로 근대인의 문명이다. 반대로 우리 민족지학자의 강한 흥미를 끈 것은 바로 근대인이 지닌 "유물론"이라는 관념론이다. 이러한 관점을 받아들이면 **집합체들**COLLECTIVES을 비교하고 존재자들과 관계를 맺을 수 있는 새로운 가능성이 열린다는 점을 앞으로 살펴보게 될 것이다. 지금 당장은 탐구에 필요한 기동의 자유를 회복하기 위해 아직 갈 길이 멀다. 우리는 여전히 몇 가지 말하기의 장애물speech impediments을 제거해야 한다.

우선, 두 양식[REP·REF]의 융합이 그럴 법하지도 않고 그토록 경험에 반하는데도 불구하고 결국 경험을 이기게 된 이유를 우리가 아직 발견하지 못했기 때문이다. 사실 근대인들도 다른 민족들과 마찬가지로 일차적 성질과 이차적 성질로 정말 이분화된 세계에서 살지 않는다. 그랬다면 그들은 살아남지 못했을 것이다. 그들은 스스로를 근대적이라고 믿을지 모르지만, 실제로는 그럴 수 없다. 따라서 앞서 지적했듯이 그럴 법하지 않은 〈이분화〉가 상식의 경고 신호보다 선호된 데에는 강력한 이유가 있어야 했다. 우리 분석가는 이제 그 이유를 이해하려고 노력해야 한다.

◉ 그것은 형식주의를 토론의 종결과 연결하는 "직설적 말하기"에 대한 고집 때문이다.

형식주의FORMALISM("형식"이라는 단어의 세 번째 의미에서)와 특정 유형의 대화 상황 — **정치적**POLITICAL이라고 불러야 하는 상황 — 사이에서 근대인이 설정해왔던 기묘한 연결 고리를 발견할 때, 우리는 근대인의 인류학에서 큰 발걸음을 내딛는다. 바로 여기에 어떤 사건, 매듭, 접합, 상황의 수렴이 있으며, 그것은 아주 오랜 기간에 걸쳐 근대인에게 있어 누군가에게 무언가에 대해 잘 말하는 모든 방법을 결정했다.

우리 조사자는 더블클릭[DC]이라는 사악한 천재가 직설적 말하기 straight talk를 요구한다는 사실을 오래전부터 눈여겨보고 있었다. 처음부터 그 요구 사항은 항상 터무니없어 보였다. 뭐라고? 우리가 증거에서 증거로 이동하면서 기교도 없이, 이국주의도 없이, 웅변도 없이, 도발도 없이, 수사적 장식도 없이, 팡파르도 없이 말하고자 하는 바를 곧바로 전달한다고? 추론의 단절도, 표현의 공백도, 어구의 전환이나 완곡한 표현도, 즉흥적인 의견 전환도, 물론 은유나 비유(비유와 은유는 표류, 충동, 일탈, 유혹의 형식이다)도 없이? 요컨대 우리가 문자 그대로 말할 수 있다고? 한 단락에서 다음 단락으로 넘어갈 때 **번역**TRANSLATION/TRADUCTION 작업을 통한 도약을 거치지 않고 단순한 **전송**DISPLACEMENT/TRANSLATION을 통해 필연성에서 필연성으로 통과하는 경로를 유지할 수 있다고? 단어와 의미 사이의 완전한 일치를 달성하여 존재하는 것을 진술할 수 있다고? 존재하는 것이─그것 또한─단순한 이동을 통해 필연성에서 필연성으로 전진하는 것이기 때문에? 우리가 소위 "자명한 것"에 대해 어떠한 우회도 없이 직설적으로 말할 수 있다고?

이런 요구 사항은 다른 어떤 문명에서도 지지될 수 없을 것 같다. 만약 그런 말하기 방식이 끝없는 논쟁을 끊어내고, 미사여구를 늘어놓는 이들을 모욕하며, 약자의 존엄을 회복하고, 강자를 무너뜨리며, 말하고 믿는 평범한 방식이라는 우거진 덤불, 움푹한 길, 늪지대, 함정을 가로질러 빠른 길로 갈 수 있게 한다고 결정하지 않았다면 말이다…. 이로 인해 우리는 한편으로는 "지식"과 다른 한편으로는 의견, 그 비참한 억견 doxa 사이에 근본적인 대립이 있다고 생각해왔다. 여기에 이제 자세히 분석해야 할 특징이 있다. 그것은 바로 지식의 움직임에 복종하지만 오직 논쟁적인 이유에서, 전투적인 이유에서 그렇게 한다는 직설적 말하기의 주장이다.

이 직설적 말하기가 지시[REF]의 요구 사항에 의지할 수 없음에도 불구하고 ▶

방금 논한 바에 따르면, 정치적 말하기는 〈과학〉과의 대조를 통해 평가할 수 없음이 분명할 것이다. 지시의 경로도 직선이 아니기 때문이다. 물론 엄밀하게 곡선도 아닌데, 결국 모든 것이 제자리에 있으면 지시의 경로는 사실상 직선 경로로 간주될 수도 있는 직접적 접근을 보장하기 때문이다. 그러나 앞서 보았듯이 지시의 경로가 궁극적으로 곧바른 것은 지시의 연쇄를 확립한 결과이다. 그러므로 더블클릭은 어떤 경우에도 지식의 경로와의 친숙함을 정치적 말하기의 품질에 의문을 제기하기 위한 구실로 삼을 수 없다.

과학들의 역사는 과학 집합체들이 어떤 맹목적인 더듬음과 우여곡절을 통해 세계의 존재자들과의 이러한 대응, 이러한 조정에 도달하는지를 줄기차게 보여준다. 앞서 보았듯이 멀리 떨어진 객체에 대한 접근은 여러 중개자에 의해 구성되는 경로 포장과 빠르지만 늘 위태로운 상수의 이동에 의존한다. 이러한 일련의 형식들의 조립과 연결(앞에서 본 형식의 첫 번째와 두 번째 의미에서)에는 늘 시행착오를 거쳐 이뤄지는 오랜 견습이 필요하다는 사실은 차치하더라도 말이다. 이 형식들의 움직임은 고속열차의 통행보다는 개미 무리의 혼잡한 행렬과 더 비슷해 보인다. 과학자들은 물론 최종 결과만으로 자신을 제한하기로 결정할 수 있지만, 그럼으로써 그들은 새로운 존재자에 접근하고 새로운 경로를 추적할 수 있는 자원을 고갈시키게 될 것이다—게다가 이미 확립된 경로와 수단을 유지하는 방법을 알지 못하니 곧 접근을 잃게 될 것이다. 직선도 곡선도 아닌 지시의 연결망은 자기 나름의 방식으로 움직이며, 굳이 비유하자면 일단의 토목구조 기술자를 갖춘 도로교량건설부의 일상 업무나 공공 건설사업 현장에서 불도저가 앞뒤로 움직이는 것과 비교될 수 있다. 따라서 직설적 말하기를 사용하고자 한다는 것은 흔히 주장하는 것처럼 "과학이 수행되는 방식"이나 "과학자가 말하는 방식대로" 말하려는 것이 아니라, 번거로운 그 과정까지 모방하느라 수고할 필요 없이 그 결과만 모방하기 원한다는 것을 의미한다.

적어도 좀 더 형식적인 일부 학문 분과에서는 담론 전체에 걸쳐 필연성을 유지하는 것이 가능하며, 더블클릭이 과학자들의 모델에 따라 자신의 증명들을 연결시켜 마침내 직설적 말하기를 만들어내지 못할 이유가 분명하지 않다고 주장하는 사람도 있을 것이다. 이것이 바로 기하학적 방식의*more geometrico* 글쓰기라고 불리는 것 아닌가? 그러나 이것은 기하학자들의 관습과 방식에 대해, 그리고 형식주의가 만들어지는 지극히 구체적인 작업에 대해 지난 30년간 과학학 연구에서 우리가 배운 모든 것을 망각한다는 것을 의미한다. 과학들이 실제로 필연성의 전이를 수행할 수 있다면, 그것은 이 필연성이 매번 일련의 항상 놀라운 변형들을 가로지르도록 한다는 조건하에서만 그러하다. 그것은 결코 (어느 경우에도 불가능한) 동일성의 유지를 통해 일어나지 않는다. 오히려 지시의 연쇄를 확립하는 과정에서 놀라운 것은 글쓰기 양식, 시각화 유형, 전문가 소집, 도구 조립, 앞에서 보았던 변형의 폭포를 허용하는 새로운 표기법이 계속해서 발명된다는 점이다. **불변의 가동물**IMMUTABLE MOBILES

은 마침내 우주를 횡단하지만, 그것은 매번의 운송마다 변형이라는 비용을 지불하기 때문이다. 이러한 일련의 혁신 없이는 객관성도, 필연성도, 심지어 어떤 자명한apodictic 증거도 있을 수 없다.

⊙ 그것은 다른 모든 양식의 실격으로 이어진다 ⊛

근대인을 연구하는 모든 민족지학자를 놀라게 하는 것은 직설적 말하기가 전혀 그럴 법하지 않다는 것이 아니라(어떻게 수사어구도 비유도 은유도 표류도 기교도 옆으로 비켜가기도 없이 말을 할 수 있겠는가), 직설적 말하기를 환기하는 것만으로도 다른 모든 말하기 형식의 신용을 떨어뜨리기에 충분하다는 것이다.

이상하게도 직설적 말하기가 다른 모든 양식을 실격disqualification시키는 데 놀랍도록 효과적인 것은 바로 그 그럴 법하지 않음 때문이다. 논쟁의 여지가 없는 필연성의 전이, 어떠한 변형도 없는 정보, 번역 없는 전송, 마침내 **문자 그대로**LITTÉRAL의 형식주의적인 말하기를 단순히 가정하기만 해도 다른 모든 말하기 방식은 갑자기 깊은 의심의 대상이 된다. 그리고 더 이상한 것은 그 다른 양식들이 스스로를 믿지 못하고 참과 거짓을 구별하는 자신의 역량을 의심하기 시작한다는 점이다.

직설적 말하기의 옹호자들은 이 달성할 수 없는 이상과 대비해, 직설적 말하기에 참여하지 않는 사람들의 다소 어색한 자기표현에 사용되는, 이제 다소 비합법적이 된 모든 이동, 조작, 작동, 모든 불연속성, 모든 합의에 "비유적" "평범한" "불완전한"이라는 라벨을 붙이기 시작한다. 직설적 말하기에 참여하지 않는 사람들은 시인, 수사학자, 일반인, 상인, 점술가, 사제, 의사, 현자, 한마디로 모든 사람이다. 여기에는 물론 과학자들도 포함되는데, 더블클릭 추종자들은 과학자들의 효과를 모방하고 싶어 하지만 과학자들의 방식과 수단은 그들을 몹시 실망시킬 것이다 [REF·DC]. 일단 직설적 말하기의 표준이 발명되고 나면, 그것과 대비되어 다른 모든 사람은 갑자기 구부러진 말하기crooked talk를 하기 시작하며 속이고 거짓말하고 조작하는 사람이 된다. 그러면 합리주의자들의 분쇄 작업이 시작된다. 그들은 일종의 일반화된 말하기 치료를 통해 모든 사람을 교정하려 든다. 합리주의자들이 "비합리적"이라고 부르는 영역이 너무나 광범위하다면, 그것은 그들이 채택한 "합리적"이라는 것의 정의가 너무 타당성 없고 너무 논쟁적polemical이기 때문이다. 만약 우리 또한 직설적 말하기의 유혹에 굴복한다면, 공동의 삶에 결정적인 모든 일련의 진리진술 양식은 망각에 빠질 위험에 처하고, 그래서 참과 거짓에 대한 고유한 기준을 갖지 못하거나 적어도 충분한 무게의 실재론을, 고유한 존재론적 존엄성을 얻을 수 없게 될 것이다. 경험EXPERIENCE 자체가 더 이상 표현할 수 없게 될 수 있기 때문에 그러한 위험은 더욱 커진다. 더블클릭 정보와 직설적 말하기의 쉽볼렛이 유일한 쉽볼렛이 되면, 모든 경험은 거짓으로 들리기 시작한다. 경험은 결코 형식화("형식"이라는 단어의 세 번째 의미에서)될 수 없기 때문에 표현할 수 없게 된다. 경험은 시야에서 사라질 것이고, 물론 근대인이 경험적EMPIRICAL일 수 있는 가능성, 즉 경험으로부터 교훈을 얻을 수 있는 가능성도 함께 사라질 것이다.

⊙ 지식과 정치 사이의 위험한 융합[REF·POL]을
만듦으로써 말이다 ⊳

여기서 분석가는 인내심을 가지고 풀어야 하는 이 탐구의 매듭 중 하나와 마주하고 있다. 근대인의 말하기의 주요 장애물은 바로 어떤 것에 의해서도 방해받지 않는 말하기라는 그들의 이상한 생각에서 비롯된다! 이상함을 더하는 것은 그들이 장애물 없는 말하기라는 모델을 수학적 증명에서 빌려왔다는 점이다. 반대로 수학자들은 추론의 한 지점에서 다른 지점으로 필연성을 성공적으로 운반하기 위해 어떤 장애물이 하나씩 제거되어야 하는지를 직접적 경험을 통해 아주 잘 알고 있는데도 말이다. 하지만 더블클릭은 이 명백한 반례를—모든 매개를 제거한 후—다른 모든 양식을 비판하기 위해 사용한다. 어떻게 그런 작동이 성공할 수 있는가? 세 번째로 이상한 점은 그 이유가 정치적이라는 것이다. 우리가 이 다른 교차, 이번에는 지식과 공적 삶의 조건 사이의 교차 [REF·POL]에 접근하지 못한다면, 지식과 재생산 사이의 기묘한 교차에 대해 거의 이해할 수 없을 것이다. 우리 민족학자는 이 관찰을 노트에 이렇게 적었다. "근대인은 공적 논쟁을 종결하는 문제를 해결하기 위해 〈과학〉을 납치한 사람들이다."

⊙ 그 융합은 토론을 끝내기 위해 경험의 실을 포기하게 만든다.

군이 천재가 아니라도 지식의 모험이 이런 식으로 잘못된 길로 빠질 수 있는 상황을 상상할 수 있다. 우리가 아고라로 돌아가자마자 그러한 상황을 발견하는데, 앞서 보았듯이 아고라에서는 **범주들**CATEGORIES의 운명이 소란과 논란, 끝없는 궤변, 나아가 항상 폭력과 난동으로 번질 수 있는 논쟁 속에서 결정된다. 여기에서 "누군가에게 무언가를 말하는" 어떤 방식, 어떤 삶의 형식, 어떤 문학 장르가 발생한다고 가정해보자. 그것이 이러한 수사어구를 사용하는 모든 사람에게 다양한 통로와 다양한 술책(전혀 술책으로 보이지 않는)을 통해 이러한 필연성의 전이, 이번에는 논쟁의 여지가 없어진 전이를 동원하여 토론을 끝내고 논쟁을 종결시키는 인상을 주는 뜻밖의 이점을 가져온다고 해보자. 앞 장에서 살펴본 앎의 방식과 존재자의 여정 사이의 융합에서 그토록 그럴 법하지 않아 보이던 것이 이제 가공할 효력을 갖게 된다. 즉, 미묘한 우회 작동을 통해 겉보기에는 형이상학적인 질문이(세계는 무엇으로 이루어져 있는가?) 논증술의 질문과(어떻게 이 끝없는 말다툼을 끝낼 수 있는가?) 연결되는 것이다.

이 장면은 잘 알려져 있으며 뛰어난 저자들이 훌륭하게 연구해왔다. 그것은 우리가 앞서 물질이라는 제도에서 살펴본 [일차적 성질과 이차적 성질의] 이중화를 이번에는 논증 활동 속에서 두 질문[형이상학적인 질문과 논증술의 질문]을 구분할 가능성 없이 재생산하는 것이다. 그런 우회적 연결의 가장 결정적인 효과는 그때부터 누군가가 어떤 주제에 대해서든 이야기할 때, 그가 토론을 종결하려는 것인지 아니면 일련의 원인과 결과를 전달하려는 것인지 알 수 없다는 것이다. 여기에 그 융합 특유의 천재성—아니, 악마성—이 있다. 우리가 세계를 향해 몸을 돌리면 세계는 이미 누군가가 우리를 반박하기 위해 펼칠 논증의 요소를 가지고 있고, 대화 상황을 향해 몸을 돌리면 우리에게 반응할 시간도 주지 않고 전속력으로 달려오는 세계 자체라는 기차를 마주하게 된다. 세계가 무엇으로 구성되었는지, 어떻게 세계를 알 수 있는지, 어떻게 세계에 대해 말할 수 있는지 사이의 모든 구분이 사라진다. 그것은 더는 연장실체res extensa의 문제가 아니며, 내가 연장–사유실체res extensa-cogitans라고 부른 것의 문제도 아니다. 그것은 완전히 다른 창조물, 다른 에테르, 다른 이상ideal이며, 우리는 그것을 **합리적 실체**RES RATIOCINANS라고 불러야 할 것이다. 그것은 근대인이 스스로에 대해 갖게 된 생각을 위한 결정적 발명품이다. 그것은 과연 하나의 실체res이지만 이제는 또한 합리적ratiocinans이기도 한 것이다.

오래지 않아 우리 연구자는 더블클릭이 모든 위협적 담론을 바로잡겠다는 생각을 갖게 된 것이 양철공과 유모, 조타수의 나쁜 방식을 바로잡거나 기하학 전문가를 정당하게 대하기 위한 것만은 아니라고 의심하기 시작한다. 철학사에 대한 약간의 지식만 있어도 직설적 말하기라는 발명품의 기원을 충분히 찾을 수 있으며, 그것은 어쨌든 객관성의 실천과는 거리가 멀다. 무엇보다 〈소피스트〉, 〈수사가〉, 〈정치가〉 등 가장 위험한 사람들의 잘못된 일탈을 바로잡아야 했던 것이다. 그들은 아고라에서 〈철학자〉의 유일한 진짜 라이벌이다. 그들은 날카로운 언변만으로 모든 증거를 비아냥거림 속에 빠뜨릴 수 있고, 군중을 흥분시킬 수도 진정시킬 수도 있고, 의회에서 트로이의 헬레나에 대해 성스러운 순교자로서 지지하는 투표를 이끌 수도 있고 아니면 부도덕한 여자로 몰아 반대투표를 이끌 수도 있다. 요컨대 그들은 공적 삶이라는 마녀의 가마솥을 끊임없이 휘젓는 사람들이다. 그들은 진실을 추구하는 데 무관심하다고 말해진다. 그들은 파렴치하게 거짓말을 하고 뻔뻔스럽게 조작한다고 한다. 그들의 말은 비뚤어지고 뒤틀렸다—아니, 그들이 비뚤어지고 뒤틀린 것이다. 적어도 〈철학〉의 시작과 필요성에 대한 〈거대서사〉는 그러하다. 〈정치〉의 위험에 맞서 〈이성〉이 균형추 역할을 할 수 있어야 하며, 그렇지 않으면 대혼란이 닥칠 것이라고 철학자들은 위협한다.

이 투쟁의 고대 버전은 매번 다른 공식을 통해 한 세기에서 다음 세기로 갱신되며 항상 같은 분열을 되살린다. 그 분열의 한쪽에는 그 자체로 논쟁의 여지가 없는 사실에 기초한 논쟁의 여지가 없는 증명이 있고, 다른 한쪽에는 웅변과 수사학, 선전과 의사소통이 있다. "칼리클레스, 당신은 기하학을 모른다!"라는 소크라테스의 주장에서부터 이른바 과학학의 상대주의를 향한 공격에 이르기까지 끊어지지 않는 실타래, 통주저음basso continuo이 있는 것이다. 한편에는 논쟁의 여지가 없는 필연성을 전달하는 통로 역할을 할 수 있는 화자들이 있고, 다른 한편에는 그들과 완전히 반대되는 매끄럽고 세련된 화자들이 있다. 후자의 말하기는 효과가 있더라도 의심스러운 근사치만을 전달할 뿐이다. 한쪽에는 아포데익식스apodeixis, 즉 증명이 있고, 다른 한쪽에는 에피데이식스epideixis, 즉 수사학적 장식이 있다. 마치 역사를 통틀어 논증에 가장 열정적이었던 사람들이 논증을 종식시킬 베팅 전략을 끝없이 재발견한 것처럼 말이다!

우리가 지시의 연결망과 정치적 말하기 사이의 이러한 또 다른 교차를 드러내지 못한다면, 위에서 식별한 재생산[REP]과 지시[REF] 사이의 **대조**CONTRAST를 오래도록 열어둘 수는 없을 것이다. 이 역사적 문제에는 여전히 논쟁의 여지가 있지만, 실제로 그러한 설정을 상상해온 민족은 전 세계에서 근대인이 유일했던 것 같다. 어쨌든 이 두 가지는 역사적으로 너무 밀접하게 연결되어 있어서 차례대로 다루지 않을 수 없으며, 물론 각각은 서로에 의해 정의된다. 즉, 곡선은 직선의 관점에서 상상되어왔고 그 반대의 경우도 마찬가지였다. 사람들은 구부러지게 말하는 사람을 바로잡기 위해 직선적으로 말해야 한다고 스스로에게 말해왔으며, 그 결과 하나가 아니라 두 개의 양식이 잘 구성된 말하기에서 벗어나게 되었다.

다행히도 우리가 교차를 인식하도록 해주는 방법은 ⊙

앞에서 **물질**MATTER이라는 합성된 관념을 해체해 그것으로부터 교차를 추출했듯이(물질은 그 교차의 **융합**AMALGAM일 뿐이었다), 이제 〈이성〉과 〈정치〉 사이의 대립을 근대인이 선호하는 신과 거인의 거대한 전쟁으로 만드는 또 하나의 잘못 구성된 관념을 해체해야 한다. 이제 우리는 어떻게 나아가야 하는지 알고 있다. 정면 대립은 인위적인 혼란만큼이나 우리에게 인상적이지 않다. 이제부터는 우리에게도 우리의 이성들이 있으며 이는 양식good sense이 〈이성〉에 대해 말하는 것과 전혀 닮지 않았다. 따라서 우리가 증명과 수사학 사이의 거대한 싸움을 두 가지 진리진술 양식 사이의 **교차**CROSSING로 대체하는 것을 막을 수 있는 것은 없다.

우리 조사자는 이제 존재양식을 인식할 수 있는 세 가지 기준을 알고 있다. 첫째, 범주 오류 덕분에 그는 처음에는 막연했지만 점점 더 정확하게 자신이 무언가를 놓치고 있고, 말의 내용을 올바른 음조로 파악하지 못하고 있으며, 그 앞에 올바른 **전치사**PREPOSITION를 붙이지 못했다고 느낀다. 둘째, 자신이 실수했다는 느낌에 놀란 그는 특정 유형의 연속성을 설명하고 고유한 **궤적**TRAJECTORY과 특정한 **통과**PASS를 추적할 수 있는 어떤 유형의 불연속성, 어떤 **공백**HIATUS이 있는지 조사해야 한다는 것을 이해한다. 마지막으로, 그는 하나의 존재양식이 어떤 조건에서 참인지 거짓인지를 그 자체의 고유한 어법으로 말할 수 있게 해주는 **적정성 및 비적정성의 조건**FELICITY AND INFELICITY CONDITIONS이 있는지 알아내야 한다는 것을 안다.

◉ 정치[POL]에 고유한 진리진술을 식별하는 데 성공할 것이다 ▷

누군가는 이것이 정치적 말하기의 경우에는 불가능한 일이라고 반박할 것이다(12장에서 지금 사용하는 "말하기"라는 단어에 충분한 실재성을 부여할 것이다). 정치적 말하기는 무엇보다도 조작과 거짓말의 기술이기 때문이다. 맞다. 그러나 민족학자는 경계를 늦추지 않는다. 정치적 말하기가 거짓이라는 비난은 자신은 어떠한 통과도 거치지 않는다고 주장하는 어떤 화법에 의해 제기된 것임에 유의한다. 그런 비난에는 범주 오류의 기미가 다분하다. 직설적 말하기―사악한 더블클릭의 뱀의 언어―는 어떤 범주가 그 자체의 언어로 들리도록 절대 허용하지 않으므로 재판관 역할을 할 수 없기 때문이다. 경고: 직설적 말하기가 제안하는 모든 것을 의심해야 한다.

우리가 정치적 말하기를 그 자체의 언어로 정의하려고 하면 어떻게 될까? 직설적 말하기가 정치적 말하기에 부과하려는 범주 오류는 너무나 명백하다. 정치적 말하기는 토론 속에서 토론을 통해서, 논쟁의 한가운데서, 말다툼 속에서 그리고 종종 극단적인 폭력에 휩싸여 태어난 것이기 때문에 논쟁의 여지가 없는 필연성을 운반하려 할 수 없다. 자신의 욕망과 의도를 토론에 부치기 위해 싸우는 사람들에게 논쟁의 여지가 없는 필연성은 별 쓸모가 없다. 정치적 말하기에 직설적 말을 요구하는 것은 꽃집 주인에게 방금 주문에 사용한 전화선을 통해 시어머니에게 철쭉을 보내달라는 것과 마찬가지로 터무니없는 일이다. 명백한 분기 오류이고 잘못된 통로 선택이다.

우리가 정치적 말하기에 대하여 멀리 떨어져 있는 사태에 접근하기 위해 지시의 연쇄를 구축하라고 요구해야 하는가? 그러한 요구도 마찬가지로 명백한 통로 선택의 오류일 것이다. 객관성이 그것을 성가시게 하거나 부담스러워서가 아니라 정치적 말하기는 객관성의 형식과 무관하기 때문이다. 칼리클레스가 잘 표현했듯이 정치적 말하기는 언제나 아고라의 한가운데서, 긴급하게, 군중 속에서 집합체의 생사가 걸려 있는 일련의 질문에 대해 세부 사항에 대한 충분한 지식 없이 그때그때 대응하는 문제이기 때문이다. 정치적 말하기의 경우, 멀리 떨어져 있는 사태에 접근하듯 문제를 하나씩 풀어나가는 것은 긴급성urgency, 다중 multitudes, 특히 혼란turmoil과 관련되어 있는 정치 고유의 문제를 해결하는 데 전혀 도움이 되지 않을 것이다.

직설적 말하기나 멀리 떨어져 있는 존재에 대한 접근 문제에 잡혀 있지 않다면 정치적 말하기는 어디론가 이어지는가? 모든 정치인, 투사, 활동가, 시민들은 끊임없이 "그렇다"고 대답하는 것 같다. 그들의 가장 평범한 경험과 가장 깊은 열정, 가장 격렬한 감정은 단결, 목표, 의지, 그리고 자율적으로, 즉 자유롭게 행동할 수 있는 능력을 가진 집단을 수면 위로 끌어올리는 것과 관련된다. 이 모든 말, 이 모든 제스처, 이 모든 개입, 이 모든 상황을 횡단하는 하나의 궤적은 일시적으로 결합된associated 의지를 만들어내기 때문에 매우 특정한 선을 그린다. 정치를 하나의 운동으로 보는 것은 그리 위험하지 않다. 우리는 이 운동에 해당하는 공백과 통과를 인식할 수 있는가? 아마 그럴 것이며 직설적 말하기는 그 공백과 통과를 향해서도 계속 손사래를 칠 것이다. 정치적 말하기보다 더 파편화되고 중단되고 반복적이고 관습적이고 모순되는 것은 없기 때문이다. 그것은 끊임없이 단절되고, 다시 시작하고, 같은 말을 반복하고,

(직선 경로의 관점에서 볼 때) 약속을 어기고, 뒤섞이고, 왔다 갔다 하고, 누구도 가닥을 찾을 수 있을 것 같지 않은 술책으로 자신을 완전히 가린다.

◉ 정치의 진리진술은 〈원〉의 계속되는 갱신과 관련이 있다 ◉

그런데 정치적 말하기 자체는 이러한 공백들을 어떻게 판단하는가? 그 고유한 운동의 전진이나 후퇴를 어떻게 평가하는가? 그것은 하나의 다중으로부터 통합unity을 얻고, 맞비난의 총합sum of recriminations으로부터 하나의 통합된 의지를 얻는 역량을 통해서이다. 그리고 또 다른 역량, 즉 이러한 다중이 모든 수단을 동원해 저항하면서 명령injunctions에 계속적인 변형을 가함에도 불구하고, 임시적인 통합에서 결정의 실행으로 나아가고, 비난자들도 복종하는 상황으로 이행하는, 마찬가지로 현기증 나는 일련의 불연속성을 통과하는 역량을 통해서이다. 뭉쳤던 것은 참새 떼처럼 흩어지는 법이고 모든 것은 다시 시작되어야 한다. 이것이 자율성의 대가다. 어떤 것에도 확실하게 의존할 수 없는 운동의 이러한 지속적인 갱신 또는 **반복**REPRISE은 아마도 정치적 말하기의 가장 특징적인 성격일 것이다. 또한 모든 것을 다시 시작해야 하는 의무는 정치적 말하기에 아마도 가장 까다로운 적정성 조건을 부여하며, "구부러진 crooked"이라는 형용사가 선택된 이유를 설명해준다. 우리는 이제부터 그것을 스케치하기 위해 **원**CIRCLE에 대해 이야기할 것이다. 왜냐하면 정치적 말하기는 자신의 의지를 가지면서 자유와 복종을 동시에 할 수 있는—**자율성**AUTONOMY이라는 말로 완벽하게 포착되는—하나의 집단의 움직이는 형태를 그리기 위해 항상 다시 시작되어야 하는 감싸는 운동 movement of envelopment을 끊임없이 되풀이하는 문제이기 때문이다.

⊙ 지시의 과정은 〈원〉을 적절히 판단할 수 없다.

우리는 놀랍지 않게도 [POL]로 표시될 이 양식으로 한참 뒤에 되돌아올 것이다. 당장 우리의 관심사는 직설적 말하기나 지시가 이 양식의 진리진술을 판단하는 데 얼마나 적절하지 않은지를 보여주는 것이다. 그렇다. 정치에는 실제로 일종의 거짓말이 있다. 그러나 정치에서 거짓말을 한다는 것은 직설적으로 말하기를 거부한다는 의미가 아니라, 감싸는 운동을 중단하고, 그러한 운동의 반복을 중지하며, 고함과 배신, 일탈과 공포, 불복종과 탈퇴, 조작과 비상 상황 등과 같은 수많은 불연속성을 통한 곡선의 연속성을 더는 얻을 수 없음을 의미한다. 그리고 이 점에서 정치적 진리는 다른 어떤 것만큼이나 까다롭다. 지시의 연쇄가 장애물 경주에서 이기기 위해 극복해야 하는 난관을 상기해보자. 멀리 떨어진 존재들에 접근하기 위해서는 한 형식에서 다른 형식으로 끊임없이 도약하기 위한 영리한 술책이 필요하다. 그러나 과연 누가 사람들의 용기를 측정할 수 있겠는가? 이러한 또 다른 단절, 이러한 또 다른 공백을 가로질러 정치적 유체를 흐르게 하고 또 다른 경주, 즉 자율성의 경주에서 이길 수 있도록 하는 사람들의 용기를 말이다. 그리고 과연 누가 그러한 술책을 구실로 그들의 용기를 폄하할 것인가?

여기서 우리에게 중요한 유일한 결과는 정치적 말하기가 결코 참과 거짓에 무관심하지 않으며 자신의 용어로 참과 거짓을 정의한다는 것을 보여주는 것이다. 정치적 말하기가 자신의 고유한 흔적 속에서 생성할 수 있는 것은 다른 형태의 진리진술이 부여할 수 있는 것이 아니다. 정치적 말하기가 없으면 자율성도, 자유도, 집단도 있을 수 없다. 중대한 발견. 필수적 대조. 최고의 가치. 정치적 진리진술의 양식을 그토록 자랑스러워하는 근대인은 지시적 진리의 전달이라는 (그것이 하도록 되어 있는 것이 아닌) 불가능한 임무[REF·POL]까지 맡겨서 정치적 양식을 분쇄하기를 원하지 않는다. 더 나쁘게는 정치가 내내 거짓말만 하도록 운명 지워지기라도 한 것처럼 그것의 거짓됨을 과장하고 모든 진리의 요구를 포기하도록 요구해서 정치적 양식을 분쇄하는 것도 근대인은 원하지 않는다. 정치적 존재양식에는 고대 그리스인이 **아우토퓌오스** ᴀᴜᴛᴏᴘʜᴜᴏs라고 불렀던, 문자 그대로 "자기생성하는self-engendering" 독특한 무언가가 존재하며, 우리는 지시의 연쇄에 기울였던 만큼의 존중과 기술을 가지고 그것을 다루는 법을 배워야 한다.

이제 여기에 직설적 말하기의 단순한 암시를 통해 부과되는 상황의 완전한 이상함이 있다. 단순한 짝퉁 증명으로 과학의 최종 결과를 모방하는 데 만족하기에 과학에 대해 아무것도 이해하지 못하는 더블클릭이 어떻게 그러한 요구 사항을 판단할 수 있을까? 더블클릭이 정치적 말하기를 규율하고 바로잡는다면 훨씬 더 나쁜 괴물을 만들어낼 뿐이리라. 왜냐하면 우리가 항의하고, 대표되고, 복종하고, 불복종하는, 그리고 다시 시작하는 법을 배우는 집합체의 윤곽을 나타내는 고유한 구부러짐curvature을 더는 얻을 수 없을 것이기 때문이다[POL·DC]. 투명성과 진실을 (여전히 더블클릭의 의미에서) 추가하면, 우리가 얻을 것은 모든 범주의 운명이 판정되는 바로 그 아고라의 해체와 패주, 해산뿐이다.

함께 대화해야 하는 너무나 무지하고 너무나 흥분된 수많은 존재자들을 모두 미리 광장에서 내보내 놓아야 하는 사람이 어떻게 올바른 범주로 말하고 있다고 할 수 있겠는가? 말을 잘한다면서 자신이 이해시켜야 할 청중들을 강당에서 내보내는 것으로 시작하는 이에게 화가 있으라! 그 악명 높은 연설가들이 광장에서 격분한 군중을 계속 선동하는 동안 소크라테스는 한 명의 잘생긴 청년에게 정리를 증명해 보이는 것을 자랑하지 않았던가? 그런데 누가 더 말을 잘하고 누가 이 진리진술의 요구 사항에 더 민감한가? 성난 군중 속에서 그들이 원하는 것을 찾으며 "구부러진" 말하기를 배우는 사람인가, 아니면 아마도 직설적으로 말한다고 주장하며 군중을 무질서한 동요 속에 내버려두는 사람인가? 적어도 아고라에서는 대답이 분명하다. 그런데도 우리가 여전히 소피스트들을 혐오하고 독배를 마신 사람을 칭송하는 것은 이상한 일 아닌가?

한 가지 피해야 할 혼동이 있다면 그것은 객관적 지식의 요구와 정치적 표현에 필요한 움직임을 뒤섞는 것임을 독자는 어렵지 않게 이해할 것이다(『고르기아스』의 소크라테스에게 아낌없는 사과를 드린다). 그렇게 뒤섞을 때 두 가지 모두에서 손실이 불가피하다. 근대인이 융합으로부터 금과옥조처럼 보호했어야 하는 교차가 있다면 바로 이것이다. 불행히도 그것은 또한 "〈과학〉과 〈정치〉" 사이의 연결의 문제가 가장 철저하게 뒤섞어놓은 교차이며, 우리가 그것을 풀려면 큰 인내심이 필요할 것이다.

**따라서 우리는 한 가지 이상의
진리진술 유형이 있음을 인정해야 한다** ⊙

우리는 더블클릭의 유혹을 완전히 거부하기 위해 직설적 말하기라는 관념을 아예 배제하는 것이 얼마나 이로울지 알고 있다. 두 가지 진리진술 형식 사이의 교차를 인식함으로써 잘못된 대립(〈이성〉과 〈수사학〉 사이의 대립)을, 각 형식이 다른 형식을 자신의 용어로 번역하면서 겪는 오해로 대체할 수 있을 것이다. 그러면 "구부러지게" 말하지 않기 위해 직설적으로 말해야 한다는 불가능한 요구가 만들어낸 말하기 장애물로부터 우리가 조금씩 해방되는 것을 아무것도 막을 수 없을 것이다.

더욱이 1장에서 완전히 독창적인 두 가지 다른 양식, 즉 종교적 말하기와 법적 말하기([REL]과 [LAW]로 표시하며 각각 11장과 13장에서 다시 살펴볼 것이다)를 드러나게 했던 것을 상기해보면, 방금 도입한 구별은 더욱 설명력이 있을 것이다. 그 양식들도 연속성(종교적 설교, 법적 수단)을 얻기 위해 불연속성을 통과했으며, 직설적 말하기나 지시, 혹은 정치적 자율성의 추구에 의해 적절히 판단될 수 없었을 것이다—반대로 그 양식들 또한 이 다른 양식들을 적절히 판단할 수 없었을 것이다. 지금 우리 탐구의 이러한 측면을 강조하는 것은, 탐구가 도입하는 교정과 명료화가 직설적 말하기에서 기대할 수 있는 (기대했던) 종류의 것과는 무관하지만 그럼에도 불구하고 참으로 교정과 명료화라는 점을 불안해하는 독자에게 상기시키기 위해서이다. 그것은 이성과 오류, 진리의 문제이다—단, 진리를 말하는 서로 다른 방법을 혼동하지 않는다는 새로운 제약이 있다. 소위 "분석ANALYTIC" 철학은 사고에 유입된 혼란의 근원을 분석을 사용하여 명확히 하려 한다는 점에서는 옳았다. 그러나 그러기 위해 오직 언어에서만 시작해야 하고 모든 명료성의 희망을 더블클릭이라는 가장 몽매한 계몽에 맡겨야 한다는 믿음이 그것의 한계였다.

◄ "논쟁의 여지가 없는 사실"이라는 기이한 융합을 저지하고 ►

누군가는 직설적 말하기에도 존재양식의 지위를 부여하지 않을 이유가 없다고 반박할 수도 있다. (10장에서 직설적 말하기를 좀 더 너그럽게 다루면서 그것의 출현을 설명할 것이다.) 그러나 그것은 분명히 하나의 양식일 수 없다. 더블클릭은 정보가 공백이나 불연속성, 번역을 통과해야한다는 것을 완전히 부정하기 때문이다―그 반례도 더블클릭의 방법에 대해 우리에게 명확히 알려준다. 따라서 그것의 적정성 조건은 귀속 불가능하다.

더욱이 직설적 말하기는 자신의 존재를 정당화할 수도 없다. 말하기위해서는 비유에서 은유로, 은유에서 수사어구로, 수사어구에서 형식주의로, 형식주의에서 비유로 계속 이동하면서 자신과 모순되어야 하기 때문이다. 직설적 말하기는 진지함과 권위적 어조, 때로는 단순히 지루함을 통해 어떤 진리 조건을 모방할 뿐이며 그 진리 조건의 적절성을 분명히 하지 못하는 문학 장르이다. 이는 직설적 말하기를 위험하게 만들기까지 한다. 앞 장에서 보았듯이 직설적 말하기가 모든 곳에 자신을 밀어 넣고, 진실에 닿기 위해 통과해야 하는 일련의 이행―매개―을 겸허히 인정하려는 모든 명제를 실격시키는 데 아무런 비용도 들지 않기 때문이다.

그러나 직설적 말하기를 더욱 모순되게 만드는 것은 그 불가능한 말하기 방식이 다른 기괴한 말하기 장치로부터 받는다고 주장하는 지지와 직설적 말하기 방식을 중첩시킨다는 점이다. 그 기괴한 말하기 장치란 바로 **"스스로를 대변하는 사실**FACTS THAT SPEAK FOR THEMSELVES"로, 이는 가장 노련한 민족학자들에게조차 옥시덴탈리즘으로의 약간의 퇴행을 유발할 정도로 기괴하다. 이 장치가 더욱 놀라운 것은 그것이 모든 타자들의 문화에 의구심을 불러일으키기 위해 사용된다는 점이다. 타자들의 삶의 방식은 이 무언의 수다쟁이의 지지를 박탈당한 것 같다! 불쌍한 사람들 같으니. 그들은 사실에 대한 지식을 박탈당했다. 백인들이 그들의 땅에 올 때까지 그들은 믿음과 단순한 관행을 고수해야 했다….

그러한 현상은 완전히 흔한 것이 되었지만 우리 연구자는 여전히 그것이 놀랍다. 어떻게 "논쟁의 여지가 없는 사실"이라는 말을 듣고 놀라지 않을 수 있겠는가? 이것은 두 가지 서로 다른 영역이 섞인 것 아닌가? ─ 그렇지 않으면 "논쟁의 여지가 없는"이라는 말에는 아무런 의미가 없다. 그리고 그 작동이 더욱 놀라운 것은, 말하기와 실재를 하나의 수사어구에 그렇게 섞어놓은 후에, 같은 사람들이 같은 권위와 같은 선의, 같은 자기 확신을 가지고 "존재론적 질문과 인식론적 질문은 절대적으로 구별되어야 한다"라고 설명할 것이라는 점이다…. 그들은 세계의 경로와 지시의 연결망 사이의 실재적이고 타당하고 합리적인 구별을 귀속 불가능하게 만든 바로 그 동일한 개념을, 존재론과 인식론의 구별을 절대적인 것으로 만들고 나서, 어떠한 조사, 심지어 어떠한 반대로부터도 보호해야 한다고 주장한다.

여기에 근대인의 이론과 실천의 간극을 상당 부분 설명해주는 매우 중요한 말하기 금지prohibition on speech가 있다. 말하기와 실재를 분리할 수 없게 만들어 융합하는 데 동의하고 ─1단계─ 그러고는 넘을 수 없는 장벽으로 세계와 말이 분리되기를 요구하는 ─2단계─ 사람들이 어떻게 편안하게 말할 수 있겠는가? 근대인과 그 놀라운 말하기 장치, 즉 "직설적 말하기"가 언급하는 "사실의 목소리" 사이의 관계를 우여곡절 끝에 재구성할 수 있다면, 우리는 그것들을 훨씬 더 정확히 묘사할 수 있을 것이다 ─ 우리는 그것들을 아주 다른 방식으로 조립할 것이다. (그리고 처음부터 그들을 즉각 화나게 하지 않으면서 그들 자신에 대해 그들에게 말할 수 있을 것이다. 우리가 정말 그럴 수 있을까?)

⊙ **그래서 자연어의 표현 역량을 회복시키기 위해서 말이다.**

누군가는 우리 민족학자가 직설적 말하기와 논쟁의 여지가 없는 사실을 스스로에게서 제거함으로써 명료화라는 유용한 과제를 수행했을지 모르지만, 이제 그는 말할 수단이 아예 없어졌다고 주장할 수 있을 것이다. 이런 관점에서 보면 민족학자는, 철학의 더러운 접시들을 닦고 문지르고 소독하느라 연회에서 접시를 채우는 것을 잊어버린 분석철학자들과 같은 교착 상태에 처해 있다…. 우리가 직설적 말하기의 꿈을 잃어버려서 모든 것을 잃었을 수도 있을까? 근대인은 바로 그렇게 믿는 것 같다. 그들은 얼마나 이상한가. 그들은 언어를 가지고 있었지만 스스로에게서 언어를 박탈하고 다른 언어, 불가능하고 발음할 수 없는 언어를 취하는 데 주저하지 않았다! 그들은 동일한 존재들의 엄격한 폐매기를 통해 모든 맥락과 모든 번역의 바깥에 있는 절대적으로 참인 언어를 발명하려고 함으로써, 우리가 사용할 수 있는 유일한 언어인 자연어를 경멸했다. 그러나 이 자연어가 변형 없는 이동을 수행할 수 없다면—어떠한 증명도 이를 해내지 못했다—그것은 이동과 번역의 움직임을 가장 작은 굴곡까지 따라가도록 놀라울 만큼 잘 조정되어 있는 것이다. 적어도 이 점에서는 어떠한 결정적인 결함도 자연어가 우리가 원하는 만큼 나아가는 것을 막지 못할 것이다. 말하기는 흐르고, 내려가고, 나아가고, 자신에게 되돌아온다. 요컨대 말하기는 바로 그것이 말하고 있는 것의 움직임, 그것이 자신의 경로를 따라감으로써 포착하려 하는 것의 움직임을 재생산한다.

직접적으로? 아니다. 자기 교정하며 이른바 "몇 번이고 하고 또 한다"는 조건에서…. 무언가를 말한다는 것은 다르게 말한다는 것이다. 즉, 논평하고 변형하고 운반하고 왜곡하고 해석하고 고쳐 말하고 번역하고 전치하는 것이며, 다시 말해 변신시키고 형태를 변경하는 것이고, 굳이 말하자면 "은유metaphorize"하는 것이다. 문자 그대로 말하려고 한다면 완전히 침묵하거나 어, 아, 어 하며 우물거리고 말아야 할 것이다… "직설적 말하기"라는 불가능한 꿈에 반대되는 것은 이미 우리 곁에 있는 것, 즉 다시 시작하는 말하기이다. 근대인에게 이 점을 납득시킬 수 있을 것인가? 이러한 말하기가 그들에게 가장 중요한 것을 따르는 데 필요한 모든 것, 즉 상이한 진리진술 양식에 고유한 이동을 따라갈 가능성을 제공하리라는 것을 그들에게 납득시킬 수 있을 것인가? 진리를 말하는 데—진리들을 말하는 데—자연어는 아무것도 부족하지 않다. 이는 비트겐슈타인이 합리주의에 대한 비판에 집착한 나머지 부정적인 결론만을 도출한 곳에서 긍정적인 결론을 이끌어내려는 것이다. 언어에게 "엄격하게" 말하라고 당연히 요구할 수 있다. 그러나 일련의 동일한 존재들을 깔아놓으며 필연성에서 필연성으로 전진하는 척하라고 요구할 수는 없다. 이는 제자리달리기나 거짓말을 하라는 것—요컨대 이성의 실을 놓쳐버렸으니 비합리적으로 되라고 다시 한 번 요구하는 것—과 마찬가지이다. 아니다. 우리가 잘 알고 있듯이 우리에게 중요한 유일한 엄격함은 올바른 음조로 말하기, 잘 말하기이다. "잘 말하기"는 "아고라에서 누군가에게 그가 관심을 두는 무언가에 대해 잘 말하기"의 줄임말이다.

가장 어려운 과제가 남아 있다.
바로 말과 사물의 구분으로 돌아가는 것이다 ⊙

우리 민족학자가 전진하고 있다는 것을 인정하자―물론 느리지만 앞으로 나아가고 있다. 그는 직설적 말하기라는 환상을 벗겨냈다. 그는 〈이성〉 대 〈정치〉라는 거대한 전쟁에 휘말리는 것을 피할 수 있었다. 그는 진리진술 양식들의 다원성을 이해하기 시작했다. 그는 자연어와 모국어에 대한 자신감을 되찾았다―단, 다시 시작하는 것을 주저하지 않는다는 조건에서. 가장 어려운 부분이 여전히 앞에 놓여 있다. 그의 말하기가 말해진 것의 실재에도 관여하지 않는다면 그가 어떻게 누군가에게 무언가에 대해 잘 말하고 있다고 주장할 수 있겠는가?

그런데 이제 직설적 말하기라는 불가능한 요구로 인해 생긴 오해는 동일한 문제 안에서 실재와 **언어**LANGUAGE라는 두 개의 질문을 구별하여 따로 고려해야 하는 유감스러운 결과를 낳았다. 우리 근대인의 민족학자가 이러한 구별을 받아들인다면, 자신이 명확히 구별하기 시작한 과학적, 법적, 종교적, 정치적 양식들이 처음부터 심각한 핸디캡을 갖게 만들 위험이 있음을 그는 잘 알고 있다. 즉, 그 양식들이 언어적 버전 외에는 모든 실재를 완전히 결여하게 된다는 점이다. 우리는 그 해결책이 언어를 명확히 하는 데서 나오지 않을 것이라고 확신할 수 있다. 해결책은 분석철학이 자신의 이름을 정당화할 수 있는 것임에도 불구하고 하기를 거부했던 것에서 나올 것이다. 즉, 언어가 무엇을 허용하는지에 대한 질문은 왜 항상 실재가 무엇을 허용하는지에 대한 질문과 다른 질문으로 제기되는지를―단, "스스로를 대변하는 논쟁의 여지가 없는 사실"이라는 괴상함에 빠지지 않기 위해 언어와 실재 사이에 쐐기를 박을 필요가 있었던 지식의 경우만 제외하고! ─분석함으로써 말이다.

"다원주의"와 "잘 말하기"라는 단어를 내뱉는다고 그러한 난관이 해결될 수 없다는 것은 분명하다. 우리 민족학자는 비판적 사고라는 자원을 이용할 수 없다. 아고라에 나가서 정치, 법, 종교, 심지어 과학조차도 "명백히" "말하는 방식"에 불과하며 어떤 식으로도 실재에 관여하지 않는 "허구"일 뿐이라는 말로 연설을 시작할 수는 없는 일이다. 그랬으면 바로 쫓겨났을 것이다! 허구를 쓰는 작가들(9장에서 다시 살펴볼 것이다)도 과학의 수호자들 바로 뒤에서 함께 항의했을 것이며 그들이 마지막이 아닐 것이다. 어떤 사람이 대화 상대방들이 말하고 있는 것의 실재를 부정하면서 시작한다면, 또는 무언의 사물들이 그 사람 없이 스스로 말한다고 주장한다면, 그가 어떻게 상대방들을 존중한다고 주장할 수 있는지 이해하기 쉽지 않다.

◉ 물질, 즉 합리적 실체로부터 우리 자신을 해방시키고 ▶

다행히도 "말하다"라는 동사에 더 많은 실재론, 즉 더 많은 실재를 부여하기 위해─그리고 로고스의 고대적 의미에 더 가까워지기 위해─우리가 이용할 자원이 전혀 없는 것은 아니다. 앞 장에서 **합리적 실체**RES RATIOCINANS의 융합 아래 실재의 표현을 짓누르던 것을 흔들어 풀어냈기 때문이다. 이제 언어에서 그리고 언어를 통해 실재로 돌아가는 작동은 두 단계로 진행될 수 있다. 먼저 공간을 다시 찾고 다음으로 숨 쉴 여지를 찾는 것이다. 말을 하려면 폐에 공기가 있어야 하니까.

우선 우리가 "연결망"이라는 단어의 관념과 심지어 그것의 함의를 통해, 말을 하지 않아도 가치들을 수집할 수 있는 여지와 공간을 이미 확보했다는 것에 주목하자. 우리가 지속성의 경로[REP]나 지시의 연쇄[REF], 법[LAW], 정치적 자율성[POL]의 각각의 계기에 특유하고 제한된 궤도와 통과에 대해 말하는 습관을 들이게 되면, 관찰자 앞에 완전히 다른 풍경이 펼쳐진다. 그 풍경은, 모든 공간에 침투하고 다른 모든 가치가 조금씩 뒤로 물러나도록 강요했을 "외부 물질세계"에 의해 사방이 둘러싸여 있다고 믿을 수밖에 없게 했던 풍경과는 이미 완전히 다르다. 뒤로 물러나는 그 가치들은 어디로 갔는가? 정신 속으로? 뇌 속으로? 언어 속으로? 상징 속으로? 아무도 몰랐다. 블랙홀이었다. 숨 막히고 질식할 것 같은.

이제부터 관찰자들은 사유를 통해 "어디에나" 갈 수 있는 신비한 역량을 부여받은 무관심한 지식이 접근할 수 있는, 충만하고 연속적이며 간극 없는 세계를 더는 직면하지 않는다. 합리적 실체라는 융합을 해체함으로써 우리는 장비를 갖추고 교정되는 지식 생산의 좁은 통로가, 예컨대 존재자들이 존재의 위험을 무릅쓰며 나아가는 또 다른 통로와 파이프에 더해지는, 수많은 가느다란 정맥들이라고 식별할 수 있게 되었다. 이러한 재생산의 연결망들은 지시의 연결망들보다 수는 더 많지만 마찬가지로 국지화할 수 있고, 좁고, 그 종류가 제한되어 있으며, 또한 그 특징을 묘사한 스케치는—이것이 핵심 포인트이다—봉우리와 골만큼이나 많은 빈 장소를 드러낸다. 존재를 지속하려는 사물들의 완고함은 지식만큼이나 이 풍경을 포화시키지 않는다.

일단 우리가 지식[REF]의 연결망 속에서 지식과 동행하면—원하는 만큼 멀리 갈 수 있는 수단을 마침내 지식에 제공하지만 언제나 지식이 자신의 배치와 확장에 대한 대가를 지불하는 조건으로—그리고 무엇보다도 우리가 세계의 존재자들의 전건과 후건이 연속되는 통로[REP]

속에서 그 존재자들과 동행하면, 지식도 존재자들도 빈 충전재로 그 풍경을 채울 수 없다. 지식과 존재자들은 더는 흘러넘칠 수 없고 흘러나올 수 없다. 그것들에는 분명히 표시된 가장자리가 있다―그러나 그러한 특징이 그것들의 확장을 막지는 않는다. 오히려 바로 그 경계 표시가 확장을 가능하게 한다. 그 연결망들은 사실상 **영역들**DOMAINS을 다시 국지화relocalize했다. 휴대전화 가입자가 "연결망이 끊겼다"라고 소리칠 때 그 말이 함의하는 것은 공급자의 "커버리지"가 정말 전체 표면을 "덮을" 수 있다는 것이 아니라, "연결망"(잘 고른 단어이다)이 구멍투성이인 레이스 천과 비슷하다는 것이다. 민족학자는 이제부터 일종의 마크라메macramé[매듭 공예]를 마주한다(예컨대 그것은 법의 통과가 쉽게 진행될 수 있게 해준다). 그는 마크라메에 새로운 색상의 가닥을 추가하고 이는 전체의 견고함을 강화하지만, 실재를 "덮거나" 혹은 "충전재로 채울" 수는 없다. 이 가닥, 이 채널, 이 연결망 역시도 다른 것들과 마찬가지로, 다른 것들(지식[REF], 지속성[REP], 설교[REL], 자율성[POL])과 동등하게, 각각의 부분 주위에 공간과 자리, 빈 곳과 훨씬 더 많은 빈 곳을 남겨둔다. 어쨌든 다른 것들을 위한 여지를 남겨둔다.

　명백히 이 모든 다소 어색한 은유들에서 중요한 것은 그것들이 우리로 하여금 말보다는 물질성에, 가득 찬 공간보다는 빈 공간에 주의를 기울일 수 있게 해준다는 점이다. 그리고 그 은유들은 특히 한 가지 가치의 제약 없는 순환이 더는 다른 가치를 "갈 곳이 없다"는 구실로 처음부터 실격시켜서 완전히 사라지게 만들 수 없음을 느낄 수 있게 해준다. 어떤 가치가 다른 가치를 더는 선험적으로 탈실재화derealize할 수 없다. 가치들이 모두 함께 나란히side by side 순환하기 시작할 수 있는 것이다.

⊙ 우리에게 새로운 분석력과 분별력을 주면서 ⊙

나란히. 이것이 핵심이다. 이 탐구를 진전시키기 위해서는 존재론적 다원주의가 필요하다. 존재론적 다원주의는 이전에는 거의 가능하지 않았다. 유일하게 허용되는 다원주의는 언어나 문화, 표상들에서 구해야 했고 사물들에서는 불가능했다. 사물들은 본질적으로 논쟁적인 물질인 합리적 실체res ratiocinans에 기초하여 외부 세계를 형성하려는 이상한 관심에 완전히 사로잡혀 있었기 때문이다. 물질이라는 관념의 핵심에는 물질을 전적으로 "논쟁의 여지가 없는" 필연성의 전이로 이루어진 것으로 생각하려는 논쟁적 의도가 있었다. 그것을 해체함으로써 우리는 각각의 경우에 실재성 테스트를 견뎌내는 문제를 다시 토론할 수 있게 될 것이다. 그렇다. 토론할 사물들이 있다. 그렇다. 존재할 자격이 없는 존재자들이 있다. 그렇다. 형편없이 만들어진 구성물들이 있다. 그렇다. 우리는 판단하고 결정해야 한다. 그러나 "물질적 존재"를 갖지 않는다는 구실로 더는 어떤 종류의 존재자 전체를 선험적으로, 어떤 테스트도 없이 불신할 수는 없다. 우리가 살펴본 대로 물질 그 자체가 물질적 존재를 심각하게 결여하는 것이기 때문이다! 우리가 "이것은 존재한다, 저것은 존재하지 않는다"라고 말하는 위험을 무릅쓰는 것은 공공 광장에 서여야 하고 주로 그것에 관심을 두는 사람들 앞에서여야 한다.

따라서 우리의 방법은, 누군가가 직설적 말하기를 표준으로 삼아 모든 것을 판단하기를 거부할 때마다 더블클릭이 위협으로 휘둘렀던 상대주의의 통속적 버전이 암시하듯이, "모든 것이 참이다", "모든 것이 다른 모든 것과 동등하다", 그리고 좋든 나쁘든, 참이든 꾸며낸 것이든 존재의 모든 버전은 그것들을 분류하는 데 신경 쓰지 말고 함께 거주해야 한다는 주장을 함축하는 것이 아니다. 우리의 방법이 함축하는 것은 단지 분류가 이제부터는 평평한 경기장에서 정확한 테스트에 따라 이루어져야 한다는 것이며, 또한 이 특정 존재자들은 확실히 존재하지만 저 다른 존재자들은 기껏해야 "말하는 방식"에 지나지 않는다고 단언하는 놀라운 편익을 우리 자신에게 더는 부여할 수 없을 것이라는 점이다. 우리는 "각자에게 그 자신의 (진리를)"이라는 표현이 사람들이 흔히 그것에 부여하는 상대주의적 음조만 갖는 것이 아님을 알고 있다. 그 표현은 또한 각각의 양식에 대해 그 자체의 고유한 언어로, 그 자체의 고유한 진리진술 원칙에 따라 말하는 법을 알아야 한다는 어려운 요구 조건을 내포하는 것이다.

◉ 실재에 괄호를 치지 않고 가치에 관해 말하기 위해서이다.

이것이 인류학에 대해 그토록 강한 요구 조건이라면, 근대인에게는 어떤 것들이 명백히 실재적 존재를 갖지 않는다고 처음부터 말함으로써 어떤 가치들을 방어하는 아주 이상한 특징이 있기 때문이다! 만약 그것들이 존재한다면 사고와 정신, 언어와 상징에서 환영적으로 존재할 뿐이라고 말이다. 하지만 상대방이 말하는 것의 실재성에 관한 모든 질문에 당연히 "괄호를 쳐야" 한다고 태연히 단언하면서 상대방을 존중한다고 주장하는 것은 매우 무례한 일이다.

나는 우리가 멀리 떨어진 존재자들을 다루는 인류학자들 때문에 그런 "괄호 치기"의 필요성에 익숙해졌다는 것을 잘 알고 있다. 괄호 치기는 아마도 인류학자들이 자신의 세계와 너무나 다르게 구성된 세계들을 흡수할 수 있는 유일한 방법이었을 것이다. 그러나 정확히 말하자면 괄호 치기는 타자들 가운데서 가능했다. 즉, 타자들의 모든 차이가 "문화"라는 부드러운 우산 아래에서 결정적으로 보호받았고, "문화"는 "**표상**REPRESENTATIONS"에 대한 다소 위선적인 존중을 통해 표상과 "실재" 사이의 관계를 너무 정확하게 특정하지 않도록 주의하면서 타자들의 모든 이상한 측면을 보호하는 것을 가능하게 했다. 그러나 근대인의 인류학자들은 "우리"에게 말하는 법을 배워야 한다. 그래서 그들은 우리가 고수하는 가치들의 실재적 존재를 더는 그렇게 쉽게 무시할 수 없다. 그들은 "상호문화적 대화"에 그토록 오랫동안 복무했던 정신적 제약을 더는 실천할 수 없다—특히 이제 우리가 단지 어떤 "문화"뿐만 아니라 어떤 "자연"에도 속해 있다는 사실을 잘 알고 있기 때문이다. 누군가에게 무언가에 대해 잘 말한다는 것은 무엇보다도 그에게 중요하고 그가 추구하면서 살아가는 **가치**VALUE의 정확한 존재론적 내용-tenor/teneur을 존중하는 것이다. 이것이 연구자에게 요구할 최소한의 것이다.

언어는 그것에 부과되는 세계처럼 잘 절합되어 있다 ⊙

앞선 논의의 결과는 우리가 탐구를 계속하기 위해서는 실재와 말하기 사이의 다른 과업 분배로 나아가야 한다는 것이다. 그 목표가 아무리 접근하기 어려워 보여도 도달할 수 없는 것은 아니다. 우리가 이미 물질에서 말하기 장애의 원인을 인식할 수 있었고 그 기원을 짚어냈기 때문이다. 물질은 지식의 요구 조건도 지속성의 요구 조건도 존중하지 않았으며, 귀속할 수 있는 테스트 없이 토론을 끝냈기 때문에 대화 상황도 존중하지 않았다. 무엇이 탐구를 다른 모든 양식에 대해 동일한 방식으로 단계적으로 진행되지 못하게 하는가?

비절합된unarticulated 세계—그러나 둔감한 만큼 완고한 세계—와 절합된articulated 언어—그러나 변화 가능한 만큼 자의적인 언어—사이의 노동 분업에 독특한 점을 우선 상기해보자. 논쟁의 여지가 없는 필연성의 전이를 얻기 위해 우리가 "스스로를 대변하는 사실"의 발명과 더불어 그 둘 사이를 이미 (매우 어색하게) 가로질렀다는 점에서 그 분업은 더욱 이상하다. 존재론의 질문과 언어의 질문 사이의 유명한 장벽은 극복할 수 없는 것이 아닐지도 모른다. 합리적 실체로 그것을 너무 쉽게 건널 수 있었기 때문이다—말하자면 밀무역이긴 했지만 말이다. 우리가 세계와 말을 모두 가리키기 위해 **절합**ARTICULATION이라는 용어를 사용한다면, 그 둘 사이의 교역은 이미 더욱 정규적(regular라는 단어의 모든 의미에서)일 것이다. 우리가 절합된 방식으로 말한다면, 그것은 세계 또한 절합들로 구성되어 있기 때문이다. 우리는 그 절합들 안에서 각각의 존재양식에 고유한 이음매들junctures을 식별하기 시작하고 있다.

우리 인류학자는 아마도 노트에 이렇게 적었을 것이다. "근대인의 정의: 그들은 침묵의 세계와 마주하고 있는 자율적 영역으로서 언어의 존재를 믿는다." 그리고 나중에 첫 번째 호기심을 더욱 궁금하게 만드는 추가 내용을 적었을 것이다. "논쟁적인 이유로 침묵하게 만들어진 세계!" 그리고 이런 관찰도 덧붙였을 것이다. "그들은 상대방을 침묵시키기 위해 세계를 침묵시키고 스스로에게서 말을 박탈하는 편을 택한 것이다. 사실들이 스스로 말하게 하면서도 말이다!" 그리고 이것도. "그들은 '그 무한한 공간들의 침묵'을 두려워한다. 그들 자신이 그 공간들이 마침내 말하게 하는 법을 배운 첫 번째 사람임에도 불구하고!"

우리 인류학자는 마그리트의 그림 「이것은 파이프가 아니다」를 대하는 유쾌한 진지함을 보고 놀랐을지도 모른다. 마치 그려진 파이프가 실제 파이프에 너무 가까우면서도—실제처럼 보인다—동시에 너무 동떨어진 것처럼—실제가 아니다—말이다. 그러나 견고한 실제 파이프 역시 전건이 그 앞에 선행하고 후건이 그 뒤를 따라가며, 전건과 후건 역시 파이프에 매우 가까우면서도—파이프가 지속되기 때문에 전건과 후건은 파이프처럼 보인다—동시에 매우 멀다는 사실에는 아무도 놀라지 않는다. 전건과 후건은 파이프의 존재 궤적에서 n-1과 n+1 단계이며, 파이프는 그 단계들을 거치지 않고는 지속할 수 없었을 것이다. 만약 그 이미지를 "이것은 정말 파이프다"라는 표시가 있는 진짜 파이프로 대체한다면, 마그리트의 부드러운 아이러니는 그 모든 맛을 잃게 될 것이다. 그러나 그 형이상학적 진실은 계속 의미를 가질 것이다. 그 라벨에 이렇게 쓰여 있어야 하기 때문이다. "이것도 파이프가 아니다—파이프의 존재 경로상의 부분들 가운데 하나일 뿐이다." 파이프와 파이프 자신 사이의 절합, 이 첫 번째 절합과 "파이프"라는 단어 사이의 절합, 이 첫 번째 두 가지 절합과 파이프 그림 사이의 절합도 그려질 가치가 있을 것이다—비록 그 경험이 비판적 감정가에게 거들먹거리며 심드렁하게 키득거릴 거리를 주지 않더라도.

⊙ **우리가 기호라는 관념을 회의적으로 취급한다면 말이다.**

공백HIATUS이 있는 곳에는 반드시 절합이 있다. 전건과 후건을 정의할 수 있는 곳에는 언제나 **방향/의미**DIRECTION/SENS가 있다. 상황을 이해하는 데 필요한 부재하는 존재자들absent beings을 추가해야 하는 곳이면 어디든 **기호**SIGNS가 있다. 기호를 "다른 무언가의 자리를 점하고 그것을 대신하는" 것으로 정의한다면, 우리는 파이프에 대해, 그리고 모든 존재자에

대해 기호를 말할 수 있다. 모든 존재자는 존재하기 위해 다른 것들을
거쳐 통과한다. 다시 말해 "기호"라는 단어는 그것과 대립될 수 있는 대
조물이 없다—"사물"이라는 단어는 특히 아니다. 세계와 말 사이의 심
연이 거대해 보여도, 그것은 한 절합과 다음 절합 사이에서는 심연이 아
니다. "개"라는 단어가 짖지는 않겠지만, 몇 시간만 훈련시키고 나면 "피
도"라고 불렀을 때 그 이름으로 지정한 그 따뜻한 털복숭이가 말과 사물
사이의 간극이라고 생각되는 것에도 불구하고 점차 실재를 취하며 바
로 우리의 발치에 와 있을 것이다.

실로 존재양식이 걸려 있고 두 가지 이상의 존재양식이 있다 ⊙

내가 에티엔 수리오Étienne Souriau에 의해 철학에 훌륭하게 도입된 용
어인 "존재양식mode of existence"에 대해 말하기로 한 것은 바로 기호/사
물의 구별을 완전히 버리기 위해서이다. 우리는 존재양식들 간의 거래,
교차, 오해, 융합, 하이브리드, 타협에 대해 말할 수 있겠지만(우리가 이
미 "전치사"[PRE]라는 라벨로 인식한 이해의 양식에 따라 이런 의미에서 존
재양식들은 비교 가능해졌다), 세계와 언어 사이의 구별이라는 수사어구
는 더는 사용하지 않아도 될 것이다.

더욱이 이 논변에서 중요한 것은 우리가 그 구별의 양쪽에 대해 사용
하는 용어의 선택이라기보다는, 마침내 두 가지 이상을 셀 수 있게 되었
다는 사실이다. 우리가 이 탐구 과정에서 존재론이 두 가지 이상의 장
르, 두 가지 이상의 실재의 양식을 고려하도록 밀고 나갈 수 있을 것인
가? 이원론이 나름의 매력이 있고 멀리 떨어진 문화를 탐구하는 인류
학은 이분법에 특별한 설명의 장점이 있다고 하지만, 근대인의 인류학

에서는 그렇지 않다는 것은 몇 달만 현장조사를 해보면 알 수 있다. 날 것과 요리된 것, 자연과 문화, 말과 사물, 신성한 것과 불경한 것, 실재적인 것과 구성된 것, 추상적인 것과 구체적인 것, 야만적인 것과 문명화된 것, 그리고 근대와 전근대의 이원론도 우리 연구자를 그리 멀리 나아가게 하지 못하는 것 같다. 그것은 우리로 하여금 그러한 대조의 놀이가 "타자들"에 적용될 때 비춘다고 여겨지는 궁극적인 빛에 대해 의구심을 갖게 만들지도 모르겠다.

그러나 우리가 정말로 두 개 이상을 세었다고 확신할 수 있는가? 확실히 그러기 위해서는—이미 일곱 개이긴 하다!—우리는 여전히 이러한 양식들에게 실재에서의 각기 자신의 몫이 주어졌다고 확신할 수 있어야 한다. 실재에 대한 이러한 동등한 접근이 없으면, 이분법의 턱은 탁 다물어지고 우리는 또다시 단일한 세계와 다중의 해석양식들 간의 구별을 마주하게 될 것이다. 다행히 세계의 존재자들과 지식 간의 대응에서 (앞 장들에서 재연했듯이) 우리는 형식들의 왕복운동에 서서히 실재를 탑재할 수 있는 방법의 좋은 예를 찾아볼 수 있다.

실험실로 들어가 우선 그것을 시작점에서 취하라. (**실험실**LABORATORY이 이 탐구의 아르키메데스 지점, 즉 지렛대를 놓을 장소의 역할을 한다는 것이 명확해질 것이다.) 실험실의 연구자 집단은 대담한 가설을 세계에 내놓을 수 있고 비싼 도구를 주문하거나 유능한 팀을 구성할 수도 있겠지만, 이 단계에서 아직은 그들이 말하는 것의 중개를 통해 저항력 있고 일관되고 실재적인 어떠한 것을 운반할 수 없다. 몇 년 뒤에 같은 실험실을 방문해보라. 실험실은 (잘 운영되고 있다면) 어떤 몇몇 세계의 존재자들—동원되고 수정되고 훈육되고 형식화되고 변형되는 존재자들—과의 정규적인 교역과 효율적인 거래, 안정된 왕복을 잘 확립해서, 지시가 거기서 쉽게 순환하고, 그러한 존재자들에 대해 말해진 모든 말은 그 존재자들에 의해, 그 말들을 판정하기 위해 소집된 믿을 만한 증인들 앞에서 행동을 통해 입증될 것이다. 그러한 접근이 보장되어 있는 것은 아니지만, 그것은 가능하며 그러한 예도 풍부하다.

실험실에서 중요한 것은 그것이 어떻게 지시의 연결망이 아닌 다른 연결망들 덕분에 다른 유형의 실재들을 채우는지를 보여주는 모델이 될 수 있다는 것이다. 그럴 때 우리는 정말로 "존재"의 양식들에 대해 말할 수 있고, 그러한 가치들을 고수하는 사람들에 대해 그들이 말하고 있는 것의 실재에 괄호를 치지 않으면서 마침내 그들 자신의 언어로 말할 수 있게 될 것이다. 자신의 흔적 속에 각 경우에 독특한 양식들의 통과들을 남기는 **존재자들**BEINGS, 실재적 존재자들이 있을 것이다. 각 양식에는 하나의 특이한 국지적 존재론이 대응할 것이며 그러한 국지적 존재론의 생산은 객관적 지식의 발명만큼이나 독창적일 것이다. 그 가설은 언뜻 보기에 분명 놀랍다. 법의 존재자들, 정치의 존재자들, 심지어 종교의 존재자들을 고려해야 한다는 말이므로. 수리오가 유쾌하게 말한 것처럼, "한 종류 이상의 존재가 있다면 세계가 아주 광대하다는 뜻이다!" 근대인은 항의한다. "그러면 존재가 너무 많아진다, 너무 너무 많아진다! 면도칼을 달라…." 그들의 반응은 신랄할 수밖에 없다. 미지의 세계를 정복했다는 것을 항상 자랑해온 사람들이고, 자신의 방식대로 우주의 재고 목록을 작성하던 바로 그때 거기 포함된 모든 것을 두 가지 종류의 존재에 맞추려 한 사람들인 만큼 말이다! 인류학자는 의아해한다. 그들이 발견한 모든 보물을 단 두 가지 범주, 즉 〈객체〉와 〈주체〉로 배열하는 것이 가능하다고 정말로 믿는 것인가? 형이상학적 기근 상태라고 불러야 할 놀랍고도 엄청나게 풍부한 역설이다.

◉ 그 때문에 우리는 양식들 간의 간섭의 역사를 고려해야 한다.

그러나 논의를 이어가기 전에 신성한 플라톤에게 명예 보상을 해야 할 것 같다. 우리가 그의 이데아 관념을 다루면서 너무 경시했고, 그가 소피스트를 물리치기 위해 이데아 관념을 사용했던 것을 상기하면서 너무 분개했던 것에 대해 보상해야 할 것 같다. 그가 너무 성공적인 바람에 직설적 말하기가 구부러진 말하기를 이해할 수 없게 만들었던 것이다. 심지어 구부러진 말하기를 발견하고 구부러진 부분을 다듬은 바로 그 사람들에게조차 말이다. 우리가 이런 불경함을 허용했다면 그것은 어떤 가치가 다른 가치들에 미치는 영향을 측정하려면 매 경우마다 그 순간moment의 역할을 평가하는 방법을 알아야 하기 때문이다. 처음에는 아테네에서 수년간의 혼란 끝에 나온 그러한 명료성의 약속이 너무나 눈부신 것이어서 그로 인해 지불해야 하는 상식의 무시라는 대가는 아주 사소해 보였을 것이다. 수 세기가 지난 지금 우리에게 그 비용은 너무 크고 그 약속은 지지할 수 없는 것으로 보인다. 풍요로 인한 곤란이 바로 이런 상황이다. 그리스인은 증명(증거)과 민주주의를 모두 발명했지만, 논쟁의 여지가 없는 증명을 통해 직진을 꿈꾸는 정치라는 불가능한 융합("정치과학"!) 속에서 그 두 가지를 혼동하지 않고 보존할 수 있는 방법은 우리에게 설명해주지 않았다. 우리는 근대인이 〈이성〉을 물려받았다고 말하는 것이 왜 그렇게 문제가 되는지 알 수 있다. 이 유산은 보물을 숨기고 있지만, 그 보물은 빚에 짓눌려 있고 우리가 그 빚을 갚아야 하는 것이다. 화이트헤드가 말한 것처럼 모든 철학이 플라톤에 대한 각주로 이루어지는 것이 사실이라면, 어쨌든 철학에 그러한 약간의 교정, 정오, 수정을 끼워 넣는 것은 그리 어렵지 않아야 한다. 상이한 말하기 방식들은 직설적 말하기의 면도날—그것은 오컴의 면도날일 수도 있겠지만 손잡이도 날도 없다—과는 다르게 연마한 여러 면도날들로 참과 거짓을 가른다.

알다시피 말하는 법을 배우는 데는 시간이 걸린다. 우리 근대인의 인류학자는 천천히 다시 말하기 시작하고, 숨을 고르고, 직설적 말하기의 유혹에 저항하고, 진리진술의 형태를 늘리고, 말의 문제와 세계의 문제를 구별하기를 그만두고, 침투적인 물질을 해체하고, 소위 절합된 언어를 전혀 다른 방식으로 듣는다. 그러나 사태가 분명해지면서 동시에 심각하게 복잡해진다. 우리가 이제 한 단계 더 나아가, 근대인이 도입한 의심, 이번에는 세계와 말 사이의 연결에 대해서가 아니라 구성과 진리 사이의 연결에 대한 의심을 탐구해야 하기 때문이다. 그 새로운 장애물을 극복하고 나면 마침내 우리는 본격적으로 작업에 착수할 수 있게 될 것이다. 즉, 경험은 표현할 수 있는 것이 될 것이고, 우리는 근대인에게 어떤 일이 일어났고 근대인이 무엇을 물려받기로 결정할 수 있는지를 이해하는 지침으로 마침내 경험을 사용할 수 있게 될 것이다.

6장

구성의 약간의 결함을 수정하기

근대인에 대한 탐구의 어려움은 ⊙ 사실이 어떻게 구성되는지 긍정적인 방식으로 이해하는 것이 불가능하다는 점에서 온다 ⊙ 그것은 비판 정신과 근본에 대한 추구 사이의 기묘한 공모로 이어진다.

따라서 우리는 구성이라는 관념을 되돌아보고 세 가지 특징을 구별해야 한다 ⊙ 1. 행위는 이중화된다 ⊙ 2. 행위의 방향은 불확실하다 ⊙ 3. 행위는 좋다, 나쁘다로 규정된다.

이제 구성주의는 좋은 구성의 특징을 유지하는 데 성공하지 못한다.

따라서 우리는 창설이라는 개념으로 전환해야 한다 ⊙ 그러나 창설이 일어나기 위해서는 자신의 자원을 가진 존재자들이 있어야 한다 ⊙ 그것은 존재로서의 존재와 타자로서의 존재 사이의 기술적 구별을 함의한다 ⊙ 그것은 따라서 여러 가지 형태의 타자성이나 변이를 함의한다.

그러면 우리는 방법론적 곤경에 직면하게 된다 ⊙ 그로 인해 우리는 구성주의의 실패에 대한 설명을 다른 곳에서 찾아야 한다 ⊙ 그것은 우상파괴와 물신숭배에 대한 투쟁이다.

마치 종교적 가치의 추출이 우상을 오해한 것 같다 ⊙ 인간의 손으로 만들어진 것이 아닌 〈신〉의 모순된 명령 때문이다 ⊙ 그것은 새로운 컬트, 반물신숭배로 이어졌다 ⊙ 그것은 또한 타자들의 믿음에 대한 믿음의 발명으로 이어졌다 ⊙ 그것은 "합리적"이라는 단어를 전투 단어로 바꾸었다.

우리는 믿음에 대한 믿음을 종식해야 한다 ⊙ 근대인이 지닌 이중 언어의 이

중 뿌리를 탐지함으로써 ▶ 그것은 지식과 믿음 사이의 그럴 법하지 않은 연결에서 생겨난다.

창설의 존재자들에게 온 것을 환영하며.

경험 이외에 아무것도 아닌, 그러나 경험 이하도 아닌.

근대인에 대한 탐구의 어려움은 ▶

독자에게 제안된 우리의 탐구는 자신의 가치들에 대한 근대인의 경험과 그들이 제공하는 설명을 구별할 수 있는지에 달려 있다. 근대인이 세계의 나머지 지역으로 수출했던―나머지 세계가 결코 "나머지"가 아니라고 결정하기 전까지!―설명 말이다. 근대인이 새롭게 처한 상대적 약세 상황은 공식 설명을 제쳐두고―이제 잘 이해된 존재양식의 관념을 통해―그들의 가치들을 다르게 재정의하고 대안적 설명을 제공하기 시작할 수 있는 좋은 기회를 준다(이는 나중에 아직 초기 단계에 있는 외교의 주제가 될 것이다). 연결망의 전개로 시작해서[NET], 전치사의 탐지를 통해 연결망을 구체화하고[PRE], 물질 관념에 융합되어 있는 두 가지 양식의 혼동을 해소하고[REP·REF], 마지막으로 직설적 말하기가 동등하게 존중되어야 할 두 가지 가치를 왜 뒤섞었는지 명시함으로써[REF·POL], 우리는 연구자들에게 공식 버전과는 독립적으로 경험

의 실을 재발견할 수 있는 기본 장비를 제공했다. "우리는 결코 근대인
이었던 적이 없다"는 말이 사실이라면, "우리"에게 무슨 일이 일어났고
"우리"가 진정으로 마음 쓰는 것이 무엇인지 더 정확하게 말할 수 있게
될 것이다.

하지만 우리는 여전히 실천과 이론 사이의 이 계속되는 거리를 설명
할 수 있어야 한다. 경험을 따르는 것이 왜 그렇게 어려운가? 단순히 일
상생활의 복잡성과 어휘의 한계 사이의 관습적인 거리 탓으로 돌리기
에는 그 격차가 너무 크다. 근대인들 사이에서 이 격차는 그들의 에너
지, 열정, 완전한 불투명성을 동시에 설명해주는 주요한 모순이 되었다.
이와 관련하여 환상이나 허위의식에 대해 말하는 것으로 만족한다면
우리는 근대인의 인류학을 할 수 없다. 왜 근대인은 가치들을 방어할 수
단도 마련하지 않은 채 그것들을 방어해야 하는 유지될 수 없는 입장에
처하게 되었는가? 왜 근대인은 이러한 가치들의 제도에 필요한 매개에
대해 의심을 제기했는가?

◉ 사실이 어떻게 구성되는지 긍정적인 방식으로
이해하는 것이 불가능하다는 점에서 온다 ◉

항상 그렇듯이 여기 1부에서는 실험실로 시작해야 한다—실험실과
형이상학의 관계는 초파리와 유전학의 관계와 같기 때문이다. 우리는
실험실을 말과 사물 사이의 원형적인 결합의 모델로서, **절합**ARTICULATION
을 통해 이해해야 할 것의 주요한 사례로서 제안하면서 우리의 과제
를 조금 더 쉽게 만들어왔다. 마치 적어도 이 경우에는 구성의 인위성
artificiality과 결과의 실재성reality이 양립할 수 있다는 데 모두가 동의할

수 있는 것처럼, 마치 민족학자가 마침내 언어와 존재 사이의 오랜 원칙적인 대립에서 벗어나게 해줄 열쇠를 갖게 된 것처럼, 마치 실험에 대한 묘사가 실제로 우리를 경험의 길로 인도할 것처럼 우리가 진행해왔기 때문이다.

그러나 이것은 과학학 분야가 과학 대중에게 어떤 영향을 미쳤는지 잊어버리는 것이다. 과학학은 마침내 과학적 실천을 묘사한다고 주장했지만, 과학자들 자신은 반대로 과학적 실천에서 실재적 실체가 제거되고 있다고 판단했다! 우리 연구자가 자신의 일에 조금이라도 재능이 있다면, 그는 공격당하고 있다고 느끼는 사람들의 분노에 찬 외침을 매우 진지하게 받아들여야 한다. 과학자들에게 충격을 주지 않고 제조와 실재를 연결하는 것이 불가능하다면, 그것은 바로 **구성**CONSTRUCTION이라는 관념(그리고 **구성주의**CONSTRUCTIONISM라는 학문적 주제)에 매우 잘못된 것이 있기 때문이다. 과학이 갖는 지시의 연쇄를 전개하는 것이 그 연쇄를 확립할 책임이 있는 바로 그 사람들에게 스캔들처럼 보인다면 어떻게 과학을 정당하게 다룰 수 있을까? 더 일반적으로 말해서, 각각의 양식에 고유한 서로 다른 궤적을 정당하게 다루는 것이 각 부분과 각 매개의 신용을 깎아내리는 것이라면, 어떻게 그 일을 할 수 있을까? 여기서 우리는 적절한 도구가 없다. 나중에 경험을 제도화하는 데 성공하려면, 아무리 비용이 들어도 적절한 도구를 만들어야 한다.

어쨌든 지시의 연쇄를 소중히 여기는 것을 막을 수 있는 것은 아무것도 없었다. 사실이 사실이라는 것에는 누구나 동의할 수 있다. 오늘날 과학사와 과학사회학이 제시하는 것처럼, 우리가 처음부터 완전히 발달되고 따뜻하게 옷을 입고 풍부한 혈관이 있는, 요컨대 연결망으로 둘러싸인 이러한 연쇄를 과학을 사랑하는 이들에게 제공했다면, 성급한 일반화나 "논쟁의 여지가 없는 사실"에 대한 과도한 취향 말고 그들이 잃을 것은 아무것도 없었을 것이다. 그러나 당신이 객관성의 생산에 필요한 구성 요소의 목록을 작성하자마자 대화 상대방들은—그들로서는 어쩔 수 없는 일이다—객관성이 증가하기보다는 감소한다고 느낀다. 이는 피할 수 없고 매번 일어나는 일이다. 당신이 어떤 말을 해도 도움이 되지 않을 것이다. 당신이 원하는 만큼 계속할 수 있겠지만, 어떤 지식에 대해 그것이 증명되었다는 말과 동시에 그것이 어떤 것에 의해서도 중단될 수 있는 값비싼 지시의 연쇄를 따라 증거들의 연약한 진전에 달려 있다는 말을 단숨에 말하도록 허용하는 긍정적인 버전은 없다. 결국 언제나 당신은 입장을 정하라는 요구를 받을 것이다. "좋다. 그런데 그것은 객관적인 것인가, 아니면 도구의 해석에 달린 것인가?" 여기에 대답하는 것은 불가능하다. "둘 모두이다! 사실이 입증되었다고 판명되는 것은 도구의 결과가 잘 해석되었기 때문이다."라고 대답할 수 없다. 언덕 꼭대기에 대리석 덩어리를 올려놓으려 하는 것과 마찬가지이다. 돌은 이쪽 계곡으로 굴러가거나("당신은 실재론자이다!") 저쪽 계곡으로 굴러가겠지만("당신은 상대주의자이다!") 한 가지는 확실하다. 이 시시포스의 돌은 꼭대기에서 균형을 잡고 가만히 있지는 못할 것이라는 점이다.

마치 **매개**MEDIATIONS의 역할을 이해하는 데 필수적인 도구가 부서지거나 적어도 금이 간 것 같다. 그것은 그릇되게만 사용된다. 당신이 보호하고 싶은 것을 부수어버린다. 미다스 왕의 손처럼 전부 금으로 바꾸기는커녕 손에 닿는 모든 것에 불운을 가져온다. 우리가 그것의 가장 진부한 용도—소위 "사회적" 구성, 더 시시하게는 "우리 행위의 환상적 원인이 실재적 결과를 초래한다"는 주장—를 피하더라도, 그것을 지속 가능한 방식으로 진리에 접근하기 위한 기초로 사용할 수 없다. 무엇을 하든 우리는 항상 동시에 의심을 불어넣게 될 것이다. "그것이 구성된 것이라면 가짜일 가능성이 있다." 심지어 "사회적"이라는 형용사가 붙지 않아도, 정도가 경미하더라도, 구성이라는 관념에 호소하는 것은 항상 비판의 도구로 남아 있다.

지시의 연쇄를 구축하는 것이 처음부터 끝까지 따라가기follow-through라는 미묘한 문제를 발생시키는 것은 사실이다. 한 **형식**FORM과 다음 형식 사이에 유사성이 없고, 4장에서 보았듯이 연속되는 재료들의 불연속성으로 상수의 연속성에 대한 대가를 항상 지불해야 하기 때문이다. 그러나 이것은 결국 사소한 역설이다. 습관과 관찰에 대한 취향이 없었을 뿐이다. 민족지학자들은 멀리 떨어진 지역의 훨씬 더 복잡하게 뒤얽힌 의례들을 풀어냈다. 어쨌든 지시의 연쇄를 따라가는 어려움이 지식에 대한 오해의 커다란 규모, 객관성[REF] 옹호자들의 이익과 너무나 상반되는 〈과학〉 이론에 대한 사람들의 끈질긴 애착을 설명할 수는 없다. 물론 우리는 〈이성〉의 정치적 사용이 어떤 유혹을 가져올 수 있는지 방금 살펴보았다. 더블클릭은 어떤 계략도 오염시킬 수 없고, 어떤 숙의도 늦출 수 없으며, 어떤 값비싼 도구도 약화시킬 수 없는 〈과학〉의 확실성을 발견했다고 생각했다. "당신이 좋든 싫든 사실은 거기에 있다"는 것이다. 이런 식으로 탁자를 주먹으로 두드리면서 아고라의 모든 토론을 끝낼 수는 있다[REF·DC]. 그런데 이것이 사실을 제조하는 모든 수단을 우리에게서 박탈하는 것으로 이어지는가? 그렇지는 않을 것 같다. 아니, 지식의 이익보다 훨씬 더 중요하고 정치적 열정보다 더욱 강한 또 다른 동기가 있을 것이다. 그렇지 않다면 왜 매개가 그토록 불신을 받았는지 설명할 방법이 없을 것이다.

◁ 그것은 비판 정신과 근본에 대한 추구 사이의 기묘한 공모로 이어진다.

우리 민족학자가 구성이라는 관념을 보다 긍정적으로 만들기 위해 비판적 사유에 의지할 수는 없다. "이것은 잘 구성되었고, 따라서 참이며, 정말 참이다"라는 말을 단숨에 할 수 없게 되었다면, 그것은 가치를 방어하려는 이들과 가치를 약화시키려는 이들 모두가 매개에 대한 부정적인 견해(매개만이 연결망의 연속성을 확립할 수 있음에도)를 공유하기 때문이다. 실제로 비판자들도 벌거벗은 진리의 요구를 믿는 것 같다. 혹은 〈진〉, 〈미〉, 〈선〉, 〈전체〉의 제도 뒤에는 항상 다수의 의심스러운 조작, 결함 있는 번역, 진부한 은유, 투사, 요컨대 그것의 가치를 무효화하는 변형이 존재한다는 것을 드러내고자 하는 사유가 "비판CRITIQUE"이 되었던 것이다. 그것은 상대방의 관점에서 보면 어떠한 변형도 없이 그 자체로 유지되는 실체의 호출을 사실상 정당화하는 입장이다. 따라서 양측은 모두 "순수하고 완벽한 정보를 얻기 전에는 참된 진리에 대해 말하는 것을 삼가자."라는 점에서 의견을 같이한다. 절대성을 옹호하는 이들은 이제 마땅히 싸워야 할 적을 찾았다. 이 투쟁의 결과, 우리는 〈이성〉의 요구(물론 과도한 요구)를 깎아내리기 위해 진리의 다양한 전진에 필요한 매개자들을 하나씩 파괴해왔다. 이 매개자들이 존재의 지속을 위한 유일한 수단인 이성 그 자체임에도 불구하고 말이다. 그리고 마침내 "차연"의 제논인 데리다DERRIDA가 등장하여 구성이라는 관념 앞에는 항상 전치사 "탈de"을 붙이는 것이 옳다고 말한다. 구성주의는 사실 언제나 탈구축de-construction이라고 말이다. 즉, 우리는 결코 진리의 경로를 재구축할 수 없고 오직 탈구축할 수 있을 뿐이다. 이상은 여전히 동일하지만, 그것은 이상에 도달하는 법을 배우는 것이 아니라, 이상에 도달하지 못한 실망 속에서 의연하게 사는 법을 배우는 것에 불과하다. 따라서 우리가 구성주의의 의미를 회복하고 싶다면 비판 정신의 유혹에 굴복할 수 없다는 것은 명백하다.

이제 **근본주의**FUNDAMENTALISM와 그것의 모든 위험이 더해져야 한다는 점에서 비판의 유혹은 더욱 위험해진다. 어떤 해석이나 변형, 조작, 번역으로도 더럽히지 못하고, 어떤 다양성으로도 손상시키지 못하며, 경로상의 어떠한 움직임으로도 늦추지 못할 근본에 대한 추구는 기본적으로 꽤 무해한 열정으로 남을 수도 있었다. 어쨌든 근대인은 실제로는 언제나 정반대를 행해서 과학, 정치, 종교, 법 등에서 매개를 증식시켜왔기 때문이다. 그러나 수십 년 전에 모든 것이 바뀌었다. 그때 근대인이 나머지 세계에 정중하게 자신을 제시할 수 없었던 것이, 근대인이 자신에 대해 말하는 것을 타자들이 믿게 만들었던 것이다! "우리"는 우리가 결코 근대적이었던 적이 없다는 것을 완벽하게 잘 알고 있다. 그렇지 않았으면 우리는 존재하지 못했을 것이다. 그러나 우리는 이것을 자신에게 비밀로 해온 것 같다. 우리가 가장 강했던 한에서는 이것은 우리에게 거의 문제되지 않았다. 반대로 우리는 마약을 수출하고 자신을 위해 해독제를 보관하는 셈이었다. 다른 문화들의 다소 실패한 근대화는 사실 우리에게 즐거움의 원천이었다. 석유화학 공장 앞에서 낙타를 발견하면, 우리는 또 하나의 "근대성과 전통 사이의 대조로 분열된 땅"이라며 웃으며 말하곤 했다. 마치 우리 자신은 자신에 대해 말하는 것과 행하는 것 사이에서 분열되어 있지 않은 것처럼!

그러나 오늘날 모든 것이 바뀌었다. "타자들"은 엄청난 양의 근대화를 흡수했고, 강력해졌으며, 우리가 한 번도 근대적이었던 적이 없다는 것을 알 기회가 없었다는 점을 제외하고는 우리를 훌륭하게 모방한다. 갑자기 우리의 즐거운 미소가 공포의 표정으로 얼어붙었다. 우리가 이렇게 외치기에는 조금 늦었다. "아니, 전혀 그렇지 않다. 그게 아니다! 당신은 모든 것을 잘못 알고 있다. 매개의 경로 없이는 어떠한 토대에도 어떠한 근본에도 접근할 수 없다. 특히 〈진리〉뿐만 아니라 〈선〉, 〈정의〉, 〈유용성〉, 〈잘 만들어진 것〉, 어쩌면 〈신〉에도 접근할 수 없다…" 우리는 너무 연약해져서 그것이 무섭다. 두렵다고? 그렇다. 훨씬 더 작은 것에도 두려워할 것이다. 우리는 근대적인 척할 수 있었지만, 우리가 이미 광신도가 된 근대화주의자들에게 둘러싸여 있지 않은 한에서만 그러했다. 광신이란 무엇인가? 다음과 같은 축복과 진리진술을 더는 표명할 수 없는 사람이다. "그것은 잘 구성되어 있기 때문에, 그래서 상당히 참일 수 있다." 그러나 그렇게 말하는 것이 신성모독이라고 나머지 세계에 가르쳤던 것이 누구인가? "해석의 문은 닫혀 있어야 한다"는 이슬람에서 유래한 표현을 세속화해 무엇보다도 과학, 기술, 경제에 결부시키라고 타자들에게 가르쳤던 것이 누구인가? 그리고 그들은 자신이 세속화되었다고 주장한다! 그들은 자신을 얼마나 모르는가!

진리진술 유형의 다중성을 조심스럽게 유지함으로써 존재양식들 간의 차이를 식별하는 것과, 더는 그 출처를 추적하지 않으려 하면서 모든 구성에 던져진 불신을 성취된 사실로 받아들이는 것은 전혀 다른 문제이다. 진리의 다양성을 보호하는 것이 문명 그 자체이며, 진리로 이어지는 길 위의 포장을 부수는 것은 기만이다. 우리 자신의 구원을 위해 저지르지 말아야 할 실수가 있다면, 그것은 존재양식들의 다양한 변이에 대한 존중과 비판적 사유의 자원을 혼동하는 것이다.

따라서 우리는 구성이라는 관념을 되돌아보고
세 가지 특징을 구별해야 한다 ▶

따라서 비판에서 마침내 벗어나려면 우리는 구성주의의 문제 전체를 되돌아보고, 어떤 우연한 사고로 인해 필요한 도구들이 망가진 채 지금 우리 창고에 있는지 이해해야 한다. 어떻게 새로운 도구를 다시 갖출 수 있을까? 우선 매개에 대한 세심한 관심을 통해 회복할 수 있는—그리고 우리가 근대성을 수출할 때 사용 설명서에 포함시키는 것을 잊어버렸던—모든 것을 되찾아야 한다. 과학적 사실, 집, 연극, 우상, 집단 등 어떤 것이 "구성"되었다고 말하는 것은 우리가 동시에 들리게 만들어야 하는—그리고 근본주의자들과 그들의 비판자들이 더 이상 들을 수 없는—적어도 세 가지 서로 다른 것을 말하는 것이다.

◀ 1. 행위는 이중화된다 ▶

먼저 우리가 행위의 정확한 원천이 상실되는 이상한 유형의 이중화 doubling에 직면하고 있다는 점을 강조할 필요가 있다. 이것이 바로 프랑스어 표현 faire faire—(어떤 것이) 일어나게 하다, (누군가에게 어떤 것을) 하게 하다—가 섬세하게 보존하고 있는 의미다. 당신이 아이들에게 방학 숙제를 "하게 한다"면, 당신 자신이 숙제를 하는 것이 아니며 아이들도 당신 없이는 숙제를 하지 않을 것이다. 라틴어 문법책에서 "Caesar pontem fecit(카이사르가 다리를 만들었다)"라는 문장을 봤을 때, 당신은 신성한 율리우스 자신이 라인강을 가로질러 교량 목재를 운반한 것은 아니라는 것을 알고 있고, 병사들도 그의 명령이 없었다면 운반하지 않았으리라는 것도 확실히 알고 있다. 따라서 "구성"이라는 단어를 사용할 때마다 구성의 저자author에 대한 수수께끼가 생겨난다. 즉, 누군가가 행위할 때 다른 이들이 움직이고 행위로 통과해 들어간다. 우리는 이 특정한 통과를 놓치지 말아야 한다.

◀ 2. 행위의 방향은 불확실하다 ▶

둘째, 무언가가 구성되었다고 말하는 것은 그 행위의 벡터의 방향을 불확실하게 만드는 것이다. 발자크는 실제로 그의 소설의 저자이지만, 그가 "등장인물들에 끌려다녔고" 등장인물들이 그에게 자신들을 종이에 쓰도록 강요했다고 쓰곤 했으며, 우리는 그를 믿고 싶은 유혹을 받는다. 여기서 다시 faire faire의 이중화를 만나게 되지만, 이번에는 화살이 어느 쪽으로든 향할 수 있다. 구성자에서 구성물로 또는 그 반대로, 생산품에서 생산자로, 창작품에서 창작자로. 쇳덩어리 앞에 놓인 나침반 바늘처럼 벡터는 끊임없이 진동한다. 발자크를 꼭 믿어야 할 이유는 없다. 그가 환상에 시달렸을 수도 있고, 〈뮤즈〉에게서 영감을 받는 〈시인〉이라는 낡은 상투 문구를 되풀이하며 큰 거짓말을 하고 있었을 수도 있다.

이러한 진동이 극에 달한 가장 분명한 예를 꼭두각시 인형과 그 조작자에서 찾을 수 있다. 조작자가 피조작자를 통제한다는 데 의심의 여지가 없지만, 그의 손은 너무나 자율적이어서 사람들은 꼭두각시 인형이 조작자에게 무엇을 하게 "하는지"를 확신할 수 없고, 인형 조작자 역시 확신할 수 없기 때문이다. 법정에는 범죄자들과 변호사들이, 고해성사실에는 "오른손이 왼손이 무엇을 하고 있는지 모르는" 죄인들이 득실거린다. 실험실에도 같은 불확실성이 존재한다. 실험자의 훌륭한 작업 "덕분에" 어떤 인위적인 실험이 사실에 "스스로" 존재할 수 있을 만큼 충분한 자율성을 부여하는지를 동료들이 최종적으로 결정하기까지는 시간이 걸린다. 새로운 진동이다. 노벨상을 받기까지 실제로 행동한 것은 과학자 자신이다. 그러나 그가 상을 받을 자격이 있으려면, 누구의 관심도 받지 못하는 어떤 과학자의 개인적 의견이 아니라 바로 사실이 그를 행동하게 만든 것이어야 한다. 우리가 어떻게 이 두 가지 위치 사이에서 오락가락하지 않을 수 있겠는가?

⊙ 3. 행위는 좋다, 나쁘다로 규정된다.

구성이라는 복합 관념의 세 번째이자 가장 결정적인 구성 요소를 식별함으로써 이 진동에서 벗어날 수 있다. 어떤 것이 구성되었다고 말하는 것은 행위의 기원—우리가 방금 보았듯이 이중의 곤란—에 대해서뿐만 아니라 구성의 품질에 대해서도 가치 판단을 도입하는 것이다. 발자크가 작품의 등장인물들에 끌려다니는 것만으로는 충분하지 않고 잘 끌려다녀야 하는 것이다. 실험자가 인공물을 통해 사실을 구성하는 것만으로는 충분하지 않고 사실이 그를 적절한 장소, 적절한 시간에 좋은 실험자로 만들어야 한다. 구성되었다. 좋다. 그런데 잘 구성되었는가? 모든 건축가, 예술가, 심지어 철학자도 그런 불안의 고통을 안다. "그런데 그것이 인공물에 불과하다면 어쩌지?" 모든 과학자가 그런 질문에 시달리며 한밤중에 깬다. (적어도 이 점에서 누가 과학자처럼 느끼지 않겠는가?)

이제 구성주의는 좋은 구성의 특징을 유지하는 데 성공하지 못한다.

근대인들 가운데 살면서 자신에 대해 착각하지 않기가 얼마나 어려운지 증명하는 놀라운 것이 있다. 비판적 움직임에서 흔히 사용되는 "구성"이라는 단어의 용법에서 이 세 측면 가운데 어떤 것도 나타나지 않는다는 점이다. 누군가 "그것은 사실인가 아니면 구성물인가?"라고 질문할 때, 그 함의는 보통 "그것은 어떠한 표상으로부터도 독립적으로 존재하는가?" 아니면 반대로 "전능한 창조자가 자신의 자원에서 끌어낸 완전히 자의적인 상상력의 산물인가?"라는 것이다. 행위의 이중화는? 없어졌다. 벡터의 방향에 대한 동요는? 사라졌다. 품질에 대한 판단은? 모든 구성이 등가이기 때문에 불가능하다. 결국 "구성주의"라는 용어는 아무리 겸손한 장인이라도, 아무리 평범한 건축가라도 적어도 자신의 업적에서 인식했을 것, 즉 잘 만드는 것과 잘 만들지 못하는 것 사이에 큰 차이가 있다는 점을 포함하지 않는다! 구성주의가 이런 식으로 사용되었다는 점에서, 우리는 왜 근본주의자들이 어느 것도, 누구도 구성하지 않은 실재에 대한 욕망에 미쳐 사로잡혔는지 이해할 수 있다.

놀라운 것은 근대인이 지금까지 만들어진 것들 가운데 가장 인공적인 세계 안에서 구성물에 둘러싸여 살고 있다는 점이다. 그 구성물은 이미지들, 수많은 제조품의 요령 있는 소비자들, 하나에서 열까지 발명된 문화 제작물의 열렬한 관객들로 가득 차 있다. 그들은 세부 사항이 하나씩 하나씩 종종 최근에 배치된 거대 도시에서 살고 있으며, 상상력의 작품에 대한 찬양에 사로잡혀 있다. 그러나 창조, 구성, 생산에 대한 그들의 생각은 이상하게도 이분화되어 결국 실재적인 것과 인공적인 것 사이에서 선택해야 한다고 주장한다. 인류학자처럼 생각하는 사람이라면 자신에 대한 이러한 무지에 어리둥절할 수밖에 없다. 자신의 미덕에 대해 그토록 잘못 알면서 어떻게 지금까지 지속할 수 있었던 것인가? "근본주의의 위협"까지 감안하면 우리는 그들의 생존 가능성에 의아해하지 않을 수 없다.

따라서 우리는 창설이라는 개념으로 전환해야 한다 ⊙

"구성"이라는 단어가 더는 담을 수 없는 것 같은, 방금 나열한 세 가지 본질적인 측면을 어떻게 다른 단어로 옮길 수 있을까? 어떤 용어의 함의를 변경하고 싶을 때 최선의 방법은 용어를 바꾸는 것이다. 여기서 다시 한 번 수리오에게 의지해서 그에게서 **창설**INSTAURATION이라는 아름다운 용어를 차용하자.

수리오는 예술가란 작품의 창조자가 아니라 창설자instaurator라고 했다. 작품은 창설자에게 오는 것이지만 또한 그가 없이는 결코 존재를 향해 나아가지 않을 것이다. 조각가가 결코 스스로에게 묻지 않는 것이 있다면, 그것은 "내가 조각상의 작가인가, 아니면 조각상이 그 자신의 작가인가?"라는 중요한 질문이다. 우리는 여기서 한편으로 행위의 이중화, 다른 한편으로 벡터의 진동을 인식한다. 그러나 무엇보다도 수리오가 관심을 가진 것은 생산된 작품의 품질, 우수성과 관련된 세 번째 측면이다. 조각가가 한밤중에 깨어난다면 그것은 그가 작품을 완성하든 실패하든 여전히 해야 할 일을 자신이 하게 해야 하기 때문이다. 발자크의 단편소설 「미지의 걸작」에서 「라 벨 누아죄즈 *La Belle Noiseuse*」[「미지의 걸작」에서 화가 에두아르 프렌호퍼가 그리던 누드화의 제목]의 화가가 어둠 속에서 깨어나 불행히도 그림이 요구하지 않은 마지막 터치를 추가하는 바람에 그림 전부를 망쳤다는 것을 기억하자. 당신은 계속 다시 돌아가야 하지만 그때마다 모든 것을 잃을 위험이 있다. 그 다가오는 걸작에 대한 책임은—수리오의 표현—모델이 없는 예술가의 어깨를 더 무겁게 짓누른다. 그런 경우에는 힘에서 행위로 단순히 넘어가는 것이 아니기 때문이다. 모든 것은 화가가 다음에 무엇을 할 것인지에 달려 있고, 그만이 그것을 할 능력이 있지만 어떻게 해야 할지 모른다. 수리오에 따르면, 이것은 스핑크스의 수수께끼이다. "알아맞혀라. 그렇지 않으면 잡아먹을 것이다!" 당신이 통제할 수 없지만, 다른 누구도 통제하지 못한다. 누구라도 밤에 식은땀을 흘리며 깨어날 만하다. 이런 두려움을 느껴보지 못한 사람은 작품이 그 가장자리에 매달려 있는 무지의 심연을 경험해본 적이 없는 사람이다.

이런 의미에서 창설이라는 관념은 위에서 식별한 세 가지 특징—하게 하다faire faire의 이중화 움직임, 행위의 벡터의 방향에 대한 불확실성, 이미 존재하는 모델 없이 행위에서 (잠정적으로) 결과할 우수성을 위험하게 탐색하는 것—을 결합하는 이점이 있다.

⊙ 그러나 창설이 일어나기 위해서는
자신의 자원을 가진 존재자들이 있어야 한다 ⊙

그러나 이 관념이 구성 관념이 보유했어야 했던 특징을 취하고 점차 부여받기 위해서는 한 가지 조건이 있다. 창설 행위는 당신을 걱정시킬 수 있는 존재자들과 마주칠 기회를 제공해야 한다는 것이다. 그들은 존재론적 지위는 아직 열려 있지만, 그럼에도 당신에게 무언가를 하게 하고 불안하게 하고 고집할 수 있는 **존재자들**BEINGS이며, 스핑크스들이 기다리는 분기점에서—심지어 스핑크스들의 골목에서—당신에게 자신에 대해 좋게 말하라고 강요할 수 있는 존재자들이다. 창설이 그들의 자율적 존재에 필수적인 어떤 것을 더해줄 수 있는 절합할 수 있는 존재자들이며, 자신의 자원을 가진 존재자들이다. 이러한 대가를 치러야 비로소 우리가 윤곽을 인식하기 시작한 궤적들이 단순히 언어적인 것을 넘어서는 의미를 가질 수 있는 것이다.

이런 이유로 우리는 대리석 덩어리 안에서 "잠재적"으로 기다리고 있다가 조각가에 의해 해방되는 조각상에 만족할 수 없다. 만약 그렇다면 모든 것이 미리 있고 우리는 두 갈래의 묘사, 즉 조각가는 미리 상세하게 윤곽이 그려진 형상을 단순히 따라가거나, 아니면 형태가 없는 원재료에 자신이 "자유롭게 선택한" 목적을 부과하는 것 사이에서 왔다 갔다 할 수 있을 뿐이다. 그렇다면 어떠한 창설도 필요하지 않을 것이다. 걱정도 없을 것이다. 수수께끼를 풀지 못하는 사람을 잡아먹겠다고 위협하는 스핑크스도 없을 것이다. 이러한 존재론적 지위는 조각상, 적어도 좋은 조각상에는 어울리지 않는다. 기껏해야 정원용 소형 석고상들을 주조하는 데에나 맞을 것이다. 아니다. "창조적 상상력"과 "원재료"라는 이 두 가지 유형의 자원을 모두 회피하는 존재자들이 있어야 한다. 그들의 연속성, 연장, 확장이 어느 정도의 불확실, 불연속, 걱정을 대가로 이루어지는 그런 존재자들. 따라서 예술가가 그들의 해석의 키에 따라, 그들이 짓누르는 이들에게 그들이 내는 특유한 수수께끼에 따라 그들을 파악하지 못하면 창설이 실패할 수 있다는 사실을 우리가 잊지 않는 그런 존재자들. 거기 교차점에서 계속 불안하게 있는 존재자들 말이다.

◀ 그것은 존재로서의 존재와
타자로서의 존재 사이의 기술적 구별을 함의한다 ▶

창설의 궤적을 지칭할 일반적으로 받아들여지는 용어가 없기 때문에—수리오는 "대용代用적 진행anaphoric progression"을 제안했다!—나는 약간의 전문용어를 도입해서 **존재로서의 존재**BEING-AS-BEING와 **타자로서의 존재**BEING-AS-OTHER를 구별할 것을 제안한다. 존재로서의 존재는, 한 번의 도약을 통해 존재의 보증을 뒷받침할 토대로 이동함으로써 자신의 연속성을 보장해주는 **실체**SUBSTANCE에서 지지를 구한다. 이런 도약을 특징짓기 위해 **초월**TRANSCENDENCE이라는 관념을 다시 사용할 수 있다. 불확실성 속에서 우리는 경험을 뒤로 하고, 경험보다 더 견고하고 더 확실하고 더 연속적인 무언가를 향해 눈을 돌리기 때문이다. 존재는 존재에 의존하지만 존재자들은 다른 곳에 거주한다. 창설을 요구하는 존재자들은 자신의 연속성을 그런 방식으로 보장하지 않는다. 게다가 그들은 자신의 기원이나 지위 또는 작동자에 대해서도 어떠한 보증도 제공하지 않는다. 이미 여러 차례 보았듯이 존재자들은 불연속성으로 자신의 연속성의 "대가를 지불"해야 한다. 그들은 자신이 의지할 수 있는 실체에 의존하는 것이 아니라, 스스로 위험을 감수하고 찾아내야 하는 **생존**SUBSISTENCE에 의존한다. 생존을 찾으려면 그들도 도약해야 하지만, 그것은 토대에 대한 추구와는 무관하다. 그들은 자신의 경험을 더 견고한 것에 기초하기 위해 위나 아래로 향하지 않는다. 그들은 동일한 실험적인 음조 안에 남아 있으면서 그것의 위험을 연장하며 경험 앞에서만 움직인다. 물론 도약이 있기 때문에 이것은 여전히 초월이지만, 작은 **초월**TRANSCENDENCE이다. 요컨대 연속성을 얻기 위해 도약해야 하고 공백을 통과해야 하므로 그것은 매우 이상한 형태의 **내재성**IMMANENCE이다 — 우리는 이런 형태의 초월이 상황을 떠나는 것이 아니라 상황의 의미를 심화시키며, 궤적을 연장하는 유일한 방법이라는 것을 효과적으로 나타내기 위해 "초월–하강trans-descendence"이라고 할 수도 있을 것이다. (우리는 이러한 나쁜 초월과 좋은 초월의 구별로 종종 돌아올 것이다.)

⊙ 그것은 따라서 여러 가지 형태의 타자성이나 변이를 함의한다.

사실 이 전문용어는 우리 탐구의 중심적인 가설을 밝히는 것 외에 다른 목적은 없다. 존재로서의 존재로부터 우리는 여러 가지 방식으로 말할 수 있는 한 가지 유형의 존재만 추론할 수 있을 뿐이지만, 우리는 어떤 존재자가 계속 존재하기 위해서 얼마나 많은 다른 형태의 타자성들을 횡단할 수 있는지 정의하려 할 것이다. 고전적인 **범주**CATEGORY 관념은 동일한 존재에 대해 말하는 상이한 방식들을 지칭하지만, 우리는 한 존재자가 얼마나 많은 구별되는 방식으로 다른 존재자들을 통과해야 하는지 찾아내려 한다. 다중성은 그 두 가지 경우에서 같은 장소에 위치하지 않는다. 예를 들어 아리스토텔레스에게는 한 존재자에 대해 말하는 여러 가지 방식이 있었지만, 우리에게는 그 모든 방식이 단 하나의 양식, 즉 지시적 유형의 지식의 양식[REF]에 속한다. 그 존재자 자체는 존재로서 움직이지 않는 상태로 남아 있다. 우리가 여러 가지 키로 존재자들의 변이alteration에 대해 정말로 의문을 제기할 권리가 있고, 우리 자신이 타자로서의 존재에 대해 말할 수 있도록 허용한다면 모든 것이 변한다. 타르드가 말했듯이 "차이는 차이화함으로써 나아간다"는 것이 옳다면, 서로 구별되는 형태의 타자성을 선택함으로써 자신의 생존을 보장하는 여러 가지 존재양식들이 있어야 한다. 따라서 우리는 그 양식들에 대하여 그 자체의 고유한 언어로 말할 수 있는 법을 배우기 위해 각각의 양식마다 상이한 창설의 기회를 만들어냄으로써만 그 양식들을 만날 수 있다.

여기서 흥미로운 점은 그렇지 않았다면 너무 추상적일 수 있는 주장의 인류학적 결과이다. 즉, 왜 근대인은 다른 분야에서는 수많은 혁신과 변형, 혁명을 확산시킨 반면, 왜 자신을 그렇게 적은 수의 존재론적 템플릿template으로 제한한 것인가? 그러한 존재론적 빈혈증은 어디서 오는 것일까? 창설 과정에 있는 존재자들은 근대인들 사이에서 발견하기 어렵고, 이것이 바로 근대인이 "**문화**CULTURES"의 형태를 제외하고는 다른 **집합체들**COLLECTIVES과 만나기 어려운 이유이다.

앞 장들에서 그 이유를 살펴보았다. 근대인은 둔감한 날것의 물질성과 마주하거나, 아니면 머릿속에만 있는 표상을 향해야 하기 때문이다. 게다가 그들은 그 둘 가운데 하나를 선택해야 한다. 물론 이론적으로 그렇다. 실천에서는 결코 선택하지 않으니까. 여기서 우리가 관심을 갖는 것은 바로 이 분열이다. 실천에서는 필요한 것이 왜 이론에서는 불가능한가? 실천으로는 세계를 그토록 급진적으로 변형시켜온 바로 그 문명이 어떤 사건의 여파로 이론에서는 실재의 두 영역만 인정하기로 한 것인가?

그러면 우리는 방법론적 곤경에 직면하게 된다 ▶

이 너무 방대한 질문에 답하기 위해 우리는 위험한 상황에 처해 있다. 기존에 확립된 방법으로 두 가지 존재양식 사이의 **교차**CROSSING를 밝혀야 하기 때문이다. 하나는 너무 빠르긴 했지만 이미 암시한 바 있는 종교[REL]이고, 다른 하나는 우상의 힘과 관련이 있는, 아직 드러내지 않았고 다음 장에서 살펴볼 존재양식이다. 이제 이 두 양식을 정당하게 다루려면 여기서 우리를 사로잡는 질문에 이미 답했었어야 할 것이다. 두 경우 모두 우리가 타자성에 접근하는 다른 길이 없는 한, 절합과 표현, 창설에 완전히 저항하는 존재자들과 접촉해야 하는 문제이기 때문이다. 우리는 진퇴양난의 모순에 갇혀 있으며, 나는 해결책—물론 다음 장들에서 그 결과를 시험할 때까지 완전히 가설적인 해결책—을 부과함으로써 거기서 갑자기 빠져나오기를 제안한다.

우리를 유대-기독교인은 아니더라도 적어도 유대-그리스인으로 규정하는 서구 역사의 진부한 이야기에 대해 우리는 급진적인 입장을 취해야 한다. 근대인을 모호함에 대한 열정으로 몰아넣었고, 세계를 비추리라던 계몽주의의 빛에 대한 그들의 모든 주장을 손상시켰던 것은 사실 두 가지 질문—지시의 연쇄를 어떻게 이해할 것인가, 그리고 창조를 어떻게 이해할 것인가—사이의 연결이다.

◀ 그로 인해 우리는 구성주의의 실패에 대한 설명을 다른 곳에서 찾아야 한다 ▶

유럽 역사가 우리에게 이 점을 충분히 명확하게 말해주지 않았을지라도, 인류학은 이미 우리를 바른 길로 인도해왔다. 바로 종교만이 지식의 확립에 필요한 매개의 정확한 역할에 대해 우리가 그토록 오해하고 있음을 설명할 수 있다는 것이다. 있는 그대로 말해서 우리의 탐구를 마침내 자유롭게 하기 위해 지금 우리가 싸워야 할 것은 "지식이라는 종교

religion of knowledge"이다. 〈과학〉 이론은, 이제 우리가 두려움에 떨며 접근해야 하는 훨씬 더 가공할 만한 다른 목표를 겨냥한, 그리고 다른 기원을 가진 어떤 불신discredit의 "부수적 피해자"일 뿐이다. 만약 근대인이 〈과학〉의 원천만 혼동한 것이라면, 근대인의 인류학은 쉽지는 않아도 가능했을 것이다. 그러나 그들은 종교의 원천도 혼동하거나, 아니면 그것을 〈과학〉의 원천과 엉망으로 뒤섞어버렸다. 인식론의 모든 질문 뒤에는 우상idols 또는 **물신숭배**FETISHES를 어떻게 할 것인가라는 또 다른 질문이 놓여 있다. 근대인의 인류학의 가장 두드러진 특징은 그들이 자신을 반우상숭배자, 반물신숭배자라고 믿는다는 점이다.

◉ 그것은 우상파괴와 물신숭배에 대한 투쟁이다.

그러니 근대인들이 구성주의라는 우연한 사고accident의 희생자였다고 해보자! 그들의 조상들은 어느 정도 정상적으로 행동해서, 자신들이 창설의 리듬과 단절하지 않고는 밝힐 수 없다고 생각했던 새로운 **대조**CONTRAST를 드러내기 시작하면서 최선을 다해 다수의 잠재적 존재자들을 제도화했다. 이러한 우연한 사고, 이러한 사건들의 사건은 여러 가지—모두 정의상 신화적인—이름을 가지고 있다. 그것은 너무나 위험하고 있을 법하지 않으며 우발적이어서 유럽 역사에서 반복해서 일어났지만, 그것이 매개에 대한 불신에 책임이 있다는 것은 거의 분명하다. 그 사건은 "모세적 구별"(얀 아스만Jan Assmann이 붙인 이름), "반우상숭배", "반물신숭배", "우상파괴", "비판" 등 무엇이라고 부르든 상관없다. 우리 모두를 너무나 신성한 역사의 행복한 선택된 자들로 만드는 이 모든 사업을 다루기 위해, 나는—그리스어와 영어를 의도적으로 섞은—

우상충돌ICONOCLASH이라는 용어를 제안한 바 있다. 서구적이고 유럽적이고 근대적이라는 사실을 민족지학적으로 정의하는 것이 있다면, 우리에게 속한 적어도 하나의 역사가 있다면, 그것은 우리가 우상을 전복시킨 사람들의 후손이라는 것이다—그것이 의미하는 것이 황금송아지를 부수는 것이든, 로마 황제들의 동상을 무너뜨리는 것이든, 고리대금업자들을 성전에서 쫓아내는 것이든, 비잔틴 성상들을 불태우는 것이든, 가톨릭 성당들을 약탈하는 것이든, 왕을 참수하는 것이든, 겨울궁전을 습격하는 것이든, "궁극의 금기"를 깨는 것이든, 비판의 칼을 날카롭게 가는 것이든, 그리고 더 슬프게는 탈근대적 해체의 폐허에서 떨어진 먼지를 가져와서 마지막으로 한 번 더 가루로 만드는 것이든 말이다. 친애하는 독자여, 당신의 가계도를 거슬러 올라가 보라. 조상들 중에 우상 파괴자가 없다면, 당신은 유대인도 가톨릭도 개신교도 아니고, 혁명적이지도 비판적이지도 않으며, 금기의 전복자도 해체자도 아님에 틀림없다. 만약 그렇다면 지금 이 이야기는 축복받고 무고한 그대에게 하는 것이 아니다….

마치 종교적 가치의 추출이 우상을 오해한 것 같다 ▶

탐구 진전의 이 단계에서 중요한 것은 우상이 허위임을 고발하는 사람들이 어떤 아포리아로 빠지게 될지 깨닫는 것이다. 아니, 근대인들 사이에서는 모든 것이 언제나 "이중화"되기 때문에 우리는 두 가지 배가된 아포리아들에 직면하게 될 것이다. 하나는 우상파괴를 통해 우리가 드러낸다고 주장하는 존재자들의 특성에 관련된 것이고, 다른 하나는 우리가 우상파괴에 나서지 않았다면 우상에 부여했어야 할 의미에 관련된 것이다. (그러나 우리는 책의 뒷부분에서, 7장에서 "우상"의 특정한 궤적 그리고 12장에서는 "신"의 특정한 궤적을 인식한 후에 이 두 가지 주장을 긍정적으로 재검토할 수 있을 것이다.)

우리가 새로운 존재양식—"일신론"이라는 이름으로 부실하게 특징지어지지만 역사에서 제도화된 존재양식—으로부터 그러한 대조를 이끌어내기 위해 우상과 우상숭배자들을 오해해야 한다고 가정해보자. 우상에는 이상하고 정확히—혹은 종교적으로—악마적인 것이 있다. 우상에는 언제나 거짓이 있지만, 이 거짓 역시 이중화된다는 점이다. 이는 우상들이 기만적인 (종교적 관점에서 기만적인) 신성을 만들어낸다는 사실뿐만 아니라, 부주의하고 무차별적으로 공격당할 위험에 처해 있다는 사실에서 비롯된다. 마치 우상들이 우리가 그것들을 오해하고 잘못 알고 착각하도록 부추기는 것 같다. 근대인은 자신이 반물신숭배자라고 믿는 가짜 역사에 관여하며, 이는 결국 그들 자신과 특히 타자들에 대해 눈을 멀게 한다. 우리는 이러한 가치 갈등에 이미 익숙해져 있으므로 놀라지는 않을 것이다. 앞 장에서 객관적 지식의 출현이 어떻게 의도치 않게 정치의 매우 미묘하고 본질적인 진리진술을 기만으로 공격했는지 보았다[REF·POL]. 이제 똑같은 일이 신화적인 과거에 또 다른, 마찬가지로 본질적인 가치, 즉 살아 있는 신을 믿는 종교에 일어났다고 가정해보자. 그것은—역시 그릇되게도—곧 보겠지만 완전히 다른, 그러나 우리의 생존에 똑같이 본질적인 유형의 진리진술을 향해 있는 불운한 우상을 쓰러뜨렸다. 그 모든 문제는 우리가 실을 놓치게 만들—심지어 이 연구에 대해 절망하게 만들—뒤얽힌 범주 오류들에서 비롯된 것이다.

⊙ 인간의 손으로 만들어진 것이 아닌
〈신〉의 모순된 명령 때문이다 ⊙

그 사태 전체가 두 가지 모순된 명령의 충돌과 얽힘에서 비롯되며, 그 각각의 명령 또한 아포리아 형태의 근본적인 모순으로 표시된다. 이는 앞으로 보듯이 막대한 결과를 가져오는 범주 오류를 구성하지만 이해하기 쉬운 첫 번째 아포리아부터 시작해보자.

"다른 사람들과 달리 우리는 〈신〉의 형상을 만들지 않는다"며 우상숭배자들을 반박하는 이들은 완곡하게 말하자면 허위적인 상황에 스스로를 위치시키고 있는 것이 분명하다. 그렇게 단언하는 즉시 그들은 당연히, 불가피하게, 분명히, 다행히, 필연적으로 〈신〉의 창설을 달성하기 위해 다른 형상, 다른 매개, 다른 수신자, 다른 성전, 다른 기도, 다른 통로를 찾아야 하기 때문이다. 변이alterations의 길 없이는, 창설 없이는 생존이 불가능하다는 것을 상기하자. 그러나 이미 우리는 여기 와 있고 다 끝났고 선회했고 너무 늦었다. 우리는 다시는 다른 길을 인정할 수 없을 것이다. 제조되지 않은 〈신〉 앞에 나아가는 불가능한 일에 착수했기 때문이다. 이제부터 우리는 왼손이 하는 일("우리는 형상을 만들지 않는다")과 오른손이 하는 일("아, 우리는 형상을 만들지 않을 수 없다") 사이에 절대적인 차이를 만들어내야 한다. 우상파괴Iconoclasm가 우리의 컬트cult가 되었다. 돌이킬 수가 없다. 클로델의 작품에서 메사Mesa[클로델의 작품『정오의 분할Partage De Midi』의 등장인물]는 이렇게 말한다. "칼은 날이 얇지만, 그것이 과일을 자르고 나면 그 조각들은 다시는 합쳐질 수 없다."

그러나 물론 동시에 우리는 말한 것과 정반대로 행동해야 한다. 황금 송아지가 거꾸러지자마자 누군가는 지품천사 조각상이 있는 예배당을

지어야 한다. 폴리왹트Polyeucte가 제우스의 성전을 파괴하자마자 누군가가 이미 같은 장소에서 성 폴리왹트의 유물로 제단을 세운다. 루터는 예수가 십자가에 못 박힌 그림을 치우게 했지만 크라나흐Cranach[독일의 르네상스 화가. 루터의 절친한 친구]는 이미 루터의 설교로부터 신자들의 마음속에 떠오르는 십자가에 못 박힌 예수의 "정신적 형상"을 그리고 있다. 목록은 계속 이어진다. 말레비치의 대형 검정색 그림은 우상의 가장자리를 그린 것이라고 한다. 「우상충돌」 전시회 카탈로그에서 우리는 이 화려하고 압도적인 유산의 목록을 작성하기 시작했고, "모세적 구별"을 계승한 사람들은 이러한 형상의 금지와 형상의 필요성 사이에서 양식good sense이 메울 수 없는 격차를 유지해야 한다는 것을 보여주었다. 그들은 입 한쪽으로는 "우리가 형상 없이 잘 해나갈 수만 있다면, 마침내 〈신〉, 〈진〉, 〈선〉, 〈미〉에 도달할 수 있을 것이다!"라고 말하면서, 입 다른 한쪽으로는 "우리에게 형상만 있다면, 마침내 〈신〉, 〈진〉, 〈선〉, 〈미〉에 도달할 수 있을 것이다!"라고 탄식한다. 문제가 우상을 파괴하는 것이든, 예술 작품을 갱신하는 것이든, 지시의 연쇄를 사라지게 하는 것이든, 동일한 "이미지 전쟁"이 종교, 예술, 도덕, 과학에서 계속되고 있다. 창설의 감각—"보는 감각"이라고 할 때의 감각의 의미에서—은 완전히 단절되었다. 같은 음조로 궤적을 연장하는 것이 다시는 가능하지 않을 것이기 때문이다.

우리가 처음부터 근대인의 이중 언어에 대해 이야기해왔다면, 그렇게 할 충분한 이유가 있었음이 이제 분명해졌을 것이다. 그것은 결코 단순히 양심의 가책의 문제나 실천 위에 조심스럽게 놓인 가림막 문제 같은 것이 아니라, 행위 이론이 모든 실천으로부터 흡수하고 동화하고 받아들일 수 있는 것의 근본적인 균열의 문제이다. 사람들이 어떻게 그런 모순된 명령 속에서 편안하게 살 수 있을 것인가? 그것은 확실히 사람들을 미치게 만들기에 충분하다.

⊙ 그것은 새로운 컬트, 반물신숭배로 이어졌다 ⊙

여기서 우리는 구성주의가 성공하지 못한 요인 하나를 발견한다. 존재자들의 창설을 가능하게 했던 도구를 깨뜨린 것은 역사 내내 반복되어 온, "우상을 파괴해야 한다!"라는 외침이 항상 동반된 망치질이었다. 그러나 파괴된 것은 우상만이 아니다. 망치도 부서졌다―망치질한 사람의 머리도 반동에 맞아 무사하지 못했다···. 반물신숭배는 유럽인의 종교이고, 그들의 독실함을 설명해주며, 그들의 주장과는 무관하게 그것 때문에 그들이 세속화되는 것이 불가능하다. 그들은 무기와 목표물, 희생자를 바칠 신을 정할 수 있지만, 이 컬트cult, 우상파괴라는 컬트를 숭배할 의무를 회피할 수는 없다. 이것은 가장 종교적인 사람들, 가장 과학적인 사람들, 가장 세속적인 사람들이 완벽하게 합의하는 유일한 주제다.

따라서 근대인의 인류학자는 먼지구름 속에서 사는 데 익숙해져야 한다. 그가 연구하는 사람들이 항상 폐허 속에서 사는 것처럼 보이기 때문이다. 그들이 막 무너뜨린 폐허, 그리고 무너뜨린 것 대신에 세운 것들의 폐허, 다른 사람들도 같은 이유로 파괴할 준비를 하고 있는 폐허 말이다. 루브르 박물관에 있는 만테냐의 작품 「성 세바스찬」에서 화살에 찔린 성 세바스찬의 시신은 이미 돌처럼 굳어 있고, 그가 서 있는 받침대 바닥에는 그가 방금 파괴한 신들의 우상들이 쓰러져 있다. 르네상스 시대에 그토록 칭송받았던 로마 유적지의 아치가 그림 전체의 틀을 잡고 있다—이것은 우리가 금기를 깨는 부족에 접근할 때 마주하는 종류의 상징이다. 「우상충돌」 전시회에서 연속 상영된 놀라운 영화도 있다. 영화는 모스크바에서 교황들과 총대주교들이 금과 향의 구름 속에서 거행한 구세주 그리스도 대성당의 축성식을 보여주고(영화 초창기에 찍은 것이다), 이어지는 장면에서 볼셰비키들이 먼지구름 속에서 그 구세주 그리스도 대성당을 파괴하고, 다음으로 소비에트 수영장이 건설되고, 다시 먼지구름 속에서 수영장이 파괴되어 구세주 그리스도 대성당이 재건되고 정교회 주교들에 의해 한 세기 만에 다시 축성되고 금과 보석으로 빛나게 되었다…. 세속화된 비판 정신을 접한 적이 있는가? 차라리 그가 방금 제물—수영장이든 대성당이든—의 부러진 사지를 바친 신성을 폭로하라. (근대인이 적어도 인간 제물에 대한 취향을 없애는 데 큰 공로가 있다고 주장하는 것을 받아들이는 사람들은 뉴스를 잘 따라가지 않았고 20세기 역사를 거의 알지 못하는 것이 틀림없다.)

◀ 그것은 또한 타자들의 믿음에 대한 믿음의 발명으로 이어졌다 ▶

지금 우리가 관심을 갖는 것은 인간의 손으로 만들어지지 않은 이 〈신〉에 대해 말하려고 할 때 우리가 겪는 언어적 곤경이 아니라(이 문제는 11장에서 상세히 다룰 것이다), 바로 두 번째 아포리아이며, 그것을 통해 우리는 파괴된 우상들에게 그들이 가질 수 없었을 기능을 귀속하게 될 것이다. 마치 우리가 이 구성되지 않은 〈신〉의 형상을 (오른손으로, 그러나 반드시 왼손의 도움을 받아가며) 드러내기 위해, 우상들을 그들이 결코 저지를 수 없는 추가 범죄로 고발할 의무가 우리에게 있다고 믿는다는 듯이 말이다. 여기서 우리는 위험에 처해 있지만, 사람들이 우상을 부당하게 공격하도록 만드는 것을 범주 오류로 지정할 수 있어야 한다. 근대인이 자신이 미망에서 깨어났다고 믿을 때 그들에게서 기대할 수 있는 것을 다소 정확하게 정의하는 것은 다른 사람들의 **믿음**BELIEF에 대한 믿음이다. 이 눈먼 사람들은 자신이 눈을 크게 뜨고 있다고 생각할 때 스스로를 가장 많이 눈멀게 한다는 점에서 흥미롭다. 근대인의 인류학의 시급함이 언제나 과소평가되는 것은 바로 이런 이유에서이다….

유럽인과 "타자들" 간의 〈최초 접촉〉의 역사를 훑어만 봐도 그런 오해가 두드러지게 나타난다(그러한 접촉들은 3부에서 아주 다르게 살펴볼 것이다). 자신들의 우상이 파괴되고 물신이 부서지고 제단이 뒤집히며 시종들이 몰살되는 것을 본 "이교도"들은 기독교 우상파괴자들의 분노를 정말 이해하지 못했다―특히 기독교인들이 성모 마리아나 성인들의 메달을 착용하고 제단을 세우고 성경의 진리를 찬양하고 가장 섬세하고 지속적이며 장엄한 제도를 조직했다는 점에서 그러했다. 그러나 같은 가톨릭교회의 같은 충실한 종들도 예배를 종식시키고 교회에서 사람들을 몰아내고 사제들에게 신앙을 버리게 하고 명령을 해체하려는 이들의 분노를 이해하지 못했다―특히 그들을 교수대로 보낸 사람들이 〈이성〉을 숭배하고 공포국가를 만들고 자랑스럽게 프리기아 모자[프랑스혁명 시기에 혁명가들이 쓴 자유를 상징하는 모자]를 썼다는 점에서 그러했다. 종교 내부의 그리고 종교에 반대하는 모든 우상파괴의 위기에서, 세속화된 비판적 사유에서, 심지어 "금기를 깨는 자들"의 진부한 형태에서도 똑같은 오해가 재현되었다. 그런데 금기를 깨는 이들이 가정하는 방식으로 금기를 고수하는 사람이 아무도 없었다면 어떻게 되었을까? 금기의 악의적인 기이함이 우상숭배자의 정신이 아니라 반우상숭배자의 정신 속에 있는 것이라면?

⊙ 그것은 "합리적"이라는 단어를 전투 단어로 바꾸었다.

그 질문은 할 만한 가치가 있다. 받침대 바닥에 우상들이 쓰러져 있는 연기 나는 폐허에서 수 세기 동안 올라온 다음과 같은 불만을 반물신숭배자들이 들을 수 있을 것 같지는 않으니까. "당신들은 잘못된 길을 가고 있고 완전히 착각하고 있다. 우리는 당신들이 우리에게서 떼어내려는 것을 그런 방식으로 고수하지 않는다. 당신들이 우리가 끝내기를 바라는 그 환상 속에 살고 있는 사람은 바로 당신들, 당신들뿐이다." 눈이 보이지 않는 그들은 귀도 들리지 않는다. 듣지도, 말하지도 못한다고 그들이 아주 그릇되게 주장했던 그 우상들처럼…. 근대인의 자기 인식 능력에 대해 많은 것을 알려주는 놀라운 오류인 이 우상파괴의 범주 오류는 가장 오랫동안, 가장 지속적으로, 가장 완고하게 무시되어온 오류이기도 하다. 근대인은 타자들이 믿음에 빠져 있다는 것을, 그들이 아니라고 할 때도 아는 사람이다. 더 정확하게 말하자면, 근대인은 신자들의 이러한 부인에 직면하여 그들이 차마 "진실을 직면"하지 못한다고 차분히 단언하는 사람이다. 믿지 않고 믿어본 적도 없는―어쨌든 근대인이 타자들이 믿을 것이라고 믿는 그런 방식으로는 믿지 않는―모든 신자들의 항의를 부인하고 있는 것이 바로 근대인, 그 용감한 비판자인데도 말이다. 요컨대 근대인은―속일 수 있는 것에 대해서는 자신을 속이면서!―타자와의 관계에서 믿음이라는 관념을 사용하고 나아가 자신이 사람들을 미망에서 벗어나게 할 의무가 있다고 믿는 사람이다. 우리는 순진함을 떨쳐버리려고 얼마나 많은 범죄를 저질렀는가?

우리는 "이교도"들이 그들에게 제기된 혐의들 중 적어도 하나에 대해서는 명백히 무죄라고 생각하는 데 익숙해져야 한다. 바로 우상숭배자들이 나무나 점토, 돌로 된 대상을, 자신들이나 다른 사람들에 의해 제조되었다는 것을 "알지" 못한 채 숭배한다는 혐의이다. 그 혐의는 결코 유지될 수 없다. 대상이 제조되었다는 데 모두가 동의하기 때문이다. "물론 다행히도 우리가 만들었고, 잘 만들어지기까지 했다!" 여기에 절대적인 장애물, 즉 합리적인 인간과 비합리적인 인간을 구분할 수 있는 쉽볼렛이 있다고 생각하는 유일한 사람들은 바로 재판소에 호소하는 사람들, 그리고 "창설"이 의미할 수 있는 것에 대한 감각을 잃어버린 소위 좋은 "구성주의자들"이다. 이웃의 눈 속에 있는 티는 보면서 자신의 눈 속에 있는 들보는 보지 못하는 사람들이라고 해야 할 사람들이다(누가복음 6장 42절). 어려울 게 없다. 이 지점에서 우리는 티와 들보는 이미 제거되었다는 것을 분명히 알 수 있다. 창설은 구성이 아니다(따라서 탈구축도 아니다). 우상들이 어떤 종류의 존재자들을 창설하는지는 아직 파악해야 하지만 그 문제는 다음 장에서 살펴볼 것이다.

우리는 믿음에 대한 믿음을 종식해야 한다 ▶

이렇게 우회한 후에야 우리는 왜 연구자가 자신이 충실하게 묘사했다고 생각한 과학자들의 불평을 들어주는 데 동의해야 했는지 이해할 수 있다. 이것이 연구자가 자신에게서 반물신숭배의 독을 제거할 수 있는 유일한 방법이기 때문이다. 누군가는 연구자가 사람들의 정신을 천년 동안의 환상에서 깨어나게 하여 반물신숭배의 그 오랜 잘못을 종식한다고 주장하면서 연구자 자신도 정확히 같은 비판적 자원을 사용하고 있다고 이의를 제기할 것이다. 전적으로 그렇지 않다. "믿음을 종식한다"는 것이 합리적 탐구의 목표인 것은 사실이다. 단, 믿음들이 아니라 믿음에 종지부를 찍는 문제로 이해된다는 조건에서 그러하다. 현재의 탐구에서 믿음은 정확한 의미를 갖는다. 문자 그대로 어떤 것을 다른 것으로 여기는 것, 두 가지 이상의 진리진술 방식을 내삽interpolate하는 것이다. "믿음들"의 반대는 진리이지만, 믿음의 반대는 전치사들의 명시적 규정이다. 우상파괴자가 우상숭배자들이 믿는다고 믿을 때 믿음이 있다. 그러나 사실 우상숭배자들은—우리가 여전히 정의해야 하는—다른 진리진술 양식의 경로를 따르고 있을 뿐이다. 스스로 세속화되었다고 믿는 비판자가 순진한 믿는 자들을 세계에 거주하게 할 때 믿음이 있다. 사실 비판자는 그 순진한 믿는 자들이 무엇을 하는지 이해할 해석의 키를 가지고 있지 못하기 때문에 그렇게 한다. 더블클릭이 지식의 경로에 재생산의 경로를 내삽할 때도 믿음이 있다. 다시 말해, 믿음은 정확한 대상을 목표로 하지 않으며, 따라서 우리는—그 중대한 결과이다—객관적 지식이 믿음의 진정한 목표물을 드러내기를 기대할 수 없다. (나아가 종교적 대조를 존중하는 데에서조차 믿음을 사용할 수 없다는 것을 11장에서 보게 될 것이다.)

우리가 그러한 합리적 기획을 계승한다고 주장한다면, 우리도 역시 그것이 실로 믿음에 종지부를 찍는 문제라고 단언할 수 있다. 이 자랑스러운 슬로건이, 근대인이 당연히 붙잡고 싶어 하는 존재자들의 창설을 해석하기 위해 믿음이라는 개념 자체에서 우리 자신을 자유롭게 하려는 것을 의미하는 것이라면 말이다. 이것이 우리가 계몽주의를—지금까지 계몽주의가 지구 전역을 필연적인 환상의 반자발적인 희생자로 만들면서 나머지 역사에 드리운 거대한 그림자 없이—물려받을 수 있는 유일한 방식이다.

⊙ 근대인이 지닌 이중 언어의 이중 뿌리를 탐지함으로써 ⊙

여기서 우리가 관심을 가지는 것은 앞 장에서 우리가 발견한 것과 반 물신숭배의 모험—그것은 그 자체로 상세한 연구가 필요하다—사이 의 예기치 못한 거리 좁히기뿐이다. 내가 주장했듯이 지시의 연쇄의 추 출이 정치적 가치를 파괴하는 예상치 못한 결과를 가져온 것이 사실이 라면, 그리고 내가 방금 제안했듯이 종교적 가치의 출현은 사람들이 우 상에 대해 나쁘게 말할 때만 일어날 수 있었다는 것이 사실이라면(나는 "신성모독을 저질렀다"고 감히 말하지 않는다!), 나아가 두 경우에서 다른 가치, 무고한 희생자가 대가를 치러야 했다는 것이 사실이라면, 여전히 어느 것도, 결코 어느 것도—서구 역사의 우발성을 제외하고는 어느 것 도—그 두 가지 오해의 융합, 키메라(이 용어의 생물학적, 기형학적 의미 에서)의 길을 준비하지 못했다.

이제 우리는 근대인이 지닌 이중 언어의 이중적 원천에 대한 정의를 제안할 수 있는 위치에 있다. 그 전제 조건은, 불행히도 구성주의로부터 모든 수단—즉, 매개—을 박탈하는 두 가지 별개의 사건 사이의 미리 준비하지 않은 만남이었다(이 만남의 정확한 정황을 밝히는 것은 역사가 의 몫이다). 흥미롭게도 하나는 믿음에서, 다른 하나는 지식에서 비롯되 었다. 우리는 우리가 안다고 믿는다. 우리는 다른 사람들이 믿는다는 것 을 안다.

단순한 구성주의의 오류만으로는 충분하지 않았을 것이다. 그 오류 는 독실한 사람들이 타자들을 단순히 잘못 알아서 그 타자들이 끔찍한 믿음들을 가지고 있다고 주장하는 결과를 가져올 것이다—소위 우상 숭배자들을 완전히 무관심하게 만들 정도로 잘못 겨냥된 주장이다. 다른 관점에서, 우리가 앞에서 지식과 관련해서 보았던 것과 같은 단순한 범주 오류로도 충분하지 않았을 것이다. 지시의 연쇄에서 약간의 확장된 사용조차도 박탈되었지만, 멀리 있는 존재자들은 여전히 객관적 진리의 운명에 관여했을 것이다―그러나 이러한 접근이 다른 모든 접근로를 실격시킬 수 있는 실험실 연구자의 주권적 권리가 되지는 않았을 것이다. 우리를 근대적으로 만드는 것은 그 두 가지의 접합conjunction이다. 그러한 접합만이 "우리"가 대립을 통해 "그들", 즉 〈타자들〉을 상대적이 아니라 절대적으로 정의할 수 있게 해주는 그 놀라운 "우리"를 설명할 수 있다. "우리는 우리의 신들을 구성하지 않는 사람들이다." 그리고 "우리는 단지 비유적으로만이 아니라 문자 그대로 말하는 법을 아는 사람들이다." 첫 번째 주장은 비물질적인 〈신〉의 이익을 위해 나무와 돌로 된 우상을 공격하고, 두 번째 주장은 어떠한 물질성도 더는 타락시키지 못할 관념적인 형식의 이익을 위해 확인된 지식의 너무나 물질적인 형식들을 공격한다. 우리가 이 두 명령을 서로 연결하면, "타자들"은 "우리"와 진정으로 달라진다. "그들"은 감히 스스로 인정하지는 못하지만 자신들이 만드는 신들을 숭배한다. "그들"은 비유적으로 말하면서 자신의 환상을 세계의 질서와 혼동한다.

실천상의 몇 가지 모순을 인정하면서―또는 적어도 그 가능성에 대해 립서비스 하면서―서구인을 **자연주의**NATURALISM"와 "합리주의"라는 하나의 블록으로 정의하는 인류학자들을 따르기가 왜 어려운지 분명해졌다. 아니, 백인들은 그보다 훨씬 더 기이하고 흥미롭다. 그들의 뒤얽힌 객체들에 관한 민족학 박물관을 한두 개 만들어도 될 정도이다. 앞에서 **이분화**BIFURCATION에 대해 화이트헤드를 따라 언급한 내용을 상기하면, 독자들은 내가 백인은 둘로 갈라지는 장르에 속한다는 생각을 사용하고 아마도 남용한 것을 용서할 것이다. 그렇다. 근대인은 의심의 여지 없이 정말 이분화하는 이들이다. 그들이 분개하며 "악마를 쫓아내는 것"에 대해 이야기할 때, 우리는 그들의 발을 보는 것이 좋을 것이다.

⊙ 그것은 지식과 믿음 사이의 그럴 법하지 않은 연결에서 생겨난다.

아마도 여기에 이러한 인류학적 특징에 대해 바라건대 더는 자기 환상이나 허위의식이라는 공허한 비난이 아닌 의미를 부여할 수 있게 해주는 접합점junction, 그 자체로 갈라진 절합이 있을 것이다. 우리가 만난 첫 번째 〈이분화〉는 지식에 관한 어려움에서 비롯되었다는 것을 상기하자. 즉, 지식은 확실한—심지어 어떤 경우에는 자명한—결과를 낳기 때문에, 근대인은 이런 기적을, 마치 인식되는 것이 그 자체로 그것에 대한 접근을 허용하는 **형식주의**FORMALISM와 형식적 유사성을 가지고 있는 것처럼 설명하려 했다. 이 가설은 경험과 반대되고 상식의 자명성과도 모순되어(몽 에귀유는 지도가 그것에 대한 접근을 허용하는 방식으로 세계를 통과하지 않는다), 또 다른 가설, 그 역시 위험하지만 더 많은 열정이 부여된 가설과 융합되어야만 유지될 수 있었다. 이제 우리는 이것이 무엇인지 안다. 바로 인간의 손으로 만들어진 것이 아닌, 모든 우상의 희생과 나아가 모든 실재론의 희생을 요구하는 하나의 〈신〉에게 바쳐지는 숭배이다. 그러나 근대인이 이 가설을 지식에 대한 열정과 묶지 않았다면 그것은 오래 유지되지 않았을 것이고 어쨌든 우리의 넘어설 수 없을 것 같은 지평이 되지는 않았을 것이다.

이 두 열정 간의 상호 연결이 없었다면, 약한 것이 강한 것을 지지하고 강한 것이 약한 것을 지지하지 않았다면, 〈이분화〉는 유지될 수 없었을 것이다. 살아 있는 신의 출현에 필요한 퍼레이드들처럼 지시의 연쇄들이 분명하게 모습을 나타냈었을 것이다[REF·REL]. 그러나 그 두 가지 불가능성이 결합되어 단일한 불가항력의 역사를 만들어냈고―이것이 매혹적인 부분인데―그 두 가지, 즉 불가능성과 불가항력성 invincibility이 동시에 진실이다. 그러한 불가능성은, 사람들이 그대로 "직설적으로 말할" 수 없기 때문에, 그리고 결국 그들 자신의 신들의 창설을 달성해야 하기 때문에 항상 존재한다. 또한 그러한 불가항력성은 그럼에도 불구하고 사람들이―적어도 최근까지는―이 두 가지 기만이 실천에 영향을 전혀 주지 않는다는 듯이 해왔다는 사실에서 비롯한다. 실천을 포기한다는 것은 명백히 불가능하며 그것은 자살 행위나 다름없을 것이다. 놀라운 해결책은 이론과 실천 사이에 깊은 심연을 만들고 비합리성과 맹목성의 원천을 폭로의 기획 한가운데에 놓는 것이었다. 모든 것이 드러날 것이다. 그 심연을 제외하고 모든 것이.

내가 근대 헌법에서 "하이브리드화" 절차(아래)와 "정화" 절차(위)라고 부른 것들을 구별했을 때 크게 틀리지 않았다는 것은 분명하다. 그 용어들은 너무 단순했지만 진단은 정확했다. 즉, 근대인의 중심에 근본적인 비합리성의 원천이 있다는 것이다. 왜냐하면 그들이 한편으로 실체에 대한 탐색과 인간의 손으로 만들어지지 않은 〈신〉에 대한 탐색, 즉 그들이 모든 미덕의 기원으로 삼았던 탐색과, 다른 한편으로 그들로 하여금 이 탐색의 기획을 고려하지 말도록 강요하는 실천 사이의 모순된 결론을 도출할 수 없어야 하기 때문이다. 그들의 가공할 에너지의 원천은 실로 국지화되었다. 행위의 결과를 따를 필요도 없고 이론과 실천을 조화시킬 필요도 없으니 그들은 얼마나 많은 힘들을 발산할 수 있겠는가! 결국 우리가 실로 유대-기독교인이라는 진부한 말이 맞을 수도 있다. 경건한 전설과 달리, 사도 바울이 아크로폴리스에서 설교한 것이 헛된 일이 아니었을 수도 있다. 사도행전에서 주장하는 것처럼 사도 바울이 혐오하며 아테네를 떠나지 않고 그곳에 정착했을 수도 있다. 실체에 대한 탐색과 인간이 만들지 않은 〈신〉에 대한 탐색은 빚더미 유산이며 우리는 거기서 숨겨진 보물을 캐내는 법을 배워야 한다.

이러한 이중적인 우연한 사고accident의 부수적 피해자는 물론 **경험** EXPERIENCE이다. 경험론에 관한 많은 저작들에도 불구하고 근대인에게 요구할 수 없는 것이 하나 있다면, 그것은 바로 경험에 주어진 것에 충실한 것이다. 근대인은 그들이 가장 소중히 여기는 것이 의존하는 두 가지 절합과의 연속성을 이중으로 끊었기 때문이다. 이 지점부터는 창설 과정에서 존재자들의 생존에 필요한 작은 초월성의 실들을 명시적으로 따라가는 것이 불가능했다. 실들이 가시화될 수도 있었다. 모든 일이 무너져 내릴 수도 있었다. 믿음이 없었다면 지식은 한 눈이 먼 상태일 수도 있었고 지식이 없었다면 믿음은 단순히 시각 장애 상태일 수도 있었을 것이다. 둘 다 있으면, 우리는 완전히 실명할 위험에 처한다….

깜짝 놀란 맹인이 위험이 있는 것을 모르고 겁 없이 앞으로 나아갈 수 있다는 것은 사실이다(이것이 근대인의 오만이다). 그러나 주저하기 시작하면 그는 결국 낙심하게 된다(이것이 포스트모더니즘이다). 그가 정말로 두려워한다면, 아무리 사소한 테러리스트라도 그를 공포에 몰아넣을 수 있다(이것이 근본주의이다). 3세기 동안의 완전한 자유 이후에 이제 지구, 가이아의 형태로 세계의 침입이 도래했다. 예기치 않은 결과의 귀환, 근대주의 괄호의 끝이다.

창설의 존재자들에게 온 것을 환영하며.

이렇게 긴 1부(작업의 어려움 때문에 1부가 길어진 것은 용서될 것이다)의 끝부분에서 독자는 탐구의 목표가 무엇인지 파악했을 것이다. 근대인이 실제로 거주하면서도 미리 인구를 비워야 한다고 믿는 (그들은 정말 박멸 전문가가 되었다…) 그러한 세계를 우리가 다시 거주자로 채우기로 결심하지 않는다면, 구성주의의 약화를 피할 수 없으며 창설의 관념을 유지하는 것도 불가능하다.

이제 우리는 다양한 진리진술 양식을 구별하는 궤적을 전개함으로써, 구성된 것과 진실한 것 사이의 회복할 수 없는 균열을 대체할 수 있는 위치에 있는 것인가? 지난 30년간의 토론과 많은 열띤 논쟁에 비추어보면, 대답은 "아니요!"일 수밖에 없다. 근본주의자들은 항상 승리하고 그 비판자들도 번갈아가며 승리할 것이다. 그러나 이론과 실천 사이의 대립을 두 가지 모순된 요구, 즉 제조되었지만 제조되지 않은 사실과 구성되었지만 구성되지 않은 〈신〉과 관련된 요구 사이의 예상치 못한 접합 conjunction에서 비롯한 것으로 진단하고 나면, 아마도 우리는 창설이 필요한 존재자들로 돌아갈 수 있을 것이다. 어쨌든 우리는 표상과 사물 가운데 하나를 선택하도록 요구했던 대립을 확실히 벗어났다.

지금까지 근대인은 단지 자비심에서—기독교적 자비심이라기보다는 비판적 자비심에서—"허구적 존재자들", "신들", "우상들", "정념들", "상상들"을 실재적인 것으로 말해야 한다고 생각했다. 그러한 것들은 사람들이—그들의 "신념"은 존중해야 하지만 "환상"은 동시에 "두려워"해야 한다—"존재자로 간주하는" **표상**REPRESENTATIONS"의 문제일 뿐이라고 이해되었고, 사람들은 무엇보다도 "비합리적인 것과 의고주의

archaism의 언제나 가능한 귀환"으로부터 스스로를 보호해야 했다. 존재를 결여하는 이러한 존재자들의 진정한 본성은 "물질적"인 것들에 있을 수 없으니 "아주 명백히" 다른 데서 온 것이다. 그렇다고 근대인이 "유물론자"였다는 의미는 아니라는 것을 우리는 이해했다. 우리는 근대인들 사이에서 연장실체, 사유실체, 합리적 실체가 어떻게 이해될지 이제 알고 있기 때문이다. 그 "유물론자들"은 어떤 활력 있는 것도 제안하지 않았다. 왜냐하면 근대적 배경도법에서 물질은 지식의 양식―그것의 연결망은 시야에서 사라졌다―과 사물의 재생산의 양식―유물론자들은 그것을 따라가는 것을 완전히 무시했다―[REP·REF] 간의 선험적 혼란에서 비롯된 것이기 때문이다! 유물론으로 통했던 것은 이러한 환영적 표상에 덧붙여진 환영이었다―그러니 그 유물론이 섬세한 것인지 조잡한 것인지는 별로 중요하지 않다는 것을 우리는 이해할 수 있다. 우리가 정말로 유물론자가 되려면, 영양이 풍부하고 살찌고 볼이 통통한 많은 존재자들에 의지해 약간의 존재론적 실재론을 유물론에 주입해야 할 것이다. 탐구를 더 밀고 나가려면 존재론적으로 살찌우는 요법을 거쳐야 할 것이다. 우리 인류학자는 드라큘라처럼 사람들의 피를 다 빨아먹고 날이 새면 사라지는, 바람 같고 여자 악령 같은 "표상"과 더는 관계하고 싶지 않다. 유물론은 여전히 미래의 사유이다.

그러나 우린 이미 거기로 가는 도중에 있지 않은가? 처음부터 우리는 그 자체의 참이나 거짓의 조건과 나름의 생존의 양식을 가지는 것 같은 여러 존재양식들이 달리고 흐르고 통과하도록 허용하지 않았던가? 지식 욕구libido sciendi를 고려한다면, 이제 우리는 지식을 보장하기 위해 확립해야 하는 지시의 연쇄[REF]와, 사물들이 존재를 유지하기 위해 해야 하는 도약[REP]을 더는 혼동하지 않게 해주는 분기를 인식하는 법을 알고 있다. 여기에 두 가지 구별되는, 각기 절합되고 나름대로 실재적인 양식이 분명히 있다. 나는 법[LAW]과 법의 통과, 과정, 절차에 대해 여러 차례 언급했다. 이제부터 어떤 것도 우리가 "법의 존재자들"에 대해 이야기하는 것을 막을 수 없다. 판사를 한밤중에 깨우고 "내가 올바른 판결을 내렸는가?"라고 자문하게 만드는 존재자들 말이다. 또한 우리가 연결망[NET]이라고 부르는 놀라운 이질적 결합들의 전개가 전치사[PRE]와는 전혀 다른 풍경을 펼칠 수 있도록 해주었다는 것을 보았다. 여기에 또한 서로 구별되고 각기 고유한 방식으로 완전한 두 가지 존재양식이 있지 않은가? 마찬가지로 우리는 더블클릭[DC]이 분명히 놓친, 정치[POL]에서 진실한 것과 거짓인 것을 감지할 수 있어야 한다는 것을 이해했다. 우리가 막 논의한 종교적인 것[REL]에 대해서도, 만약 우리 자신을 종교의 악습 가운데 하나인 우상파괴로 제한한다면, 종교를 적절하게 파악하지 못한다. 사실 우상파괴는 그 자체가 이후에 전개되는 변신[MET]이라는 또 다른 양식과 관련된다. **수리오**Souriau 덕분에 우리는 허구의 존재자들을 만나게 되었다. 그들을 상상이라는 범주로만 분류하는 것은 명백히 부당하다. 허구의 존재자들은 다른 생존양식들과 닮지 않았지만, 출현하고 살아남고 "외부로부터" 자신을 부과하기 때문이다(우리는 나중에 [FIC]로 표시되는 허구의 존재자들을 발견하는 법을 배울 것이다). 내가 틀리지 않았다면, 이로써 이제 열 번째 양식까지 나온 셈이다.

따라서 우리가 근대인이 스스로를 다시 잡을 수 있게 해주는 존재양식들을 포착하는 작업에 착수하고, 사람들이 한 존재양식을 다른 존재양식과 혼동할 때 저지를 수 있는 범주 오류를 각 양식마다 식별하는 것이 불가능한 일은 아니다. 그러면 아마도 우리는 존재양식들을 상당히 다른 방식으로 조립할 수 있을 것이다. 이것이 구성주의의 균열을 고치려 애쓰는 것보다 더 생산적인 작업 아닌가?

경험 이외에 아무것도 아닌, 그러나 경험 이하도 아닌.

1부의 내용을 다시 윌리엄 제임스의 주장으로 요약해볼 수 있을 것이다. 즉, 우리는 확실히 경험만을 원하지만, 또한 경험 이하의 어떤 것도 원하지 않는다. 첫 번째 **경험주의**EMPIRICISM, 즉 **일차적 성질과 이차적 성질** PRIMARY AND SECONDARY QUALITIES 사이의 이분화를 부과했던 경험주의는 경험에서 모든 관계들을 제거하는 이상한 특유성을 가지고 있었다! 무엇이 남았는가? "감각 데이터"라는 먼지구름이다. "인간 정신"이 "감각 데이터"에 모든 구체적인 상황으로부터 미리 제거된 관계들을 "첨가"해서 그 "감각 데이터"를 조직해야 한다. 우리는 "구체적인" 것에 대한 그러한 정의를 가진 근대인이―그들이 지구의 나머지와 관여하는 방대한 역사적 실험은 말할 것도 없고―"경험으로부터 배우는" 데 어느 정도 어려움을 겪었다는 것을 이해할 수 있다.

두 번째 경험주의second empiricism라고 불릴 만한 것(**제임스**JAMES는 그것을 근본적radical 경험주의라고 부른다)은 다시 경험에 충실해질 수 있다. 두 번째 경험주의는 관계들과 **전치사들**PREPOSITIONS ― 주요한 방향 제시자들―의 정맥, 통로, 기대를 따라가기 시작하기 때문이다. 그리고 이러한 관계들은 실로 세계 안에 있다. 이 세계가 마침내 그 관계들을 위해―그리고 그 관계들 모두를 위해―그려진다면 말이다. 그것은 그런 관계들을 맺는 존재자들이 있다는 것을 전제로 하지만, 우리는 더 이상 그 존재자들이 존재로서의 존재의 철학의 방식으로 존재하는지 여부를 묻지 않아도 된다. 그러나 이것이 여전히 우리가 이러한 존재자들의 실재성에 "괄호"를 쳐야 한다는 것을 의미하지는 않는다. 그것은 어쨌든 "인간 주체의 정신 장치에 의해" 생산된 표상일 "뿐"일 것이다. 타자로서의 존재에는 충분한 굴절 변화declensions가 있으므로 우리는 덴마크 왕자를 사로잡았던 단 하나의 대안으로 자신을 제한할 필요가 없다. "존재하느냐 존재하지 않느냐"는 더 이상 문제가 아니다! 문제는 결국 경험, 특히 내재성이다.

2부

How to Benefit from

어떻게 존재양식의
다원주의로부터 이득을 얻는가

the Pluralism of Modes of Existence

7장

변신의 존재자들을 복원하기

우리는 존재론적 다원주의로부터 이득을 얻을 것이다 ⊙ 어떤 비가시적 존재자들에 접근하려 하면서.

비가시적 세계들이 없듯이 "가시적 세계" 같은 것도 없다 ⊙ 우리가 내부성을 생산하는 연결망[NET]을 파악하려고 노력한다면.

주체의 자율성이 "외부"에서 오는 것이기 때문에 ⊙ 내부성과 외부성 모두 없는 것이 더 낫다.

감정의 경험으로 돌아가자 ⊙ 이는 우리가 표적의 불확실성을 발견하게 해주고 ⊙ 정신적 변환자 그리고 다른 "정신변경자"의 힘을 발견하게 해준다.

이러한 존재자들의 창설은 치료적 장치에서 이루어졌다 ⊙ 특히 민족정신의학 실험실에서 이루어졌다.

변신[MET]의 존재자들은 ⊙ 까다로운 진리진술 형식을 가지고 있으며 ⊙ 특정한 존재론적 요구 조건을 가지고 있다 ⊙ 이는 합리적으로 따라갈 수 있다 ⊙ 더블클릭[DC]의 판정이 적용되지 않는다면 말이다.

그들의 고유성은 변이의 어떤 끌어냄에서 비롯된다 ⊙ 이는 왜 비가시성이 그들의 사양에 포함되는지 설명해준다.

[REP·MET] 교차는 극히 중요하다 ⊙ 그러나 그것은 주로 다른 집합체들에 의해 다루어져 왔다 ⊙ 따라서 그것은 비교인류학에 협상을 위한 새로운 기반을 제공한다.

우리는 존재론적 다원주의로부터 이득을 얻을 것이다 ▶

2부에서는 우리가 방금 〈객체〉와 〈주체〉 사이의 참담한 분할에서 해방시킨 존재론들의 다원성으로부터 이득을 얻으려 할 것이다―물론 우리는 그 분할의 기원에 대해 단순히 "오류"라고 말하는 것 이상의 어떤 설명을 나중에 해야 할 것이다. 이러한 존재자들을 적절하게 탐구하고 다른 모든 양식이 그들에게 부과하려는 것이 아니라 그들에게 적합한 존재 템플릿을 추출할 수 있도록 하기 위해, 나는 프로젝트 관리에서 활용되는 "**사양**SPECIFICATIONS"이라는 용어를 사용할 것을 제안한다. 우리는 각 유형의 존재자에 대해 각각의 존재론이 어떠한 사양을 존중해야 하는지 그리고 각각의 "필수 요구 조건"이 무엇인지 물어볼 것이다. 표준화 분야에서 유래한 이 유용한 용어는 표준을 정의하기 위한 국제 협상에서―관련된 모든 당사자가 이러한 요구 조건을 충족하기 위해 각자가 수행하는 방식에 상당한 재량을 허용할 준비가 되어 있더라도―최소한으로 합의해야 하는 사양을 가리킨다.

우리는 테스트(흔히 범주 오류로 이루어진 테스트)를 통해서, 매 경우 특정 유형의 연속성이나 궤적의 윤곽이 새롭고 독창적인 불연속성과 공백의 중개를 통해 그려진다는 것을 깨달을 때마다 양식을 하나씩 인식하는 법을 배웠다. 우리는 또한 각 양식이 적정성 및 비적정성 조건들 사이의 차이를 규정하는 그 나름의 명시적이고 자기지시적인 방식을 가지고 있을 때 양식을 인식하는 법도 알고 있다. 게다가 우리는 이러한 각각의 굴절 변화declensions에 대해 그 양식을 파악하는 올바른 방법과 잘못된 방법을 분별할 수도 있다. 따라서 하나의 존재양식은 항상 **타자로서의 존재**BEING-AS-OTHER의 한 버전(불연속성과 연속성, 차이와 반복, 타자성과 동일성에 대한 하나의 표본)이면서 또한 그 자체의 고유한 진리진술 체제이기도 하다.

2부에서 우리의 탐구가 승인한 존재론적 다원주의로부터 이득을 얻을 것을 기대할 수 있으므로, 대조적인 두 가지 예를 통해 우리의 기량을 연마해보자. 근대인은 미신의 비합리성을 종식시키고 기술의 효율성을 발견했다고 흔히 주장된다. 어쨌든 이것은 근대인이 근대화의 개척 전선, 전쟁 전선을 끝없이 확장하는 과정에서 마주친 사람들에게 자신을 제시하는 방식이었다. 이 전선을 정확히 어떻게 이해해야 할지 알기 위해 우리는 동일한 **질문지**QUESTIONNAIRE를 가장 비물질적으로 보이는 존재자들에 대해 사용하고, 다음 장에서는 가장 물질적으로 보이는 존재자들에 대해 사용할 것이다. 이러한 준비 운동을 통해 우리는 두 가지 경험의 실을 재발견하려 할 것이다. 하나는 지나치게 부정적인 경험이고 다른 하나는 지나치게 긍정적인 경험으로, 그 사이의 진동이 근대인의 인류학을 상당히 크게 결정할 것이다.

⊙ 어떤 비가시적 존재자들에 접근하려 하면서.

미신에 대한 혐의로 시작해보자. 조사자가 민족지학 문헌을 훑어만 봐도, 한편으로 "비가시적 존재자들"을 포착하고 위치시키고 제도화하고 의례화하는 소위 "전통적" 집합체들COLLECTIVES의 엄청난 작업과, 다른 한편으로 "비가시적 존재자들"이 위치를 확보하지 못하게 하는 소위 "근대적" 사회들의 지속적인 방어 사이에 심연이 존재한다는 것을 알수 있다. 한편에서는 제도institution, 다른 한편에서는 박탈destitution이다. 이것은 심지어 근대인이 자신을 근대적이라고 선언할 수 있게 해주는 것이다. 근대인은 적어도 "그런 모든 말도 안 되는 것들"을 믿지 않는다. 근대인은 그런 괴물들과 "싸웠고" 마법의 덫을 드러냈다. 세계를 정복했을 때 근대인은 만화 『땡땡의 모험: 콩고에 간 땡땡』의 방식으로 물신숭배를 파괴하고 전통적인 공포에서 사람들을 구하고 마법사들과 돌팔이들의 권력을 종식시켰다. 우리는 그토록 상이한 집합체들을 비교하기가 쉽지 않다는 것을 안다. 어떤 집합체들에서는 완전히 부재하고 전혀이해 불가능한 비가시적 존재자들을 다른 집합체는 이해하고 아우르는 것이다. 비가시적 존재자들이 한쪽에서는 완전히 존재하지만 다른 쪽에서는 전혀 존재하지 않는 것이다. 여기서 우리는 존재양식이라는 관념이 그림을 더 명확하게 볼 수 있게 해주는지 알 수 있는 좋은 기회를 만나게 된다.

우리 인류학자가 그렇게 명확한 입장에서 시작할 수 없다면, 그것은 백인들 사이에서 소위 "가시적 세계"에 대해 얼마나 회의적이어야 하는지 이미 알고 있기 때문이다. 1부에서 우리는 근대인의 "좋은 오래된 양식good old good sense"의 "건강한 유물론"이, 존재자들의 재생산만큼이나 지식의 경험을 제대로 포착하지 못한다는 것을 보았다. 근대인에게는 다른 문화들이 많은 관심을 갖는 존재자들을 파악할 적절한 방법이 없는 것 같다. 가시적인 것에 대해 그토록 착각하는 이들이 "주술적 세력들"과 전쟁을 벌일 때 그들을 어떻게 믿을 수 있겠는가? 그렇다면 그들이 계속 맞서 싸워야 한다고 느끼고, "물질성"이라고 부르는 것과 대조해 "허상"과 "환영"이라고 부르는 것에 대해서 회의적인 태도를 취하는 것이 더 낫다. 여기서 그것은 정말 전쟁의 문제, 심지어 학살의 문제이기까지 하다. 과학혁명 시기에 마녀들이 산 채로 불태워졌던 화형대에서 여전히 연기가 난다. "부족들을 낡은 미신에서 구원하러" 온 신도들과 선교사들이 물신들(간혹 그것들을 만드는 무당들)을 화형에 처하고 남은 재가 아직 식지 않았다. 그런 폭력 앞에서 우리 연구자가 그런 존재자들의 비존재에 대해 정보원들이 말하는 모든 것에 회의적이지 않다면 분별 있는 태도가 아닐 것이다. 그러한 존재자들이 기만적이라면, 그것은 존재의 결여 때문이 아니라 그들에게 부여되어야 할 정확한 존재가치에 대해 착각할 위험—그리고 비극적인 자기기만의 위험—이 있기 때문일 것이다.

비가시적 세계들이 없듯이 "가시적 세계" 같은 것도 없다 ⊙

연구자는 정보원들이 다른 문화들에서 나타나는 모든 "비합리성"의 독특한 기원을 소위 "인간 주체의 정신"에 위치시켜야 한다고 주장하는 것을 보며 더욱 회의적이지 않을 수 없다. 그러한 존재자들을 상세히 묘사하는 것이 민족지학 연구의 필수적이고 극도로 복잡한 부분인데, 정보원들은 그러한 존재자들이 사실은 **심리학**PSYCHOLOGY의 중개를 통하지 않고서는 우리 사이에서 발견될 수 없다고 말한다. 바깥이 아니라 내면을, 마음속을, 심지어 뇌까지 들여다봐야 한다는 것이다. 연구자가 객체와 객관성에 관한 이야기를 들었을 때 자신이 취해야 할 방향에 대해 그토록 의심했다면, 이제 근대인이 지칭하는 "주체"와 "주관성"을 향해서도 너무 서둘러 달려가지 않는 것이 분별 있는 태도일 것이다. 이 두 방향은 서로 연결되어 있다. 서로 반대라는 것 외에는 그 두 가지에 대한 정의가 없기 때문이다. 외부성exteriority이 막다른 골목으로만 이어진다면, 내부성interiority도 분명 마찬가지일 것이다. 앞으로 우리는 심리학이 근대인들 사이에서 인식론과 같은 역할을 전도된 방식으로 하고 있음을 살펴볼 것이다. 즉, 인식론이 외부세계를 과장하는 데 반해 심리학은 내부세계를 과장하는 것이다. 이것은 우리의 탐구 전체를 잘못된 길로 이끌 수 있다.

⊙ 우리가 내부성을 생산하는 연결망[NET]을 파악하려고 노력한다면.

따라서 우리의 방법에 충실하게 우리는 "객관성"을 생산하는 이미 확인한 연결망과 유사하게 물질성과 추적 가능성, 견고성을 가지고서 "내부성"과 "정신"을 생산하는 연결망이 근대인들 사이에 있는지 밝혀내는 작업을 해야 한다. 물론 우리가 타자들처럼 비가시적 존재자들을 받아들일 수 있는 실정적인 제도가 없다는 것은 인정해야 한다. 그러나 근대인이 그러한 장치와 수단으로부터 완전히 자유로워졌다고 (때에 따라서는 그것들을 박탈당했다고!) 선언할 때 그것은 자기기만일 가능성이 크다. 비가시적 존재자들에게서 모든 외부적 존재를 박탈하고 그런 존재자들을 자아나 무의식, 신경세포들의 변화에만 위치시키기를 고집하는 정보원들의 폭력은 깊은 불편함과 강한 불안감을 드러내는 것이며 자세히 살펴볼 필요가 있다.

누군가는 이렇게 반문할 수도 있을 것이다. 이러한 외재화—혹은 진짜 이름으로 말하자면 이러한 해방!—가 언제나 강력하게 장비를 갖추고 집합적이고 물질화되며 "연결망으로 이어진" 객관적 지식에 대해서는 어느 정도 타당하지만, 명백하게 내부성을 구성하는 것, 말하자면 영혼의 정념에 대해서는 어떨까? 우리 인류학자는 자신의 기획을 설명하는 데 어려움을 겪고 있다. "주관성의 성역을 비우면서 영혼의 정념도 함께 밖으로 내던질 거라는 생각은 안 하셨나요? 지난 300년간의 과학 연구 이후로 특히 오늘날 지식은 실로 공적이고 제도화되고 귀속 가능하게 되었습니다. 그러나 심리는 어떨까요? 심층 자아는? 인간 마음의 비밀스러운 주름은? 당신은 반론하지는 않을 것입니다. 근대인이 자신에 대해 착각할 수 있지만 그 정도까지는 아닙니다. 당신이 원한다면 문화, 관습, 기술, 심지어 과학까지도 얼마든지 국지화하고 역사화하고 인류학화할 수 있습니다. 그러나 여전히 논쟁의 여지가 없는 토대, 분출하는 샘, 원초적인 기원이 남아 있습니다. 보편적 인간성의 공통된 속성인 자아, 논쟁의 여지가 없는 에고ego가 어디서나 처음부터 솟아나는 구멍이 여전히 남아 있습니다."

어쨌든 여기에 연구자가 놓치고 싶지 않은 분기점이 있다. 즉, 실제로 바깥에 아무것도 없는 데 불안해하고 있는 것인가, 아니면 반대로 누군가가 두려워하는 것은 두려움을 불러일으키고 압박하는 무언가가 정말 있기 때문임을 깨닫지 못하고 있는 것인가? 투사인가 아니면 마주침인가? 불안함인가 아니면 두려움인가? 우리 연구자가 선택해야 할 것이다.

그리하여 이제 연결망에 초점을 맞춘 일반적인 접근 방식이 연구자가 내부성의 생산에 필요한 기구에 관한 상당히 많은 수의 지표를 매우 신속하게 자신의 망에 모을 수 있게 해준다.

왜냐하면 결국 연구자는, 자신을 초월하고 억압하고 지배하고 소외시키는 힘이라고 여기는 존재자들에게—비록 실천에서만 그렇게 하지만—종일 밤낮으로 말을 거는 사람들을 연구하기 때문이다. 즉, 그들은 사상 최대의 제약 산업을 발전시켰고, 불법 환각 물질은 물론이고 향정신성 약물을 환각에 이를 정도로 소비하는 사람들이고, 심리 리얼리티 쇼 없이는, 계속 쏟아지는 공개 고백 없이는, 수많은 로맨스 잡지 없이는 생존할 수 없는 사람들이며, 정신분석이나 심리치료와 관련된 직업, 협회, 기술, 작품을 전례 없는 규모로 제도화한 사람들이고, 공포영화를 보며 무서움을 즐기는 사람들이며, 아이들 방에 "트랜스포머" 즉 "변신하는 캐릭터"(적절한 용어다)가 가득한 사람들이고, 기본적으로 괴물을 죽이거나 괴물에게 죽임을 당하는 컴퓨터 게임을 하는 사람들이며, 지진이나 자동차 사고, 폭발 사고를 겪고 나서 "심리지원 서비스"를 받지 않으면 안 되는 사람들이다.

그러한 **정신생성적**PSYCHOGENIC 연결망들은, 교정되는 지식을 생산하는 장치보다 덜 연속적이고 덜 장비를 갖추었고 덜 표준화되었고 따라서 추적하기 덜 쉬워 보인다. 그러나 어떤 것도 우리가 그 연결망들을 따라가는 것을 막을 수 없을 것이다. 그 연결망들은 외부를 기반으로 내부성을 남기기 때문이다. (이와 반대로 지시는 연결망의 내부를 기반으로 외부성을 생성한다고 할 수 있다).

주체의 자율성이 "외부"에서 오는 것이기 때문에 ▶

그럼에도 불구하고 민족학자가 정보원 중 한 명에게 질문하면, 그는 태생적이고 자생적이며 원초적이고 진실하며 원래부터 있는 개인적 자아를 가지고 있기 때문에 자신의 정신을 "생성할" 필요가 없다고 주저 없이 단언할 것이다. 그리고 연구자가 정보원의 내부성을 제조—혹은 창설—하는 데 필요해 보이는 거대한 기구를 언급하면, 그는 자신의 "자아"와 그런 정신생성자들psychogenics 사이의 관계를 보지 못하고 이해하지 못한 채 연구자를 바라볼 것이다. "그 모든 것은 나와 아무 상관이 없다. 아무 연관도 없다. 나? 아니, 전혀. 난 '깨끗하다.'" 정보원들은 누군가 자신들을 "야만인의 관습"으로 비난할 수도 있다는 것에 분노하기도 한다. 정말 흥미로운 것은 이 점이다. 그들이 "이성을 잃고 격분하게" 만드는 것은, 누군가가 자신을 뒤흔들어대는 것의 원천을 자신 외부의 어떤 것으로 지정한다는 것이다!

더욱 놀라운 것은 정보원들이 "여전히" 마법을 믿고 물신이나 부적으로 자신을 보호하며 주술사를 부르러 보내고 무당에게 꿈을 풀이해 달라고 해야 하는 "다른 부족"이나 "시골뜨기"들을 거들먹거리며 조롱할 것이라는 점이다. 그렇다, 신경안정제를 먹고 소파에 드러눕고, 거기다 가정 건강 보조사들의 긴 목록에 점쟁이, 구루, 수입된 물신 제작자, 정골사, 예언자, 도사 등 다양한 사이비들을 ("해가 되지는 않는다"는 구실로) 추가했을 그 로맨스 잡지 구독자 등등의 이 근대주의자는, 타자들은 자기 외부의 존재자들을 믿는 데 반해 자신은 이 존재자들이 그 자체로는 무의미한 세계에 투영된 내적인 표상일 뿐이라는 것을 "너무나 잘 알고 있다"고 믿는다…. 그리고 이를 증명하기 위해 근대주의자는 "과학이 된" 심리학의 줄기찬 허튼소리를 "서양 〈이성〉"의 역사에서 "근본적인 인식론적 단절"로 받아들이고, 어두운 피부를 지닌 사이비들의 아브라카다브라를 조롱할 것이다. 그는 심지어 "주체의 진실"에 도달하고 "이드가 지배하던 곳에서 에고가 나타나게 하기 위해" 자신의 내면 깊숙이 들어감으로써, "마침내" 진실해지기 위해 철저히 자기 자신을 탐구해야 한다고 주장할 것이다.

프로이트조차 이런 놀라운 말을 했다. "신이 존재하지 않듯이 악마도 존재하지 않으며 인간의 정신 활동의 산물일 뿐이다." 문학에 어느 정도 능통한 민족학자는 이 말은 전부 뒤죽박죽이지 않나 하는 생각이 든다. "악마", "신", "인간", "활동", "정신"—심지어 "산물"이라는 단어까지(탈구축주의에 전형적인 "않듯이"에 유의하자), 게다가 언어 전체에서 가장 존중받지 못하는 동사인 "존재하다"는 말할 것도 없고 말이다. 여기에 중대한 범주 오류가 있다. 어떤 것이 다른 것으로 착각되는 경우가 한 가지 있다면, "인간 정신의 산물"로 착각되고 있는 정신생성적psychogenic 연결망이 확실히 그러하다. 그러한 자기 이해의 부족에 어떻게 놀라지 않을 수 있겠는가?

우리 분석가는 [REF] 유형의 객관성의 물질적, 실천적 수단을 파악해야 했을 때와 같은 유형의 역설에 직면한다. 지식의 결과와 수단 사이의 연결이 근대인에게 비가시적인 것처럼, 그들이 정신을 소유하도록 허용하는 기반구조도 그들에게 포착되지 않는 것 같다. 마치 그들이 "외부세계"와 "내부세계" 둘 다를 수월하게 정의하지 못한 듯하다. 그 대칭이 너무도 정확해서 연구자는 노트에 기록하지 않을 수 없다. "내가 외부의 정신적 존재자들과 동행하고 연결망 내부의 지식의 존재자들과 동행할 것을 제안할 때 정보원들은 내가 하는 말에 이중으로 충격을 받는다. 그들은 내가 외부와 내부 모두에 대해 착각하고 있다고 말한다. 하지만 이중으로 착각하는 것이 그들 자신이라면?"

◉ 내부성과 외부성 모두 없는 것이 더 낫다.

인식론이 외부성의 탐구에서 신뢰할 만한 안내자가 아니듯이, 심리학도 내부성의 탐구에서 신뢰할 만한 안내자가 아닌 것 같다. 근대인은 그들의 객체에 대한 이론 때문에 정신생성적psychogenic 연결망의 효과를 위치시킬 곳이 없는 듯하다. 〈객체〉와 〈주체〉 사이의 근본적이고 본질적인 구분 때문에 모든 것이 "그들의 머릿속에서" 일어난다. 지시의 연쇄를 확장하고 그것을 그들이 접근하는 대상과 혼동하는 서투른 제스처로 외부가 너무 빨리 채워졌다면, 아마 내부 역시도 또 다른 서투른 제스처, 단순히—감히 이렇게 이야기하기 힘들지만—배열의 문제, 어쨌든 병참logistics의 문제가 만든 결과일 것이다. "미안하지만, 우리의 연장실체res extensa는 이미 가득 찼으니 숙소는 다른 데서 찾으시오!"라는 식이다. 매우 실재적이고 객관적이고 구체화된 일련의 현상들이지만, 너무 빨리 포화되는 외부성이라는 그릇에서 기대되는 것과 닮지 않은 그런 현상들을 배출할 수도 심지어 위치시킬 수도 없는 근대인은 그것들을 "주체에 대해 내적"이라고 부름으로써—달리 표현할 방법이 없다—치워버렸다고 할 수 있을 것이다.

이는 주체에 구멍이 없다는 의미가 아니라, 어떠한 구멍 채굴 작업을 통해 계속 파야 하고 치우고 보강하고 장비를 장착하고 제도화하고 유지해야 한다는 뜻이다. 구멍이 침수되지 않게 하려면 점점 더 큰 기계로 큰 비용을 들여 물을 빼야 한다. 근대인의 정신은 지하 도시, 물적 기반

시설, 인위적으로 가압된 구체와 유사하다. 파리의 비밀 군사기지나 지하 묘지, 하수도가 햇빛을 보지 못한다는 이유로 "내면적인" 공간이라고 말할 사람은 없을 것이다. 그러므로 위와 아래, 공적인 것과 사적인 것, 자유로운 접근과 제한된 접근 사이의 실제적인 뉘앙스를, 내면적인 것과 외면적인 것, 내부성과 외부성, 주관적인 것과 객관적인 것, 물질적인 것과 비물질적인 것, 개인적인 것과 제도화된 것 사이의 근본적인 단절과 혼동할 이유도 없다. 도시 계획가라면 잘 알듯이 항상 가시적인 도시와 비가시적인 하부구조 모두가 고려되어야 한다.

그러므로 우리가 주체를 비우고 파내고 장비를 장착하고 빛을 비추며 유지하고 움직이게 해주는 연결망을 따라가지 않을 이유가 없다. 근대인이 큰 에고를 가지고 있는 것은 사실이지만, 주의 깊게 들어보면 너무나 소중한 그들의 내면에서 빈 공간을 유지하는 배기관들의 규칙적인 윙윙 소리를 들을 수 있다. 이 펌프들도 상당히 크고 값비싸다. 따라서 우리는 내부성의 제조를 따라가는 법을 배워야 하고, 항상 그렇듯이 여기서도 그러한 경로들의 특정한 연결망들을 따라가는 법을 배워야 하며, 그것들이 운반하는 것의 정확한 내용tenor/teneur을 발견하는 법을 배워야 한다. 그 작업장은 거대하지만 열려 있다. 우리가 지시의 경로에 대해 지불하는—혹은 지시의 경로를 포장하는—법을 배운 만큼, 내부성의 비용도 현금으로 지불해야 할 것이다.

감정의 경험으로 돌아가자 ⊙

여기서 사정은 복잡해지고 우리는 더 나아가 연결망들의 이질성이 아니라 이제는 그것들의 특유한 확장 양식을 정의하는 고유한 경험을 포착해야 한다. 그러한 경험이 없다면 실제로 우리는 어떤 사람이 손을 휘두르며 큰소리로 혼잣말하는 것을 볼 때—그가 휴대전화라는 중개
자를 통해 누군가에게 말하고 있다는 것을 알아차리기 전에는—우리
가 종종 저지르는 것과 같은 실수를 근대인에 대해 저지를 위험이 있다.
"아하, 내가 대화 장치에 대해 잘못 생각했다. 그는 미친 것이 아니라 다른 사람과 대화하기 위해 장치를 사용하고 있구나!" 우리는 이제 이런 질문을 제기해야 한다. 그들이 자신과만 이야기하고 있다고 단언하는 사람들은 누구에게 말하고 있는 것인가, 그리고 어떤 장치가 그들 사이에서 중개자 역할을 하는가?

　그래서 우리는 장비를 갖추고 교정되는 지식과 동일한 유형의 문제에 직면하게 된다. 즉, 공식화된 설명이 억누르기만 하는 경험을 어떻게 끌어낼 것인가 하는 문제이다. 그러나 여기서 연구자는 이론과 실천 사이의 거리가 더욱 놀랍다. 그는 과학적 연결망이 무시된다는 것을 인정한다. 과학적 연결망은 소수의 사람만의 관심을 끌고 도구들로 거추장스럽고 지식 욕망만 자극할 뿐이다. 그는 법의 연결망이 관심을 거의 끌지 못한다는 것도 이해한다. 법률 종사자들을 제외하고 우리 대부분은 평생 변호사 사무실이나 판사실에 발을 들여놓을 일이 없다. 그는 재생산의 연결망은 너무 사변적이어서 노련한 형이상학자와 소수의 시인 외에 누구도 그것에 관심을 갖지 않는다는 것을 분명히 안다. 그러나 정신을 갉아먹고 파고들며 떠받치는 연결망은 어떠한가? 우리 가운데 누구도 낮이나 밤이나 단 한 순간도 그것에서 벗어나지 못한다. 그 연결망은 계속되고 증식하며, 우리가 태어나기 전부터 우리를 괴롭히고 성가시게 하고 우리가 죽은 뒤에도 계속된다. 그런데도 근대인은 계속해서 "자아"를 마치 이브처럼 입은 원주민들이 사는, 상어로 둘러싸인 섬인

것처럼 묘사한다.

심리학에서 진정한 자아가 부여된 것으로 묘사되는 개체들에 우리가 주의를 기울이기 시작하면 어떻게 될까? 분석가는 모든 미신에서 자유롭다고 주장하는 같은 정보원들이 "외부"에서 온 것 같은 경험을 그칠 줄 모르고 묘사한다는 것을 곧 알아차린다. 그 경험은 자신이 어떤 감정emotion의 "표적target", 즉 통제할 수 없는 어떤 힘에 장악되고 압도되고 있다는 인상을 주는—"무엇이 내 안에 들어왔는지 모르겠다"—모든 종류의 움직이게 하는 것—상처를 주는 말, 충격적인 태도, 심지어 때로는 "사악한 눈"이라는 용어로 표현되는 삐뚤어진 제스처—의 "표적"이 되었다는 느낌의 테스트이다. 그러한 경험을 위기라고 부르자. 그리고 우리는 위기 속에서 항상 무언가에 "사로잡혀" 있으므로, 그것을 사로잡는 위기라고 부르자.

◀ 이는 우리가 표적의 불확실성을 발견하게 해주고 ▶

그러나 동시에 그 위기의 중심에서 언제나 우리의 인류학자와 환자, 감정에 사로잡힌 사람의 귀를 쫑긋 세우게 만드는 의심이 생겨난다. 그것은 이 시험trial에 다른 무언가가 있다는 의심, 그가 귀속, 표적, 목적에 대해 실수를 했다는 의심이다. "나는 표적이 아니다", "당신에게 원한을 품지 않았다", "그건 나와 상관없다." 다시 말해 번지수가 틀렸다는, 거의 감정 자체만큼이나 강력한 막연한 느낌. 우리는 아주 이상한, 아주 다른 느낌이 든다. 정말 다른 무언가가 작용하고 있는 것처럼. 그러나 무엇이? 위기 속의 위기. 불안에 대한 불안. 외침 뒤의 외침.

그리고 항상 그런 것은 아니지만 (어떤 것에도 흔들리거나 움직이지 않는 사람은 언제나 있다) 때로는 곤란, 눈물, 비명, 영혼을 가로지르는 날카로운 외침, 경련, 충격, 동요 등을 통해 위기에서 출구 같은 어떤 것, 이전의 변화와 정반대인 어떤 변형이 이어진다. 당신은 아주 특정한 형태로 자신의 실수를 보고 이해하고 깨닫는다. "당연히 아니다. 표적은 내가 아니었다." 당신은 뭔가 전혀 다른 일이 일어났다는—그리고 위기의 한가운데에서 자신이 그것을 아주 잘 안다는—때로는 우스꽝스럽고 언제나 놀라운 막연한 인상을 받는다. "자, 이제 끝났어. 나는 괜찮아. 휴, 그건 험하고 끔찍하고 정말 무서웠어, 나는 사라질 뻔했어."

그리고 이제 위기의 시작만큼이나 갑작스러웠던 그 변형의 반대편에서 새로운 에너지의 홍수가 당신을 휩쓸어간다. 그러나 그것은 똑같이 휩쓸어가는 것이 아니다. 말하자면 신호를 바꾸었다. 부정에서 긍정으로. 검은색에서 흰색으로. 도덕적, 병적, 범죄적에서 이제 활력적, 활동적, 발명적으로 바뀌었다. 당신은 조금 전까지 당신을 "집어삼키고" 익사시키려던 바로 그 파도에 의해서 운송된다. 당신은 변형되었다는, 일종의 변성transmutation을 겪었다는 인상을 받는다. 제스처, 단어, 기억, 의례, 이름 붙일 수 없는 무언가, 파악하기 어렵고 결정적인 무언가가 당신이 그 시험의 한쪽에서 다른 쪽으로 통과하게 만들었다.

때로는 반대로 당신은 거기서 나오지 못한 채 아래로 가라앉는 느낌이 들고 거기서 더 많은 경련과 외침, 혼란과 눈물을 통해 당신 자신이 맹렬한 힘, 목마른 괴물, 토네이도가 되고 더는 통제할 수 없게 된다. 방금 전의 의심과 망설임은 점차 사라지며 "거기에서 빠져나올", "헤쳐 나갈" 희망도 함께 사라진다. 이제 한 가지는 확실해졌다. "내가 정말 표적인가? 좋아, 복수해주지!" 이제부터 공포가 세계를 휩쓸 것이고 그 무엇도 그것을 멈출 수 없다. "나"는 정말 다른 존재가 된다. "나는 더는 내가

아니다." "나를 막지 못하면 나는 끔찍한 일을 저지를 것이다." 진단이
내려지고 언어에 그것에 대한 단어가 있다. 즉, 나는 소외되었고alienated,
그렇다, 소유/빙의되었다possessed. 나는 외부자alien, 살아 있는 죽은 자,
좀비이다. 물론 "나"와 그것을 장악하고 있는 "타자"는 이제 동일하므로
동사 "있다"의 주어인 "나"는 없거나 더는 없다시피 하거나 더는 전혀 없
다는 것만 제외하면 말이다. 비인칭형이다. 비 온다. 간다. 죽인다. 뱀파이
어가 나와서 장악하고 이겼다. 공포. 비참. 파괴. 급강하. 파멸. 되감기.

◉ 정신적 변환자 그리고 다른 "정신변경자"의 힘을 발견하게 해준다.

정보원들이 바로 이런 방식으로 좋을 때와 나쁠 때, 위기에서 위기로
나아가며 생존한다고 공언하지 않는가? 그것이 그들의 공통 운명, 인간
들의 운명 아닌가? 비싼 값을 치른 생존. 기상학에서 고기압과 저기압
depression zone(꽤 괜찮은 은유다) 사이의 계속 불안정한 균형과 약간 비슷
한 것. 압력과 역전된 압력, 그들의 기분의 미묘한 분위기. 자아(이 단어
는 아직 불확실하며 나중에 정의할 것이다)에게 있어서 존재한다는 것은
우선 잇따른 두려움의 파도에 저항한다는 것이다. 그 파도는 우리를 집
어삼킬 수 있지만, 그 각각은 또한 유인attraction이나 올가미, 장치, 술책,
어떤 종류의 계략으로 경로를 벗어나게 할 수도 있다. 그런 것들을 통해
우리는 우리를 속였던 존재자들이 결국 반대로 우리가 존재하는 데 도
움을 주고 있다는 것을 갑자기 발견하게 된다. 마치 우리를 개별적으로
목표로 하지 않지만 우리를 휩쓸어가는 파도를 타는 것처럼, 우리가 그
존재자들 위에 그것들을 통해서 그것들과 함께 그것들 덕분에 기술skill
의 힘을 빌려 탈 수 있다는 것을 발견하게 된다. 마치 당신이 누구인지

거의 다 변경한다는 의미에서 **정신변경자**PSYCHOTROPES라고 불러야 할 많은 존재자들이 있는 것처럼 말이다. 그것들은 당신의 영혼을 빙빙 돌려서 온통 혼란스럽게 한다.

그런 계략과 기술은 신화에서 묘사되고 있다. 의례들이 그것들을 드러내주며 로맨스 잡지의 은밀한 폭로가 그것들을 즐긴다. "그가 내게 말했고 내가 그에게 말했다. 그러고 나서 그가 나를 꾸짖었다. 내 말을 오해하지 마. 나는 상관없어. 내 말은 진심이 아니었어. 그가 나를 못마땅하게 여긴다. 그가 자청한 일이야. 항상 이런 일이 생기네. 당신을 겨냥한 것이 아니야." 우리가 이러한 긴장과 비틀림, 계략을 피할 수 있는 순간이 단 한 번이라도 있는가? 우리 자신을 보호하고 힘을 역전시키고 긴장을 끝내고 저기압 지대, 우울함에 저항해야 할 의무에서 벗어날 수 있는 순간이 있는가? 우리 안에서 이동하는 것 같은 무언가의 가공할 에너지로부터 이득을 얻지 못하는 단 한순간이라도 있는가? 이렇게 공포와 두려움의 흐름을 뚫고 장애물을 뛰어넘는 것은 상류로 거슬러 올라가는 연어의 여정과 비슷하다—한순간이라도 자신을 놓아버리면 하류로 휩쓸려 내려가 사라지고 정리되고 해체되고 짓눌리고 운반되고 소비되고 병들고 죽고 썩는다—그러나 견디고 고집하면, 지느러미를 힘차게 움직이면, 존재하고 도달하고 재생산할 수 있는 상태를 향해 나아간다. 그것은 바로 "있다to be"와 "가지다to have"라는 동사의 행복한 연접conjunction이 가리키는 상태이다. "우리는 '가져'져왔다." 바로 그것이다. "우리는 소유되어왔고, 휩쓸려왔고, 장악되어왔고, 거주되어왔다."

그러나 당신은 누구에 의해 소유되는가? 누가 당신을 휩쓸어 가는가? 누가 당신을 가로지르는가? 누가 당신 안에서 거주하기 시작했는가? 우리가 그의 전화기를 보기 전에는 자신에게 말하는 실성한 사람으로 착각하게 되는 사람의 경우에서처럼 분석가는 이렇게 질문하지 않을 수 없다. "당신은 누구에게 말하고 있는가?" 그리고 지금까지 멈출 수 없었던 정보원들은 여기서 침묵하고 주저한다. 그들은 자신에게 이야기하는 바보로 오인되고 싶지 않은 것이다. 그들은 실로 소유자, 운반자, 경유자, 특별히 까다로운 거주자들과 접촉하고 있다고 느끼지만, 그들을 설명할 적절한 표현을 찾을 수 없는 것 같다.

그러면 우리 인류학자는 조금 실망스러운 표정으로 그들을 바라볼 수도 있다. 다른 집합체들이 그동안 그러한 "소유자들", "거주자들"과 거래를 시작하기 위해 발전시켰던 모든 것을 생각하면, 이러한 갑작스러운 말하기 장애는 일종의 문화 결여, 거의 무례함을 보여준다. 마치 한편으로 완전하고 자율적이며 진정하고 진실한 자아를 찾으려는 것과 다른 한편으로 그 자아의 끊임없는 제조, 계속되는 돌연변이에 필요한 개체들의 증식 사이에 아무런 관계가 없는 것처럼 말이다. 마치 다른 민족들이 "너무 쉽게 믿는다"고 말해지는 힘들을 체계적으로 회피하는 것에 정말 병적인 무언가가 있는 것처럼?

이러한 존재자들의 창설은 치료적 장치에서 이루어졌다 ⊳

내부에서 비롯된 것 같지 않은—모두가 이것을 인정한다—존재자들에 대한 인식에서 분석가가 더 나아갈 수 있는 접근법을 근대적 집합체들의 중심에서 발견할 수 있을까? 비록 우리가 그 존재자들의 외부성, 즉 그것들에 적합한 객관성의 유형을 아직 규정할 수 없다 하더라도 말이다. 그들의 복잡한 논리와 특유한 합리성을 파악하기 위해 치료적 therapeutic 장치를 선택하고 싶은 유혹을 받는다. 여기서 치료적 장치라는 용어는 격정에 휩싸인 연인의 서투른 표현에서 정신분석가의 소파나 약리학 실험실, 퇴마의식에 이르기까지, 돌봄과 치료를 제공하려는 모든 것을 포괄하는 넓은 의미로 사용한다. 적어도 근대인들 가운데에서 우리는 그토록 이상해 보이는 위치를 갖는 이러한 존재자들과 어떠한 살기 좋은 관계를 유지할 수 있는지 바로 이러한 장치에서 매일 확인하는 것 아닌가?

마치 치료 절차들이 그런 삼키고 휩쓸어가고 소유하는 존재자들에게 실험실이 앞서 언급한 〈자연〉의 존재자들에게 제공하는 것, 즉 우리가 그들의 창설을 파악할 수 있는 특권적 장소를 제공하는 것처럼 말이다. 다른 문화들에서 발달한 의례, 우주론, 철학과 비교할 때, 그것은 분명히 약화된 형태의 존재의 문제다. 치료적 장치는, 이론적으로는 아니더라도 실천적으로, 비가시적 존재자들에 대한 일반적인 부정에서 벗어난 유일한 장치이다.

◉ 특히 민족정신의학 실험실에서 이루어졌다.

특히 우리가 **민족정신의학**ETHNOPSYCHIATRY의 방식에 따라 비가시적 존재자들에게 접근할 때 그렇다. 사실 우리 분석가가 소위 근대적 치유 기술과 이른바 "구식 혹은 원시적" 치유 기술을 비교할 수 있는 드문 장소들 가운데 하나에 주의를 집중한다는 현명한 생각을 하지 않았다면, 그의 연구를 경험적인 것으로 만드는 것을 단념했었을 수도 있다. 여기가 바로 그러한 변형적 존재자들이 가장 잘 식별될 수 있는 곳이다. 상황적 인지가 (그리고 과학학이) 지시의 연쇄에서 유래한 일련의 사유의 요소들 가운데 특정 요소를 따라가는 것을 귀속 가능하게, 즉 합리적이게 만드는 것을 가능케 했듯이—평범한 뇌가 이러한 지시의 연쇄를 따라 분기해서 객관적이고 과학적이 되는 정도로까지—민족정신의학은 추적하기 훨씬 어려운 또 다른 요소, 즉 우리를 "소유하고 있다"는 혐의를 받는 "소유자"라는 요소를 인식 가능하게 만들어준다. 민족정신의학에서 보면—물론 토비 나탕Tobie Nathan의 비옥한 민족정신의학에서 보면—자아는 진정성을 추구하며 자기 자신에게 말하는 실성한 사람이 아니다. 사람이 그 자아에게 말하고, 자아는 대답하고 자유재량의 기구를 가지고 있고 심지어 사람들이 처음에는 외국어인 언어로 말하는 것을 이해할 수 있기도 한 그런 것이 더는 아니다.

그러나 창설의 문제가 걸려 있는 그 존재자들의 언어를 우리는 어떻게 이해할 수 있을까? 무엇보다도 그들과 친숙해지려면 인공적 장치, 즉 의례를 통과해야 한다는 것을 인정해야 한다. 그리고 그들이 "우리"를 변신metamorphosize시킬 수 있다면, 그것은 그들이 우리를, 어쨌든 **인격적 개인**PERSONS으로서 우리를 "겨냥"하지 않고 "우리를 타자로", 외부자로 "오인"하기 때문이라는 것을 인정해야 한다. 그 이유는 나중에 살펴보겠다. 나아가 이것은 우리가 종종 그들을 속일 수 있는 이유를 설명해준다. 그들이 우리를 자아로 여기지 않기 때문에, 우리는 "그들이 다른 무언가를 우리로 착각하게 할" 수 있을 것이다. 지나치게 단순하고 얄팍한 설명이라고? 누구도 이러한 특정한 피조물들의 요구 조건에 부합하는 더 나은 것을 발견하지 못한 것 같다. 악한 마법과 선한 마법을 가르는 것은 아주 작은 차이이다. 우리가 삼켜질 것인가 아니면 반대로 우리를 삼키려 하는 것을—그것이 우리라고 착각한, 그리고 우리가 자신을 변형하기 위해 걸터탈 수 있는—다른 표적으로 옮겨가게 해서 잡을 것인가? 율리시스는 결국 프로테우스까지 결박하는 데 성공했다.

우리는 각자 이와 같은 비가시적 존재자들과의 접촉에 대한 소중한 명언집을 간직하고 있다. 가령 우리를 구해준 선한 마법의 말들이 있다—"사실 아무것도 아니었어. 내가 표적인 것 같았는데 내가 아니라 다른 것이었어." 우리를 "혼란과 불안으로" 몰아넣은 악한 마법으로 인해 아물지 않고 평생 우리가 되씹을 상처들도 있다. 또한 우리가 반은 자의로 메신저 역할을 해온 죽이는 말들도 있다—"내가 말하려던 것은 그게 아니야. 정말 미안하다." 좋다. 하지만 사실은 내가 한 말이 어쨌든 표적을 맞혔고 꽤 효과적으로 죽였다는 것이다. 이러한 힘들은 "다른 곳을 통과하도록" 만들어질 수 있다(정신분석에서 전이transfer라는 관념으로 아주 잘 표현된다). 그 힘들은 통과하고, 우리는 그것들을 변형하고 전이시킨다. 우리가 제대로 다루기만 한다면, 그것들은 통과하면서 우리에게 계속해나갈, 전혀 다른 방식으로 더 나아갈 에너지를 준다. 마치 강물이 물레방아 바퀴를 돌리듯이 말이다—단, 물레방아가 강물의 압력을 견딜 수 있어야 한다. 그것은 학술적이거나 대중적인, 널리 알려지거나 사적으로 유지되는, 자족적이거나 남겨져 있는 방대한 백과사전이다.

민족정신의학이 타자들(정확히는 "돌팔이들") 사이에서만큼이나 우리 자신 사이에서도 존중하도록 가르친, 종종 많은 장치를 갖춘 그 모든 학술적 기구는 사실 그러한 존재자들과 타협할 수 있도록 해주는 "거래"의 장치다. 그 존재자들은 우리보다 훨씬 더 강력하지만 우리를 개인으로서 알아보지 못하며, 그래서 우리는 그들이 크로노스처럼 돌덩이를 자식으로 착각하도록 만들어서 그들을 오도하고 그들의 가공할 힘을 다른 곳으로 향하게 만들거나, 아니면 반대로 그들을 마침내 설치해서 "앉히고" 제도화하고 수호신으로 만들 수 있다.

변신[MET]의 존재자들은 ⊙

치료적 장치는 연구자에게 이러한 개체들의 사양specifications과 그들의 매우 특정한 현존이나 부재의 양식의 윤곽을 그려볼 수 있는 기회를 제공한다. 그 개체들이 그토록 마음을 사로잡는 것은 그들이 언제든 우리를 변형시킬 수 있기 때문이다. 그들은 불가해하게 우리를 괴물로 만들 수 있고, 소외되고 소유되고 상황에 따라서는—항상 더 안심되는 것은 아니지만—기발하게 만들 수도 있다. 우리가 꿈을 꾸고 있든 깨어 있든, 단순한 분노에서부터 우리가 저지를 수 있다고 느끼는 가공할 범죄에 이르기까지, 험악한 표정에서부터 격렬한 열정에 이르기까지, 우리 가운데 이런 변형적 존재자들과 끊임없이 접촉하지 않는 사람은 아무도 없다. 그들과의 관계에서 보면 우리는 마치 정신을 생산하는 존재자들이라는 그칠 줄 모르고 쏟아지는 비를 계속 맞는 연약한 봉투envelope와 같다. 그 존재자들 각각은 우리에게 영향을 주고 우리를 움직이고 엉망으로 만들고 화나게 하고 휩쓸어가고 삼킬 수 있다. 아니면 반대로 우리가 자신이 할 수 있다는 것을 알지 못했던 어떤 것을 하게 만들 수 있고, 그 어떤 것은 그 이후 계속 우리 안에 거주하고 우리를 소유하게 된다. 존 카사베츠 영화의 여주인공처럼 우리는 모두 그러한 "정신 변경자들"에 따라 긍정적이거나 부정적으로 "취한 채로" 살고 있다. 우리는 그들이 무엇인지, 무엇을 원하는지, 무슨 언어를 쓰는지, 그들을 어떻게 "앉혀야" 하는지 여전히 알아내야 한다.

이러한—충격, 소외, 발견, 변형, 설치의—경험은 아주 흔한 것이지만 심리학의 좁은 틀 내에서는 규정하기가 매우 어렵다. 자아의 연속성을 보장하는 것은 자아의 진정한, 말하자면 본래의 핵심이 아니라, 매 순간 자아를 파괴할 수도 있고 반대로 자아 안에 자신을 설치할 수도 있는 힘들에 의해 옮겨지고 휩쓸려 갈 수 있는 자아의 역량이다. 경험은 우리에게 이러한 힘들이 외부적인 것이라고 말하지만, 공식적 설명은 그것들이 내적인 것이라고—아니 아무것도 아니라고—주장한다. 아무 일도 생기지 않고 모두 우리 머릿속에 있다고 주장한다. 한 가지 확실한 것은 여기에 현기증 나는 불연속성을 통한 도약과 통과, 공백으로 얻어지는 어떤 형태의 연속성이 있다는 것이다. 그래서 우리는 **변신** METAMORPHOSIS이라는 고유한 존재양식의 첫 번째 근사치를 얻게 되며 앞으로 그것을 [MET]로 표시할 것이다.

◉ 까다로운 진리진술 형식을 가지고 있으며 ◉

독자는 아마도 이 존재자들이 어떤 외부성을 가지고 있지만—경험과 일반적인 통념은 그렇다고 말한다—그것들이 그리는 **궤적**TRAJECTORIES은 사양specifications의 작성에서 요구되는 진리진술의 유형을 가질 수 없음을 인정할 것이다. 이 모든 것이 터무니없는 것임을 누구나 알고 있다. 기껏해야 오래된 접골술 치료법이거나 최악의 경우 정신 조작일 것이다. 모두가 "우리는 절대 어떤 것에도, 마술적 '통과'나 교묘한 속임수 같은 어떤 것에도 의지하지 않을 것이다"라고 말할 것이다. "마술적"이라는 단어는 논쟁의 여지가 있을 수 있지만, "통과"라는 단어는 우리에게 아주 잘 어울린다! 문제되는 것이 바로 이것이기 때문이다. 우리를 조준하고 공격하고 묻고 부수고 소유하고 삼킬 무언가를 어떻게 통과하게 만들 것인가?

이제 여기서 우리는 까다로운 형태의 진리진술을 발견한다. 이러한 존재자들에 대해 정말 아무 말이나 할 수 없고, 단 하나의 잘못 선택된 단어, 단 하나의 오인된 제스처, 단 하나의 부주의하게 행해진 의례만으로도 모든 것이 끝나버리기 때문이다. 풀어주는 것이 아니라 감금하고, 돌보는 것이 아니라 죽일 수 있다. 모든 일이 머리카락 한 올, 하나의 면도날 위에서 아슬아슬하게 벌어져서가 아니다. 면도날이 날카롭지 않아서가 아니다. 반대로 우리가 예상했고 합리적인 것―이유를 찾는 것―이 요구하듯이, 잘 말할 수 있는 (잘 우회하고 방향을 잘 돌리고 잘 설치할 수 있는) 표현과 나쁘게 말하거나 저주할 수 있는 표현을 구별할 수 있게 하는 미묘한 결의론들casuistics이 있기 때문이다.

비합리성, 마술, 사기라는 비난으로 뭉개고 놓쳐서는 안 될 구분이 있다면 그것은 이러한 주술화enchanting와 탈주술화disenchanting 간의 중대한 구분이다. 우리가 이러한 적정성 조건들이 선과 악, 참과 거짓을 구별할 수 있는 역량을 무시해야 하는 것은 그것들이 보통 무언의 상태여서가 아니다. 그것들이 약리학 연구소 주변의 음침한 교외 조제실이나 타블로이드지와 로맨스 잡지의 운세 같은 것으로 밀려나 있어서가 아니다. 이러한 적정성 및 비적정성 조건들은 반대로 극히 까다로운 형태의 진리진술을 정의한다. 이 진리진술은 사람들이 사무실, 사원, 수녀원으로―이에 대해 효과적으로 말할 수 있는, 다시 말해 당신에게 말하고 행하는 것을 통해 당신을 돌볼 수 있는 흔치 않은 사람들의 실험실로― 몰려갈 만큼 까다롭다. 이러한 실천들은 오컬티즘의 모든 거짓 수수께끼와 혼란에 얽매여 있을 수도 있지만, 그러한 연극적인 어둠을, 상황을 개선하는 의례와 악화시키는 의례 사이의 차이에 대한 진정한 수수께끼와 혼동해서는 안 된다. 이 차이는 오히려 보존되고 소중히 여겨져야 하며, 그것이 나타내는 이성ratio과 판단을 놓치는 비합리성이라는 비난으로부터 확실히 보호되어야 한다.

이것이 **창설**INSTAURATION의 세 번째 특징, 즉 잘 만들어진 것과 잘못 만들어진 것 사이의 차이였다는 것을 상기해보자. 엉터리 사기와 궁극적으로 합리적인 심리학 간의 쓸데없는 대립이 유일하게 중요한 대조, 즉 좋은 돌팔이와 나쁜 돌팔이, 좋은 정신분석가와 나쁜 정신분석가, 좋은 신경정신과 의사와 나쁜 신경정신과 의사, 약물의 올바른 용량과 잘못된 용량 사이의 작지만 중요한 뉘앙스를 모호하게 하도록 허용해서는 안 된다. 곤경에 처한 영혼들이 그저 간절하게 좋은 치료사를 찾고 있을 때, 합리적인 것과 비합리적인 것 중 하나를 선택하도록 강요해서는 안 된다.

◉ 특정한 존재론적 요구 조건을 가지고 있다 ◉

그러나 절합articulation은 우리가 그 존재자들에게 잘 말하거나 잘 말하지 못하는 문제이며 이런 형태의 절합을 파악하려면 우리는 여전히 그 존재자들을 정의할 수 있어야 한다. 동시에 자아를 공격하고, 그것이 올바른 표적인지 의심하고, 치료의 제스처가 자신의 방향을 돌리는 것을 허용할 수 있는 이 외부자들aliens은 누구인가? 그리고 반대로 이제 자기 자신을, 한때 표적이었고—자신을 사로잡고 자신 안에서 계속 서식하는 그러한 존재자들 덕분에 스스로를 철저히 변형시킴으로써—결국 외부자가 된 어떤 것으로 간주하는 또 다른 자아를 성공적으로 오염시킬 수 있는 이 외부자들은 누구인가? 앞에서 본 것처럼 이 모든 외부자들이 "나에게서" 오고 "내 안에" 거주한다고 태연히 단언하는 것은 불가능하다. 그 자체로 어떤 존재도 없고 따라서 어떤 위험도 없는 객체들에 나의 정신이나 욕망, 두려움을 단순히 "투사"한 것에 불과하다고 단언하는 것은 불가능하다. 그런 진단은 이상하게도 그들이 내 안에 거주하고 나를 삼키는 것을 돕는 것과 마찬가지이며 그들과 함께 나 자신에 대한 음모를 꾸미는 것과 마찬가지일 것이다! 마치 평범한 심리학이 ("봐, 그건 그냥 당신일 뿐이야. 아무것도 아니라고. 당신이 투사하고 있어. 당신은 제정신이 아니야. 걱정하지 마. 다 당신 머릿속에 있는 거야."라고 하면서) 악령들과 포식자들의 거주를 더욱 용이하게 하는 놀라운 결과를 가져온 것처럼 말이다…. 아니, 우리는 그들에게 일관성과 외부성, 그들 자신의 진리를 주어야 한다. 그러나 어떤 일관성인가?

◉ 이는 합리적으로 따라갈 수 있다 ◉

근대주의에서는 그들에게 이런 한 가지 질문으로 접근할 수밖에 없다. "그러나 결국 그러한 존재자들은 실재하는가 아닌가?" 너무 빨리 대답하면 우리는 심리학으로 되돌아가게 될 것이다. 그렇지만 비가시적 개체들에 대해 자유롭게 말하기 위해서 그들의 존재에 "괄호를 치는 것"이 적절하기 때문에 이러한 유형의 주제에 대해서는 이러한 질문이 발생하지 않는다는 말로 그 질문을 유보하는 것은 불가능하다. 마치 그들로부터 자유로워지는 문제라도 되는 것처럼 말이다! 그것은 우리가 파악한다고 주장하는 것들과의 거래를 피할 수 있는 기분 좋은 방법일 뿐이다. 장비를 갖추고 교정되는 지식이 문제였을 때 **상대주의**RELATIVISM를 둘러싼 대논쟁을 피할 수 없었던 것과 마찬가지로, 비가시적 존재자들에게 그들 자신의 언어로 말하는 문제에서도 상대주의 논쟁을 피할 수 없다[MET·REF]. 이 탐구에서는 모든 존재자가 우리에게서 자신의 정확한 존재론적 목초지를 받기를 기대하며 동등하게 주장한다.

앞으로 나아가기 위해서는 겉으로 보이는 것과는 상관없이 처음에 우리가 **합리적**RATIONAL이라는 형용사에 부여한 의미를 엄격히 고수해야 한다. 우리가 해석의 키, **전치사**PREPOSITION를 추가하는 연결망을 계속 따라가는 것은 합리적이다. 당신을 삼키려 하지만, 당신의 작은 인격에 대한 문제가 아니므로—그것은 그들에게 중요하지도 않고 더구나 내용도 없다—당신을 표적으로 삼지는 않는 "소유/빙의의 존재자들beings of possession"이 있다고 말할 때, 우리는 어떤 음조로 그 뒤에 따라오는 것을 들어야 하는가? 그리고 이 탐욕스러운 존재자들이 당신을 다른 것으로 여기는 것이 아니라 다른 것을 당신으로 여기고 그래서—당신이 그들이 원하는 것을 알아낼 수 있고 그들을 적절하게 설치할 수 있는 수단을 찾을 수 있다면—당신이 아주 다른 것이 되도록 허용하는 것과 같은 방식으로, 그러한 치료—물질적이고 집단적이며 고도로 제도화된 물질기술적 장치—가 개입할 수 있다고 단언할 때 우리가 진정으로 의미하는 것은 무엇인가? 다시 말하자면, 그 존재자들이 이미 당신을 목표로 하지 않고 잘못된 표적을 쫓고 있기 때문에 우리가 그들을 기만하고 속이고 방향을 돌릴 수 있으며, 그들도 또한—당신을 목표로 하지 않기 때문에—당신을 정말로 변화시킬 에너지의 원천이 될 수 있다고 단언할 때 우리가 진정으로 의미하는 것은 무엇인가? 마침내 "나는 타자이다!"

◉ 더블클릭[DC]의 판정이 적용되지 않는다면 말이다.

우선 이 점을 상기해보자. 더블클릭이 제안한 템플릿만을 그러한 장치에 적용한다면 사람들은 의심의 여지 없이 이렇게 외칠 것이다. "그러니까 당신은 돌과 테이블이 존재하듯이 악마와 악귀도 존재한다고 믿는군!" 다시 말해, 이러한 존재자들의 존재론적 무게를 찾는 인류학자는 정신병원의 광인일 것이다[MET·DC]. 그러나 잊지 말아야 할 것은 이 동일한 더블클릭의 눈에는 가장 엄격한 과학자도 정신병 환자 구속복을 입고 있어야 한다는 것이다. 광업학교의 훌륭한 박물관에 보관된 지질학적 "돌"은 우리가 지정하고자 하는 그 존재자들을 닮지 않은 만큼이나 양식good sense의 돌도 닮지 않았기 때문이다[REF·DC]. 테이블에 대해 어떻게 생각할지는 다음 장에서 알아볼 것이다. 그것 역시 놀랄 만한 점들이 있다.

정신적 존재자들에 대한 더블클릭의 실수에는 희비극적인 점이 있다. 즉, 더블클릭이 "변형 없는 운반"을 상상하기 위해서 할 수 있는 모든 것을 다할 때(자신이 지시에 필요한 **불변의 가동물**IMMUTABLE MOBILES을 모방하고 있다고 믿으면서), 그는 치료가 하고자 하는 것과 정반대의 결과, 즉 근본적인 변형 없이는 운반은 있을 수 없음을 확실히 하는 것으로 귀결된다. 따라서 더블클릭은 모든 변신metamorphosis의 기회를 피하려 한다. 이는 마치 잠수함에 쫓기는 구축함에게 어뢰를 피하기 위해 방향을 틀면서 가는 것이 아니라 그냥 직진하라고 하는 것과 같다…. 쾅! 확실히 침몰할 것이다. 더블클릭은 이번에는 평소처럼 진리진술의 원천을 회피해서 기만하는 것에 만족하지 않고 아예 죽인다.

우리 인류학자는 이제 단 두 가지가 아닌 여러 존재론적인 템플릿을 활용할 수 있다는 단순한 이유 때문에, 사악한 천재보다 유리한 점을 (그리고 아마도 저주하지 않고 따라서 죽이지 않을 수 있는 역량도) 가지고 있다. 인류학자가 정신생성적psychogenic 존재자들의 존재를 인식해야 한다고 선언하고 그들의 정확한 존재의 무게를 결정하려고 할 때, 그는 더는 그들을 "물질적 사물"과 혼동하지 않아도 된다. 그 이유는 명확해졌다. "**물질**MATTER"은 더블클릭이 부과한 범주 오류[REP·DC]를 다소 허술하게 은폐하기 때문에 더는 어떠한 존재자에 대해서도 표준이 될 수 없기 때문이다. 그 때문에 "물질적 사물"은 바로 이 프로크루스테스 침대에도 맞지 않는다. 그 라벨이 가리키는 것이 재생산과 지시라는 두 가지 양식[REP·REF]을 융합하기 때문이다.

따라서 인류학자가 그러한 존재자들을 외부화함으로써 그들의 존재의 무게를 존중하려 할 때(그렇다, 그들은 정말 나의 외부에 있고 이것이 아마도 내가 그들을 위한 공간을 만들도록 함으로써 나 자신을 치료하는 것일 수도 있다), 그는 "**자연**NATURE"을 전혀 언급하지 않는다. 그래서 이 새로운 존재자들의 종족을 "초자연"으로 분류하려는 유혹을 피한다. 〈자연〉이 없으면 초자연적인 것도 없으니까. (나중에 보게 되겠지만, 이러한 **빼기**subtraction는 우리의 내재성 탐색에서 환영받을 것이다.)

사양에 관한 질문에 이런 방식으로 대답하는 데 동의한다면, 그들에게 테이블이나 의자와 같은 존재의 연속성, **동위태**ISOTOPY를 요구하지 않고도 그들에게 일정한 외부성을 부여할 수 있어야 한다. 이 존재자들은 더는 내부에서 외부로 투사된 표상이나 상상, 환영이 아니다. 그들은 의심할 여지 없이 다른 곳에서 왔고 스스로를 부과한다.

그런데 어떻게? 그들은 그들의 존재의 무게, 그들의 존재론적 존엄성을 가지고 있다. 그런데 어떤 것인가?

그들의 고유성은 변이의 어떤 끌어냄에서 비롯된다 ⊙

치료적 장치가 이 존재자들의 일차적 식별을 허용한다면, 이제 우리의 질문지에 새로운 항목을 추가하고 매번 어떤 **변이**ALTERATION가 수반되는지 질문함으로써 사양을 더 진전시킬 수 있어야 한다. 사실, 이제 우리가 〈주체〉와 〈객체〉의 배경도법에서 자유로워지기 시작하면서 그 질문은 필수적이다. 만약 존재 방식이 단 두 개가 아니라 여러 개라면, 우리는 더는 어떤 방식을 단순히 다른 방식의 대립으로 정의할 수 없기 때문이다. 분석은 매번 이 양식에 고유한 존재의 방식, 그리고 그것이 자기 변이의 새로운 방식을 고안하는 긍정적인 방식을 진단하는 모험을 해야 한다. 이제부터 우리는 공백hiatus, 적정성 조건felicity conditions, 이러한 존재자들이 그리는 궤적trajectory에 이어서, 각 양식이 타자로서의 존재에서 끌어내는debit 변이alteration를 질문지에 추가해야 한다. 여기서 우리는 여전히 타르드의 말을 반복하고 있다. "차이는 차이화를 통해 나아간다."

우리는 치료적인 질문만으로 시작해서 이미 그들을 정의할 수 있다. 그들의 이름은 아마도 레기온Legion일 수도 있고, 물론 프로테우스, 어쩌면 천 개의 꿈을 가진 모르페우스일 수도 있다. 이 다변형의proteiform 캐릭터는 우리 모두에게 친숙하다. 우리가 존재하는 시간의 거의 절반 동안은 꿈에서, 나머지 절반 동안은 깨어서 그것을 접하기 때문이다. 이 존재자들은 사실 우리를 다른 어떤 것으로 변형하고 자기 자신도 다른 어떤 것으로 변형할 수 있는 이중의 특성이 있다. 그들이 없다면 우리는 어떠할까? 항상 영원히 똑같을 것이다. 그들은—제임스의 말을 빌리자면—다중우주multiverse 속에서 무서우면서도(그들이 우리를 변형시키므로) 주저하고(우리가 그들을 속일 수 있으므로) 발명적인(우리가 우리 자신이 그들에 의해 변형되도록 허용할 수 있으므로) 변이의 경로를 그려나간다. 그래서 그들을 인식하기 시작하자마자, 우리는 그들이 우리를 끌어들이는 심연, 빠져나올 수단, 그리고 우리가 "어떻게 접근할지" 알기만 하면 활용할 수 있는 가공할 에너지를 동시에 측정한다. 그들은 우리가 그들을 두려워할 때만 우리를 악랄하게 속이기 시작한다. "변신 metamorphosis"이라는 단어가 이 존재자들에게 일어나는 일, 그들을 애착하는 인간들에게 일어나는 일, 우리가 그들을 발견하고 때로는 설치할 수 있게 해주는 치료 도중에 일어나는 일을 동시에 가리키는 것은 바로 그런 이유에서다.

⊙ 이는 왜 비가시성이 그들의 사양에 포함되는지 설명해준다.

나아가 이 변신의 역량은 우리가 이 존재자들을 비가시적 개체들이라고 말하는 이유를 설명하는 것이기도 하다. 그들의 비가시성은, 이 장의 도입부에서 우리가 그렇게 믿는 척했던 것처럼 이른바 "가시적 세계"와의 대조에 의존하는 것이 아니다. 그것은 이 개체들이 완전히 다른 존재 템플릿에 대응한다는 사실과 관련이 있다. 이 말에는 이상한 것이 없고, 거부감을 불러일으키거나 반대로 불가사의한 것에 대한 병적인 욕구를 불러일으킬 것도 없다. 우리는 단지 이 존재자들에게 그들을 테이블이나 돌과 같은 기준에서 지속하는 개체로 만들어줄 양식을 확실히 귀속할 수 없을 정도로 그들이 변신을 겪는다고 선언하고 있을 뿐이다. 우리는 그 존재자들을 오컬트라고 부를 수도 있겠지만 그것은 행성이나 소행성이 "엄폐"를 거친다고 말하는 그런 의미에서이다. 행성이나 소행성 역시 나타나고 사라지기 때문이다. 그 존재자들은 우리가 순식간에 "아무것도 아닌 줄 알았는데 돌아보니 무섭게도 거기 있었어" 또는 반대로 "무언가 있는 줄 알았는데 돌아보니 아무것도 없었어"라고

말할 수 있다는 점에서 특이한 외부자이다. 흥미롭게도 이 특별한 형이
상학을 가장 잘 표현하는 것은 아마도 공포 영화의 수많은 "특수 효과"
일 것이다. 릴케가 말했듯이 우리 삶의 그 모든 괴물들은 그저 도움을
청하는 사랑스러운 어린 소녀들일 뿐일지도 모른다.

이 존재자들의 비가시성은 비합리적이거나 초자연적이거나 신비한
것이 아니다. 그것은 그들의 정확한 절합의 형태에서 비롯된다. 우리는
그들을 타자로 여긴다. 그들이 자신들과 우리를 타자로 여기고, 그래서
우리에게 타자가 될 수 있는, 우리의 궤적에서 벗어나고 혁신하고 창조
할 수 있는 수단을 주기 때문이다. 우리가 그들을 두 번 다시 같은 방식
으로 보지 않는다면 그것은 그들이 변형되기 때문이다―우리가 그들
을 포착할 수 있게 해주는 장치의 결과로 우리도 변형되기 때문이다. 따
라서 그들을 따라가는 법을 배우는 것은 비합리적인 것에 굴복하는 것
이 아니라 오히려 객관성의 경로 가운데 하나를 탐구하는 것이다. **다중
양식의**MULTIMODAL 용어 같은 것이 있다면 객관성이 그런 용어이며, **객관
성**OBJECTIVITY이 문제시된다는 것을 분명히 하기 위해 약어 표기[MET]
를 덧붙이는 것이 적절하다.

[REP·MET] 교차는 극히 중요하다 ⊙

이제 이 지점에서 이 존재자들에게 치료에서만이 아니라 더 큰 무게
를 부여할 가설을 시도해보는 것이 유용할 것이다. 우리 민족학자가 치
료에서 출발한 것은 그것이 그에게 손잡이를 제공할 수 있는 유일한 제
도였기 때문이다. 이제 다른 집합체들이 이 존재자들에게 치료적일 뿐
만 아니라 우주론적이기도 한 버전들을 제공했다. 그러한 존재론들을

정당하게 취급하는 탐지를 제안하는 것이 가능할까? 우리가 이제 이해하듯이 근대인들과 타자들을 포착하지 못하는 "내부세계"와 "외부세계" 사이의 〈이분화〉가 아닌 다른 기반에서 협상을 시작할 수 있게 해주는 탐지를 제안하는 것이 가능할 것인가?

우리가 이 존재자들을 규정하기 위해 그들과 재생산의 존재자들 사이의 교차에 접근한다면 불가능하지 않다[REP·MET]. 재생산의 존재자들은 존재로부터 **변이**ALTERATION의 특정한 가치를 추출할 수 있다는 것을 상기하자. 즉, 그들은 정확히 자기 자신, 자신과 동일한 존재자들, 적어도 자신과 거의 동일한 존재자들을 재생산한다. 타자로서의 존재에 대해 말할 때의 이점은 우리가 다른 많은 형태의 차이들을 이용할 수 있는 타자성의 보유고에 의지할 수 있다는 것이다. 존재자는 마치 모든 문명이 그것의 대조의 특정한 버전들을 제공하는 것처럼 그것의 다양한 차이들을 탐구한다고 말할 수 있을 것이다. 이제 재생산의 자원이 아닌 변형의 자원을 탐구하는 또 다른 형태의 변이를 가정해보자. 이번에는 최소의 변형—지속—을 통해서가 아니라 최대의 변형—말하자면 변신metamorphosis—을 통해 존재의 연속성의 대가를 지불하는 문제이다. 모든 것이 다른 무언가가 될 수 있고 되어야 한다.

◉ 그러나 그것은 주로 다른 집합체들에 의해 다루어져 왔다 ◉

만약 그렇다면 우리는 치료적 장치를 통해서만 그러한 존재자들을 포착함으로써 그들의 범위를 심각하게 축소하고 있다고 이해할 수 있다. 그들은 훨씬 더 발명적이다. 재생산의 존재자들과 마찬가지로 그들은 인간에 무한히 앞선다. 재생산의 존재자들이 지속성을 보장한다면,

그들은 변신metamorphoses, 즉 타자로서의 존재를 가로지르는 전체 집합—아마도 "인간적인 것"이 나중에 그것으로부터 영양분을 취하고 어쨌든 그것으로부터 분기하고 가속하고 에너지를 얻을 수 있는, 그러나 결코 대체하거나 생성하거나 생산할 수는 없는 일종의 매트릭스 또는 반죽 과정—을 증식시키며 그럼으로써 그 둘의 결합으로 만들어지는 나름의 리듬을 그것에 부여한다. 그 두 가지 존재양식은 비록 나중에 온 우리에게는 원초적이거나 적어도 전인류적prehuman으로 보이겠지만, 사실 "원시적"이지 않고 반대로 대단히 발전한 양식들이다. 이 존재양식들은 다른 양식들이 상이한 변이와 갱신을 선택해서 음조를 바꾸어 modulate 나갈 수 있게 되는 재생산과 변신의 증식을 책임진다는 점을 제외하고는 어떠한 명제도 절합도 단언도 없다. 그런데도 우리가 그것들을 "전언어적PRELINGUISTIC"이라고 규정한다면, 그것들을 매우 잘못 파악한 것이다. 오히려 그 양식들은 그것 없이는 음악이 들리지 않는 통주저음을 형성하는 것이다.

⊙ **따라서 그것은 비교인류학에 협상을 위한 새로운 기반을 제공한다.**

그러한 가설은 **근대화 전선**MODERNIZATION FRONT이 초래한 총체적인 오해를 이해할 수 있게 해줄 것이다. 재생산의 존재자들을 "외부세계"로, 변신의 존재자들을 "내부세계"로 간주하도록 요구함으로써 근대인은 자신들이 "미신에서 해방시키고 있다"고 주장하는 사람들은 물론 자기 자신도 이해할 수 없었다. 비가시적 개체들을 이렇게 무시하는 것은, 그 개체들이 근대인에게 다른 모든 사람들과 한 번이라도 동등한 입장에서 접촉할 수 있는 독특한 기회를 제공했다는 점을 감안할 때 더욱 이상하다. 사실, 세계에서 가장 잘 분포되지 못한 것은 이성—어쨌든 데카르트적 이성—이나 〈과학〉이 아니라, 재생산의 존재자들과 변신의 존재자들 사이의 교차를 탐구하기 위해 모든 집합체가 고안해낸 섬세한 정교함들이다. 다른 문화들이 체계적으로 실천해온 이러한 교차는 근대인들 사이에서는 공식적인 존재 형태가 없다. 식민주의자들이 계속 놀라는 것도 놀랄 일이 아니며, 피식민자들이 놀라서 이렇게 의아해하는 것도 당연하다. "그런데 그런 존재자들을 상대하지 않으면, 어떻게 계속 생존할 수 있을까?"

이제는 우리에게 놀랍지 않은 반전을 통해 백인들은 합리적 심리학, 타고난 주관성, 그리고 주관성의 이점을 지구 전체로 확장할 수 있었을—무의식을 보너스로, 약물은 옵션으로—제조되지 않은 진정한 자아를 "마침내" 소유한 (딱 맞는 단어다!) 사람들로 자신을 타자들에게 제시했다. "옛 아담은 아직도 환상을 품고 있다. 〈이성〉이 그것은 아무것도 아니고, 당신에게 아무 일도 일어나지 않았으며, 신성한 것은 없고, 그것은 모두 당신의 머릿속에 있는 것임을 보여주면 그 환상은 사라질 것이다." 요컨대 모든 것은 마음 안에 있다 *Totius in mente*. 여기서 우리는 앞서 "물질"의 후원 아래 마주쳤던, 각별히 국지적인 형태의 자민족중심주의ethnocentrism의 때 이른 보편주의를 다시 발견한다.

그 결과 근대인은 널리 확산된 심리학 제도들 속에서 다른 어떤 사람들보다도 많이 잠겨 있지만, "악의 세력" 앞에 돌봄 없이 남아 있다. 그들은 실로 **무의식**UNCONSCIOUS을 소유하고 있지만, 불행히도 그것으로 할 수 있는 것이 많지 않다. 무의식은 적합한 계략에 의해 에너지가 굴절되는 존재자들로 구성되는 것이 아니기 때문이다. 일종의 괴물이지만, 어떠한 우주론에 대한 접근도 더는 제공하지 않는 괴물이다. 마치 감정의 내적 기원에 대한 근대인의 주장에 악마적인 어떤 것이 있기라도 한 것 같다. 바로 그들의 가장 지속적인 경험과 그 경험에 대해 자신이 어떻게 생각하도록 허용할지 사이에 있는 그러한 분열division 말이다. 여기서 우리 인류학자는 불안감이 든다. 근대인은 위태롭게 소외되어 있지 않은가? 그것이 그들의 역사의 많은 부분을 설명해주지 않을까? 마치 〈객체〉의 광기 뒤에 〈주체〉의 광기가 있는 것처럼 말이다. 그럼에도 불구하고 그는 그들을 믿지 않을 수 없다. "당신이 말한 것처럼 '다른 문화들'로부터 무언가를 배워야 하는 영역이 한 가지 있다면, 분명 이 영역일 것이다. 당신이 일단 〈이분화〉에서 벗어나고 나면, 어떤 것도 당신이 사실상 상호작용하기를 멈춘 적이 없었던 존재자들과 다시 연결되는 것을 막지 않을 것이다."

8장

기술의 존재자들을 가시화하기

기술에 부과된 특이한 침묵과 ⊙ 기술의 특정한 초월성의 형태에 부과된 특이한 침묵은 ⊙ 연결망 분석[TEC·NET]뿐만 아니라 ⊙ 독창적인 존재양식의 탐지를 요구한다 ⊙ 그것은 재생산[REP·TEC]과는 다르다.

우리는 기술적 우회로의 경험으로 돌아가야 한다 ⊙ 그것은 더블클릭과 형식/기능 관계에 의해 숨겨졌다.

이 지점에서 [REP·REF] 교차의 교훈을 도출함으로써 ⊙ 우리는 더는 기술을 그것이 남긴 객체들과 혼동하지 않을 것이다.

기술은 특정한 형태의 비가시성을 제공한다 ⊙ 즉, 기술적 미로이다.

기술의 존재양식은 [MET·TEC] 계략에 의존한다 ⊙ 재생산의 존재자들 [REP·TEC]의 지속성에 의존하는 것만큼이나.

[TEC]에 고유한 진리진술은 ⊙ 독창적인 접힘에 의존한다 ⊙ 그 접힘은 탈연동이라는 핵심적인 관념 덕분에 탐지될 수 있다.

이 양식의 펼침은 우리에게 더 많은 기동 공간을 준다.

기술에 부과된 특이한 침묵과 ▶

　독자들이 안심하도록 이 점을 분명히 해두자. 근대인이 변신의 존재자들과 유지하는 관계—정신을 생산하는 존재자들에 한정된 관계, 그러나 다른 집합체들은 아주 상이하게 채웠던 관계—를 정의하려고 시도하면서, 우리는 유령이나 마녀, 악마에 대한 의심스러운 애호를 표명하지 않았다. 우리는 단지 근대인의 우주론이 왜 그렇게 추적하기 어렵고 경험의 교훈과 모순되는지 이해하려 노력했을 뿐이다. 준비 운동을 계속하고, 우리의 탐구가 두 가지 이상의 양식을 고려하도록 허용하는 존재론적 다원주의로부터 이득을 얻기 위해, 이제 근대주의에서 완전히 다른 지위를 누리는 존재자들을 포착하려 한다. 우리는 "근대화 전선을 통해 근대인은 스스로를 미신을 종식하고 마침내 기술의 효과를 발견한 사람으로서 제시할 수 있었다"라고 생각했다. 우리는 이 주장의 첫 번째 부분에 대해 어떻게 생각해야 할지 이제 알고 있다. 그러면 두 번째 부분은 어떻게 이해해야 할 것인가?

정보원들이 어떤 존재자들의 비존재를 주장할 때 사실은 그들을 증식시키고, 반면 다른 존재자들의 거대한 현존을—그리도 자랑스럽게!—강조할 때 우리는 그 존재자들을 거의 찾아볼 수 없다. 기술의 존재자들이 바로 그런 경우에 해당한다([TEC]로 표시). 마술과 마법의 존재자들에서 기술의 존재자들로의 이행이 전례 없는 일은 아니다. **질베르 시몽동**GILBERT SIMONDON이 『기술적 대상들의 존재양식에 대하여』라는, 유명하지만 거의 읽히지는 않는 저서에서 이미 그 길을 개척했다. 하나의 양식에서 다른 양식으로 넘어가며 우리는 앞에서 몇 차례 언급했던 근대인의 그다지 물질적이지 않은 **물질**MATTER, "유물론이라는 관념론"에 대해 더 깊이 살펴볼 것이다. 장인들, 실제로 엔진과 기계를 만드는 창의적인 엔지니어들로 고개를 돌려보면, "**구성주의**CONSTRUCTIVISM"가 그것에 그다지 충실한 것 같지 않은 이상한 구성의 관념을 명확히 할 수 있을 것이다.

우리 민족학자가 보기에 근대인의 가장 놀라운 측면 중 하나는 그들이 신적인 존재들이나 지식들, 신들을 다루는 방식이 아니라, 위대한 발견의 시대가 시작된 이래로 모든 타자들의 눈에 가장 명확하게 그들을 정의해온 것, 즉 기술technology을 전개하는 기법과 방식에 그들이 너무 작은 공간을 부여한다는 사실이다. "견고한 유물론자"라고 자부하는 사람들이 **재료들**MATERIALS(물질과의 대조를 명확히 하기 위해 우리가 사용할 단어)의 견고성에 대해 다시 생각해보지 않은 것 같다. 과학과의 경쟁에서 자신의 존재론적 지위를 유지하지 못한 종교를 멸시하는 것은 이해할 만하다. 변신의 존재자들과 그들의 변조에 대해 회의적인 태도를 취하는 것도 지극히 당연하다. 변신의 존재자들은 항상 그들을 조작하는 사람들을 다소 위험하게 오염시키기 때문이다. 하지만 도구는 어떠한가? 로봇은? 기계는? 그들이 수십만 년 동안 끊임없이 뒤엎고 갈아엎어 온 바로 그 풍경, 지난 3세기 동안 다른 어떤 정념보다도 우리 삶을 혼란에 빠뜨렸던 발명품들, 이제 지구 전체를 무겁게 짓누를 정도로 거대한 규모의 생산 시스템들은 어떠한가?

그러나 객관적 지식의 이점—그리고 객관적 지식에 대한 도전에 수반되는 치명적인 위험—에 관한 책이 천 권 있다면 기술에 관한 책은 열 권도 안 되고, 기술을 사랑하지 않을 때 우리가 직면할 수 있는 치명적인 위험을 경고하는 책은 세 권도 안 된다. 인식론보다는 덜 지루한 정치철학조차 기술철학보다 관련 서적이 더 많다고 자부할 수 있다. 기술철학에 관한 책은 손가락으로 셀 수 있을 정도이니 말이다. 우리가 인식론이라는 단어로 여전히 지식에 대한 지식을 의미하는 데 반해, 기술이라는 단어에서는 앙드레 르루아-구랑André Leroi-Gourhan과 그 제자들의 노력에도 불구하고, 기술에 대한 어떤 종류의 성찰이 갇혀 있음을 기억하지 못한다는 것이 이러한 쇠퇴의 증거이다. 우리는 칩으로 가득 찬 가장 평범한 세탁기에 대해 그것이 "기술"—심지어 "근대 기술"—의 한 사례라고 말하는 데 주저하지 않으면서도, 그것으로부터 어떤 교훈을 얻을 것을 기대하지 않는다. 우리는 "기술자"에게 기계를 수리해달라고 부탁하지만, 그것에 대한 깊은 성찰을 요청하지는 않는다. 기술자의 철학으로 무엇을 하겠는가? 기술이란 그저 편리하고 복잡한 방법의 집합일 뿐이라는 것을 누구나 알고 있다. 생각해야 할 것이 없다.

본질적으로는 동일한 이론과 실천의 구별 때문에, 연구 대상들에 핵심적인 질문들에 대한 신뢰할 만한 정보원을 찾기 어려운 것이 우리 민족학자에게 더는 놀랍지 않다. 그러나 정신생성적psychogenic 존재자들을 다루는 법을 가르쳐주는 정당한 제도가 없는 것과 마찬가지로 기술을 수용할 정당한 제도도 없다는 것은 연구자에게 여전히 놀랍다. 근대인은 어떻게 기술의 생경함과 편재성, 그리고 말하자면 영성spirituality을 놓치게 되었는가? 어떻게 그것의 화려한 불투명성을 놓칠 수 있었는가? 민족학자는 쓰기 시작한다. "저희는 저들이 무엇을 만드는지 정말 알지 못합니다. 아버지시여, 저들을 용서하십시오. 그들은 자신이 무엇을 하는지조차 모릅니다."

◉ 기술의 특정한 초월성의 형태에 부과된 특이한 침묵은 ◉

우리가 재생산의 존재양식[REP]에 대해 주저할 수 있다면(그 존재양식의 지속성이 그것의 간극을 감추므로), 지시의 연쇄[REF]에 대해서도 주저한다면(멀리 있는 개체들에 도달하고 나면 결국 이러한 접근을 가능하게 한 도구들을 망각할 위험이 있으므로), 기술적 궤적에 고유한 우회와 위임이 각각의 행위 과정에 도입하는 **공백**HIATUS에 대해서도 주저해야 한다. 부주의로 인한 작은 실수 하나로도 기술적 궤적 특유의 **작은 초월성**MINI-TRANSCENDENCE의 형태를 놓칠 위험이 있다.

모든 양식은 초월적이라 할 수 있다. 변이의 경로를 따라 한 단계와 다음 단계, 한 매개와 다음 매개, n과 n+1 사이에 언제나 도약과 단층선, 지연과 위험, 차이가 있기 때문이다. 연속성은 항상 결여된다. 예를 들어 측량기사가 수첩에 기록한 수치에 대해 측지 기준점들보다 더 초월적인 것은 없다—이는 4장에서 제시된 첫 번째와 두 번째 의미에서의 형식들이다[REF]. 카트에 실려 재판소 기록원으로 옮겨지는 수천 쪽의 묵직한 서류들에 대해 재판에서 배심원들에게 제시되는 문서의 단 한

줄의 질문보다 더 초월적인 것은 없다[LAW]. 형식적인 기도의 미적지근함과 기도의 의미를 처음으로 이해하게 될 때의 강렬함 사이의 관계보다 더 초월적인 것은 없다[REL]. 종이반죽으로 만든 무대 세트와 거기에서 나오는 캐릭터들(우리는 그들과 조우하는 법을 나중에 배우게 될 것이다)의 생동감 사이의 관계보다 더 초월적인 것은 없다[FIC]. 과거의 당신과 정신생성적psychogenic 존재자에게 사로잡힌 후 변화된 당신 사이의 거리만큼 초월적인 것은 없다[MET]. 초월성은 풍부하다. 행위 과정의 두 부분들 사이에는 항상 불연속성이 있기 때문이며, 말하자면 그 부분들이 불연속성의 대가와 경로, 구원을 구성한다.

우리는 매번 이런 것들을 명명하는 법을 배워야 한다. 성공적인 탐구를 위해 일종의 형이상학자가 될 수밖에 없었던 인류학자의 눈에는, 두 개의 세계, 즉 내재적이고 충만한 첫 번째 세계가 있고 그 위와 너머에 또 다른—초자연적인—세계가 추가되고 그 아래에 "표상"을 수용하기 위해 또 다른—내부성—세계가 추가로 만들어져야 하는, 그런 두 개의 **세계**WORLDS는 더는 존재하지 않는다는 것을 상기할 필요가 있을까? 이제 인류학자 앞에는, 모두 자신들의 특정한 경로에서 이전 단계에 대해 약간 초월적인 하위자연적subnatural 존재자들—〈자연〉까지 포함해!—외에는 없다. 그 존재자들은 연결망을 형성하며, 그 연결망들은—범주 오류를 가능한 한 피해 서로 타협해야 하고 상호 교차하는 경우를 제외하고는—서로에게 관심을 잘 기울이지 않는다. 가장 결여되어 보이는 것은 **내재성**IMMANENCE이다. 아니, 내재성은 태생적native이 아니라 부차적이며, 10장에서 살펴보겠지만 그것 또한 어떤 매우 특정한 존재양식에 의존한다. 따라서 세계는, 아니 다중우주multiverse는 순환하는 초월성들로 가득 차 있다—아니, 순환하는 초월성들에 의해 끊임없이 비워진다. 순환하는 초월성들은 좀 더 오래 존재하기 위해 잇따라 건너야 하는 문턱과 도약으로 구성되는 미묘한 점선을 따라 세계 안으로 파고든다. 요컨대 장애물 코스다.

이제 독자는 연구자가 "⟨객체⟩"와 "⟨주체⟩"라는 두 가지 패턴만 자원으로 삼아서는 기술을 정당히 다룰 수 없는 이유를 알고 있을 것이다. 존재양식들을 비교하면서 연구자는 고려해야 할 존재의 템플릿들을 증가시켜야 하므로 자신의 작업을 복잡하게 만들고 있음이 분명하다. 그러나 다른 면에서는 결국 비교를 통해 각 양식의 무게를 결정하기 위한 수많은 상이한 도구들을 작업대 위에 가지고 있으므로 작업을 단순화하고 있기도 하다.

시몽동Simondon의 천재성은 기술적 존재자들을 마술적, 종교적, 과학적, 철학적 존재자들과 관련해 적정titrate하게 살펴보지 않고는 기술적 존재자들의 존재양식을 명시할 수 없음을 알았다는 것이다. 목공일을 하는 사람이라면 누구나 몇 가지 기초적인 도구가 아니라 드라이버, 렌치, 톱, 펜치 등 도구 세트가 있을 때 그의 기술skill이 늘어난다는 것을 알고 있다. 앞에서 말했듯이 이것이 유명한 오컴의 면도날을 합리적으로 사용하는 유일한 방법이다. 존재자들의 수를 임의로 제한하기 위해 무작위로 자르는 것은 그것을 서툴게 사용하는 것이다. 반대로 오컴의 면도날은 다양한 크기의 도구들을 사용해서 모든 존재양식을, 피조물 자체의 마디에 따라 그중 어느 하나도 툭 잘라내지 않고 절단하는 작업대처럼 쓰여야 한다.

◉ 연결망 분석[TEC·NET]뿐만 아니라 ▶

이 새로운 작업대에서 앞으로 더 나아가기 위해 민족학자는 현재 흔히 사회-기술적 연결망socio-technological networks이라고 불리는 것에 의존할 수 있다. 사회-기술적 연결망은 물론 잘 식별된 연결망의 양식[NET]에 따라 물질적 장치들의 놀라운 이질성을 묘사하기 위한 완곡한 표현이다. 마치 원자력 발전소나 드론, 장어 덫이나 쇠톱이 "사회적"인 것과 "기술적"인 것이라는 두 영역의—그리고 그 두 영역만의—요소들의 도움으로 존재를 유지하는 데 만족할 수 있는 것처럼 말이다. 역사가들이 말하는 "기술적 체계"가 국지적 차원에서 실로 존재하더라도, 법이 법으로 만들어지지 않고 종교가 종교로 만들어지지 않는 것과 마찬가지로 "기술적 체계"도 기술로 만들어지지 않는다는 것을 우리 민족학자는 이미 비용을 지불하며 배웠다. 분석을 복잡하게 만드는 것은 "기술"의 영역으로 착각할 만한 영역이 전혀 없다는 것이다("사회적인 것"의 영역이라는 것도 없지만 그것은 또 다른 문제다).

아무리 작은 행위 과정이라도 그것을 따라가기 위해서는 예를 들어 수십 가지 학문 분야나 전문가 그룹의 경제적 중재, 국제 표준, (종종 논쟁의 여지가 있는) 재료 저항성 시험, 사회법칙, 기어 구동장치, 화학 반응, 전류—이 모든 것은 특허나 고장, 오염이나 조직의 문제와 빠르게 뒤섞인다—등에 속하는 다양한 부분들을 기록해야 할 것이다. 연결망이라는 (이번에는 **행위자-연결망 이론**ACTOR-NETWORK THEORY의 의미에서) 관념이 말하자면 앞서 언급한 기술의 **영역**DOMAIN에서 발달했던 것은 우연이 아니다. 어떠한 기술이든 그것이 작동하기 위해서는 다양한 것들을 추가해야 하기 때문이다[TEC·NET]!

우리의 탐구를 위한 도구들은 잘 알려져 있으며 그것들의 생산성은 더 이상 입증할 필요가 없다. 이제 우리가 할 일은 어떤 행위든 그것의 연속성에 필요한 수없이 많은 불연속성을 기록하기 위해, 가장 작은 혁신이 취한 길을 재구성하고 미지의 기술을 배우는 느린 과정을 따라가며 고고학자나 민족지 연구자들이 의미를 전혀 파악하지 못하는 객체와 마주치는 것이다. 그러나 기술적 체계의 이질성은 논쟁controversies에서 가장 명확하게 나타난다. 사고나 고장, 오염 사건이 발생할 때 "체계"는 논쟁과 재판, 언론 캠페인을 통해 갑자기 가능한 한 최대한 비체계적이 되며, 기술사회학자들을 기쁘게 하는 예상치 못한 분기를 증식시킨다.

우주왕복선 챌린저호 폭발 참사가 작은 고무 오링의 내한성resistance to cold뿐만 아니라 항공우주국 나사NASA의 복잡한 업무 흐름에서 의사결정 책임의 분배로 인해 발생했다고 진상조사위원회가 최종 결정한 것은 놀라운 일이었다. 브르타뉴 해변에서 녹조 확산을 저지하려면 관광에 의존하는 지방정부의 시장들이 질산염 반응이나 쓰레기 수거 장비 판매업자의 솔깃한 제안만큼이나 농업조합 선거에도 관심을 가져야 하며, 환경부 장관과 프랑스 해양탐사연구소를 관여시키는 것에도 관심을 가져야 한다는 것을 격렬한 논쟁 덕분에 알게 되는 것도 놀라운 일이다. 기술적 장치들을 더 많이 연구하고 그 상세한 내용을 더 많이 고려할수록 그것들을 일관된 전체로 통합해버릴 가능성은 적어진다.

과학기술학 연구의 결과가 견고한 것으로 간주될 수 있는 영역이 한 가지 있다면, 그것은 기술적 장치들의 유지에 필요한 이질적 요소들의 현기증 나는 전개에서이다. 과학기술학 연구가 과학을 다룰 때 언제나 상대주의라는 핵심적인 문제—우리는 이 문제에 상당한 시간을 들였다—때문에 비판받을 수 있지만, 그 연구로 인해 가능해진 기술 체계의 전개는 그 현장에 대한 접근성의 문제만 발생시킬 뿐이다. "기술 인프라"에 대해 말할 때, 우리는 항상 다른 사람들이 분석으로부터 보호하고 조심스럽게 봉인되고 은폐된 **블랙박스**BLACK BOX로 만들어서 불가역적이게 만들려고 하는, 거의 모든 곳에서 온 장치의 어느 정도 봉합된 혼합을 가리킨다. 이렇게 비밀이 된 장소들에 침투하는 것이 어려울 수도 있지만, 그것은 우리가 논쟁의 여지가 없는 필연성의 연쇄를 맞닥뜨리기 때문이 아니다. 경건한 체하며 "물질성"이라는 유일하게 불가피한 운명으로 우리를 되돌려 보낼 기술의 영역이라는 것은 없다. 적어도 여기서 구성주의의 장점은 분명하다. 모든 것이 조립되었고 모든 것이 분해될 수 있다는 것이다.

◁ 독창적인 존재양식의 탐지를 요구한다 ▷

그러나 과학기술학 문헌에 익숙해지고 있다고 해서 우리가 반드시 연결망의 존재양식이 아닌 다른 존재양식에 가까워지고 있다는 의미는 아니다. 주어진 행위 과정을 완성하기 위해 "행위에 돌입"하는 다른 요소들을 발견할 때마다, 각각의 행위 과정 전반에 걸쳐 실로 불연속성이 있고 이질성이 있고 놀라움이 있지만, 결국 우리는 이미 잘 구획된 이 존재양식의 논리를 따르고 있을 뿐이다. 독자가 주변을 둘러보기만 해도 그런 요소들을—그 요소들의 매개, 개입, 번역이 그것의 완수에 필수불가결하다—통과하지 않고는 단 하나의 동작도 할 수 없음을 쉽게 알 수 있을 것이다. 독자가 아무리 게으르고 해먹에 누워 뒤척거리고 있기만 한다고 하더라도, 공중에 머물면서 땅에 있는 쐐기풀이나 진드기에서 떨어져 있으려면 해먹을 통과해야 한다…. 그가 의지하는 것은 해먹의 직조와 밧줄의 견고함이다. 그는 그것들에게 그의 몸을 붙드는 일을 위임한다. 그러한 우회와 그러한 위임에, 모든 존재자가 자기 유지를 위해 의지하는—그리고 우리가 이미 [NET]으로 주목하는 법을 알고 있는—존재자들 사이의 놀라운 연결 이상의 다른 무엇이 있는가?

이러한 보충물은 포착하기 쉽지 않다. 식별 가능한 기술의 영역이나 제도가 없기 때문만이 아니라, 어떤 존재자든 그것의 유지에 필요한 존재자들의 목록을 따라가 보면 모든 것이 이런 측면에서는 기술이 되기 때문이기도 하다. 해먹뿐만 아니라 그것이 매여 있는 두 개의 단단한 나무도 그렇다! 그것들도 자기 유지를 위해 다양한 존재자들에 의존한다. 그것들은 그러한 존재자들과 "연결하기를 배워왔고", 마치 양털에서 파인울 가닥을 뽑아내는 것만큼이나 확실하게 그러한 존재자들을 처음의 목표로부터 "방향을 돌렸다"—번역하고 등록하고 비틀었다. 모든 존재자가 자기 유지를 위해 타자들을 원래 경로로부터 방향을 돌린다.

◉ 그것은 재생산[REP·TEC]과는 다르다.

그렇다면 우리는 재생산[REP]의 존재자들을 다루고 있는 것인가? 긴 "생명의 역사"에서 나무의 "진화"나 광합성의 "발명", 나뭇잎의 "발견"에 대해 이야기할 때는 분명히 그렇다. 마치 그러한 재생산의 존재자들이 "문제를 해결"해야 했고 다른 분기가 아닌 특정 분기를 "선택"했다고 상상하는 것처럼 말이다. 그렇다면 해먹과 그것이 단단하게 매여 있는 나무는, 다른 존재자들을—전자는 양을, 후자는 뿌리, 마디, 박테리아를—등록할 수 있는 같은 역량, 같은 발명성을 공유할 것이다. 요컨대 모든 존재자는 같은 기술성technicity에서 비롯된다.

그러나 우리는 이렇게 해먹을 나무와 동화시킴으로써, 즉 기술의 존재자들을 재생산의 존재자들과 동화시킴으로써[REP·TEC], 그들을 연결망과 혼동하는 것만큼이나[TEC·NET] 확실하게 진단 오류를 범한다는 것을 분명히 느낄 수 있다. 기술의 존재자로 우리는 변이alteration의 순서상 새로운 것을 다루고 있기 때문이다. 우리가 나무의 기술적 역사—예컨대 광합성의 "발명"—를 상상할 수 있다면, 그것은 우리가 나무는 몇 번이나 다시 시작할 수 있었을 것으로 상상하기 때문이다. 나무가 사용 가능한 존재자들을 상이한 방식으로 결합함으로써 자신의 존재를 지속할 수 있는 몇 번의 기회를 얻을 수 있었을 것으로 상상하기 때문이다. 그러나 바로 그 다시 시작할 수 있는 기회가 재생산의 존재자들에게는 결코 주어지지 않는다.

이것은 심지어 그들을 정의하는 것이기도 하다. 그들은 되돌아올 가능성 없이 존재의 공백hiatus에 자신을 던진다. 존재할 것인가 존재하지 않을 것인가. 위에서 보았듯이 그것이 그들의 가혹하고 파괴적인 적정성 조건이다. 물론 살아 있는 것들—심지어 비활성적인 것들—의 진화를 기술적 존재자들의 양식[TEC]에 따라 읽을 수 있겠지만, 여기서 우리는 앞으로 탐구 과정에서 여러 번 마주칠 특징, 즉 각각의 양식은 다른 모든 양식을 자신의 존재 유형에 따라 파악한다는—그리고 각각의 다른 양식을 매번 특정한 방식으로 오해한다는—점을 다루고 있다. 그[REP·TEC] 교차를 풀려면 여전히 우리는 기술적 존재자들의 고유한 변이에서 정말 독창적인 것이 무엇인지 정의할 수 있어야 한다.

우리는 기술적 우회로의 경험으로 돌아가야 한다 ▶

매번 그랬듯이 경험을 하나의 영역과 일치하게 만들려는 희망을 제쳐두고 경험에 다가가려고 해보자. 경험에 대해 적절하게 말하는 법을 배우기 위해, 기술적 **궤적**TRAJECTORIES은 파악하기 쉽지 않고—지시의 연쇄를 확립하는 존재자들과 마찬가지로[TEC·REF]—똑바로 가지 않는다는 것을 인정하자. 장인, 엔지니어, 기술자, 심지어 아마추어 목공의 실천에서의 모든 것은 변형의 다양성, 결합의 이질성, 영리한 책략의 확산, 연약한 기술의 섬세한 조립을 드러낸다. 이 경험이 등록하기 어렵다면, 그것은 우리가 경험에 충실하기 위해서는 그것의 희소함, 눈부신 비가시성, 깊은 구성적 불투명성을 받아들여야 하기 때문이다. 경험이 항상 두 가지 모순되는 요소들의 목록, 즉 희소함과 평범함, 예측 불가능함과 예측 가능함, 찰나적인 것과 끊임없이 새롭게 시작되는 것, 불투명함과 투명함, 증식하는 것과 통제되는 것 사이에서 동요하기 때문이다.

이 경험은 우리가 처음에는 눈부신 지그재그라고 정의할 만한 것을 직면할 수 있게 해주는 것 같다. 예측할 수 없는 우회로 덕분에, 재생산의 순서에서 아주 멀리 떨어져 있는 존재자들이 그토록 많은 독창성을 요구하는 퍼즐의 잃어버린 조각이 된다. 각각이 다음 것보다 더 영리하고 예측하기 어려운 일련의 긴 우회로를 통해, 우리는 예를 들어 암치료 병동에서 핵물리학이 나타나는 것을 목도한다. 다른 우회로를 통해서는 나무와 강철이 서로 관여되어 균형 잡힌 망치 손잡이를 이룬다. 또 다른 우회로를 통해서는 프로그램과 컴파일러, 반도체와 레이더의 연속된 층들이 서로 얽히고 정렬해서 지금까지 지하철 자동화 시스템에서 차량을 연결했던 단단한 연결 장치를 대체하는, 완전히 계산된 "비물질적 연결 장치"가 된다. 게다가 그들이 취한 우회로, 그들의 완전한 독창성을 파악하기 위해 반드시 번뜩이는 기술 혁신을 멀리서 찾아봐야 하는 것은 아니다. 문이 너무 빨리 닫히는 것을 방지하는 쐐기를 찾는 손재주꾼 bricoleur의 소박한 손짓이나, 핸드백 손잡이나 약병 뚜껑의 위치를 바꾸는 디자이너의 사소한 발견에서도 같은 번뜩임을 발견할 수 있다. "그것에는 비결이 있고" 찾아내기만 하면 된다. 그게 전부다.

기술적 존재는 마치 조로처럼 불타는 Z를 번개처럼 그린다! 이 지그재그를 따라가 보자. 이보다 더 흔하고 평범한 것은 없을 것이다. 출근하려고 차에 탄 당신이 무슨 일인지 알지 못한 채 차고 안에 그대로 있다. 작업복 차림의 정비사가 차 아래 웅크리고 뭐라고 중얼거리고 당신은 그게 무슨 말인지 알아들으려고 애쓴다. 정비사가 새어 나온 기름에 더럽혀진 손으로 당신이 이름도 기능도 알 수 없는 어떤 부품을 가리키고 있는 것 같다(당신은 이제 상황을 파악하기 시작한다). 당신은 가용한 예비 부품과 정비사의 기술에서 "기적이 일어나길 바라기" 시작한다. 다시 사무실로 향할 수 있게 되려면 "이것을 통과해야 한다"는 것을— 그리고 수리비를 낼 때가 되면 "그것을 느낄" 것이라는 것을—알고 있다. 의심의 여지가 없는 우회로의 폭포이다.

거기서 기술의 숨결이 당신을 스쳐 지나가는 것을 느꼈지만 그것은—진짜 어려움은 여기 있다—잠시 동안만이다. 수리비를 내고 차고를 나서자마자, 당신은—수리비에 대해 잠시 투덜거리더라도—부르릉하는 엔진 소리와 함께 바로 모두 잊어버릴 것이다. 기술적 존재자들을 파악하기 어렵게 하는 것은 바로 이러한 이상한 현존과 부재다. 그렇다면 이들도 변신metamorphosis의 존재자들처럼 엄폐의 존재자들인가? 기술적 존재자들도 특별한 "**통과**PASS", 심지어 마술의 손놀림에 의존하는가? 분석가가 기술적 존재자들의 사양specifications을 작성하기 위해서는 당연히 우회로detour, 지그재그 코스, 행위를 다른 재료에 의존하게 만드는 위임delegation, 새로운 구성이 확립되고 나면 그 존재자들이 뒤에 남기는 망각oblivion을 동시에 고려해야 할 것이다. 이 점에서 기술적 존재자들은 변신의 존재자들과 다르다. 변신의 존재자들은 잠시도 잊힐 수 없다. 당신이 그들을 잊으면 그들은 다음 모퉁이에서 당신을 "잡을" 것이다. 반면에 기술은 잊히고자 한다. 확실히 우리가 "그것은 숨기를 원한다"라고 말할 수 있는 것은 자연에 대해서라기보다는 기술에 대해서이다.

⊙ 그것은 더블클릭과 형식/기능 관계에 의해 숨겨졌다.

기술의 경우에서 흥미로운 것은, 흔히 경험할 수 있는 것이라서 파악하기 쉬워야 하는 그런 지그재그가 실제로는 두 가지 서로 관련된 이유로 인해 완전히 사라진다는 점이다. 그 원인이란 한편으로는 더블클릭의 습관적인 유린이며, 다른 한편으로는 기술과 그것이 뒤에 남기고 가는 것들 사이에서 항상 발생하는 혼동이다. **시몽동**SIMONDON이 쓴 책의 제목과는 대조적으로, 우리가 다루어야 할 것은 기술적 객체의 존재양식이 아니라 기술의 존재양식, 기술적 존재자들 자신의 존재양식이다. (이 연구에서 우리는 "X나 Y의 존재 또는 동일성이 무엇인가?"라는 질문에서 "우리는 X나 Y라는 존재자들, 타자성들, 변이들을 어떻게 다룰 것인가?"라는 다른 질문으로 옮겨가고 있음을 상기하자.)

더블클릭으로 시작해보자[TEC·DC]. 더블클릭은 언제나처럼 사실이나 악마, 천사, 법적 수단의 진행 경로를 판단하는 데 훨씬 덜 적합한 방법으로 존재 방식의 검사를 해주겠다고 나섰다. 하지만 평소와 같이 그렇게 명백히 부적합한 템플릿을 거부하는 대신, 그는 기술도 이 프로크루스테스의 침대로 가져오기로 했다. 전체 경험이 그러한 절단에 저항하지만, 더블클릭은 마치 기술도 단순한 정보, 단순한 형식을 변형 없이 운반한다는 듯이 행동했다. 엔지니어들이 항의하지 않은 것은 사실이다. 엔지니어들은 흔히 그들에게 귀속되는 고집스럽고 다소 어리석은 캐릭터의 이미지를 닮으려고 애쓴다! 더블클릭은 지식, 정신, 특히 물질 등 모든 곳을 타격한다. 근대인이 실천과 그 실천에 대한 설명 사이에서 파헤칠 수 있는 간극을 측정하려면, 인식론이나 심리학, 신학뿐만 아니라 **기술**TECHNOLOGY(여기서는 기술에 대한 성찰이라는 의미)도 살펴봐야 한다.

　모든 것이 그 반대를 가리키는데 어떻게 기술적 행위에 변형 없는 운반을 부과할 수 있을까? 유용성이나 효율성effectiveness, 더 전문적인 용어를 사용하자면 도구성을 추가하는 것으로 충분하다. 효율성과 기술의 관계는 객관성과 지시의 관계와 같다. 즉, 케이크를 먹으면서 손에 가지고 있을 수도 있는 방법, 수단 없는 결과, 다시 말해 적절한 매개 경로가 없는 결과이다(이 고대 신화의 삼미신 가운데 세 번째인 수익성Profitability도 마찬가지임을 나중에 살펴볼 것이다). 기술적 객체가 충실히 수행해야 하는 기능을 기술적 객체를 통해 운반할 뿐이라고 말하면, 기술의 모든 소용돌이와 골칫거리는 단숨에 잊힐 수 있다. 모든 기술에서 "완벽하게 숙달된" 도구를 통한 효율성의 운반을 볼 수 있고, 또한 지금까지 불활성이고 무형이었던 물질에 자기 머릿속에 있는 선험적 형식을 적용하는 제작자까지 첨가한다면, 당신은 마술적 손놀림으로 물질세계를 객체들로 (객체들의 물질성은 〈자연〉의 물질성과 같은 환영적 성격을 가진다!)

채우고 있다는 인상을 주면서도 그 물질세계를 사라지게 할 수 있을 것이다. 여기가 호모 파베르Homo faber가 등장하는 지점이다. 호모 파베르는 "물질에 대한 효율적 행위"로 도구를 통해 자신의 욕구needs를 주조한다. "물질에 대한 효율적 행위"라는 네 단어는 너무나 순진하며 그러한 지그재그를 파악하기에 적합하지 않다. 우선 물질이란 것은 없고, 사람이 그것에 "대해" 행위를 하지 않으며, 그 행위는 "효율적"이지 않고 (어쩌면 효율적일 수도 있겠지만 나중에나 그럴 것이다), 마지막으로 뒤에서 살펴보겠지만 그것이 "행위"인지는 전혀 확실하지 않으며 적어도 "누군가"의 행위는 아니다.

나에게 욕구와 개념을 달라. 그러면 그로부터 형식이 생겨나고 물질이 뒤따를 것이다. 자동차? "운송의 욕구"에 정확히 "대응"하며 각각의 형식은 운전자의 욕구로부터 "흘러나온다." 컴퓨터? 그것이 충족하도록 고안된 기능을 "효율적으로 수행"한다. 망치? 망치 역시 팔, 레버, 나무, 강철의 균형을 맞추는 "최선의 방법"에 대한 숙고에서 비롯되었다. 몰리에르는 의사들이 언급하는 양귀비의 수면을 유도하는 장점을 조롱했고, 이런저런 기술적 장치들에 대한 어린아이의 질문에 "그것은 그런 목적을 위해 만들어진 것이야!"라고 부정직하게 둘러댄 그 풍자 작가도 별반 다르지 않았다. 기술을 다루는 합당하지 않은 방식이 있다면, 그것은 기술이 목적을 위한 수단이라고 믿는 것이다.

이 경우 그것들은 어떻게 되는가? 그 자체 **형식**FORM(세 번째 의미)으로 고안된 물질에 사유가 적용되고, 그래서 다시 한 번 형식과 사유가 서로 반복하고 이 반복이 합리주의자들 사이에서 사물과 지성의 일치*adequatio rei et intellectus*와 같은 열정을 불러일으킨다. 우리는 재료를 잃었고, 기술적 우회를 잃었고, 영리한 책략을 잃었다. 기술은 좋은 것도 나쁜 것도 아니라고 말할 때, 사람들은 그것이 중립적이지도 않다고 덧붙이는 것을 잊어버린다.

이 지점에서 [REP·REF] 교차의 교훈을 도출함으로써 ▶

다행히도 연구자는 이 융합체amalgamation를 해체할 방법을 알고 있다. 연구자가 이미 과학에 고유한 가치를 놓칠 뻔했던 것과 같은 분기점에 위치해 있기 때문이다. 기술에 대한 사람들의 경멸은 앞서 살펴본 지시의 작용을 잘못 이해했던 것과 같은 모델에 따라 기술이 다루어진다는 사실에서 비롯된다. 인식론에서 지도와 영토 사이에 "대응"으로서 객관성의 이론이 있었던 것처럼, 기술에서도 형식과 기능 사이의 대응으로서 효율성의 이론이 있다. 기술은 인간—게다가 흔히 남성—에서 유래하고, 이어서 그 자체로 기하학과 지속성 사이의 혼동으로 구상된 물질"에" 적용되는 행위로 여겨진다[REP·REF]. 그러면 기술은 그 자체로 잘못된 과학 개념의 적용이 된다!

유물론이 결코 축복하는 법을 알지 못했던 것이 있다면, 그것은 재료들의 다양성, 즉 탐구하는 사람들의 영민함을 강화하는 숨겨진 힘들의 무한한 변이이다. 목적과 수단의 관계보다 기술에 덜 적합한 것은 없다. 목적과 수단은 동시에 발명되는 것이기 때문이다. 기술을 단순한 "〈과학〉의 적용"이나 단순한 "〈자연〉에 대한 지배"로 보는 것은 심각한 오해이다. 우리는 이제 대문자로 시작하는 이 두 단어에서 비롯한 오류의 무게에 대항하는 방법을 알고 있다.

우리가 알 수 있듯이 오해받는 것은 정신뿐만이 아니다. 기술자들도 마찬가지이다. 근대인은 기술자를 과학자로, 그러나 등급이 낮은 과학자로 간주하며, 그 두 집단 모두에 대해 오해하고 있다. 그러나 공허한 것은 기술이 아니라, 스스로에게서 경험과의 모든 접촉을 의도적으로 비워낸 존재로서의 존재 철학의 시선이다. 이 철학은 가장 훌륭한 댐 안에서 〈존재Being〉와 관련하여 독창적인 어떤 것도 보지 못한다. 하이데거라면 "단순한 존재자들"이라고 말해서 과학의 작업을 모호하게 만드는 보편적 운동을 반복하고 강화할 것이다. 〈기술〉이 이미 몰아세움Gestell으로 오해된 이후 〈과학〉은 단순히 〈기술〉의 아바타에 불과하다―숙달에 대한 거만한 오해, 기술적인 것으로서의 존재를 망각하는 좋은 사례, 존재론적 관대함의 매우 가혹한 결여!

기술공학의 모든 우여곡절을 항상 잘 정립된 선험적 원칙을 통해 연역할 수 있다는 생각은 언제나 엔지니어들의 비웃음을 샀다―소리 내어 웃지는 않았지만 말이다. 이사벨 스탕게르스Isabelle Stengers는 모든 기술적 발명을, 그것의 "논쟁의 여지가 없는 기초"로 과학자들이 인정하고 학생들에게 제시되는 "기본 원리들"로 환원하는 급진적인 사유실험을 구상했다. 기관차는 카르노 사이클로 환원되면 즉시 운행을 멈출 것이고, 비행기는 양력 물리학으로 제한되면 추락할 것이며, 모든 생명공학 산업은 생물학의 중심 도그마로 되돌려지면 세포 배양을 중단할 것이다. 기술의 비가시적인 것들이라고 불러야 할 것들이―일탈, 미로, 요령, 뜻밖의 발견이―사라지고 과학의 노력을 아무것도 아닌 것으로 축소시킬 것이다[TEC·REF]. 이제 비가시적인 것들은 없다. 지배도 없다. 절름발이 불카누스Vulcan the Lame가 자신의 법을 그에게 부과할 수 있다는 아테나의 주장에 조금도 개의치 않기 때문이다.

재료들 안의 모든 것이 독창성을 위한 영감을 준다. 우리는 어떻게 통제와 지배의 꿈을 위해 이러한 대조를 잃어버렸는가? 디드로에서 베르그손, 시몽동, 프랑수아 다고네François Dagognet에 이르기까지 프랑스 철학의 전반적인, 인정하건대 다소 가려진 흐름에서 존중되었던 **물질론** MATERIOLOGY을 우리가 어떻게 도외시할 수 있었는가? 앞으로 보겠지만 종교적 양식이나 정치적 양식의 손실과 마찬가지로 문명에 심각한 손실이다. 또한 마찬가지로 비극적인 전도이다. 기술은 너무나 뒤틀린 길을 따라가서 모든 종류의 다른 비가시적인 것들을 뒤에 남기기 때문이다. 위험, 폐기물, 오염, 예상치 못한 결과들의 완전히 새로운 미로가 남겨지고 우리 발아래 펼쳐진다. 매개 없이, 긴 우회의 위험을 무릅쓸 필요 없이 "목표를 향해 곧장" 앞으로 곧바로 나아갈 수 있다고 생각하는 사람들은 그것들의 존재 자체를 계속 부정한다. "마법의 탄환", "기술적 해결책". 모든 아름다움과 모든 편안함, 모든 효율성의 가장 귀중한 원천을 이상하게도 보지 못하는 근대인들. 그들 자신의 기술공학에 대해 얼마나 무례한가! 요구되는 모든 섬세함으로 기술을 사랑하기 위해 취해야 할 사전예방책precautions에 대해 이제 갑자기 이야기하는 것은 너무 늦었다.

⊙ 우리는 더는 기술을 그것이 남긴 객체들과 혼동하지 않을 것이다.

그러나 우리가 기술적 존재자들을 파악하는 데 어려움을 겪는 것은 "기술적 객체"라는 용어가 분석을 잘못 인도한다는 사실에서 비롯된다. 우리는 기술적 존재자들이 번개 모양으로 표시를 그린 후 뒤에 남기는 어떤 것이 아니라 공백 자체에 초점을 맞춰야만 더블클릭의 오해를 해소할 수 있기 때문이다. 우리는 기술적 존재양식을 객체 자체에서는 발견하지 못한다. 항상 그 옆을 봐야 하기 때문이다. 먼저 객체 자체와 여전히 수수께끼 같은 운동(객체는 이 운동의 흔적일 뿐이다) 사이를, 다음으로 객체 자체 내에서 각각의 구성 요소들(객체는 이 요소들의 일시적 배치일 뿐이다) 사이를 봐야 한다. 그리고 장인이 오랜 연습 끝에 습관적으로 할 수 있게 되는 능숙한 몸짓도 마찬가지이다. 우리가 그러한 몸짓을 익히기 시작했을 때는—고통스럽고 힘든—기술적 우회의 현존이 필요했다. 그러나 이 몸짓이 확고해지고 일상화되고 조절되고 조정되면, 우리는 더는 그것을 느끼지 않는다. 자동차 엔진에서 부르릉 소리가 나면 정비사의 현존을 느끼지 않게 되듯이 말이다. 차갑고 매끄러운 기술에 대해 흔히 말하는 것과는 달리, 사실 그 안에는 연속성의 단절만 있을 뿐이다. 사물들은 결코 완전히 접합되지 않는다. 그리고 우리가 기술에 대해 잊고 우리가 만든 사물이 제 삶을 살도록 내버려두더라도, 그 사물이 유지되고 복원되고 수정되고 갱신되어야 하는 순간 다른 창의적인 요령이 필요할 것이다. 그것의 존재를 유지하기 위해 다시 한 번 기술의 정신을 불러내야 할 것이다. 로봇, 즉 **오토마톤**AUTOMATON[자동 장치]보다 더 "타동적인heteromatic" 것은 없다.

기술은 특정한 형태의 비가시성을 제공한다 ▶

우리 연구자는 기술적 객체는 불투명하며—직설적으로 말하자면—이해할 수 없는 것이라고 결론짓는다. 기술적 객체를 우선 존재하게 하는, 그리고 차후에 유지하고 지탱하고 때로는 방치하고 내버리는 비가시적인 것들을 추가해야만 그것을 이해할 수 있다는 점에서 그러하다. 그러므로 [TEC]의 존재자들과 관계를 맺는 법을 배우려면 언제나 그렇듯이 더블클릭의 유혹을 피하고 사물에서 움직임으로 거슬러 올라가야 한다. 그 움직임이 사물들을 변형시켰고, 사물들은 특이한 표식의 궤적을 따라 존재하는 움직임의 잠정적인 일부분일 뿐이다.

이러한 이유에서 객체를 뒤에 남기지만 그러한 객체로 환원될 수 없는 기술의 고유한 궤적을 규정하려면, 앙드레 르루아-구랑을 따르는 기술학자들이 그랬듯이 **작동의 연쇄**OPERATIONAL SEQUENCES에 대해 논하는 것이 중요하다. 그런 연쇄들과의 만남은 쉽게 테스트해볼 수 있다. 의미를 전혀 알 수 없는 어떤 물건—선물 받은 물건이나 목적이 불분명한 기구, 또는 4만 년 전에 사라진 누군가가 자른 자국이 있는 후기 구석기 시대의 돌—앞에 그저 서 있는 것으로도 충분하다. 모든 것이 거기 있지만 아무것도 보이지 않는다. 마치 그 객체가 어떤 궤적의 자국에 불과한 것처럼 말이다. 우리는 그 궤적의 방향을 알 수 없고 한 조각씩 그 궤적을 재구성하는 법을 배워야 한다.

그것은 우리 연구자를 다시 논쟁으로 끌어들인다. "기계 안에 마음이 있다고? 아니, 정말 과장하고 있군. 다시 또 비가시적인 것들? 가장 물질적이고 가장 합리적인 효율성의 핵심에조차 비합리성을 더하려는 강박적 성향, 일종의 조증이다!" "그러나 비가시적인 것들이 없다면 어떤 객체도 유지되지 못할 것이고, 특히 어떤 오토마톤도 이 경이로운 자동화를 달성할 수 없을 것이다." "아, 그러니까 물질적 객체들 외에 그 주변에 기술자, 엔지니어, 검사관, 측량사, 중재 팀, 수리공, 설비사들이 있다는 말인가? 요컨대 인간들과 "사회적 맥락"까지 있다는 것인가?" "아니, 그런 말이 아니다. 기술이 인간보다 수십만 년 앞서니 말이다. 내가 말하려는 것은 근대인 당신이 객관적 지식에 대해 말하면서 지시의 경로를 생략할 수 있다면, 당신은 기술적 객체들이 일단 시작되면 스스로 유지한다는 이유로—사실이기도 하다—그것들을 창설하는 책임이 있는 것을 생략할 수 있다는 점이다. 단, 기술적 객체들은 결코 혼자서 그리고 돌봄 없이 있을 수 없다는—그것도 사실이다!—점만 제외한다면 말이다. 작동 연쇄들의 흐름만이 기술적 객체들을 그릴 수 있게 해준다." 기술은 그 유명한 알레테이아*aletheia*보다 더 잘 숨겨져 있다.

◉ 즉, 기술적 미로이다.

연구자가 비가시적인 것들에 대해 말하기로 한 것은 비합리적인 것을 좋아해서가 아니라 이 미로—건축가 다이달로스*Daedalos*가 미노스 왕을 위해 만든 진짜 미로—의 실을 합리적으로 따라가기 위해서이다. 기술에서 어떤 것도 직선으로 가지 않는 것은 논리적 경로—에피스테메의 경로—가 항상 중단되고 수정되고 방향이 바뀌기 때문이며, 우리가 그것을 따라가며 이동에서 일탈로 나아가기 때문이다. 그리스어로 다이달리온*daedalion*은 곧바른 경로에서 벗어난 교묘한 우회를 뜻한다. 이것이 우리가 "기술적 문제", 장애물, 뜻밖의 난관, 버그가 있다고 말할 때 아주 흔하게 의미하는 것이다. 이것이 우리가 어떤 사람이 주어진 문제를 해결할 "기술적 능력이 있는 유일한 사람"이라고 말할 때, "그는 거기에 필요한 것을 가지고 있다", "그는 요령이 있다"라고 말할 때 지칭하는 것이다. 우리는 "기술TECHNIQUE, TECHNOLOGY"을 명사 형태가 아니라 형용사("그것은 기술적 문제이다"), 부사("그것은 기술적으로 가능하다"), 심지어 가끔은 동사("기술화하다") 형태로 볼 필요가 있다. 다시 말해, "기술"은 객체를 지칭하는 것이 아니라 차이, 타자로서의 존재에 대한 완전히 새로운 탐험, 타자성의 새로운 굴절 변화를 지칭하는 것이다. 시몽동은, 언제나 그랬듯이 여기서도 기술적 존재를 파악하지 못한 실체주의를 조롱했다. 타르드가 배타적인 동일성 탐색에 반대해서 했던 훌륭한 말을 빌려 말하자면, 기술적 존재양식에 고유한 욕망avidity은 무엇인가?

기술의 존재양식은 [MET·TEC] 계략에 의존한다 ▶

앞에서 살펴본 변신metamorphoses이나 다른 모든 양식과 마찬가지로 기술도 타자성을 탐구한다면 그 나름의 방식으로 해야 한다. 그러나 어떤 방식으로? 의문의 여지 없이 그것은 사물들의 경로에서의 도약, 단층, 단절, 심지어 파열, 우리가 다소 성급하게 발명—평범하든 훌륭하든 중요치 않다—이라는 용어로 덮어버리는 어떤 것의 문제이다. 이것을 우선 우리가 이미 인식한 두 가지 양식에서 파생된 것으로 파악할 수 있다. 마치 기술이 변신의 힘[MET]에 의존해서 재생산의 존재자들[REP]로부터 알려지지 않은 새로운 역량을 추출하는 것처럼 말이다.

주변을 둘러보기만 해도 이 점을 납득할 수 있다. 우리를 둘러싼 객체들에 들어가는 재료들에 대해 생각하기 시작하면, 수많은 변신들의 관점에서 생각해야 한다. 집을 짓는 데 들어간 돌은 멀리 떨어진 채석장에 있었고, 티크 가구의 목재는 인도네시아 어딘가에 있었고, 수정 꽃병의 재료인 모래는 어느 강 계곡 깊은 곳에 있었고, 당신이 이 책을 읽으면서 그 위에서 졸고 있는 해먹은 양의 등에 있는 털이었다. 그리고 기타 등등. 그렇다. 기술에는 마법이 있다—모든 신화가 우리에게 그렇다고 말하며 시몽동은 누구보다도 그것을 잘 파악한 사람이었다. 다시 한 번 주변을 둘러보라. 당신은 한편으로 채석장, 열대우림, 모래밭, 양과 다른 한편으로 그것들이 당신의 집의 구성 요소가 되면서 제조자들에게 제안한 형식들 사이에서 연속성을 확립하는 데 상당한 어려움이 있을 것이다. 따라서 변성, 변형이 있는 것이다. 그리고 우리가 기술과 관련해 계략이나 솜씨, 우회나 간계를 말하는 것은 우연이 아니다. 변신의 존재자들과 상호작용하는 데 필요한 예민함과 "비결"을 찾는 데 필요한 예민함 사이에는 수많은 **조화**HARMONICS가 있다. 신화가 종종 그 두 가지 유형의 계략과 일탈의 교훈을 교차시키는 것은 이러한 이유에서다. 어떤 경우든 두 가지 유형은 모두 둘러간다. 프랑스어에는 이에 대한 잘 알려진 훌륭한 표현이 있다. C'est qu'il y a toujours moyen de moyenner. 언제나 헤쳐 나갈 방법은 있다는 뜻이다. 율리시스가 "술수가 뛰어나고" 불카누스가 절뚝거리는 것은 기술적 존재자의 주변에서는 어떤 것도 똑바로 가지 않고, 모든 것이 비스듬히 되고, 때로는 심지어 비뚤어지기 때문이다.

◉ 재생산의 존재자들[REP·TEC]의 지속성에 의존하는 것만큼이나.

그러나 동시에 내 탁자, 내 집의 벽, 내 수정 꽃병은 변형 후에도 지속된다. 변신의 존재자들과 달리 기술의 존재자들은 일단 근본적으로 변형되면 자신들의 지속성, 완고함, 고집을 통해 재생산의 존재자들을 모방한다. 마치 기술이 그 두 가지 종의 존재양식을 교차시킴으로써 재생산[REP·TEC]과 변신[MET·TEC]으로부터 약간의 비결을 끄집어낸 것처럼 말이다. 기술은 언뜻 보면 한편으로 여러 형태로 변화하는 신속성과 다른 한편으로 지속성 간의 혼합된 양식으로 나타난다. 프로메테우스의 불이 모든 것을 녹여 액화시키면서도 동시에 그것들에 새로운 내구성, 견고함, 일관성을 부여하는 것으로 여겨져 온 것은 놀라운 일이 아니다. 진정한 고고학자라면 자신이 발굴하는, 비록 파편일지라도 지구만큼이나 오래갈 도자기에 감동하지 않을 수 없을 것이다.

우리가 아는 것처럼 "기술적"이라는 형용사는 애초에 어떤 객체나 결과를 가리키는 것이 아니라, 불활성 개체들과 살아 있는 개체들—날이 갈수록 더 능숙해지는 장인의 몸을 포함하여—로부터 변신의 순간들 가운데 하나를 지속적으로 유지하고, 말하자면 그대로 정지시키는 데 필요한 것을 추출하는 어떤 움직임을 가리킨다. 벽도 탁자도 꽃병도— 자동차도 기차도 컴퓨터도 댐도 배양된 박테리아도—일단 자신의 장치에 맡겨지면 "기술적"이지 않다. 이러한 것들에서 오래가고 지속적인 것은 변신[MET]이 재생산의 존재자들[REP]의 지속성으로부터 끌어내는 복합체들의 현존에 달려 있다. 재생산의 존재자는 물론 자신의 미덕을 일부 빌려주지만, 우리가 그것의 주도성과 자율성으로부터 지속적으로 이득을 볼 가능성을 남겨두는 일은 별로 없다. 이 혼합체들의 요소들은 항상 서로에게 이질적이다. 그것들은 번역되고 방향이 바뀌고 배열되고 배치되는 데 "자신을 빌려주지만"(적절한 표현이다), 그럼에도 불구하고 "자기 자신"으로 남아 있으며 아주 사소한 구실로도 놓아줄 준비가 되어 있다. 우리가 조심하지 않으면 벽은 무너지고, 나무는 벌레에 먹혀 부서져 먼지가 되고, 수정은 깨지고, 자동차는 고장 나고, 기차는 탈선하고, 배양된 박테리아는 죽고, 해먹의 밧줄은 해어진다. 컴퓨터는 일종의 악성 기능 불량으로 오작동을 일으킨다. 확실한 것은 기술적 우회로가 미분소differential, 저항의 기울기gradient of resistance, "자기 스스로" 지탱하는 동시에 분산될 수도 있는 다양한 재료들이 겹겹이 혹은 층층이 쌓인 더미를 남긴다는 것이다. "번역은 반역이다*tradutore, traditore*"라는 표현은 텍스트보다 기술에 훨씬 더 잘 적용된다.

어느 양식이 기술의 양식보다 변이에 있어서 더 나아가는가? 물론 재생산의 위험은 놀랍지만, 재생산의 존재자들은 가장 겸손한 기술의 구성 요소들만큼 아찔한 방식으로 존재자들을 교차하지 않는다 [REP·TEC]. 올두바이 협곡에서 고생물학자가 운 좋게도 양쪽 면이 정교하게 다듬어진 돌을 발견할 때 눈물을 흘리게 하는 것이 바로 이것이다. 우리는 자연사박물관에서 생물들의 풍부함에 깊은 인상을 받겠지만 ([REP·MET] 교차의 좋은 예이다), 기술공예박물관에 전시된 일련의 자전거나 반짝거리는 선로를 따라 소리 없이 역으로 들어오는 전기기관차도 마찬가지로 우리에게 감동을 줄 수 있다. 기술을 통해 타자로서의 존재는 그동안 가능하리라고 생각했던 것보다 여전히 훨씬 더 무한히 변이될 수 있다는 것을 알게 된다.

[TEC]에 고유한 진리진술은 ⊙

그러나 민족학자는 기술적 양식의 사양specification을 계속 완성해 나가면서 [TEC]의 존재자들에 고유한 진리진술이 있는지 의아해한다. 언뜻 보기에 기술의 참과 거짓에 대해 말하는 것은 정신을 생산하는 존재자들의 참과 거짓에 대해 말하는 것보다 훨씬 더 말이 안 되는 것 같다. 어떻게 기술의 존재자들도 **적정성 및 비적정성 조건들**FELICITY AND INFELICITY CONDITIONS을 가질 수 있는가?

그러나 연구자가 정보원들이 어떤 도구나 기능, 기구의 품질이 좋은지 나쁜지를 판단하는 횟수를 세기 시작한다면, 그리고 가장 비효과적이고 가장 무용한 것에서 가장 효과적이고 가장 유용하고 가장 적합한 것으로 가는 기울기gradient를 따라 그들이 미묘하게 움직여 가는 방식에 주목한다면, 연구자는 그리 오래 주저하지 않을 것이다. 파리 지하철의 아무리 기술적으로 미숙한 프로젝트 관리자도 자동화된 지하철의 차량들을 연결하는 비물질적 연결 장치들이 설계 부서의 제약 조건에 부합하도록 가능한 모든 해결책을 하나씩 탐색한다. 아무리 서투른 요리사도 적당한 칼, 그 요리에 가장 적합한 칼을 찾을 때까지 서랍을 뒤진다. 아무리 나태한 사람도 자면서 머리와 베개 사이의 적당한 조화를 찾을 때까지 베개를 두드린다. 개 훈련사가 개와 교감하는 방법을 배우고 마침내 개로부터 배우는 데 얼마나 많은 시간이 걸리는가? 가장 능숙한 장인을 볼 것이 아니라, 느린 궤적을 통해 기술을 찾고 스승에 의해 매 단계 교정되는 견습생을 보라. "작동"하는 기술의 움직임을 파악할 것이 아니라, 아직 무언가가 작동하지 않아 장인이 몇 번이고 다시 시작하고 하나하나씩 장애물을 넘어가야 하는 가운데 혁신이 더듬어 나아가는 것을 파악하려 노력하라. "판단", "조정", "교정", "새로운 시작", 의심의 여지 없이 여기서 우리는 참과 거짓, 잘 만들어진 것과 잘 만들어지지 않은 것 사이의—아마도 종종 조용하지만 항상 매우 미묘한—차이와 직면한다.

장인, 건축가, 엔지니어가 매일 실천하는 것이 바로 이러한 매번 완전히 고유한 이동, 번역이다. 더블클릭은 지시의 연쇄[REF]와 마찬가지로 그리고 같은 이유로 이러한 이동, 번역을 파악하지 못한다. 바로 최종 결과를—그렇다, 그것은 적합하게 조정된다, 작동한다, 그것이 "하도록 만들어진" 것을 한다, "유지된다"—그 결과로 이어진 움직임으로 착각하기 때문이다[TEC·DC]. 형식과 기능의 관계, 목적과 수단의 관계를 그렇게도 고집스럽게 놓치는, 게처럼 옆으로 가는 이러한 움직임, 이리저리 뒤지고 탐색하고 물결치고 주무르는 이러한 직각을 이루는 움직임이 바로 어쩌면 (반드시는 아니지만) 기능에 상응하는 형식, 목적에 상응하는 수단을 생산할 움직임이다. 기술이 효율적이거나 투명하거나 통제되었다고 하는 것은 결과를 그것으로 이어진 경로로 착각하는 것이다. 그것은 기술의 정신, 기원, 아름다움, 진리를 놓치는 것이다.

⊙ 독창적인 접힘에 의존한다 ⊙

그토록 특정한 기술의 움직임을 재생산하지 않고 기술을 그 뒤에 남겨지는 객체들로 한정하는 오류를 저지를 때 우리가 완전히 놓치는 이 정신을 무엇이라 부를 수 있을까? 어떻게 하면 기술의 존재양식을 더 정확히 규정할 수 있을 것인가? 다시 말해, 객관적 지식에서의 지시의 연쇄[REF], 종교에서의 예배 행렬[REL], 법의 통과에서의 수단[LAW], 재생산의 존재자들에서의 지속성[REP]에 상당하는 것이 이러한 기술의 지그재그, 눈부신 섬광, 우회로와 불연속성에서는 무엇인가? 우리는 그것을 기술의 **접힘**FOLDING이라고 부를 것이다. 우리는 그것을 "객체"에 반대되는 "**프로젝트**PROJECT"라고 부를 수도 있었겠지만, 그러려면 조직이라는 또 다른 양식, 우리가 훨씬 나중에야 숙달하게 될 교차를 필요로 했을 것이다[TEC·ORG]

"접힘folding"이라는 용어는 기술을 객체들의 쌓임이나, "물질에 대한 인간의 지배"를 증명하는 통제, 투명성, 합리성의 훌륭한 예로 무례하게 말하는 실수를 피할 수 있게 해줄 것이다. 기술은 항상 접힘 위의 접힘, 함축, 복잡화, 전개를 수반한다. 기술사회학에서 철저히 연구된 표준적 표현은 기술을 종종 매우 긴 일련의 중첩된 **번역**TRANSLATIONS, 미로의 형태로 그려낸다. 다른 존재양식들을 방해하고 구부리고 방향을 바꾸고 잘라내며 그래서 교묘한 계략으로 재료들의 미분소differential를 도입하는 이 두 번째 수준의 초월성을 우리가 드러낼 수 있을 때마다 항상 기술적 접힘이 있다.

우리가 물질에 대한 집착에서 벗어나면, 이러한 미분소들의 다양성을 식별하는 것을 방해할 것은 아무것도 없다. 우리는 도제 생활을 통해 고급 기술을 가진 유능한 존재자가 되게 해주는 근육의 습관을 섬세하게 확립하는 것에 대해 기술적 접힘을 이야기할 수 있다. 또한 제철회사 미탈Mittal의 용광로에서 뿜어져 나오는 쇳물에 관해 이야기하거나, 소프트웨어 프로그램과 컴파일러 간의 구별을 지정하거나, 조금 더 오래가는 텍스트를 덜 오래가는 서류와 연결할 수 있게 해주는 법적 "기술"을 칭송하거나, "문학적 기술"이라고 올바르게 불리는 것을 사용해서 어떤 주장을 좀 더 무겁고 거추장스러운 은유로 뒷받침하는 데에서도 마찬가지로 기술적 접힘을 이야기할 수 있다. 매번 중요한 것은 재료의 유형이 아니라 연결된 것의 상대적 저항의 차이다. 흥미롭게도 기술에는 물질적인 것이 아무것도 없다. 구성 요소들 간의 저항의 차이와 이질성이 있는 곳에서 기술도 있는 것이다.

⊙ 그 접힘은 탈연동이라는 핵심적인 관념 덕분에 탐지될 수 있다.

우리는 **탈연동**SHIFTING/DÉBRAYAGE이라는 관념을 주장함으로써 그러한 저항의 기울기를 더 정확하게 규정할 수 있다. 기술이 있다면 그것은 우선 기술자가 있기 때문이라고 생각하려는 강한 유혹이 있는 것이 사실이다. 이러한 관점에 굴복한다면 우리는 기술적 존재자들의 기원을 호모 파베르의 생각이나 적어도 몸짓 속에 확고하게 두게 될 것이다. 우리가 호출하는 정신은 모든 창조에 선행해야 하는, 혹은 그렇게 주장되는 창조자인 인간의 발명적 정신일 것이다. 사실 이것이 우리가 위에서 간략히 제시한 상상에서 재생산의 존재자들을 기술적 발명의 양식으로 파악할 것을 주장할 때 가정했던 것이다[REP·TEC]. 그때 우리는 "자연선택"이라는 캐릭터가 제기한 문제를 지혜와 발명으로 해결할 수 있는 제조자—"대자연"—를 상상했다. 우리가 살아 있는 존재자들을 기술적 발명인 것으로 파악하는 척했다면, 단지 독창적인 창조자의 정신이 생기를 불어넣은 거대한 공장을 배경으로 그 살아 있는 존재자들을 두드러지게 함으로써 그렇게 했던 것이다.

기호학SEMIOTICS은 기어 구동의 역학에서 유래한 탈연동이라는 은유를 통해 (꼭 의도한 것은 아니지만) 우리를 기술적 존재자들을 파악하는 완전히 다른 방식에 다가갈 수 있게 해줄 수 있을 것이다. 기호학에서 탈연동은—이 문제는 다음 장에서 다시 살펴보겠다—영점에서 시작해서 4중의 변형을 파악할 수 있게 해준다는 것을 상기하자. 우선 시간의 이동, 공간의 이동, 행위자 유형의 이동이 있다. 이것이 바로 우리가 타자들, 다른 곳, 이전과 이후, 행위에 들어가다 등 반복에 대해 이야기할 때 의미하는 것이다.

이 세 가지 심급은 모든 기술적 우회에서 쉽게 인지할 수 있다. 당신이 해먹에서 쉬고 있을 때, 일을 떠맡는 것은 실제로 해먹이다—그리고 해먹은 당신을 닮지 않았으며 다른 사람들이 당신을 위해 짜준 것이다. 당신이 자신을 아스피린 알약에 위탁할 때, 당신이 두통 치료라는 일을 위탁하거나 위임한 것은 알약, 즉 다른 사람들이 제조하고 다른 곳에서 온 행위자이다—그리고 알약도 당신을 조금도 닮지 않았다. 양을 돌보는 일에 싫증이 난 목자가 늑대(혹은 아마 떠돌이 개)로부터 양 떼를 보호하는 임무를 울타리와 개들에게 위탁할 때, 이제 경비를 서는 것은 각각 그 나름의 역사와 충실도, 취약성을 가진 울타리 기둥과 철조망, 개들이다. 기술적 존재자들의 접힘과 함께 행위의 탈구dislocation가 세계에 나타나고, 두 가지 평면의 구별을 가능하게 한다—우리는 출발하는 평면에 다른 저항도, 다른 지속 시간, 다른 견고성을 가진 다른 행위자들을 설치해서 기어를 탈연동하고 또 다른 평면으로 향하게 한다. 또한 우리가 앞에서 제시한 **구성주의**CONSTRUCTIVISM에 대한 정의에 관심을 갖게 만든 것은 이러한 탈구이다. 어떠한 기술적 우회로든 그것은 사실 무언가를 하는 것이 아니라 무언가가 하게 할faire faire 수 있는 것이다.

그러나 우리는 어떠한 탈연동 작동에도 관여하는 네 번째 심급을 잊지 말아야 한다. 장인이나 폭발물 제조자, 엔지니어가 행위에 들어갈 때, 타자들도 물론 그렇게 하지만 이는 제조하는 사람 자신도 탈연동된다는 것을 의미하기도 한다. 이번에는 n+1 평면을 향해 앞으로 진행하는 것이 아니라 오히려 출발점에도 미치치 못하게 되는 새로운 탈구이다. 이 n-1 평면은 행위에 의해 미리 가정되고 암시되며, 행위의 잠재적 저자에게 무게와 모양을 부여하기 시작하는 것이 바로 이 평면이다. 우리가 구축자의 확실한 존재를 결코 믿지 않으면서도 항상 구성주의의 모호성을 유지해야 한다면, 그것은 저자가 자신이 행하는 것을 통해 자신이 아마도 그것의 저자임을 알게 되기 때문이다. 기술적 존재자들의 경우 이 일반적인 속성은 극히 중요하다. 기술이 인간에 선행하고 인간을 발생시켰기 때문이다. 주체들, 아니 곧 명명하겠지만 **준주체들**QUASI SUBJECTS은 자신이 행하는 것에서 조금씩 나타난 것이다. 이런 이유에서 우리는 "물질에 대한 행위"라는 개념을 의심하지 않을 수 없었다. 그 개념은 인간 주체가 그의 작업으로부터 창발하기를 기다리는 대신, 출발점을 인간 주체의 깊숙한 곳에 두려 했다—인간 주체가 "그의" 작업을 소유하지도 통제하지도 않으므로 그 소유격 형용사는 정당화될 수 없는데도 말이다.

미리 생각한 목표에 따라 제조 작동을 수행, 통제하기 위해 재료들에 주의를 집중하는 자아에 행위의 기원을 둘 것이 아니라, 관점을 뒤집어 당신이 행위를 할 때 당신이 무엇인지 가르쳐주는 그런 존재자와의 만남에서 (능력을 갖추고, 하는 방법을 알고, 요령이 있는) 주체의 미래 구성 요소가 나타나게 하는 것이 더 낫다. 어디에서나 마찬가지이지만 여기서도 역량competence은 수행performance에 선행하는 것이 아니라 뒤따르는 것이다. 호모 파베르 대신 그들의 제조물과 작품의 자식인 호모 파브리카투스Homo fabricatus에 대해 말하는 것이 나을 것이다. 애초에 저자라는 것은 장비를 앞으로 발사한 것의 후방 효과일 뿐이다. 총을 발사하면 소위 "반동 효과"가 있듯이, 인간은 무엇보다도 기술적 우회의 반동이다.

이 양식의 펼침은 우리에게 더 많은 기동 공간을 준다.

기술의 존재자들을 물질과의 결합에서 해방하고, 그들의 효과성을 제조하는 주체보다 조금 더 앞에 위치시키며, 통제와 투명성이라는 관념을 완전히 포기하고, 이 존재자들이 온갖 재료들을 탐색하게 하고, 그들을 더는 수단과 목적의 좁은 감옥 안에 가둬두지 않음으로써, 우리의 탐구는 기술의 오랜 역사, 그리고 기술이 가능하게 한 느린 인류 발생anthropogenesis과 양립할 수 있을 뿐만 아니라, 나아가 다른 집합체들과의 덜 불균등한 상호작용을 열어줄 수 있을 것이다. 모든 인간은 그들이 작업한 것의 자식이기 때문이다.

우리는 그러한 비교가 더는 "물질문화"라는 다소 엉성한 표현에 기초하게 하지 않을 것이다. 기술학자들은 마치―기술의 소위 상징적, 미적, 사회적 차원이 얼마나 다양할 수 있는지를 고려할 때―"문화"라는 용어는 여전히 문제가 있는 반면, "물질"이라는 용어는 모든 사람이 "무엇이 그것에 관여하는지 명확하게 알기" 때문에 거의 문제가 되지 않는 것처럼 "물질문화"라는 표현을 사용한다. 이제 우리가 잘 알고 있듯이 물질이라는 관념이나 생산이라는 관념보다 세계 전체에 덜 널리 퍼져 있는 것은 없다. 호주 원주민들은 도구상자에―돌, 뿔, 가죽으로 만들어진―몇 가지 조악한 인공물밖에 없었지만, 그럼에도 불구하고 고고학자들을 계속 놀라게 할 만큼 기술적 존재자들과 복잡한 관계를 확립하는 법을 알고 있었다. 그들이 배치한 저항의 미분소들은 오히려 신화 구조와 친족 관계와 풍경의 섬세한 직조 안에 있었다. 식민지 개척자들의 눈에는 그들의 물질성이 미미했지만 그 사실은 이러한 배치들의 발명성, 저항성, 내구성에 대해 아무것도 말해주지 않는다. 오늘날의 생산 장치를 계승할 것을 둘러싼 협상의 기회를 열어두기 위해서는, 기술의 존재자들에게 도구성이라는 막대한 무게에서 완전히 벗어나게 해줄 결합의 역량을 회복시키는 것이 중요하다. 우리가 불가능한 **근대화 전선** MODERNIZATION FRONT을 해체해야 할 때 설치할 장치들을 발명하려면 기동의 자유가 필수 불가결하다. "**생태화**ECOLOGIZE"라는 동사가 "근대화"의 대안이 되려면 우리는 기술적 존재자들과 상당히 다른 거래를 구축해야 한다.

우리는 교리문답에서 성경의 문자는 임의로 부는 바람 같은 성령 없이는 비활성 상태로 남아 있음을 배운다(배웠었다). 기술적 객체는 더욱더 그러하다. 기술적 객체라는 백골은 기술의 정신이 자신을 일으켜 세우고 다시 살을 붙이고 다시 조립하고 변모시키기를―너무 센 표현일지 모르겠지만 소생시키기를—기다리고 있다. 우리 민족학자는 갑자기 드러난 이 죽은 자의 계곡 앞에서 눈물을 흘린다. 뭐라고? 정신을 생성했던 존재자들을 근대인에게 복원해야 할 뿐만 아니라 기술이라는, 근대인이 그토록 자랑스러워하면서도 잘 알지 못하는 것을 그들에게 소생시켜줘야 한다고? 그는 그런 과제를 생각하니 한숨이 나온다. "그런데 왜? 왜 그들은 적절한 제도로 기술을 축복하는 법을 알지 못했던 것인가?"

9장

허구의 존재자들을 위치시키기

존재양식을 증식시키는 것은 언어의 중요성을 약화시키는 것을 의미한다 ⊙ 이는 말과 세계의 〈이분화〉에서 다른 한쪽의 문제다.

의미와 기호를 혼동하지 않기 위해 ⊙ 우리는 허구[FIC]의 존재자들의 경험으로 되돌아가야 한다.

예술 작품의 제도가 과대평가한 존재자들 ⊙ 그러나 존재론적 무게를 박탈당한 존재자들.

이제 [FIC]의 존재자들의 경험은 우리에게 그들의 고유한 일관성을 인정하라고 요청한다 ⊙ 그들의 독창적인 궤적과 ⊙ 특정한 사양을 인정하라고 요청한다.

허구의 존재자들은 새로운 변이, 즉 재료와 형상 사이의 진동에서 생겨난다 ⊙ 이는 허구의 존재자들에게 특히 까다로운 진리진술 양식을 부여한다.

우리는 우리의 작품들의 자식이다.

작품의 파견은 어떤 탈연동을 함의한다 ⊙ 그것은 기술의 존재자들의 탈연동과는 다르다[TEC·FIC].

허구[FIC]의 존재자들은 예술 작품을 훨씬 넘어서 확산한다 ⊙ 허구의 존재자들은 특정한 교차에 거주한다[FIC·REF] ⊙ 거기서 그들은 형상의 훈육에서 작은 차이를 겪는다 ⊙ 그 차이로 인해 대응에 대한 오해가 생긴다.

그러면 우리는 의미와 기호의 차이를 다시 살펴볼 수 있고 ⊙ 절합된 세계에 접근하는 또 다른 방법을 발견할 수 있다.

존재양식을 증식시키는 것은
언어의 중요성을 약화시키는 것을 의미한다 ⊙

각각의 존재양식이 제공하는 특이한 경험을 존중할 수 있는 템플릿을 양식마다 하나씩 만들 때 존재양식의 다원성으로부터 우리가 이끌어낼 수 있는 이점을 독자는 알아차리기 시작했을 것이다. 그것이 바로─우리가 그들의 객관적 존재를 부정했던─변신의 존재자들과─우리가 그들의 제국을 그들이 닿을 수 있는 범위 너머까지 확장시켰던─기술의 존재자들에 대해 우리가 해온 작업이다. 그러나 존재양식을 증식시키는 데 성공하고 있다고 해도 우리가 탐구에 필요한 유연성을 갖추기에는 아직 멀었다. 우리는─우리가 그들의 창설을 따라가고 있다고 주장하는─이러한 존재자들의 진정한 존재를 측정할 수 있게 해주는 사유의 습관으로부터 아직 이득을 얻지 못하고 있다. 불가피하게도 우리는 한쪽에는 존재하는 것이 있고 다른 한쪽에는 존재하는 것의 "표상"이 있다는 생각에 빠질 위험이 있다. 이러한 관점에서는 존재는 항상 하나이고 표상만 여러 가지다.

우리가 탐구에서 진정한 진전을 하려면 **이분화**BIFURCATION의 다른 한쪽에 접근해야 한다. 세계를 침묵시키고 **연장실체**RES EXTENSA로 채운 융합체를 어떻게 해체할지는 앞에서 보았지만, 우리는 여전히 "말하는 주체"에 대한 대칭적인 집착을 어떻게 다루고 치료해야treat 할지—그 단어의 어떤 의미에서든—알지 못한다. **물질**MATTER이라는 관념을 생성시키고 여러 양식을 한데 섞기도 한 융합체와는 확실히 다른, 또 하나의 융합체를 **언어**LANGUAGE에서 식별할 수 있을까? 만약 이 융합체도 해체할 수 있다면 우리는 근대인에게 그들이 마음 쓰는 것들의 완전히 다른 버전을 제공할 수 있는 위치에 있게 될지도 모른다.

흥미롭게도 〈이분화〉의 이쪽이 반대쪽보다 더 어려운 것 같다. 사실상 객관적 지식을 그것에 의미를 부여하는 연결망과 연관시키는 것은 그다지 어렵지 않았다. 객관적 지식은 비용이 많이 들고 장비를 많이 갖추고 있으며 집합적이어서 멀리 있는 개체들에 접근하는 데 얼마나 많은 작업이 필요한지 쉽게 알 수 있었다[REP·REF]. 근래 역사에서 객관적 지식의 성공은 우리가 그것을 다시 구현하고 다시 삽입하고 그 안에서 다시 접을 수 있게 해줄 손잡이를 더 늘렸을 뿐이다. 그러나 모든 연결망에 대한 외부 심판관 역할을 하기를 원하는 다른 두 가지 자원, 즉 "**사회**SOCIETY"와 "**언어**LANGUAGE"에 대해서는 완전히 다른 이야기다. 그 역할을 자임하는 "**자연**NATURE"의 주장을 피해 가는 것은 비교적 쉬워서 재생산[REP]의 존재자들과 지시[REF]의 존재자들의 서로 구별되는 요구 조건들 사이의—물질 관념이 뒤섞은—간극이 분명하게 드러난다. 그러나 무대 밖의 "〈언어〉"와 "〈사회〉"의 두 주장은 피해 가기 불가능해 보인다. "단순히 물질적이지만은 않은" 모든 활동은 언어라는 물속에 "담겨야" 하고 "사회적 맥락" 속에 "위치시켜야" 한다는 것이 자명해 보이기 때문이다. 따라서 "〈자연〉"에서 빠져나오려는 우리의 노력이 결국 최후 심판의 역할을 〈자연〉의 그 두 가지 대체물에 맡기는 것으로 귀결된다면, 그 모든 노력이 허사가 될 것이다. 왜냐하면 표상─그 자체로 비절합된 세계에 직면한 정신적, 사회적, 집단적 표상(상기하건대 "**스스로를 대변하는 사실**FACTS THAT SPEAK FOR THEMSELVES"이라는 단 한 가지 경우를 예외로 하고…)─이라는 관념이 생겨나는 것은 바로 그 세 가지의 협동에서이기 때문이다.

◉ 이는 말과 세계의 〈이분화〉에서 다른 한쪽의 문제다.

우리가 동일한 문제의 두 측면을 다루고 있는 것이 분명하므로, 〈이분화〉의 다른 한쪽에 대해 같은 방법을 사용하지 못할 이유가 없다. **일차적 성질**PRIMARY QUALITIES의 영역에 대한 물질─재생산[REP], 지시[REF], 정치[POL]의 융합─의 지배로 인해 근대인은 **주체성**SUBJECTIVITIES, 감정, 의미 등 요컨대 "체험"이 의존하는 모든 **이차적 성질**SECONDARY QUALITIE을 어딘가에 모아두어야 했다. 그러나 이 이차적 성질의 영역은 일단 최소한으로 축소되고 나면, 모든 존재론적 무게를 박탈당하게 된다. "진정한 실재"는 반대쪽, 즉─더구나 모든 "인간적" 의미가 결여된─일차적 성질에 위치하기 때문이다. 그래서 결국 근대인은 그들이 〈이분화〉를 통해 의미/방향direction/sens, 즉 이성, 다시 말해 전치사를 박탈했던 것에 의미를 회복시켜야 하는 별로 보람 없는 과제에 직면하게 되었다.

그 해결책은 처음에는 아무렇지 않았지만 나중에는 재앙이 되었다.

그것은 바로 "〈자연〉"이나 "현실세계"에 들어갈 수 없는 모든 잡동사니를 수집하는 "상징적" 실재의 세계를 창조하는 것이었다. 이분화 논자들은 (물질적) 실재를 갖지 않은 것에서 약간의 (상징적) 실재를 인정해야 하는 지속적인 모순에 처하게 되었다. 뇌 병변으로 시야의 절반을 잃었고 게다가 그것을 잃었다는 사실조차 알아차리지 못하는 환자처럼, 근대인은 실재하지만 슬프게도 의미를 결여한 실재, (이상화된) 경성과학의 사적인 보호구역이 되어버린 그 실재에서 쫓겨났다. 그들은 정신과학이라는 다행스럽게도 의미가 가득한 허위의 보호구역으로 피신해야 했다! 누가 그런 종류의 잔존 국가, 사유의 리히텐슈타인에서 사는 것을 받아들일까? 근대인의 인류학으로 가는 길을 막고 있던 "〈자연〉"이라는 장애물 다음으로, 이제 우리가 제거해야 하는 것은 "〈언어〉"라는 장애물임에 틀림없다. 우리가 우리의 방법론적 원칙에 충실하기만 하면 이 일을 해낼 수 있을 것이다. 우리가 "물질" 중독을 떨쳐내는 데 성공할 수 있다면, 물질의 필연적 대응물인 "상징적인 것"이라는 갑옷을 벗어던지는 것도 불가능하지 않을 것이다.

의미와 기호를 혼동하지 않기 위해 ⊙

해결책은 **의미**SENSE와 **기호**SIGN를 구별하는 데 있을 수 있다. 윌리엄 제임스에게 영감을 주었고 우리의 탐구 전체가 더욱 체계적인 방식으로 확장하고자 하는 근본적 **경험주의**EMPIRICISM는 뒤에 따라오는 것에 **전치사**PREPOSITIONS를 붙여서—전치사는 뒤에 따라오는 것을 단순히 알리고 발화하고 발송할 뿐이다—경험의 실 가닥을 다시 연결한다는 점을 상기해보자. 따라서 두 번째 경험주의에서 경험을 따라간다는 것은—도약, 공백HIATUS, 작은 초월을 통해—전치사로부터 그것이 나타내거나 준비하거나 지정하는 것으로 향하는 움직임을 따라가는 것이다. 그러므로 "의미"는 양식이 그려내는 **방향**DIRECTION이나 **궤적**TRAJECTORY이며, 이는 모든 **행위 과정**COURSE OF ACTION의 선행자와 후행자를 정의할 뿐 아니라 존재를 지속하기 위해 나아가야 하는 굴곡진 길을 정의한다. "좁은 길을 따라 높은 곳으로 *ad augusta per angusta*"라는 표현은 양식들에 아주 잘 들어 맞는다.

우리가 이 출발점을 받아들인다면, 각 전치사는 의미가 통하고 의미를 만드는 방식을 다른 전치사들과는 다르게 정의할 것이다. 연기가 불을 뒤따르는 것은 연기가 인간 주체의 눈에 불의 "지표"로 보여서가 아니라, 재생산의 존재자들에게 있어 번개에 맞은 마른 나무가 따르게 되어 있는 힘의 선이 그러하기 때문이다. 연기는 실제로 불이 자신을—그렇다, 불 자신을—내던지는 의미, 방향, 움직임이다. 우리가 변신이나 지시, 기술의 존재자들의 방식으로 선행자와 후행자를 따라가고 싶다면, 사물을 완전히 다르게, 따라서 다른 의미로, 다른 방향으로, 다른 감수성으로 받아들여야 할 것이다. 잘못된 해석을 피하려면, 우리가 범주 오류라고 부르는 것을 피하려면, 그 음조를 정확히 식별해야 한다. 즉, 뒤에 따라오는 것을 우리가 어떻게 받아들여야 하는지, 우리의 주의를 어떻게 방향 지어야 하는지, 오스틴의 표현을 빌리자면 "다음에 무엇을 해야 하는지" 알아내야 한다. 각 양식에는 독자적인 의미론, 특정한 기호학이 있다. 조금이라도 일반적인 메타언어가 있다면, 그것은 전치사 [PRE]의 양식에 맡겨져야 한다. 어떤 존재자의 의미를 정의하려면 그 것을 번역하고 반복하고 새롭게 파악하고 해석하기 위해 무엇이 결여되어 있는지, 무엇이 더해져야 하는지를 식별해야 한다. 그래서 우리 연구에서 궤적, 존재, 방향, 의미는 동의어이다.

그러나 모든 것이 의미를 만든다고 해서 모든 것이 기호를 만든다는 뜻은 아니다. 그렇다면 기호에 대해 어떻게 말할 수 있을까? 기호가 적절한 형태의 존재양식으로부터 나온다고 해보자. 의미는 모든 양식과 본질적으로 동일하므로 기호보다 훨씬 앞서 있는 반면, 기호는 특정 양식에 고유한 일종의 지역적 기호학과 존재론을 형성하는 특정한 의미 양식일 것이다. 이 가설을 검증하기 위해 우리는 장비를 갖추고 교정되는 지식에 대해 했던 것처럼, 즉 지식이 끈 풀린 채 떠다니는 것을 막고, 지식의 연결망 속에서 지식과 동행하며, 특별히 마련된 존재론적 식단으로 지식을 먹이는 법을 배워나갔던 것처럼 해나갈 것이다. 그러한 작업은 섬세하고 까다롭지만, 장르를 혼동하지 않으면서—물론 (다수의) 기호와 (단일한) 존재 사이의 〈이분화〉로 되돌아가지 않으면서—장르의 다원성으로부터 이득을 얻을 수 있는 유일한 방법이다. 우리가 이 장애물을 통과할 수 있게 해주지 못하는 다원주의라면 그것은 가짜 다원주의에 불과할 것이다.

◉ 우리는 허구[FIC]의 존재자들의 경험으로 되돌아가야 한다.

우리 인류학자는 이제 이런 것에 익숙해져 있다. 그는 정보원들이 어떤 영역—처음에는 "외부세계", 다음에는 "내부세계", 그다음에는 "기술 인프라", 이제는 "상징적인 것"—의 중요성을 주장할 때마다 거기에 무언가 수상한 점이 있고, 근대주의 제도들이 우리가 인식하는 것을 항상 허용하지는 않는 어떤 양식을 그것으로부터 추출해내야 한다는 것을 잘 알고 있다. 물질이라는 것이 서로 무관한 두 가지 존재양식을 혼동했던 것처럼, 상징적인 것도 다른 존재 유형, 관심과 인정을 받을 만한 충분한 가치가 있지만 그 사양이 항상 존중받지는 못했던 존재 유형과 혼동되었던 것이다.

우리는 이 등장인물들을 이미 여러 차례 언급해왔다. 이들은 어디에서나 마주치는, 매우 특정한 실재의 무게로 우리를 짓누르는 개체들이며, 간결하게 허구의 존재자들beings of fiction이라고 부르겠다([FIC]로 표시). 앞으로 살펴보겠지만 이 용어는 우리의 주의를 환상이나 허위가 아니라, 제조되고 일관되고 실재적인 것으로 향하게 한다. 우리가 변신[MET]이나 수단[LAW], 지시[REF], 대표의 〈원〉[POL], 위험한 재생산[REP] 같은 다양한 비가시적인 것들을 위한 공간을 마련하는 법을 훈련해온 만큼, 이제 허구의 존재자들의 고유한 일관성을 보장하는 것이 불가능하지는 않을 것이다.

그러면 우리는 왜 근대인이 상징적인 것을 별개의 세계라고 생각했는지 이해할 수 있을 것이다. "〈사회〉"가 우리가 그 실타래를 풀기를 포기한—오직 연결망[NET]을 통해서만 추적할 수 있는—모든 결합의 융합체에서 유래했듯이, "상징적 세계"는 의미에 필요한 모든 비가시적인 것들의 중첩에 의해 생산된 인공물일 것이다. 여기서 그것들의 해석의 키들이 뒤얽히고 서로 겹쳐 쌓여 "어떤 실재성"을 가진다는 모호한 인상을 주는데, 이는 서로 겹쳐 쌓여 "물질적 외부세계"를 형성한다는 인상을 주는 다른 양식들과 마찬가지다.

예술 작품의 제도가 과대평가한 존재자들 ⊙

우선 근대인이 허구의 존재자들을 위치시킨 상황은 지금까지 우리가 식별해온 다른 양식들의 상황과는 완전히 다르다는 점에 주목해보자. 우리가 장비를 갖추고 교정되는 지식이 고유한 양식을 가지고 있다는 것을 깨닫는 데 그렇게 오래 걸렸다면[REF], 변신의 존재자들에게 다시 무게를 부여하는 것이 그렇게 위험해 보였다면[MET], 앞으로 보겠지만 우리가 구원을 가져다주는 존재자들에게 너무 많거나 너무 적은 무게를 부여하는 데 주저한다면[REL], 정치적 유령이 너무나 희미해 보인다면[POL], 그와 반대로 허구의 존재자들은—어떤 매체에서든—마땅히 소중히 하고 존중해야 할 특정한 유형의 실재를 가진다는 점에 누구나 동의할 것이다. 우리는 적어도 우리의 전통에서 그러한 실재의 특유한 성격을 발전시키고 인식하고 축복하고 분석하는 일을 결코 멈춘 적이 없다. 허구의 존재자들은 제도적 표현과 고유한 진리진술 양식이 밀접히 연관된다는 점에서 법의 통과[LAW]와 같은 특권을 누려온 것으로 보인다.

따라서 우리 조사자는 법의 존재자들과 마찬가지로 허구의 존재자들도 실제로 고유한 유형의 진리진술, 초월성, 존재와 함께 그들의 장르에서 충분하고 완전한 실재를 갖는다는 것을 어려움 없이 이해할 수 있다. 정보원들이 "허구적으로"라는 부사가 모든 뒤따라오는 것을 다른 것과 혼동될 수 없는 특정한 형태의 실재로 즉각 끌어들인다고 말할 때, 연구자는 이를 이해하는 데 아무런 문제가 없다. 이 경우 적어도 그 전치사의 사전배치pre-positioning는 그 어떤 탐지의 문제도 일으키지 않는 것 같다. 연구자가 이 점들에 대해 확신이 서지 않는다면 "허구의 세계"에 관한 수많은 논문이 그의 분석에 도움이 될 수 있을 것이다. 지금까지 우리는 양식들의 대조와 제도 사이에서 근래의 역사에 걸쳐 많든 적든 악화되었던 크고 작은 부적응maladjustments만을 관찰해왔지만, 언뜻 보기에 허구의 존재자들은 다소 유리한 상황에 놓여 있는 것 같다. 즉, 그들은 정당한 가치를 인정받는 것처럼 보인다.

⊙ 그러나 존재론적 무게를 박탈당한 존재자들.

그러나 근대인에게는 어떤 것도 단순하지 않다. 허구의 존재자들이 많은 영예를 누렸다고 해도, 그들은 집합체에서 중심적인 위치가 그들에게 부여된 데 대해 큰 대가를 치렀다. 바로 "예술 작품"이라는 훨씬 더 최근의 제도와 동일한 유형의 실재에 동화되는 데 동의해야 했던 것이다. 허구의 존재자들은 극단적으로 높은 가치평가를 받았지만, 너무 성급하게 객관성이 부인되었다.

언제나 그렇듯이 여기서도 위험은 더블클릭의 잣대를 들이대며 감동하거나 즐거운 듯 짐짓 겸양을 떨면서, 마치 허구의 존재자들이 바로 "허구적"이기 때문에 "당연히" 진실일 수 없는 것처럼 그들을 취급하는 데 있다[FIC·DC]. (또한 이것이 오스틴이 그들을 "언어의 황백화 etiolations"로 취급하는 방식이다!) 그들은 "상상의 창조물"로 간주될 때도 그와 마찬가지로 존중받지 못한다. 우리는 이 유령들이 어디에서 유래했는지 이미 찾아냈다. 다름 아닌 "인간 정신"에서, 바로 그 유명한 내부성에서, 〈이분화〉의 산물이자 외부성의 대극에서 비롯된 것이다. 우리 민족학자가 기뻐하기엔 너무 일렀었다. 허구의 존재자들의 적정성 및 비적정성 조건을 정의하는 것은 그렇게 쉬운 일이 아니다.

허구의 존재자들을 "진실과 거짓에 무관심한" 것으로, 실재 및 비실재로부터 똑같이 떨어져 있는 것으로, "진실한 거짓말"의 한 형태로, "불신의 유예 suspension of disbelief" 덕분에 삶이 허용된 존재자로 취급하는 데 동의하는 것은, 너무 많은 그들의 지지자들이 안일하게 빠져 있는 퇴락 상태를 허구의 존재자들을 대신해 이미 받아들였다는 것을 의미한다. 정치인들이 진실과 거짓의 부재를 너무나 빨리 당연시하여 매우 특이한 거짓말할 권리라는 이름으로 속임수와 폭력을 찬양하는 데 빠져들 수 있는 것처럼[POL], "예술가들"도 창작물의 비실재성을 당연시하고 "상상력과 창의성이 지닌 불가침의 권리"라는 이름으로 "진짜인 가짜"에 탐닉하기가 너무도 쉽다. "시적 허용"이여, 우리가 그대의 이름으로 우리 자신에게 얼마나 많은 방종을 허용할 위험이 있는가….

허구의 존재자들에게 바쳐지는 경의에도 불구하고, 우리 민족학자가 그들을 단순한 상상의 산물로 여긴다면 명백한 범주 오류를 범하고 있는 것이다.

이제 [FIC]의 존재자들의 경험은
우리에게 그들의 고유한 일관성을 인정하라고 요청한다 ▶

더욱이 아무리 평범한 경험이라도 우리가 기꺼이 그것을 따르기로 동의한다면 이내 그 경험은 우리가 그런 범주 오류를 범하지 않도록 설득할 것이다. 의심할 여지 없이 허구의 존재자들에게는 어떤 외부성이 있다. 그들은 그들의 창설자들에게 자신을 내세운 다음에 우리에게 자신을 내세운다. 창설자는 "창조자"라기보다는 위임자mandants에 더 가깝기 때문이다. 그들은 우리의 상상력에 도래한다—아니, 그들이 없었다면 결코 가질 수 없었을 상상력을 우리에게 제공한다. 돈 후안은 드라마「프렌즈」의 등장인물들만큼이나 확실히 존재한다. 드라마「웨스트 윙」의 바틀렛 대통령은 그의 파리한 닮은꼴인 조지 W. 부시보다 더 많은 실재성을 가지고 한동안 백악관을 차지했다. 「마술피리」를 공연하는 수백 가지 방식이 있지만, 그것을 그 모든 방식으로 공연하도록 허가하고 고무하는 것은 그 오페라 자신이다. 어쨌든 우리는 존 케이지의 작품 해석이나 베로네세Veronese의 그림 복원에 대해 토론하는 것만큼이나 열정과 정확성, 증거에 대한 취향을 가지고 이 존재자들에 대해 토론한다.

예술 작품은 우리를 연루시킨다. 작품이 항상 해석되어야 하는 것은 사실이지만, 그렇더라도 우리가 그것에 대해 "원하는 대로 무엇이든" 자유롭게 해석할 수 있다고 느끼지는 않는다. 만약 작품에 주관적인 해석이 필요하다면, 그것은 그 형용사의 매우 특별한 의미에서 그러하다. 즉, 우리가 작품에 종속되거나subject, 오히려 작품을 통해 우리의 **주체성**SUBJECTIVITY을 획득한다는 의미이다. "나는 바흐를 좋아한다"라고 말하는 사람은 부분적으로 바흐의 음악을 좋아할 수 있는 주체가 된다. 그는 바흐를 감상하는 데 필요한 것을 바흐로부터 받는 것이며, 이를 바흐로부터 "다운로드한다"고 말해도 될 것이다. 작품이 내보내는 그러한 다운로드는 수신자가 감동하면서 점차 "해석 가능한 대상의 친구"가 되는 것을 허용한다. 청취자들이 작품에 사로잡히는 것은 그들의 감상적 주관성을 작품에 투영하고 있기 때문이 아니라, 이 작품이 그들에게, 즉 단순한 아마추어나 뛰어난 해석자, 열정적 비평가들에게 작품 창설의 여정에 참여하기를 요구하기 때문이다—다만 작품에 그럴 만한 가치가 있음을 보여주기 위해 그들이 무엇을 해야 하는지를 명령하지는 않는다.

어떤 작품에 대한 해석이 그토록 다양하다면, 그것은 실재와 진실의 제약이 "유예"되어서가 아니라, 작품이 수많은 접힘을 가지고 있고 수

많은 부분적 주체성들을 생성하기 때문이다. 또한 우리가 작품을 더 많이 해석할수록 작품을 사랑하는 사람들의 다원성뿐만 아니라 그들이 작품 안에서 사랑하는 것의 다원성을 더 많이 펼쳐내기 때문이다. 작품이 요구하는 바에 붙잡히고 그를 통해 생성되고 변화된다고 느끼지 않는 사람들에게는 작품이 거주하지 않을 것이다. 우리가 예술 작품에 민감해지는 법을 배워야 한다는 사실이 예술 작품의 (확실히 특별한 형태를 취하는) 객관성을 훼손하는 것은 아니다. 작품은 세계에 거주한다. 단, 그들 자신의 방식으로.

⊙ 그들의 독창적인 궤적과 ⊙

"세계에 거주한다고? 그건 불가능하다. 허구의 존재자들이 어디에 머물 수 있단 말인가? 림보에? 또 다른 속임수다! 비가시적인 것들에 대한 당신의 과도한 취향은 여전하군!" 우리 분석가를 존재론적 실재론의 새로운 과잉이라며 비난하기 전에, 독자는 근대인이 침투할 수 있는 세계가 이제 광대하며 접힘과 틈새로 가득하다는 것을 기억해야 한다. 더 정확히 말하면, 우리는 다양한 존재양식에 정당한 존재의 무게를 부여하지 못하게 했던 모든 부당한 충전재들—〈자연〉, 〈사회〉, 〈언어〉—을 세계에서 제거하려 한다는 것을 기억해야 한다. 일본 회화에서와 마찬가지로 선과 붓질은 여백으로 남겨진 종이 배경과 대조되어 돋보이고, 몇 가지 표의문자가 추가된다면 그것은 칠해진 부분의 위나 아래가 아닌 그 여백에 배치되어 아찔하게 빈 공간에 놓이게 된다. 또한 독자는 우리 정보원이 더 이상 모든 "존재자 부족들"에게, 고유한 양식을 가진 돌[REP]이나 테이블[TEC]과 동일한 고집과 끈질김을 가지고 동일한 방식으로 거주할 것을 요구하지 않는다는 것을 기억해야 한다. 마지막으로 독자는 비가시적인 (비가시적이지만 화면 바깥에 있는 과학에는 알려지는) 일차적 성질이 있고 (화이트헤드의 표현을 빌리자면) "정신적 첨가"를 통해 이차적 성질이 그 위를 유령처럼 떠다니는 〈이분화〉 이후의 풍경이 갖는 비실재성을 재평가하는 데 동의해야 한다. 독자가 그 세계를 "이성적"이고 "구체적"이라고 생각한다면, 그는 정말 이성을 잃을 준비가 된 것이다….

우리가 표상을 몰아내기 위해 재도입해야 하는 비가시적인 것들은 완벽하게 무언가에 귀속 가능하다. 그리고 비가시적인 것들이 잠시 사라진다면, 그것은 그들이 움직임 속에서 존재로 도약하고 있기 때문이며, 이 움직임의 해석의 키는 변신이나 기술의 해석의 키와 마찬가지로 전혀 신비롭거나 비합리적인 것이 아니다. 허구의 존재자들이 세계에 거주한다는 것은 그들이 우리에게 와서 자신을 부과하며 특별한 접힘을 가지고 그렇게 한다는 것이다. 수리오가 올바르게 지적했듯이 그들은 우리의 염려solicitude를 필요로 한다. 수리오에 따르면 우리는 그들의 "평형을 유지하는 다각형equilibrium polygon"을 형성한다! 들뢰즈와 가타리가 말한 대로 "스스로 유지해야 하는 합성물composite"이 그들의 적절한 지위이다. 그러나 우리가 이 존재자들을 받아들이지 않고 돌보지 않고 알아봐주지 않는다면, 그들은 완전히 사라질 수도 있다. 이 존재자들의 객관성은, 그들이 우리에게 주지 않았다면 스스로 존재하지 않았을 주체성들에 의해 반복된다는 데 의존한다. 이 존재자들은 그런 점에서 특이하다. 물론 이상하다. 그러나 존재하거나 존재하지 않는 것의 방법과 방식을 결정하는 것은 민족학자의 몫이 아니다.

⊙ **특정한 사양을 인정하라고 요청한다.**

그러나 이런 기이함은 우리가 이 존재자들을 단지 "상상"할 뿐이라는 증거라고 누군가 반론할 것이다. 반드시 그렇지는 않다. 우리가 그들을 발명할 수 없어도 계속되게 하는 것은 아마도 그들의 사양에 이 특정한 조항이 포함되어 있기 때문일 것이다. 그들은 충분히 비대칭적이고 불안정하며 말하자면 기울어져 있어서 우리에게 와서 그들을 연장할 것을, 단 그들의 고유한 방식으로 그렇게 할 것을 요구하며, 그 방식도 진술되는 것이 아니라 암시될 뿐이다. 우리는 그들의 궤적 위에 있고 그 궤적의 일부분이다. 하지만 그들의 계속되는 창조는 그들의 삶의 전체 경로를 따라 퍼져 있어서 작품을 창조하고 있는 것이 예술가인지 관객인지 알 수 없을 정도다. 다시 말해 그들도 연결망을 만든다.

다행히도 우리의 탐구는 다양한 "예술 세계"에 관한 훌륭한 문헌들에서 이러한 연결망[FIC·NET]의 재구성을 위한 영감을 얻을 수 있다. 역사학과 사회학은 이러한 장치들의 한 부분도 건너뛰지 않고 작품의 궤적을 전개할 수 있도록 해왔다. 이 장치들은 늘 그렇듯 이질적이며 거기서 우리는 군주와 후원자의 변덕, 피아노 건반의 품질, 음악 작품의 비평적 운명, 첫 공연에 대한 대중의 반응, 티켓 가격, 레코드판의 흠집, 디바의 상심 등을 고려해야 한다. 그러한 연결망을 따라가면서 작품 "자체"에 속하는 것을 작품의 수용이나 작품 생산의 물질적 조건, "사회적 맥락"과 분리하는 것은 불가능하다. 과학과 기술의 인류학 이상으로 예술의 인류학은 놀라운 학식을 통해 어떤 부분도 빼놓지 않고 계속 더해가는 데 성공해왔다. 작품을 유지하는 데 정말로 모든 것이 중요한 것 같다. 모든 세부사항이 중요하며 그 세부사항의 픽셀 하나하나가 모두 함께 작품의 복합적인 궤적을 그려낸다. 우리는 〈진리〉 이상으로 〈미〉에 대해서 어떤 잔돈으로 그것의 몸값을 치러야 하는지 알고 있다.

허구의 존재자들은 새로운 변이, 즉 재료와 형상 사이의 진동에서 생겨난다 ▶

과학, 기술, 법과 마찬가지로 허구의 존재자들을 별개의 영역으로 착각하지 않도록 하는 여러 형태의 장치들을 추적하고 나서, 이제 우리는 그들이 자신을 확장하는 특정한 방식을 명시해야 한다. 사실상 각각의 존재양식은 확장양식이기 때문이다. 허구의 존재자들에게 매력, 지위, 정체성, 또는 특이한 욕망을 부여하는 고유한 변이를 어떻게 규정할 것인가? 나는 매우 고전적으로, 일종의 표현의 평면을 만들기 위해 기존의 존재하는 것들을 접고 주름 짓는 새로운 방식에 그 변이를 위치시킬 것을 제안한다. 다만 이 표현의 평면은 기존의 존재자들로부터 떼어낼 수 없으며, 이는 형식과 내용이라는 진부한 주제가 암시하기는 하지만 분석하지는 않는 수수께끼이다. 재료도―"물질"의 관념론과 무관하다는 것을 상기하자―또한 **형식**FORMS, 더 낫게는 **형상**FIGURES을 제공할 수 있는 것 같다(형상이라는 용어를 모방적 형상화라는 미술사적 문제와 너무 성급하게 연결시키지 않도록 주의해야 한다). 그것이 바로 허구의 존재자들이 기존의 존재자들로부터 끌어낼 새로운 추출물이다. 이 놀라운 발견은 분명히 〈예술〉이라는 매우 최근의 매우 서구적인 제도보다 훨씬 앞선 것이다. 물론 이 제도가 그 대조를 심화시키고 증폭시키는 것을 멈추지 않았지만 말이다.

우리가 허구의 존재자들의 현존을 처음 발견할 수 있는 것은 기술에서 추출되는 이 새로운 잠재성을 통해서이다[TEC·FIC]. 몇 가지 단어 들이 등장인물을 부각시킬 때마다, 당겨진 북 가죽에서 누군가가 소리 도 만들어낼 때마다, 캔버스에 그려진 선에서 형상이 더불어 추출될 때 마다, 무대 위의 몸짓이 덤으로 등장인물을 생성할 때마다, 점토 덩어리 가 부가적으로 조각상의 윤곽을 만들어낼 때마다 매번 그런 일이 일어 난다. 그러나 그것은 흔들리는 현존이다. 우리가 재료에만 집착하면, 형 상은 사라지고 소리는 소음이 되고 조각상은 진흙이 되고 그림은 낙서 에 불과해지고 단어는 작은 얼룩으로 축소된다. 의미는 사라졌다. 아니, 이 특정한 의미, 허구의 의미가 사라졌다. 그러나—이것이 그것의 본질 적인 특징인데—형상은 재료로부터 실제로 분리될 수도 없다. 항상 거 기에 붙잡혀 있다. 태초 이래로 작품을 요약하면서 동시에 사라지게 하 지 않을 수 있었던 사람은 없었다. 『잃어버린 시간을 찾아서』를 요약한 다? 렘브란트의 「야경」을 단순화한다? 「트로이 사람들」을 축약한다? 그 런데 왜? 그들의 "표현"과는 별개로 그와 나란히 있는 "그들이 표현하는 것"을 발견하기 위해서? 사물 속에서 자신을 구현하는 〈이데아〉를 상상 하지 않는 한 불가능하다. 그러한 불가능성이 바로 작품 그 자체이다.

허구로부터 이득을 얻으면서 우리는 허구의 놀라운 독창성을 잊어버 린다. 허구는 다른 어떤 것과도 같지 않은 고유한 존재양식이며, 재료의 연쇄적인 평면들 사이의 주저함, 진동, 왕복 운동, 공명의 확립으로 정 의되는데, 이 재료로부터 우리는 재료와 결코 분리될 수 없는 형상화를 잠정적으로 추출해낸다. 앞에서 본 것처럼 기술이 변신[MET]과 지속 성[REP]으로부터 전혀 예상치 못한 새로운 주름과 접힘을 추출하듯이, 허구의 진동은 그러한 접힘을 다시 한 번 접고 그것을 다시 갱신하여 예 상치 못한 어떤 것, 말하자면 훨씬 더 예상치 못한 어떤 것을 생성할 것이다! 수십만 년 동안 동굴 바닥에 있던 진흙이 불에 구워진 토기 항아리로 접혀 들어간 뒤에[REP·TEC], 누군가의 손끝에 들려진 이 항아리에서 어떤 놀라운 의인화된 형상이 추출될 때 진흙은 두 번째로 변형되고 운반된다[TEC·FIC]. 자신이 그런 존재자와 만날 수 있다는 것을 처음 발견한 사람이 느끼는 놀라움을 우리가 상상할 수 있을까? 변신의 존재자로부터 허구의 존재자로의 이러한 분기에서 변형의 힘이 얼마나 대단한가[MET·FIC]!

◉ 이는 허구의 존재자들에게 특히 까다로운 진리진술 양식을 부여한다.

그리고 이처럼 필연적으로 연약한 진동으로부터—형상은 무엇보다도 흔들리는 재료이고 흔들림이 계속되는 동안에만 유지된다—우리는 이런 진리진술 유형의 요구 조건에 대해 이야기하는 데 사용되는 단어들을 끌어온다. 그것이 명백하게도 극히 까다로운 양식이기 때문이다. "완전 실패야." "감흥이 없어." 또는 반대로, "제대로 됐다." "된다." "바로 그거야!" 좋은 것과 나쁜 것, 참과 거짓 사이의 이러한 구별을 통해 두 간극, 즉 재료로부터 너무 멀리 나간 것과 의미 없는 재료 덩어리 앞에서 무관심한 것 사이에서 하나의 길이 그려진다. 이 참과 거짓 사이의 길은 다른 양식들과 마찬가지로 외부의 심판관도 없고, 우아함과 취향의 중재자도 없으며, 순간적으로 테스트되는 작품 자체의 초월성 외에는 다른 초월성도 없다는 점에서 더욱 까다롭다. "알아맞혀라, 아니면 잡아먹힐 것이다." 이것은 수리오가 자신이 "예술 작품의 스핑크스"라고 부르는 것에 귀속시키는 질문이다. "진리는 그 자체의 시금석이다

verum index sui"라는 말은 기하학에 대해서보다는 작품에 대해서 해야 한다.

단, 그것이 매우 특정한 검증의 경로를 통해서 그 자신의 진리에 민감하게 되는 법을 배운다는 가정하에 그러하다. 우리는 모두 이런 상황을 경험해왔다. 영화나 연극을 보고 나오면서 "좋았어" 또는 "안 좋았어" "취향에 대해 왈가왈부할 것 없지" 같은 상투적인 말로 모든 토론과 평가를 중단시키는 심드렁한 소리를 들으면 얼마나 불쾌한가. 이런 불편함은 연극이나 영화의 아름다움이나 무가치함에 대해 모두가 어떻게 생각해야 하는지를 한 비평가가 아무런 토론도 탐구도 없이 단언해버리는 것을 들었을 때, 작품에 대해 자신을 개방하고 민감해질 준비가 되어 있는 모든 사람이 경험하는 불편함과 대칭적이다. 그럴 때 우리는 키를 잃어버렸다는 것을 깨닫는다. 그것은 잘못된 객관성을 주장하는 것과 모든 기준을 포기하는 것, 둘 다를 피하면서 공통의 취향이 형성되는 지점에 이르기까지 취향에 대해 토론하는 것을 가능하게 해줄 수도 있었던 키였다. 예술 작품은 얼마나 강력한 규범성을 가지고 있는가! 예술가, 장인, 창작자가 자신이 하는 일에 대해 잘 말하는 방법을 모른다고 불평하는 사람은 분명히 착각하고 있는 것이다. 그들은 자신의 일에 대해 말하기보다 행하기를 더 잘한다. 그들은 작업을 다시 시작하고 조금 더 계속하기 위해 통과해야 하는 좁은 문을 몸짓으로 나타낸다. 우리는 무엇이 아름다운지 추한지, 잘 만들어졌는지 못 만들어졌는지에 대해 하루에 얼마나 많이 판단을 하는가? 그리고 이러한 지식은 그 커다란 얼간이 더블클릭[FIC·DC]의 잣대로 판단되는 것이 아니라서 정당하지 않다고 해야 하는가? 더블클릭이 가만히 있다고 해서 작품, 작품의 구성 요소, 비평가, 예찬자, 청중 사이의 연결 속에서 메스처럼 날카로운 암묵적인 지식이 없다는 것을 의미하지는 않는다. 그러한 암묵적인 지식은 자신의 고유한 양식에서만 명시적으로 되고, 종종 작고 서툰 또 다른 작품으로 그 작품을 연장하며, 그래서 또 다른 예술의 전달자에게 자신의 흔들림을 확장한다. 작품에 대한 그리고 작품을 통한 판단은 작품의 일부이다.

우리는 우리의 작품들의 자식이다.

그러나 작품이 수용자에 의존한다는 것은 사실이지만, 상상력이라는 관념은 그러한 의존성을 잘 설명하지 못한다. 기술과 마찬가지로 예술 작품도 항상 의인화된anthropomorphic 것, 더 낫게는 인간에 의해 유발된anthropogenic 것이라고 해보자. 이는 장인이나 예술가가 특정 작품에 인간의 "형식"을 부여했다는 것이 아니라, 그 작품이 반동 효과로 인간의 형식을 얻었다는 것을 의미한다. 상상력은 허구의 존재자들의 원천이 아니라 그들을 담아내는 그릇이다. 우리가 자신을 지시의 연쇄와 연결함으로써 객관적으로 되는 것처럼, 기술적 존재자들의 선물을 받아서 독창적으로 되는 것처럼, 변신의 존재자들 덕분에 자신을 가다듬는 데 필요한 수단을 얻게 되는 것처럼, 같은 방식으로 허구의 작품이 우리를 거두어들일 때 우리는 상상력을 갖게 된다. "우리는 우리의 작품들의 자식이다." 예술 작품으로 인해 유발되는 존재론적 역전에 대해 이보다 더 정확한 말은 없었다. 자신의 손으로 만든 봉헌물에 놀랐던 인류anthropos가 자신을 변화시키는morphing 것 앞에서 놀라 뒤로 물러서는 것이다.

작품의 파견은 어떤 탈연동을 함의한다 ▶

어떻게 그런 이동, 행동, 통행을 더 정확하게 규성할 수 있을까? 그러한 경험은 너무 흔해서 우리가 그것에 대한 민감성을 잃을 수도 있다. 음악이 시작되고 텍스트가 읽히고 그림이 스케치되고 "자, 이제 간다." 어디로? 어딘가 다른 데로. 작품의 픕진성이나 형상화, 모방성의 정도에 따라 다른 공간, 다른 시간, 다른 형상이나 인물, 분위기, 실재 속으로 가는 것이다. 어쨌든 우리는 공간적, 시간적, (기호학 용어를 빌리자면) "행위소적"인 3중의 탈연동을 통해 다른 평면으로 이동한다. 우리가 다시 돌아올까? 우리가 지금은 모든 형태의 **변이**ALTERATION를 탐구하고 있으니 아마도 그것은 문제가 아닐 것이다. 우리가 어딘가로 갔다면, 우리가 "그것과 함께 갔다면", 그것은 분명히 우리가 파견되었기dispatched 때문이다. 그런데 누가 우리를 파견한 것인가?

가장 흥미로운 부분은 이것이다. 자신이 한 일을 잘 알지 못하고 훌륭한 예술가로서 자신의 정체성에 대해 밥 먹듯이 거짓말을 할 수 있는 살과 피를 지닌 인간 작가 덕분에 우리가 파견된 것이 아니라는 것은 확실하다. 그리고 그 작가는 누구에게 말하고 있는가? 확실히 지금 여기의 "나"가 아니라 다른 누군가에게 말하고 있다. 작품에 따라 다르고, 작품의 세부 내용에 따라 다르며, 절대로 작가보다 먼저 존재하지 않는—그것을 수행하고 차지하는 데 내가 동의하거나 혹은 동의하지 않는—기능이나 위치에게 말하는 것이다. 여기에 두 번째 평면이 있다. 두 번째 평면은 작품 아래 위치하며, 잠재적 송신자와 잠재적 수신자—작품의 접힘 안에 새겨진 화자와 청자—를 형성하기 시작한다. 작품이 "세계 전체를 만든다"는 말은 괜한 말이 아니다. 심지어 작품은 자신의 작가와

예찬자를 생산하기까지 한다. 작품에 선행하는 것은 없다. 작품이 말하자면 "무에서부터" 모든 것을 존재하게 할 수 있기 때문이다. "여기서 아시아가 시작된다"라고 적힌 플래카드를 무대에 걸면, 그렇다, 아시아가 시작된다. 존재를 만드는 조금 이상한 방법이다.

허구 작품의 **기호학**SEMIOTICS이 작품을 "사회적 맥락"이나 "대화 상황"으로부터 고립시킨다고 비난하는 것은 큰 실수이다. 기호학은 더 나은 일을 했다. 즉, 다른 존재양식이 대체할 수 없는 허구 작품의 독창성, 고유한 존재론적 존엄성을 발견한 것이다. A. J. 그레마스Greimas가 이런 사실을 이해한 것은 천재적이었다. 그전까지 예술 작품을 일종의 "소통 상황"의 대용물로 보았던 "양식good sense"의 반대에도 불구하고 말이다. 화자, 매체, 메시지, 대화 상대자, 그 이상은 허구 작품에서 보이지 않았다. 우리는 여기서 어떤 것이 "메시지의 중개를 통해" 누군가에게 전달된다고 믿는 예의 그 더블클릭의 익숙한 영역을 볼 수 있다. 마치 "소통"의 "허구적 인물"이 때마침 허구의 행위자보다 선행할 수 있는 것처럼 말이다! 그러나 이 모든 아래와 너머의 위치들은 작품에서 그리고 작품 때문에 비롯되며, 작품으로부터 그리고 작품으로부터만 나온다. 우리를 만든 것은 허구다. "허구"라는 단어 자체가 그것을 말해준다.

◉ 그것은 기술의 존재자들의 탈연동과는 다르다[TEC·FIC].

우리는 어떻게 우리가 생산하는 것에 의해 생산될 수 있을까? 앞 장에서 만난 **탈연동**SHIFTING/DÉBRAYAGE과 같은 효과를 통해서다. 앞에서 살펴본 것처럼 재료가 형식이나 형상을 향해 진동하기 시작하자마자—형상은 재료로부터 분리될 수 없고 재료는 형상의 특이성을 지시하는 것을 멈추지 않는다—두 개의 새로운 평면이 즉시 발생된다. 하나는 표현되는 것, 앞과 너머에 있는 n+1 평면이고 다른 하나는 잠재적 청자의 평면, 아래와 뒤, 또한 앞에 있는 n−1 평면이다. 이렇게 앞으로 보내고 뒤로 당기는 이중 운동을 통해서 세계에는 다른 이야기, 다른 장소, 다른 행위자들이 거주하고, 작가, 창조자, 주체의 가능한 위치가 나타난다. 이것이 허구의 존재자가 변화되고 접히는 방식이다. 변이 속의 변이. 접힘 속의 접힘. 반복 속의 반복. 기호학에 의해 결정적으로 인식된 이러한 탈구에서 허구 작품은 기술적 객체에 무언가를 추가할 것이다. 기술적 객체는 언제나 허구 작품의 출발점이나 발사대 역할을 하며, 허구의 작품이 실패, 폐기, 망각—버려진 무대 세트, 둥글게 말린 캔버스, 쓸모없어진 장신구, 더러워진 팔레트, 벌레 먹은 발레복—에 빠지는 즉시 작품은 기술적 객체로 축소될 것이다.

실제로 호모 파베르Homo faber와 호모 파블라토르Homo fabulator가 같은 근원에서 유래한 것이지만, 동시에 이 둘은 분명하게 구별된다 [TEC·FIC]. 기술적 탈연동은 저항 기울기가 탐색되고 나면 제자리에 머물도록 재료들을 접는다. 사람이 뛰어내리는 것을 막는 절벽 위의 난간은 당신이 원하든 원치 않든 강철 기둥으로 당신을 보호한다. 그것은 낭떠러지로 몸을 던지려던 주인공이 마지막 순간에 말의 난간에 의해 제지당했을 때 당신의 가슴을 뛰게 한 이야기와는 다르다. 후자는 당신이 자신의 지식과 감정을 담아서 읽어야 하고 유지해 가야 하는 이야기다. 글의 특성 때문에, 당신은 자신의 몸에서 재료(뛰는 심장)와 형상(재료의 형상, 형상의 재료)을 구별하여 진동할 수 있어야 한다. 연속성의 요구 조건은 강철 난간보다 약하기도 하고(당신이 그것을 만들어낼 필요는 없다) 강하기도 하다(그것이 당신을 잡고 있을 수 있도록 당신도 그것을 계속 잡고 있어야 한다!).

그 차이는 분명하면서도 미묘하다. 지하철에 "실려 가는" 것과 이야기의 아름다움에 "실려 가는" 것은 다른 것이다. 두 가지 운반, 두 가지 탈연동이지만 그 둘은 같은 연계에 의존하지 않고 결론에 이르는 방식도 같지 않다. 그렇지만 전자는 "진짜로" 운반하는 것인 반면 후자는 "가짜로" 이동하는 것이라고 말하는 것은 잘못이다. 허구는 "실재"(실재는 어쨌든 양식의 수만큼 많은 버전이 있다)에 반대되는 의미에서 허구적인 것이 아니라, 이동되고 있는 사람들이 염려를 잃자마자 작품이 완전히 사라지기 때문에 허구적인 것이다. 이것은 자신의 양식에서 실로 객관성이며[FIC], 이 객관성은 다시 반복되고 동행되고 해석되어야 한다. 여전히 엄폐가 있지만, 엄폐의 주파수, 리듬, 진동은 다른 모든 양식과 다르다.

이제는 아무도 산속의 그 길을 가지 않지만, 강철 난간은 그것을 만들었던 대장장이나 그것을 주문했던 사람, 그것이 보호했던 보행자들이 오래전에 사라졌음에도 불구하고 여전히 거기 서 있다. 그러나 호메로스의 작품에 대한 독자의 부재는 그 작품을 삼켜버리고 독자의 무관심은 그것을 산산이 부술 것이다. 그것은 샤를 페기Charles Péguy가 끔찍한 의무라고 부른 것, 모든 독자가 호메로스에 대해 책임을 지게 만드는 의무이다. 우리가 허구의 존재자들을 가공적 혹은 허구적이라고 부르는 것은 그들이 거짓이거나 신뢰할 수 없거나 상상적이기 때문이 아니다. 오히려 허구의 존재자들이 우리에게, 그리고 허구의 존재자들이 자신의 존재를 연장할 수 있도록 우리가 그들을 전달해야 하는 사람들에게 너무 많은 것을 요구하기 때문이다. 다른 어떤 유형의 존재자도 그런 연약함과 책임을 부과하지 않는다. 다른 어떤 존재자도 "우리"(그들은 "우리"

를 형상화하는 데 도움을 준다)를 통해 계속 존재할 수 있기를 그만큼 열망하지 않는다. 어떤 의미에서 허구의 존재자들이 가장 닮은 것은 재생산의 존재자들일지도 모른다[REP·FIC].

허구[FIC]의 존재자들은 예술 작품을 훨씬 넘어서 확산한다 ⊙

허구의 존재자들이 어디에나 있기 때문에 더욱 그렇다. 그들은 다른 모든 양식이 각자의 고유한 실재를 스스로 형상화할 수 있게 해주는 일종의 편재성을 가지고 있다. 허구가 기술과 변신에 대해 하는 것을―허구는 그들을 접고 반복한다―다른 모든 양식이 허구의 도움으로 할 수 있다. 형상화가 없으면 정치는 불가능하다―형상화가 없다면 우리가 어떤 특정한 집단에 속한다고 어떻게 말할 수 있을까[FIC·POL]? 종교도 불가능하다―우리가 신, 좌천사와 주천사, 천사와 성인에게 어떤 얼굴을 부여하겠는가[FIC·REL]? 법도 불가능하다―법적 허구*fictio legis*는 수단의 대담한 통과에 불가결하다[FIC·LAW]. 그렇다고 우리가 "상징적 세계"에 살고 있다는 의미는 아니다. 오히려 그 양식들이 서로에게 자신의 미덕을 일부 빌려준다는 것이다.

반대로 우리가 허구의 존재자들을 파악하는 방식으로 다른 양식을 파악하면 모든 양식은 다르게 진동하며, 따라서 위에 제시된 정의에 대한 탁월한 반증을 제공한다. 만약 당신이 이 산의 풍경을 "장관"이라고 느낀다면, 그것은 마치 산의 배치가 하나의 작품인 것처럼 재생산의 존재자들을 파악하기 때문이다[REP·FIC]. 어떤 가상의 배치자가 가상의 관객인 당신을 위해 연쇄적인 평면을 설치하고 산 주위에 투영한 것처럼 말이다. 이때 각각의 평면은 하나의 형식을 위한 재료 역할을 하며 물론 형식은 재료로부터 분리될 수 없다. 이 해석적 키를 따라가 보면, 모든 것이 이른바 미학화될 수 있다. 기계, 범죄, 과학("얼마나 아름다운 정리인가!"), 심지어 법("얼마나 빛나는 판결인가!")까지도 그렇다. 이것이 바로 작품의 무한성과 작품이 창조한 것들의 무한성을 모두 가리키는 **미학**AESTHETIC이라는 용어에 의미를 부여한다. 무한성의 인상은 가능한 해석들의 정확한 수에서 오는 것이 아니라, 분리될 수 있는—선택되고 배치되고 선별되는—동시에 분리될 수 없는—체화되고 물질화되고 뿌리내리는—연쇄적인 평면들 사이의 진동의 강도에서 오는 것이다. 진동을 멈추면 더 이상 무한성은 없다.

◉ 허구의 존재자들은 특정한 교차에 거주한다[FIC·REF] ◉

허구의 존재자들의 편재성을 잘 이해하려면 허구의 존재자들과 지시의 존재자들이 형성하는, 이제는 아주 명확하게 보이는 분기를 고려하는 것으로 충분하다. [FIC·REF] 교차는 사실 매우 비옥한 교차이다. 우리가 "**세계**WORLD"에 대한 관념과 세계의 아름다움에 대한 관념의 주요 부분을 얻는 것은 이 두 양식의 협력에서이기 때문이다. 허구와 지시에서 비롯되는 이중의 파견 외에는 어떤 다른 세계 "너머"도, 세계 "아래"도 없다.

물론 한편으로는 허구에서만 나올 수 있는 존재자들이 거주하는 서사narrative 없이는 어떤 지시의 연쇄도 확립될 수 없다. 먼 은하나 물질 입자, 산의 융기, 계곡, 바이러스, DNA, 리보솜에 대해 그런 모험을 겪어나갈 만한 등장인물characters도 없이 어떻게 이야기할 수 있겠는가? 그들은 모두 종이와 단어로 이루어진 존재자들이며 전령 비둘기처럼 전 세계로 보내져야 한다. 모든 과학 논문, 모든 탐험담, 모든 조사에는 언제나 작가의 자유로운 상상력에서 튀어나온 것 같은 이러한 존재자들이 경험하는 이야기가 가득하며, 이들은 소위 모험 영화도 긴장감이 떨어져 보이게 만드는 시험을 치른다. 들뢰즈와 가타리가 명확히 보았듯이, 자신의 몸에 갇혀 있고 실험실에 붙박여 있는 연구자를 대신하여 어디든 갈 수 있고 가장 끔찍한 시험을 보고 겪을 수 있는 이런 작은 존재자들이 세계에 거주하지 않는다면, 과학, 특히 추상적 과학은 불가능하다. 적어도 17세기 이래로 우리는 모든 곳을 돌아다니는 임무를 이 대리자들delegates에게 위임해왔다.

그러나 이 작은 사절들은 한 가지 방식에서 허구의 존재자들과 구별된다. 그들이 무언가를 가져와야 한다는 것이다. 우리는 3장과 4장에서 그들이 무엇을 가져오는지 살펴보았다. 그것은 **지시**REFERENCE, 즉 앞의 것과 뒤따라오는 것이 각기 다른 **기입들**INSCRIPTIONS과 개념 표기들의 매우 길고 힘든 연쇄를 가로질러 상수를 유지하는 능력이다. 사실적 서사와 허구적 서사는 객관성과 상상력이 다른 것처럼 다른 것이 아니다. 사실적 서사와 허구적 서사는 같은 재료, 같은 형상으로 만들어진다. 상상력이 없다면 학자들은 무엇일 수 있는가? 그들은 무엇으로 생각할 것인가? 어떤 이야기를 할 수 있을 것인가? 무엇에 대해 이야기할 것인가? 어떤 세계 속에서 돌아다닐 것인가? 그러나 같은 기본 재료에서 시작하지만, 두 양식은 우리가 그들을 대하는 방식에 따라 서로 달라진다. 우리는 허구의 존재자들이 멀리 그리고 널리 여행하고 말하자면 다른 세계로 "우리를 데려가도록" 허용하지만, 지시의 연쇄로 훈육된 같은 길들여진 존재자들은 멀리 떨어진 사태를 가져와 "보고"하기 위해 다시 돌아와야 하고, 그런 사태를 검증 가능한 공통의 서사로 통합해야 할 책임이 있다. 다양하고 부분적인 서사들이 "과학적 세계관"이라는 이름 아래 시네마스코프, 3D 영상, 입체음향으로 상영되는 웅장한 서사로 요약되고 단순화되고 통합되는 것이다.

◉ 거기서 그들은 형상의 훈육에서 작은 차이를 겪는다 ◉

"지시"라는 단어가 의미가 있다면, 그것은 모든 도구와 함께 증식하는 부분적이고 위임된 작은 관찰자들에게 떠날 뿐만 아니라 돌아올 수 있도록 임무를 맡기는 법을 우리가 배웠기 때문이다. 어떤 과학 장치든 생각해보라. "허구적"(그 외에 무엇으로 이루어져 있을 수 있을까?)이라고 간주될 수밖에 없는 존재자들이 그 안에서 돌아다니는 것을 볼 수 있을 것이다. 그러나 한 가지 결정적인 차이점이 있다. 이 작은 존재자들은 되돌아오고, 다시 보내져 새로 시작할 수 있다는 것이다. 그들이 오고 가는 것만으로도 멀리 떨어진 사태에 대한 접근의 객관성을 보장한다. 허구의 인물들은 지시의 인물들과 마찬가지로 도약한다(그들은 다른 공간, 다른 시간, 다른 행위소로 탈연동한다). 그러나 우리가 허구의 인물들이 귀환을 생각하지 않고 떠나는 것을 기꺼이 허용하는 반면, 지시의 인물들에 대해서는 그들을 다시 데려오기 위해 (그들을 재연동하기 위해) 매우 섬세한 절차를 필요로 한다. 비둘기를 메신저라고 부르는 것은 다리에 감긴 메시지를 가지고 집으로 돌아오기 때문이다. 사람들이 "비유적"인 것과 "문자 그대로"인 것 사이의 구분을 그토록 고집하게 된 것은 바로 이러한 뉘앙스 때문이다. 그러나 **문자 그대로**LITERAL"인 것은 형상들의 비행에 대한 훈육되고 길들여진 재연일 뿐이다. 문자 그대로인 것과 비유적인 것의 관계는 우화 속의 개와 늑대의 관계와 같다. 과학은 허구일 수도 있지만, 보고하고 지시하고 정보를 제공할 만큼 충분히 길들여져 있다. 그렇다, 허구와 기술에서 "형식"이라는 작은 단어의 무게를 기억한다면, 과학은 형식을 부여한다in-form고 할 수 있다.

"상상의 보물"과 "차갑고 단단한 객관적 진리" 사이의 대립이 어색하게 가리키는 것은, 발화 n-1의 평면이 우리가 허구적 존재자들의 현존을 검증하도록 허용하지 않는 반면—플로베르의 서재에서 보바리 부인의 출생증명서를 찾을 수 없을 것이며 찾더라도 가짜일 것이다—지시의 존재자들은 중단 없는 연쇄를 통해—사실은 두 연쇄적인 단계 사이의 비유사성에 의해 각각의 기입에서 중단된다—발표된 서사를 발화자가 그것에 유리하게 보증할 수 있는 것과 연결하도록 허용하며 또한 우리가 이를 요구한다는 사실이다. 우리는 세계 전체로 파견된 모든 대리자를 따라가는 연결망에서 머리 역할을 하는 n-1 평면의 기입을 실험실에서, 심지어 연구원의 서랍에서도 볼 것을 요구한다(특히 부정행위 논란이 있는 경우). 한쪽은 탈연동, 다른 한쪽은 재연동이다. 사실상 차이가 있지만, 그 차이는 객관적인 것과 상상적인 것, 참과 거짓, 〈진〉과 〈미〉 사이의 "그" 구별을 위한 어떤 기초도 제공하지 않는다.

◀ 그 차이로 인해 대응에 대한 오해가 생긴다.

허구의 존재자들에게 공간을 만들어주는 것은 역설적으로, 마침내 우리 자신이 유물론자가 되는 것을 허용하는 것과 같다. 만약 독자가 이 탐구에서 하나씩 드러나는 양식들의 교차에 익숙해지기 시작하고 있다면, 한 양식이 어떻게 다른 양식에 걸쳐 있는지—예컨대 지시체를 가져오도록 길들여진 허구의 인물들—뿐만 아니라 두 양식이 어떻게 서로 협력하거나 혹은 상호 오해를 증가시킬 수 있는지도 이해할 수 있을 것이다. "모방적 형상화mimetic figuration"가 확실히 그렇다. 모방적 형상화는 예술과 과학에서 동일한 도구를 사용하여—원근법 계산, 캔버스나 빈 종이에의 투영, 거리와 그림자를 해석하는 규칙의 확립, 지도제작법의 전개, 그리고 이후의 화법기하학의 획득 등—예술가와 과학자 모두에게 바로 눈앞에 있는 "동일한 세계"를 창문으로 보이는 장관처럼 탐험하고 있다는 느낌을 주기에 이르렀던 예술과 과학의 역사에서 위대한 순간이다. 대응—4장 말미에서 밝혀낸 [REP·REF]의 대응—이라는 관념이 모델과 사본의 모방적 유사성으로서의 대응이라는 관념으로 변형된 그 결정적인 순간에 무슨 일이 일어났는가? 〈과학〉은 어떻게 세계의 거울이 되었는가?

그것은 (스베틀라나 앨퍼스Svetlana Alpers의 멋진 제목을 빌리자면) 모든 일련의 "묘사의 예술"의 성공이 지시의 연쇄와 멀리 떨어진 존재자들 사이의 관계를—지시의 연쇄는 상수를 발생시키는 변형의 포장길을 통해 멀리 떨어진 존재자들에 접근한다—90도 뒤집어놓은 것과 같다. 회화를 외부세계와 똑같은 사본으로 보는 관객이 외부에서 고찰하는 회화의 논리가, 그와 동시에 설치되고 있는 지시의 연쇄의 길이, 무거움, 비용, 복잡성에 대해 승리를 거둔다. 마치 예술의 세계가 과학의 세계에 자신의 인식론, 아니 자신의 미학을 부과하는 것처럼 말이다. 과학자들은 새로운 과학에 심취한 예술가들의 이른바 "사실주의" 회화가 제공하는 모델에 따라 알려진 세계를 생각하기 시작한다. 그러면 과학이 묘사하는 실재 세계는, 묘사할 원본과 그것에 충실해야 하는 사본이 있다는 점에서, 회화에서 묘사된 세계와 놀랍도록 닮은 것처럼 보인다. 마치 유사성과 모방적 형상화로 연결되는 두 개의 요소, 단 두 가지만 있는 것처럼 말이다. 과학은 자신의 기입 형식이 회화와 얼마나 다른지—그리고 지시의 연쇄가 얼마나 많은 현기증 나는 단계들을 통과해야 하는지—잊기 시작하고, 맨 끝의 객체들이 정말로 그런 그려진 세계 안에 거주한다고 믿기 시작한다.

아마도 여기에 **연장실체**RES EXTENSA의 기원들 중 하나가 있을 것이다. 그것은 궁극적으로 단지 허구와 지시의 교차에 대한 아주 순수한 오해, 예술에서 비롯한 학문적 열정일 것이다. "알려진 세계"는 과학의 미학화에서 유래한다! 이는 필리프 데스콜라가 **자연주의**NATURALISM라고 부르는 것의 기원을 추적할 때, 우리의 연구가 곧 직면해야 할 거대한 작업장이다. 자연주의는 허구와 지시를 그와 같은 식으로 결합해본 적이 없는 사람들을 이해할 수 있는 가능성을 근대인에게서 박탈했다. "외부세계"에 접근할 수 없는 사람들은 "상징적 표상"이라는 안개를 통하지 않고서는 실재를 파악할 수 없다고 근대인이 말해왔기 때문이다.

그러면 우리는 의미와 기호의 차이를 다시 살펴볼 수 있고 ⊙

이제 우리는 이 안개를 걷어낼 수 있는 위치에 있지 않은가? 그들이 그렇게 오랫동안 숨겨왔다고 말해지는 "외부세계"를 발견하기 위해서가 아니라, 그 세계를 모든 곳에 퍼뜨린 메커니즘, 즉 "안개 기계"를 찾기 위해서 말이다. 앞에서 보았듯이 기호는 의미가 아니라 허구에서 비롯되는 의미의 변종들 가운데 하나일 뿐이다.

우선 기호는 다른 것을 대신하는 어떤 것, 그것의 해석에 필요한 어떤 것이라는 표준적 정의는 모든 유형의 의미, 심지어 우리가 존재의 궤적을 스케치하기 위해 포착하는 법을 배워야 하는 모든 비가시적 존재자들까지도 정의할 수 있는 매우 일반적인 속성이라는 점에 주목해보자. 의미를 발견한다는 것은 애초부터 한 단어와 다른 단어 사이의 연결을 찾는 것이 아니라, 단어, 언어 행위, 행위 과정 사이의 연결을 찾는 것이며, 그리고 이것들이 계속 의미가 있으려면, 다시 말해 계속 존재하려면 무엇이 그것의 자리를 대신해야 하는지를 찾는 것이다. 따라서 의미를 해석한다는 것은 상징적 영역을 고립시키면서 모든 존재론적 질문을 제쳐두는 것이 아니라, 반대로 잃어버린 존재론의 실을 다시 잡는 것이다. 하나의 기호가 이해되려면 다른 기호와 연결되어야 한다는 생각은 타자로서의 존재의 존재론에 고유한, 훨씬 더 일반적인 상황의 특정한 경우일 뿐이다. 공백, 변이의 작은 **초월**TRANSCENDENCE을 통과하여 존재를 지속하기 위해서는 동일자 대신에 타자가 있어야 하는 것이다.

다음으로 "기표"와 "기의" 사이의 유명한 구별은—우리의 모든 상징적 에너지의 양극과 음극이라고 말해지는데—우리가 이미 허구의 존재자들에 대해 말한 것을 기호에 대해 반복하는 것과 같다는 점에 주목해보자. 거기에서 우리는 재료와 형상 사이의 동일한 진동과 동일한 상호 분리 불가능성을 발견한다. 기표와 기의의 구별은 분명 중요하지만, 그 이유는 그것이 허구의 존재자의 특정한 경우를 가리키기 때문이다. 기호라는 허구의 존재자의 진동은 지시물과의 직접적인 접촉 없이도 그것을 형식—기표—을 향해 구부러진 재료로 또는 재료—기의—와 분리될 수 없는 형식으로 항상 파악될 수 있도록—혹은 정의상 파악될 수 없도록—해준다. 여기서 지시물은 "실재 세계"가 아니라—허구가 실상 언제나 비스듬히 포착하는—다른 존재양식들의 증식이 언뜻 보인 결과이다.

이 논리에 따르면, 기호에 대한 집착은 모든 의미양식을 정의하도록 요청받은 허구의 장소를 과장한 데서 비롯된다. 어원적으로 "**상징** SYMBOL"이라는 단어는 여행자들이 헤어질 때 둘로 자른 징표의 절반을 가리키며, 나머지 절반은 여행자들이 다시 만났을 때 인식의 표시 역할을 했다. 그러나 두 조각을 분리하고 다시 발견하고 재결합하는 데에는 수많은 방법이 있다. 특별히 어떤 상징을 다른 상징과 연결해야 할 의무는 없다. 기호들 사이의 관계에만 관심을 둔다는 것은 의미—다시 말해 방향을 알리는 것, 뒤따라오는 것, 그리고 존재의 지속을 위해 필요한 것—를 이미 잃어버렸을 것이기 때문에, 문자 그대로 의미 없고 심지어 사실상 무의미한 어떤 것을 출발점으로 받아들이는 것이 될 것이다.

물질이라는 관념이 어떤 유혹에 대응하는지 우리가 알 수 있는 것처럼—미끄러운 비탈길에 굴복하여 마치 지시에 필요한 형식이 우리가 접근하는 개체들의 실재적이고 비가시적인 토대이기도 한 것처럼 지식의 성공을 설명하는 것으로 충분하다[REP·REF]—같은 방식으로 상징적 세계라는 관념이 어떤 유혹에 붙들려 있는지 이해할 수 있다. 실상 타자로서의 존재는 스스로를 변화시키고 스스로를 갱신하며, 자신 안에서가 아니라 항상 타자 안에서 그리고 타자를 통해서 존재한다. 따라서 모든 존재자는 부분적으로 베일에 가려져 있으며, 그것을 파견하는 것과 뒤따라오는 것 사이에서 여행자들의 징표symbolon처럼 찢겨져 있다. 그래서 전치사와 뒤따라오는 것 사이의 그러한 공백을 기호와 그것이 나타내는 것 사이의 거리로 대체하고 싶은 유혹이 있을 수 있다. 마치 기호들이 결국 하나의 세계, 하나의 체계, 하나의 **구조**STRUCTURE를 형성하는 것처럼 기호들을 서로 연결할 수 있다면 특히 그러하다.

그것은 차선책이고 임시변통에 불과하지만, 믿을 만해 보인다는 것은 이해할 수 있다. "세계와 의미를 잃었지만, 그래도 마치 이 대수롭지 않은 기호들이 어떤 실재에 의해서가 아니라 그들 자신의 결합과 변형의 규칙으로 연결된 그들 자신의 세계를 형성하는 것처럼 하자." 이렇게 우리는 첫 번째 인공물인 "물질적" 세계에 이제 두 번째 인공물인 "상징적"인 것을 추가한다. 그리고 우리가 〈이분화〉의 한쪽에서 물질의 확장을 더 많이 주장할수록, 다른 한쪽에서 이 언어의 인공성에 핍진성을 부여하려는 유혹이 더욱 커진다.

우리가 이 비탈길을 다시 올라갈 수 있을까? 그렇다. 우리는 이제 범주 오류를 인식하는 데 충분히 노련해서, 어떤 것이 다른 것을 "대신"하는 것에 대해 착각하지 않고 어떤 것을 다른 것으로 간주하라고 요청받았을 때 항상 의심해야 한다는 것을 알기 때문이다. 기호가 반드시 "다른 무언가를 대신해" 있는 것은 아니며, 그것과 "최소 대립쌍"—무의미를 가지고 의미를 만들어내려는 다소 필사적인 노력—이 되는 다른 기호를 대신해 있는 것은 더더욱 아니다. 기호는 선행자와 후행자를 대신해서 그리고 선행자와 후행자를 통해서 있는 것이다. 이번에는 마그리트의 예로 돌아가 보자면, 그려진 파이프도, 우리 이야기 속의 파이프도, 그림 앞에 놓인 브라이어 파이프도 단순히 그 자체 안에서 거주하는 것이 아니라, 항상 선행하고 뒤따르는 타자들 안에서도 거주한다.

◉ 절합된 세계에 접근하는 또 다른 방법을 발견할 수 있다.

다시 말해, 관계의 경험을 상실하는 데 동의하고, "인간 정신"에 기초한 관계들을 모든 절합이 사전에 제거된 "물질세계" 안으로 다시 주입하려는 사람들에게만 기호는 "자의적"이다. 이제 우리가 더욱 명확히 이해하기 시작했듯이 세계 그 자체가 절합되어 있다. 살아 있는 존재자들이 연기와 불 사이의 관계에서 "지표"를 발견해냈다면, 그것은 태초부터 불이 연기 속에서 치솟고 발하고 자신을 알리고 발화하고 표현하고 스스로를 소진해왔기 때문이다. 존재자들에게 그들의 세부 사항, 선행자와 후행자를 돌려주면, 그들은 의미로 가득 차 있고, 구조의 옹호자들이 소중히 여기는 "최소 대립쌍"의 차이 외에 많은 차이들을 수집하며, 세계의 변이들을 놀랄 만큼 잘 등록한다는 것을 알 수 있다. 물론 프랑스어로 cheval은 영어로 "horse"다! 평원을 질주하는 수많은 말들이 프랑스어와 영어를 사용하는 많은 부족들과 관계를 맺는 많은 방법이 있다는 것 외에 여기서 어떤 결론을 도출할 것인가? 다양한 교차들로 이루어진 이 풍부한 직조에서 왜 "기호의 자의성"이라는 교훈만을 이끌어 내는가? 다른 차이들에는 왜 그렇게 무관심한가?

세계는 절합되어 있다는 것, 그리고 이것이 바로 우리가 때로 표현(표현의 극소수만이 공기 흐름이 성문을 지나가는 통로를 통해 생산된다)의 중개를 통해 그 절합들의 일부를 반복하는 이유라는 것이, 절합되지 않은 물질세계를 붙들 손잡이도 없는 기호를 자기 머리에서 투사하는 인간을 상상하는 것보다 더 실재적이고 더 경제적이며 더 우아한 가설이 아닌가? 모든 것이 흐르고, 모든 것이 같은 의미/방향으로 흐르고, 세계와 말도 마찬가지이다. 요컨대 존재자들은 **스스로를 발화하며**UTTER THEMSELVES, 이것이 바로 우리가 무언가에 대해 계속 반복해서 시도하면 때로 그에 대해 진실하게 말할 수 있는 이유이다. 만약 자연어가 세계를 반복하기 위해 자신을 반복한다면, 그것은 세계가 존재를 지속하기 위해 몇 번이고 자신을 반복해왔고 지금도 그렇게 하고 있기 때문이다. 언어학자는 분석을 쉽게 하기 위해 그러한 절합의 운동을 잠시 중단시키는 경우가 아니라면, 〈언어〉라는 고립된 영역으로 자신을 제한해서는 안 된다. 언어는 타자로서의 존재의 표류에도 불구하고 존재자들의 연속성을 유지하려는 필사적인 노력을 통해서만 고립된 영역이 된다. 그러면 실로 우리가 마주하는 것은 자신에게서 도망치는 것을 잡으려 하지만 그러지 못해 결국 그래도 "세계를 만들기 위해" 다른 기호에 매달리는, 의미가 제거된 기호이다. 그러나 그것은 빈곤한 세계, 세계를 잃어버린 세계이다. 가이아의 명령을 신속히 해독해야 할 사람들은 그들의 "절합된 언어"를 그들이 절합되지 않은 것으로 간주하는 세계와 대립시키지 않고서, 마침내 그러한 언어를 말하는 법을 배우는 편이 나을 것이다.

10장

외양을 존중하는 법 배우기

양식의 용량뿐만 아니라 순간에도 민감하려면 ⊙ 인류학자는 옥시덴탈리즘의 유혹에 저항해야 한다.

본질에 고유한 존재양식이 있는가?

가장 널리 퍼진 양식, 전치사에서 시작하면서도 그것을 생략하는 양식인 ⊙ 습관[HAB]도 존재양식이다 ⊙ 내재성을 생산하는 역설적 공백을 가진 존재양식이다.

주의 깊은 습관의 경험을 따라감으로써 ⊙ 우리는 습관의 존재양식이 어떻게 연속성을 그려내는지 본다 ⊙ 그것의 특정한 적정성 조건 때문에.

습관은 고유한 존재론적 존엄성을 가진다 ⊙ 그것은 가리되 숨기지는 않는다는 사실에서 비롯된다.

그래서 우리는 이론과 실천 사이의 거리를 매우 다르게 이해하며 ⊙ 그것은 우리가 더블클릭을 보다 너그럽게 정의할 수 있게 해준다[HAB·DC].

각각의 양식은 습관과 유희하는 나름의 방식을 가지고 있다.

습관의 존재양식은 제도를 긍정적으로 정의하는 데 도움이 될 수 있다 ⊙ 화자가 속한 세대를 고려하고 ⊙ 근본주의의 유혹을 피한다면 말이다.

양식의 용량뿐만 아니라 순간에도 민감하려면 ⊙

우리는 모든 양식을 동시에 잡고 있으려면 얼마나 절묘한 곡예가 필요한지 이해하기 시작했다. 근대인은 새로운 대조를 추출할 때마다 자신이 똑같이 소중히 여기는 다른 대조를 약화시키거나 혹은 반대로 과장하는 경향이 있다. 이것은 반드시 비합리적인 행동이라기보다는 극장에서 결함 있는 무대 연출이나 조명 실수라고 부를 만한 것이다. 즉, 무대 연출가나 조명 디자이너가 연기의 어떤 뉘앙스를 드러내면서 다른 것을 어둠 속에 내던지는 것이다. 우리가 바로잡으려는 것은 바로 이런 종류의 편집 오류이다. 각각의 존재양식은 다른 모든 양식에 대해 틀릴 수 있으며, 어떤 양식도 다른 모든 양식에 대해 결정적으로 확실한 기준이 될 수 없다―이 점이 **피벗 테이블** PIVOT TABLE의 기본 틀을 제공한다. 하지만 우리는 각각의 존재양식에 고유한 템플릿을 부여하고 각 양식을 고유한 언어로 다루기로 약속한 바 있다.

그러나 상황을 더욱 복잡하게 만드는 것은 역사에서 커서를 어디에 두느냐에 따라 가능한 모든 상태에서 동일한 범주 오류를 발견할 수 있다는 사실이다. 처음에는 단순히 대조 추출의 불행한 결과였던 범주 오류가 훨씬 뒤에는 위험해지고 어쩌면 치명적일 수 있으며, 결국 완전히 사라지거나 반대로 그것에 적합한 제도에서 편안하게 제도화될 수도 있다. 예를 들어 연장실체의 해로운 영향을 비난한다고 해서 17세기 중반에 우리가 그것에 대해 열광하지 않았을 것이라는 의미는 아니다. 우리는 틀림없이 데카르트주의를 물질, 과학, 사상, 〈신〉을 동시에 발전시키는 이상적인 해결책으로 보았을 것이다. 3세기가 지난 지금 우리가 과학, 주체, 신들을 동시에 상실한 것을 애도하게 된 것은 오직 점진적으로, 각 양식에 고유한 각각의 역사에 울려 퍼진 충격파를 통해서이다. 수십 년 전만 해도 우리는 비판적 사유의 힘에 흥분했을 것이다. 가치들을 보호해주지 못하면서 그것들을 수호한다고 위선적으로 주장하던 제도들을 마침내 전복할 수 있게 해주었기 때문이다. 하지만 오늘날에는 완전히 다른 상황으로 인해 우리는 비판을 포기하고 제도를 다시 존중하는 법을—심지어 소중히 여기는 법을—배워야 한다.

따라서 우리의 연구는 양식들을 부각시키는 것뿐만 아니라 양식들의 존재론적 역사라고 불릴 만한 것 전체에 걸쳐 나타나는 변곡점을 각각의 양식마다 식별하는 것이기도 하다—실제 역사학자들에게 천 번의 사과를 드린다…. 이반 일리치Ivan Illich는 이런 순간을 **악성 역전**MALIGN INVERSIONS이라고 불렀고, 그 예로 건강 관련 지출이 어느 지점까지 유용하다가 그 이상을 넘어가면 치료하는 것보다 더 많은 질병을 유발하게 되는 문턱이나, 자동차가 증가하면서 차로 가는 것이 걸어가는 것보다 평균적으로 더 느려지는 순간을 들었다. 각각의 대조는 서서히 축적되는 파르마콘pharmakon과 같다. 즉, 장기간에 걸쳐 고용량으로 복용하면 치료제가 독이 된다. 우리가 모든 독을 피할 수는 없지만 신중하게 투여된 해독제로 어느 정도 그 효과를 중화시킬 수는 있다. 그렇다면 존재양식에 대해서도 전체 복용량, 식이 요법, 처방 기준이 있을 것이며, 우리가 범주 오류에 대해—그것이 진짜 독이 되는 순간을 잘못 판단할 위험을 무릅쓰면서도—너무 가혹하게 말하는 것을 피하려면 그것과 친숙해져야 할 것이다.

◉ 인류학자는 옥시덴탈리즘의 유혹에 저항해야 한다.

여기서 우리 인류학자는 자신의 작업에 대해 의구심을 갖기 시작한다. 물론 그는 어쨌든 고향인 유럽에 머물면서도 여전히 발견을 계속해 나갈 수 있다는 사실에 기쁘다. 먼 지역에서 연구 중인 동료들이 기이한 이야기를 가져올 수는 있겠지만, 그는 근대인이 제공하는 것보다 더 흥미로운 인류학적 수수께끼는 없다는 자신의 신념을 고수한다. 근대인이 내면을 변형시키는 괴물을 수용하는 데 성공할 것이라고 누가 어떻게 예상할 수 있었겠는가? 그들이 기술의 결정적인 술책을 거대하고 단순한 사물로 변형시킬 수 있다고 누가 어떻게 상상할 수 있었겠는가? 견고하고 완고한 "사실물matters of fact"이 혼란스러운 관념론에서 유래한다는 것은? 근대인이 허구의 존재자들을 수용하기 위해 실재적 세계와 함께 상징적 세계를 발명했다는 것은? 그러나 다른 관점에서 그는 자신이 여러 차례 방법을 위반하고 이국주의의 유혹에 너무 자주 굴복했다고 느낀다. 특히 정보원들을 스스로를 기만하고 자신이 무엇을 하고 있는지 이해하지 못하는 사람들로 취급할 때 더욱 그러했다. 그는 자신이 **옥**

시덴탈리즘OCCIDENTALISM의 즐거움에 굴복할 심각한 위험에 처해 있다고 느낀다. 지금까지는 주의를 더 기울이기만 하면 범주 오류를 피할 수 있다고 생각했다면, 이제는 그것이 존재양식들 간의 대조를 강조하기 위한 술책이었다는 것을 잘 알고 있다. 이제 그는 더 이상 근대인의 비합리성을 비난하는 데 그치지 않는 다른 대응책을 찾아야 한다.

인류학자가 기운을 되찾을 수 있도록 우리는 이제 새로운 양식과 친숙해질 필요가 있다. 그것은 행위의 외견상의 연속성을 설명할 수 있는 양식이다. 또한 이를 통해 우리는 더블클릭[DC]의 보다 너그러운 버전을 제공하고, **내재성**IMMANENCE이라는 관념과 지금까지 의미를 명시하지 않은 채 사용하고 남용해온 제도라는 관념에 대해 보다 정확히 정의할 수 있을 것이다.

본질에 고유한 존재양식이 있는가?

다행히도 인류학자는 **본질**ESSENCE에 대한 질문이 제기될 때마다 오해가 쌓인다는 것을 알아차렸다. 그 자신의 존재양식 탐구 과정에서 소크라테스는 아테네 상인들에게 그들이 하는 일에 대해 "ti esti?"("…는 무엇인가?")라는 작은 질문을 내뱉게 함으로써 요리, 아름다움, 말 사육, 심지어 이 잡기의 "본질"로 돌아갈 수 있다고 주장하여 그들을 언짢게 했다. 그리고 그는 그런 실행자들이 자신이 무엇을 하고 있는지 표현하지 못하는 것에 매번 실망했다. 본질에 대해 제대로 말하지 못하는 사람들, 억견doxa에서 벗어나지 못하는 사람들, 〈이데아〉로 가는 길을 잃고 아마도 "〈존재〉를 망각한" 사람들을 향한 그의 경멸이 여기서 나온다. 그러나 대화 상대자를 실격시키는 질문이 논쟁에서는 쓸모가 있겠지만, 이 탐구에서 우리가 따르고자 하는 경험 철학에는 부합하지 않는다. 아고라에서 실행자들과 잘 이야기한다는 것은, 우리가 그들의 것과는 완전히 다를지라도 최소한 그들의 경험에 상응하고 가능하다면 공유할 수 있는 그들의 실천의 한 버전을 제안할 때, 그들이 고개를 끄덕이며 동의하기를 바라는 것이다. 그리고 무엇보다도 이것은 소크라테스의 질문이 가져온 부정적인 오염과 정반대인 일종의 긍정적인 오염을 통해서 그들이 그동안 경멸해온 다른 양식들을 존중할 수 있게 해주는 버전을 제안하는 것이다. 자신의 질문을 통해 세계를 비합리적인 사람들로 가득 채우는 사람이 자신을 합리적으로 표현하고 있다고 말할 수는 없는 것이다.

이는 소크라테스의 방식으로 제기된 질문 자체에서 새로운 범주 오류를 탐지하는 것과 같다. 마치 망각된 것이 〈존재〉, 〈이데아〉, 본질이 아니라 **존재자들**BEINGS인 것처럼 말이다. 그 오류는 모든 실천의 본질에 대한 질문이 단일한 양식, 즉 장비를 갖추고 교정되는 지식의 양식에서 제기되었다는 사실에서 비롯된다. 마치 근대인에게는 양식들이나 전치사들만큼이나 많은 창설의 장치들을 제안하는 것이 불가능하다는 듯이 말이다. 그리고 2장과 3장에서 보았듯이 이러한 오류는 심지어 지식[REF]의 본질조차 포착하지 못한다는 점에서 더욱 혼란스러울 것이다! 우리는 이미 매개를 박탈당한 지식이라는 관념[REF·DC]에서 출발하여 모든 실천의 본질을 정의하려고 해온 바 있다. 여기서 민족학자는 마침내 모든 양식에 대해 합리적으로 말하게 해주는 메타언어로서, 더블클릭이 이해하는 식의 지식([REF]의 무력화된 형식)이 아니라 모든 양식을 보호하는 양식, 즉 전치사[PRE]의 양식을 택한 것을 기쁘게 생각한다.

그러나 그는 그러한 진단을 내리는 것이 자신을 심각한 모순에 빠뜨릴 것임을 잘 알고 있다. 그는 소크라테스가 잘못된 시금석을 선택함으로써 지식뿐만 아니라 다른 모든 양식에 대해서도 오류를 범했다고 비난하기 시작할 것이다. 심지어 철학자들이 존재로서의 〈존재〉를 망각하는 법을 망각했다고 비난하기에 이를지도 모른다! 여기서 그는 여전히 비판적 사유에서 벗어나지 못했을 것이고, 게다가 소크라테스 방식의 범주 오류를 감지하는 것을 탐구의 유일한 지평으로 삼는 실수를 범했을 것이다. 마치 오류를 찾아내는 것만으로도 오류를 끝내기에 충분하다는 듯이 말이다! 이로부터 그는 본질에 대한 질문은 단일한 양식—게다가 불안정한 양식—에 맡겨질 수도 없고, 단순한 방법론적 오류로서 제거될 수도 없다는 결론을 내린다. 항상 그렇듯이 그는 소크라테스와 그의 후예들의 실천을 포함해 정보원들의 실천을 진지하게 받아들여야 한다. 이 본질에 대한 질문, 이 오래된 집착 아래에는 또 다른 질문, 또 다른 존재 방식이 숨겨져 있을 것이다. 다시 말해 이제 우리는 본질의 존재양식에 대한 질문을 스스로에게 던져야 한다.

가장 널리 퍼진 양식, 전치사에서 시작하면서도 그것을 생략하는 양식인 ⊙

그 질문은 머리카락을 쪼개는 것처럼 억지스러워 보일 수 있다. 그러나 독자가 불평할 것이 있다면, 우리가 이런 지점에 이르렀다는 것이 아니라, 가장 중요하고 가장 널리 퍼져 있으며 가장 필수불가결한 존재양식, 우리 삶의 99%를 차지하는 존재양식, 아무리 범주 오류를 피하는 데 집착하더라도 그것 없이는 우리가 존재할 수 없는 존재양식을 도입하는 데 너무 오래 걸렸다는 점에 있다. 그 양식은 우리가 결합의 연결망[NET]이라는 관념을 통해 따라가는 법을 배운 **행위 과정**COURSES OF ACTION을 정의하게 해준다.

지연된 데에는 물론 충분한 이유가 있다. 그 새로운 양식은 전치사를 가리는 특성이 있어서 우리가 우선적으로 감지하기를 다시 배우고 싶었던 그것을 숨겼을 수도 있다. 그 양식은 전치사를 망각하지도 부정하지도 거부하지도 않는다. 아니, 전치사를 감추거나, 더 정확히 말하면 생략한다, 혹은 생략해야 한다고 말할 수 있다(우리는 "망각"과 "생략"의 차이에 엄밀한 의미를 부여할 것이다).

결국 **전치사**PREPOSITIONS는 궤적의 방향을 나타내지만 그 이상의 어떤 것도 제안하지 않는다는 것을 기억하자. 특히 전치사는 다음에 오는 것의 토대나 잠재성, 가능성 조건의 역할을 하지 않으며 단지 그것을 알리고 신호를 보내고 우리가 그것을 올바르게 다루도록 준비시킬 뿐이다. 당신이 올바른 전치사를 선택하는 문제로 끊임없이 괴로워하는 존재자를 혹시라도 상상해보려 해봤자, 그런 존재자는 아예 존재하기 시작하지도 못한다! 어떤 행위도 뒤따르지 않을 것이다. 그것은 뷔리당의 당나귀처럼 굶주림과 목마름으로 죽거나, 2장에서 본 등산객처럼 제자리에 멈춰 서서 표지판을 불안하게 바라보며 길을 정하지 못하고 있을 것이다. 책 서두에 나왔던 "소설", "보고서", "다큐멘터리"라는 표시의 예로 돌아가 보면, 독자가 책을 읽어보지도 않은 채 이 세 단어를 놓고 무한정 응시하는 것이 무슨 의미가 있겠는가? 이러한 표시는 물론 뒤에 무엇이 나올지를 감지하게 해주지만, 무언가가 뒤이어 온다는 전제 아래, 그리고 독자가 "책장을 넘기고" 이 하나의 표시에 고착되지 않는다는 전제 아래 그러하다. 그런데—이것이 핵심이다—독자는 그 표시를 완전히 잊지 않고 책장을 넘긴다. 따라서 우리가 지금까지 따라온 전치

사는 새로운 분기, 즉 전치사가 단지 가리켰을 뿐인 어떤 것에 연속성을
더하게 해주는 분기, 다시 말하면 전치사가 그것에 대해 엄밀히 단지 사
전배치pre-position일 뿐인 어떤 위치를 제공하는 분기 덕분에 진정한 의
미를 찾게 된다.

⊙ 습관[HAB]도 존재양식이다 ⊙

분명히 누군가는 이렇게 반대할 것이다. "이것은 진짜 존재양식이 아
니다. 그럴 수 없다!" 그렇지 않다. 그것은 존재양식이다! 게다가 가장
공통되고 가장 친숙한 양식, 윌리엄 제임스가—여기서 또다시 등장한
다—완벽하게 어울리는 유일한 단어로 지정한 양식이다. **습관**HABIT, 축
복받은 습관([HAB]로 표시).

주위를 둘러보라. 존재자들이 늘 자신의 자손에 열중하지는 않으며,
대부분 시간 동안 존재를 즐기며 제 일을 해나간다[REP·HAB]. 정신을
생산하는 존재자들이 항상 우리가 변신을 겪으면서 괴로움에 떨게 만
드는 것은 아니며, 우리는 자신에 대해 만족감을 느낀다[MET·HAB].
내가 콘크리트 블록으로 벽을 쌓는 데 숙련되지 않을 때는 기술적 변화
의 빠른 흐름을 느끼지만, 도구와 재료에 대해 근육과 신경 반사의 미
묘한 조립이 확립되고 나면 마치 일에 완전히 적응한 것처럼 전혀 의
식하지 않은 채 작업과 일정의 순서를 정렬한다[HAB·TEC]. 미사 때
마다 성체성사의 순간에 회심하는 신부는 성 그레고리처럼 자신이 축
복하는 것에 너무 놀라서 미사전문의 첫 구절을 넘어가지 못할 것이다
[HAB·REL]. 어떠한 대응의 기적이 서로 다른 기입들의 현기증 나는 변
형을 가로질러 상수를 유지하는 데 성공하는지에만 관심을 두는 연구

자는 멀리 떨어진 존재자들에 결코 접근하지 못할 것이다[HAB·REF].

습관은 만들어진 길, 오솔길, 등산로의 수호성인이다. 손이 긁히고 발이 쑤시는 대가를 치르고 매 걸음마다 망설이며 "자신의 길을 만들어 가야" 하는 길 잃은 등산객이라면, 마침내 덤불의 열린 틈이 사람들이 지나갔던 길이 있다는 것을 미미하게나마 알려줄 때 습관의 특별한 축복을 아주 잘 이해할 것이다. 더는 선택하지 않아도 되고 마침내 따라갈 수 있고 마침내 다른 사람들의 "손에" 자신을 맡길 수 있다. 그리고 그는 다음에 무엇을 해야 하는지 알고 있으며, 이것이 맞는 길이라는 표시가 여기저기에 있다는 것을 느슨하지만 활발한 주의를 기울여 확인하면서도 이를 아무런 의식함 없이 알고 있다. 달리 말해, 습관이 없다면 우리는 새로운 오류를 범할 것이다. 다양한 전치사들을 알지 못해서가 아니라, 이번에는 우리가 전치사가 가리키는 것, 전치사가 우리를 몰아가는 것으로 향하지 않고서, 우리 자신을 전치사로 제한하기 때문이다. 행위는 이제 과정을 따라가지 않을 것이다. 궤적도 뒤따르지 않을 것이다. 우리는 가야 할 길에 대해 끊임없이 망설일 것이다. 자신의 배꼽—가장 초기의 전치사가 남겨놓은 논란의 여지가 없는 표시[REP]—을 응시하는 것을 삶 자체로 잘못 생각하는 나르키소스와 약간 비슷할 것이다.

◉ 내재성을 생산하는 역설적 공백을 가진 존재양식이다.

그래서 이제 범주 오류라는 관념에서 두 가지 다른 의미를 인식해야 한다. 하나는 양식에 대한 오류이고, 다른 하나는 맞는 양식을 찾는 데 자신을 제한하고 그것이 가리키는 것을 향해 나아가지 않는 오류이다. 그러나 지금까지 각 양식이 특정한 형식의 공백, 불연속성, **초월성**

TRANSCENDENCE을 통해 식별되었으므로, 이것은 우리 자신의 정의를 포기하는 것을 의미하는 것이 아닌가? 사실 습관은 더 이상 초월성이 필요하지 않으며, 장애물을 잘 뛰어넘어 더 이상 문턱도 도약도 어떤 종류의 불연속성도 없는 특징이 있는 것 같다. 맞는 말이다. 그러나 그것은 내재성조차 고유한 존재양식에 의해 생성되어야 한다는 것을 증명한다. 작은 초월성은 기본 위치이고 따라서 그것의 반대물이 없다는 것이 사실이라면, 이 연구에서 내재성은 초월성과 반대되는 것으로서가 아니라, 단지 그것의 효과들 가운데 하나로서, 이음매 없이, 연속성의 가시적인 단절 없이 접합점을 조정하는 방식 가운데 하나—분명히 특히 우아한 방식—로 도입될 것이다. 습관은 내재성의 효과라고 불러야 하는 것을 통해 **타자로서의 존재**BEING-AS-OTHER가 탐구하는 모든 작은 초월성을 매끄럽게 하는 독특한 특징이 있다.

여기에는 상식에 문제되는 것이 없다. 우리는 애니메이션 영화가 고정된 이미지의 연속으로 이루어진다는 것을 완벽하게 잘 알면서도 (그러나 그 사실을 훨씬 더 완벽하게 잊는다) 그것을 볼 때 역설적인 것을 전혀 발견할 수 없다. 따라서 연속성을 생성시키는 특별한 효과가 필요하다. 그러한 효과는 획득된 습관에 의해 윤곽이 그려지지만, 필름이 특정한 속도로 돌아가고 각 이미지가 매우 공들여 그려진다는 전제하에 그렇게 된다. 내재성은 거기 있는 것이긴 하지만, 단지 인상, 심지어 지나가는 다른 무언가가 남긴 망막 인상에 지나지 않는다. 역설이라고? 일반적으로 인정되는 유일한 시금석인 더블클릭[HAB·DC]의 시금석에 따르면 그렇다. 그러나 모든 존재양식은 다른 모든 양식의 눈에 각기 고유한 방식으로 역설적이라는 사실을 잊지 말자. 바로 그러한 특성 때문에 연구자는 피벗 테이블을 작성해야 하며, 어떤 하나의 양식을 다른 양식들을 위한 메타언어로 삼지 못하는 것이다([PRE]를 제외하고).

주의 깊은 습관의 경험을 따라감으로써 ⓔ

그래서 현상이 우리에게 "무언가를 숨기고 있다"는, 사유만큼이나 오래된 느낌이 있는 것이다. 현상이 무언가를 숨기고 있는 것은 사실이지만 걱정할 만한 수수께끼가 있는 것은 아니다. 연속성은 항상 불연속성을 뛰어넘는 도약의 효과이며, 내재성은 항상 작은 초월성의 포장으로 얻어진다. 모든 어려움은 이 범주에서 오류를 피하기 쉽지 않다는 데 있다. 특히 습관의 철학자들이 기술의 철학자들보다 훨씬 적기 때문에 더욱 그렇다. 우리는 그 특정한 이성의 실을 따라가지 못하기 때문에 습관을 비합리성의 증거로 간주할 때가 많다. 그러나 그 실은 아주 가늘어졌더라도 실제로 존재한다. 그리고 그것을 가늘게 만드는 것이 바로 이 양식의 역할이다. 그렇지 않으면 우리는 연결망 안으로 들어갈 수 없고 연결망의 놀라운 결합을 전개할 수 없을 것이다[HAB·NET]! 습관을 통해 불연속성은 망각되는 것이 아니라 일시적으로 생략되는 것이며, 이는 우리가 불연속성을 완벽하게 기억하고 있지만, 언제라도 잃을 위험이 있는 매우 특별한 종류의 기억에서 모호하게 (분명하게) 기억한다는 것을 의미한다.

게다가 그런 경험은 흔하다. 그동안 왼쪽에서 운전하던 당신이 영국에서 차를 빌리면 오른쪽에서 운전해야 하고 이제 몇 분 안에 모든 반사신경이 재분배된다. 아침에 졸린 채로 일어나 욕실 세면대에서 물이 새는 것을 발견하면, 곧장 당신의 아침 일상은 커피 내리기에서 걸레질과 배관 작업으로 바뀐다. 당신이 안락의자에서 평화롭게 신문을 읽다가 사랑하는 사람의 아픈 표정을 보자마자 신문을 내려놓고 그를 보살핀다. 이러한 예들은 잘 망각되는 반사적인 습관 아래에, 왼쪽에서 운전하고 아침에 기상하며 부르주아적 안락함을 즐기는 당신의 오랜 존재 내내 무언가가 깨어 있었다는 증거이다. 그것은 제임스가 잘 보여주었듯이 "상황을 장악하고" 주의의 흐름의 방향을 조정할 수 있는 어떤 것이다(이것이 어떻게 작동하는지 보여주는 것은 신경생물학자들의 몫이다). 따라서 습관은 전치사를 잃는 것 이상의 작용을 한다. 습관은 전치사를 조심스레 간직하면서도 그것을 전제한다. 습관은 모든 존재양식을—그 자신의 양식을 포함해서—가리는 존재양식이라고 할 수 있다.

⊙ 우리는 습관의 존재양식이 어떻게 연속성을 그려내는지 본다 ⊙

습관의 존재양식이 지닌 사양에 기입해야 하는 것은 이러한 가림 veiling과 생략omission이다. 주의attention가 영원히 사라졌다면, 우리는 (영국에서 고집스럽게 왼쪽에서 운전하고, 세면기 아래에서 물이 새는데도 커피를 준비하고, 변함없이 무신경하고 무례한 사람처럼 행동하는) 오토마톤, 로봇일 것이다. 그러나 그렇다면 우리는 기계 및 인간 조종자와 관련해서 이중의 범주 오류를 범하게 될 것이다[HAB·TEC]. **오토마톤**AUTOMATONS이 완전히 자동적이지는 않다. 모든 로봇 제조업자는 고장이 발생할 경우 자동 메커니즘 외에도 업계에서 "**수동 재시작**MANUAL RESTART"이라고 하는 것을 항상 예상해야 한다는 것을 잘 알고 있다(또한 보험 계약에 따라 그렇게 할 의무가 있다). 인간 조종자는 고장 나기 전까지 자동조종 장치가 수행하던 모든 작업을 수동으로 할 수 있어야 한다. 그 표현 자체가 우리의 안내자가 될 수 있다. 재시작이란 것이 있다면,

그것은 문제의 존재자가 다른 존재자의 중개를 다시 통과해야 하기 때문이고 불연속성, 도약, 따라서 존재양식, 변이 유형이 있기 때문이다.

습관의 특별한 기여는 본질을 잘 정의한다는 것이다. 여기서 본질이란 매 순간 "강조될 수 있고" "소환될 수 있음"에도 불구하고 연속성의 단절이 생략되기 때문에 지속적이고 안정적인 것으로 보이는 연속성을 말한다. "존재가 본질에 앞서기" 때문이 아니라 본질처럼 행동하는 것이 존재양식, 다른 어떤 것으로 대체하거나 대신할 수 없는 존재의 방식이기 때문이다. 습관이 없다면, 우리는 본질을 다루지 않고 항상 불연속성을 다루게 될 것이다. 세계는 지탱할 수 없을 것이다. 마치 습관이 제자리에 있지 않은 것을 기반으로 제자리에 있는 것을 생산하는 것 같다. 마치 헤라클레이토스의 세계를 기반으로 파르메니데스의 세계를 추출해낸 것 같다. 습관이 사실상 세상을 거주 가능한 것, 즉 에토스ethos와 **행동학**ETHOLOGY에 민감하게 만든다고 할 수 있다.

◉ 그것의 특정한 적정성 조건 때문에.

각 양식이 타자로서의 존재에 대한 특정한 "인출권"과 절합 유형으로 정의된다면, 습관의 존재양식도 특정한 적정성 및 비적정성 조건을 따라야 한다. 습관은 훌륭한 특성을 가졌지만, 진실과 거짓 모두에 무관심하지 않은가? 이것이 습관에서 놀라운 점 아닌가? 그리고 이것이 많은 철학자들이 우리에게 습관을 단순한 의견의 문제, 억견, 계몽된 지식에 대한 죄악으로 말하라고 가르친 이유 아닌가? 습관과 관련하여 특정 유형의 진리진술을 이야기할 수 없다는 반론에 어떻게 답할 수 있을까? 그러나 습관의 진실에서 습관의 거짓으로 넘어가기 위해서는 전치사를 생략하는 것에서 전치사를 망각하는 것으로 미끄러져 가는 것으로 충분하다. 습관을 망각한다면 우리는 합리성에서 비합리성으로 기울어질 것이다. 습관에 대한 비판을 통해서가 아니라, "축복받은" 습관과 그것의 반대물을 더 이상 구별할 수 없음으로 인해서 말이다. 습관 또한, 특히 습관은, 진실도 거짓도 말할 수 있다. 우리가 억견을 너무 성급하게 기각하는 실수를 저지른 것이 아닌가?

그것은 가장 흔한 경험이다. 이보다 더 판별력 있는 시금석은 없다. 즉, 우리를 점점 더 둔감하게 만드는 습관이 있고, 점점 더 능숙하게 만드는 습관이 있다. 기계적인 제스처와 루틴으로 변질되는 습관이 있고, 주의를 증가시키는 습관이 있다. 습관은 처음에 그것을 "파견"했던 전치사로 돌아가 변이의 경로를 찾는 방법을 알고 있거나, 아니면 그 경로의 모든 흔적을 잃어버리고 표지판 없이 떠다니기 시작한다. 우리가 어떤 행동학에서 작동하고 있는지 이해했기 때문에 행위 과정을 따른다는 것은, 다음에 무엇을 해야 하는지에 대한 어떠한 표시도 따르지 않는다는 것과 전혀 같지 않다. 습관을 분석한 몇 안 되는 사람 중 한 명인 해럴드 가핑클Harold Garfinkel은 이렇게 감탄할 만한 행위 과정의 특성 묘사를 제안했다. "다음번에 또 다른 처음." 훌륭한 적정성 조건이다. 즉, 다음번에 우리는 지난번에 했던 것을 할 것이지만, 그것 또한 처음일 것이다. 모든 것이 동일하고 매끄럽고 잘 알려져 있지만 차이가 "수동 재시작"을 준비하며 대기하고 있다. 역설적으로 습관에는 관성inertia이 없다. 그것이 정반대의 것, 자동성이나 루틴으로 기울어질 경우를 제외한다면 말이다. 그러나 의심할 여지 없이 거기서 습관은 사라질 것이다.

반복한다는 것은 무작정 같은 말을 되풀이하거나 죽은 말을 계속 채찍질하는 것과 전혀 같지 않다. 아무리 지친 등산객이라도 잘 표시된 등산로를 "로봇처럼" 따라가지는 않는다. 그렇게 따라간다면 첫 번째 잘못 표시된 길목에서 길을 잃을 것이다. 동물행동학자들은 동물의 행동에서 자신의 관찰 루틴에 의존하는 것과—쥐는 "항상 쥐처럼 행동한다"—조건 변경으로 가장 예측 가능한 쥐에서 변화를 유도하는 것을 구별하는 방법을 안다. 뱅시안 데스프레Vinciane Despret가 보여주듯이, 실험실에서 쥐가 자기가 하는 것에 좀 더 흥미를 갖게 함으로써 쥐를 훨씬 더 흥미로운 것으로 만들 수 있는 과학자들이 있다. 동물의 행동은 언제나 하나의 습관이며, 사실 항상 대기하며 주시하기 때문에 변할 수 있는 습관이다. 아라곤 협곡에서 등산객 위를 맴도는 독수리는 짐승의 썩은 고기만 먹는 것으로 여겨졌지만, 유럽위원회가 법령을 통해 목동들이 독수리를 위해 들판에 양의 사체를 놔두는 것을 금지해서 독수리가 그것을 먹는 것을 막은 이후에는 신선한 고기를 먹는 법을 배웠을지도 모른다. 자신의 습관에 가장 충실한 동물은 항상 주의 깊게 살펴서 상황을 파악하고 습관을 바꿀 수 있다.

그러나 변화할 수 있으려면, 뒤로 되돌아가서 행위의 음조를 마치 베일에 싸인 것처럼 항상 시야에서 놓치지 않아야 한다. 나쁜 습관과 좋은 습관의 관계는 스팸과 전자 메시지의 관계와 같다고 해보자. 스팸은 작성자도 담당자도 수신자도 없이 떠돌아다니며 세계를 오염시키고, 전치사가 부여한 방향을 우리가 정말 잃어버렸다면 세상이 어떻게 될지에 대한 이미지를 우리의 스크린에서 제공하는 존재의 파편들이다. 억견이 주소의 상실, 자신의 발화 체제를 표시하는 아무런 흔적도 보유하지 않고, 맹목적으로, 그리고 말하자면 연결망 밖으로 나아가 결국 쓰레기로 끝나는 뿌리 없는 발화를 가리키는 것이라면, 억견에 대한 투쟁은 정당해 보인다. 여기서 우리는 철학이 처음부터 반대해왔던 "풍문"을 인식한다. 당신이 무슨 말을 하고 무슨 행동을 하든, 적어도 전치사를 명시하라. 비유를 확장하자면, 메시지를 보내는 당신의 IP 주소를 명시하라. 철학은 항상 스스로를, 올바르게도, 스팸 방지 장치로 생각해왔다.

습관은 고유한 존재론적 존엄성을 가진다 ⊙

그러나 우리는 또한 스팸 거부—정당하고 필요한 오염방지 작업—를 모든 생략과 모든 가림의 거부와 혼동해서 습관의 존재양식에 대한 범주 오류를 범하는 것이 위험하다는 것을 안다. 생략과 가림이 없다면, 그러한 존재자들, 습관과 전치사의 이러한 교차[HAB·PRE]를 생성하는 것은 불가능할 것이다. 여기에서 정말 "외양은 기만적"이며, 우리가 귀속 불가능한 믿음에 대한 투쟁을 완전히 다른 실행, 즉 본질의 연속성을 진정으로 설명할 수 있는 **실체**SUBSTANCE를 발화 뒤에서 찾는 실행과 혼동한다면 외양을 잘못 다루게 된다. 여기서 우리는 존재로서의 존재의 철학이 어물쩍 비켜가려는 것을 보지만, 이번에는 아무런 비난도 가하지 않고 더 요령 있게 대응할 수 있다. 그 모든 문제는 존재의 철학자들이 외양을 실제로 존중하는 방법을 알지 못했다는 사실에서 비롯되는 것이므로.

그렇다고 해서 우리가 깊이를 의심하고, 니체가 (일곱 베일의 춤에 대한 애호에서 상당한 정도의 오리엔탈리즘과 남성우월주의를 가지고) 멋지게 표현한 것처럼 "자신을 가리기를 좋아하는" 〈자연〉의 겸손함을 즐겨야 한다는 의미는 아니다. 가리기에는 우리가 두 가지 방식으로 놓칠 수 있는 기능, 존재론적 존엄성이 있다. 첫째는 "드러난" 것에 대한 직접적 접근을 추구하는 것이다—우리는 기껏해야 차이를 박탈당한 결합의 연결망을 만나거나[NET], 음조의 차이, 그리고 궤적, 뒤따라오는 것, 연결 망이 없는 전치사를 발견할 것이다[PRE]. 둘째는 단연코 외양만을 다루 기로 하고, 그 외양을 "취하고 있는 것"을 두 번 다시 쫓지 않는 것이다.

이 양식에 고유한 범주 오류가 바로 여기에 있다. 외양은 값비싼 보 관함을 덮는 천처럼 "그것이 숨기는 것" 바깥에 있지도 않고, 일본 선 물처럼 접기와 연속적인 끼워짐의 아름다움—그것의 미학화에 해당 한다—외에는 내용물도 없이 봉투 안에 끼워진 일련의 봉투도 아니다 [HAB·FIC]. 외양 "뒤"에 "실재"가 있는 것이 아니라, 우리가 "실재"를 어떻게 파악할지 이해할 수 있게 해주는 키가 있을 뿐이다—그리고 그 키는 아래가 아니라, 옆과 앞에 있다. 외양은 전치사가 제시한 방향으로 보이도록 허용하며, 마치 등산객이 안심하면서도 실수하지 않도록 조심 스럽게 따라가는 길과 같다. 이 방향을 따라간다는 것은 실로 표지판을 뒤로하고 그것이 가리킨 방향으로 가는 것과 같다. 이러한 망각에는 표 지판이 실제로 제시한 방향에 대한 부인이 조금도 없다. 어느 누구도 책 의 첫 번째 페이지에 나오는 (프랑스어로 적절하게도 page de garde, 즉 "경 고" 페이지라고 불린다) "소설", "임시 보고서", "다큐멘터리 픽션"이라는 용어가 그 뒤의 책의 실재를 "주조한다"고 말하지는 않겠지만, 그런 표 시가 내용을 "감춘다"고 말하지도 않을 것이다. 그러나 표지판이 자신 이 가리키는 방향을 모호하게 하고 반박하고 부정한다고 누구도 말하 지 않겠지만, 표지판이 아예 없이 해나가는 것이 훨씬 더 합리적이라고 주장할 수도 없을 것이다. 다시 말해, 우리는 외양을 없애거나 "외양을 구원하거나" 외양을 횡단하려 하지 말아야 한다. 우리는 단지 전치사가 가리키는 방향으로 그것을 잊지 않고 나아가야만 한다. 외양은 가짜가 아니다. 외양은 그것을 나타나게 한 것을 가리느냐 아니면 잃느냐에 따라 진실이거나 거짓일 뿐이다.

⊙ 그것은 가리되 숨기지는 않는다는 사실에서 비롯된다.

그런 분기점에 이르러 철학이 잘 말하기보다 (철학이 지식에 대해 이해했다고 생각했던 바를 모방하면서) "직설적으로 말하기"를 선택했을 때 주저했던 것은 이해할 만하다―우리는 그러한 주저함의 효과를 여러 번 보았다. 사실 잘못된 방식으로 이해하는 데에는 아주 작은 충격으로도 충분하다. **실체**SUBSTANCE로서의 존재와 **생존**SUBSISTENCE으로서의 존재 사이의 이러한 모호성은 습관이 그 뒤에 남긴 것 때문이다. 습관은 생존을 기반으로 실체의 효과를 얻기 때문이다―이는 습관의 미덕이자 위험이다. 우리는 물론 그 효과를 잊음으로써 오류를 범하지만―존재자들은 남아 있고 실제로 그들의 모든 습관, 행동학, 서식지와 함께 거기 있다―존재자들이 생존하기 위해 불연속성으로 지불하는 대가를 우리가 잊을 때도 오류는 마찬가지로 심각하다. 존재로서의 존재와 타자로서의 존재 사이의 대조는 이 작은 떨림, 이 주저함에서 비롯된다. 사실, 다른 전치사들의 현존이 습관의 효과에 의해 약간 가려져 있으므로, 이 주저함과 이 가림이 결국 외양의 "아래"와 "뒤"에서 다른 무언가를 찾아야 한다는 의심을 불러일으키게 되는 것은 그리 놀랄 일은 아니다. 마치 필름에 고정된 이미지의 연속이 어떻게 움직임의 연속성을 만들어내는지 알지 못하는 관객이 그러한 움직임의 원천을 필름의 외부와 영사실 외부에서 찾는 것처럼 말이다. 한편으로 본질의 연속성을 설명하는 아래에 있는 것과 다른 한편으로 매끄럽게 하는 습관의 단순한 작동 사이에는 아주 미묘한 뉘앙스의 차이만 있을 뿐임을 인정해야 하기 때문이다. 후자는 연속성을 설명하지는 않지만 확실히 다른 유형의 불연속성, 확실히 특별한 불연속성을 정의한다(그러나 모든 양식은 특별하다!). 바로 그러한 불연속성을 통해 그 현상은 생존하기 위해 위험한 통과를 감행해야 한다. 잠시만 주의를 소홀히 해도 우리는 작은 초월성에서 잘못된 초월성으로 기울어지며, 그 잘못된 초월성은 외양의 "뒤"와 "너머"의 실체에 도달하기 위해 목숨을 건 도약salto mortale을 요구한다.

그렇기 때문에 철학자들은 연속성과 동일성에는 미결정이고 가려지고 불완전한 어떤 것, 말하자면 "그다지 명확하지 않은" 어떤 것이 있으며, 따라서 거기서 멈추는 것은 다소 태만이라고 항상 생각해왔다. 오류는 분명히 이 정당한 불안감에서 비롯된 것이 아니다. 우리가 잘못 생각하기 (특히 오류에 대해 잘못 생각하기!) 시작하는 것은 바로 자기원인으로서의 실체substance causa sui라는 진정한 단단한 기층substratum으로 연속성을 지지함으로써 불편에서 벗어날 수 있다고 주장할 때이다. 마치 동일성이 동일성에 의해 보장되어야 한다는 듯이 말이다.

바로 여기서 철학자들은 "외양을 구원하기 위해" 현상과 실재, 세계와 그 너머의 세계, 내재성과 초월성의 배경도법을 발명하기 시작했다. 존재자들의 동일한 흐름에 관한 "상류"와 "하류" 사이의 정당하고 풍성한 주저함으로부터, 그들은 또 다른 세계가 지탱하지 않으면 붕괴될 세계의 이해할 수 없고 메마른 배경도법을 만든 것이다. 그렇다. 반박할여지가 없는 격언처럼 "외양은 기만이다."

그래서 우리는 이론과 실천 사이의 거리를 매우 다르게 이해하며 ⊛

습관의 존재론적 존엄성을 조금이나마 회복시킴으로써 이제 인류학자는 독자를 혼란스럽게 했던 반대를 재검토할 수 있게 되었다. 우리는 근대인이 실제로는 그들이 말하는 것과 정반대로 행동했다고 너무 자주 주장해왔다. 이 수사 어구는 어색하게도 마치 행위자들이—허위의식 때문에?—자신들이 행하고 있는 것을 말하는 것이 불가능한 것처럼 암시했다. 우리의 탐구는 분명히 그들이 왜 경험의 실을 잃어버리는 경향이 있는지 설명해왔다—한편으로는 지식과 알려지는 것 사이의 혼동[REP·REF], 다른 한편으로는 구성주의가 도입한 균열 때문이었다. 우리는 이제 더 너그러운 설명을 발견한다. 즉, 습관이 대부분의 행위 과정을 **암묵적인**IMPLICIT 것으로 만드는 효과가 있다는 것이다. **명시적**EXPLICIT이라는 형용사가 "형식적"이거나 "이론적"을 의미하는 것은 아니지만 말이다.

우리는 한편으로 어떤 것을 명시화한다는 것과, 다른 한편으로 〈미〉, 〈진〉, 〈선〉의 본질을 "잊어버려" 자신이 하고 있는 일을 알지 못하는 사람들과 "형식적" 지식을 통해 그것을 아는 사람들 사이에 차이를 부과하는 것을 더는 혼동할 필요가 없다. 습관에 있어서 명시화한다는 것은 습관이 면밀한 주의를 기울여 그것의 현존을 유지하면서 그것이 가리는 읽기의 키를 명확히 하는 것이다. 그렇다고 해서 우리가 지시의 양식이라는 제국을 지나치게 과장해서, 소크라테스가 대화 상대방에게 요구하듯이, 모든 행위 과정을 지시의 양식에 의해서만 파악해야 한다는 뜻은 아니다. 소크라테스의 질문 자체가 실천적 지식과 형식적 지식 사이의 이러한 잘못된 이분법을 부과하며, 이는 **실천**PRACTICE에서 모든 명시적 지식을 제거한다. 사실 모든 양식이 반드시 **형식**FORM을—4장에서 정의한 그 용어의 세 번째 의미에서—생산해야 하는 것처럼 심문한다면, 지시의 연쇄[REF]를 포함한 어떠한 양식도 그 테스트를 통과하지 못할 것이다. 그 위대한 아이러니의 대가의 관심을 끌었어야 할 아이러니다! 암묵적인 것 그 자체는 결여하는 것이 없다. 그것은 토대를 찾는 철학이, 실행자들이 무지에 머물러 있지 않도록 하기 위해 고쳐야 하는 결함의 표시가 아니다. 우리가 그들의 각각의 표본을 적합한 판단의 원칙, 진리진술의 원칙에 맞춰 조정하기만 하면 실행자들은 자신들이 하는 것을 완벽하게 알 것이다. 다시 한 번, 더블클릭이 오용하는 장비가 갖춰지고 교정되는 지식의 메타언어[REF·DC]는 다른 모든 범주를 존중하는 데 매우 부적합하다. 습관의 경우, 실천이 가능한 모든 명시화를 얻기 위해서는 해석의 키가 명시되는 동시에 섬세하게 생략되는 것으로 충분하다. 따라서 근대인이 자신의 부를 어떻게 설명해야 할지 모른다고 우리가 불평할 때, 우리는 비판적 질문, 소크라테스적 질문을 근대인의 인류학 전체로 확장하려는 것이 아니다. 우리는 다른 모든 키들이 각각 자신의 양식에 따라 명시화될 수 있도록 더 이상 그러한 질문을 하지 말 것을 요청하고 제안하는 것이다.

◉ 그것은 우리가 더블클릭을
보다 너그럽게 정의할 수 있게 해준다[HAB·DC].

명시적인 것에 대한 두 가지 정의 사이의 이러한 구별은 또한 우리가 더블클릭 정보를 복권시킬 수 있게 해줄지도 모른다. 우리는 더블클릭을 처음부터 집요하게 비난해왔다. 우리 민족학자는 더블클릭을, 지식에서 빌려온 단 하나의 쉽볼렛을 발명해서 근대인의 모든 진리의 원천을 오염시킨 (그리고 심지어 지식을 이해하지도 못하는!) 근대인의 사악한 천재로 설정해왔다. 민족학자는 각 양식의 적정성 조건을 대조를 통해 두드러지게 할 수밖에 없을 정도로 명백하게 거짓된 템플릿이 필요했다. 그러나 문제되는 것이 객관적 지식이든, 기술이든, 정신이든, 신이든, 심지어 법, 정치, 허구이든, 변형 없는 이동을 추구하는 것은 매번 더 부적합하고 더 우스꽝스러워 보여야 했다. 그 좁은 프로크루스테스 침대 위에서 모든 양식을 고문하는 척함으로써 연구자는 결국 그들을 같은 매트리스 위에 눕도록 강제하려는 생각을 버려야 했다.

그러나 이제 우리는 더블클릭도 정당화될 수 있음을 발견한다. 습관이 불연속성을 너무 잘 정렬시켜서 마치 우리가 변형 없는 이동, 단순한 **전송**DISPLACEMENT/TRANSLATION을 보고 있는 것처럼 모든 일이 일어날 때 그러하다. "다른 모든 조건이 동일하다면*ceteris paribus*"이라는 표현에서 우리가 생각하지 않고 말하는 것은 결코 사실이 아니며 거의 항상 그렇다. 사실 바로 그 이중적 양식에 따라 일이 일어나고, 행위 과정이 처음에는—다음 위기가 올 때까지—순조롭게 펼쳐진다. 심장 박동은 규칙적이다. 집 쓰레기는 수거인들이 가져간다. 우리는 길에 대해 더 이상 생각하지 않고 길을 따라간다. 스위치를 누르면 불이 켜진다. 대화가 원활히 이어진다. 아이콘을 더블클릭하면 프로그램이 열린다. "된다." "다 잘되고 있어." 잘못은 우리가 더블클릭을 믿는다는 데 있는 것이 아니라—그것은 우리의 삶 전체다—우리가 자신도 모르는 사이에 생략에서 망각으로 미끄러져 간다는 데 있다. 위기가 닥치면—심장이 너무 빨리 뛰고, 쓰레기 수거인들이 파업을 하고, 쓰레기 소각장이 이웃을 화나게 하고, 우리가 길에서 벗어나고, 퓨즈가 끊어지고, 컴퓨터가 고장 나면—우리는 정말 길을 잃고 수리할 수 없고 다시 시작할 수 없고 우리가 놓친 분기점을 발견할 수 없기 때문이다. 정당한 약간의 가림, 필요한 생략일 뿐이었던 것이 망각으로 변형된 것이다. "수동 재시작"은 없다.

재시작이 없으면 재앙이다. 비행기에 이제 자동조종 장치밖에 없는 셈이다. 우리는 더블클릭을 그 자신으로부터 구할 수 있을까? 마우스 클릭이 효과를 내는 데 얼마나 현기증 날 만큼 많은 매개가 필요한지 더블클릭이 알 수 있게 할 수 있을까? 우리가 더블클릭을 그의 진정한 행동학, 즉 두 번의 클릭이 실제로 효과를 내게 하려고 막대한 비용을 들여 작성해야 했던 수천 줄의 코드의 행동학과 화해시킬 수 있을까?

각각의 양식은 습관과 유희하는 나름의 방식을 가지고 있다.

더블클릭을 돌보고 그가 모든 곳에 비합리성을 남기는 것을 막으려면, 각 양식이 펼치고 다시 접는 특정한 방식, 스스로를 명시화하고 "암묵화"하는 특정한 방식을 인식할 필요가 있다. 우리가 매번 적절한 변이 경로를 감지하며 연결망을 따라갈 수 있도록[NET·PRE] 매개가 항상 같은 방식으로 전개되어야 한다고 한 것은 사실 조금 태만한 주장이었다. 그것은 너무 단순하다. 각 존재양식은 스스로를 펼치고 다시 접는 고유한 방식이 있는데 말이다. 그것은 마치 "정리한다"는 의미의 "배열하기"라는 일반적인 범주가 있다는 이유로, 우리가 부채를 접고 칼을 칼집에 넣고 야외 탁자를 치우고 텐트를 걷는 다양한 방식을 혼동하는 것과 마찬가지이다.

예를 들어 지시의 연쇄가 멀리 떨어진 존재자들에게 도달하기 위해 각 링크를 전개해야 한다는 것은 분명하다[REF]. 그러나 행성학자가 이러한 링크를 하나씩 구축하는 동안에는 행성의 아무것도 볼 수 없다. 행성학자가 정말로 일을 시작하는 것은 마침내 모든 중개자를 생략하고 두 극단만—컴퓨터 화면, 그리고 수백만 킬로미터 떨어진 화성에서의 로봇의 영향에 대한 이미지—남게 될 때이다. 따라서 매개들을 먼저 확립한 다음 그것들을 괄호에 넣을 수 있는, 지시에 특정한 가림의 양식이 있다. 매개들은 한 형식에서 다음 형식으로 유지되는 상수의 작용 덕분에 정렬되기 때문이다. 가시성을 허용하는 수많은 필수 요소들을 가시화하지 않는 것이 과학 도구의 본성이다. 연쇄의 가치는 그것의 가장 작은 링크의 가치 이상이 아니므로, 이 요소 가운데 하나라도 고장 나면 그 도구는 지시의 관점에서 볼 때 무가치해진다. 그것은 완전히 불투명하다.

그러나 이러한 현존과 부재의 양식은 예컨대 예술에서 또한 "도구"라고 불리는 것과 완전히 다르다[FIC]. 기발한 처리로 소프라노의 음성을 변형시키는 전자음악 작곡가의 모든 노력은, 듣는 사람이 컴퓨터와 성문의 섬세하게 어우러지는 화음에 민감하지 않으면 무용할 것이다. 그 두 극단만 있었다면[FIC·REF], 즐거움은 사라졌을 것이고 우리는 예술에서 과학으로 옮겨갔을 것이다. 따라서 예술 도구[FIC]가 구성 요소들을 공명시키는 방식은 과학 도구[REF]가 기능하는 방식과 완전히 다르다. 그러나 컴퓨터의 머더보드가 고장 나거나 소프라노가 감기로 목이 쉬면 작곡가는 난처해질 것이다. 일부 매개들의 갑작스러운 가시성은 분명 "추구하던 효과"는 아닐 것이다. 다른 한편으로, 그러한 가시성은 수리공, 엔지니어, 이비인후과 의사가 자신이 개입할 지점을 확실하게 지정할 수 있게 한다. 기술은 의심할 여지 없이 자신의 매개를 현존하거나 부재하게 만드는 제3의, 완전히 구별되는 양식을 가지기 때문이다. 게다가 그 동일한 기술자들은 과학 도구에서 버그를 고치는 방법을 알고 있을 것이다[TEC·REF].

그들은 또한 신자들이 목사의 설교나 성가대의 바흐 합창을 듣는 것을 방해하는 마이크 고장을 고치는 방법을 알고 있다[TEC·REL]. 그러나 그러한 목소리들이 감탄할 만하고 교회 조명이 장엄하다는 이유로 루터교 예배가 "장관"이라고 결론짓는다면, 당신은 이번에는 그 매개들의 상연이 주는 즐거움을 회심의 정신의 여정으로 착각해서 새로운 범주 오류를 범했을 수도 있다[FIC·REL]. 당신은 예배를 "미학화"했을 수도 있다. 이것은 바흐 자신에게 일어난 일이다. 그의 음악은 "너무 아름다워서" 충격받은 회중들이 "신성모독!"이라고 소리치게 만들었다. 그러나 곧 알게 되겠지만, 신자들이 음악을 듣는 것이 악기와 목소리의 배치를 즐기기 위해서가 아니라, 마치 음악이 그들을 "먼 곳으로" 운송해서 불행한 이웃을 버리는 훨씬 더 심각한 신성모독을 저지르게 한 것처럼 행동해서 다른 세계에 도달한 척하기 위해서라면, 그것은 훨씬 더 큰 신성모독이 될 것이다[REF·REL]. 그렇게 되면 당신은 성 바울이 말한 "울리는 꽹과리"에 지나지 않는다(고린도전서 12:31). 우리가 아는 것처럼 "존재를 잊는 것"은 일반적인 범주 오류가 아니다. 각각의 존재양식은 나름의 방식대로 잊힐 것을 요구한다. 여기에 근대인이 인식하는 법을 배운, 그리고 아마존 생태계의 행동학만큼이나 미묘할 수도 있는 존재양식의 행동학이 있다. 우리는 그 방식들을 존중하는 법을 배워야 한다.

습관의 존재양식은
제도를 긍정적으로 정의하는 데 도움이 될 수 있다 ⊙

습관이 그렇게 중요하다면, 그것은 근대주의에서 특별히 신중하게 다루어졌을 것이라고 말할 수 있다. 그러나 사실은 그 반대다. 문명에서 과학, 기술, 법, 예술, 종교가 갖는 중요성에 대해 수많은 책이 쓰인 반면, 습관은 소수의 옹호자만 있었을 뿐이다. 습관은 제도의 유지에 크게 기여하지만, 역설적으로 제도적 보상은 극히 빈약했다. 심지어 습관의 아주 미묘한 대조는—부정적인 방식이 아니고는—제도화되지 않았다고 할 수도 있다. 이는 근대인이 그것을 다루는 데 도움이 되지 않을 것이다.

습관에 고유한 진리진술의 유형을 제대로 파악한 사람들에게는 일상적인 행동조차도 (필요한) 생략의 양식이나 망각의 양식에서 취해질 수 있다. 이제 이 특정한 존재양식에 내적인 이러한 구별을, 최근에 그것을 대체한 다른 구별, 습관에 완전히 외적이며 심지어 기생적인 구별, 그리고 제도를 일상화되고 인위적이며 관료적이고 반복적이며 영혼이 없다고 비난하며 존재의 주도성, 자율성, 열정, 활력, 발명성, 자연성과 대립시키는 구별과 혼동해서는 안 된다. 여기서 다시 우리는 좋은 초월에서 나쁜 초월로 미끄러져 가는 것을 인식할 수 있다. 실제로 후자의 경우에는 제도에서 벗어나고, 심지어 제도를 파괴하거나, 그 정도까지는 아니더라도 제도의 주변에서, 말하자면 "여백에서" 생존하기 위해 가능한 한 제도에서 멀리 떨어지는 조건에서만 삶이 존재한다. 그것은 거대한 우상파괴의 유혹이다. 즉, 더는 고칠 수 없는 제도에 직면해서 "자발성"의 역동적인 힘을 그것에 대항해 일으키는 것 외에는 해결책이 없다는 것이다. 그것의 모든 부속물과 함께 습관은 죽음의 힘으로 넘어갔을 것이고 이제 삶은 순전히 주도성, 자율성, 자유, 발명의 문제가 될 것이다.

◀ 화자가 속한 세대를 고려하고 ▶

다른 어떤 양식보다도 습관은 역사적 순간에 중대하게 좌우되는 음조를 가진 대조를 제공한다. 이러한 "악성 역전MALIGN INVERSION"은 우리가 속한 세대에 의존하기 때문에 조심스럽게 접근해야 한다. 세대를 고려한다는 것은 모든 행위 과정의 선행자와 후행자를 그토록 강조하는 우리의 탐구에서 그리 놀랄 일은 아니다. 당면한 그 주제에 대해 우리는 선택의 여지가 없다. 저자와 함께 독자들과 연구자들은 일인칭으로 말하는 데 동의하고 자신의 계보를 명시해야 한다.

나 자신은 베이비부머라고 불리는 세대에 속한다. 적어도 나이 때문에 우리에게 "골든 에이저"라는 끔찍한 대체 명칭이 붙기 전까지는 말이다. 이러한 필수 불가결한 준거점이 없다면, 서두에서 그런 것처럼 "제도를 존중하는 법을 배워야 한다"고 제안하는 것이 반동적인지 아닌지 알 수 없을 것이다. 습관에는 많은 적이 있다는 점을 감안할 때, 우리가 당신이 속한 계보적 집단을 알지 못하면 당신이 가치를 제도화함으로써 그것을 보호하기를 원하는 것인지, 아니면 반대로 가치를 배반하고 질식시키고 무너뜨리고 경화시키기를 원하는 것인지 알 수 없을 것이다. 이제 우리 베이비부머들은 그 쓴 잔을 다 비웠다. 우리가 후손에게 물려주기 시작한 제도의 폐허를 마주하면서, 마치 폐암으로 고통받는 노동자들에 의해 형사 고발을 당한 석면 제조업체와 같은 당혹감을 느끼는 것은 나뿐인가? 처음에는 제도와의 투쟁이 위험에서 자유로운 것 같았고 근대화하고 자유화하는 것이며—심지어 재미도 있었다—석면처럼 좋은 점만 가지고 있었다. 그러나 슬프게도 또한 석면과 마찬가지로 아무도 예상하지 못했던 재앙적 결과를 초래했고 우리는 이를 너무 느리게 인식했다.

특히 나는 그러한 태도가 다음 세대들에게 어떤 영향을 미칠지 이해하는 데 오랜 시간이 걸렸다. 우리는 자신의 체증 상태로 인해 (그리고 우리의 숫자와 풍요롭고 오래 살고 싶은 욕구 때문에) 다음 세대들에게 제도의 비밀을 감추려 하고 있다. 우리는 다음 세대들이 활기찬 비판적 정신을 통해 자신들의 독창적인 주도성, 자발성, 열정, 그리고 제도가 더 이상 계속할 수 없는 (계속하는 방법을 알지 못하는) 모든 것을 유지할 것으로 (우리가 그랬던 것처럼?) 예상했다. 그것은 "축복받은" 습관에게 죄를 짓는 일이었다. 연속성을 보장할 방법을 전혀 제공하지 않으면서 제도를 유지하고 있다고 주장하는 것이었다. 우리는 제도에서—우리는 제도를 파괴하기 전까지는 그것에서 이익을 얻었다—가치와 대조를 추출함으로써 그것들을 보호하고 있다고 생각했다. 마치 물고기를 공기 중으로 끌어내서 질식사의 위험에서 구한다고 주장하는 어부처럼 말이다. 너무나 많은 작은 위선. 심판의 날에 우리 이마에 그 낙인이 찍혀 있지 않기를 바라야 한다….

그리고 여기에 그 "악성 역전"이 있다. 생존을 보장할 수도 있었을 수단의 실을 잃어버림으로써—습관은 더 이상 릴레이를 보장할 수 없다—우리는 자신도 모르게 실체로 돌아가는 방향을 가리킨 것이다. 그것의 생존 수단을 정의하지 않았기 때문에 이 귀환이 정말 치명적일 것이라는 사실을 다음 세대에게 명시하지 않고서 말이다. 피에르 르장드르Pierre Legendre의 표현을 사용하자면 (우리가 그 말을 정신만이 아니라 모든 양식으로 확장한다면) 우리는 전건과 후건의 탐색이라는 "계보학적 원리"를 위배한 것이다. 타자로서의 존재는 타자성의 탐구, 다원성, 관계를 통해 생존을 얻을 수 있으며, 그것을 실체에 위임해서는 연속성을 보장할 수 없다. 그러나 습관이라는 비계 구조물scaffolding 없이는 결코 생존할 수 없다! 여기가 바로 덫이 닫히는 곳이며, 석면이라는 기적의 제품이 그 초미세 섬유를 들이마신 직원들이 심한 기침을 하게 만들기 시작하는 지점이다.

◉ 근본주의의 유혹을 피한다면 말이다.

내가 상황을 지나치게 극적으로 표현하고 있을지 모르지만, 우리의 뒤를 잇기 시작하는 사람들이 의도치 않게 진리와 거짓에 대해 계속 말하려고 한다면, 나는 그들이 결국 근본 토대를 찾는 데 무작정 뛰어들 수밖에 없을 것이라고 생각하지 않을 수 없다. 제도가 더는 연속성을 보장할 수 없기 때문이다. 다시 말해 자발성에 진력이 났음에도 불구하고 여전히 진리를 찾고 있는 사람들에게 우리는 **근본주의**FUNDAMENTALISM 외에 다른 의지할 것을 남기지 않은 것이다. 지금까지 내가 말했던 모든 대조들의 "논쟁의 여지가 없는 토대"를 찾기 시작한다면, 우리는 그 대조들—우리가 곧 보게 될 신은 물론이고 법, 과학, 정신생성자, 혼란스러운 세계 그 자체, 요컨대 다중우주—을 영원히 놓칠 것이다. 독자가 습관의 무게 또는 오히려 가벼움을 파악했다면, 그는 또한 제도화된 것, 따라서 상대적인 것—제도들의 무게, 두께, 복잡성, 층화, 다원성, 이질성에 상대적이며, 특히 그것의 확장에 필요한 도약, 문턱, 단계, 통과에 대해 항상 섬세한 탐지에 상대적인 것—외에는 진실한 것은 없다는 점을 이해한 것이다. 더블클릭이 우리에게 놓치도록 가르친 것이 바로 그것이다. 베이비부머 세대는 제도의 재활성화를 제도의 해체와 혼동함으로써 자신도 모르는 사이에 비판 정신에서 근본주의로 미끄러져 갈 수 있도록 한 것 아닌가? 마치 축복받은 습관에 대한 첫 번째 범주 오류가 진실한 것과 제도화된 것 사이의 근본적인 구별에 관한 두 번째의, 훨씬 더 재앙적인 범주 오류를 촉발한 것처럼 말이다. 선행자들의 무덤을 파고 있다고 생각한 후기 근대주의는 따라서 스스로의 무덤을 파고 있었을 수도 있다!

그러나 우리가 너무 오랫동안 자신을 계속 채찍질하게 되면 새로운 부정의를 저지르는 셈이 될 것임을 나는 잘 알고 있다. 후손들이 우리의 혼란스러운 열정을 물려받는 것이 어렵다면, 어떻게 우리는 근대주의의 역사 전체를 어려움 없이 물려받을 수 있었던 것인가? 우리가 "진리"와 "제도화"라는 말을 한 호흡으로 말하는 것이 불가능해 보인다면, 그것은 확실히 앞서 언급한 제도들이 처한 한탄스러운 상태 때문이다. 우리가 제도들을 비판했다면, 그것은 그것들이 오랫동안 기능하지 않았기 때문이다—혹은 적어도 제도들의 다양한 체제에 적합한 처방이 더는 없었기 때문이다. 습관을 취하는 방식이 한 가지밖에 없다면, 제도가 퇴보해서 부지불식간에 생략에서 망각으로 넘어가지 않도록 보호하는 방식도 하나밖에 없었을 것이다. 그러나 각 양식은 습관에 의해 생략되게 놓아두는 고유의 특정한 방식이 있으며, 이러한 차이들이 문명이 근대인의 존재론적 역사에 의해 추출된 모든 대조를 유지하는 데 필요했을 돌봄을 제공하는 것을 그렇게 어렵게 만든 것이다.

우리의 선행자들이 제도 비판에 쏟은 에너지의 일부라도 이 모든 돌봄, 관심, 사전예방을 구별하는 데 썼다면, 우리 세대가 빈껍데기를 마주하고 있지는 않았을 것이다. 그러나 돌봄과 사전예방이라는 관념은 그들에게 낯선 것이 되었다. 그들은 그들이 보기에 돌봄과 애착의 시간은 이미 지나간 그 근대화의 광풍에 맹목적으로 뛰어들었기 때문이다. 마치 이제부터 그 낡은 시간은 뒤에 있고 그들 앞에는 빛나는 미래만 있는 것처럼 말이다. 그 미래는 단 하나의 해방, 사전예방의 부재, 우리가 이제 이해하게 된 잔인한 생경함을 지닌 비합리적인 〈이성〉의 지배로 정의된다. 나는 우리 뒤에 태어난 젊은이들이 소위 68년 5월 세대를 물려받기 어렵다는 것을 인정한다. 그러나 "1914년 8월" 세대, "1917년 10월" 세대, "1940년 6월" 세대의 유산을 가지고 우리가 무엇을 했어야 할지 누가 내게 말해줄 수 있는가? 20세기로부터 물려받는 일은 쉽지 않다! 도대체 언제 끝나는 것인가? 그러나 우리는 인내심을 가져야 한다. 모든 양식을 전개하고 나면, 우리가 무엇을 물려받아야 할지, 운 좋게도 후손들에게 무엇을 물려줄 수 있을지 알게 될 것이다. 어쨌든 앞으로 닥칠 일 앞에서 모든 세대가 모든 문명과 마찬가지로 무지함에 있어서 평등하지 않은가?

존재양식을 배열하기

이 지점에서 우리는 예상치 못한 배열의 문제를 마주친다.

첫 번째 그룹에서는 〈객체〉도 〈주체〉도 관여하지 않는다.

힘의 선과 계보[REP]는 연속성을 강조한다 ▶ 반면 변신의 존재자들[MET]은 차이를 강조하고 ▶ 습관의 존재자들[HAB]은 파견을 강조한다.

두 번째 그룹은 준객체를 중심으로 회전한다 ▶ 준객체 [TEC], [FIC], [REF]는 n+1 발화 평면의 원점에 있으며 ▶ 이는 n−1 평면에서 반동 효과를 생산한다.

이 배열은 오래된 〈주체〉/〈객체〉 관계의 화해적 버전을 제공하며 ▶ 따라서 인류발생에 대한 다른 가능한 입장을 제공한다.

이 지점에서 우리는 예상치 못한 배열의 문제를 마주친다.

복수의 존재양식을 전개하기 시작하면서 근대인의 인류학자는 예상치 못한 문제를 만나게 된다. 그는 동료들이 보다 이국적인 현장에 대해 항상 시도했던 것과 같은 방식으로 근대적 집합체의 세계 경험 전체를 한꺼번에 재구성함으로써 근대인의 가치 체계를 재구성하려 한다는 것을 상기하자. 따라서 그는 체계성을 추구할 수밖에 없다. 그와 동시에 행위 과정을 위치시키기 위해 더 이상 〈이분화〉가 제안하는 〈객체〉와 〈주체〉 사이의 좌표계에 의지할 수도 없다—이는 적어도 어떤 것을 다른 것과의 모순을 통해 정의하는 편의를 제공해왔다. 그래서 그는 이제 이중의 제약—모든 양식을 한꺼번에 재구성하되 서로 혼동하지 않아야 한다—을 충족하는 다른 좌표계를 제안해야 한다. 다시 말해, 배열의 원칙을 발명해야 한다. 그것은 만만치 않은 작업이며, 게다가 완전히 시대에 뒤떨어진 작업이다. 누가 아직도 체계적인 철학과 체계적인 인류학의 가능성을 믿겠는가?

연구자가 자신의 분류 원칙이 지닌 주요 목적이 향후 협상을 용이하게 하려는 것임을 알지 못했다면 그 과제의 범위와 터무니없음에 위축되었을 것이다. 그것은 무엇보다도 비교인류학의 문제이기 때문에, 그 분류 원칙이 대결이나 협상에 가장 적합하거나 가장 덜 적합한 양식을 지정할 수 있게 하는 한, 원칙 자체는 거의 중요하지 않다. 어쨌든 그에게는 선택의 여지가 거의 없다. 어떤 대안적 좌표계라도 현재 좌표계보다 나을 것이다―그리고 준거점이 없는 것보다 나을 것이다. 게다가 거대서사에 대한 가차 없는 비판이 독자들이 은밀히 스스로의 거대서사를 만드는 것을 막을 수는 없다. 모든 것을 고려할 때, 그는 적어도 여기에서 수집한 경험들과 양립할 수 있는 버전을 제안하는 편이 나을 것이다.

첫 번째 그룹에서는 〈객체〉도 〈주체〉도 관여하지 않는다.

먼저 재생산[REP], 변신[MET], 습관[HAB]의 세 가지 양식을 한 그룹으로 묶어보자. 이 양식들은 타자로서의 존재 안에서 세 가지 특유하고 상호보완적인 변이의 형식들을 탐험한다는 사실에서 공통적이다. 지속성을 배가하고 변형을 증식하고 존재 안으로 돌진하는 것이 타자성으로서의 존재를 탐구하는 세 가지 방법이다. 여기에 중요한 점이 있다. 〈객체〉 상자나 〈주체〉 상자를 통과하지는 못하더라도 그 양식들은 **의미/방향**DIRECTION/SENS을 가지고 있다. 우리에게 의미란 어떤 개체이든 그것에 선행하는 것과 뒤따르는 것―그것의 벡터, **궤적**TRAJECTORY―이며 또한 우리가 앞으로 다가오는 것을 어떻게 받아들여야 하는지를 말해주는 **전치사**PREPOSITION이다. 이 첫 번째 그룹은 침묵하지도 않으며 의미가 없지도 않다. 비록 인간보다 한참 앞선다 할지라도 그것은 잘 절합되어 있으며, 상징적인 것의 세계와 대립하는 "외부세계"와 어떤 식으로도 닮지 않았다. 개체가 **절합**ARTICULATED된다는 것은 그것이 불연속성을 통해 연속성을 얻어야 한다는 것을 의미하며, 각각의 불연속성은 접합, 분기점, 감수해야 할 위험을 통해―정확히 절합이라고 불리는 것을 통해―다른 것들과 분리되어 있음을 상기하자.

힘의 선과 계보[REP]는 연속성을 강조한다 ▶

이 세 가지 양식을 서로 맞물리게 하는 움직임을 복원하여 그것들을 다른 각도에서 접근해보자. 예를 들어 재생산[REP]의 위험한 심연을 통과하여 지속하는 존재자들의 상태는 어떨까? 그들은 절합된 언어보다 앞서기 때문에 당연히 말이 없다. 그러나 그렇다고 해서 그들이 절합되지 않았다고 말하는 것은 어불성설이다. 그들은 지속성을 유지한다는 매우 위험한 공백을 가로질러 존재 상태로 나아가기 때문에 의심할 여지 없이 (어원적 의미에서) 자신을 발화enunciate한다. 비활성이고 말이 없다고 경멸적으로 불리는 것들 가운데 **발화**ENUNCIATION 활동이 있다니! **힘의 선**LINES OF FORCE, 즉 비활성 존재자들은 거의 동일한 다른 것으로의 통과가 힘의 고집과 변형에 의해 정의되기 때문에 전적으로 발화의 표시라고 말할 수 있다―훨씬 나중에 과학은 그것을 에너지로 정의하는 법을 배우게 될 것이다[REP·REF]. 말이 없고 지속적이고 고집스럽지만 단지 완고하게 "거기"에 있는 바보는 분명 아니다. 힘을 행사한다는 것은 의심할 여지 없이 완고하게 통과하기를 원하는 것이다. 따라서

이 존재양식에는 지구인들이 그것을 통해 흐를 수 있는 특정한 "통로"가 있지만, 그들은 "인간 정신의 범주"에 기초해 동일성과 차이의 관계를 "투사"하는 것으로 결코 만족하지는 않을 것이다. 당신이 말을 할 수 있게 된다면, 당신은 이미 당신 안에서 공명하고 발화하며 모든 면에서 당신을 넘쳐흐르는 힘의 길에 당신 자신을 밀어 넣을 수 있어야 한다.

불활성 존재자들에게 그러한 절합의 역량을 부여하는 것에 대해 여전히 약간 주저할 수 있지만, 생명체의 **계보**LINEAGES에 대해서는 더는 의심의 여지가 없다. 생명체의 계보에서 거의 동일한 것을 추출하는 증식은 동일한 것의 영원한 유지가 아니라 매번 더 위험해지는 반복을 통해 달성되는 것이기 때문이다―우리는 다윈 덕분에 이 재생산의 공백과 이 기적적이고 계속되는 행동학적 불균형을 존중하는 법을 배웠다. 유기체의 재생산을 위해 얼마나 혼란스러운 "우연의 일치"가 필요한가! 유기체를 이해하면 로고스를 파악할 준비가 된다. 계보를 통해 우리는 우리가 누구로부터 왔고 누구에 속하는지에 의해, 즉 엄밀한 의미에서 재생산의 심연을 가로지르는 위험한 발화에 의해 필연적으로 연관된다. 계보는 우리 안에서 지속되지만, 오직 우리 자신이 우리와 (거의) 같은 타자들 속에서 지속될 수 있을 때에만 그러하다(나이를 먹으며 우리 자신으로 조금 더 오래 남아 있는 경우도 포함하여).

발화자가 자신의 발자취를 되돌릴 수 없이 다른 발화자에게로 자신을 파견하고 발송하고 그 안에서 지속되는 그런 특별한 경우를 다루고 있다는 점을 강조하지 않으면, "발화"라는 단어는 과장된 것처럼 보일 수 있다. 중요한 것은 우리가 이 존재양식의 특유성을 식별할 수 있게 해주는 공백, 작은 초월성, 이 절합을 규정하는 방법을 아는 것이다. 어쨌든 그것은 "〈자연〉"도 아니고 "세계"도 아니며 "**전언어적인 것**

PRELINGUISTIC"도 아니다.

◉ 반면 변신의 존재자들[MET]은 차이를 강조하고 ◉

변신의 힘은 발화의 또 다른―확실히 매우 이상한―형식이다. 이전의 형식이 재생산의 위험을 통해 최대한의 동일성을 탐구한다면, 이 형식은 최대한의 변형을 탐구한다. 변신의 존재자들은 그들의 위협적인 객관성(그들은 언제라도 우리를 다른 것으로 바꿀 수 있다)과 다산성(그들은 언제라도 우리를 다른 것으로 바꿀 수 있다!), 그리고 그들의 비가시성(그들은 프로테우스와 마찬가지로 붙들어 맬 수 없다)을 설명해주는 존재론적 존엄성을 분명히 가지고 있다. 정신적인 것의 보호 아래서 제도는 멀리서 단지 모호하게 그들을 정의하고, 신들에 의한 제도는 있음직해 보이지 않지만, 우리 이외의 집합체들은 그들을 환영하고 그들의 주도성으로부터 이익을 얻는 수백 가지 방법을 발명할 수 있었다. 게다가 생명체들 자체가 이미 돌연변이의 형태로 그러한 변신의 힘을 탐험하지 않았던가[REP·MET]?

언어적 은유를 사용하자면, 재생산의 존재자들이 어떤 종류의 신태그마syntagma(비활성 존재자들은 힘의 선, 생물은 계보)를 정의한다면, 변신의 존재자들은 패러다임paradigm, 가능한 일련의 변형, 수직적 전환을 정의한다고 말할 수 있지 않을까? 그러면 우리는 수평선―재생산―과 수직선―변신과 대체―사이의 교차로 이루어진 매트릭스를 스케치하게 될 것이다. 그것들은 나머지 모든 것을 엮는 씨줄과 날줄을 형성하게 될 것이다. 훨씬 후에 인간들이 말하기 시작한다면, 그것은 그들이 발명할 수 없었던 그러한 수평적, 수직적 연속으로 미끄러져 가기 때문이다.

인간들이 행위하고 말한다면, 그것은 세계들이 적어도 두 가지 방식으로—세계들은 재생산하고 변신한다—이미 절합되어 있기 때문이다.

⊙ 습관의 존재자들[HAB]은 파견을 강조한다.

습관 역시 발화 이론의 표준에 대해 이단으로 보일 수 있다. 그러나 그것은 마치 습관이 발화체에 주의를 돌리되 발화를 내뱉는 것, 발화행위와 발화체의 연결을 고집하지 않는 것과 같다. 우리가 방금 보았듯이 습관의 핵심은 말하자면 파견자를 가리지만 완전히 생략하지는 않으면서 자신을 행위 과정으로 던지는 데 있다. 습관은 우리를 어떤 면에서 발화체를 발화에서 분리하는 (미리 잘라내는) 경향이 있게 한다. 마치 나중에 **탈연동**SHIFTING/DÉBRAYAGE이 될 것을 우리가 이미 준비한 것처럼 말이다. 여기에도 로고스에 대한 일종의 사전 준비가 있을 것이다.

이렇게 그룹으로 묶는 것을 너무 강조할 필요는 없지만, 그럼에도 불구하고 그것은 비절합되고 내재적이며 "사물화"되고 외부적이고 자연적이며 혹은—특히—너무 이르게 통일되었다는 비난으로부터 그 양식들을 보호할 수 있다는 장점이 있다. 이 그룹이 우리의 범주화의 순서에서 첫 번째이긴 하지만 "원시적"이거나 "일차적"인 것은 아니다. 타자로서의 존재의 변이에 대한 이러한 초기의 탐색은 다른 많은 양식들이 다른 변이를 감행해볼 수 있게 해준다. 어쨌든 이 세 가지 양식은 말하기의 결여 때문에 서로를 통과하며 말하자면 parlother한다고 할 수 있다 (헛소리하다, 교섭하다, 지껄이다, 통과하다, 말하다, 존재하다 사이의 어딘가에서 발명되는 동사). "당신은 어디서 말하고 있는 거야?" "여기서, 반드시 여기서."

이러한 양식들이 그 중요성에도 불구하고 다른 집합체들에 의해 가장 정교하게 설명되고 우리 자신의 집합체에 의해 가장 무시되는 양식들이라는 것은 비교인류학에 놀랍지 않을 수 없다. 근대인과 그들이 근대화하고 있다고 주장하는 사람들 사이에 오해가 쌓여온 것은 그리 놀라운 일이 아니다. 지금부터 그러한 양식들을 존중함으로써 역사를 다르게 다시 시작하는 것이 오늘날 가능할까? "아! 당신도 이 존재자들과 관련이 있다. 이것이 우리가 당신과 접촉할 수 있게 해줄 것이다. 여기서 정말 마침내 우리는 조금 더 진지하게 협상을 시작할 수 있다." 그들을 계속 전언어적인 것으로 간주한다면, 우리는 결코 근대주의의 궁지에서 벗어나지 못할 것이다. 우리는 결코 문명화되지 못할 것이다. 우리는 비인간들에게 포위된 야만인으로 남을 것이다—그리고 가이아 앞에서 목소리 없이 남아 있을 것이다.

두 번째 그룹은 준객체를 중심으로 회전한다 ▶

첫 번째 그룹은 이 정도로 하고, 이제 객체를 중심으로 하는 **두 번째 그룹**SECOND GROUP을 정의해보자. 〈객체〉와 〈주체〉의 차이를 피하려고 그렇게 애쓰고 나서 객체라는 표현을 다시 마주치니 놀라울 수도 있겠다. 그러나 사실 우리가 여기서 다루는 것은 미셸 세르Michel Serres가 **준객체**QUASI OBJECTS라고 불렀던 것이다. 지금까지 우리 인류학자는 **이분화**BIFURCATION를 마치 근대인의 타고난 질병인 범주 오류의 문제인 것처럼 비판해왔다. 이는 정보원들을 정신 나간 사람으로 취급해서는 안 되는 연구 의무의 심각한 위반이다! 이제 구별의 기원을 좀 더 관대하게 위치시킬 때가 왔다. 연구자가 그 구별이 잘못 제도화되었다고 한 것은 옳지만, 마치 그것이 조금만 더 주의를 기울이면 바로잡을 수 있는 오류의 문제인 것처럼 본 것은 잘못이다. 실제로 구별이 있지만, 그것은 준객체 그리고 우리가 아래에서 제시할 **세 번째 그룹**THIRD GROUP인 **준주체**QUASI SUBJECTS와 관련된다.

9장에서 살펴본 것처럼 허구의 존재자들[FIC]은 8장에서 살펴본 기술의 존재자들[TEC]과 3장, 4장에서 살펴본 지시의 존재자들[REF] 사이에서 흥미로운 위치를 차지하고 있다. 기술의 존재자들이 없다면 허구의 존재자들이 어떤 것을 형식화하거나 형상화하는 것은 불가능할 것이다. 허구의 존재자들은 지시의 존재자들에게 위임의 힘을 빌려주었는데, 그 힘은 과학을 맹목으로 몰아넣었던 제한된 관점에서 벗어나, 도구[TEC·REF]와 위임되고 길들여진 가상의 관찰자[FIC·REF]로 포장된 지시의 연쇄를 통해 세계 전체를 횡단할 수 있게 해주었다. 그래서 이 세 가지 양식을 한 그룹으로 묶는 것을 생각해볼 수 있는 것이다.

◉ 준객체 [TEC], [FIC], [REF]는 n+1 발화 평면의 원점에 있으며 ◉

가장 정통적인 심급들이 기호학의 방식에 따라 정교화되는 것은 바로 이 그룹에서이다. 기술적 접힘[TEC]을 통해서 우리는 기호학자들이 서사narratives에서 당연하게 여겨왔지만 실은 매우 특정한 존재양식에 의해 먼저 생성되어야 하는 어떤 것을 얻는다. 바로 발화체의 탈연동, 발화자와 수신자의 탈연동, 기술의 발명 없이는 전혀 불가능할 탈구이다. 이 양식과 더불어 반복, 따라서 공간, 시간, 행위소의 증식이 진정으로 시작될 수 있다. 테라코타 항아리는 그것을 창설한 존재자가 사라졌음에도 불구하고 계속 남아 있으며, 그것을 빚은 사람 외에 수많은 사용자와 용도에게 말을 건다.

그러나 허구의 존재자들만이 가능하게 하는 것, 다른 양식들은 예상할 수 없는 것은, 탈연동을 통해 다른 시간, 다른 공간, 다른 행위소에 형식으로 파견된 형상들이 반작용을 통해 수신자뿐만 아니라 화자도 형상화할 수 있다는 사실이다. 자신을 구성하는 재료가 형식과 함께 진동할 때만 가시화되는 인물들이 거주하는 다른 세계들—아마도 그 이름에 걸맞은 유일한 다른 세계들—을 예술작품이 스케치하는 것은 사실이다. 그리고 허구의 작품이 기술의 존재자들의 접힘을 한 번 더 접는다면, 지시의 연쇄[REF]는 9장 말미에서 보았듯이 기술의 존재자들과 허구의 존재자들을 길들여서 새롭고 또한 완전한 목적, 즉 멀리 떨어진 존재자들에 대한 접근을 제공하는 것에 복무하게 하기 위해 세 번째로 접고 비틀고 번역할 것이다.

◉ 이는 n−1 평면에서 반동 효과를 생산한다.

이 그룹의 각 양식이 반동 효과에 의해 특정 형식의 주체성을 생성하는 결과를 낳는다는 점에서, 이 표현들에서 "준"을 강조하는 것은 더욱 중요하다. 이 두 번째 그룹이 전적으로 제조된 것들[TEC]이나 파견된 것들[FIC], 알려진 것들[REF]을 중심으로 회전한다면, 그것은 마치 잠재적 주체들이 나중에 채울 수도 있는 장소들을 준객체들이 회전을 통해 기본적으로 지정하는 것과 같다. 3장과 4장에서 지시의 연쇄가 성장함에 따라 우리가 조금씩 객관적인 정신이 되는 것을 보았다. 정신은 두 극 가운데 하나, 생물학적 은유를 사용하면 끝단telomere이고, 알려진 객체가 그 반대의 극이기 때문이다[REF]. 우리는 8장에서 같은 반동 효과를 보았다. 즉, 능력, 노하우, 기술이 기술적 존재자들과 관계하는 사람들에게 온다[TEC]. 그리고 9장에서 허구의 존재자들을 통해 그것을 확인했다. 허구의 존재자들은 반동 효과가 매우 강력해서 자신에게서 유래하지 않은 것의 저자이고 청중이었을 수 있는 발화자와 피발화자를 생산한다[FIC]. 이 세 가지 양식이 준객체를 중심으로 회전하기 때문에 일종의 원심 운동을 통해 기술, 창조, 객관성이라는 주체화의 독창적인 형식들을 생산한다. 탈연동은 앞으로는 n+1 평면, 뒤로는 n-1 평면을 모두 생산한다.

여기서 우리는 각 존재양식이 생성하는 별개의 층위들로 구성된 주체들의 새로운 예를 보게 된다. 앞에서 마침내 변신의 존재자들에게 관심을 기울임으로써 내부성을 얻을 수 있음을 보았고[MET], 우리가 재생산의 가공할 도약 덕분에 지속했다는 것도 보았다[REP]. 앞으로 우리가 법의 연쇄에 의해 자신의 발화에 매여 있고[LAW], 대표의 〈원〉의 갱신 덕분에 의견을 제시하며[POL], 구원을 전달하는 천사들의 선물 덕분에 **인격적 개인**PERSONS이 된다는 점을 보게 될 것이다[REL]. 독자들은 〈주체〉와 〈객체〉 사이의 오래된 구별이, 양식들의 연쇄적인 통과를 통해 생성되는 주체성의 생산에 필요한 연쇄적인 층위들의 다양성을 등록할 수 없음을 쉽게 이해할 것이다.

이 배열은 오래된 〈주체〉/〈객체〉 관계의 화해적 버전을 제공하며 ⊙

우리가 알다시피 〈주체〉/〈객체〉 대립은 두 용어를 별개의 존재론적 영역으로 간주하는 경우에만 곤란한 문제가 된다. 사실 그 대립은 그 자체가 합성된 두 그룹 간의 약간의 차이의 문제에 불과한데도 말이다—

그리고 두 그룹 모두 첫 번째 그룹과는 다르며 근대주의는 첫 번째 그룹의 완전히 절합된 성격을 결코 파악할 수 없다. 따라서 주체성과 객관성이라는 주요한 문제를 적어도 더 적합한 비근대적인 제도에서 재창설하는 법을 배우기 전에, 우선 그 문제를 재국지화하고 결과적으로 완화시킬 수 있어야 한다. 적절한 형이상학이 없어서 아마도 근대인은 배열의 편리함에 지나지 않아야 할 것에서 논쟁의 여지 없는 토대를 만들 정도로 과장했을 뿐이다. 어떤 양식은 보다 객체 중심으로 돌고, 어떤 양식은 보다 주체 중심으로 돈다. 소란 피울 일이 없다. 〈자연〉을 이분화시키는 것은 없다!

◀ **따라서 인류발생에 대한 다른 가능한 입장을 제공한다.**

미봉책일지도 모르지만 이 배열은 지구인의 출현을 약간 변경하는 것을 가능하게 한다. 각자 자기 유형의 궤적을 따라 자신의 길을 가는 존재자들로 다시 채워진 다중우주에서는 그러한 존재자들의 교차, 내삽, 융합을 통한 인간의 탄생을 상상하는 것이 비교적 그럴듯해진다. 식물이 태양으로부터 태양이 알지 못했던 가능성을 끌어내는 것처럼, 생명체들이 이러한 비가시적인 것들을 환영하기 때문에 그들이 조금씩 인간이 되는 것을 상상하는 것은 불가능하지 않다. 지구인들이 이러한 존재자들과 접촉하고 빵과 소금을 주고 특히 그들로부터 대조를 추출하는 상이한 방식에 따라 지구상에 흩어졌으리라는 것은 덜 놀라운 일이다. 다시 말해, "**문화들**CULTURES"의 다양성은 더 이상 실재적인 것에 대한 접근의 진리에 반대되는 증언을 하는 것이 아니다. 실재와 다원성은 더 이상 반드시 반대되는 것이 아니다―이것은 미래의 외교에, 보편적인 것을 생산하는 대안적인 방식의 발명에, "지구상에서" 자신을 발견하는 다양한 방법에 영향을 미치게 될 것이다.

어쨌든 이 가설은 탐구해볼 가치가 있다. 닭과 달걀에 관한 길고 지루한 논쟁은—〈주체〉와 〈객체〉 중에 어느 것이 먼저인가?—어쩌면 뭔가를 빠뜨리고 있다. 바로 우리를 존재하게 만드는 존재자들이다! 인간이 존재자들과 만나서 창설을 실행해온 존재라고 가정해보는 것은 어떨까? 이러한 존재자들에게 함께 공통으로 말을 걸어봄으로써, 우리는 다른 집합체들과 협상을 시작할 수 있을 것이다. 객관성과 주체성을 "발견"한 문명이라는 이상한 관념은 시작할 수 없었던 협상 말이다. 가장 중요한 것은 우리가 함께 다른 만남을 준비할 수 있다는 것이다.

특히 지금까지 인식된 양식들의 목록을 작성하고 그것들의 우선순위를 인정하기로 함으로써, 우리는 "현생 인류"(호모 사피엔스를 설명하는 데 사용되는 표준 용어)가 아마도 허구의 존재자들에서 시작되고(적어도 고생물학자들은 그렇게 말한다), 진정한 근대인의 독창성을 구별하기 시작할 수 있는 것은 아마도 장비를 갖추고 교정되는 지식에 대해 과잉 투자되는 때라고 보기 때문이다. 따라서 이 분류에 따라 존재양식들을 전개함으로써 이미 더 보편화할 수 있는 세계를 개관할 수 있다. 우리는 그 가운데 네 가지 양식을 비인간들과 공유하고, 다섯 가지 양식을 다른 모든 집합체들과 공유한다. 이것이 우리 자신의 유산 목록을 작성하는 더 매력적인 방식이 아니겠는가? 그리고 무엇보다도 우리가 마침내 공통적이게 된 세계에 거주하도록 준비하는 덜 편협한 방식이 아니겠는가?

3부

How to Redefine

어떻게 집합체들을
재정의할 것인가

the Collectives

11장

말에 민감한 존재자들을 환영하기

종교적 양식에 대해 말하지 않는 것이 불가능하다면 ⊙ 우리는 〈종교〉 영역이라는 경계에 의지해서는 안 된다 ⊙ 대신 사랑의 위기라는 경험으로 돌아가야 한다 ⊙ 그것은 영혼의 격동을 가져다주는 천사를 발견할 수 있게 해준다 ⊙ 우리가 [MET·REL] 교차를 탐구하면서 돌봄과 구원을 구별한다면 말이다.

그러면 우리는 특유한 공백을 발견한다 ⊙ 그것은 〈말〉을 갱신할 수 있게 해준다 ⊙ 단, 합리적인 것의 경로를 벗어나지 않으면서 말이다.

종교의 존재자들[REL]은 특별한 사양을 가진다 ⊙ 그들은 나타나고 사라진다 ⊙ 그리고 그들은 특히 판별력 있는 적정성 조건을 가지고 있다 ⊙ 왜냐하면 그들이 정의하는 생존의 형식은 어떠한 실체에도 기초하지 않고 ⊙ 특유한 변이, 즉 "때가 이르렀다"와 ⊙ 고유한 진리진술 형식으로 특징지어지기 때문이다.

그것은 강력하지만 보호되어야 할 연약한 제도이다 ⊙ 그것은 [REL·PRE] 교차의 오해로부터 보호되어야 한다 ⊙ [MET·REL] 교차의 오해와 ⊙ 부당한 합리화를 생산하는 [REF·REL] 교차의 오해로부터만큼이나 말이다.

합리화란 믿음에 대한 믿음을 생산하는 것이며 ⊙ 지식과 믿음을 모두 잃게 한다 ⊙ 이웃한 존재자들과 멀리 있는 존재자들 모두의 상실과 ⊙ 초자연적인 것의 불필요한 발명으로도 이어진다.

그래서 항상 메타언어의 용어를 명시하는 것이 중요하다.

종교적 양식에 대해 말하지 않는 것이 불가능하다면 ▶

2부에서는 다소 이국적으로 보일 수 있는 여러 양식을 살펴보았다. 목표는 〈자연〉, 〈물질〉, 〈객체〉, 〈주체〉라는 관념들로부터 가능한 한 철저하게 벗어나 다양한 양식의 경험이 우리를 안내하도록 하는 것이었다. 우리는 아직 절반밖에 오지 못했다. 3부에서는 우리와 더 밀접한 관련이 있고 소위 "인문"과학과 "사회"과학에서 더 면밀하게 다루어온 양식들에 접근해보려 한다. 우리가 여전히 두 가지 주요 장애물, 즉 **사회**SOCIETY와 특히 가장 다루기 어려운 **경제**ECONOMY라는 두 가지 지배적인 관념을 넘어서야 하기 때문이다. 그래야만 존재양식의 좌표계 이외의 다른 좌표계를 사용하지 않고도 집합체들을 서로 비교 가능하게 만들 수 있을 것이다.

지금까지 "문화", "사회", "문명" 대신 **집합체**COLLECTIVE라는 용어를 사용함으로써, 이미 우리는 집합이나 구성의 작동을 강조하는 동시에 그렇게 모인 존재자들의 이질성을 강조할 수 있었다. 연결망[NET]을 펼쳐질 수 있게 하는 것은 바로 연결망이 어떠한 것이든 결합associations을 따라간다는 사실이라는 점을 기억하자. **행위자-연결망 이론**ACTOR-NETWORK THEORY에서 "사회적인 것"은 나머지 것들과 다른 어떤 물질을 정의하는 것이 아니라, 필연적으로 다양한 기원을 갖는 여러 실들의 직조weaving를 정의한다. 따라서 우리의 탐구에서 "사회적인 것"은 모든 양식들의 연쇄이다. 그러나 이러한 양식들의 목록은 아직 완성되지 않았다. 종교, 정치, 법, 경제에 대해 말하지 않는 민족지는 상상하기 어렵다. 이것들이 우리가 이제부터 다뤄야 할 주제들이다.

우리 인류학자는 정보원들이 집착하는 가치들의 유산 목록을 작성하면서 조만간 종교 문제에 직면해야 한다는 것을 잘 알고 있다. 그 주제를 가능한 한 미룰 수는 있겠지만 피하지는 못할 것이다. 그의 열정이 부족한 것은 이해할 수 있다. 한편으로 너무나 많은 정념과 너무나 많은 화려한 정교함이 있다. 종교적 존재자들이 통과한 흔적들이 여전히 옛 유럽의 모든 오래된 공간을 차지하고 있으며, 우리의 언어, 예술, 모든 것이 그것들로 가득 차 있다. 그러나 다른 한편으로 연구자는 그 안에서 이러한 존재자들이 얽히고설켜 어쩌면 푸는 법을 영원히 잃어버린 매듭을 풀어낼 인내심을 어디서 찾을 수 있을까? 범주 오류의 연쇄적 폭포로 인해 그의 조상들을 말하게 하고 매료시키고 산을 옮기게 만든—그리고 여러 범죄를 저지르게 만든—바로 그 존재자들을 형언할 수 없고 발음할 수 없게 된 것 같다. 연구자가 여기서 어떻게 방향을 잡을 수 있을까? 그러나 그의 방법은 이런 것들에 대해서도 "잘 말하기"를 요구한다—심지어 "종교 문제"를 이해할 수 없게 된 사람들에게조차도 말이다. 또한 비록 해석의 키를 오래전에 잃어버린 것 같지만 그럼에도 불구하고 이런 문제를 이해한다고 믿는 사람들에게도 말이다. 오해가 너무도 많다!

그러나 동시에 이것은 그의 방법에 대한 테스트이기도 하다. 우리 연구자가 모든 것에도 불구하고 종교적 존재자들이 말하는 것을 다시 한번 그들 자신의 언어로 들리게 할 수 있는지, 다른 존재자들과 더불어 그들에게 정확한 존재론적 내용을 제공할 수 있는지가 문제다. 결국 객관적 지식[REF]과 그러한 지식이 때때로 접근할 수 있게 해주는 여러 존재자들[REP]을 정당한 위치로 회복시키는 것보다 종교를 다시 표현하는 것이 정말 더 어려운 일인가? 어쨌든 우리는 선택의 여지가 없다. 협상 테이블에 앉을 권리를 갖기도 전에 다른 모든 사람들에게 먼저 종교를 포기하라고 요구하면서 어떻게 외교의 임무에 접근할 수 있겠는가? 종교는 영원히 "우리 뒤에" 있다는 단언으로 기각하기에는 너무나 자신의 보편성을 주장한다. 명백히 그것을 피할 방법은 없다. 외교관은 다른 어떤 것보다도 이 대조에 대해서, 그에게 권한을 위임한 사람들에게 일어난 일의 정확한 목록에 의존해야 한다. 우리는 무엇을 물려받아야 하는가? 종교를 믿는다고 말하는 사람들과 그렇지 않다고 말하는 사람들이 정말로 집착하는 것은 무엇인가?

사실 우리는 이미 종교적 존재자들을 만났다. 그들은 1장에서 교회가 진실과 거짓을 구별하는 데 항상 세심한 주의를 기울여왔음에 주목하게 함으로써 **제도**INSTITUTION를 정의하기 시작하도록 해주었다. 우리는 6장에서 물신과 우상숭배자에 대해 제기된 심각한 비난에서 다시 그들을 마주쳤다. 우리가 근대인을 특징짓는 말하기 장애의 두 가지 원천 가운데 하나를 발견한 것은 "인간의 손으로 만들어지지 않은" 〈신〉이라는 놀라운 생각에서였다. 근대인은 확실하게 새로운 대조를 추출하기 위해 또 다른 대조, 고발당한 범죄에 대해 완전히 결백한 전혀 다른 대조, 말하자면 정신을 발생시키는 의례를 공격했다[MET·REL]. 그리고 이 분석에 따르면 잘 구성된 것이 또한 진리일 수 있다고 근대인이 한 호흡으로 선언할 수 없게 된 것은, 아주 다른 문제, 즉 (연결망이 박탈된) 객관적 지식의 문제와의 교차를 통해서였다[REF·REL]. 그리하여 발생한 놀라운 결과는 근대인이 이론과 실천이 뒤섞이는 것을 불가능하게 만들었다는 것이다. 또다시 풍요의 당혹스러움이다. 자신의 야망에 걸맞은 형이상학과 인류학을 결여하기 때문에 근대인은 그들이 추출해낸 모든 대조를 유지하기가 그토록 어려운 것이다.

◀ 우리는 〈종교〉 영역이라는 경계에 의지해서는 안 된다 ▶

민족학자는 만족스럽게 자신에게 말한다. "적어도 종교의 경우, 제도를 결핍한 것은 아니다. 그것은 가장 오래되고 가장 세심하고 가장 널리 퍼져 있고 가장 까다로운 제도이다." 그러나 그는 빨리 생각을 바꿔야 한다. 근대인에게는 어떤 것도 단순하지 않음을 지금쯤이면 깨달아야 한다. 제도적 종교가 너무 오랫동안 헤게모니를 쥐고 있었기 때문에, 그리고 정치, 도덕, 예술, 우주, 법, 심지어 경제에 이르기까지 모든 영역에 대한 책임을 떠맡았기 때문에, 또한 "종교적인 것"이라는 보편적인 형태로 지구 전체로 확장할 수 있다고 믿었기 때문에, 이 모든 이유로 인해 그것은 자신이 제도화하는 데 전념해야 했던 유일한 대조를 보존하기 위해 적절한 순간에 "양보하는" 방법을 전혀 알지 못했다. 게다가 더욱 놀라운 것은 스스로를 세속적이라고 하는 사람들보다 종교적이라고 하는 사람들이 종교적 제도를 더 격렬하게 무너뜨렸다는 사실이다. 연구자는 여기서 운이 없다. 종교적 존재자들을 정의할 때 따르지 말아야 할 표시가 있다면, 그것은 잘 구분된 〈종교〉 영역이라는 표시이다.

그는 "종교적인 것의 귀환"이라는 또 다른 기생적 현상을 제쳐두고 다른 곳을 바라볼 준비가 되어 있어야 한다. 누군가 그에게 "그래, 물론 당신이 옳다. 이 보편적인 현상에 관심을 갖지 않고는 동시대의 가치를 탐구할 수 없다"라고 말하며 그의 기획에 동의하는 것보다 그의 탐구를 잘못된 방향으로 이끄는 것은 없을 것이다. 민족학자는 그런 양식 있는 조언을 거부해야 한다. 사실 그에게는 종교의 귀환, 종교를 유지해야 할 필요성, 종교가 사라져야 할 필요성에 대한 그 모든 이야기들에 의해 〈말〉의 존재자들이 더 깊숙이 묻히는 것처럼 보인다.

어떻게 그렇게 확신할 수 있을까? 이 탐구의 원칙을 이해했다면 아주 간단하다. "종교적인 것의 귀환"이라는 기생적 현상은 생존이나 위험의 고유한 유형에 의해서가 아니라 반대로 실체나 보장, 어떤 기층에 대한 필사적인 추구에 의해서 정의되기 때문이다. 여기서 "종교"라는 용어를 사용하는 사람들은 정말로 또 다른 세계에 호소하고 있다! 따라서 그것은 우리가 식별하려는 것과 정반대이다. 또 다른 세계가 있는 것이 아니라, 각 양식에 따라 다르게 변화되는 세계들이 있는 것이다. 사람들이 "초월성을 존중한다"고 떨리는 목소리로 말한다는 사실이 민족학자가 이 현상을 진지하게 받아들이도록 고무하지는 않는다. 왜냐하면 그는 여기서 **내재성**IMMANENCE이 동의어가 아니라 반대말인 잘못된 **초월성** TRANSCENDENCE을 분명하게 인식하기 때문이다. "초자연적인 것"에 대한 호소에서 그토록 불쾌한 것은 그것이 "자연적인 것"을 곧장 받아들인다는 점이다. 그리고 누군가가 작은 목소리로 "영성"에 대해 말한다면, 그것은 "물질성"이라는 이상한 생각이 통째로 받아들여졌다는 경고이다.

〈천국〉을 바라보며 〈지상〉의 일들, 즉 "만연한 유물론" "합리주의", "휴머니즘"을 폄하하는 사람들에게 우리 연구자가 왜 관심을 가져야 하는가? 그들이 물질, 이성, 인간에 대해 무엇을 알고 있는가?

오늘날 종교라고 불리는 것은 부동의 것, 논쟁의 여지가 없는 것, 지고의 것, 이상적인 것에 대한 추구의 특히 실망스러운 아바타를 제공할 수 있을 뿐이다. 어떤 사람들은 종교를 절대자에 대한 추구로, 심지어 저 너머의 세계에 대한 향수를 불러일으키는 접근으로 만들기까지 했다! 종교는 "상대주의에 맞서는 성벽"으로, "여기 아래 세계"의 "세속화"와 "유물론"에 맞서는 "영혼의 보충제"로 변했다! 이보다 더 극적인 목표 오류는 없다. 이게 다 무엇인가? 그 모든 지성과 신앙심의 보물이 결국 이렇게 된다고? 수천 년에 걸친 끊임없는 번역, 계속된 변화, 엄청난 혁신이 결국 토대에 대한 추구가 된다고? 어떻게 해서 이런 거짓 신들을 숭배할 정도로 착각할 수 있는 것인가?

분개한 연구자는 자신의 역할에서 완전히 벗어난다고 해도 더는 그런 도착perversion을 범주 오류라고 감히 부르지도 않는다. "이단"은 완곡한 표현이 될 것이다. 범주 공포라고 해야 할까? 야훼를 바알 혹은 몰록과 혼동했던 고대인들이 그에게 얼마나 순진해 보이는가! 그 우상숭배자들은 감히 그들의 〈신〉을 변형 없는 운반, 움직이지 않는 모터, 창조되지 않은 실체, 토대와 결코 혼동하지 않았을 것이다. 적어도 그들은 변이, 해석, 매개의 경로 없이는 〈신〉을 창설할 수 없다는 것을 잘 알고 있었다. 고대인의 물신숭배는, 종교적인 것을 정반대의 것으로 대체하고 상대적으로 신성한 것과 불경스러운 절대자를 혼동하는 근대인의 우상숭배에 비하면 사소한 실수에 불과하다. 게다가 이러한 신성모독은 바로 성전에서, 교회 중심부에서, 성막 앞에서, 강단에서, 성령의 날개 아래에서 발화된다! 이 오염, 이 불명예, 이 가증스러운 언동에 대해 저주를 퍼부을 수 있었던 선지자들은 어디에 있는가? 예레미야의 눈물과 이사야의 탄식은 어디에 있는가?

아니, 연구자가 제정신을 유지하려면 종교적인 것을 종교 영역 바깥에서 찾아야 한다. "종교적인 것의 귀환"이라고 불리는 것은 **근본주의**FUNDAMENTALISM의 귀환을 나타낼 뿐이라고 가정해야 한다. 그리고 우리는 그 이유를 쉽게 이해할 수 있다. 다양한 형태의 가치를 그것을 위해 만들어진 제도에 위치시키지 못하는 다양한 종류의 반동reactionaries은 표면적으로는 "가치를 방어"하는 것처럼 보이는 가짜 해결책에 의존하기 때문이다―가치를 손이 닿지 않는 곳에 놓음으로써! 궁극적인 토대에 대한 이러한 탐색과 종교의 존재자들 사이에는 동음이의어 관계밖에 없다. 그러한 결정이 미래의 외교에 별반 도움이 되지 않더라도 우리는 여기서부터 조사를 시작해야 한다. 종교의 존재자들을 정당한 위치로 회복시키기 위해 어떻게 정보원들이 (**믿음**BELIEF과 마찬가지로) 종교를 포기하게 만들 수 있을까? 주의를 돌리는 법을 배우는 것 자체가 종교라는 것을 어떻게 그들에게 납득시킬 수 있을까? "네 보물 있는 그곳에는 네 마음도 있느니라."

⊙ 대신 사랑의 위기라는 경험으로 돌아가야 한다 ⊙

그렇다면 종교를 운반하는 존재자들의 현존을 찾기 위해 우리는 어떤 실에 의지할 수 있는가? 언제나 그렇듯이 탐구는 경험 자체로 돌아가야 한다. 비록 경험이 공식적으로 종교적이라고 인정되는 영역과는 상당히 멀어 보이더라도 말이다. 우리가 6장에서 정신을 생산할 수 있는 장치와 기구의 중심에 변신[MET]을 놓는 것이 얼마나 어려운지 보고 놀랐다는 것을 상기하자. 거기서 우리는 자신의 주재자들owners/propriétaires("소유되는" 사람들의 "소유자들")에 명백히 의존하는 인물character이 그럼에도 불구하고 자신을 독자적이고 태생적이고 원초적이고 자생적이고 자율적인 "자아"의 방식에 따라 훌륭한 근대인으로 여기는 수수께끼를 보았다. 자신을 형성한 변신의 존재자들과의 거래를 통해서만 자신의 내부성을 얻을 수 있는 인물이 어떻게 해서 자연스러움, 충만함, 진정성만을 꿈꾸게 된 것인가? 그러한 태도는 거의 자살 행위처럼 보였다. "자아"는 충만하고 원만하고 완전하기를 원할수록 변형으로부터 자신을 방어할 수 없기 때문이다. 사람을 미치게 만드는 것이 있다면, 그것은 애착도 없고 주재자도 없는 자율적인 "자아"이다. 그것은 돌봄 없이 공격에 무방비하게 방치될 것이다. 그것은 변신의 존재자들을 자신을 위협하거나 기만하는 방식으로만 만나게 될 것이다.

한편으로 자신을 변신시킬 수 있는 존재자들을 환영하는 것과 다른 한편으로 원초적 진정성을 추구하는 것과 같은 두 가지 모순된 요구 조건 사이에 그렇게 커다란 간극이 있다면, 우리는 확실히 새로운 범주 오류를 진단할 수 있다. 눈먼 비가시적인 것들의 방문을 받는 인물과, **인격적 개인**PERSONS을 생산하는 또 다른 주체화의 층 사이에 약간의 혼동이 분명히 있었을 것이다. "자아"를 목표로 삼고 그것을 겨냥하는 데 실수하지 않으며 타협이 불가능한 새로운 존재자들이 분명히 있을 것이다. 바로 이것이 근대인이 정신을 생산하는 존재자들에 대해 존중하는 마음을 가지고 말하기가 그토록 어려운 이유를 설명해줄 것이다―근대인은 정신을 생산하는 존재자들을 타자로서만 존중할 수 있을 뿐이다. 언제나 그렇듯이 여기서도 근대인의 이론에서 존재론적 기근은 그들이 자신의 경험의 다양성을 회복하는 것을 방해한다.

우리 민족학자는 친구, 친밀한 사람, 연인 사이의 상호작용이라는 가장 평범한 경험에 접근해보기로 했다. 여기서 그는 한편으로 변신을 이용해서 복합적인 내부성을 제조하는 것과, 다른 한편으로 주체를 통일된 인격적 개인으로 존재하게 하는 말의 통과를 느끼는 것 사이의 구별을 감지하기를 희망한다. 전자는 우리를 겨냥하지 않지만—물론 우리가 표적이 되었다는 느낌을 피하지 못하면 변신의 존재자들은 우리를 자극하고 운반하지만—후자는 우리에게 "바로 너야, 바로 나야, 바로 우리야"라고 분명히 말을 건넴으로써 우리를 가까이 오게 하고 바로 잡는다. 그 둘 사이의 뉘앙스는 미묘할 수 있지만, 친밀한 상호작용에 관여하는 이들과 위기의 혼란 속에서 이 교차를 풀어야 하는 이들은 그 미묘한 뉘앙스를 놓치지 않는다[MET·REL].

말, 몸짓, 의례로 저주를 피하게 하거나 반대로 저주에 빠트릴 수 있는 시련들이 있다. 앞에서 보았듯이 위기에서 벗어나려면 절차—아마추어들이 대화 과정에서 발명한 것이든 전문가들에게 맡겨진 것이든 치료 기구나 치료법—를 마련해야 한다. 이러한 의미에서 우리는 모두 어느 정도 마법을 거는 사람이거나 마법을 푸는 사람이며, 각자 최선을 다해 대처하고 있다. 그 결과는 항상 외부자와 주체가 분리되는 것—백마술—이거나 반대로 속박에서 풀려난 힘이 소외된 주체를 소유하는 것—흑마술—이다.

그러나 사랑의 위기에서는 그렇지 않다. 여기서는 표면적으로는 거의 같아 보여도 다른 말, 다른 몸짓, 다른 의례가 위기 전에는 서로 "가깝지 않다"고 말하던 "인격적 개인들"을 "다시 하나로 모으는" 결과를 낳는다—비록 우리가 때때로 울며불며 한 형태의 위기에서 다른 형태의 위기로, 그 두 통과점이 너무 비슷해 보이기 때문에 눈치 채지 못한 채, 이동하긴 하지만 말이다. 사랑의 말에는 그 말이 건네지는 사람에게 그가 결여하던 존재감과 일체감을 부여하는 특징이 있다. "나는 멀게만 느껴졌다." "나는 아무것에도 관심이 없었다", "나는 죽은 것만 같았다", "시간이 멈췄다. 이제 나는 여기, 현재, 당신 곁에 있다", "여기 우리가 함께 있다", "우리는 훨씬 더 가까워졌다." 이 상황에서 "말 건네기"와 관련된 오류는 이런 말들이 우리를 겨냥한 것이 아니라고 믿고, 마치 문제가 되는 것은 다른 말들, 즉 우리로 하여금 변신의 존재자들에게 말을 걸 수 있도록 해주는 말들인 것처럼 사랑의 말들은 피해야 한다고 믿는 데 있다. 반대로 여기서 이런 말들에 귀를 닫는 것은—또는 다른 사람들에게 이런 말들을 절대 하지 않는 것은—영원히 사라지거나 다른 사람들을 영원히 사라지게 하는 것이다. 사랑의 말 한마디를 받아본 적이 없는 것보다 더 비참한 일이 있겠는가? 그런 선물을 받아본 적이 없는 사람이 어떻게 인격적 개인처럼 느낄 수 있겠는가? 그런 식으로 말을 건네오는 것을 받아본 적이 없는 사람이 어떻게 누군가라고 느낄 수 있겠는가? 무관심 외에는 아무것도 불러일으키지 않는다는 것은 얼마나 불행한 일인가! 경험이 말해주는 것은 우리가 존재하고 가까이 있고 통일되고 완전하다는 확신을 우리 자신의 자원에서 가져오는 것이 아니라 다른 곳에서 끌어온다는 것이다. 우리는 이러한 유익한 말들의 좁은 통로를 순환하는 언제나 분에 넘치는 선물로 그런 확신을 받는다. 그런 선물을 받는 경험은 우리에게 계속해서 다시, 또다시 시작할 수 있는 자신감을 준다.

그것은 아주 특별한 말, 그 말이 건네지는 사람을 새롭게 할 수 있는 존재자들을 담고 있는 말이다.

◉ 그것은 영혼의 격동을 가져다주는
천사를 발견할 수 있게 해준다 ▶

이 조사를 시작할 때라면 다른 모든 것에 이런 식으로 덧붙여지는 주체성의 층을 식별하기 어려웠을 수도 있다. 토착적 주체에 너무 강하게 고정되어 있었을 것이기 때문이다. 그러나 이제 그 주체는 완전히 풀려나고 탈구되고 분산되고 분열되었다. 그것은 이제 더는 고리 역할을 하지 않는다. 다시는 출발점이 되지 않는다. 오히려 주체를 붙잡거나 확립하거나 확보하려는 이들이 사방에서 그것에 접근한다. 만약 주체가 버티고 있다면, 그것은 내부의 성소sanctum가 아니라 외부의 성소에서 앞으로 다가올 모든 것에 대한 창설의 길을 발견했기 때문이다. 더 이상 제조하거나 소유하는 능력이 아니라, 인물을 인격적 개인으로 변형시켜 구원하는 능력으로 특징지어지는 다른 주체성의 층을 가져다주는 다른 존재자들을 우리가 인식하는 것을 막을 길은 이제 없다. 이러한 존재자들은 사람들을 먼 곳에서 가까운 곳으로, 죽음에서 삶으로 데려오는 독특한 특성이 있다. 좀 더 직설적으로 말하자면, 이 말들은 그 말들이 건네지는 사람들을 소생시킨다resuscitate—즉, 어원적 의미에서 이 말들은 사람들을 새롭게 일깨우고 다시 움직이게 한다.

연인 사이에 상호작용하는 어휘와 "계시"라고 적절하게 일컬어지는 종교의 어휘 사이에 그렇게 빠른 가교를 구축하는 것이 놀랍게 보일지도 모른다. 그러나 중요한 것은 존재자들에게 진정한 이름을 부여하는 것이다. 전통적으로 메시지가 아니라 영혼의 격동을 가져다주는 이들을 천사라고 불렀다. 더블클릭은 물론 이것을 전혀 이해하지 못한다. 단지 정보의 전송, 정보의 전이만을 추구하기 때문이다[REL·DC]. "인격적 개인의 변형 외에는 내용이 없는 메시지를 전달하는 메신저? 당신 정신이 나갔나 보군!" "우리는 정신이 나갔다." 아니 "제정신이 아니다"가 더 정확할 것이다. 우리는 사악한 천재가 사랑의 증거를 받은 적이 없다고 생각할 수밖에 없다! 그리고 그는 수만 번 그려지고 조각된 가장 대표적인 예, 즉 젊은 성모 마리아의 영혼을 격동시킬 뿐만 아니라 생명 자체를 낳게 하기 위해 말을 건네는 천사 가브리엘의 예를 전혀 모른다고 생각할 수밖에 없다. 말을 건네는 이들을 회심시킬 수 있는, 특정한 유형의 말과 연결된 존재자를 정의하는 더 좋은 방법은 없다. 그런 존재자들은 인사를 함으로써 그들을 구원하고 수태시킨다. 누구도 영혼을 정의할 수 없고 영혼이 존재하는지조차 결정할 수 없지만, 이 "뭐라고 딱 꼬집어 말할 수 없는 무언가"가 그러한 말과 그러한 상호 격동에 반응하여 휘청거리고 흔들린다는 것은 아무도 부인할 수 없다. 우리가 받거나 주었던 이와 같은 명령의 보물을—소유하지는 않은 채—마음속에 간직하지 않은 사람이 어디 있겠는가?

◉ 우리가 [MET·REL] 교차를 탐구하면서 돌봄과 구원을 구별한다면 말이다.

이 가설이 맞는다면, 왜 천사를 제도화하는 것이 정신을 제도화하는 것만큼이나 어려운지 이해할 수 있다. 그러나 그 둘을 내삽하고 혼동하며 대조를 존중하지 않을 위험이 항상 있다. 돌봄은 구원이 아니다. 정신생성적 순환을 시작하는 것은 천사들에게 격동하는 것과 전혀 같지 않다—물론 검증된 지식을 얻는 것과도 전혀 다르다[REF]. 우리가 주체들에 대한 진리를 발견하기를 원할 수 있지만, 주체성을 생산하는 다양한 존재자들이 있으므로 그러한 진리들도 다양할 수밖에 없다. 그 모든 존재자들을 혼동하지 않고 그들 사이의 교통을 통제할 준비가 되어 있지 않은 사람은 내부성이나 주체성에 대해 이야기해서는 안 된다—심리학자라고 주장해서도 안 된다.

그렇다고 같은 장소, 같은 사제, 같은 의례, 같은 통과가 두 가지 목적에 쓰일 수 없다는 의미는 아니다. 성소sanctuary에 들어가는 것으로 충분하다. 우리는 사람들이 종종 치유와 구원 둘 다를 찾아 성소에 온다는 것을 감지한다. 하나의 블랙 마돈나 동상이 그 두 가지를 다 제공할 수 있다. 루르드Lourdes 순례가 치유해주는 것은 드물어도 자주 회심시킨다. 여러 존재양식들의 사양을 보다 체계적으로 작성하면 그런 다양한 요구 조건들 간의 곤란한 유사점들을 종종 발견한다. 이것들은 우리가 **내삽**INTERPOLATIONS뿐만 아니라 **융합**AMALGAMATIONS, **혼합**syncretism, 그리고 마침내 **조화**HARMONICS에도 민감하게 해줄 것이다. 그러나 우리가 그 구성 요소를 혼합해야 하는 것은 주체가 소위 다층적이기 때문이 아니다. 비가시적인 것과 비가시인 것이 있기 때문이다. 외부자들과 마주치는 법을 배운다고 해서 반드시 그들에게서 구원을 기대하는 것은 아니다.

그러면 우리는 특유한 공백을 발견한다 ▶

연구자는 구원을 가져다주는 천사들을 식별하는 데 누군가 도와주기를 바란다. 그는 그들을 당분간 사랑의 위기의 친밀성으로 제한해야 했던 것에 대해 스스로에게 언짢은 느낌이 든다. 그러나 그는 도움에 대한 기대를 접어야 한다. 그가 객관적 지식을 정의하는 데 인식론이 도움을 줄 수 없었던 것처럼, 구원을 가져다주는 존재자들에 대해 정확히 말하는 데 신학의 도움에 의지할 수 없다. 그 이유는 곧 살펴볼 것이다. 더 블클릭이 한 방에 그 둘을 모두 타격했고, 그래서 신학자들은 지식에 대한 잘못된 개념화를 통해 믿음으로 도망쳐야 했다. 이보다 더 나쁘기도 어려울 것이다! 그럼에도 불구하고 연구자는 이 새로운 **공백**HIATUS을 정말 고유한 존재양식의 증거로 받아들여야 한다는 것을 알고 자신의 방법을 고수한다. 저 너머, "사후세계"에 관한 모든 설교에는 때로는 사실로 들릴 수 있는 무언가가 있어야 한다. 먼 것과 가까운 것, 죽은 것과 산 것, 인격적 개인의 사라짐과 나타남, 구원과 상실 사이의 이런 구별을 어떻게 간과할 수 있겠는가? 분명히 여기에 약화시켜서는 안 되는 대조가 있다. **가치**VALUE라는 단어가 의미를 가진다면 그것은 분명히 여기에 있다.

그리고 이 지점에서 언제나 놀라운 기적이 일어나며, 그는 이러한 존재자들의 **사양**SPECIFICATIONS에 그것을 틀림없이 기록해야 한다. 사람들을 새롭게 불러일으킬 수 있는 말들을 식별할 수 있는 작은 차이를 그런 진부한 용어로 재정식화하자마자, 신학의 도움을 배제하자마자, 그는 갑자기 종교의—적어도 그가 현재 포착하려고 하는 유일한 종교인 기독교의—가장 전문적인 어휘와의 놀라운 분기점에 서게 된다. 그러나 처음에는 사랑의 위기에서 종교적 존재자들의 흔적을 찾으려는 생각에 얼마나 떨렸는가! 그는 이중으로 두려웠다. 이 대담한 분기가 종교라는 "거대한 생각"을 감상적인 위기로 격하시키려는 불경스러운 행위처럼 들릴 수도 있다. 혹은 반대로, 그가 일종의 변증론적 왜곡을 통해서 세속적 사랑을 이용해 신성한 사랑에 대해 허튼소리를 늘어놓으려 하는 것처럼 보일 수도 있다. 그렇지 않다. 그는 떨 이유가 없다. 그 전통의 가장 명시적인 말이 강조해온 것이 바로 그가 명확히 하려는 바로 그 대조이기 때문이다. 다시 말해, 신학에 대해 체념한 순간 그는 자신이 그 전통과 완벽하게 일치한다는 것을 알게 된다. 그렇다. 충실하다. 어떤 민족지도 신자들의 노하우만큼 명시적일 수 없다. 포르투갈 수녀는 "사랑은 하나뿐"이라고 말한다. 연구자는 더는 선택의 여지가 없고 꼼짝할 수 없다. 모든 것을, 확실한 것과 의심스러운 것 모두를, 똑같이 잘못 놓인 그 모든 것을 처음부터 다시 생각해봐야 한다.

◉ 그것은 〈말〉을 갱신할 수 있게 해준다 ◉

그리고 이것은 적절하다. 종교는 탁월한 **반복**REPRISE, 말 자체에 의한 끊임없는 말의 갱신이기 때문이다. 그것은 그 자체의 계몽이다. 그것은 다시 출발하고 다시 시작하고 몇 번이고 시작점으로 돌아가고 스스로를 반복하며 되풀이하고 혁신한다. 게다가 끊임없이 자신을 반성적으로 〈말〉로 묘사한다.

자연어에서 편안함을 느낄 존재양식이 있다면 그것은 종교적 양식이다. 자연어와 종교적 양식은—페기, "성인 샤를" 페기가 정확히 파악했듯이 다시 시작하고 반복하는 한—같은 유동성, 같은 단순성, 같은 흐름, 같은 변형을 공유한다. 바로 이런 이유로 종교적 양식은 단순한 사람들과 아이들에게는 잘 이해되지만, 현자와 학자에게는 숨겨지는 것이다. 현자와 학자는 말이 흐르지 않고, 왜곡 없이 문자 그대로 전달하고, 말하지 못하는 것에 대해 말하고, 듣는 사람을 구원하지 못하는 말을 내뱉기를 원하기 때문이다. 그러나 종교적 양식에서 말은 다시 흐르고 넘치고 비유를 통과하고 의례로 들어가고 설교에서 자신을 다잡고 기도에서 구불구불 가다가, 처음에는 무관심하게 돌다가 갑자기 방향을 튼다. 그것은 〈말〉 자체의 실을 따라간다. "길이요 진리요 생명"이라고 말해지는 〈실〉이다(요한복음 14:6).

　왜 말은 항상 갱신되어야 하는가? 이 〈로고스〉는 존재의 연속성을 보장하기 위해 어떤 실체에도 의존할 수 없기 때문이다. 따라서 그것 또한 하나의 존재양식, 존재 변이의 특정한 형태이며, 그래서 그것이 뒤늦게 자신을 정의하는 데 동의했음에도 불구하고, "종교 현상"이나 종교 제도로부터 그렇게 거리가 먼 것이다. 그것의 내용의 반복, 발명, 확장 사이의 이러한 연결을 그렇게 오랫동안—그것의 과정을 잔인하게 중단시키기 전까지는—이해해온 바로 그 제도로부터 말이다. 다른 제도에서라면 우리는 이러한 모순, 즉 한편으로 총체적이고 결정적인 것처럼 보이는 상실과 다른 한편으로 종교가 항상 전송하고 전달하려 해온 것을 우리가 너무나 쉽게 재발견할 수 있다는 것 사이의 모순에 직면할 일이 없다. 마치 가까운 것과 먼 것 사이의 관계가 바로 그 정의의 일부인 것처럼 말이다. 그것은 세계를 잃었지만, 그것이 말하는 것은 손이 닿을 수 있는 곳에 있다.

◉ 단, 합리적인 것의 경로를 벗어나지 않으면서 말이다.

　종교적 존재자들의 경우에도, 정신적 존재자들이나 허구적 존재자들과 마찬가지로 그들을 너무 빨리 "비합리적"인 것으로 간주하기로 동의해서 이성의 실을 놓칠 위험이 있다. 더블클릭이 그들을 따라가지 못한다고 해서 그들이 비논리적이거나 신비롭다는 의미는 아니다. 우리 연구자는 종교를 논할 때 합리적인 것의 "한계"를 설정하려는 사람들을 경계해야 한다는 것을 잘 알고 있다. 마치 우리가 추론의 양식을 선택할 수 있는 것처럼 말이다! 여러 가지 존재양식이 있다는 것은 사실이지만, 그 양식들을 따라가는 데 있어 우리는 한 가지 동일한 이성만 가지고 있을 뿐이다. 여분의 두뇌를 가진 사람은 없다. 이 조사에서 나는 단 한 번도 가장 일반적인 논리를 포기하라고 요구한 적이 없으며, 내가 요청한 것은 같은 일반적인 추론, 같은 자연어를 가지고 서로 다른 실 가닥을 따라가라는 것임을 독자들이 이해해주기를 당부한다. 앞으로 살펴보겠지만 종교 제도가 "합리적인 것의 한계"를 이용하고 남용했기 때문에 민족학자는 종교적 존재자들의 본성을 정의해야 할 때 눈 하나 깜빡하지 말아야 한다. 그들은 정신이나 허구, 지시와 마찬가지로 철저하게 합리적이다.

물론 종교를 합리적으로 다루어야 한다는 이러한 요구가 비판 정신, 즉 사회과학의 그 좋았던 옛날의 "양식good sense"으로 돌아가는 것으로 오인될 위험이 있다. 그러나 종교에 대한 "사회적 설명"에서 아무것도 기대할 수 없다는 것이 이제 분명해졌을 것이다. 그런 설명은 종교 "뒤에" 예를 들어 "조심스럽게 숨겨졌지만" "전도되고" "위장된" "사회"가 있다는 것을 증명하려 하면서, 그 구원 전달자들의 실을 끊고 다른 것으로 대체함으로써 그것을 놓치는 것에 해당할 것이다. 그런 설명은 물론 종교를 잃는 것뿐만 아니라 합리적인 것의 관념 자체를 배신하는 것과도 같을 것이다—우리가 "사회적인 것"에 대해 아무것도 이해할 수 없을 것이라는 점은 말할 것도 없다. 종교 "뒤에는" 아무것도 없다—허구, 법, 과학 "뒤에" 흥미로운 아무것도 없는 것과 마찬가지이다. 각각의 양식은 그 나름으로 완전한 그 자신의 설명이기 때문이다. "사회적인 것"은 그 모든 것으로 구성된다.

종교의 존재자들[REL]은 특별한 사양을 가진다 ⊙

계속 합리적이려면 우리는 종교적 존재자들에게 기대할 수 있는 진리진술 유형뿐만 아니라 사양을 가능한 한 정확하게 설명해야 한다. 그러한 존재자들이 뒤따라오는 것에 부여하는 방향direction/sens이나 그들이 받아들여질 조건들에 대한 명확한 설명을 잃지 않으면서 말이다. 종교적 존재자들[REL]이 "단지 말일 뿐"이라고 말하는 것은 거의 쓸데없을 것이다. 바로 그 말이 사람들을 회심시키고 소생시키고 구원하는 존재자들을 운반하기 때문이다. 따라서 그들은 진정으로 존재자이며, 이를 의심할 이유는 정말로 없다. 그들은 외부에서 와서 우리를 붙잡고 우리 안에 거주하고 우리에게 말하고 우리를 초대한다. 우리는 그들에게 말하고 기도하고 간청한다.

그들에게 고유한 존재론적 지위를 부여함으로써 우리는 경험에 대한 존중의 측면에서 상당히 전진할 수 있다. 수천 년의 증언을 더는 부정할 필요가 없다. 더는 그 모든 예언자, 순교자, 성서 해석자, 신자들이 "사실은" 말이나 뇌파에 "불과한 것"—어쨌든 표상—을 실재적 존재자로 "착각"해서 "스스로를 속인 것"이라고 경건한 체하며 주장할 필요가 없다. 다행히도 연구자들은 더는 그런 환원을 (죄까지는 아니더라도) 저지를 필요가 없다. 마침내 우리가 충분히 비워진 우주를 이용해 비가시적인 정신의 전달자들을 위한 공간뿐만 아니라, 회심의 전달자, 천사들의 행렬이 계속 나아갈 수 있게 해주는—연결망이라고도 부를 수 있는—변이의 경로를 위한 공간도 만들 수 있기 때문이다. 정신의 전달자가 통과한 곳에 또 다른 영혼의 전달자가 들어갈 수 있어야 한다.

그리고 우리는 또한 그러한 태도에는 존재론적 느슨함이 아니라, 경험의 다원성에 대한 단순한 존중이 있다는 것도 잘 알고 있다. 또한 성인, 신비주의자, 고해신부, 신자들의 주의가 향하는 방향으로 우리의 주의가 가도록 그들의 증언에 충실한 것이 훨씬 더 단순하고 경제적이며 우아해 보인다. 존재자들이 그들에게 와서 자신을 창설할 것을 요구한다. 그러나 그 존재자들은 그들이 구원하고 소생시키면서 영혼을 격동시키는 사람들에게 나타난다는 특징이 있다. 우리가 경험적이라면, 우리가 따라가야 할 것은 바로 이들이다. 내부성으로는 불가능한 것이 존재양식으로는 존중할 수 있게 된다. 따라서 천사가 기술이나 악마, 등장인물과 다른 경로를 따를 수 있다는 사실에 아무도 놀라지 않을 것이다. 세계는 그 모두를 담을 수 있을 만큼 광대해졌다.

◉ 그들은 나타나고 사라진다 ▶

특히 그들의 요구가 매우 구체적이기 때문이다. 실제로 종교적 존재자들의 사양 어디에서도 탁자[TEC]나 고양이[REP]가 나타내는 지속성의 유형을 모방할 의무는 없다. 변신의 존재자들처럼 종교적 존재자들도 "엄폐"하는 유형에 속한다. 한 가지 차이점은 그들은 일단 나타나면—우리의 도시와 시골에는 아직도 그러한 출현이 불러일으킨 감정을 간직하기 위해 세워진 성지들이 곳곳에 있다—훨씬 더 확실히 사라진다는 점이다. 게다가 이러한 간헐성은 조롱의 근거를 제공했고, 그들이 존재를 결여하고 환영적이고 가공적이라는 증거로 받아들여졌다. 비판정신은 이런 면에서 주저하지 않았다. 그러나 존재양식 탐구의 큰 장점은 반대로 이러한 특징을 사양에 포함할 수 있다는 것이다. 종교적 존재자들의 특성 중 하나는 그들의 나타남도 사라짐도 통제될 수 없다는 데 있다.

이 점에서 그들은 변신과 근본적으로 다르다. 우리는 그들을 속일 수도 방향을 바꿀 수도 없고 그들과 어떤 종류의 거래도 할 수 없다 [MET·REL]. 그들에게 중요한 것은 아무도 그들의 현존을 정확히 확신하지 못한다는 점인 것 같다. 사람들은 그들을 보았고 느꼈고 그들에게 기도했다고 확신하기 위해 그 과정을 계속 반복해야 한다. 변신과의 또 다른 차이점은, 종교적 존재자들의 경우 주도권이 그들에게서 나오고 실제로 우리는 그들의 목표라는 점이다. 우리가 그들을 착각할 위험이 항상 있지만, 그들은 우리를 절대 착각하지 않는다. 그들은 우리를 "다른 것"으로 여기지 않고 우리에게 다른―완전히 다른―방식으로 살 것을 제안한다. 이것이 바로 이른바 "회심conversion"이라는 것이다.

종교의 존재자들과 변신의 존재자들을 확실하게 구별하기 어렵다고 해도, 그들의 존재론이 같을 수 없다는 것은 분명하다. 따라서 이런 이유로, 정신을 전달하는 존재자들을 다루는 거래의 힘에 대해 **신성**DIVINITIES이라는 이름을 사용하고, 어떤 거래도 가능하지 않으며 보살피기 위해서가 아니라 구원하기 위해서 도래하는 존재자들을 위해 **신**GODS이라는 이름을 남겨두는 것이 현명할 것이다. 앞으로 살펴보겠지만 "신의 이름을 망령되이 일컫는 것"에 대해 걱정할 이유가 있겠지만, 그것에 대해 비합리적인 것은 없고 초자연적인 것을 지시하지 않는 말을 사용하지 않을 이유가 없다. 근본 토대의 문제를 해결하기 위해서가 아니라, 단지 특정한 표시를 통해서, 구원하고 소생시키는 말을 통한 회심의 이러한 공백을 통해서 인식될 수 있는 특정한 유형의 존재자가 남긴 궤적을 지정하기 위해 거기에 있는 말을 사용하지 않을 이유가 없다.

"⟨신⟩"이라는 단어는 어떤 실체를 지칭할 수 없다. 그것은 오히려 끊임없이 위험에 처하는 생존의 갱신을 지칭하며, 나아가 말하자면 이러한 반복, 말과 존재자, 로고스의 경로를 지칭한다. 우리는 그것을 두려움에 떨면서 말할 수밖에 없다. 그 표현에 그것의 완전한 실재론의 무게가 부여되어야 하기 때문이다. 이러한 개체들은 말하는 방식ways of speaking이라는 독특한 특징을 갖는다. 당신이 그것들에 대해 말하는, 잘 말하는 올바른 방식을 찾지 못한다면, 그것들을 올바른 어조, 올바른 음조로 표현하지 못한다면, 당신은 그것들에게서 모든 내용을 박탈하는 것이다. 단순히 말하는 방식이라고? 그렇다면 그들에게서 존재론적 근거를 박탈하는 것 아닌가? 반대로 그것은 수많은 설교와 강론을 침묵시킬 무서운 요구 사항이다. 당신이 말을 하면서 회심시키지 못한다면 아무 말도 하지 않는 것이다. 더 나쁜 것은 당신이 성령을 거스르는 죄를 짓는다는 것이다.

◉ 그리고 그들은 특히 판별력 있는 적정성 조건을 가지고 있다 ◉

모든 증언이 이 점에 동의한다. 즉, 그러한 존재자들의 출현은 너무나 섬세한 해석에 달려 있어서 사람들은 끊임없이 그들에 대해 거짓말을 할 위험에 처하고 거짓말할까봐 두려워하며, 그리고 거짓말하면서 그들을 다른 것—악마, 감각적 환상, 감정, 토대—으로 착각할 위험에 처하고 착각할까봐 두려워한다. 범주 오류를 범할지 모른다는 두려움이 신자들을 긴장하게 만든다. 우리는 성경 어디에서도 〈말〉의 존재자들이 거기 있었고 그들이 자신에게 원하는 것이 무엇인지 정말로 이해했다고 정말로 확신한다고 말할 수 있는, 부름을 받은 사람의 흔적을 발견할 수 없다. 죄인들을 제외하고 말이다. 이것은 심지어 진리의 기준, 가장 결정적인 쉽볼렛이기도 하다. 믿는 자들은 착각할지도 모른다는 생각에 두려워 떨지만 믿지 않는 자들은 그렇지 않은 것이다. 바로 종교가 근본주의로 전이되면서 상실된, 믿는 자와 믿지 않는 자 사이의—절대적인 만큼 불가능한—구별 짓기로 대체된 틈새이다!

그 뉘앙스가 너무 미묘하기 때문에 우리는 앞으로 도래하는 것을 이해할 수 있게 해주는 적정성 및 비적정성 조건을 혼동하지 않도록 특히 주의해야 한다. "조심! 조심! 그는 더 이상 여기 계시지 않다, 그들이 그를 누인 곳을 보라." 〈그〉를 찾아 무덤으로 온 여자들에게 천사가 말한다. "뭐라고? 아직 무슨 일인지 이해가 안 되는가? 어찌하여 살아 있는 자를 죽은 자 가운데서 찾느냐?" 성경은, 어떠한 정보도 전달하지 않으면서 해석을 수정하기 위해 항상 새로운 방향이 제시되기를 요구하는 특이한 특징이 있는 메시지를 어떻게 이해해야 하는지에 대한 거대한 망설임일 뿐이다. 복음Good News은 알려주지 않는다. 정보 내용이 전무하다. 더블클릭을 굶어 죽게 만들 수 있을 정도이다.

우리는 누군가가 종교적 문제에서 "당신이 원하는 무엇이든 말할 수 있다"고 단언할 때 어느 정도로 요점을 놓치고 있는지 알 수 있다. 다른 어떤 진리진술 체계도 그렇게 근본적인 방식으로 참과 거짓, 말을 잘하는 것과 못하는 것을 구별하지 않는다. 박물관의 그림들, 교회의 팀파눔들은 우리에게 그러한 차이, 즉 천국과 지옥, 구원과 파멸을 구별하는 차이와 친숙하게 만들었을 것이다. 천사 가브리엘은 우리의 영혼을 데려가서 무게를 잰다. 이보다 더 명확하고 결정적이고 근본적이기는 어려울 것이다. 이미지는 순진하지만, 회심의 요구 사항을 어떻게 더 단순하게 말할 수 있겠는가? "귀 있는 자는 들을지어다." 오늘날 아무도 지옥을 두려워하지 않는다고? 좋다. 그러나 참된 종교와 거짓 종교를 혼동할 가능성 앞에서는 여전히 떨릴 것이다. "너는 네 하나님 여호와의 이름을 망령되이 일컫지 말라." 그리고 소위 "합리주의자들"은 그 체제가 참과 거짓 모두에 "무관심하고" 이성이 저버려졌음을 증명한다고 거만하게 주장한다! 그들 중 일부는 짐짓 겸양을 떨며 이러한 이성의 포기를 "이성의 한계"나 "가치를 방어할 필요" 탓으로 돌리려 하기까지 한다. 그들은 그런 거짓된 존중으로 얼마나 몸을 낮추는가!

⊙ 왜냐하면 그들이 정의하는 생존의 형식은 어떠한 실체에도 기초하지 않고 ▶

구원의 〈말〉이 직면하는 계속되는 위험을 이해하고 싶다면, 이상하긴 하지만 재생산의 존재자들로 눈을 돌려 강력한 유사성을 찾아볼 수 있다[REP·REL]. 힘의 선과 계보 역시 생존하기 위해 어떠한 실체에도 의존하지 않는다는 것을 상기하자—돌이든 의자든, 전자electrons든, 말horses이든, 오벨리스크든, 언어든, 몸이든 말이다. 여기서도 장기간의 연속성은 우리가 지속성이라고 부르는 특정한 형식의 불연속성에 의해 얻어진다. 재생산의 존재자들이 놀라운 곡예 같은 불연속성으로 자신의 존재를 계속 위험하게 하는데, 종교적 존재자들에게 더 내구적이고 더 확실하고 더 즉각적이며 더 연속적인 실체에 의존하라고 요구하는 것은 터무니없는 일일 것이다. "초자연적" 어떤 것이라는 생각은 분명히 우스꽝스럽다—마치 "자연적"인 어떤 것이 있는 것처럼! 그 대신 우리는 오컴의 잘 연마된 면도날 가운데 하나를 사용해 종교적 양식의 존재자들이 그들의 연속성과 생존을 얻고 보증하고 갱신하기 위해 통과해야 하는 불연속성의 유형을 명시해야 한다.

⊙ 특유한 변이, 즉 "때가 이르렀다"와 ⊙

이렇게 질문해보자. 이런 용어를 써도 된다면, 타자로서의 존재의 보유고에서 종교적인 것이 인출하려는 **변이**ALTERATION는 무엇인가? 이 질문을 통해 우리는 종교적인 것이 왜 그렇게 특별한 존재양식인지, 가까운 과거까지 왜 그렇게 과도한 열정이 투여되었는지, 그리고 근대의 여명 이래 다른 양식들—특히 〈과학〉—이 출현하면서 증가된 범주 오류에 저항하는 데 왜 성공하지 못했는지 이해할 수 있을 것이다.

이러한 변이 파악 방식이 상당히 특이한 것은 사실이다. 우리는 이러한 대조의 추출이 어떻게 우리의 조상들을 격동시키고 기쁨의 눈물을 흘리게 하고 하늘이 열리면서 수많은 천사가 그들에게 내려오는 것을 보게 했을지 이해할 수 있다. 타자성은 최종적일 수 있고 끝날 수 있다. "때가 왔다." 실체는 없다. 그러나 생존도 목표 같은 어떤 것, 결정적인 것, 어쨌든 종말 같은 것, 어떤 의미, 풍부함의 약속을 얻는다. 그것은 어색하게도 "영원"과 "영생"으로 번역된다—그러나 시간 안에서 그러하며 항상 시간 안에서 계속된다. 기도해온 모든 사람이 이 놀라운 모순에 사로잡히고 그들이 찾을 수 있는 가장 어울리는 이름—〈임재〉, 〈창조〉, 〈구원〉, 〈은총〉—으로 그것을 불렀다. 놀라운 변이의 혁신, 차이에서의 차이, 반복에서의 반복. 항상 다시 시작하는 한, 우리는 타자를 통해 통과하고 동시에 마침내 구원을 얻을 수 있다. 여기에 매듭, 접합점, 결정적인 쇄신이 있다. 그것은 시간 안에 있고, 시간을 피하지 않으면서 시간을 피하며, 무엇보다 시간을 포기하지 않는다. 성육신Incarnation이라는 이름으로 이루어진 놀라운 정교화이다.

이 드라마를 어떻게 온전히 평가할 수 있을까? 한편으로 그것은 실체—종교인들이 〈말〉의 약속을 의심하기 시작하자마자 빠지게 되는 함정이다—와 무관하다. 다른 한편으로 불연속성이 결국 실체 같은 것으로 이어지며, 이것이 그 함정을 설명한다. 생존하는 것은 동일하고 항상 갱신되기 때문이다. 갱신되지 않으면 그것은 상실되고 감추어지며, 갱신되면 실제로 사실상 동일하다. "〈신〉"에게 준 것이 바로 그 〈반복〉의 이름, "이제도 계시고, 전에도 계셨고, 장차 오실 분" 아닌가? 정말 압도적인 대조이다. 사막으로 탈주하도록 할 만큼, 생명을 희생하도록 할 만큼. 시간은 구원을 포함해 모든 것을 준다. 시간의 바깥? 물론 아니다. 다르게 파악된 시간 안에서다. "〈성령〉이 지면을 새롭게 하시리라."

　종교적 양식의 존재자들의 사양에서 가장 두드러진 것은 그들의 연약함이다. 그들은 이전에 말해졌던 것과 똑같은 것을 다시 말하는 것을 가능하게 하는 해석의 회복에 계속 의존한다("그렇다면 당신은 우리의 교부들이 믿었던 것을 이해하지 못한 것인가?"). 그러나 말해진 것이라는 보물을 새로운 불연속성을 통해 한 걸음 더 운반하지 않은 채 "그대로 유지한다"고 주장하는 사람이 있다면, 그는 길을 잃게 된다. 만나[이스라엘 민족에게 여호와가 내려주었다고 하는 양식]는 누군가가 쌓아두려고 하면 바로 독이 된다. 아주 빨리 그것은 모든 범죄를 승인할 위험이 있다. 믿지 않는 자들에게 화가 있을 지어다!

　종교적 양식은 우리가 식별한 모든 양식 중에서 가장 내구적이지만, 또한 오해에 가장 많이 노출되어 있고 독이나 심지어 분노로 변하기 가장 쉽다. 종교적 양식은 이러한 오해에 대해 계속 경계함으로써 부단히 발전하고 혁신하며 전 지구로 퍼져나갔지만, 점차 스스로에게 이해할 수 없는 것이 되었다. 수 킬로미터에 이르는 신학적 설명, 이 발견에 헌신한 수천의 생명, 수백 가지 의례, 매주 일요일마다 눈물 흘리게 하는 텍스트. 그리고 이제는 없다. 그림도, 소리도 없다. 예배는 중단되고 연결망도 더 이상 없다. 허튼 소리. 진부한 말. 장황한 설교. 전쟁으로서의 종교.

◑ 고유한 진리진술 형식으로 특징지어지기 때문이다.

바로 이러한 불안정성이 사람들이 끊임없이 성경을 해석하고 다시 보고 수정하고 논평해온 이유를 설명해준다. 종교적으로 말하면서 동시에 소위 "〈신앙〉의 보물을 보존"하는 것은 불가능하다. 더듬어 나아가며 모순된 주석, 그것이 바로 종교이다. 어원이 이를 증명한다. 종교는 해석들 간의 관계, 더 낫게는 해석들의 상대주의이다. 즉, 단순 반복과 마모가 아니라—영혼을 잃을 위험을 무릅쓰고—말해진 것을 충실히 갱신하거나 갱신하지 못하게 하는 변이와 발명, 일탈의 새로운 경로를 통해서만 진리를 얻는다는 확신이다. 단순 반복의 배신과 일탈의 배신. 그 둘 사이에 있는 반복의 위험. 한때 잃어버렸다가 마침내 (잠정적으로) 되살려진 이러한 대조의 갱신에 의해 정의되지 않는 예언자, 성인, 순교자, 고해신부, 개혁가는 없다.

측은함에 눈물이 날 정도이다. 종교적 양식에는 두 가지 광신주의, 즉 해석되지 않는 절대적인 말의 광신주의, 그리고 다른 모든 것의 토대이기도 하고 상부구조이기도 한 총체적인 말의 광신주의를 키우는 것은 아무것도 없었다. 그러나 이것이 종교가 된 것이다. 그러한 잘못에 대해 근대주의를 용서할 수 있을까? 삶과 죽음, 구원과 저주, 시간의 흐름과 완성, 위험한 생존과 충만한 시간 사이의 차이처럼 본질적인 차이를 놓치는 것을 어떻게 그저 받아들일 수 있겠는가? 파멸의 길, "지옥으로 가는 길"이 얼마나 많은가…. 정신을 추출하면서 우리는 변신과의 거래에 부합하는 제도 없이 어떻게 근대인을 돌볼 수 있을지 의아했다. 그러나 이 메시지도 잃어버렸다면 그들이 어떻게 구원받을 수 있을 것인가?

그것은 강력하지만 보호되어야 할 연약한 제도이다 ⓟ

발화의 정확한 조건과 관련된 연약함이 이 대조의 정의에서 그렇게 긴밀한 부분이라면, 그것을 그토록 강력하게 고수한 사람들이 왜 그것을 위해 가장 신중하고 섬세한 제도들을 개발하지 않았는지 의문이 들 수 있다. 그러나 사실 그들은 그렇게 했다! 유대교, 가톨릭, 개신교, 그리고 그 모든 변종에 관한 이야기 전체가, 어떤 제도가 지속적인 위기에도 불구하고 엄청나게 오랜 기간 동안 갱신, 회심, 재해석, 혁신, 생산적이거나 치명적인 배신의 중단되는—계속해서 끊어지는—연쇄 속에서, 시간이 여전히 진행 중인데도 "때가 왔다"라고, 그가 오고 있는데도 "〈신〉이 오셨다"라고, 그가 와 있는데도 "〈신〉이 오실 것이다"라고 말할 정도로 모순된 대조를 계속 보존하기 위해 스스로에게 제공할 수 있는 수단을 생생하게 증언한다. 명목상의 일신교와 완전히 모순되는 (놀랄 일은 아니다) 실질적인 다신교. 소위 이성적 신학에 의해 "〈신〉"이라는 말에 고착된 일신교적 형상은 범주 오류의 연쇄적 폭포에서 비롯된 형이상학적 문제들을 해결하기 위해 거기에 놓인 실체의 핵심이 되었다.

만약 그 "〈신〉"에게서 실체가 즉시 제거된다면, 그것은 바로 그것이 해석의 갱신 "아래서" 지속해야 하는 실체로 변했기 때문이다. 특히 그 해석과 갱신의 질이 무엇이든 간에(가장 큰 죄), 그리고 사람들이 그것에 대해 어떻게 말하든 간에 말이다. 이 "실체"가 말에 극도로 민감해서 매 단어마다 그것을 잘 말하는지 아닌지에 따라 우리가 말하는 것의 의미를 잃거나 얻게 되는데도 말이다. "신에 대해" 말할 때 피해야 할 오류가 있다면, 그것은 연속성과 불연속성, 반복과 차이, 전통과 발명, 생존과 그것의 갱신, 일신교와 다신교, 초월과 신성한 내재성을 분리하는 것이다. 그리고 그 치명적인 오류가 바로 종교가 연속적인 혁신을 통해 그 감탄스러운 연속, 즉 "신성한 민족", "신", "성자", "성령", "교회"로 이어지는, 이 단어를 감히 사용하자면, 이 변형의 연결망, 반복 그 자체 외에 어떠한 내용도 없이 메시지의 연속성만 유지될 수 있는 이러한 갱신과 광적인 발명의 연쇄를 명시적으로 그려내면서 피하려고 했던 것이다. 모든 것이 바로 눈앞에 있는데 아무것도 보이지 않는가? 계속 아무것도 보이지 않는가? 성전에서 선생들 사이에 있는 소년 예수의 그림에서와 같다. 모두가 훑어보는 같은 불가사의한 고서 앞에서 〈그〉는 읽고 이해하지만, 그들은 다른 곳을 바라보며 계속 아무것도 이해하지 못한다.

◉ 그것은 [REL·PRE] 교차의 오해로부터 보호되어야 한다 ◉

그것은 날 선 비판에 오랫동안 저항하기에는 너무나 특이한 존재론이라고 말하는 사람도 있을 것이다. 그렇지 않다. 여기에 특별한 것은 없으며 단지 이 존재양식에 대해 그것의 장르에서 특별한 것일 뿐이다. "〈신〉"과 그 연결망의 관계는 객관성과 지시의 연쇄의 관계, 법과 법적 통과의 관계[LAW], 지속성과 재생산 존재자들의 관계[REP]와 같다. "〈신〉"은 나머지 모든 배신, 번역, 충실함, 발명이 제자리에 있는 경우, 그리고 그런 경우에만, 그 행렬 내부에서 순환하는 것에 주어지는 이름이다. 이런 의미에서 "〈신〉"은 사실 특별한 특권이 없으며, 다른 존재자들에 더하여 또는 그 너머에 위치하는 것이 아니다[REL·NET]. "〈신〉"은 그 존재자들을 심판할 아무것도 없다. 그리고 삼위일체 운동이 실로 이것을 나타낸다. 삼위일체 운동은 불가해한 수수께끼, 미친 형이상학자들을 위한 퀴즈로 바뀌었지만, 사실 그것은 〈말〉과 말하는 방식에 민감한 존재자들의 연속적인 재해석의 궤적을 놀랍도록 정밀하게 나타낼 뿐이다(〈신〉에서 시작해서 예수에 다시 계속되고, 다시 〈성령〉에 의해, 다시 〈교회〉에 의해 계속되며, 그리고 아마도 〈교회〉가 잃어버린다). 이보다 더 명시적이기 어렵다. 더 단순하기도 어렵다.

서구의 맥락에서 종교가 저지른 오류는 아마도 〈교회〉가 너무 많은 양식을 수용하게 하고 그것을 메타제도로 확립한 점일 것이다. 로마 제국은 교회의 어깨를 무겁게 짓눌렀을 것이다. 그러나 종교가 생명윤리, 도덕, 사회 교리, 교회법, 어린이 교육, 도덕 경찰 등의 지주 역할을 하게 하려는 터무니없는 생각이 오늘날에도 여전히 〈교회〉를 짓누르고 있다. 그러나 이제 우리는 다른 모든 양식을 담고 모든 양식의 메타언어 역할을 하는 어떤 양식을 고를 수 없다는 것을 잘 알고 있다. 여기서 새로운 범주 오류가 발생한 것으로 보인다. 이번에는 전치사를 수집하는 양식[REL·PRE]과 관련한 것으로, 마치 종교적 존재자들이 다른 모든 존재자들의 세심한 유지를 보장할 것으로 기대할 수 있는 것인 양 보인다. 그러나 각 양식은 스스로의 헤게모니를 필요로 하며, 그렇지 않으면 적어도 다른 모든 양식들에 대해 잘못된 시각을 갖게 되어 오해할 수밖에 없는 것이 사실이다. 나중에 보겠지만 우리가 양식의 다양성을 보호하기 위해 전치사에 의존할 수 있다면, 그것은 물론 지식이 얻으려 했고 그 전에 신학이 탐냈던 힘과 같은 총체화의 힘 때문이 아니다. 바로 전치사가 어떤 종류의 토대도 제공하지 않기 때문이다. 전치사는 뒤따라오는 것에 대해 아무것도 말하지 않는다. 이것이 전치사의 훌륭한 미덕이다. 전치사가 취해져야 할 방식이나 들려져야 할 언어는 아니라 해도 말이다. 우리는 모든 양식을 보호하기 위해 이 연약한 희망에 의지할 것이다.

세계 "전체"가 되라고 종교에 요구하는 것보다 더 치명적인 것은 없다. 다른 모든 존재양식과 마찬가지로, 종교적 양식도 채워진 공간만큼이나 많은 빈 공간을 뒤에 남긴 채 실 하나를 추가하는 것 이상은 할 수 없다. 종교적 양식이 동일성을 유지하고 궁극적인 목표를 달성하여 끝까지 도달하는 데 성공했다는 구실로 모든 실재를 아우르기 위해 "빈칸을 채우고" "충전물"을 제공하기 시작하면, 우리는 그것을 잃게 된다(끝에는 끝이 없으며 종교적 양식은 항상 새로운 반복을 통해서 끝에 도달할 뿐이다). 다른 모든 양식과 마찬가지로, 종교적 양식도 전체성에 대한 자신의 특정한 해석을 전개한다. 그것은 단 한 가지 구별되는, 그러나 전적으로 자신이 만들어낸 특징이 있는데, 그것은 바로 시간의 흐름에도 불구하고 그리고 그 덕분에 때가 왔다는 것이다. 다른 어떤 양식도 이러한 대조를 제공하지 못한다. 종교 외에 어떤 제도도 이러한 대조를 추출하고 소중히 간직하고 증폭하고 보존하지 못했다. 그것을 다시 한 번 드러낼 수 있을까? 근대주의에서 근대인이 자신을 그 대조로 제한했더라면 그것을 구할 수 있었을 것이다. 그러나 그들은 어떻게 해야 할지 몰랐다. 그들의 치명적인 오류는 그 대조는 사라지는 것을 받아들이거나 "세속화"와 싸워야 한다고 믿은 것이다(마치 그것이 해체될 위험에 처한 세기century가 있었기라도 한 것처럼).

⊙ [MET·REL] 교차의 오해와 ⊙

그렇게 중요한 대조가 어떻게 다른 대조에 의해 축출될 수 있었는지 이해하기 전에, 6장에서 본 것처럼 **구성주의**CONSTRUCTIVISM의 불가능성에 책임이 있는 범주 오류를 다시 살펴봐야 한다. 종교적 대조는 나타난 순간, 시간의 질서의 근본적 단절을 정의했다. "그래, 때가 왔다." "돌봄뿐만 아니라 〈구원〉도 가능하다." "〈구원〉을 가져다주는 존재자들이 있다." "이 존재자들은 어떤 신성들과도 다르다." 그러나 놀라운 우회를 통해 이 대조는 조각상과 이미지의 형태를 둘러싼 언쟁으로 번역되었다. "우리의 〈신〉은 인간의 손으로 만들어지지 않았다." 그리고 비난은 우상들을 향해졌다! 우상들은 〈진리〉의 길에서 접근을 막는 장애물로 여겨졌다. 우상파괴자의 망치는 무차별적으로 내려치기 시작했다─추출해야 할 차이는 두 가지 형태의 위험, 즉 변신의 힘을 잃을 위험과 종말을 잃을 위험을 조화시킨 차이뿐이었는데도 말이다.

이것은 "모세적 구별"이─근대인은 자신이 그것의 금지된 상속인이라고 생각한다─서투르게 추출하려 했던 대조이다. 아니, 사실 〈신〉은 인간의 손으로 만들어진 것이 아니지만, 그것은 〈그〉가 우상들과 신성들에 반대되기 때문이 아니다. 단지 〈그〉가 자신이 말을 거는 사람들을 새롭게 일깨우기 위해 왔고, 〈그〉가 모든 실체를 벗어나므로 이러한 말 걸기는 끊임없이 갱신되어야 하기 때문이다. 실체가 아니라는 것이 장인의 손으로 만들어지지 않는다는 것과 같은 것은 아니다. 우상들은 자신들이 고발된 혐의에 대해 결백하다. 그들은 오류 때문에 쓰러진 것이다!

이러한 대조가 재제도화될 수 있을 것인가? 매개의 〈신〉─〈계시 Revelation〉라는 적절한 이름으로 불리는 〈신〉─을 재창설하는 것이 가능할까? 아마 그렇지 않을 것이다—6장에서 본 이중의 〈이분화〉에서, 지식의 문제를 성경 해석의 문제와 연결하려는 노력이 이루어진 시기, 즉 "과학혁명"으로 알려진 시기 전에는, 어려움이 실제로 발생하지 않았다는 점에 우리가 주목하지 않는 한 말이다. 기묘한 결합이다. 과학과 종교가 〈이성〉으로 융합되어 모든 우상들, 모든 "거짓 신들"의 전 지구적 보편적 일소에 투입된 것이다. 근대인은 거짓 신들에 대해 어느 정도 안다…. 가혹한 역설이 아닐 수 없다. 이 대조는 나타나자마자 표적을 착각해서, 객관적 지식의 출현으로 당했던 것과 마찬가지로 부당한 공격을 수 세기 후에 받았고 저항할 수 없었던 것이다. 이중의 우상충돌 iconoclash이다. 우상들idols이 파괴되자 이번에는 성상들icons이 같은 운명을 겪을 차례였다.

◉ 부당한 합리화를 생산하는 [REF·REL] 교차의 오해로부터만큼이나 말이다.

근대인의 가치들과 그것들의 제도적 표현 사이의 거리에 익숙한 우리 민족학자이지만, 그가 종교에 대해 발견하는 것—항상 그렇듯이 어떤 비합리성도 없는, 갱신될 뿐인 전통 그 자체—과 좋든 나쁘든 종교에 대해 듣는 것 간의 차이는 그가 길을 잃을까 두려워할 만큼 극단적이다. 여기 너무 믿기지 않는 것이 있지 않은가? 이것이 우리가 이 연구에서 가치들의 갈등에 접근하는 순간moment의 중요성을 종종 강조한 이유이다. 우리 시대를 "예수 그리스도 이전과 이후"로 시기 구분하는 것은 정치적으로 올바르지 않을 수 있지만, 종교적 양식에 대해서는 과학혁명 이전에 일어난 일을 이야기하는지, 그 이후에 일어난 일을 이야기하는

지를 명시하지 않고서는 아무것도 말할 수 없다.

여기서 우리는 이미 살펴본 **합리화**RATIONALIZATION 현상의 작동을 보는데, 그것은 합리적인 것the rational과 정반대이다. 합리화란, 이렇게 표현해도 된다면, 그 자체로 무의미한 질문에 대한 터무니없는 반응이며 거짓을 향한, 정중하게 표현하자면, 범주 오류를 향한 일종의 돌진이다. 그것은 하나의 존재양식이 다른 양식이 요구하는 것에 대해, 해석의 갈등의 근원을 명확히 하지 못한 채 하는 반응이다. 실체가 없다고 비난받는 존재양식들은 존재로서의 존재의 철학(또는 결국은 마찬가지인, 그 철학에 대한 회의적인 비판) 외에는 다른 철학을 사용할 수 없기 때문에, 가장 파괴적인 해결책을 통해서가 아니면 더는 자신의 고유성을 방어할 수 없다. 그들은 이러한 결핍을 과장하고, 모든 반대되는 증거에도 불구하고 자신도 변형 없는 이동을 달성하고 문자 그대로 참인 진리[REF·REL]에 도달한다고 단언한다. 겁에 질린 종교들은 자신의 보물을 구하기 위해 가장 믿을 수 없는 구원자인 더블클릭에게 그 보물을 맡긴다.

합리화는 대체 형이상학의 결여로 인해 더는 자신을 이해하지 못하는 덫에 걸린 오래된 양식들의 반응이다—"우리도, 무엇보다도 우리도!" 우리는 지시의 경우에서 이런 종류의 반동을 이미 만난 적이 있다. **연장실체**RES EXTENSA는 객관적 지식을 그 도구들의 연쇄의 규모, 복합성, 겸손함과 조화시키는 어려움으로 인해 만들어진 인공물에 대한 논리적인 (그러나 미친) 해결책이었다[REF]. 우리는 변신에서 그것을 다시 관찰했다[MET]. 변신은 비실재라는 비난에 직면하여 (실로 더블클릭의 기준에서 "비실재적"이다) 자신의 정확한 존재의 무게를 부여받기가 어렵기 때문에, 역설적 합리화를 통해 이러한 결여를 과장하고 "그들은 실제로 존재한다. 단, 감춰진 방식으로"라고 단언한다. 신비한 것이란 단지 해석의 키의 상실로 인해 야기된 합리화에 지나지 않는다―더구나 이 것이 그것이 가진 유일한 신비함이다. 우리는 헤겔과 전혀 다른 의미에 서 실재적인 것은 실로 합리적이라고 말할 수 있다. 단, 우리가 키들의 다양성을 따를 때에만 그러하다. 우리가 키를 잃거나 혼동하는 즉시 합 리적인 것은 기생적인 합리화로 변질된다.

그런데 종교보다 합리화에 더 크게 타격받는 체제는 없다. 놀랍게도 종교를 미치게 만든 것은 논리의 과잉이다[REL·DC]. 성서 해석의 실 을 따르는 한, 종교는 성경적 단순함을 유지한다. 그러나 뒤로 물러나서 그동안 내려오던 비탈길을 다시 올라가게 하자마자 정신이 나간다. 무 엇이든 종교를 궤도에서 벗어나게 할 수 있다. 말해진 "것"과 다른 실체 를 운반하라고 종교에 요구하기만 하면 말이다. 그 지점에서 종교는 커 다란 거짓말로 변형된다―경건한 거짓말이라는 변명조차 없다! 문자 가 정신에서 분리되었고, 말해지는 것이 말해져야 하는 방식에서 분리 되었다. 종교의 기운은 누군가 "그러니까 그게 결국 무슨 말을 하는 거 야?"라고 물을 때마다 사라진다. 그것은 곧장 원시적 괴물로 변한다. 종 교적 양식은 아무것도 알려주지 않기 때문이다. 그것은 그보다 더 나은 것을 한다. 회심시키고 구원하고 변형을 전달하고 인격적 개인들을 새 롭게 일깨운다.

합리화란 믿음에 대한 믿음을 생산하는 것이며 ⊙

과학혁명이 도래했을 때, 종교적 양식은 16세기에 걸친 스콜라주의 와 합리주의를 배경으로 하고 있었고, 그래서 실체와 동일성의 문제를 둘러싼 경쟁에 뛰어들고 싶은 유혹에 굴복했다[REF·REL]. 그러나 종말에 도달하는 것은 실체의 문제에 더 깊이 들어가는 것이 아니라 회심시키는 것이다. 종교가 답하지 말았어야 할 물음이 있다면, 그것은 "멀리 있는 존재자들에 대해 뭐라고 말하느냐?"였다. 종교가 이에 답하지 않기로 동의하려면 강한 자기 확신이 필요하다. 구원하면서도 말을 할 수 있는 자신의 역량을 의심하기 시작하면서, 종교는 경쟁자들에 대해 자신을 방어하기 위해 회의적 반대자의 용어로 자신을 정당화하기 시작할 것이다. "하지만 나도 멀리 있는 존재자들에게 이르는 지시와 유사한 접근을 제시한다. 비록 **불변의 가동물**IMMUTABLE MOBILES이라는 수단도 없고 목적지에 도달하게 해줄 **형식주의**FORMALISMS의 도움도 없지만." 바로 그것이다. 종교는 "무언가에 대한 믿음"이 된다―그러나 접근할 수 없는 무언가에 대한 믿음이다! 오르페우스는 뒤를 돌아보았고, 에우리디케는 림보로 돌아가고 있다….

독실한 영혼들은 여기서 멈추고 막다른 길을 명확히 분별하고 왔던 길을 되밟아 영혼으로, 〈말〉 자체의 흐름으로 돌아가야 한다. 그들은 불경스러운 것을 쉽게 알아차렸어야 했다. 종교인들에게 실체적인 것을 믿을 것을 요구하는 것은 지시를 재생산과 혼동하고[REP·REF], 재생산을 변신과[REP·MET], 치유를 법과[MET·LAW] 혼동하는 것과 마찬가지로 터무니없는 것이다. 그러나 그들은 자신이 이미 거주하기를 그만둔 진리진술 양식의 힘을 증명하기 위해 그것을 합리화하기를 주장한다. 실수를 반복하는 것은 악마적이다. 우리는 수백의 악마들과 함께 다시 여기에 있다. 우리는 모두 "논리적으로" 파생된 일련의 "증명"을 통해 괴물들을 하나씩 쌓아 올릴 것이다. 얼마나 아름다운 스콜라주의적 전망인가.

이런 움직이지 않는 어떤 것에 "대한" 믿음은 멀리 있는 존재자들에 대한 접근을 가능하게 하는 것과 유사하지 않기 때문에, 종교인들은 〈자연〉 "너머에" 무언가가 있다고 주장할 것이다. 이보다 더 잘못된 길은 없다. **자연**NATURE이 이미 인공물인 것을 고려할 때, 초자연적인 것이 어떤 모습일지 생각해보라! 그리고 전혀 존재하지 않는 그 초자연적인 세계에 도달하기 위해 그들은 종교가 마치 거기에 접근하게 해주는 사다리—가로대나 세로대가 없는 사다리—인 것처럼 해나간다. 그리고 가장 나쁜 것, 악마적인 측면은, 우리의 눈이 저 너머로 향하면 더 이상 가까운 것, 이웃, 현재, 현존하는 지금 여기, 종교적 말들이 실제로 지킬 수 있는 유일한 약속들—즉, 우리가 시간에서 벗어나지 않고 계속 다시 시작한다는 조건에서 시간 속의 "성육신"의 약속들—을 보기 위해 눈을 아래로 내릴 수 없다는 것이다.

지금까지 이런 종교적 언어가 건네어진 사람들은 혼란스럽다. 초자연적인 것에 대해서 그들은 무엇을 원할까? 존재하지 않는 것, 접근할 수 없는 것, 시간 밖에 있는 것이 와서 그들을 구원할 수 있는가? 이 듣는 이들은 헛되이 외친다. "돌아오라, 아직 시간이 있다. 거룩한 말을 받았던 그 막다른 길에서 벗어나라. 말의 진정한 의미를 우리에게 되돌려주고 올바른 정신으로 돌아가 〈성령〉을 다시 찾으라." 아니, 그렇지 않다. 그 반대다. 더 이상 아무도 사명을 가지고 그들에게 다가와 다시 말하기 시작하지 않을 것이다. 아니, 그들은 아무것도 이해하지 말라는 한 번 더 도착적인 요구를 받을 것이다! 우리는 머리가 일곱 개인 괴물, 묵시록의 짐승을 만들 것이다. 즉, 종교는 이해해서는 안 되는 "불가사의"다. 이성이 정지된다—그리고 결과적으로 종교도 정지된다. 따라가기만 하면 합리성의 작용을 계속할 수 있게 했을, 아, 매우 특별한 실의 적절한 움직임이 정지된다. 이제 더 이상 할 것이 없다. 종교는 끝났다. 평안하기를.

⊙ 지식과 믿음을 모두 잃게 한다 ⊙

매우 길고 슬픈 역사를 너무 빨리 요약했다. 그러나 신호기의 오류가 어느 시점에서 종교적 진리진술과 과학적 진리진술을 일반적인 추론을 통해 엄격하고 배타적으로 동시에 따라갈 수 없게 만드는지 이해하는 데 많은 것이 필요하지는 않다. 이 갈등은 〈믿음〉이 〈이성〉으로 점차 "대체"되는 투쟁과 무관하다—계몽주의가 이에 대해 어떤 환상을 가졌든지 간에 말이다. 그러한 갈등이 일어났다면, 그것은 종교가 과학을 잘못 이해함으로써 성스러운 〈말〉의 간헐적인 실을 더욱 이해할 수 없게 만들었기 때문이다. 실제로 지시에 대해 잘못 알고 변형 없는 이동을 상상하기 시작하면[REF·DC], 종교의 매우 특정한 반복의 양식은 부조리하고 어리석고 일관성 없고 부정직해 보인다. 종교는 자신의 진리진술 방식 내에서 움직이기 위해서 (정보의 관점에서 볼 때) 필연적으로 "거짓말"을 해야 한다—집요하게 상기해야 하는 것처럼 과학도 그러하듯이 말이다[REF·REL]. 근대주의의 비극은 말하자면 〈과학〉과 〈종교〉를 연쇄적으로 동시에 잘못 알았던 데 있다.

우리가 살펴본 바와 같이 객관적 지식이—그것이 과학들의 진보의 여정을 체계적으로 부인하며 항상 후퇴를 통해 나아가도록 만들었던—실체 탐구의 약속에서 회복하지 못한 것이 사실이라면, "〈신〉"이라는 이름과 혼동된 〈실체〉에 대한 광적인 추구의 약속이 종교가 약속의 땅을 등지고 사막에서 방황하게 만들 뿐이라는 것은 더더욱 사실이다.

6장에서 매개에 대한 이중의 부정이 구성주의를 불가능하게 만들고 근대인의 자기인식에 구멍을 남긴 것을 보았다. 훨씬 더 심각한 것은, 그것이 경건함의 방향을 역전시켜 "또 다른 세계"로 향하도록 했으며 멀리 있는 존재자들에 대한 접근을 둘러싸고 건강하지 못한 경쟁을 벌이게 했다는 점이다. 그것은 구제책 없는 존재론적 탈선이다. 종교가 자신이 제공할 수 있는 유일한 접근, 즉 이웃에 대한 접근을 포기해야 했기 때문이다. 그것이 바로 근대인이 〈이성〉을 통해 종교로부터 자유로워졌다고 믿으며 가까이 있는 것과 멀리 있는 것 모두를 잃을 위험에 처하는 이유이다. 〈과학〉을 말할 때는 집게손가락으로 〈지상〉을 가리키고, 〈종교〉를 말할 때는 우리가 바라봐야 할 〈천상〉을 가리키는 놀라운 오류의 희극이 벌어지고 있다.

우리가 약간 체계적인 근대인의 인류학을 하는 것조차 얼마나 어려운지 알 수 있는 것은, 근대인이 "〈과학〉과 〈종교〉의 갈등"에 대해 이야기하기 시작하자마자, 마치 그것이 두 가지 유형의 접근법—우리에게 **물질**MATTER, "여기 아래", 합리적인 것, 자연적인 것을 제공하는 접근법과 영적인 것, 저 너머의 것, 초자연적인 것, 지고의 가치를 제공하는 접근법—을 대립시키는 (더 나쁘게는 "화해시키는") 문제인 것처럼 행동할 때이다. 마치 〈과학〉이 접근을 제공할 수 있는 여기 아래의 세계와 〈종교〉가 훨씬 더 빠른 접근을 제공할 수 있다고 주장하는 저 너머의 세계가 있는 것처럼 말이다. 〈과학〉이 저 너머를 포함해 모든 것을 흡수해야 하는가, 아니면 어쨌든 예컨대 일요일 아침과 같이 영혼을 위한 "작은 공간"을 남겨두어야 하는가라는 질문 중에서 오직 하나만 선택할 수 있는 예 또는 아니오 문제이다. 어떻게 우리 인류학자가 그런 "**악성 역전** MALIGN INVERSION" 앞에서 말문이 막히지 않을 수 있겠는가? 그리고 그것은 정말 악성이다. 근대인은 범주 오류를 함께 묶음으로써 거의 완벽하리만큼 정확하게 이 두 양식 사이의 관계를 역전시킬 수 있었다. 그것은 우리가 그의 갈라진 발굽을 알아차리기 시작한 바로 그 〈악마〉 자신이 아닐까?

그와 반대로 우리는 〈과학〉을 말할 때 하늘을 향해 눈을 들어야 하고, 〈종교〉를 말할 때 지상을 향해 눈을 내려야 한다. 멀리 있는 개체들에 접근할 수 있고 수단이 주어지기만 하면 제한 없이 어디든 갈 수 있는 것이 객관적 지식이고, 가까운 것과 우리의 이웃에 접근할 수 있게 해줄 수 있는 것이 종교이기 때문이다. 한편, 과학과 종교를 모두 박탈당한 양식good sense은 어느 쪽에도 접근할 수 없을 것이다. 양식이 "보통 세계" 라고 부르는 것은 전혀 보통이 아니다. **상식**COMMON SENSE을 재발견하기 위해서 우리는 시선을 두 번 돌릴 수 있어야 한다. 즉, 멀리 있는 존재자들을 파악하는 지시가 없이는 접근할 수 없는 타자들을 향해 위로, 그리고 그들을 더 가깝게 해주는 말이 없이는 접근할 수 없는 타자들을 향해 아래로.

⊙ 초자연적인 것의 불필요한 발명으로도 이어진다.

우리가 어떻게 그러한 역전에 도달했는가? 이번에도 "충전물"이 있었기 때문이다. 여기에서 우리는 "물질세계"의 존재자들을 점차 장악하고, 다른 곳, 위, 높이, 멀리, 아니면 내부 깊은 곳, 내면의 성소 말고는 다른 존재자들을 위한 자리를 남겨두지 않는 연장실체res extensa에 의한 범람을 발견한다.

도상학은 그 추방의 장엄한 상징을 제공한다. 불변의 가동물이 순환하기 시작하는 순간부터 화가들은 예를 들어 성모 마리아를 새로운 등방성의 공간을 통해서가 아니라 회심이라는 중개자를 통해서 "지상의" 상태에서 "천상의" 상태로 이동시키기 위해 점점 더 많은 노력을 기울여야만 했다. 주제의 방향이 점차 바뀌었다. 그것은 비잔틴의 성상들 icons로 시작되었는데, 그 성상들은 형식과 물질의 명백한 불연속성 덕분에—예를 들어 성상 상단의 금색과 하단의 흙빛 갈색, 무덤에 누워 있는 시신과 그리스도가 데려가는 작고 하얀 영혼, 지품천사가 날아다니는 후광 등등—근본적인 회심을 통한 운반을 암시했다. 그러나 과학혁명 이후 화가들은 회심시키기 위해 성모 마리아의 몸을 어떻게 해야 할지 더는 알 수 없었다. 더블클릭 정보의 통치가 확장되고, 그들은 변형되지 않는 것(또는 변형되지 않은 척하는 것)을 제외하고는 무언가를 공간을 통해 이동시킬 방법을 더 이상 알지 못했기 때문이다. 그 몸을 어떻게 할 것인가? 어떻게 없앨 것인가? 종교의 운명에 대한 완벽한 은유이다. 그것을 "날려 보내고" 연장실체 너머로 추방해야 한다. 그러면 불행한 성모 마리아는 결국 작은 부스터 천사들의 추진력으로 발사되어 단순한 **전송**DISPLACEMENT/TRANSLATION에 의해 어떤 종류의 회심도 없이 분화되지 않은 하늘로 이동하는 일종의 케이프 커내버럴 로켓처럼 보이게 된다. 하늘이 〈천국〉을 대체했다. 수천 명의 흥분한 순례자들이 성상 앞에 무릎을 꿇고 자신들도 소생되었다고 느낄 수도 있다. 그러나 불변의 가동물의 비상 앞에서 회심은 불가능하다. 마치 성모 마리아가 "물질"의 부상으로 점차 잠긴 듯하다! (8장에서 만난 엔지니어들의 운이 더 좋지는 않았다는 것을 잊지 말자. 그들은 나사NASA를 적절하게 묘사하는 기술 도면을 제작하는 데 성공하지 못했다—그들의 로켓은 하늘을 나는 동안 그 기관 안에서도 날았다.)

지구 온난화에 대해 우려하는 사람들은 이미 그 많은 다른 존재자들, 무엇보다도 우선 과학들의 존재자들, 그리고 정치의 존재자들은 말할 것도 없고 기술과 경제의 존재자들도 물에 잠기게 한 다른 〈대홍수〉를 잊지 말아야 한다. 부당한 확장의 형식들—〈자연〉, 〈물질〉, 〈언어〉, 〈사회〉, 〈상징적인 것〉, 〈신〉 등—이 다중우주에서 제거되어야만, 정보원들이 집합적으로 소중히 여기는 모든 존재자들을 받아들일 충분한 공간이 있을 것이다. 그리고 우리는 최근에 물 위에 떠다니는 〈방주〉나 구원의 올리브 가지를 물어 나르는 비둘기조차 본 적이 없다. 내재성은 언제 우리에게 복원될 것인가? 우리 지구인들은 언제 지구로 돌아올 것인가?

그래서 항상 메타언어의 용어를 명시하는 것이 중요하다.

이러한 악성 역전에 직면한 민족학자는 **외교**DIPLOMACY의 미래 가능성에 대해 낙담한다. 그런 거대한 규모의 역전을 어떻게 되돌릴 수 있을까? 종교를 이야기할 때, 사람들의 시선을—〈천국〉보다는—이웃으로 향하게 하려면 어떻게 해야 하는가? 그리고 과학을 이야기할 때—"있는 그대로의 사물"에 대한 견고한 양식good sense이 아니라—멀리 떨어진 개체들을 향하게 하려면 어떻게 해야 하는가? 특히 "종교적인 것"의 적들뿐만 아니라 친구들을 설득하기 위해 그가 쓸 수 있는 것은 "말하는 방식"이라는 연약한 존재론뿐이지 않은가? 그는 분개한 사람들의 불평을 벌써 들을 수 있다. "그러면 이것들은 단지 이야기일 뿐인가?!" "그렇다. 하지만 신성한 이야기들이다"라고 대답해봤자 소용없을 것이다. 그것으로는 충분하지 않다는 것을 그는 잘 알고 있다. 너무 많거나 너무 적다. 종교인들은 말한다. "그것 이상이 있어야 한다. 이야기 이상의 것, 실재적인 것, 객관적인 것이 여기 있어야 한다." 민족학자도 전적으로 동의한다. 그것이 바로 그가 사람들에게―그는 잠시 동안 자신이 그들에게 그들의 언어로 말을 걸기를 기대한다―그 자신의 방식으로, 모든 전통과 마찬가지로, 모든 전통과 함께, 전통을 갱신하기 위해 손수 만든 발명품으로 그것을 배반하면서, 하고 싶었던 말이다.

우리 민족학자가 이러한 아주 미묘한 질문들에서 이러한 객관성의 요구 조건이 취해지는 해석의 키를 항상 기호로 명시할 필요가 있다는 것을 대화 상대자가 인정하게 만들지 못하면, 이 막다른 길에서 벗어날 가능성은 없다. 독자는 이제 [REL] 객관성이 [REF] 객관성과 완전히 다르고, [REF] 객관성 자체도 [PRE] 객관성, [FIC] 또는 [TEC] 객관성과 복잡한 관계를 맺고 있음을 이해했을 것이기 때문이다. 메타언어의 모든 용어들에 대해 양식들을 명시한다면, 향후 협상을 위한 길을 열 수 있지 않을까? 마침내 말을 잘하는 법을 배우게 되지 않을까? 심지어 종교에 대해서도 〈신〉의 이름을 망령되이 일컫지 않고서 말이다. 마침내 지구로 돌아온 성육신의 신, 그것이야말로 우리를 천국으로 끌어올릴 종교라는 이상한 생각보다, 앞으로 다가올 일에 우리가 더 잘 대비하게 해주는 것이 아닌가?

12장

정치적인 것의 유령을 불러내기

대조가 사라질 수 있는가? 정치적인 것의 경우.

자신의 가치를 정당하게 자랑스러워하지만 ⊙ 실천적 묘사에 대한 파악이 없는 제도 ⊙ 그것이 보편화될 수 있기 전에 자기 검토가 필요하다.

정치[POL]에서 이성을 너무 빨리 포기하지 않으려면 ⊙ 그리고 대표성의 위기는 없다는 것을 이해하려면 ⊙ 우리는 [POL]의 비이성을 과대평가해서는 안 되며 ⊙ 정치적 말의 경험을 따라가야 한다.

객체지향적 정치는 ⊙ 정치적 〈원〉의 불가능성을 식별할 수 있게 해준다 ⊙ 우리가 정치에 대해 말하는 것과 정치적으로 말하는 것을 정확하게 구별한다면 말이다.

그런 다음 우리는 그 불가능한 〈원〉을 그려내는 특정한 유형의 통과를 발견한다 ⊙ 〈원〉은 그것이 다시 시작되는가에 따라 포함하거나 배제한다.

[POL] 유형의 공백의 첫 번째 정의: 곡선 ⊙ 그리고 매우 특이한 궤적: 자율성.

그 공백의 새로운 정의: 불연속성 ⊙ 그리고 특히 까다로운 유형의 진리진술 ⊙ [REF·POL] 교차가 그것을 잘못 이해한다.

[POL]은 타자성의 매우 독특한 추출을 실행한다 ⊙ 그것은 유령 대중을 정의한다 ⊙ 〈사회〉의 형상에 대립하는 것으로서 말이다 ⊙ 〈사회〉의 형상은 정치적인 것을 지금보다 더 괴물로 만들 것이다.

우리는 "구부러지게" 말하면서도 잘 말하는 그런 언어를 다시 배울 수 있을까?

대조가 사라질 수 있는가? 정치적인 것의 경우.

우리 민족학자는 종교가 나타나고 사라지는 것에 너무 분노하는 자신에게 다소 언짢은 느낌이 든다. 냉정을 잃었다는 비판을 받고 그도 결국은 "신자"라는 말을 들을 것이 분명하다. 그가 믿음에 대한 믿음 없이도 잘 지낼 수 있도록 해주는 불가지론의 한 형태를 제안했다고 해도, 그가 믿는다는 것은 분명한 사실이다. 그러나 그에게는 환상이 없다. 그는 후기근대주의에서 종교의 상실에 대해 무한한 슬픔을 나타내는 것보다 더 나쁜 것은 없음을 잘 알고 있다. 특히 그가 과학을 "믿지 않고" 유령이나 영혼, 악령을 관용하는 과실을 범했다는 비난까지 받고 있다면 더욱 그렇다! 그가 나중에 외교관의 옷을 입어야 할 때 누가 그를 대표로 받아들이겠는가?

그러나 그를 독실하다고 생각하는 것은 실수일 것이다. 사실 종교 문제에서 그를 괴롭히는 것은 다른 대조들이 차례로 추출될 때 한 대조가 겪는 일반적인 반작용이 아니다. 각 양식은 다른 양식들을 자신의 키로 해석하므로 그것은 극히 정상적이다. 그를 괴롭히는 것은 증식하는 범주 오류에 질식해서 한 대조가 완전히 사라질 가능성이다. 그리고 종교적 양식이 사라지는 것을 감지하는 그의 고통을 우리가 공유할 수 있다면, 그것은 또 다른 가치, 공통의 삶과 공통의 품위를 위해 훨씬 더 중요한 가치, 바로 정치적인 것([POL]로 표시)이 사라질 가능성 때문이다. 정치적 가치는 종교적 가치와 공통된 특징이 있다. 자신들이 발화하는 음조에 마찬가지로, 그러나 상이하게, 민감한 존재자들을 동원한다는 점이다. 이 존재자들 역시 어떤 면에서는 "말하는 방식"이다. 그러므로 그들을 잘 말하는 화자가 더 이상 없으면 그들도 멸종 위기에 처한 언어가 된다. 종교적 말이 지나간 길을 따라 정치적 말이 영원히 사라진다면 가능한 문명에 대한 모든 희망을 무너뜨리기에 충분하다는 것을 우리는 이해할 수 있다.

이미 5장에서 우리는 출현하는 과학들이 어떤 단락short circuit을 작동시켜 정치적 문제를 장악했던 우회로의 윤곽을 제시하면서 그러한 존재자들을 만났다. 우발적이면서도 근본적인 이 단락은—지시의 연쇄 [REF]와 정치적인 것에 고유한 진리[POL]를 모두 잘못 해석하면서—지식에 기초해 공통의 삶을 구성하도록 해왔다. 이 이상한 **정치적 인식론** POLITICAL EPISTEMOLOGY은 한때 종교의 경쟁자였지만[REF·POL], 이후에 "과학적 세계관"이라는 이름으로 모든 메타언어에 대한 지배를 주장함으로써[REF·DC], 일종의 도덕적 합리주의를 통해 종교의 자리를 차지했다. 그러나 이 교차에 대한 우리의 연구가 지시의 함정에 대해서는 알려주었지만, 아직 정치적 양식에 고유한 요구 조건을 식별할 수 있게 해주지는 않았다. 이제 정치적 존재자들의 **사양**SPECIFICATIONS을 더 정확하게 정의하고 그 특정한 발화 조건을 상세히 서술해야 한다. 그리고 13장에서 정치적 존재자들을 종교적[REL], 법적[LAW] 존재자들과 다시 연결할 것이다. **준주체**QUASI SUBJECTS를 생산하는 이 세 가지 존재양식을 한데 묶으면, 우리가 마침내 매우 독특한 〈객체〉와 〈주체〉의 배경도법—근대인은 계속해서 경험의 실을 끊으면서도 이 배경도법으로 모든 것을 묘사할 수 있다고 주장한다—의 원천으로 돌아가는 데 도움이 될 것이기 때문이다.

자신의 가치를 정당하게 자랑스러워하지만 ⊙

언뜻 보기에 정치적 문제에 접근한다는 것은, 활력 넘치고 매우 중요시되며 미디어와 수많은 학문 분야에서 광범위하게 다루어지고 많은 관측 기관들의 감시를 받고 엄밀한 통계에 둘러싸인 영역을 다루는 것이다. 이러한 관점에서 그것은 종교적 문제와 공통점이 없다. 그래서 우리 민족지학자에게 정치는 다른 양식들과 다르게 다가온다. 즉, 그가 정보원들이 하는 말에 아무리 회의적일지라도, 그들 모두가 정치의 중요성에 대해 자랑스럽게 말하는 것을 보고 즐거워할 수 있는 것이다. 과학이나 예술보다 훨씬 더, 그러나 법과 마찬가지로, 정치는 정보원들이—적어도 그들의 담론 속에서—열렬히 고수하는 **제도**INSTITUTION, **영역** DOMAIN, **대조**CONTRAST가 부분적으로 겹치는 공통의 장소임이 분명하다. 그리스인의 로고스로부터 현대의 블로그 공간에 이르기까지 정보원들이 변함없이 유지하고 있다고 주장하는 가치가 있다면, 그것은 "자유 언론"의 민족을 "〈야만인〉"과 뚜렷이 대조시켰던 가치이다. 집합체가 구성원들이 기꺼이 목숨을 바칠 준비가 되어 있는 최고선의 목록으로 정의된다면, "정치적 자율성", "법치주의", "대의 정부", "시민적 자유"—정확한 용어는 거의 중요하지 않다—가 첫 번째 자리를 차지한다는 것은 의심의 여지가 없다. 적어도 이 점에서 근대인의 선의를 의심하는 것은 명예 손상에 해당할 정도로 충분히 많은 사람이 이 이상을 위해 목숨을 바쳤다—지금도 그렇다. 근대인은 자유가 무엇보다도 중요하다고 말할 만한 사람들이다. "자유 아니면 죽음을 달라!"라는 자랑스러운 도전을 감히 누가 조롱할 수 있겠는가.

그리스인과 로마인에 의지하는 것이 너무 고대 역사극 같은 느낌을 주지만, 오늘날 민주주의의 중추는 여전히 이러한 고대의 자긍심의 이름으로 서 있다. "우리는 스스로 자유롭게 부여한 법에만 복종한다. 당신이 그것을 빼앗아간다면 우리는 인간이라는 이름에 더는 자부심을 가질 수 없다." 오늘날 학생들은 여전히 아리스토텔레스, 아우구스티누스, 보댕, 로크, 루소, 롤스를 읽는다. 의원들은 로마 판테온을 본뜬 둥근 지붕에 코린트식 벽기둥으로 장식되고 솔론이나 키케로, 브루투스, 몽테스키외, 워싱턴의 조각상으로 꾸며진, 고대 건축에서 영감을 얻은 반원형 건물에서 유권자들에게 충성을 맹세한다. 통치자들은 여전히 로마 황제의 모습을 한 동상의 형태로 자신의 형상을 조상들의 화랑에 추가해 역사 속으로 들어가려 한다. 여기에 중단 없는 전통, 논쟁의 여지가 없는 유산, 부채 없는 상속을 가진 적어도 하나의 가치가 있다고 말할 수 있을 것이다. "로마의 원로원과 시민SPQR, *Senatus Populusque Romanus*".

◉ 실천적 묘사에 대한 파악이 없는 제도 ▶

그러나 역사의 과정에서 끊임없이 발전해온 민주적 **자율성**AUTONOMY

의 이상에서 출발한다면, 정치적 말의 실천적 경험으로 돌아가는 것은 쉽지 않다. 우리가 인식론의 요구 조건과 지시의 연쇄의 확립 사이에서 발견한 간극은, 우리가 자유에 대해 요구하는 것과 우리가 자유를 선사할 준비가 된 것 사이의 거의 무한한 거리에 비하면 작은 계곡처럼 보인다. 역설적이게도 민주주의가 허용하는 자율성보다 더 존중받는 가치가 없지만, 또 한편 정치보다 더 경멸받는 활동도 없다. 마치 우리가 또다시 목표를 원하면서도 그것에 도달할 수단은 원하지 않는 것과 같다. 우리의 탐구가 정면으로 다루어야 하는 새로운 역설은, 같은 근대인이 어떻게 스스로를 "정치적 동물"로 정의하면서도 동시에 정치에 고유한 진리진술은 최소한으로 줄일 수 있는가 하는 것이다.

정치적 참과 거짓이라는 생각 자체가—기술[TEC]이나 정신발생 [MET], 허구[FIC], 종교[REL]에서의 참과 거짓이라는 생각만큼—터무니없어 보일 정도로, 정치 세계는 진리진술의 왕국이 아니며 진리진술의 왕국일 수 없고 될 수 없고 되어서도 안 된다는 것이 일반적으로 인정된다. 사건은 종결되었다. 정치에 진입하고 정치적 의사소통을 배우고 선거 운동에 참여하는 것은 진리의 모든 요구 조건을 중단시키는 것이다. 마치 소피스트들만이 통과할 수 있는 신고전주의 양식의 정문 입구에 이렇게 쓰여 있는 것 같다. "거짓된 가식의 왕국에 들어오는 자들아, 진리에 대한 모든 희망을 버려라." 그러니 우리 민족학자는 다시 한 번 너무 빨리 기뻐했던 셈이다. 어떠한 대조도 이보다 더 존중받지 않지만, 그것을 실천적으로 끌어내는 어떠한 수단도 이보다 더 낮게 평가되지 않는다. 다시 한 번 근대인이 그 가치를 고수하는지 아닌지 알 수 없을 정도로 그러하다. 다른 곳과 마찬가지로 여기에서도, 항상 그렇듯이, 경험과 그에 대한 근대인의 설명 사이의 적절한 경로를 추적하는 것은 이 탐구의 몫이다.

◉ 그것이 보편화될 수 있기 전에 자기 검토가 필요하다.

〈법〉과 〈과학〉—그리고 물론 우리가 곧 만나게 될 〈경제〉—와 더불어 여기에 걸려 있는 문제는 서구인이 가장 보편화하고자 한 가치이며 그들이 그 가치를 지구상의 모든 곳에 전달되게 하는 데 필요한 병참 logistics에 대해서는 자신에게 별로 묻지 않았다는 점에서, 그 문제는 피하기 더욱 어렵다. 민주주의를 전 세계로 수출하려 하면서 근대인은, 지구인이 꿈꾸는 것은 오직 〈의회〉에서 의석을 차지하여 18세기 혁명들의 산물인 대의 정부의 발명으로 확립된 그 섬세한 메커니즘에 따라 법을 채택해 시민이 되는 것이라고 전제했다. 그 명제는 대담했고 어쩌면 관대했지만, 우리가 목표와 수단을 얼마나 혼동했는지 보여주었다. 나머지 세계가 로마 토가나 프리기아 모자를 착용하거나 의원 자리에 앉으려고 서두른 것 같지 않다. 다른 문화들의 구성원들은—적어도 그들이 "시민", "자유", "정부"라는 단어들을 자신의 방식으로 철저히 재정의하지 않는 한—자유 정부의 시민이 되기를 원하지 않는 것 같다.

민주주의의 이상은 과학적 이상[REF]보다 더 적은 도구와 더 적은 고비용의 매개로 더 빠르게 확장될 수 있는 것이 아니라는 사실에 더는 놀라지 말아야 한다. 페터 슬로터다이크Peter Sloterdijk가 반어적으로 상상한 대로, 민주주의는 미국 공군 비행기 화물칸에서 "즉시 팽창하는 의회"라는 형태로 투하할 수 있는 것이 아니다. 지시의 연쇄를 구축하려면 기구들의 증식이 요구되지만, 인식론은 우리가 그것을 위한 자금을 조달하도록 준비시키지 않았다. 마찬가지로 자유의 섬세한 생태계에는 값비싼 기술들과 수많은 습관이 있어야 하지만 민주주의에 대한 열정만으로는 그것들을 구축하거나 유지할 수 없다. 지식을 존재하게 하는 실험실과 동료들의 연결망을 확장하지 못하면, 지식의 보편화는 위선적인 가식으로 남아 있게 된다. 마찬가지로 우리가 "정치의 대기atmosphere"를 숨 쉴 수 있는 것으로 만들어줄 인공적 울타리 공간enclosure, "온실", 공기 조절 장치를 구축하는 데 노력을 들이지 않으면, 자유의 보편화는 불필요한 명령에 불과하다. 우리 인류학자가 협상 테이블에 앉은 모든 상대자에게, 정치에 대해 이야기할 때 진리를 포기하거나 자유를 실제로 얻는 방법을 명시하지 않고 자유의 이상을 지지하도록 먼저 요구해야 한다면, 그가 어떻게 그 가치를 옹호할 수 있겠는가?

그리고 물론 민주주의를 전 지구로 확장하려는 목표를 비겁하게 포기한다면, 우리는 팡파르 없이―혹은 팡파르와 함께―민주주의를 보편화하려 했을 때보다 훨씬 더 자민족중심적 경멸의 죄를 범하게 될 것이다. 우리가 최고의 가치로 삼은, 하지만 우리 자신만을 위해서 그렇게 한, 자율성을 다른 민족들에게는 허용하지 않을 것이기 때문이다. 보편성에 대해 체념하지 말아야 한다면, 우리는 다시 한 번 백인들의 이상 실현과 미덕 유지를 방해한 것은 풍요의 당혹스러움이라고 가정해야 한다. 종교 및 과학의 경우와 마찬가지로, 보편화 기획에 앞서서 유산의 정확한 목록이 있어야 한다. 따라서 우리의 탐구는 어느 시점에서 유권자들에게 돌아가 이렇게 질문해야 한다. "정치를 고수한다고 말할 때, 당신이 정말로 매달리고 있는 것이 무엇인가?" 우리는 무엇보다도 우선 자신에 대해 작업하는 법을 배워야 한다.

정치[POL]에서 이성을 너무 빨리 포기하지 않으려면 ⊙

독자는 이제 이 작업의 원칙에 충분히 익숙해져서, 그 해결책이 공적인 삶의 필연적인 비합리성에 빠지는 것이 아니라 공적인 삶에 부과되는 특정한 유형의 이성을 찾는 것이 아닌가라고 생각할 수 있을 것이다. 처음에 그 과제가 수행 불가능한 것처럼 보인다면, 그것은 근대인이 항상 두 가지 대안, 즉 한편으로 정치에서 합리적일 수 있다는 모든 희망을 잃거나, 다른 한편으로 정치에 가능한 한 낯선 형태의 이성을 지침으로 삼아 정치를 "마침내 합리적"으로 만드는 것 사이에서 망설이기 때문이다. 종교[REL]에서처럼? 그리고 기술[TEC]에서처럼? 그러나 내 삽은 훨씬 더 완전해 보이고, 이론과 실천 사이의 심연은 훨씬 더 깊어 보인다. 그것은 마침내 정치를—이성에 대한 그다지 이성적이지 않은 그들의 정의에 따라—이성적인 것으로 만들려는 합리주의자들의 노력을 가지고 더 잘 측정할 수 있다. 충전 작업의 범위를 가지고서 그것이 채우려 한 간극의 깊이를 가늠할 수 있는 것이다.

서구인은 자유와 자율을 최고의 덕목으로 삼는 것을 멈추지 않았지만, 다른 삶의 형식들에서 그 원칙을 차용함으로써 그러한 자유의 행사와 자율의 윤곽 짓기를 계속 점점 더 실행 불가능하게 만들었다. 6장에서 보았듯이 정치적 이성은 결코 직선적이지 않다. 그것이 바로 사람들을 분개하게 하는 것이고, 근대인이 계속해서 인공 보철물로 바로잡으려고 하는 것이다. 그들은 정치적 이성이 직선적이고 평평하고 깨끗하기를 원한다. 그들은 사악한 천재 더블클릭에게 요구할 수 있다고 생각하는 진리진술의 유형에 따라 정치적 이성이 진리를 말하기를 원한다 [POL·DC]. 정치적 이성이 충실하고 모방적이고 복종하고 대표하고 직접적이고 투명하기를 원한다. 이는 소크라테스부터 시작해서 홉스와 루소, 마르크스와 하이에크를 거쳐 하버마스에 이르기까지 멈추지 않았다. "우리가 마침내 정치적인 것의 구부러짐을 올바른 이성이나 과학— 법, 역사, 경제학, 심리학, 물리학, 생물학, 그 무엇이든—의 길로 대체할 수만 있다면!" 희망은 항상 같다. 다른 것은 그들이 정치를 바로잡고 있다고 주장하는 언어 치료—발성 교정 또는 화법 교정—의 유형뿐이다.

불변의 가동물 IMMUTABLE MOBILES의 변형 없는 운반(우리가 계속 상기해야 하듯이 그 자체로 잘못 이해된)도 이러한 존재 방식을 포착하는 데 더 나을 게 없다. 종교[REL]가 변형 없는 운반과의 경쟁에서 결코 회복하지 못했다면, 정치적 양식도 적어도 그만큼 고통을 겪었다고 할 수 있다. 기만적인 더블클릭이 통제하기 때문에, 그 결과는 상대적으로 정치적 양식이 점점 더 거짓말을 하기 시작했다는 것일 수밖에 없다. 그리고 이는 우리가 부적절한 잣대로 측정함으로써 점차 대조를 잃을 수 있다는 것을 나타낸다. 사실 지난 3세기 동안 한편으로 정보, 투명성, 대표성, 충실성, 정확성, 거버넌스, 책임성에 대한 요구와 다른 한편으로 정치적인 것의 특정한 곡선, 구불구불함, 우여곡절이 제공해야 하는 것 사이의 심연은 계속 깊어졌다.

방금 본 것처럼, 천사들이 이런 요구—"가브리엘, 당신의 메시지에는 몇 단위의 정보, 몇 바이트의 정보가 들어 있었는가?"—에 면역되어 있지 않다면, 정치적 이성의 로고스는 "얼마나 많은 정보를 운반하는가?"라는 질문에 훨씬 더 딱한 대답을 한다. "없다! 나는 거짓말을 한다. 거짓말을 해야 한다." 메가바이트 단위로 측정하면 불투명도는 증가하고 대표성의 충실도는 점점 떨어진다. 거짓말의 지배가 모든 곳에 확장된다. "우리는 조작되고 있다!" "그들이 우리를 속이고 있다!" "전부 교묘한 속임수다!" "그냥 정치 쇼이다." "모든 것이 이미 우리 없이 결정되었다." 그리고 결국 어깨를 으쓱하며 "전부 부패했다!"

이제 더 이상 루소가 사랑했던 스위스 마을 광장에 신체 건강한 남성들을 모으는 문제가 아니라, 여성과 어린이를 포함해 수십 억의 존재자들에게—그들이 의존하고 〈자연〉의 종말과 함께 계속 증가하고 있는 비인간들도 포함해—공통의 삶을 회복해줄 수 있는 인공의 구체sphere를 건설하는 것이 문제라는 점에서, 그 간극의 규모는 더욱 커질 것이다. 이렇게 대표와 피대표자 간의 거리가 점점 더 멀어지고 거짓말이 불가피하게 늘어날 수밖에 없는 것은 "대표성의 위기"라는 이름으로 공식화되기까지 했다. 모두가 이 점에 동의한다. "엘리트들은 대중과 유리되어 있다." "정치는 더는 닥친 문제들을 감당할 수 없다." "〈과학〉을 위한 나의 왕국!"

◉ 그리고 대표성의 위기는 없다는 것을 이해하려면 ▶

실제로 대표성의 위기가 존재하지만, 사람들이 정치적 대표성을 그것이 결코 제공할 수 없는 것 때문에 집요하게 비판한다는 의미로 이 표현을 이해하는 한에서만 그러하다. 즉, 그들은 대표에게 수십억 존재자들의 "정치적 의견"을 "충실히—따라서 모방적으로—표현"하라고 요구하거나, 또는 수십억 존재자들에게 위에서 내려온 규칙을 엄격히 적용하면서 그들의 대리인들의 명령에 공손하게 복종하라고 요구한다. 차라리 종교에게 〈신〉에 대한 믿음"을 운반하라고 요구하고[REL·DC], 지시에게 변형 없이 객관성을 생산하라고 요구하고[REF·DC], 기술에게 우회로 없이 해결책을 찾으라고 요구하고[TEC·DC], 재생산의 존재자들에게 우리가 그들을 알 수 있게 해주는 기입들만큼 현명하게 행동하라고 요구하고[REP·DC], 법의 통과에게 "수단"도 없고 주저함도 없이 좋은 판단을 내리라고 요구하는[LAW·DC] 편이 나을 것이다. 소위 대표성의 위기는, 유쾌한 페미니스트 슬로건을 빌리자면, 자전거가 물고기에게 적합하지 않은 것만큼이나 정치적인 것에 더 이상 적합하지 않은 이동의 원칙을 정치적인 것에 적용한 데서 비롯된 인공물에 불과하다.

그것은 마치 정치사상이 불길하고 괴기한 의사 군터 폰 하겐스의 방식에 따라 정치체의 과열된 피를 동결 액상으로 계속 대체하는 거대한 수혈 작업을 한 것과 같다. 그 동결 액상은 빠르게 고체로 변해 관객의 감탄을 자아내는 시신의 "박제 작업plastination"을 가능하게 한다. 여기서 괴물 비유가 포함된 것은 의도적이다. 기형학teratology의 문제에 직면하지 않고는 정치인류학을 할 수 없기 때문이다. 만약 "이성의 잠이 괴물을 낳는다면", 정치를 정보, 〈과학〉, 경영, 권력—혹은 더 나쁘게는 "권력 투쟁의 과학"—과 혼동하는 것이 낳은 것보다 더 끔찍한 것은 없었다. "정치과학"으로 알려진 기이함은 말할 것도 없이 말이다.

◉ 우리는 [POL]의 비이성을 과대평가해서는 안 되며 ◉

누군가 이렇게 주장할 것이다. "그러나 정치인들이 거짓말한다고 비난하는 어처구니없는 생각을 하는 사람은 없을 것이다. 누구도 정치인들이 진실을 말하는 일에 종사한다는 생각은 더는 하지 않으니까. "진실"과 "거짓"은 그 체제에서는 아무런 의미가 없다. 그것은 전적으로 권력 투쟁에 관한 문제이다. 그걸 몰랐나? 이제 배워야 할 때다." 그것은 더는 나쁜 이성의 모델을 적용한 데서 기인한 것이 아니라, 다른 것만큼 부적합한 유형의 비이성을 마찬가지로 너무 일찍 받아들인 데서 비롯된 새로운 눈금 수정calibration의 문제이다. 여기서 우리는 사람들이 객관성과 진리의 모든 요구 조건의 중단으로 너무 빨리 환원시키려 했던 허구[FIC]와 동일한 문제를 발견한다. 정치적인 것의 이성을 어떤 실로 따라갈 수 있을지 더는 알 수 없는 그들은 비이성을 과대평가하기 시작했고, 거짓말, 기술, 권력 투쟁, 폭력을 이제는 결함이 아니라 자질로서, 정치적 삶의 형식에 남아 있는 유일한 자질로서 휘두르기 시작했다. **마키아벨리주의**MACHIAVELLIANISM의 유혹은 그런 것이다. 사람들이 정치적 양식에 투명성과 정보를 요구함으로써 그것을 오해한다면, 그들은 또한 정치적 양식이 모든 합리성을 포기해야 한다는 믿음을 전파함으로써 마찬가지로 그것을 오해한다.

앞에서 우리는 다른 양식에 따라 판단하는 이들의 비난을 이런 방식으로 과대평가해서 생기는 피해를 종교적 양식의 경우에서 살펴보았다. 합리화가 종교적 존재자들이 모든 상식을 잃게 만든다면—"그렇다. 사실이다. 우리는 "알지" 못하고 "믿으며" 우리는 그것을 자랑스럽게 생각한다."—그것이 정치인들에게 가하는 타격은 훨씬 더 강하다—그들은 "그렇다. 사실이다. 우리는 결코 직선으로 가지 않고 거짓말을 한다. 슬프게도 우리는 그것을 자랑스러워해야 한다."라고 고백해야 한다. 더욱 소름끼치는 것은 두 가지 불투명함, 두 가지 불가사의, 두 가지 알 수 없는 비밀이 다소 불쾌한 정치신학에 축적될 수 있다는 점이다[POL·REL]. "가슴을 가려라. 차마 눈뜨고 볼 수 없으니." 도린Dorine의 가슴이 타르튀프Tartuffe에게 일으킨 매력적인 두려움을 점잖은 척이라고 부른다면, 우리는 정치적 양식의 곡선 앞에 있는 이성의 매혹된 분노를 무엇이라고 불러야 할까? 근대인은 이성적인 것의 정의를 바꾸었지만, 정치의 추악한 비밀을 결국 이성적인 것, 정의로운 것, 도덕적인 것, 공통된 것, 교양 있는 것, 명료한 것의 엄격한 옷—오늘날 **"거버넌스** GOVERNANCE"라는 멸균처리된 용어로 알려진 것—뒤로 사라지게 하려는 희망, 또는 반대로 폭력, 음모, 힘, 계략에 대한 일종의 포르노에 탐닉하려는 희망을 버린 적이 없다.

⊙ 정치적 말의 경험을 따라가야 한다.

다행히도 우리가 지금 알고 있는 것처럼 이성의 형식들의 **내삽** INTERPOLATION 외에는 다른 불가사의함, 불투명성, 비합리성은 없다(적어도 이 탐구의 가설이다). 그렇다. 정치적 양식은 게걸음으로 움직이며 "비뚤어진 말의 군주"이긴 하지만, 그렇다고 해서 비합리적이지는 않다. 언제나 그렇듯이 우리의 탐구는 다른 잣대로는 측정할 수 없는 독특한 실을 파악하기 위해 경험에 접근해야 한다. 문제는 정치적 영역 전체 내에서 그것에 특유한 해석의 키를 어떻게 분리해낼 것인가 하는 것이다.

무엇을 따라야 할 것인가? 나시옹 광장에서 바스티유까지 전통적인 행진을 하러 가는 길에 버스 안에서 잠을 자는 시위자들? 경찰이 검은 피부의 청년들을 다루는 방식에 분개한 행인들? 장관 집무실 앞에서 교묘한 전술을 도모하는 엘리트 관료들? 도청에서 보낸 새로운 법령에 당황한 마을 수장들? 자신이 집권자라면 정부를 어떻게 개혁했을지에 대해 떠벌리는 술집 단골들? 시장에서 전단을 배포하는 젊은 투사들? 드보르의 『스펙터클의 사회』를 탐독하며 바로 그 사회를 타파하려고 비밀 모임을 갖는 사람들? 백 년 된 참나무를 베지 못하도록 그 나무에 쇠사슬로 자기 몸을 묶은 환경 운동가들? 어떤 시대, 어떤 나라, 어떤 순간,

어떤 주제에서든 경험은 다양한 형태를 띠고 다양성은 커서, 민족학자
는 정보원들이 "정치에 관해 이야기하고 있다"거나 "정치화되었다"고
이야기할 때, 또는 반대로 그들이 "대중"이나 "청년들"이 충분히 "정치
화되지" 않았다고 낙담할 때 정확히 무엇을 의미하는지 알 수 없다.

객체지향적 정치는 ▶

이런 혼란 속에서 방향을 잡으려면, 우리는 정치적 〈원Circle〉의 특유
성뿐만 아니라 거기에 걸려 있는 쟁점들의 다양성도 포용할 수 있어야
한다. 이는 두 가지 별개의 경로를 따라야 함을 의미한다. 첫째, 정치가
구부러져야 한다면, 그것은 무엇보다도 정치가 그것의 방향을 돌리고
굽히고 위치를 바꾸게 만드는 쟁점들과 맞닥뜨리기 때문이다. 둘째, 정
치의 경로가 구부러진 것은 정치가 매번 문제들, 이슈들, 쟁점들, 사물
들—공적인 사물이라는 의미에서—주위를 돌기 때문이다(이것들의 의
외의 결과는 그것들에 대해 전혀 들으려 하지 않는 사람들을 혼란스럽게 한
다). 이슈가 많으면 정치도 많은 법이다. 아니, 누르츠 마레Noortje Marres
가 제안한 강력한 슬로건처럼 "이슈가 없으면 정치도 없다!" 따라서 정
치가 항상 우리를 피해가는 것처럼 보이는 것은 무엇보다도 그것이 항
상—정보과학의 용어를 빌리자면—객체지향적object-oriented이기 때문
이다. 마치 각 이슈의 무게 때문에 대중public이 그 주위에—매번 다른
기하학과 다른 절차를 통해—모일 수밖에 없는 것처럼 말이다. 게다가
모든 유럽 언어에서 이 오래된 단어—chose, cause, res, thing—의 어원
은 항상 모임 혹은 집회를 통해 지불해야 하는 이슈들의 무게를 나타낸
다. 우리가 만나야 할 의무가 있는 것은—우리는 그런 의무에 매여 있고

그래서 모인다—우리가 동의하지 않기 때문이다. 정치 제도는—이전에는 **사실물**MATTERS OF FACT이었고 이제는 **우려물**MATTERS OF CONCERN이 된—사물들이 정치적인 것을 그것 주위로 구부러지도록 하는 우주론과 물리학을 고려해야 한다.

◀ 정치적 〈원〉의 불가능성을 식별할 수 있게 해준다 ▶

당분간 우리는 자신의 무게로 존재자들이 그 주위를 돌도록 만드는 사물들이 아니라 **원**CIRCLE 자체에 관심을 가져야 한다. 〈원〉을 보호한다고 주장하는 제도가 〈원〉의 독창성을 인정하지 않는 것 같다. 마치 정치적인 것이 다른 양식들의 템플릿에 맞지 않는 것이 부끄러운 것처럼 말이다. 이상하게도 이 〈원〉은 그리는 것이 불가능하다. 그리고 우리가 여기서 다루고 있는 것을 이해하려면 "불가능하다"라는 형용사를 세 번 강조해야 한다. 그것은 〈원〉이고 그리는 것이 불가능하다. 그러나 그려야 한다. 그리고 일단 그려지면 그것은 사라지고 우리는 처음부터 다시 시작해야 한다…. 이것이, 우리가 소중히 여긴다고 말하면서도 그 과정을 추구하고 싶지는 않은 자유와 자율성을 획득하기 위한 유일한 방법이고 유일한 궤적이며 유일한 벡터이다. 그 움직임은 고통스럽고, 우리의 경직성, 우리의 다른 확실성, 다른 가치들에 반한다—그것은 너무나 고통을 주고, 우리가 하고 싶은 좋은 일보다는 우리가 원하지 않는 나쁜 일을 할 위험이 있다. 우리는 그러한 대조를 추출하여 자신의 문명의 초석으로 삼은 사람들의 자부심도 이해할 수 있다. 또한 사물들의 주위를 돌지만 사물들에서 분리되어 위험해질 수 있는, 정의하기 너무 섬세한 다양성을 잃는 것에 대한 그들의 두려움도 이해할 수 있다.

종교[REL]나 법[LAW]과 마찬가지로, 정치적 담론[POL]도 집합체 전체를 관여시키지만, 훨씬 더 특정한 방식으로 그렇게 한다. 즉, 우리는 한 상황에서 다른 상황으로 통과한 다음 다시 돌아와서 모든 것을 다른 형태로 전부 다시 시작해야 한다. 정치적 삶의 예들이 아무리 많고 다양하더라도, 정치적 담론이 제기하는 질문은 언제나, 집합체가 당장은 모순적으로 보이는 이상한 조건을 존중하면서 유지될 수 있도록 존재자들을 타자들과 어떻게 연결할 것인가 하는 것이다. 즉, 정치적인 것은 존재자들이 자기생산 과정에 있는 "우리"라는 집단을 일시적으로 정의하는 감싸기envelope를 그려내면서 통과하고 돌아오도록 허용해야 한다. 그러고 나서 "그들"이라 불리는 타자들의 수가 더 적어지게 하거나—또는 반대로 더 많아지게 하는—또 다른 운동이 그 감싸기를 이어 나간다. "이것이 우리라는 것이다." "이것이 우리가 원하는 것이다." 연구자는 궁금해한다. 그들은 어떻게 해서 그런 표현을 생산하는 것인가?

그는 특히 정치적 말의 예를 탐색할 때 대표의 문제(〈원〉의 절반)와 복종의 문제(나머지 절반)를 구별하는 아주 흔한 실수를 해서는 안 된다는 것을 분명히 인식한다. 오든 가든 동일한 운동이며, 여기서 다른 단계들을 분리하면 이 형식의 특정한 통과를 놓칠 위험이 있다. 수백만 명의 사람들이 대표가 필요하다고 말하고 수백 명이 복종이 필요하다고 말한다. 그러나 이들은 필연적으로 같은 사람들이고 하나의 궤적의 다른 순간에 있을 뿐이며 그 여러 예들은 단계들일 뿐이다. 그들이 하나의 집단을 형성하려고 하고 "우리"와 "그들"을 말하려 하며—비록 아무것도 동의하지 않고 상대방이 원하는 어떤 것도 원하지 않지만—공통의 의지에 동의하려 하기 때문이다. 따라서 그들이 어떤 경우에는 다수multitude에서 하나unity로, 다른 경우에는 하나에서 다수로 점차 미끄러져 가는 것은 놀랄 일이 아니다. 우리는 어쨌든 완전히 독창적인 원환 현상을 그려내는 이러한 미끄러짐, 통과, 회귀를 분리해내야 한다. 그것은 〈원〉일 뿐만 아니라 한쪽에서는 응집하고 다른 쪽에서는 분산되고 재분배된다. 확실히 매우 기괴한 짐승이며, 그것의 통과가 왜 공포를 불러일으켰는지 쉽게 이해할 수 있다.

⊙ **우리가 정치에 대해 말하는 것과
정치적으로 말하는 것을 정확하게 구별한다면 말이다.**

두 번째 사전예방책은 수많은 소위 정치적 입장을 그것을 파악하고 통과시키는 특정 방식과 구별해서, 그러한 정치적 입장 취하기의 너무 가변적인 내용을 분리하는 것이다. 우리 민족학자는 허구적 존재자, 기술적 존재자, 종교적 존재자를 분리하는 데 사용한 것과 같은 방법을 이러한 유형의 실천에 적용해야 한다. 그것들을 파악하기 위해 그는 곧바로 결과—입장 취하기position-taking—에 관심을 가질 것이 아니라, 항상 그렇듯이, 행위 과정을 특정 방향으로 보내는 "전치사 취하기preposition-taking"라고 부를 수 있는 것에 관심을 가져야 한다. 다른 양식들에서도 그랬듯이, 우리의 관심은 내용물에서 그릇으로, 일어나고 있는 것—통과되고 있는 것—에서 그것을 일어나게 하는 동작gesture—"통과"—으로 옮겨가야 한다.

사실 처음부터 모든 양식에 대해 그랬던 것처럼, "정치적"이라는 형용사에서 "정치적으로"라는 부사로 관심을 옮기는 것이 바람직하다. 기술적 "객체"가 무엇인지 명시하기 매우 어렵지만, 우리는 7장에서 기술적으로 행위하는 것이 무엇을 의미하는지 살펴보았고, 우리가 이제 알고 있듯이, 종교에 "대해" 말하는 것과 종교적으로 말하는 것 사이에는 엄청난—심지어 무한한—차이가 있다. 여기서도 같은 시도를 해보자고 우리 민족학자는 제안한다. 즉, 정치적으로 행위하거나 말하는 것이 무엇을 의미하는지 이해하기 위해 엄청나게 많은 정치에 관련된 진술은 제쳐두자는 것이다. 정치적으로 말하는 경험에는 어떤 독특한 점이 있는가?

민족학자가 정치에 "대해" 자신을 표현하기가 얼마나 쉬운지 느낀다는 점에서 그에게 그러한 구별은 더욱 중요해 보인다. 정보원들은 마치 비용이 전혀 들지 않는 "정해진 입장들"을 가지고 있다는 듯이, 모든 것에 대해 의견을 가지고 있는 것 같아 보인다. 그러나 정보원들에게 그러한 "정해진 입장들"에 대해, 그리고 특히 문자 그대로 그것들이 어디로 이어질지 물어보면, 그들은 말을 약간 더듬기 시작한다. 정치를 말하는 것은 그들에게 어떤 의미가 있는 것 같다. 그것은 미디어가 제공하는 특정 유형의 주제들(소위 "정치인들", 선거, 스캔들, 불의, 국가 등)을 접하는 것을 의미하며, 그 주제들은—사생활이나 사회적, 문화적 주제 등—다른 주제들과는 명확하게 구별되는 것으로 보인다. 그러나 어떤 주제를 선택하든 정치적으로 말하기 위해서는 특정한 방식으로 앞으로 나아가야 하는데, 정보원들은 "민족학자가 무슨 말을 하려는 것인지 알 수 없다."고 말한다.

따라서 연구자는 하나의 구별에서 또 다른 구별로, 즉 정치 영역을 다른 영역과 떼어놓는 구별로부터 하나의 존재양식을 다른 모든 존재양식들로부터 분리하는 구별로 나아가는 법을 배워야 한다. 첫 번째 구별은 그를 절망적으로 뒤죽박죽인 잡동사니—공식적인 정치 영역—로 이끌 것이다. 두 번째 구별은 그에게 하나의 주파수, 하나의 파장, 우리가 모두 그것을 알아차리기 위해 놀라울 만큼 정밀한 수신기인 귀를 가지고 있는—가지고 있었던—그 오직 하나만을 감지하게 만든다. 실체의 탐색과 생존의 탐색, 나쁜 **초월성**TRANSCENDENCE과 좋은 초월성 사이에는 이러한 구별이 항상 있다.

그런 다음 우리는 그 불가능한 〈원〉을 그려내는 특정한 유형의 통과를 발견한다 ⊙

정치에서 "거짓같이 들린다"는 것은 무엇인가? 정보원들은 실패를 어떻게 정의하는가? 우리가 정치적으로 말할 때 무엇이 "달려야" 하는가? 이 릴레이 경주에서 어떤 배턴이 사용되는가? 다시 말해, 우리가 무엇이 진실인지 아닌지, 거짓인지 아닌지, 또는 사실상 아주 적합한 표현을 회복시키자면, 무엇이 정치적으로 옳거나 그른 방식인지 인식하게 해주는 궤적, 특정한 **통과**PASS는 무엇인가? 다른 양식들에 대한 분석은, 계속 앞으로 나아갈 때만 의미가 있는 운동에서 중단된 부분들에 우리의 관심을 환기함으로써 귀중한 실마리를 제공한다. 이러한 운동의 중단은 정치적 담론의 **적정성 조건**FELICITY CONDITIONS이 무엇인지 표시하는 비적정성들이다.

실제로 정치적인 것의 주요한 비적정성 조건은 그 과정이 중단되고 릴레이가 끊어지는 것이다. "그것은 아무 데도 닿지 못한다." "무의미하다." "아무 소용이 없다." "그들은 우리를 망각하고 있다." "아무도 우리에 대해 신경 쓰지 않는다." "모두가 그것에 대해 아무것도 하지 않는다." 혹은 좀 더 학문적인 방식으로 말하자면 "우리는 대표되지 않는다." "우리에게 복종하지 않는다." 다시 말해, 개별적으로 취해진 각 예에서 어떤 것이 거짓으로 들리는 것은 바로 그것이 개별적으로 취해졌기 때문이다. 그 예들은 서로 연결되면 진실하게 들린다. 그러나 어떻게, 무엇으로, 어떤 특정한 실로 연결되는가? 그것이 우리가 알아내야 하는 것이다.

결국 어떤 삶의 형식이 다음과 같은 일을 해낼 수 있을까? 자신이 무엇을 원하는지 모르지만 고통받고 불평하는 다중multitude으로 시작하여, 일련의 근본적인 변형을 통해 다중의 통일된 대표성을 얻는다. 이어 현기증 나는 번역/배반을 통해 다중의 고통과 불만의 버전을 처음부터 다시 만들어낸다. 그것을 어떤 몇몇 목소리들이 반복하는 통일된 버전으로 만들고, 그들은 이제—돌아오는 여정은 적어도 떠나는 여정만큼이나 놀랍다—부과된 요구 조건, 주어진 명령, 통과된 법의 형태로 그것을 다시 다중에게 가져올 것이다. 요구 조건, 명령, 법은 이제 다중에 의해 다양한 방식으로 교환되고 번역되고 전치되고 변형되고 반대되어 새로운 불평불만의 북새통을 생산하며, 그것들은 새로운 불만을 정의하고 새로운 분노, 새로운 동의, 새로운 의견을 되살리고 설명한다.

잠깐, 그게 다가 아니다! 이 회전목마에서 한 바퀴 도는 것은 시작에 불과하다. 정치적인 것에서 가장 장엄하고 그 운동을 발견하는 사람들이 감탄의 눈물을 흘리게 만드는 것은, 바로 끊임없이 다시 시작해야 한다는 점이다. 대표의 실을—어쩌면 더 쉬우면서도 더 충실하게—다시 잡기 위해서 다시 다중—아마도 이번에는 더 확신하고 더 안심하고 더 보호된 다중—으로 시작한다. 그런 다음 통일 단계를 거친다(수백만 명이 하나가 된다. 얼마나 병목현상이 심하겠는가!). 다음으로—앞 차례의 회전 때문에 작동이 조금 덜 위험해졌을 것이다—좀 더 잘 준수될 수 있는 규정된 질서를 확립한다(하나가 수백만이 된다. 이 새로운 번역/배반의 불가능성을 상상할 수 있겠는가?).

〈원〉은 실체를 통해서 생존할 수 없고, 오직 자신의 생존을 추구하는 것을 통해서만 생존한다. 그러나 잠깐, 아직 끝나지 않았다. 이 〈원〉은 다시 시작되더라도, 모래나 물 위에 그린 것보다 더 지속되는 흔적을 남기지 않기 때문이다. 또다시 시작해야 한다. 멈추면 사라진다. 그 자리에는 분산되고 투덜거리고 불만 가득하고 실망하고 폭력적인—더 나쁘게는 무관심하고 분산되고 다룰 수 없는—다중만 있을 뿐이다. 더는 복종하지 않고 아무것도 전송하지 않는 "조이스틱"을 헛되이 눌러대는 엘리트들밖에 없다. 무엇에 분개해야 하는지도 모르면서 분개할 만큼 충분히 선하고 무력한 불평가들만 남아 있다. 갑자기 "대표성의 위기"가 돌아온다. "위"와 "아래" 사이의 간극이 다시 크게 벌어지고, 분명히 분산될 것이고, 합의는 불가능하고, 적들은 "우리"를 공격하려고 밖에서 기다리고 있다. 왜 우리는 항상 처음부터 다시 시작해야 하는가? 물론 〈원〉이 불가능하기 때문이다! 오는 것이든 가는 것이든 마찬가지이다. 다수는 하나가 되고 하나는 다수가 된다. 그것은 작동할 수 없는데 작동해야 한다. 그래서 우리는 처음부터 다시 시작해야 한다.

◉ 〈원〉은 그것이 다시 시작되는가에 따라 포함하거나 배제한다.

잠깐, 아직 끝나지 않았다. 〈원〉은 그것이 얼마나 많은 사람을 (철저하게 번역/배신함으로써) 충실히 대표하는지에 따라, 그리고 얼마나 많은 사람을 복종하게 만드는지에 따라 (이번에는 이 사람들이 자신에게 기대되는 것을 번역/배신한다) 더 많이 포함하거나 더 많이 배제할 수 있기 때문이다. 따라서 감싸고 둘러싸고 포용하고 회집하는 동일한 운동이 그것이 회전하는 속도에 따라 포함을 만들거나—"〈우리〉"를 말하는 사람들이 소수의 "〈그들〉"을 바깥에 남겨둔다—배제를 만드는—"〈우리〉"를 말하는 사람들이 그들의 존재를 위협하고 그들이 적으로 취급하는 수많은 야만인에 자신이 둘러싸여 있는 것을 발견한다—역할을 할 수 있다. 그리고 이 운동에서 그것의 지속을 보장해주는 것은 없다. 여기에 그것의 모든 단단함, 모든 끔찍한 요구의 근원이 있다. 그것은 언제든 포함을 증식하여 확대되거나 배제를 증식하여 축소될 수 있기 때문이다. 모든 것은 그것의 갱신에 달려 있다. 그 연쇄를 따라 자신의 행동이 그 곡선의 다음 부분으로 이어지는 방식으로 행동하는 데 동의하는 사람들의 용기에 달려 있다.

우리가 바랄 수 있는 최선은 존재자들이 〈원〉을 그려내고 다시 시작함으로써 조금씩 반복에 의지할 수 있게 하는 습관을 형성하는 것이다. 각 부분은 이 역설적인 운동을 중단시키지 않는 방식으로 행동해야 하고 말할 수 있다고 느낀다[HAB·POL]. 마치 각각이 다음 단계를 예상하고 입장을 취할 준비를 하는 것처럼 말이다. 그렇게 되면 정치적 문화가 형성되기 시작하고 점차 〈원〉의 유지, 갱신, 확장을 점점 덜 고통스럽게 만든다. **민주주의**DEMOCRACY가 습관이 된다. 자유가 깊이 뿌리내린다. 그러나 상황이 다른 방향으로 바뀔 수도 있다. 말 그대로 "더 나쁜 방향으로 틀" 수 있다. 장애물이 쌓여서 정치적인 것을 정의하는 수행exercise인 〈원〉의 갱신을 점점 더 불가능하고 점점 더 고통스럽게 만들 수 있다. 그러면 끝이다. 대표되고 복종받고 안전할 것이라는 모든 희망을 정말 버려야 한다. "〈우리〉"는 갈기갈기 찢겨졌다. 머지않아 동의하거나 이웃과 같은 것을 원하는 사람은 없을 것이다. 민주주의의 습관은 사라졌다. 정치가 기술과 거짓말, 힘의 균형으로 축소될 수만 있다면, 그것은 곡선으로 말해야 한다는 이 요구보다 훨씬 간단할 것이다. 그런데 이것이 우리가 힘들이지 않고 전 지구에 퍼뜨리고 싶어 한, 파악하기 너무 어렵고 너무 힘들고 강제되고(역학적 의미에서) 반직관적인 운동이라고?! 우리 민족학자는 이 운동의 아름다움 앞에서 여전히 어리둥절하다.

그가 보기에 정보원들은 항상 갱신되어야 하는 이 감싸는 움직임의 존엄성 앞에 무릎 꿇어야 한다. 정보원들은 그것을 일련의 직선으로 대체하거나 더 나쁘게는 "권력의 신비"에 빠져들 것이 아니라, 그들의 문화, 예술, 철학의 모든 재능을 발휘하여 그것의 독창성을 존중하고 그것을 따라가고 어루만져야 한다. 근대인이 자랑스러워할 만한 것이 있다면, 그들이 다른 진리 체제들이 제시하는 모든 증거에도 불구하고 이 대조를 추출할 수 있었다는 것이다. 하지만 그들은 자신들이 이 보물을 가지고 있다는 것을 알기라도 했을까? 연구자는 이렇게 기록할 수밖에 없다. "이상한 근대인들. 그들은 과학을 존중하고, 기술은 가끔 존중하고, 신은 드물게 존중하고, 신성들은 전혀 존중하지 않지만, 이 불가능한 감싸기를 손으로 붙잡는 데 삶을 바치는 사람들을 경멸하고, "마키아벨리적"이라는 형용사 말고는 대표와 복종의 〈원〉에 대한 다른 찬사를 찾지 못한다. 오, 정치의 화려함이여, 비할 데 없는 아름다움이여, 이 어지러운 곡예에 그물망도 없이 뛰어드는 이들의 용기여!"

[POL] 유형의 공백의 첫 번째 정의: 곡선 ▶

정치적 〈원〉을 그려내는 사람들의 독특한 특성을 정당하게 평가하는 것을 거의 불가능하게 만드는 것은, 그들이 무한소 미적분학의 매우 근사적인 적용을 통해서 정치적 〈원〉을 직선의 부분들, 접선들로 근사화하려 한다는 점이다. 이것은, 정치적으로 말하기 위해 신중하게 곡선을 따라가야 하며 결코 직선으로 가지 말아야 하는 사람들에게는 고유한 역량, 재능을 잃는 가장 확실한 방법이다. 〈원〉의 비유는 문자 그대로 받아들여야 한다. 그것이 (5장에서 이미 보았듯이) 이 존재양식에 고유한 **공백**HIATUS의 첫 번째 정의를 내릴 수 있게 해주기 때문이다. 정치적 존재자들은 언제나 거짓말한다고 비난받지만, 그들이 정말로 거짓말하기를, 정치적으로 거짓말하기를 시작하는 것은 바로 직선적인 말을 하기 시작함으로써, 즉 "충실하게" 대표되거나 "충실하게" 복종받기를 원함으로써, 흔히 말하듯 "옆길로 샐" 때이다. 거짓과 진실의 차이에 대해 이러한 규모의 실수를 하는 것보다 더 큰 부당함을 상상할 수 있을까? 이것은 특히 대단한 범주 오류이다.

따라서 그 공백은 한편으로 직선으로 가려는 유혹과 다른 한편으로 수단의 한계 내에서 정치적 배턴의 통과를 보장하기 위해 방향을 돌리고 몸을 뒤로 구부려야 할 계속 되풀이되는 의무 사이의 작은 간극에서 발견된다. 정치적 배턴은 우리가 그것을 가로막거나 곧장 앞으로, 다른 곳으로, 똑바로 보내려 하면 결코 돌아오지 않을 것임을 우리는 확신할 수 있다. 분노하는 것도 괜찮지만, 자신이 다른 것으로 넘어갈 준비를 하는 것이 더 좋다. 결단하는 것도 괜찮지만, 배신당할 준비를 하는 것이 더 좋다. "전부 날려버리고" 싶어 하는 것도 훌륭하지만, 그것을 완전히 재설계할 준비를 한다면 "혁명"이라는 멋진 단어를 사용했을 때 그것이 거짓말이 아니었다는 것을 증명해줄 것이다. "합리적인 사람들과 차분히 토론해서" "열정을 가라앉힌다"는 주장도 멋진 프로젝트지만, 새로운 반대와 새로운 열정을 불러일으킬 준비가 되어 있지 않다면 그것은 아무런 의미도—아무런 정치적 의미도—없다. 다시 말해, 각 지점에서 거짓말하지 않는다는 증거는 곡선에서 뒤따라오는 것과 그것의 필요한 귀환과 갱신, 향후 확장에 대한 기대와 희망에 의해 주어진다. 그러한 귀환과 갱신, 확장은 단 하나라도 없으면 붕괴되는 이러한 연쇄에서 뒤따라오는 것들에 전적으로 의존하는 반복이다. 분명히 해두자. 이 집합적 운동 외에 다른 집단 형성은 없으며, 우리가 의지할 보호 구역, 우리가 의지할 정체성, 뿌리, 본질, 실체는 없다.

⊙ 그리고 매우 특이한 궤적: 자율성.

결국 이 위험한 운동에 일관성을 부여하는 것은 〈원〉이 매우 고전적인 전통과 다시 연결된다는 점이다. 〈원〉은, 자율성이라는 이름으로 수세기 동안 정치철학이 축복해왔으나 한편으로 정치가 구부러질 수 있는 수단과 다른 한편으로 정치가 그 주위를 회전해야 하는 사물, 이슈, 쟁점을 항상 철회해왔던 것에—가히 탄탈루스의 고문이라 할 만하다—실질적인 형태를 부여한다. 충분히 끈질기게 〈원〉을 따라간다면, 〈원〉이 끊임없이 다시 시작된다면, 우리가 매번 다중에서 하나로, 하나에서 다중으로 통과해간다면, 우리는 점차 사실상 자신들이 아래에서 대표자들에게 작은 소리로 말한 명령을 위에서 받는 사람들이 된다. 우리는 더는 타율적이지 않으며 우리의 자율성을 자랑스러워하게 된다.

〈원〉을 따라갈 때, 우리는 점차 정치적 자유를 얻는다. 지시의 연쇄가 상수들의 중개를 통해 멀리 있는 존재자들에 접근하기 위해 지불해야 하는 변형의 대가를 이해할 때, 우리가 점차 객관성을 얻는 것과 마찬가지다[REF·POL]. 또한 종교의 경건한 말들을 발명해서—제조하거나 어쨌든 번역해서—점차 구원을 얻는 것과 마찬가지다[REL]. 그리고 이 갑짜기 운동이 계속 줄어드는 것이 아니라 가까운 존재자에서 다른 존재자로 확장될 수 있다는 생각은 정말 아름다운 이상이지만, 우리가 그 조건들을 측정하고 정확한 곡률 반경을 미리 계산한다는 조건에서만 그럴 수 있다. 언제나 그렇듯이 여기서도 건조하고 "직선적인" 이상주의는 의심해야 한다.

오고 가는 길에 통과해야 했던 일련의 놀라운 변형과 매개/배반, 그리고 우리를 매번 다르게 그 주위를 돌면서 모이게 만드는 사물들, 이슈들, 논쟁들을 어떻게 무시할 수 있는가? 누가 수십억 명의 시민들을 자율적으로 만들 수 있는 정치적 〈원〉을 그린다고 주장할 수 있는가? 그것도 그 수십억 명 없이 그렇게 한다고? 그것이 반복과 대표에 대해 무엇을 의미하는지 아는가? 그리고 마치 민주주의를 갈망하는 인류를 위한 의심할 여지 없는 토대인 것처럼, 우리가 별 노력 없이 지구 전체로 확장하고 싶었던 것이 바로 이 진리 체제인가?

그 공백의 새로운 정의: 불연속성 ▶

따라서 우리는 하나가 아닌 두 개의 불연속성, 두 개의 틈새, 두 개의 공백을 다루어야 한다. 그 가운데 하나는 한 정치적 순간을 다음 정치적 순간과 분리하는 것이고 다른 하나는 직선으로 가고 싶은 유혹의 방향을 바꿔 이 특별한 형태의 곡선으로 향하게 하는 것이다. 그것들이 정확하게 규정되지 않으면 정치적 연결망들은 경험적으로 묘사될 수 없다. 그것들은 언제나 다른 무언가로 오인될 것이고, 우리는 항상 범주 오류를 범하게 될 것이다.

플라톤 이래로 정치를 〈이성〉으로 대체하려고 했던—그들이 바로잡고 싶었던 지식의 이미지를 결국 왜곡하면서!—많은 철학자들과 나란히 고르곤의 얼굴을 보고도 돌로 변하지 않은 소수의 사람들이 있다(우리 전통에서는 한 손, 많아도 두 손의 손가락으로 셀 수 있다). 그들은 〈원〉에서 근본적으로 불연속적인 일이 일어나고 있지만 그 불연속성은 전적으로 정치적인 것에 고유한 것이며 다른 것과 혼동되어서는 안 된다는 것을 깨달았던 사람들이다. 물론 이러한 공백의 발견은 소피스트들(〈철학자들〉을 빛나게 하는 역할을 한 소피스트들이 아니라 진짜 소피스트들)이 어떤 상황의 참과 거짓을 단순한 말의 놀이를 통해 드러내는 그들의 전례 없는 능력으로 축복했던 것이다. 〈철학자들〉이 그것을 "진리에 대한 무관심"으로 조롱한 것은 매우 잘못된 일이었다. 이에 반해 소피스트들은 자신들의 말로 이 대조의 완전한 독창성을 탐구했고, 그것을 끌어내 격렬한 논쟁의 도가니에서 세계에 보여주었다. 정말 얼마나 대단한 발견인가! 그 발견은 진리에 대한 경멸과는 아무런 상관이 없다. 전제 조건의 변경 없이도 트로이의 헬렌을 무죄나 유죄로 만들 수 있다면, 그것은 실제로 정치가 그물망 없이, 항소 법원 없이, 의지할 세계 없이 이루어지기 때문이다. 그것은 주어진 의견과 다음 의견 사이에, 인위적인 연속성이 숨길 수 없는 근본적인 단절이 있다는 것을 의미한다.

소피스트들이 발견한 것은, 우리가 다중이고 어떤 것에 대해서도 동의하지 않고 무엇보다도 복종하고 싶지 않으며 우리 앞에 놓인 사태의 원인이나 결과를 통제하지 않는데도, 아고라의 한가운데서 "우리는 원한다", "우리는 할 수 있다", "우리는 복종한다"와 같은 진술을 만들어내야 할 때 필요한 진리, 곡선의 진리가 있다는 것이다. 한 상황에서 다른 상황으로 통과하려면 기적, 전치, **번역**TRANSLATION이 요구되며, 그에 비

하면 성변화transubstantiation는 작은 불가사의에 불과하다. 직선적인 이
야기는 무용하다. 우리는 이동의 자유가 있어야 하고 능숙해야 하고 유
연해야 하며 다른 진리진술의 제약 없이 자유롭게 말할 수 있어야 한다.
그리고 칼리클레스와 대면하여 이 가공할 요구에 대한 대안으로 단 한
명의 잘생긴 청년을 가르치는 것을 제안할 용기를 가진 이가 바로 소크
라테스이다. 아고라에서 벗어나 싸구려 음식점 구석에 햇빛을 가리는
차양 아래에서 우조를 마시며 무슨 이야기를 하느냐고? 기하학적 정리!
그리고 이것이 모든 진리와 이성을 그 타자에 반하여 정의한다고 주장
하는 요구 조건이라고? 마치 소크라테스식 대화가 대중의 혼돈 상태를
끝낼 수 있는 것처럼 말이다. 마치 측정하기 가장 어려운 것, 즉 여전히
소음과 격노로 달아오른 아고라의 한가운데서 합의를 추구하는 것과
섞지 않고는 기하학을 감탄할 수 없는 것처럼 말이다.

　　그리고 아리스토텔레스가 파국적인 결과를 가져올 범주 오류를 각오
하고 인식론으로 대체하려고 해서는 안 되는 부분적인 진리인 수사학
이라는 이름으로 적절하게 식별한 것이 바로 그러한 공백이다. 그러나
그것은 또한 마키아벨리(그의 이름에서 파생된 형용사가 아니라 실제 니콜
로 마키아벨리)가 모든 합법적 주권자들—규칙을 따르는 주권자들—이
실패한 곳에서 담대하고 영리한 자가 군주가 되는 것을 허용할 정도로
총체적인 불연속성인 포르투나fortuna라는 이름으로 따라가려 했던 것
이다. 더 가깝게는 카를 슈미트가 "예외상태" 또는 "개인적 순간"(슈미트
시대 이후 의심스러운 자기만족의 대상이 된 용어)에서 발견한 것이다. 표
현이 어떻든 간에 그것들은 모두 정치적인 것의 단절, 단계, 그렇다, **초월
성**TRANSCENDENCE을 포착하는 것을 목표로 한다. 즉 직선으로 가려는 유
혹에 대항해, 〈원〉이 되고 있는 것을 따라 작은 초월성을 분배하게 하는

곡선이라는 지나치게 기하학적인 관념을 통해 우리가 여기서 개괄하고 있는 것 말이다. 어디에서든 작은 초월성만 있을 뿐이라는 것이 이제 분명해졌을 것이다.

이러한 곡선에 대한 정의는 또한, "법 위에" 있기 때문에 "결단하는" "예외적인 사람"이 예외상태에 필요하지 않게 만드는 이점이 있다. 슈미트의 오류는 정치적 양식이 오직 높은 곳에서, 힘 있는 자들 가운데서, 드문 경우들에서만 예외를 찾아야 한다고 믿은 데 있었다. 〈원〉을 보라. 위와 아래, 오른쪽과 왼쪽, 모든 지점에서 예외적이다. 그것이 결코 직선으로 가지 않고, 게다가 항상 다시 시작해야 하며, 특히 확산하려면 더욱 그래야 하기 때문이다. 바로 이러한 예외가 모든 진정한 정치철학자들이 포착하려 한, 다른 모든 양식으로부터 이 양식을 잘라내는 점이다. 날카롭게 유지해야 하는 진짜 오컴의 면도날이 여기 있다! 그것은 자르고 잘라야 하지만, 또한 다른 모든 행위 과정과 대조되어야 한다는 의미에서도 자른다. 그것은 진정으로 예외적이다. 진정한 지도자들과 자신들만이 예외를 "스스로에게 허용"할 수 있다고 믿는 반동분자들의 탐욕스러운 욕구뿐만 아니라, 좋았던 옛날의 더블클릭의 겁에 질린 외침으로부터도 보호되어야 하는 예외이다. 정치에서 우리 각자는 매 순간 예외적인 상황에 처한다. 정치가 불가능하고, 사물이 결코 똑바로 가지 않으며, 배턴이 되돌아오려면 계속 패스되어야 하기 때문이다. 수수께끼가 하나만 있는 곳에, 게다가 매번 다른 이슈를 둘러싸고 끊임없이 갱신되는 집합체의 〈원〉이라는 진정으로 숭고한 수수께끼가 있는 곳에, 수수께끼들을 추가하는 것은 무의미하다.

⊙ 그리고 특히 까다로운 유형의 진리진술 ⊙

이 탐구의 원칙에 따라 존재양식, 공백HIATUS의 유형(여기서는 곡선과 예외), 궤적TRAJECTORY(여기서는 자율성과 자유)을 분리해낼 때마다 우리는 명시적인 **진리진술**VERIDICTION 형태도 정의할 수 있어야 한다. 우리는 앞에서 정치적 담론의 경우 그러한 요구가 어떻게 부조리해 보이는지 살펴보았다. 즉, 화자가 너무 많이 합리화하거나 비합리성을 과대평가하는 것이다. 정치적으로 말한다는 구실로 진실을 말하는 것을 포기해야 하는가? 소크라테스가 『고르기아스』 말미에 묻는 것처럼, 사람이 옳기 위해서, 그러나 단지 사후적으로 옳기 위해서, 악귀로, 림보에서 나와 다른 망령들을 심판하는 망령으로, 다른 유령들을 심판하는 유령으로 바뀌어야 하는가? 물론 그렇지 않다. 〈원〉의 적정성 및 비적정성 조건을 정의할 수 있게 해주는, 정치적 영역에서 잘 말하고 잘 말하지 못하는 것, 잘 행동하고 잘 행동하지 못하는 것에 관한 모든 노하우know-how가 제도에 분산되어 있고 실천에 묻혀 있고 우리의 상상과 판단에 매여 있기 때문이다. 이 능력을 명시적으로 만드는 것은 그것을 다른 발화의 키에 따라 형식화하는 것이 아니라 반대로 그것을 그 자신의 언어로 따라가는 것임을 상기하자.

그런데 좀 더 자세히 살펴보면, 정치적으로 진실을 말해야 할 의무보다 더 끔찍하고 더 근본적이고 더 견딜 수 없고 더 교육적이고 더 시민적인 진실에 대한 요구는 없다는 것을 발견하게 된다. 이 요구의 힘을 인식하지 못하는 사람들은 정말로 "시민"이라는 훌륭한 이름을 가질 자격이 없다. 진리진술과 반증에 대한 요구는 너무 제약적이어서 우리는 당연히 그것을 피하기 위해 무엇이든 할 것이다—실제로 사람들은 그것을 피하려고 모든 것을 다한다…. 물론 객관성의 생산도 많은 것을 요구하고[REF], 종교에서의 올바른 말도 매우 무거워서 우리는 항상 두렵고 떨리는 마음으로 〈신〉에게 고해야 한다[REL]. 그러나 〈원〉 전체를 돌 준비가 되어 있지 않고서 어떻게 정치적으로 의견을 표현하는 고뇌를 명시화할 수 있겠는가? 니체는 도덕적 요구를 〈영원회귀〉 사상으로 대체할 것을 제안했다. "당신의 행동이 영원히 반복되기를 바랄 수 있는 방식으로 행동하라." 니체의 독자들은 그러한 요구의 가혹함에 전율했다. 다음 격언의 멍에에 대해서는 어떻게 생각해야 할까? "〈원〉 전체를 왕복하며 돌고, 다시 시작하지 않고는 아무것도 얻지 못하며, 원을 확장하려 하지 않고는 다시 시작하지 않을 방식으로 공개적으로 말하라." 정치의 존엄성, 정치적 발화의 진리 같은 것이 있다면, 그것은 자신을 이렇게 수레바퀴에 매달고 그런 맷돌에 얽어매는 데 동의하는 것이다.

◉ [REF·POL] 교차가 그것을 잘못 이해한다.

이제 우리는 지시의 연쇄와 정치적 〈원〉 사이의 거대한 차이를 측정할 수 있고, 전자에 비해 후자를 평가절하하지 않으면서 둘 간의 상호오해가 왜 불가피한지도 이해할 수 있다[REF·POL]. 그 두 가지의 서비스를 보장하는 데 필요한 그 많은 작업과 많은 장비, 많은 제도들! 뛰어넘어야 할 그 많은 공백들! 그리고 그 둘의 서로 통약 불가능한 요구들을 혼동하기 시작할 때 생겨나는 그 많은 오해들! 칼리클레스가 소크라테스의 기하학적 증명을 〈원〉의 잣대로 판단하기 시작하면, 그는 소크라테스가 분노한 군중에게 직선적으로 말하는 기술을 가르친다고 주장하는 것만큼이나 확실히 그 증명을 잘못 해석할 것이다. 우리는 자율성의 이상에서 〈원〉의 과정으로 넘어가는 것을 나타내기 위해 **아우토퓌오스**AUTOPHUOS라는 경탄할 만한 단어를 이미 접했다. 『고르기아스』에서 소크라테스는 경멸의 의미로 그 단어를 소피스트의 면전에 내뱉지만, 그러면서 자신이 조롱한다고 생각한 로고스의 미덕을 정확하게 정의하고 있다는 것을 알아차리지 못한다. 다름 아닌 〈원〉의 자기생성이다.

우리는 더는 지시의 연쇄와 〈원〉을 혼동할 필요가 없다. 우리는 필요에 따라 직선적으로 말할 수도 있고 구부러지게 말할 수도 있다. 우리는 이제 조금 더 절합되고 있지 않은가? 마침내 우리는 증명만큼이나 민주주의를 존중할 수 있게 되었다[REF·POL]. 우리는 과학자의 **아포데익시스**APODEIXIS와 정치인의 **에피데익시스**EPIDEIXIS를 모두 존중할 수 있게 되었기 때문에, 더는 〈이성〉이 정치를 오직 사후적으로 하데스로부터, 죽은 자들의 왕국으로부터 지배하게 해야 한다는 플라톤의 섬뜩한 해결책을 받아들여서 자신을 속일 필요가 없다! 여기 우리가 끝낼 수 있는 범주 오류가 있다. 멀리 있는 존재자들에 대한 접근? 맞다. 살아 있는 죽은 자들의 지배? 아니다.

[POL]은 타자성의 매우 독특한 추출을 실행한다 ▶

정치적인 것의 초월성이 실제로 존재하지만, 그것은 우리가 그것 자체의 세계가 아닌 다른 세계, 죽은 자들의 지하 세계, 하데스 왕국에 호소하지 않는다는 조건에서만 식별될 수 있다. 요컨대 모든 어려움이 바로 거기에 있다. 〈원〉에 습관—다른 날로, 아주 오랫동안, 〈심판의 날〉이 올 때까지 미룸으로써 반복의 요구 없이 지낼 수 있도록 해주는 일종의 관성—의 일관성 외에 다른 어떤 일관성도 즉시 부여하지 않으면서 어떻게 〈원〉을 생성할 수 있을까? 하지만 그것이 얼마나 다행이겠는가!

모든 양식은 다른 어떤 양식도 아직 결부되지 않은 특정한 형태의 **변이**|ALTERATION를 타자로서의 존재로부터 추출한다는 것을 우리는 이해하고 있다. 그러므로 우리는 모든 양식에 대해 동일한 질문을 해야 한다. 즉, 그것이 없다면 우리가 고수하는 일단의 가치들에서 무엇이 사라질 것인가? 정치적 양식의 경우는 사실 아주 간단하다. 〈원〉이 없으면 집단 형성도, 집단도, "우리"라고 말할 가능성도, 간단히 말해서, 집합체 형성도 없을 것이고 따라서 집합체도 없을 것이다. 다른 모든 양식은 존재와 변이로 들어온다. 정치적 양식은 (앞으로 보겠지만 법처럼, 그러나 다른 방식으로), 정치적 양식만이, 그렇지 않으면 흩어질 사람들을 모으기 위해 돌아온다. 이 양식만이 순환하고 되돌아온다. 그러나 그것은 지치게 만드는 반복의 끊임없이 갱신되는 효과를 통해 되돌아온다. 그것은 어떤 실체나 어떤 형태의 관성에 의존할 수 없고 의존해서도 안 되기 때문이다. 그러한 의존은 〈원〉을 다른 몸으로 대체하여 그 자신의 운동을 중단시키는 것과 같기 때문이다.

"**정치체**BODY POLITIC"에 대해 말해야 한다면, 우리는 새로운 범주 오류를 범할까봐 두려워진다. 정치가 "몸"을 이룰 수 있겠지만, 그것의 육체성은 다른 어떤 육체성과도 닮지 않았다. 그것이 다른 어떤 연속성, 생존[REP]이나 기술[TEC], 허구[FIC], 종교[REL]의 연속성에 의해 지지될 수 없고, 재생산의 존재자들을 모방하는 살아 있는 복합체가 될 수도 없기 때문이다[REP·POL]. 그러나 이는 조금 더 안정적이고 덜 까다로운 것을 기반으로 하려는 노력이 부족해서가 아니다. 로마 우화 「배와 다리the Belly and the Members」에서부터 "〈국가 장치〉"를 거쳐 새로운 사회적 다윈주의 옹호자들의 사회생물학에 이르기까지, 우리는 이 이상한 집합체 형성 작업을―한편으로 은폐하면서도―이해하기 위해 한 존재 유형을 다른 존재 유형으로 끊임없이 대체해왔다.

그러나 이러한 대체는 대표와 복종의 〈원〉이 그려내는 야수의 특정한 기이함을 포착할 수 없었기 때문에 언제나 실패했다. 이 생물은 선행하는 것과 뒤따르는 것에 대해 초월적인 부분들 또는 벡터들로 구성된다. 선행하는 것과 뒤따르는 것 사이에는 연속성이 없다. 사람들이 도약하고 정치적인 것이 따라 움직이거나, 아니면 사람들이 도약하지 않고 정치적인 것은 말해지지 않는다. 사람들이 "입장을 취하고 있다"고 생각하더라도, "명령을 내리고 있다"고 생각하더라도, 분개하거나 고통스러워하거나 불평하더라도, 그들이―아래에서―잘 대표되지 못한다고, 또는―위에서―복종을 잘 받지 못한다고 불평하는 것이 절대적으로 옳다고 하더라도 말이다. 자신이 말을 걸고 있는 상대방을 회심시키지 못하면서 종교적인 것에 대해 말할 수 없는 것이 끔찍하다면, "여기가 로도스다. 여기서 뛰어라"(당신이 한 말을 행동으로 보이라)라는 틈새를 사람들이 뛰어넘는지 아닌지에 따라 정치적으로 말하는 것을 채우거나 비워야 한다는 요구는 더욱 끔찍한 것이다.

◀ 그것은 유령 대중을 정의한다 ▶

몸이 아닌 몸, 조화되지 않는 조화, 곧바로 흩어지는 단결, 즉시 다시 모여야 하는 분산, 사람들이 서로를 이해하지 못하기 때문에 그 주위에 모여야 하는 매번 다른 이슈들…. 우리는 끊임없이 갱신되는 이 〈원〉이 정말 이상하다는 것을 인정해야 한다. 그래서 우리는 어쨌든 플라톤이 민주주의라는 히드라 앞에서 느꼈을 공포에 동감할 수 있다. 플라톤이 괴물을 잘못 이해했을 수도 있겠지만 그는 옳았다. 그것은 실로 외계인 aliens의 문제이다. 그들의 상징을 스케치하기 위해 우리는 주저 없이 비가시적인 것으로 돌아가야 한다. 유기체가 아닌 이 정치체 안에는 실로 유령phantom 같은 것이 있다([POL·ORG] 교차를 논의할 때 이 문제를 다시 살펴볼 것이다).

우리가 각 양식에 적절한 존재의 무게를 부여하는 법을 점차 배워온 만큼 "유령"이라는 단어가 더는 놀랍지는 않을 것이다. 이 환영은 벽을 통과하여 아이들을 겁주는 신비한 심령체가 아니라, 〈원〉의 끊임없는 재개에 의해 만들어지는 형태에 대한 정확한 정의이다. 단, 그 과정이 멈추지 않는다는 전제하에서 그렇다. 그것이 중단되면 유령은 영원히 사라지거나 깜박불로 줄어들기 때문이다. 마치 캄캄한 여름밤에 아이들이 불꽃 막대로 모양을 그리다가 갑자기 멈추는 것처럼 말이다. 여기에 정치적인 것이 타자로서의 존재로부터 추출하는 특별한 타자성, 다른 양식은 시도해보지 않은 변이, 소외가 있다. 즉, 다중성을 가진 단일성, 모두를 가진 단일성을 생산하는 것, 그러나 실체나 내구성 있는 신체, 유기체, 조직, 정체성에 의해 뒷받침되는 것이 아니라, 계속되는 반복을 통해 유령같이, 잠정적으로 그렇게 하는 것이다. 우리가 정치적 양식을 소환되고 소집되는 **유령 대중**PHANTOM PUBLIC의 형태로 파악할 때만 그것의 존재론적 존엄성을 존중할 수 있는 것은 바로 그런 이유에서다─월터 리프먼Walter Lippmann이 그것을 진정으로 이해한 유일한 사람일지도 모른다. 대중이나 보통 사람들, "우리"는 존재하는 것이 아니라 존재하게 되어야 한다. 수행performance이라는 단어가 의미가 있다면 바로 이것이다. 너무 빨리 육체를 부여하지 않도록 특별히 주의해야 하는 비가시적인 것들이 있다면─예를 들어 또 다른 차가운 괴물인 〈국가〉에서─

이 특별한 유령이 그 가운데 하나이다.

◉ 〈사회〉의 형상에 대립하는 것으로서 말이다 ◉

정치체에 신체를 부여하려는 사람들의 수가 그렇게 적은 이유가 바로 이것이다. 그 유령을 그 뒤에서 투명하게 보이는 것, 즉 "**사회**SOCIETY"로 대체하려는 강력한 유혹이 있다(**자연**NATURE 및 **언어**LANGUAGE와 더불어, 〈사회〉는 세 번째 불필요한 형태의 충전물이며, 이미 알고 있듯이 우리는 토대로서의 그 역할을 제거하는 법을 점차 배워야 한다). 바로 여기에 정치적인 것의 함정이 있으며, 그것은 **믿음**BELIEF이 종교[REL]에서 하는 것과 같은 역할을 정치적 존재양식에서 수행한다. 우리가 정치적인 것이 아닌 다른 것에 의존하자마자, 이 특정한 발화 양식은 햇빛에 노출된 흡혈귀 노스페라투처럼 사라진다. 이런 관점에서라면 정치는 그 이면에서 "〈사회〉"의 힘을 발견해야만 지각할 수 있는 단순한 외양에 불과할 것이다. 정치적인 것이라는 베일은 경제나 권력 관계의 가혹한 현실을 감추면서 동시에 "표현"할 뿐일 것이다. 이런 식으로 자신을 표현하는 이들은 분명히 정치를 잘못 이해하고 있다—외양[HAB]에 대해서도 잘못 알고 있고, 우리가 곧 보게 될 것처럼 〈경제〉에 대해서도 잘못 알고 있다는 것은 말할 것도 없다. 그들은 한 유령을 만나지 않으려고 또 다른, 정말 끔찍한 유령의 품으로 돌진한다. 바로 그들이 "사회적인 것"이라고 부르는 유령으로. 나쁜 것에서 더 나쁜 것으로.

〈사회〉는 분명히 존재양식이 아니다. 그것은 〈자연〉이나 〈상징적인 것〉처럼 거짓 초월성의 완벽한 예이다. 〈사회〉는 근대인이 실 풀기를 포기한, 그리고 다른 모든 것들—종교, 법, 기술, 심지어 과학, 그리고 물론 정치—이 유지되는 이유를 설명하기 위해 토대로 삼은, 모든 양식과 모든 연결망의 융합체이다. 가브리엘 타르드가 선언했듯이, 언제나 〈사회〉는 설명하는 것이 아니라 설명되어야 하는 것이어야 한다. 실체가 모든 양식을 생존하게 만드는 것이 아니라 단지 모든 양식의 때때로 내구적인 결과인 것과 마찬가지이다. 적어도 그것이 이 탐구가 완성하려고 하는 **행위자-연결망 이론**ACTOR-NETWORK THEORY의 출발점이다. 만약 설명을 제공하는 〈사회〉가 있다면 정치적 양식의 감싸기 운동은 영원히 보이지 않을 것이다. 사람들은 〈원〉보다 더 내구적이고 더 확실하며 더 뿌리 깊은 것 같은 정체성에 의존하는 것이 더 낫다고 생각할 것이다. 그래서 그들은 인공적이고 잠정적이며 내재적인 정체성, **집합체**COLLECTIVE를 생산하는 데 우리가 사용할 수 있는 유일한 정체성—그리고 무엇보다도 집합체를 "모든 것"으로, 즉 정치적 자율성을 보편화하려는 기획이 지나치게 단순화시킨 그 "모든" 가변 형상으로 확장하기 위해 우리가 사용할 수 있는 유일한 정체성—을 수행할 수 있는 유일한 양식을 더는 유지하지 않을 것이다. 이러한 오류가 계속되면 정치적으로 말하는 습관을 잃게 된다. 따라서 우리는 두 가지 유령, 즉 〈사회〉라는 유령과 정치적인 것이라는 유령 가운데 하나를 선택해야 한다. 정치는 조립하고 재조립하지만, 몸을 만들지 않고 접합하지 않으며 합의를 만들지 않기 때문이다. (그러나 14장에서 "〈사회〉"의 출현에 대해 어떻게 보다 관대한 버전을 제시할 수 있을지 살펴볼 것이다.)

⊙ **〈사회〉의 형상은 정치적인 것을 지금보다 더 괴물로 만들 것이다.**

이 유령은 물론 무시무시하다. 그것은 온갖 종류의 비뚤어진 인간들과 반동분자들을 매료시키는 것만큼이나 더블클릭을 겁먹게 하지만, 거기에 더해서 다른 것들과 혼종화함으로써 그것을 더 무섭게 만들 필요는 없다. 그럼에도 불구하고 근대인이 일종의 자기만족의 죄를 통해 그것을 7장에서 살펴본 변신의 존재자들과 융합할 때 그런 일이 일어난다. 그리고 정치 제도의 많은 부분이 "잡아먹어라, 안 그러면 먹힌다"라는 명령에 부응하는 것 같은 것이 사실이라면(정치인들의 회고록이 믿을 만하다면 이것은 가장 필수적인 격언으로 보일 것이다), 여기에는 언제나 그렇듯이 서로 혼동되어서는 안 되는 두 가지 형태의 이성 사이의 교차가 있다[MET·POL]. "힘의 균형balance of power"이라는 용어는 지나치게 쉬운 메타언어의 하나로서, 이제 [MET]의 힘을 [POL]의 힘과 혼동하지 않기 위해 거기에 그것의 양태modality를 추가해야 한다.

"때가 왔다"라는—사실 전혀 그렇지 않다—구실로 종교에서 결정적이고 전일적인 통일성의 확신을 구하려는 유혹에서 같은 기생 괴물이 다시 발견된다. 〈말〉의 반복이 주는 확신은 〈원〉을 갱신해야 하는 요구보다 내구성이 훨씬 약하다. 한편으로 정치적인 것의 잠재적 총체성과 다른 한편으로 〈말〉로 구원받고 "〈교회〉"라는 특정한 그룹을 형성하는 이들의 훨씬 더 잠재적인 총체성 사이의 혼란으로 인해 정치와 종교의 교차[POL·REL]는 이제 전개될 수 없다. 그 두 가지의 혼합은 최악의 정치신학을 만들어냈고, 〈이성〉이 정치적인 것에 대해 행하는 정형외과술orthopedics이나[POL·DC], 심지어—더 무해해 보이는—모든 정치를 기술[TEC·POL]이나 법[POL·LAW]의 기반 위에 놓는다는 생각만큼이나 혼란을 일으켰다. 우리는 대중이라는 유령을 다른 비가시적인 것들과 섞지 않고 다른 실체들에 의존하게 하지도 않고 보기에 더 끔찍하게 만들지도 않으면서, 그것을 존중하는 법을 배워야 한다. 이 유령을 소환하는 것은 이미 충분히 어려워졌고 그것의 출현은 이미 충분히 드물어졌다.

근대인이 그것의 제단을 버리지 말았어야 하는 숭배를 정치에 복원시키지 않는 한, 근대인의 인류학은 불가능하다는 것을 독자들은 이해할 것이다. (나는 여기서 "〈이성 숭배〉"의 애처로운 에피소드에 대해 말하고 있는 것이 아니다.)

우리는 "구부러지게" 말하면서도
잘 말하는 그런 언어를 다시 배울 수 있을까?

이미 종교적 제도가 간 길을 갔을 수도 있고, 올바른 통치에 대한 희망에 부풀었거나 왜곡된 냉소주의에서 도피처를 찾았기 때문에 현대의 경험에서 그 대조가 완전히 사라졌을 수도 있는 삶의 형식을 되살릴 수 있는 희망은 무엇일까? 물론 최악의 상황은 우리가 때로는 (불가능하지만) 직선으로 가고 때로는 구부러진 길을 따라가면 〈원〉에 근접할 수 있다고 믿는 것이다—마치 진정한 정치인이 되기 위해서는 거짓말과 모호함만으로 충분하다는 듯이! 우리가 과학과 종교에서의 참과 거짓에 대해 한 것을 정치적 발화에 대해서도 할 수 있다면, 정치적 양식이 고개를 드는 것을 허용하게 될 것이다. 우리는 그것을 소생시킬 것이다—다시 살리고 생명과 행위로 불러일으킬 것이다. 살아 있는 죽은 자들의 왕국은 결코 "영광스러운 신체"가 아니라, 좀 더 겸허하게 리프먼의 말대로 대중이라는 유령이 되었다. 너무 많은 비가시적인 것들이 세계에 거주하고 있다고? 그렇다. 그러나 중요한 것은 세계가 거주할 수 있는 곳이 되고 있다는 것이다. 이 모든 유령들에 놀라워하기 전에, 독자들은 근대 세계가 그것의 객체, 주체, 대표들과 함께 어떤 모습이었는지를 기억해야 하다! 비가시적인 것들을 거부하는 자들이 괴물을 낳는 것이다.

우리가 **범주**CATEGORY라는 단어를, 아고라에서 자신에 대해 하는 말에 관심을 두는 사람들에게 잘 말할 수 있게 하는 것으로 재정의했다면, 그것은 정치에서 참과 거짓의 차이를 찾는 것보다 이 탐구에서 더 중요한 것은 없기 때문이다. 우리의 유산을 재검토해봐야 할 영역이 있다면, 그것은 확실히 정치와 그것의 확장 역량에 부여된 희망이라는 영역이다. 집합체를 모으고 특히 보편화하기 위한 유일한 수단으로서 적절하게 구부러진 말하기appropriately crooked speaking를 다시 우리 시민성의 중심에 위치시키려면 무엇을 해야 하는가? 우리가 다른 시금석의 도움으로 판단하지 않는다면, 〈원〉은 우리에게 여기서 합리적인 것과 비합리적인 것에 대해 다시, 게다가 잘 구부러진 방식으로, 즉 그 자신의 언어로, 말할 수 있게 해줄 아리아드네의 실을 제공하는가? 우리는 이 실이 필요하다. 우리가 〈과학〉의 도움을 기대하지 않으면서도 이성을 포기하지 않고, 이제 수십억에 달하는 군중의 열기 속에서 지구적 차원의 논쟁적인 이슈들에 대해 어떻게 아고라에서 바로 설 수 있을까?

13장

법의 통과와 준주체

다행히도 법에 대해 "법적으로" 말하는 것에는 문제가 없다 ⊙ 법이 그 자체의 설명이기 때문이다.

그러나 법은 특별한 어려움을 안겨준다 ⊙ 강점과 약점의 이상한 혼합 ⊙ 거의 자율적이지 않은 자율성 ⊙ 그리고 법에 너무 많은 가치가 부과되어 있다는 사실 때문이다.

따라서 우리는 특별한 프로토콜을 수립해야 한다 ⊙ 수단으로 포장된 법의 통과를 따라가고 ⊙ 대단히 까다로운 법의 적정성 조건을 인식하기 위해서.

법은 발화의 평면들을 연결한다 ⊙ 그 자신의 특정한 형식주의 덕분에.

우리는 이제 준주체의 특성을 이해할 수 있다 ⊙ 준주체들의 기여를 존중하는 법을 배우면서. 첫째, 정치의 존재자들[POL] ⊙ 다음으로 법의 존재자들[LAW] ⊙ 마지막으로 종교의 존재자들[REL].

준주체들은 모두 음조에 민감한 발화 체제들이다.

양식들의 분류는 우리가 말해야 하는 것을 잘 절합할 수 있도록 해준다 ⊙ 또한 〈주체〉/〈객체〉의 차이에 대한 근대주의적 집착을 마침내 설명할 수 있도록 해준다.

우리 인류학자의 새로운 두려움: 네 번째 그룹, 〈경제〉의 대륙

다행히도 법에 대해 "법적으로" 말하는 것에는 문제가 없다 ⊙

근대인의 인류학자는 이렇게 고된 탐구 과정에서 그나마 다행스럽게도, 1장에서 처음 접했던 법[LAW]이라는 좀 더 친숙한 양식에 접근하면서 마침내 숨을 좀 돌릴 수 있게 되었다. 그러나 독자들까지 안도해서는 안 된다! 진짜 어려움은 다음 장부터 시작된다. 거기서 우리는 근대인의 자부심이자 기쁨이며 안타깝게도 그들이 실제로 다른 모든 집합체로 확장하는 데 성공한 유일하게 보편적인 것, 즉 그 유명한 〈경제〉라는 대륙에서 거의 임의로 뒤섞인 존재자들을 만날 것이다. 가장 어려운 도전은, 우리가 3부까지 다 마치고 인류학자가 모든 가치에 대해 그것에 관심이 있는 사람들에게 잘 말해야 할 때 나타날 것이다.

다른 양식들과 달리 법은 민족학자에게 해결할 수 없는 난제 같아 보이지는 않는다. 법은 모든 사람이 그 특유성, 전문성, 중심성을 인정한 것처럼 보이는 **영역**DOMAIN, **제도**INSTITUTION, **대조**CONTRAST 사이의 상당히 만족스러운 대응을 약속하기 때문이다. 연구자는 이번에는 정보원들이 자신들이 고수하고 기꺼이 목숨을 바칠 수 있는 **가치들**VALUES에 대해 말하는 것을 거의 문자 그대로 받아들여도 된다. 그들이 그렇게 만족스러워하며 내세웠던 그 유명한 "법치국가"를 생각해보자(실제로는 [POL·LAW] 복합체이다). 분명히 법은 그 자신의 별도의 장소가 있다. 법은 다른 영역들과 분리될 수 있는 영역으로 인정되고, 모두가 동의하듯이 독자적인 힘을 가지고 있다. 무엇보다도 법은—우리의 탐구에 결정적인 요소인—고유한 진리진술 양식을 가지며, 〈과학〉과는 확실히 다르지만 고유한 방식으로 참과 거짓을 구별할 수 있다고 모두가 인정한다. 더욱 안심되는 것은 항상 그렇듯이 여기서도 부사를 통해서 법을 파악해야 한다는 것을 쉽게 알 수 있다는 점이다. 수많은 법률, 규정, 텍스트, 사안이 있지만, 법에 고유한 진리진술 유형을 포착하려면 사물들을 법적으로 접근해야 한다. 우리가 "기술적으로" "종교적으로" "정치적으로" 말하는 방법을 배우는 데에는 많은 노력이 필요하지만, 법을 (제한적이지만 확고한 특정 양식 속에서 뒤따라오는 모든 것에 관여하는) **전치사**PREPOSITION로 받아들이는 일은 어렵지 않은 것 같다. 따라서 법은 다른 어떤 것보다도 존재양식의 측면에서 분석하기에 적합하다.

◉ 법이 그 자체의 설명이기 때문이다.

특히 법이 드문 형태의 자율성을 누리고 있다면(우리가 방금 확인한 [POL] 자율성과 혼동하지 말 것), 그것은 법이 도중에 발화의 키를 결코 잃지 않기 때문이다. 법률가들은 자신이 하는 일을 정의해 달라는 요청을 받으면, 긴 문장을 이어가며 자신이 말하는 모든 것에 항상 "법적"이라는 형용사를 어김없이 사용한다. 그것을 더 정의하려는 수고도 하지 않고, 심지어 자신이 동어반복에 갇혀 있다는 사실도 깨닫지 못한 채 말이다! 장 카르보니에Jean Carbornnier는 "법적 행위의 고전적인 정의를 상기하는 것으로 충분하다. 그것은 바로 법적 효과, 법적 질서의 변경을 생산하려는, 즉 법적 영역에 인간관계를 도입하려는 의지의 발현이다"라고 썼다. 하트H.L.A.Hart는 "이러한 법적 규칙들은 의무를 부과하는 것이 아니라, 강제적인 법적 기구의 한계 내에서 정해진 절차와 특정 조건에 따라 법적 권리와 의무의 구조를 만들 수 있는 법적 권한을 개인들에게 부여함으로써 자신의 의도를 실현할 수 있는 수단을 제공한다"라고 썼다.

이 뛰어난 저자들에게는 그러한 동어반복이 당황스럽지 않다. 그래서도 안 된다. 그 동어반복은 법의 독창성, 법에 치외법권적 지위를 부여하는 것, 즉 법은 그 자체의 설명이라는 것을 반영하기 때문이다. 우리는 법 안에 있으면서 그것이 무엇을 하는지 이해하거나—그것을 다른 언어로 설명할 수는 없다—아니면 법 밖에 있으면서 "법적인" 어떤 것도 하지 않는다. 다른 모든 양식과 마찬가지라고? 그렇다. 단, 법은 더블클릭의 헤게모니[DC](그리고 10장에서 정의한 의미에서 **명시적인 것**THE EXPLICIT에 대한 더블클릭의 열정)가 부과한 명시성의 요구에 대해 이런 종류의 저항을 한 유일한 양식이라는 점만 제외한다면 말이다.

달리 말하면, 법적 제도는 근대주의의 충격을 다른 대조들만큼 많이 받지는 않은 것 같다. 누구나 그것을 경험할 수 있다. 예컨대 법적인 문제에 부딪히든, 판사의 검은 법복과 맞닥뜨리든, 계약서의 작은 글씨를 읽든, 공증인 앞에서 문서에 서명하든, 우리 각자는 매우 특별하고 극히 전문적인 어떤 일이 진행되고 있으며, 그것은 모호하면서도 존경할 만한 방식으로 진실과 거짓의 차이를 확립할 수 있다는 것을 잘 알고 있다. 이런 일에 전혀 놀라지 않고서 우리는 "법적 의미"에서, 즉 "좁고 제한된 의미"에서 그리고 "우리가 인식하는 법을 배워야 하는 완전히 독창적인 해석의 키를 가지고" 있다는 의미에서, 어떤 진술이 진실이나 거짓이라고 말할 수도 있다.

따라서 법은 만약 더블클릭이 하나씩 마비시키지 않았다면 우리가 지금까지 검토한 진리진술 양식들 모두를 보호했었을 그런 형태의 존중의 거리로부터 이득을 얻는다. 이것이 바로 내가 1장에서부터 존재양식들을 나란히 놓을 수 있는 유일한 방법, 즉 처음부터 이 탐구의 메타언어—더 낫게는 인프라언어—역할을 해온 전치사라고 불리는 양식 [PRE] 속에서 존재양식들을 전개하기 위해 법에 의존한 이유이다.

그러나 법은 특별한 어려움을 안겨준다 ⊙

그러나 우리의 연구에서 결코 간단한 것은 없다. 모두가 어떤 키를 인식한다고 해서 그 키의 독창성을 쉽게 파악할 수 있다고 생각하면 오산이다. 법적 양식은 존중의 거리를 유지해왔기 때문에 변호사, 판사, 법학자와 같이 그들의 중요성, 권위, 유용성은 확실히 인정되지만 법적 가치의 정의를 다른 사람들과 공유하는 법을 배운 적이 없는 전문가들에게 위임되어 있을 만큼 자율적인 위치를 차지하고 있다. 법의 동어반복은 법을 더블클릭의 판정으로부터 보호했지만, 법을 자신의 영역 밖에서 더 이해하기 쉽게 만들지는 못했다. 기술, 허구, 지시, 종교, 정치가 모든 곳에 침투한 반면(따라서 연쇄적인 범주 오류의 위험이 배가됨), 법은 너무 정중하게 거리를 유지해온 이점으로 인해 어려움을 겪는다. 그래서 이런 이상한 경험이 생긴다. 법 전문가들에게는 어떤 것이 "법적으로 진실이거나 거짓"이라는 점이 분명할지 모르지만, 법 외부에 있는 사람들에게는—즉, 드문 예외를 제외하면 거의 모든 사람들에게는—법이 그토록 중요하면서도 그토록 작은 공간을 차지한다는 사실이 완전히 놀라운 일이다.

◉ 강점과 약점의 이상한 혼합 ◉

그래서 예상치 못한 법적 문제와 갑자기 씨름해야 하는 사람들은 계속해서 실망감을 느낀다. 그들이 외친다. "뭐라고? 이 작은 장애물이 어떻게 우리를 막을 힘을 가질 수 있는 거지?" "문제가 이제 해결됐네. 그게 다인가?" 한편에는 놀라운 힘, 객관성이 있고, 다른 한편에는 현저한 약점이 있다. 우리는 "명령서에 단순히 서명이 누락된 것 때문에" 은행장 임명이 무효가 되거나, "공공사업 신고서의 사소한 하자로 인해" 계곡의 생존에 꼭 필요한 댐 건설 사업이 중단되거나, 실직 노동자들이 "근로계약서를 잘못 읽어서" 권리를 상실하거나, "유럽연합이 부과한 법적 제약 때문에" 한 기업이 다른 기업을 인수할 수 없었다는 소식을 접할 때마다 그 힘을 느낀다. 그러나 다른 한편으로 "법적으로 정당한" 결정이 반드시 정의롭고 적절하고 진실하고 유용하고 효과적이지는 않다는 사실에 절망할 때마다, 법원이 피고인에게 유죄 판결을 내렸지만 피해자는 여전히 "종결"을 이루지 못했을 때마다, 배상 판결은 내려졌지만 각 당사자의 정확한 책임에 대한 의문이 여전히 남아 있을 때마다 그 약점을 절실히 느낀다. 법은 언제나 놀라움의 연속이다. 우리는 법의 힘에 놀라고, 법의 무력함에 놀란다.

누군가가 경멸감과 시기심, 존경심이 뒤섞인 마음으로 법은 피상적이
고 형식적이라고 선언할 때 기본적으로 의미하는 것이 바로 이것이다.
법은 아주 작은 흔적—앞으로 살펴보겠지만 연결의 흔적—에만 매달려
있으므로 어쩔 수 없이 피상적이다. 또한 법은 매우 특정한 의미에서 형
식적이다. 매우 특수하고 고도로 전문적인 상황에서 놀랄 만한 불연속
성을 거쳐 연속성을 보장하기 위해 한 문서에서 다른 문서로의 연속적
인 통과를 보장할 수 있게 하는 **형식들**FORMS(다른 것들과 달리 여러 양식
에 적용되는 용어)를 존중하기 때문이다. 이것이 법과 지시의 통과에 공
통되는 **조화**HARMONIC이다[REF·LAW]. 법 역시 어지러울 정도의 빠른
속도로 형식들을 미끄러지며 통과하는데, 이는 (4장에서 묘사한 장애물
경주처럼) 일련의 기입들을 통해 상수의 유지를 보장하기 위한 것이 아
니라, 모든 것으로부터 방해받지 않도록 완벽하게 피상적인 상태로 남
아 있는 조건에서 특정 사건에 "법 전체"의 동원을 보장하기 위한 것이
다. 민족학자가 결국 지시의 연쇄의 능력보다 추적하기 더 어렵다고 판
단하는 이상한 능력이다.

◉ 거의 자율적이지 않은 자율성 ◉

법을 파악하기 어렵게 만드는 것은, 법이 그 자체의 동어반복에 의해
조심스럽게 구분된 별개의 세계로서 정의되자마자, 우리는 법이 얼마
나 유연한지, 그리고 정치, 경제, 트렌드, 유행, 편견, 미디어 등 다른 영
역들로부터 모든 종류의 명령을 얼마나 당황스러울 만큼 민첩하게 흡
수하는지를 알게 된다는 점이다. 그 결과 법을 자체의 규제 양식을 가진
특정한 영역으로 생각할 때, 우리는 법 제도에 구멍이 너무 많아서 법이

내리는 판단은 마치 바람이 불 때마다 바뀌는 풍향계 같아 보인다는 것을 깨닫는다. 그러나 그것이 전부가 아니다. 우리 민족학자의 관점에서 보면 훨씬 더 놀라운 것이 있다. 법률 전문가 자신들—변호사, 판사, 교수, 법률 논평가 등—은 순진함과 냉소적인 듯한 태도가 기이하게 뒤섞인 방식으로 이러한 다공성porosity을 인식한다. "그렇다. 물론 법은 유연하고 다른 모든 것에 의존한다. 어떻게 생각하는가?" 그래서 법을 피상적이고 형식적인 것일 뿐만 아니라, 단순한 가리개로, 불평등의 다소 서투른 위장막으로 취급하려는 대칭적인 유혹이 있는 것이다. "당신이 얻고자 하는 것이 무엇인지 이야기하면, 그것을 할 수 있는 법적 포장을 찾아주겠다." 우리는 짧은 순간에 한 극단에서 다른 극단으로 넘어갔다. 즉, 우리는 법의 객관성, 모든 힘을 그 앞에 굴복시킬 수 있는 법의 능력에 감탄하다가, 이제 법이 너무나 유연하고 영합적이어서 권력관계의 적나라한 모습을 은폐하는 유감스러운 능력을 갖고 있는 것에 분개하고 있다.

⊙ 그리고 법에 너무 많은 가치가 부과되어 있다는 사실 때문이다.

이 끊임없는 시소 타기는 법과 그것이 확립하도록 요구받은 가치들을 어떻게 조화시킬지 알기 어렵다는 점에서 더욱 난감하다. 여러 역사적 순간에 법은 도덕, 종교, 과학, 정치, 국가를 지탱하는 임무를 맡았다. 마치 법의 촘촘한 거미줄이 인간들이 서로 다투고, 목을 치고, 서로의 내장을 찢는 일을 막을 수 있는 것처럼, 오직 법만이 우리를 문명화시키고 법 없이는 여전히 "〈자연〉의 지배"하에 있었을 우리를 〈법〉의 행복한 발견을 통해 인간으로 만들 수 있었던 것처럼! 우리는 각 양식이 다른 모든 양식을 설명한다고 그 나름의 방식으로 주장한다는 것을 완벽히 잘 알고 있지만, 우리가 더블클릭이 경기의 심판 역할을 맡는 것에 이의를 제기한 것은 법을 모든 양식의 총괄 감독자로 만들기 위해서가 아니다. 우리는 법 근본주의를 포함해 모든 근본주의에 저항해야 한다.

법이 바로 그것의 고립성 때문에, 멸종 위기에 처한 모든 가치의 저장소나 창고 역할을 할 수 있을 것 같았다는 것은 사실이다. 특히 가장 다의적인 용어 중 하나인 **규칙**RULE이라는 용어를 독점하는 데 성공했다면 더욱 그랬을 것이다. 이 다중양식적 용어를 규정하게 해줄 설명 요소를 제공할 수 없었던 근대인은 법이 없다면 "더 이상 규칙도 없을 것"이고 "인간은 원하는 대로 무엇이든 할 것"이라고 스스로에게 말했다. 다시 한 번 우리는 법이 최소에서 최대로 변화하는 것을 목격하고, 바람에 여기저기로 날리는 포장지로 전락한 법이 야만에 맞서는 마지막 보루로 부풀어 오르는 것을 보게 된다. 결국 동질적인 것처럼 보이지만 법 제도 역시 다양한 형태로 변형되는 측면을 가지고 있다.

따라서 우리는 특별한 프로토콜을 수립해야 한다 ⊙

법이 자신의 분석에 적합하게 형성되어 있음을 발견하고 너무 일찍 기뻐한 우리 연구자는 이 모든 연쇄적인 변화로부터 법의 전치사를 보호하고 면밀한 민족지학적 작업을 통해 그것의 구별되는 특징을 파악하기 위해 다시 한 번 커다란 유연성을 발휘해야 한다. (그러나 그가 어떻게 이것을 의심할 수 있을까? 각 양식마다 고유한 방법이 필요하다는 사실을 모를 리가 없지 않은가? 각 진리진술 유형에 따라 분석을 변경해야 하는 것이 그의 탐구의 특성이라는 것을 알고 있지 않은가? 사실 주어진 양식을 파

악하는 데 적합하게 미리 맞춰진 메타언어는 없다는 것을? 심지어 연구자 자
신의 것조차 없음을….)

따라서 법을 파악하려면 우선 라퐁텐의 "성유물을 운반하는 당나귀"
와 같은 법에게서 짐을 덜어주기 시작해야 한다. 법에게 인간성, 품위,
문명, 진리, 도덕, 아버지의 법, 그 모든 것의 운반자 역할을 하려 하지
말고 자기 자신만 운반하라고 요청해야 한다. 다음으로 우리는 완전한
자율성과 완전한 다공성의 혼합에 감명 받지 않아야 한다. 만약 우리가
그러한 딜레마의 집게로 법을 파악할 수 있다고 생각한다면, 법은 그와
는 매우 다르게 움직이고 있음이 틀림없다. 마지막으로 민족학자는 법
이 강력하고 객관적이며 견고하고 결정적일 수 있음을 인정해야 한다.
비록 법의 견고성이 다른 양식들의 견고성과는 완전히 다르기는 하지
만 말이다. 우리는 그 이유를 알고 있다. 법이 하나의 존재양식이라면,
그것은 고유한 사양, 고유한 가시성 및 비가시성의 양식, 특정한 존재론
적 내용이나 음조를 가진 특정한 존재자들의 통과에 의존한다. 적어도
이 점에 관해서는 놀랄 이유가 없다.

◄ 수단으로 포장된 법의 통과를 따라가고 ►

우리가 법적 경험의 특정한 운동을 따라갈 때 그것은 어떤 모습인가?
우리가 보는 것은 아주 독특한 유체가 한 단계에서 또 다른 단계로 통
과하는 것인데, 그 유체는 문제의 사건이 도달한 단계에 따라 내용, 크
기, 구성이 다른 일련의 서류들에서 물질적으로 나타난다. 한쪽 끝에서
이 서류들은 이런저런 이유로 재산이나 존엄성, 이익, 삶의 침해를 당했
다고 느끼는 원고들에 의해 얼마간 잘 표현된 여러 형태의 고발을 담고

있다. 그러나 다른 한쪽 끝에서 이 서류들은 이런저런 방식으로 각 단계마다 "법 전체"를 동원하는 텍스트를 담고 있다. 따라서 원고, 법률 전문가, 관찰자에게 있어 시험test/epreuve은 언제나 길고 힘든 경험으로, 한쪽에서는 사건, "사실", 감정, 정념, 사고, 위기를, 다른 한쪽에서는 "그것들을 먼 길로", 때로는 "가장 높은 곳까지", 헌법재판소, 대법원, 유럽사법재판소까지 데려갈 수 있는 텍스트, 원칙, 규정과 마주하는 것으로 구성된다.

그리고 그 중간, 둘 사이에서는? 여기에서는 일련의 변형과 번역, 변성, 성변화가 펼쳐진다. 법의 통과는 연쇄적인 단계에 따라 수많은 사무원, 변호사, 판사, 논평자, 교수 및 기타 전문가들에게 때로는 매우 비싼 비용을 지불함으로써, 말하자면 한편으로 사실, 감정, 정념의 양quantity과 다른 한편으로 판결의 기초가 되는 원칙과 텍스트의 양 사이의 관계를 점진적으로 수정한다. 이 상대적인 양적 비율은 "법적 자격qualification"이라는 훌륭한 용어로 알려져 있다. 피해자에 공감하거나 객관적 진실을 찾기 위해 사실에만 집착하는 것[REF·LAW]은 아무런 소용이 없으며, 아무것도 적용하지 않고 단지 원칙만 고려하는 것도 무용할 것이다. 앞으로 나아가려면 어떤 사실이 판단을 가능하게 하는 정의definition에 부합하는지 아닌지를 알아내야 한다. 법률가들은 새로움을 찾거나 멀리 떨어져 있는 사태에 대한 접근을 추구하는 것이 아니다. 그들은 단지 사실을 판단하는 데 실제로 어떤 원칙이 사용될 수 있는지 알아보기 위해 이 사실을 모든 방향으로 휘젓고, 이 사실에도 적용될 수 있는 원칙을 찾을 때까지 모든 원칙을 휘저으려고 할 뿐이다.

1장에서 보았듯이 법의 운동은 **수단**MEANS/MOYEN―진부해 보이지만 계속 사용되고 있는 용어([TEC]의 수단과 혼동하지 말 것)―으로 포장된 길을 따라간다. 법적 수단이 있고 그것이 통과하거나—그 수단은 때때로 "결실이 있다"고 말해진다—아니면 법적 수단이 없고 "문제는 그대로"이다. 공장의 오염을 막고 싶다고? 하지만 문제가 있다. 당신은 "당사자 적격"이 없다. 얼마든지 소란을 피울 수는 있지만, 법적인 일은 일어나지 않는다. 프랑스 국적을 인정받고 싶다고? 그러나 부모의 귀화 증명서가 없다. 언론에 알릴 수는 있지만, 법적 수준에서는 아무 일도 일어나지 않는다. 중단된 사건을 가지고 소설이든, 종교든, 과학이든, 스캔들이든 원하는 것을 만들 수 있지만 법은 만들 수 없다. 여기에 법의 연계의 독특한 특징이 있다. 즉, 법의 연계는 특정한 공백의 중개를 통해 수단으로 하여금 사실로부터 원칙으로의 일련의 도약 속에서 매우 독창적인 궤적을 따라갈 수 있도록 해준다. 고의적인 허위진술과 텍스트를 연결할 수 있는 연속성은 없지만, 법적 수단은 중요하지 않은 작은 사건에 원칙의 모든 힘을 부여하는 이러한 유형의 연속성을 확립한다.

그리고 어떻게 끝나는가? 항상 그렇듯이, 사건을 유지하기 위해 전면적으로 동원된 일련의 원칙들 사이에서 놀라운 우회로를 확립하는 것을 통해, 그리고 사건에 대한 오랜 망설임에 따라 그 특정한 성질이 좌우되는 판결을 통해 끝난다. 그러나 판결에서 새로움을 기대해서는 안 된다. 오히려 무엇보다도 중요한 것은 "법적 안정성"이라는 경탄할 만한 용어로 알려진 것이다. 판례의 번복을 통해 그 사건이 원칙을 수정할 기회를—그러나 기회 이상은 아닐 것이다—제공하지 않는 한 말이다. 게다가 이 경우에도 법리 체계를 더욱 일관되게 만드는 문제일 뿐이며 결국 실제로는 아무것도 바뀌지 않았을 것이다. 법은 항상성이 있다 homeostatic. 물론 법은 유연하고 유행에 따라 타율적일 수도 있다. 그러나 법은 특정 사건을 매개로 하여 모든 사건, 모든 고의적인 허위진술, 모든 범죄가, 최소한의 혁신에 힘입어, 법의 원칙들을 작성한 사람들이 가치를 두는 것 전체와의 관계 안에 놓일 수 있는 방식으로 진행될 수 있어야 한다. "바뀔수록 똑같다!"라는 말은 법에 대해 해야 한다.

로마인이 이 놀라운 대조를 분리한 것을 자랑스럽게 여기고 그들이 관심을 두는 모든 것을 그것에 맡기기로 한 것은 이해할 만하다―그들은 칼로 그것을 지탱하기 위해 애썼다. 가장 놀라운 것은 오늘날 우리가 여전히 가발이나 검은 법복을 입고 포로 로마노의 고대 대성당과 비슷하게 설계된 공간에서 재판을 하고, 판사와 변호사 모두가 여전히 똑같은 말하기 방식과 가끔 보이는 컴퓨터 화면을 제외하고는 기술적으로 거의 바뀌지 않은 서류, 글, 텍스트, 문서에 의존할 때, 우리는 여전히 매우 로마적이라는 것이다. 키케로는 프랑스어를 배우는 것 외에는 아무것도 하지 않고도 프랑스 국사원이나 유럽사법재판소에서 자리를 차지할 수 있을 것이다! 서류의 모든 세부사항과 법리의 모든 자원을 다 흡수한 후에 그는 무엇을 해야 할지 아주 잘 알 것이다. 자신이 능숙하게 드러낼 "법적 수단"의 품질에 대해 상대방을 설득하기 위해 자기의 말 외에는 어떠한 기술에도 의존할 필요가 없기 때문이다. 그는 법의 내용에 놀랄 수는 있어도 이러한 사건들에 대해 법적으로 말하는 방식에는 놀라지 않을 것이다. "카탈리나여, 그대는 언제까지 우리의 인내심을 시험할 것인가?"

⊙ 대단히 까다로운 법의 적정성 조건을 인식하기 위해서.

우리는 모든 양식의 **적정성 및 비적정성 조건**FELICITY AND INFELICITY CONDITIONS, 즉 진실과 거짓 사이의 "특히 예리한" 구별을 존중할 의무가 있다고 민족학자는 주장한다. 그의 방법은 바로 이것을 요구한다. 모든 자식을 똑같이 배타적이고 포용적으로 사랑하는 어머니처럼, 연구자는 진실을 요구하는 각 양식의 배타적인 방식을 재구성해야 한다. 이것이 진리진술의 다원주의가 합리적인 것의 제약을 약화하는 것이 아니라 반대로 날카롭게 할 수 있는 유일한 방식이다―이러한 제약 가운데 어떤 것도 다른 것보다 우선하지 않게 하면서 말이다.

그래서 다시 여기서 연구자는 "통과하거나" 통과하지 않는 법 앞에서, 좋은 수단과 나쁜 수단을 구분하는 기교 앞에서, 이 예리한 칼날 앞에서 감탄하지 않을 수 없다. 이 망설임의 미묘함, 섬세한 균형을 느끼려면, 국사원Council of State 소송부 판사들과 여러 날 동안 긴 오후 시간을 함께 보내면서, 그들이 쓰레기통이나 추방에 관해 똑같은 극히 작은 이야기를, 소부서에서 부서에 이르기까지, 부서에서 전원회의에 이르기까지, 보고에서 "공적 보고관"의 결론에 이르기까지, 결론에서 판결에 이르기까지, 때로는 몇 달 동안 반복해서 논의하는 것을 들어봐야 한다. 견습생은 항상 "빨리 하자. 그만하자. 충분해. 됐어, 알겠어!"라고 말하고 싶어 한다. 그러나 빨리 진행하는 것은 법적으로 거짓말을 하는 것이다. 아니, 그 과정은 자꾸자꾸 반복되어야 한다. 망설임이 없으면 법도 없다―사건은 단순히 분류되고 관리되고 조직될 뿐일 것이다. 보고서를 다 끝냈다고? 이제 검토자가 사건 전체를 수단별로 다시 살펴본다. 표결할 준비가 되었다고? 아직 아니다. 보조판사, 재판장, 위원 모두가 자신의 도덕적 거리낌을 가지고 끼어든다. 그러면 그 과정은 끝이 없는 것인가? 그렇지 않다. 항소 수단이 다 소진되면, 소송이 소송합동회의로 회부되면, 마침내 "판결이 나고", "문제가 해결되고", "사건은 종결된다." 판결이 잘 내려졌는가? 그렇다. 충분한 망설임이 있었다면.

물론 연구자 역시 실험이 잘못 설정되어 아무것도 증명하지 못하는 것이 아닌가 하는 불안감에 시달리다 한밤중에 깰 수도 있다. 물론 예술가도 진부한 문단, 엉망인 무대 입구, 두 장면 사이의 어색한 컷 등 작품의 스핑크스 때문에 뒤척이다 밤에 깨어날 것이다. 물론 사랑에 빠진 여자도 충분히 사랑하지 못했을지도 모른다는 걱정스러운 연인의 호소를 들으며 밤에 깰 수도 있을 것이다. 물론 우리는 우리의 분노가 헛된 것이었고 우리가 정치적 〈원〉을 확장하기 위해 아무것도 하지 않았다는 사실을 깨닫고 몸서리친다. 그러나 모든 불면증이 똑같지는 않다. "잘못 판결했다"는 두려움에 휩싸인 판사가 서류를 다시 집어 들게 만드는 양심의 거리낌은 그가 법의 존재자들과 마주해야 한다는 사실에서 비롯된다. 마치 어떤 객관성, 법적 외부성—충분히 논의되었기 때문에 논쟁의 여지가 없어 보이는 증거—이 있는 것처럼 말이다. 그러나 판사는 가장 작은 미풍, 가장 작은 정념, 가장 작은 편견, 가장 작은 영향력도 그것들을 쫓아낼 수 있다는 것을 너무나 잘 알고 있다. 그는 간혹 낙담시키는 전문성—그 모든 법, 그 모든 규정—의 수준에서 기능할 수 있도록, 가장 사소하거나 가장 지저분한 사건들의 세부 사항에 가장 세심한 주의를 기울일 수 있도록, 그리고—판사의 상징이며 그를 찌를 것 같은 칼을 든 눈가림한 정의의 여신처럼—어떤 것에 의해서도 흔들려서는 안되는, 흔들린 후에는 흔들렸기 때문에 평형을 이루는 극히 민감한 저울이 될 수 있도록 몸과 마음을 훈련시켜야 한다. 그렇게 해보고 나서 당신이 평화롭게 잠을 잘 수 있으려면 어떤 존재자들과 어울리는 것이 가장 좋을지 스스로에게 물어보라….

법은 발화의 평면들을 연결한다 ⊙

수단이라는 관념을 분리함으로써, 법의 민족학자는 소음과 분노, 땀과 흥분으로 가득 찬 사건들과 그것이 점차 이어져야 하는 엄격하고 안정적인 원칙들 사이의 연쇄적인 **공백들**HIATUSES을 뛰어넘을 수 있게 하는 것이 무엇인지 명확하게 이해한다. 그는 사건들을 따라가면서 어떤 "분별 증류"를 통해 방대하고 복잡한 서류로부터 배심원이나 재판부에 제출되는 한 문장의 문제로 통과하는지 이해한다. 그러나 그는 아직 무엇이 이러한 기적을 가능하게 하는지 알지 못한다. 우리의 탐구에서 항상 그렇듯이, 그는 법의 존재자들이 타자로서의 존재로부터 추출해내고, 그들에게 논쟁의 여지가 없는 객관성의 특정한 음조와 극도의 민감성을 부여하는 특정한 **변이**ALTERATION로 시선을 돌려야 한다.

이 변이를 탐지하는 데 9장에서 살펴본 탈연동 관념이 유용할 것이다. 모든 발화—모든 공백, 모든 파견—는 사실 결국 전건과 후건을 만들어내는 **탈연동**SHIFTING OUT/DÉBRAYAGE이 되며, 전건과 후건 사이에는 어떤 양식이든 특정 유형의 외견상의 연속성을 얻기 위해 항상 건너뛰어야 하는 틈새가 있다. 이것이 행위 과정의 존속을 위해 **실체**SUBSTANCE에 의존할 수 없는 이유이기도 하다—심지어 습관[HAB]조차도 **전치사**PREPOSITION를 잊지 않으면서 생략하는 특정한 불연속성에 의존한다. 그러나 기술적 양식[TEC]에서부터 우리는 연쇄적인 평면들이 매번 새로운 불연속성—다른 공간, 다른 시대, 다른 행위자, 다른 잠재적 발화자—을 추가하면서 증식된다는 것을 보았다. 그리고 만약 실제로 반복이 있다면, 매번 그 반복에 선행했던 요소의 상실이 있다. 세계는 거주되고 채워지지만, 흩어지기도 한다.

사실상 지금까지 확인한 모든 양식에는 이런 독특한 특징이 있다. 그
것들은 통과하고, 앞으로 나아가고, 생존 수단을 찾아 나선다. 물론 각
양식마다 그 방식은 다르지만, 시작했던 조건으로 절대 되돌아가지 않
는다는 공통점이 있다. 정치적 〈원〉[POL]조차도, 항상 다시 시작해야
하지만, 우리가 보았듯이 중단되는 즉시 사라지며 약간의 습관의 주름
외에 아무런 흔적도 남기지 않는다. 종교[REL]에 전형적인 특징인 결
정적이고 구원적인 〈현존〉을 허용하는 종말의 시간조차도, 우리가 관성
inertia을 보장하지 않는 그 이상한 전통을 존중하기 위해 완전히 다른 방
식으로 반복하기를 멈추면 의지할 데 없이 사라진다. 다시 말해, 여타의
양식들은 연쇄적인 탈연동이나 번역을 보관하지archive 않는다. 물론 그
것들은 뒤에 흔적을 남기고 다시 시작하여 매번 이전의 흔적을 활용하
지만, 이동의 흔적을 보존하기 위해 되돌아가지는 않는다. 선행자는 후
행자가 인수하면 사라진다. 이것이 그것들이 하는 일이다. 그것들은 통
과하며 **패스**PASSES한다.

반복을 반복하기. 법의 독창성은 바로 여기에 있다. 불연속성에도 불
구하고 연속성을 보장하기 위해 법은 탈연동이 계속 증식시키는 다양
한 평면들을 서로 연결한다. 10장에서 보았듯이 허구는 또 다른 방식으
로 발화의 평면을 증식시킨다. 즉, 앞쪽으로는 다른 형상을 파견하고—
n+1 평면—뒤쪽으로는 작가와 작품의 가정된 수용자의 윤곽을 그릴 수
있는 암묵적 평면을 만든다—n-1 평면. 이 두 평면 사이에는 각각의 새
로운 파견, 각각의 새로운 행위 과정이 심화시킬 뿐인 새로운 틈새, 새
로운 간극이 있다. 발화자, 발화자의 말이나 행위, 그리고 발화자가 말
을 거는 청자 사이의 연속성을 달성하기 위해서는 계속되는 파견의 움
직임이 끊임없이 분리시키는detach 것을 재연결할reattach 필요가 있을

것이다. 이는 명백히 모순되는 요구 조건인 것으로 보인다. 그러나 법의 독창성은 그것이 정치나 종교의 운동만큼이나 불가능하지만, 정당한 이유로 "법의 주체"라고 불릴 것을 정의하는 데 그것들만큼이나 중요한 운동을 시도한다는 데 있다.

◉ 그 자신의 특정한 형식주의 덕분에.

법[LAW]이 그렇게 독창적이라면, 심지어 더블클릭의 헤게모니에 성공적으로 저항하여 항상 "자신의 장르에서 진실한" 것으로 여겨져 왔다면, 그것은 법만이 이러한 준거들의 재연결reattachment을 보장하기 때문이다. 법 덕분에 발화의 평면들을 분산시키지 않으면서 증식시킬 수 있다. 그러나 이 재연결에는 대가가 따른다. 바로 "형식에 집착하는 것"이다(법의 전문성이 존중될 때에도 법은 언제나 이로 인해 비난받는다). 어떻게? 기록 보관archive, 혹은 다른 법률 용어를 의미를 확장해 사용하자면, 배정assignation이라고 불릴 수 있는 것이 법의 형식[LAW]이다. 법이라는 매우 독특한 존재양식이 말 그대로 고집하는 것은 바로 이러한 "주체"의 제조라는 측면, 발화자와 발화 수신자 사이의 이러한 충전padding이다. 법은 그렇지 않으면 항상 탈연동의 계속되는 충격으로 인해 흩어져버릴 행위 과정들의 시간적, 공간적 연속성을 그 자신의 불연속성을 통해 보장한다는 점에서, 습관과 공통점이 있다[HAB·LAW]. 사실 행위 과정의 실제적 연속성도 주체의 안정성도 없지만, 법은 마치 특정한 연계를 통해 우리가 자신이 말하는 것과 행하는 것에 매여 있는 것처럼 행동하는 기적을 이룬다. 우리가 행하고, 서명하고, 말하고, 약속하고, 제공한 것이 바로 우리를 구속한다.

이것이 법이 모든 행위 과정의 흔적을 유지하는 방법이다—가능한 한 적게 유지한다는 조건에서. 항상 정보에 굶주린 더블클릭은 실망할 것이다[LAW·DC]. (불쌍한 더블클릭은 정치, 종교, 법 등 모든 것에 굶주리고 있다. 결국 굶어 죽지 않을까?) 이것이 법이 흔히 형식적이고 심지어 형식주의적이라고 말해지는 이유이다. 법이 실망스럽다면, 그것은 법이 내용 없이 남아 있어야 하기 때문이다. 그러나 법은 더 나은 일을 한다. 즉, 안심시킨다. 법은 각각의 모든 사건에 법 전체를 동원하기 위해 모든 곳을 다닌다. 단, 엄격한 조건에서, 즉 한 발화체가 다른 발화체에, 한 발화자가 다른 발화자에, 한 문서가 다른 문서에, 한 텍스트가 다른 텍스트에 연결되어 있다는 것을 제외하고는 법이 거의 아무것도 말하지 않는다는 조건에서 그렇게 한다. 법은 정보를 전달하지 않으면서, 이 발화체에서 저 발화체로의 경로가 있는지, 또는 이 발화체와 이 발화자 사이에 경로가 있는지를 고집스럽게 묻는다.

법의 독창성은 다음과 같은 여러 가지 특징으로 확인할 수 있다. 절차의 관념. 배정, 서명, 그리고 발화 평면들의 구분을 뛰어넘는 법의 매우 독특한 "떨림". 죄의 전가. 자격, 텍스트와 사건 사이의 연결("법률 제123조의 의미에서 언론인"이 된다는 것은 무엇을 의미하는가?). 그리고 심지어 **책임**RESPONSIBILITY("이 사람이 실제로 이 문서를 쓴 사람이다"), 권한("이 사람은 실제로 문서에 서명할 권한이 있다"), 소유권("이 사람은 실제로 그 땅을 소유할 권리가 있다") 같은 공인된 정의들. "법적 수단"이 다른 어떤 궤적과도 닮지 않았다면, 그것은 다른 모든 양식들의 통과가 가시화하지 못하는 것을 가시화하려는 이 특별한 집착 때문이다. 그것은 마치 법—발화자와 발화체를 보이지 않는 실로 연결할 수 있게 해주는 체제—이 발화 메시지나 파견의 증식으로 인해 계속 내려오던 비탈길을 애써 거

538 3부

슬러 올라가는 것과 같다. 법을 통해 인물들은 자신의 문서와 재화에 배정된다. 그들은 책임이 있고, 유죄이고, 소유자이고, 저자이고, 피보험자이고, 보호받고 있다. 그러므로 우리는 "법이 없다면" 발화체는 단순히 배정될 수 없다고 말할 수 있다.

문자의 보급으로 이러한 흔적을 더 쉽게 추적하고 보관할 수 있게 된 것은 분명하지만, 법 인류학은 "문자 없는" 민족들 사이에서도 엄숙한 맹세와 장엄한 의식을 통해 사람들에게 약속을 부과하는 수많은 놀라운 절차들의 존재를 증명한다. 이 점에서 문자는 이미 잘 확립된 연결의 습관을 강조했을 뿐이다. 이것은 가장 이국적인 집합체들조차도 항상 법을 완벽하게 만들 수 있는 것으로 인정받아온 이유를 설명해준다.

물론 법은 종교[REL]나 지속성[REP]처럼 일체의 모든 존재자들을 총합할 수는 없다. 법은 작은 연결망만을 차지하므로 어쩔 수 없이 실망스럽다. 그러나 발화의 본성상 끊임없이 구별되는 것을 연결하고, 추적하고, 유지하고, 재연결하고, 봉합하고, 수선하는 것을 가능하게 하는 일련의 기능 전체가 우리 전통이 법이라는 이름으로 축복해온—그것을 필연적으로 더 혼란스러운 제도 안으로 혼합하면서—애착attachment에 속한다고 생각하는 것은 잘못이 아니다. 우리는 근대인이 왜 법에 대해 아낌없는 찬사를 보낼 수 있었는지, 심지어 때로는 우리가 잘못된 길로 가는 것을 막는 책임을 법에 맡기고 싶은 유혹에 굴복했는지를 이해할 수 있다. 하지만 법은 아무것도 하지 않고, 아무것도 말하지 않으며, 아무것도 알려주지 않는다. 그러나 자신이 하는 일은 잘한다. 법은 탈연동의 폭포에도 불구하고 자신이 저자가 된 세계를 재연결하고 꿰매고 연속성으로 포장한다.

우리는 이제 준주체의 특성을 이해할 수 있다 ⊙

요컨대 정치와 마찬가지로 법은 여러 면에서 구별된다. 법은 행하는 방식—형식, 형식주의—에 의존하고, 정치와 종교처럼 총체성을 내포한다. 그리고 무엇보다도 법은 자신의 말과 행동에 관여할 수 있게 된 주체들에게 일관성을 부여하는 데 매우 중요한 일종의 후킹 효과hooking effect에 의해 발화 조건으로 되돌아온다. 그렇기 때문에 정치[POL], 법[LAW], 종교[REL]를 **준주체**QUASI SUBJECTS 그룹으로 묶어 우리의 소분류 체계를 계속 발전시켜 나가는 것이 매우 유용할 것이다.

2부 말미에서 기술[TEC], 허구[FIC], 지시[REF]의 존재자들을 **준객체**QUASI OBJECTS라는 단일한 표제로 묶을 것을 제안했다. 이 세 가지 양식은, 각각이 내세우는 재료들—기술, 형상, 지시의 연쇄—에 의존하며 일종의 반동 효과에 의해 다가올 주체들의 잠재적 위치를 생성한다. 기호학이 **발화**ENUNCIATION 이론으로 명확히 식별한 것이 바로 이것이다. 행위하고 생각하고 말하는 인간, "기술을 창조"하거나 "작품을 상상"하거나 "객관적 지식을 생산"할 수 있는 인간으로 우리의 분석을 시작하지 않고, 기술적 행위나 작품의 창조, 객관성의 조립이 가정하고 암시하는 암묵적 발화자로 탐구를 시작하게 해준 것이 바로 이것이다. 인류발생학적으로 간략히 말하자면, 휴머노이드들은 기술, 허구, 지시의 존재자들과의 연합을 통해 인간—생각하고 말하는 인간—이 되었다. 그들은 그러한 존재양식들과 씨름함으로써 기술적이고 상상하며 객관적 지식을 가질 수 있게 되었다. 이것이 우리가 이러한 존재자들의 출현(그들은 진짜 객체이다)과 나중에 올 주체들의 아직 비어 있는 장소(그들은 준객체에 불과하다)를 둘 다 지정하기 위해 "준객체"라는 표현을 재사용한 이유다.

반면 우리가 여기서 그룹으로 묶은 세 가지 양식의 구별되는 특징은 말하자면 암묵적 발화자의 아직 비어 있는 형식을 채운다는 것이다. 그 양식들이 주체는 아니지만(우리는 주체가 해체되었음을 알고 있다. 우리는 주체에서 시작하지 않고 주체에 도달한다), 그럼에도 불구하고 이러한 존재자들은 근대인의 인류학의 정의에 매우 중요한 주체성의 제안들이다. 따라서 그것들은 사실상 준주체들이다. 이 **세 번째 그룹**THIRD GROUP의 독창성을 성급하지만 이렇게 요약해볼 수 있다. 정치적 〈원〉을 따라가면서 인간은 집합체 내에서 의견을 밝히고 입장을 분명히 할 수 있게 된다―자유롭고 자율적인 시민이 된다. 법의 형식과 결부됨으로써 인간은 시간과 공간에서 연속성을 가질 수 있게 된다―자신의 행동에 책임지며 배정될 수 있는 보장된 존재자가 된다. 종교적 〈말〉을 받음으로써 인간은 구원과 파멸의 가능성을 갖게 된다―인정받고 사랑받고 때로는 구원받는 **인격적 개인**PERSONS이 된다.

이번에는 **두 번째 그룹**SECOND GROUP처럼 제조하거나 파견하거나 알려진 객체들에 초점을 맞추는 문제가 아니라, 그것들을 제조하거나 사용하는 사람들, 작품을 창작하거나 수용하는 사람들, 인식하거나 배우는 사람들에게 새로운 일관성을 제공하는 문제이다. 이러한 역할들은 암묵적이고 함축적이며 전제되어 있었다. 그것들은 n-1 평면이라는 림보에 거주했으며, 그것보다 선존재할 수 없었다. 이제 그것들에게 역할, 기능, 형상화를 제공함으로써 그것들을 차례대로 절합하는 것이 불가능하지 않다. 두 번째 그룹이 모든 관심을 끌었던 객체들에 대해 구심적인 만큼, 세 번째 그룹은 "우리"가 회합하고, 우리가 판결하고, 우리가 기도하는 계기가 되는 객체들에 대해 원심적이다.

⊙ 준주체들의 기여를 존중하는 법을 배우면서.
첫째, 정치의 존재자들[POL] ⊙

그런데 회합하고 판결하고 기도하는 이 "우리"는 누구인가? 정치적 〈원〉[POL]을 통한 구성을, 객체들—공통된 사물들, 사건들, 이슈들—을 계기로 삼아, 그것들과 결부된 사람들에게 형식과 형상을 부여하는 양식들 가운데 하나로 간주하는 것은 터무니없는 일이 아니다. 하나의 독자적인 존재양식인 〈원〉은 그러한 존재 만들기를 가능하게 한다. "우리"로부터 복수형의 "우리"가 만들어진다. "우리"는 "우리"가 공통적으로 가지고 있는 것들 주위로, "우리"가 그것들에 대해 동의하지 않기 때문에, 모이는 사람들이다. 이는 놀라운 발화 조건이다. "나"는 나를 대표하는 사람들이 내가 "그들의 자리에서" 했었을 말을 하도록 "만드는" 사람이 될 것이고, 동시에 〈원〉이 회전함에 따라 "나"는 그들에게 복종함으로써 그들이 내가 말하게끔 만드는 것을 표현하기 때문이다.

그렇기 때문에 정치는 결코 선존재하는 "사회"에 기반을 둘 수 없고, 반쯤 벌거벗은 인간 무리들이 모여 있는 "자연상태"에는 더더욱 기반을 둘 수 없다. 연쇄적인 변이들에 대한 탐구는 이 믿기 어려운 시나리오와 상반된다. 우리는 정치적 〈원〉이 끊임없이 연마되는 연쇄적인 명제들의 옷을 입음으로써 점차 복수형의 "우리"가 되는 법을 배워왔다. 아우토퓌오스autophuos는 사실상 주체가 스스로를 위해 스스로를 생산하는 물리학이다. 그것이 없다면 우리는 우리가 무엇인지 말할 수도 없고, 우리가 말하는 대로 존재할 수도 없을 것이다.

◀ 다음으로 법의 존재자들[LAW] ▶

이 정도면 "인간의 모습을 가진 사람"을 탄생시키기에 충분하지 않을까? 물론 그렇지 않다. 정치[POL]만이 준주체의 점진적 생성에 참여하는 유일한 존재양식은 아니기 때문이다. 바로 여기가 법[LAW]의 완전한 힘이 발휘되는 곳이다. 법이 없다면, 모든 발화 행위는 가능한 저자의 말과 행동을 연결할 기회도 없이 그것들을 흩어놓을 것이다. 로마 속담에 "황소는 뿔로 잡지만 사람은 말로 잡는다"는 말이 있듯이 그 연결은 거의 무한소에 가까울 정도로 약하다. 법에 고유한 자율성의 형식에 정확히 주의를 집중하는 것이 그렇게 어렵다면, 그 섬세한 천을 찢지 않고 펼치기 위해 그렇게 많은 주의를 기울여야 한다면, 그것은 약한 연결의 힘 때문일 것이다. 만약 법이 모든 것을 하나로 묶어준다면, 모든 사람과 모든 행위를 서로 연결할 수 있다면, 그리고 연속적인 경로를 통해 예컨대 헌법을 사소한 법적 사건과 연결하는 것을 허용한다면, 그것은 또한 법이 각각의 상황에서 본질의 아주 작은 부분만을 추출하기 때문이다. 법의 짜임새는 올이 성긴 그물망을 닮았다. 법을 차갑고, 형식적이고, 까다롭고, 추상적이고, 비어 있다고 규정할 때 상식이 법의 움직임에서 유지하는 것이 바로 그것이다. 그렇다. 법은 비어 있어야 한다! 법은 충만함을 의심한다. 법은 법의 속도를 늦추고, 법을 무겁게 만들고, 법의 고유한 경로를 통해 세상과 관계 맺는 것을 가로막는 내용을 의심한다. 법은 어디에나 갈 수 있고 모든 것을 일관되게 만들 수 있지만, 거의 모든 것을 빠져 나가게 한다는 조건에서만 그렇다.

법은 지식처럼 지시를 강력하게 장악해서 영토를 지도 위에 옮겨놓으려 하지 않는다[REF·LAW]. 법은 또한 과학처럼 강력한 계산센터 안에 전체 세계를 한눈에 볼 수 있게 하는 세계의 축소 모형을 구축하려는 위험한 시험에 덤벼들지 않는다. 환유는 법의 강점이 아니다. 집의 공증서란 무엇인가? 어떻게 그 연약한 종이 한 장이 벽의 두께와 기억의 무게에 비교될 수 있는가? 어떠한 유사성, 모방성, 지시, 청사진의 관계도 없다. 그러나 갈등과 상속, 분쟁이 있는 경우에 당신이 자신의 주장을 증명하고 자신의 재산임을 증명할 수 있는 것은—어쩌면 당신을 거리로 내몰고 싶어 하는 사람들의 주장이 틀렸음을 증명하고 집을 지킬 수 있는 것은—사실 이 보잘것없는 작은 종이와 텍스트 본문 사이의 눈부신 연계를 통해서, 그리고 변호사와 판사의 중개를 통해서이다. 그 연결은 아주 작지만 총체적이며, 그 장악은 미미하지만 나머지 모든 것과 연결될 수 있다.

⊙ 마지막으로 종교의 존재자들[REL].

정치적 발화로 옷을 입고[POL] 법으로 발화에 결부되는[LAW] 이러한 준주체는 여전히 일관성이 많이 부족하다고 할 수 있다. 실제로 그는 여전히 **인격적 개인**PERSONS이 될 기회가 부족하다. 세 번째 체제인 종교적 양식[REL]은 적어도 우리 전통에서는 현존presence의 새로운 무게로 그것을 채울 것이다. "나"와 "너"가 출현하려면, 존재자들의 새로운 흐름, 즉 현존이라는 선물을 주는 존재자들이 필요하다. 이번에는 발화자 자신이 직접 "나는 너에게 말하고 있다."라고 말하며, 물론 말 건넴이 없으면 "너"도 없다. 이러한 존재양식은—살아 있는 〈신〉의 설교에서 원격 현실에 이르기까지!—역사 전반에 걸쳐 수많은 다른 방식으로 제도화되었지만, 그것이 없으면 우리는 인격성personhood에 대한 감각—우리의 특정한 감각—을 잃지 않을 수 없다. 사랑과 연인을 제조하는 제도는 다양한 이름을 가질 수 있지만, 그것의 발화, 고지, 소식, 복음의 형식은 분명히 다른 모든 것과 다르다. 그 진리진술의 품질은, 우리가 현존하는 것에 대한 호소를 충분히 반복하기를 중단하면 즉시 사라지는 무한히 미묘한 노하우로 측정된다. 그 즉시 우리는 더 이상 "특정한 사람"에게 말을 건네지 않는다. 무자비한 요구 조건인가? 그렇다. 하지만 정치[POL]의 양식이나 법[LAW]의 양식이 각자의 장르에서 그런 것보다 더 제약적인 것은 아니다.

준주체들은 모두 음조에 민감한 발화 체제들이다.

또한 세 번째 그룹은 준주체들의 그룹이라는 지칭을 정당화하는 공통 특징을 가지고 있다. 그것은 바로 이 그룹의 적정성 및 비적정성 조건이 항상 순간, 상황, 음조에, 거의 목소리의 톤에—어쨌든 형식에—달려 있다는 사실이다. (이런 이유로 이 **세 번째 그룹**THIRD GROUP을 위해 **발화 체제**REGIMES OF ENUNCIATION라는 용어를 남겨두는 것은 나쁜 생각이 아닐 것이다. 그것은 분명히 "말하는 방식"의 문제이기 때문이다.) 근대주의가 그것들을 비합리적이거나 적어도 진실과 거짓에 무관심하다고 선언하게 된 것은 바로 이러한 적정성 및 비적정성 조건의 취약성 때문이었다. 그러나 우리가 정치적, 법적, 종교적으로 진실하게 말하는 것과 정치적, 법적, 종교적으로 거짓되게 말하는 것 사이의 차이를 다시 한 번 추적할 수 없다면, 얼마나 큰 손실인가. 그리고 우리가 이러한 진실의 형식들을 혼동한다면, 그것들을 융합한다면, 얼마나 더 큰 손실인가. 그렇게 매력적인 대조들을 식별한 다음—마치 그것들을 발견하지 못한 것처럼, 혹은 그것들이 없어도 되는 것처럼—그렇게 엉망으로 뒤섞어버린 것은 근대인에게 얼마나 놀라운 모험인가! 인류학자들은 눈물 흘리는 재능이 있는 것 같다. 그들은 사라지고 있는 사람들만을 방문하며, 그들에게 열대는 언제나 슬프다. 마찬가지로 우리는 근대인의 인류학에 직면해 그들의 발견에 감탄하며 눈물을 흘려야 할지, 아니면 그들이 낭비한 유산에 연민을 느끼며 눈물을 흘려야 할지 알지 못한다.

양식들의 분류는
우리가 말해야 하는 것을 잘 절합할 수 있도록 해준다 ⊙

이제 우리가 1부에서 작성하기 시작한 도표에 세 번째 그룹의 양식들을 추가하는 것을 막을 것은 아무것도 없다. 물론 체계적인 목록을 구성하는 데는 위험이 따르지만, 분류하지 않을 때의 위험도 신중하게 고려해야 한다. 각각의 양식이 자신의 방식으로 다른 양식들을 해석하고, 자신의 언어로 자유롭게 말할 수 있어야 하고, 메타언어의 각 용어가 그것을 인식 가능하게 만드는 기호로 표시되기를 요구한다. 분류하지 않는다면 그런 양식들을 어떻게 전개할 수 있겠는가? 매 순간 상실할 위험이 있는 차이들을 어떻게 명확하게 절합할 수 있겠는가? 도표를 통해 목록을 작성하는 것의 큰 장점은 종이 위에 행과 열을 펼쳐 놓으면 머릿속에서 혼란스러울 수 있는 범주들을 추적하는 데 도움이 된다는 점이다. 우리의 작은 도표는 기억 보조물에 불과하지만, 경험 철학에서 우리가 이제 둘 이상, 셋 이상도 셀 수 있음을 상기시키기에 충분하다.

목록을 작성하지 않는다면, 우리는 다시 한 번 이원론으로 넘어갈 위험이 있고, 문자 그대로 말하려고 애쓰는 사람들과 다른 모든 비유적이라고 지칭되는 담화들 사이의 (흔하기도 하고 생경하기도 한) 구별에 또다시 의지하게 될 위험이 있다. 그 담화들은 우리에게 길을 잃게 하고 잘못된 길에 빠져들게 하며 거기서 우리는 상상과 기술, 폭력과 거짓말의 물길—나쁘면 광기의 흐름, 좋으면 시의 흐름—에 휩쓸리게 될 것이라고 주장된다. 마치 우리가 무엇을 하든 이분화 논자들은 언제나 우리에게 "문자 그대로 말하는 것인가 아니면 비유적으로 말하는 것인가?"라고 묻는 것과 같다. 아무리 손을 비벼도 소용없을 것 같다. "아라비아의 모든 향수로도 이 작은 손을 향기롭게 할 수 없으리라…."

어떤 대가를 치르더라도 이분법을 원한다면, 그것은 더 이상 문자 그대로 말하는 것과 비유적으로 말하는 것 사이의 이분법이 아니라 "직선적으로" 말하는 것과 잘 말하는 것 사이의 이분법일 것이다. 우리가 힘들게 배우고 있는 것처럼, 잘 말한다는 것은 반드시 재능 있는 화자라는 것이 아니다. 그것은 자신이 말하고 있는 것과 자신이 말해야 하는 상대방 모두를 진지하게 받아들이는 것이다. 상대방이 애지중지하는 것에 대한 감각을 존중하는 방식으로 말이다. 어떻게? 각각의 경우에 우리가 말을 걸고자 하는 존재자들의 유형을 명시함으로써, 그것들의 진리진술과 비진리진술의 특정한 유형을 정의함으로써, 그리고 그것들의 고유한 변이를 확인함으로써 그렇게 한다. 세계와 마찬가지로 말도 다시 시작하고 표류한다. 따라서 이런 의미에서 "문자 그대로" 같은 것은 없다—정확히 어디로 "가지도", "이끌지도" 못하는 더블클릭이 말하는 것 빼고는. 근대주의에서 "비유적인 것"과 "문자 그대로인 것"의 표준적인 구별이 그렇게 어색하게 등록한 것은, 예를 들어 지시의 연쇄를 구축하는 것[REF], 법을 진술하는 것[LAW], 형식을 재료 안에서 공명시키는 것[FIC] 사이에 차이들이 존재해야 한다는 막연한 느낌이다. 근대인의 메타언어는 그들에게 이러한 구별의 뉘앙스를 절합할 방법을 제공하지 않았다. 우리의 탐구는 적어도 이 점에 대해 명확하다.

"문자 그대로" 말한다고 주장할 때, 우리는 어떤 양식을 암시하는 것인가? 지시의 양식인가[REF]? 그러나 연구자라면 누구나 잘 알고 있듯이 마침내 연구자들이 직선으로 나아가게 된다면, 그것은 인상적인 장애물 뛰어넘기를 통해서이다. 기술의 양식[TEC]? 엔지니어가 마침내 효과를 발휘한다면, 그것은 기술의 어지러운 지그재그를 통해서 이루어진 것이다. 정치의 양식[POL]? 정치인이 솔직하고 직설적으로 말한다면, 그것은 구불구불한 경로를 따라 그렇게 하는 것이다. 그렇다면 "비유적으로 말하기"에 만족한다고 할 때, 우리는 어떤 양식을 암시하는 것인가? 허구적 존재자들의 양식[FIC]? 그러나 "품위", "스타일", "긴장"에 대한 허구적 존재자들의 요구는, 우리가 마치 예술 작품을 생산하기 위해 "자유롭게 자신을 표현"하는 것으로 충분하다는 듯이 은유의 이점을 칭송할 때 그러리라고 생각되는 것보다 훨씬 더 큰 의무감을 우리에게 지우는 것 같다. 종교의 양식[REL]? 우리의 발화 방식에 민감한 종교적 존재자들에 대해 말하는 사람들이 "비유와 우화로" 말한다고 해야 하는가(물론 그렇다), 아니면 있는 것, 있었던 것, 다가올 것에 대해 가능한 한 문자 그대로 말한다고 해야 하는가(이것도 사실이다)? 〈신〉 자신도 "구부러진 선으로 곧게 쓴다"고 말해지지 않는가? 재생산의 양식[REP]? 힘의 선들과 계보들의 가공할 표류를 어떻게 규정할 것인가? 생명 자체에 대해 "문자 그대로" 또는 "비유적으로" 계속된다고 말할 것인가? 수족관이나 동물원, 자연사박물관을 방문하는 모든 사람이 그것에 대해 궁금해하므로 그 답을 아는 것이 좋을 것이다. 변신의 양식[MET]? 누군가가 그 영향력과 소유의 존재자들에게 정면으로 접근하여 말을 걸

수 있었던 적이 있는가?

이 모든 의미의 흐름을 직선적인 것과 우회적인 것 사이의 단일한 대립으로 환원하는 것은 마치 장난감 호루라기로 「마술피리」를 연주하려는 것과 같다. "문자 그대로"와 "비유적" 사이의 빈약한 구별은 아예 제쳐두는 것이 최선이다. 다음에 누군가가 당신에게 직선적으로 말하고 있는지 구부러지게 말하고 있는지, 여전히 이성을 믿는지, 정말 합리적인지를 묻는다면, 먼저 당신이 그들에게 어떤 발화의 키로 답하기를 원하는지 지정할 것을 주장하라.

◉ 또한 〈주체〉/〈객체〉의 차이에 대한 근대주의적 집착을 마침내 설명할 수 있도록 해준다.

이러한 기초적인 분류의 또 다른 이점은 그동안 철학이 증폭해온 〈객체〉 세계와 〈주체〉 세계 사이의 구별, 그것의 존재 이유를 찾아내기 전에 우리가 그토록 비판적이어야 했던 그 구별을 마침내 정당하게 취급한다는 점이다. 근대인이 그런 깊은 골을 파낸 것은 단순한 실수로 인한 것이 아니었다. 그들은 지지대에 그것이 버틸 수 없는 무게를 지탱하게 하는 엔지니어처럼 행동했다. 도표를 보면, **첫 번째 그룹**FIRST GROUP은 준주체 및 준객체와 무관한 양식들에 해당하며, 두 번째 그룹과 세 번째 그룹은 각각 준객체와 준주체를 모은다는 것을 알 수 있다. 〈객체〉에 주의를 집중하는 것은 〈주체〉에 주의를 집중하는 것과 같은 움직임이 아닌 것이 분명하지만, 이 움직임에는 실재의 두 가지 구별되는 구획들 간의 그 차이를 추적하게 해주는 것은 없다. 첫 번째 그룹이 나머지 두 그룹 중 어느 것과도 대응하지 않는다는 것은 말할 것도 없다. 따라서 앞으로 있을 협상에서 정보원들이 소중히 여기는 이러한 대립을 위한 장소를 남겨둘 수 있어야 한다, 단, 3세기 동안 이분화 논자들이 집착했던—그리고 그들이 그것을 "넘어서거나" "비판하려고" 분투할 때 더욱 집착하는—그 가공할 분열을 그것에 맡기는 데 동의하지 않고서 말이다. 두 번째 그룹과 세 번째 그룹 사이의 작은 뉘앙스는 결코 사유실체res cogitans와 연장실체res extensa 사이의 이분법과 겹쳐질 수 없다. (적어도 인류학은 더는 심신 문제의 퍼즐을 해결하지 않아도 된다.)

그러나 우리가 더는 〈주체〉와 〈객체〉라는 오래된 지지대에 무게를 지탱할 것을 요청할 필요가 없더라도, 그 유산의 수호자로서 인류학자는, 마치 고대 유적지를 철저히 복원하면서 폐허였다가 이제 개조된 건물의 바탕이 되었던 위험한 건축학을 관찰자들이 이해할 수 있도록 둥근 천장, 벽면, 기둥의 일부를 보존하는 숙련된 건축가처럼 해나갈 수 있을 것이다.

왜냐하면 우리가 이제 관심을 가져야 할 것은 건축학이기 때문이다.

우리 인류학자의 새로운 두려움: 네 번째 그룹, 〈경제〉의 대륙

어쨌든 이 기초적인 배열의 진짜 이유는 다른 데 있다. 바로, 지금까지 조심스럽게 언급을 삼갔던, 가장 중요하고 가장 어렵기도 하고 가장 자연화된, 그리고 준객체들과 준주체들을 연결할 네 번째 그룹을 식별하는 것이다. 근대인이 지금까지 우리가 초점을 맞춰온 대조들만 추출했다면, 그들은 그 자신들뿐만 아니라 다른 사람들까지 빠져들게 한 이 국주의의 안개를 내뿜지 않았을 것이다. 오리엔탈리즘도 옥시덴탈리즘도 그들을 그렇게까지 혼란스럽게 만들지 않았을 것이다. 기술의 혁신

[TEC], 예술 작품의 빛나는 아름다움[FIC], 과학의 객관성[REF], 정치적 자율성[POL], 법적 연계의 존중[LAW], 살아 있는 신의 부름[REL]을 식별함으로써, 그들은 가장 아름답고 가장 내구적이며 가장 결실이 풍부한 문명들 가운데 하나처럼 세계에 빛을 발할 수도 있었을 것이다. 그들은 자신을 자랑스러워하고, 아틀라스, 시시포스, 프로메테우스 등 그 모든 비극적 거인들처럼 자신을 짓누르고 으깨는 무거운 짐이 없었을 수도 있었을 것이다. 그러나 그들은 계속해서 다른 무언가를 발명했다. 바로 〈경제〉의 대륙이다. 우리는 처음부터 다시 시작해야 한다.

14장

조직에 관해 자신의 언어로 말하기

두 번째 〈자연〉은 첫 번째 〈자연〉과 전혀 다르게 저항한다 ⊙ 그것은 〈경제〉를 우회하기 어렵게 만든다 ⊙ 〈경제〉와 일상적 경험 사이의 세 가지 간극을 식별하지 않으면 말이다.

첫 번째 간극, 온도: 뜨거움 대신 차가움.

두 번째 간극: 붐비는 아고라 대신 빈 장소.

세 번째 간극: 감지할 수 있는 수준의 차이가 없음.

이 모든 것은 우리가 세 가지 구별되는 양식들 [ATT], [ORG], [MOR]의 융합을 가정할 수 있게 해준다.

조직[ORG]의 역설적 상황은 ⊙ 약하게 장비를 갖춘 경우에서 시작한다면 더 쉽게 발견할 수 있다 ⊙ 그것은 대본이 어떻게 우리를 "거꾸로" 뒤집는지 볼 수 있게 해준다.

조직화는 필연적으로 탈/재조직화이다.

여기에 별개의 존재양식이 있다 ⊙ 이 양식은 고유한 명시적인 적정성 및 비적정성 조건과 ⊙ 타자로서의 존재의 특정한 변이, 즉 틀을 가진다.

그래서 대본을 쓰는 데 〈섭리〉가 없어도 된다 ⊙ 쌓임과 총합을 분명히 구별한다면 ⊙ 그리고 〈사회〉로 알려진 유령 메타배정자를 피한다면 말이다 ⊙ 작은 것이 큰 것을 측정한다는 방법론적 결정을 유지함으로써 ⊙ 그것은 규모 조정의 작동을 따라갈 수 있는 유일한 방법이다.

이렇게 하면 경제화 장치를 전면에 드러낼 수 있다 ⊙ 그리고 소유권의 두 가지 다른 의미를 구별할 수 있다 ⊙ 계산 장치를 약간 추가하는 것을 포함하면서.

"경제적 이성"이라는 표현으로 혼동해서는 안 되는 두 가지 양식.

두 번째 〈자연〉은 첫 번째 〈자연〉과 전혀 다르게 저항한다 ⊙

　이 지점에 이르러 근대인의 인류학자는, 통약 불가능한 존재양식들을 가로지르며 동일한 조사 프로토콜을 완고하게 유지해왔다는 정당한 만족감과, 정보원들을 진정으로 움직이는 것이 무엇인지 이해하지 못했다는 고뇌 사이에서 망설인다. 이는 그가 더는 무시할 수 없는 거대한 사실 때문이다. 인류학자가 근대인의 "다양한 존재양식"에 대해 탐구하고 있다고 말할 때, 정보원들은 신성이나 신, 미생물, 물고기, 조약돌의 정확한 무게에 대해 생각하는 것이 아니라, 그들이 "생계를 유지하는" 방식에 대해 생각한다는 사실이다…. 그리고 이 거침없는 용어로 그들이 가리키는 것이 형이상학의 미묘함이나 인식론의 혼란, 반물신숭배의 표적 오류인 것 같지는 않다! 아니, 그들이 가리키는 것은 그들의 생활환경과 소비에 대한 열정, 일상의 어려움, 갖고 있거나 방금 잃은 직업, 심지어 급여 명세서 같은 것들이다. 연구자는 정보원들이 기꺼이 목숨을 바칠 수 있는 "가치들"의 목록을 완성했다는 착각에 빠져 있을 수 없다. 그들의 이야기를 들어보면 오히려 자신이 지금까지 아무것도 이해하지 못한 것 같고, 복음서에서 말하는 것처럼 "하루살이는 걸러내면서 낙타는 그대로 삼키는 데"(마태복음 23:24) 모든 시간을 소비한 것처럼 느껴진다. 우리가 그동안 근대인이 가장 덜 소중히 여기는 존재양식들만을 전개한 것이라면, 앞으로 닥칠 외교의 시련을 어떻게 헤쳐 나갈 수 있겠는가?

근대인의 인류학이 그토록 다루기 까다로운 것은 근대인이 애착하는 **가치들**VALUES을 정의하는 것이 거의 불가능하기 때문이다. 그들의 말을 들어보면, 실체나 생존에 대한 모든 질문을 존재론의 미묘한 우회로가 아니라, 하나의 거대 담론, 즉 〈경제〉의 담론으로 다시 가져와야 한다. 근대인의 살기, 원하기, 할 수 있기, 결정하기, 계산하기, 동원하기, 착수하기, 교환하기, 빚지기, 소비하기의 의미는 모두 우리의 탐구가 아직 다루지 않은 이 세계에 전적으로 위치하고 있다. 우리가 **연장실체**RES EXTENSA를 우회하는 데 너무 많은 시간을 썼던 것 아닐까? 자칭 진정한 "유물론자들"이나 반대로 "관념론자들"이 그 문제가 아니라 훨씬 더 강력하고 널리 퍼져 있는 또 다른 문제, 즉 이해관계의 "철칙"을 전면에 내세우는 문제를 불러내고 있을 때 말이다. 정보원들은 실제로 〈경제〉에서 사실, 법, 필연성, 의무, 물질성, 힘, 권력, 가치 등에 대해 진정으로 배운다. **첫 번째 자연**FIRST NATURE도 물론 중요했지만, 그들을 지속적인 방식으로 형성하는 것은 이 **두 번째 자연**SECOND NATURE이다. 타르드의 표현을 빌리자면 "정념적 이해관계passionate interests"라는 문제가 걸려 있을 때마다 정보원들이 "실재"와 "진리"라는 용어를 처음 만나게 되는 것은 바로 이 두 번째 〈자연〉 속에서 그리고 그것을 통해서이다. 따라서 여기가 지금 우리가 파헤쳐야 할 곳이다.

◉ 그것은 〈경제〉를 우회하기 어렵게 만든다 ◉

하지만 어떻게 하면 너무 과소평가하거나 과대평가하지 않으면서 〈경제〉에 충분히 신중하게 접근할 수 있을까? 마치 지구의 한쪽 끝에서 다른 쪽 끝까지 모든 사람이 이제 모든 사물의 가치를 정의하는 데 동일한 용어를 사용하는 것처럼, 〈경제〉는 그것에 대한 탐구가 단번에 완료될 수도 있었을 만큼 강력한 메타언어를 분석가에게 제공한다. 〈경제〉는 이미 통일되고 세계화된 세계의 두 번째 자연이 되었을 것이기 때문에 인류학에 아무런 도움이 되지 않을 뿐만 아니라, 모든 민족이 어디서나 같은 어법으로 명시화된 같은 측정 도구의 혜택을 누릴 수 있게 됨으로써 우리가 계획한 외교의 모든 목표를 처음부터 달성했을 수도 있다. 〈경제〉에서는 계산하는 것으로 충분하므로 언제나 상호 이해가 있을 것이다. 이제부터 지구 전체가 동일한 용어로 가치를 부여하는 동일한 방법을 공유할 것이기 때문에, 근대인의 유산을 명시하려던 사반세기 동안의 노력은 쓸모없는 일이었을 수도 있다.

생태 위기로 인해 첫 번째 〈자연〉은 보편성을 잃을 위험에 처한 것으로 보이는 반면—어떤 사람들은 심지어 **"다자연주의**MULTINATURALISM**"**에 대해 말하기까지 한다—경제 위기들의 규모에도 불구하고 두 번째 〈자연〉의 지배력은 계속 증가해왔다. 우리 민족학자가 이 문제를 진지하게 연구하고 싶다면, 그는 베를린이나 휴스턴, 맨체스터뿐만 아니라 상하이나 부에노스아이레스, 다카에서도 현장 조사를 할 수 있을 것이다. 어떻게 그가 이 진정한 보편성, 아마도 우리가 가진 유일한 공통된 것의 매력에 저항할 수 있을까? 단일한 언어, 단일한 세계, 단일한 척도. 그것이 진짜 결론이다. 굶어 죽을 것만 같았던 더블클릭이 마침내 가장 원대한 확장의 꿈을 실현하기 직전인 것처럼 말이다.

그러나 연구자는 자신이 명백한 과장에 굴복하게 될 것이라고 느낀다. 그는 이 작업을 시작할 때 우리가 맞서 싸웠던 것과 같은 충전물에 직면하게 될 것이다—그 충전물이란 바로 (첫 번째) 〈자연〉을 나름대로 정의한다고 주장하고, 모든 것에 대한 평가를 관장하는 보편적 법칙을 지시한다고 주장하는 〈지식〉의 헤게모니였다[REF·DC]. 마찬가지로, 널리 유포되어 있는 대항 서사로 인해 민족학자의 의심은 더욱 강해진다—그 대항 서사란 바로 〈경제〉는 세계화의 혜택 덕분에 마침내 모든 사람에게 드러난 세계의 기초가 아니라, 구 서구의 여러 원천에서 시작하여 점차 지구 전체로 전이되기 시작한 암이라는 반론이다. 이 대항 서사에서 그 암은 다른 모든 가치를 오직 냉정한 이해관계라는 계산으로 녹여버렸다. 〈경제〉가 보편적이라면, 그것은 **자본주의**CAPITALISM라는 치명적인 질병, 용서받지 못할 범죄 때문이다. 〈자본주의〉는 그에 대한 저항력을 갖추지 못한 신체의 거의 모든 세포를 감염시킨 괴물 같은 역사의 산물이다. 〈자본주의〉를 발명하고 이를 이용해 지구 전체를 소유한 것은 백인들의 용서할 수 없는 범죄일 것이다.

그러나 이것은 또 하나의 과장이 아닐까? 이 괴물에게 너무 많은 힘을 부여하는 것이 아닐까? 더 심각하게는 〈자본주의〉를 무서운 파괴력을 지닌 암으로 너무 성급하게 받아들임으로써 결국 그것과의 공모에 동의하는 방식이 아닐까? 항상 그렇듯이 민족학자는 망설이기 시작한다(그래서 그의 탐구가 오래 걸리는 것이다!). 그가 〈경제〉를 완전히 우회하고—그것을 좋게 (세계화된 세계의 보편적 방언으로) 말하든, 나쁘게 (〈자본주의〉라는 암에 걸린 세계의 숙명으로) 말하든—〈경제〉라는 메타언어를 사용하는 것을 피할 수 있기를 바라기 때문이다. 어떻게 하면 연구자는 〈경제〉가 자신의 탐구의 "넘어설 수 없는 지평"을 제공할 것이라고 믿지 않으면서도, 정보원들이 생계의 어려움에 대해 말하는 것을 존중할 수 있을까? 다시 말해, 어떻게 아무것도 더하거나 빼지 않고서 자신이 들은 것을 파악할 수 있을 만큼 충분히 자신을 **비경제화** DISECONOMIZE할 수 있을까? 그리고 어떻게 하면 그가 나중에 외교관의 옷을 입었을 때에도 여전히 정보원들과 합의에 이를 수 있을 만큼 정보원들이 말하는 방식과 충분히 양립 가능한 정식화를 통해 이 새로운 구출 작업을 해낼 수 있을까?

◉ 〈경제〉와 일상적 경험 사이의
세 가지 간극을 식별하지 않으면 말이다.

그가 오랫동안 망설여야 한다면, 그것은 지금까지 전개해온 양식들처럼 다소 복합적인 **제도**INSTITUTION에 의해 어느 정도 잘 수집된 단일한 대조가 아니라, 근대인의 역사가 뒤섞은 세 가지 존재양식이 한데 모인 대조와 직면하고 있기 때문이다(그 이유는 연구자가 알아내야 한다). 바로 이 얽힘이 우리가 〈경제〉를 믿거나 비판하려는 유혹에 저항해야 하는 이유를 설명한다. 언제나 그렇듯이 그것은 믿고 싶은 유혹에 저항하는 문제다. 하지만 여기에 아주 흥미로운 점이 있다. 첫 번째 〈자연〉을 우회하는 것이 완전히 불가능한 일은 아니지만, 〈경제〉를 믿지 않는 것에는 더 느리고 고통스러운 불가지론의 노력이 필요하다. 마치 두 번째 〈자연〉이 첫 번째 〈자연〉보다 우리 몸에 훨씬 더 단단히 달라붙어 있는 것 같다. 이 "우울한 과학", 이 "비통한 과학"에는 참으로 얼마나 많은 경건함이 있는가!

인류학에는 항상 근접성, 습관, 지역적 편견으로 인해 불가능했던 경험을 그 모든 신선함 속에서 다시 생각할 수 있다는 미덕이 있다. 추가 비용과 노력을 들여서 마치 외부에서 온 것처럼 사태를 바라볼 수 있다면 말이다. 다양한 존재양식을 수용할 수 있는 공간을 다시 열어놓는 방식으로, 경제적 문제에 부여된 것으로 알려진 특성과 이 탐구가 이끌어내고자 하는 경험 사이의 생경한 간극을 느끼도록 해보자. (주의 깊은 독자라면 첫 번째 자연화가 너무 빨리 채운 공간을 비우기 위해 3장에서부터 우리가 사용해온 방법을 알아볼 수 있을 것이다.)

첫 번째 간극, 온도: 뜨거움 대신 차가움.

첫 번째 간극. 당신은 지구 곳곳을 이동하는 상품들, 생계를 위해 바다를 건너다 익사하는 불쌍한 사람들, 하룻밤 사이에 나타나거나 적자로 사라지는 거대 기업들, 부유해지거나 가난해지는 국가들, 닫히거나 열리는 시장들, 즉석 바리케이드를 넘어 자욱한 최루탄 연기 속에서 흩어지는 대규모 시위들, 산업 전 분야를 갑자기 쓸모없게 만들거나 먼지 구름처럼 확산되는 급진적 혁신들, 수백만 명의 열성 고객을 끌어들이거나 그만큼 갑자기 아무도 더는 원하지 않는 낡은 재고를 쌓아 올리는 깜짝 유행들, 그리고 사물과 사람의 거대한 동원을 목도한다. 사람들은 그것이 오직 논쟁의 여지가 없는 필연성의 단순한 전이에 의해 추동된다고 말한다.

여기서 모든 것은 뜨겁고 맹렬하고 활동적이며 리듬 있고 모순적이고 신속하며 불연속적이고 쿵쾅거린다. 그러나 이 거대한 끓는 가마솥이 당신에게는 오로지 얼음처럼 차갑고 합리적이며 일관되고 지속적인 이해 계산의 표현으로만 묘사된다. 민족학자는 이미 연장실체의 물질과, 기술적 접힘이 드러낸 다양한 형태의 재료들 사이의 대조에 놀란 바 있는데[TEC·DC], 전자의 어떤 것도 후자를 예견할 수 없었다. 그러나 경제적 현상의 뜨거움과 그것을 파악할 때 연구자에게 요구되는 차가움 사이의 심연은 훨씬 더 큰 것 같다. 여기서도 마찬가지로, 경제적 이성이라는 차가운 물질의 그 어떤 것도, 지구를 가장 내밀한 깊이까지 휘젓는 "정념적 이해관계"의 진정한 물질이라는 마녀의 가마솥에서 연구자가 무엇을 발견할 것인지를 예견할 수 있게 해주지 않는다. 마치 경제적 정념의 온도와 리듬에 오류가 있는 것처럼, 마치 이 또 다른 유물론의 중심에 또 다른 관념론이 자리 잡고 있는 것처럼 말이다.

두 번째 간극: 붐비는 아고라 대신 빈 장소.

두 번째 간극. 연구자는 〈경제〉의 문제가 희소한 재화를 나누거나, 부족한 재료나 이익, 상품을 분배하거나, 또는 반대로 이런저런 자원에서 추출한 경이로운 풍요의 뿔에서 최대 다수가 이익을 얻도록 하는 데 있다고 엄숙하게 말하는 것을 듣는다. 모두가 침착하고 진지하게 반복하듯이, 이것들은 같은 동원의 흐름, 같은 역사, 같은 공통의 운명에 관여하는 모든 세계, 모든 인간, 모든 사물에 관련되기 때문에 우리가 공통으로 다룰 수 있는 가장 중요한 문제이다. 나누고 분배하고 결정해야 한다. 그리고 사람들은 최근에는 다른 어떤 것보다 더 예기치 못한 더욱 근본적인 희소성이 발견되었기 때문에 이런 문제가 더욱더 제약이 되고 있다고 더 힘주어 말한다. 바로 우리에게 행성이 충분하지 않다는 것이다! 모든 인간을 만족시키려면 행성이 두 개, 세 개, 다섯 개, 열 개가 필요할 테지만, 우리에게는 오직 하나, 우리 자신의 행성, 지구, 가이아만 있을 뿐이다. (물론 생명체가 거주하는 다른 행성들도 있을 수 있겠지만, 가장 가까운 것들도 수십 광년 떨어져 있다.) 〈경제〉는 이제 희소 행성들의 최적 분배의 문제가 되었다….

놀란 민족학자는 정보원들이 그렇게 거대한 문제를 어떻게 해결할지, 어떻게 함께 모여 논의할지, 그 문제에 대한 답이 시급한 모든 사람을 어떻게 정당하게 다룰지 알아내려고 노력한다. 그는 그들이 그러한 분배와 나눔, 결정 같은 위업을 달성하기 위해 어떤 절차를 채택할지, 어떤 도구와 어떤 프로토콜, 어떤 보장, 어떤 검증, 어떤 양심의 거리낌을 사용할지 궁금해한다. 그의 시선은 벌써 그런 공통의 문제들이 격렬하게 논의될 시끄러운 회합들assemblies를 향해 있다. 그리고 거기서 그는 무슨 말을 듣는가? 어느 것도, 누구도 결정하지 않는다—"계산하는 것으로 충분하다." 모든 사람과 모든 사물의 생사가 걸린 문제이기 때문에 모든 것을 결정하고 논의해야 하는 바로 그 장소가, 마치 모든 주인공이 완전히 비워진 광장인 것처럼 보인다. 거기서 그는 아고라로부터 멀리 떨어진 곳에서 이루어진 논쟁의 여지가 없는 추론의 결과만을 발견한다! 이제 그를 놀라게 하는 것은 극도의 뜨거움과 극도의 차가움 사이의 차이가 아니라, 한편으로 그가 기대했던 충만함, 동요, 소동과 다른 한편으로 공허함, 침묵, 무엇보다도 우선적으로 관련된 모든 사람의 부재 사이의 차이다. 이 거대한 엔진 전체가 자동조종 장치로 작동하는 것처럼 보인다. 모두가 결정해야 하는 이곳에서, 아무도 관여하지 않는 것 같다.

세 번째 간극: 감지할 수 있는 수준의 차이가 없음.

세 번째 간극. 〈경제〉에 관해 이야기할 때, 정보원들은 놀랍도록 복잡하고 영향력 있는 조직들을 형성하며 지구를 그물망으로 덮고 있는 사람과 사물의 방대한 집합들에 접근해야 한다고 정중히 주장한다. 연구자는 외친다. "아! 드디어 견고한 것, 저항력 있는 것, 경험적인 것이다. 이제 나는 기업, 기구, 장치, 심지어 "국민국가", "국제기구"라고 불리는, 정의되고 내구성 있고 제한된 개체들을―간단히 말해 일관되고 게다가 규모가 큰 집합들을―연구할 수 있을 것이다. 비가시적인 것들, **반복** REPRISES, "엄폐"나 변신의 존재자들은 충분히 경험했다. 변화를 위해 해볼 만한 것들이 여기 있다!"

그리고 그는 기업, 즉 법에 따라 "법인체" 자격을 부여받는 조직에 접근하기 시작한다. 거기에 손을 뻗어 무엇을 발견하는가? 견고하거나 내구성이 있는 것은 거의 없다. 연속, 누적, 층층이 이어지는 혼란뿐이다. 사람들은 왔다 갔다 하고, 온갖 종류의 서류를 옮기고, 불평하고, 만나고, 헤어지고, 투덜거리고, 항의하고, 다시 만나고, 다시 조직하고, 흩어지고, 다시 연결하며, 이 모든 것이 끊임없는 무질서 속에서 일어난다. 마치 아코디언처럼 계속 팽창하거나 수축하는 이러한 개체들의 경계를 정의할 방법이 없다. 연구자는 보이지 않는 유령에 관한 이야기에서 벗어나고 싶었다. 그러나 그가 발견한 것은 마찬가지로 보이지 않는 새로운 유령뿐이다.

그리고 연구자가 정보원들에게 자신을 기만했다고 불평하면, 그들은 똑같이 이해할 수 없는 자신감으로 대답한다. "아, 그것은 당신이 그 모든 동요 배후에서 아직 조직의 진정한 원천들―〈사회〉, 〈국가〉, 〈시장〉, 〈자본주의〉, 이 모든 혼란을 실제로 지탱하는 유일하게 위대한 존재자들―의 확실한 현존을 탐지하지 못했기 때문이다. 그곳이 당신이 가야 할 곳이고, 그것들이 우리의 생존을 보장하는 진정한 실체들이다. 그곳이 우리가 정말 사는 곳이다." 그리고 물론 연구자가 그러한 조립체들assemblages을 조사하기 시작하면 그 간극이 다시, 이번에는 증식되어 나타난다. 더 많은 복도, 더 많은 사무실, 더 많은 순서도, 또 다른 회의, 또 다른 문서, 또 다른 불일치, 또 다른 장치 등등. 그 수가 늘어났지만 여전히 초월성은 조금도 없다. 이 평범한 혼란을 책임지는 위대한 존재자는 없다. 현저한 것도 없고 덮어주는 것도 없다. 결정하는 것도 없고 보장하는 것도 없다. 그것은 모든 곳에 내재하고, 어디에서나 비논리적이고 일관성이 없으며, 마지막 순간에 붙잡혀 즉각 다시 시작된다.

이 모든 것은 우리가 세 가지 구별되는 양식들 [ATT], [ORG], [MOR]의 융합을 가정할 수 있게 해준다.

〈경제〉라고 불리는 특유한 문제가 반사된 상에 세 번 속은 불쌍한 인류학자! 그러나 그는 그 문제를 우회할 수 있게 하는 세 개의 별개의 실이 그 경험 안에 실제로 있다는 사실을 세 번 확신했다. 우리가 그 실들을 논쟁의 여지가 없는 필연성의 전이 속에 바로 잠기게 하지 않고, 각각의 실 가닥을 개별적으로 따라갈 수 있다면 말이다.

첫 번째 간극은 정념적 이해관계의 급격한 온도 변화를 정당하게 다룰 수 있게 할 것이다. 이것을 애착ATTACHMENTS의 양식이라고 부를 것이다([ATT]로 표시). 두 번째 간극은 비어 있는 곳을 도덕MORALITY이라고 불리는 양식으로 다시 한 번 채울 수 있게 해줄 것이다([MOR]로 표시).

마지막 간극은 **조직**ORGANIZATIONS의 놀라운 내재성을 탐구할 수 있게 해줄 것이다([ORG]로 표시).

우리의 가설은 이렇다. 이 세 가지 양식이 드러내는 대조들을 존중하는 법을 배운다면, 우리는 첫 번째 〈자연〉으로부터 그랬던 것처럼 두 번째 〈자연〉으로부터도 자유로워질 것이고, 나아가 〈경제〉라는 지나치게 복합적인 제도가 어떻게 그 대조들을 드러내는 동시에 요컨대 잘못 배치했는지 설명할 수 있을 것이다. 그 이상의 일은 아니다. 그러면 근대인의 인류학은 〈경제〉라는 영역에 대한 믿음과 비판 모두에서 벗어날 수 있는 길을—사실상 등산로라기보다는 작은 산길이나 흔적을—개척할 수도 있을 것이다. 성공할 가능성은 매우 적지만, 존재양식에 대한 탐구의 전체 기획이 이 마지막 시도에 달려 있다.

조직[ORG]의 역설적 상황은 ⊙

이 장에서는 조직에 초점을 맞출 것이다. 세 가지 양식 중에서 조직의 경험이 가장 추적하기 쉬우면서도 가장 역설적이다. 쉬운 이유는 우리가 끊임없이 조직하거나 조직되는 과정에 있기 때문이다. 역설적인 이유는 우리가 다른 곳에서, 더 높거나 낮은 곳에서, 위나 아래에서, 앞이나 뒤에서 경험이 완전히 다를 것이라고 상상하며, 또한 평면과 수준에서의 단절이 있고 그로 인해 처음의 존재자들에 대해 초월적인 또 다른 존재자들이 모든 것을 조직하러 마침내 올 것이라고 항상 상상하기 때문이다. 따라서 그것은 모두에게 알려져 있으면서도, 근대인이 항상 그렇듯이, 적절하게 등록하는 것이 거의 불가능한 이상한 경험이다. 그러니 민족학자는 이제 자신의 본령으로 왔다—그는 조직자이기도 하다!

우리는 지금까지 해온 것과 마찬가지로 결과로서의 조직이 아니라 **전치사**PREPOSITION로서의 조직으로 시작할 것이다. 이것이 우리가 알고 있듯이 양식을 식별하는 유일한 방법이다. 즉, 조직적으로 행위하고 말하는 것이 무엇을 의미하는지 묻는 것이다. "조직적으로"라는 부사가 너무 어색하므로, 이동하면서 어떤 규모든 조직을 뒤에 남길 수 있는 힘을 운반하는 특정한 존재자를 따라갈 것이라고 해두자. 이것이 결정적인 점이다. 우리가 기술[TEC]이 뒤에 남겨놓은 객체를 가지고 시작했다면, 기술을 파악할 수 없었을 것이다. 마찬가지로 "조직 이론"이라는 용어가 가리키는 것으로 시작한다면, 이 새로운 궤적에 고유한 것을 파악할 수 없을 것이다. "조직된 존재자들"을 당연한 것으로 여기면서 시작한다면 우리는 잘못된 길로 들어서게 된다. 반대로 그러한 존재자들의 규모와 일관성이 바로 조직화 행위의 통과, 연속적인 미끄러짐에 의해 설명되어야 하는 것이다. 우리가 따라가야 하는 것은 바로 이러한 행위이다.

⊙ 약하게 장비를 갖춘 경우에서 시작한다면 더 쉽게 발견할 수 있다 ⊳

우리는 매우 제한되고 약하게 장비를 갖춘 **행위 과정**COURSE OF ACTION으로 시작해서 그것의 고유한 확장 양식에 집중하는 법을 배울 것이다—그리고 이 확장 양식은 어떻게 방법의 변화 없이 규모를 바꿀 수 있는지 보여줄 것이다.

두 친구의 만남을 예로 들어보자. 폴: "내일 오후 5시 45분에 리옹 역 시계탑 아래에서 만나자. 좋아?" 피에르: "좋아, 내일 보자. 안녕." 이보다 더 평범한 것이 있을까? 마침내 오늘, 그들은 전화로 서로에게 작은 시나리오를 보내서 가까운 미래로 자신들을 투영하고, 파리의 주요 기차역의 대형 시계라는, 모두가 아는 명소를 함께 확인함으로써 대략의 만남을 상상했다. 폴과 피에르는 서로에게 작은 이야기를 들려주었다. 여기서 우리는 명백히 허구 속에 있다. 그러나 생각해보면 그것은 꽤 특이한 형식이다. 오늘 통화를 마친 시간과 내일 오후 5시 45분 사이에 피에르와 폴은 그들에게 관여하는 이 이야기에 의해 붙잡히고 조직되고—부분적으로—정의될 것이기 때문이다[FIG·ORG]. 어제 그들은 마치 그 이야기가 자신들에게 할당한 역할roles을 자신들이 차지한 것처럼 그 이야기를 함께했다. 이제 따옴표가 붙은 "피에르"와 "폴"은 자신들이 주인공인 이야기의 등장인물characters이 되었다. 물론 그들은 전화로 다른 시간과 장소를 잡을 수도 있지만, 모든 것이 계획대로 된다면 내일 오후 5시 45분에 리옹 역 시계탑 아래에서 만날 것이고, 마지막 순간까지 그들의 걸음을 이끌고 행동을 통제한 시나리오는 더는 활성화되지 않을 것이다. 다시 만난 것에 기뻐하며 그들은 서로에게 새로운 이야기를 들려주고 함께 다른 일을 다룰 것이다.

이 일화에서 어떤 교훈을 얻을 수 있을까? 첫째, 서로 이야기를 나누고 계획을 세우고 시나리오를 제안하거나 실행 프로그램을 작성할 수 있으려면 허구의 힘을 이용해야 한다[FIC·ORG]. 여기서 우리는 9장과 10장에서 만난 삼중의 탈연동을 다시 발견한다. 그것은 인물들figures을 다른 시간("내일 오후 5시 45분"), 다른 공간("시계탑"), 다른 행위자 또는 "행위소"(헤어졌다가 마침내 재회하는 "피에르"와 "폴")로 보낸다. 그러나 이러한 서사의 결정적인 특징은 서사가 그것을 말하는 사람들을 붙잡는다는 것이다. 화자들이 약간의 간격을 두고 동시에 두 가지 위치에 있는 자신을 마주하게 될 정도로 말이다. 자신의 위에서는 마치 화자들이 언제든 이야기를 쓸 자유가 있는 것 같다―피에르와 폴은 행위한다. 반면 자신의 아래에서는 마치 화자들이 이야기를 수정할 자유가 전혀 없는 것 같다―"피에르"와 "폴"은 행위된다. (이야기를 중간에 집어 들어 다시 쓸 가능성은 같은 행위 과정에 부과된 리듬 외에는 아무것도 바꾸지 않는다.) 이러한 서사는 그들이 말하는 대로 행하며 발화의 저자인 사람들에게 서사가 관여한다는 점에서 사회언어학자들이 **수행적**PERFORMATIVE 서사라고 부르는 것에 매우 가깝다.

⊙ 그것은 대본이 어떻게 우리를
"거꾸로" 뒤집는지 볼 수 있게 해준다.

서사에 그러한 비틀림을 가하는 이야기를 위해 우리는 **대본**SCRIPTS이라는 단어를 남겨둘 것이다. 대본을 보낸 사람들에게 역할을 부여하고 그 대본에 따르기 위해 그들이 따라잡아야 하는, 그런 역설적인 대본의 파견을 가리키기 위해 우리는 조직적 행위, 더 낫게는 동명사를 써서 조직화 행위organizing act에 관해 이야기할 것이다.

우선 그런 대본이 그려내는 궤적은 지시의 연쇄가 그려내는 궤적과 유사하지 않다는 것에 주목하자[REF·ORG]. 대본은 접근 가능한 장소와 시간(리옹 역, 오후 5시 45분, 시계탑)을 지정하기 때문에 지시 역량이 있지만, 이러한 지시는 식별을 용이하게 하고 역할에 의해 지정된 행위자들의 주의를 이끄는 부속물 소품 역할을 할 뿐이다. 지시는 대본의 주요 속성이 아니다. 이러한 기준점들은 참신함이 아니라 자명함 때문에 선택되기 때문이다. 목표는 멀리 떨어진 사태에 접근하는 것이 아니라,

그 멀리 떨어진 개체들이 잘 알려져 있고 쉽게 알아차릴 수 있으므로 그것들을 이용해 방향을 정하는 것이다. 우리는 단지 대본의 내용을 다른 시금석에 따라, 즉 끝, 가장자리, 만날 약속—이것들을 그 용어의 가장 넓은 의미에서 만기due dates/échéances라고 부르자—을 정의할 수 있는 대본의 능력에 따라 판단하기 위해 지시적 지표들에 의존할 뿐이다. 만기의 적정성 조건은 폴과 피에르가, "폴"과 "피에르"라는 대본의 명령 "아래" 하루 종일 살다가, 실제로 만났는지 알 것을 요구한다. 그들이 만나는 바로 그 순간에 대본은 만기에 도달해 허공으로 사라질 것이다.

우리는 이런 실천에 너무 익숙해져서 우리를 때로는 서사의 저자로, 때로는 시간상 앞으로 내던져진 같은 서사의 등장인물로 만드는 위치의 독창성을 분별하는 것이 때로는 어렵다(프로그램이 완수되자마자 그것을 위해 작성된 서사가 사라지기 때문이다).

저자는 위, 등장인물은 아래라는 이러한 위치 설정은, 피에르도 폴도 통화를 하는 동안 완전히 "위"에 있지도 않고, 만남을 기다리며 역에 갈 준비를 하는 낮 동안 완전히 "아래"에 있지도 않다는 점에서 더욱 이상하다. 한편, 사실상 그들이 기분 변화나 기차 일정의 우발적인 상황을 고려해 대본을 수정하는 일을 막을 것은 아무것도 없다—그들은 "아래"와 약간 "위"에 동시에 있는 상태, 우리가 습관에서 이미 접한 **수동 재시작**MANUAL RESTART"을 준비하는 일종의 예의주시 상태 혹은 모호한 주의 상태에 있다고 할 수 있다[HAB·ORG].

그러나 피에르와 폴이 완전히 "아래"에 있지 않다면, 그들은 또한 그들이 결정적으로 지배하는 대본의 완전히 "위"에 있지도 않다. 대본에 대한 그들의 지배는 완벽하지 않다. 그들이 리옹 역에서 만나는 것 외에 다른 할 일이 없었다고 말할 수 없다. 어떠한 주어진 순간에도—예를 들어 어제 통화하던 동안에도—다른 대본들에 거주하는 수십 명의 등장인물 "폴"과 "피에르"가 있었고, 그 대본들은 그들에게 다른 역할을 부여하고 다른 만기를 예정했다. "폴 2번"은 치과에 갈 예정이었고, "피에르 2번"은 여자 친구를 만나고 있었고, "폴 3번"의 상사는 그가 갑자기 잡힌 회의에 나오기를 기다리고 있었고, "피에르 3번"의 어머니는 그가 파리에 올 때 손녀를 위한 특별한 선물을 가져오기를 원했다…. 소설가들—적어도 고전 소설가들—은 문학 학자들이 등장인물의 **동위소** ISOTOPY라고 부르는 것을 보장하지만(탐정소설에서 처음부터 끝까지 같은 콧수염에 같은 반짝이는 대머리를 지닌 등장인물은 같은 "에르퀼 푸아로"이다), 조직은 어떠한 기적적인 동위소도 보장하지 않는다.

조직화는 필연적으로 탈/재조직화이다.

그리고 여기서부터 상황이 복잡해진다. 폴과 피에르가 만나기로 했을 때, 그들은 공간적, 시간적, 행위소적 삼중의 탈연동을 쉽게 실천하고 있었다. 그러나 전화를 끊자마자, 그들은 다른 많은 저자들이 쓴 다른 대본들도 다른 공간, 다른 시간, 다른 행위소적 역할 속에서 단 하나의 같은 피에르와 폴을 탈연동하고 있음을 알게 되며, 따라서 피에르와 폴은 다른 장소와 다른 시간 속에서 "다른 의무를 이행"하도록 동시에 의무 지워진 자신을 발견해야 한다—그리고 이 "해야 한다"의 무게는 수많은 다른 연계들에 달려 있다. 이것은 모든 (탈)조직화된 (탈)조직자들이 알고 있듯이 근본적인 경험이면서도 일반적인 경험이다.

왜냐하면 이러한 각각의 대본들이 피에르나 폴에 의해 작성되거나 인정되거나 어쨌든 승인되었다고 하더라도, 그 어떤 것도 그것들이 상호 양립하고 같은 장소와 같은 역할을 지정하며 동시에 만기에 도달할 것이라고 보장하지 못하기 때문이다. 조직화는 탈조직화의 반대가 아니며 반대일 수도 없다. 조직화는 다른 것들을 탈조직화할 수 있는 시차적인 만기를 가진 대본들을 도중에 즉석에서 선택하는 것이다. 이러한 탈조직화는 필연적이다. 같은 존재자들이 항상 모순되는 것은 아니지만 적어도 서로 구별되는 속성들을 끊임없이 저글링해야 하기 때문이다. 승리하는 것은 동위소isotopy가 아니라 이위소heterotopy이다. 폴은 치과 병원에서 역으로 달려갔고, 피에르는 여자 친구를 만났다가 역으로 달려갔다. 폴은 상사와의 미팅을 놓쳤기 때문에 직장을 잃고, 피에르는 어머니를 다시 화나게 했다. "나는 동시에 어디에나 있을 수는 없다." "나는 손이 두 개밖에 없다." "동시에 두 곳에 있을 수는 없다." 어떠한 사람도 대본들이 자신에게 할당한 역할들을 하나의 일관된 전체로 통합하는 것은 불가능하다.

여기에 별개의 존재양식이 있다 ▶

우리는 **궤적**TRAJECTORY으로, 즉 **공백**HIATUS, 틈새, 간극의 혼란스러운 통과에 의해 허용되는 연속성으로 존재양식을 인식하기 때문에, 조직화 행위가 우리 목록에 추가되어야 한다는 점에는 의심의 여지가 없다. 물론 더블클릭이 등장하여 조직(이제 결과로서 이해되는 조직)이, 평범한 대본들과 비교하여 초월적이며 또 다른 수준에서 정의된 힘, 역할, 권력을 변경하지 않고 그저 운반할 뿐이라고 주장한다면, 이 별개의 양식은 즉시 사라질 것이다[ORG·DC]. 그러나 피에르와 폴의 사소한 예에서 우리는 이러한 유형의 조직이 항상 위에서 아래로, 그리고 처음부터 끝까지 끊임없는 불연속성을 통해 행위 과정의 연속성을 달성하는 일련의 단절들임을 이해할 수 있다. 조직은 결코 스스로 작동할 수 없다. 대본들은 항상 분산된 존재자들을 정의하고, 항상 시차적인 방식으로 만기에 도달하며, 우리는 주변의 탈/재조직화를 증가시키는 다른 대본들을 통해 다시 시작하려 할 수 있을 뿐이다.

조직은 대본 때문에 작동하지 않기도 하고, 대본 때문에 결국 작동하기도 한다. (재)조직화 행위의 종종 소모적인 재투입을 통해, 또는 경제학에서 유래한 유쾌한 완곡어법을 사용하자면 막대한 "거래 비용"을 지출하면서 절뚝거리며 작동한다. 이러한 관점에서 조직화 행위는 정치적 〈원〉의 운동[POL]이나 법의 연계[LAW], 종교적 현존의 갱신[REL], 몸의 단순한 생존[REP]과 마찬가지로 끊임없이 중단된다. 동일성은 이 이상한 짐승들에게 영양분을 줄 수 없다. 그것들은 타자성이 필요하다.

그 반증 시험은 쉽게 찾을 수 있다. 초월적 조직이 해체되기 시작하려면 그것의 관성을 믿는 것으로 충분하다! 피에르와 폴 사이의 그리고 다른 "피에르들"과 "폴들" 사이의 작은 초월성은, 그들 자신도 모르게 그들을 조직할 거대 초월성maxi-transcendence에 의존하는 것을 어떤 식으로든 승인하지 않기 때문이다. 그렇다. 대본은 피에르와 폴에 대해 실로 초월적일 것이다. 그들이 만나기로 약속한 순간부터 만난 순간까지 대본은 "그들을 지켜보았을" 것이고, 대본이 전개됨에 따라 그들은 정기적으로 시계를 보면서 다소 불안한 마음으로 대본을 참조하겠지만, 이것이 대본이 그들을 지배한다는 것을 의미하지는 않는다. 피에르와 폴이 대본이 정한 시간을 체크하기 위해 대본을 참조할 때, 그들은 "그 시간은 대본이 정한 것인가, 아니면 자신들이 정한 것인가?"라는 물음에 답할 수 없다. 사실, 그들이 대본을 지배한 후에 대본이 그들을 지배하는 것은 대본의 본성이다. 그것은 위와 아래 모두에 있다. 대본과 관련하여 우리는 언제나 대본의 안과 밖 모두에 있다. 그것은 우리를 앞과 뒤 모두에 위치시킨다. 이것이 대본의 독특한 반복 양식이다.

첫 번째 초월성이 대본의 시작과 후속 사이의 수평적인 선을 따라 좁은 단절, 공백을 정의한다면, 두 번째 초월성은 모든 대본들의 수준과 그 대본들을 쓰는 익명적 심급의 기적적인 수준 사이에 수직적인 심연을 낸다. 우리가 그런 초월성들을 혼동하면 조직의 지속성과 견고성을 모두 이해할 수 없게 만들 것이다. 실로 역설은 우리가 지속해서 존재하려면 통과하지 않는 것에 결코 의지할 수 없다는 것이다. 어떤 것이든 지속하려면 우리는 통과하는 것에 의지해야 한다. 모든 양식에서 그렇지 않은가? 그렇다. 그러나 우리는 대본의 일시적인 중개 덕분에, 조직 속에서 작동 중인 메커니즘을 훨씬 더 명확하게 볼 수 있다.

◉ 이 양식은 고유한 명시적인 적정성 및 비적정성 조건과 ▶

이 존재양식은 고유한 적정성 및 비적정성 조건, 즉 진실과 거짓을 자신의 언어로 정의하는 특정한 방식을 명시할 수 있는가? 물론이다. 조직화 행위의 품질에 관해 우리는 모두 영원히 계속 갈 수 있다! 우리가 따르거나 추진하는 조직적 대본들에 대해 진실과 거짓, 좋고 나쁨을 분별하는 것이 하루에 몇 번인지 생각해보라. 그 모든 불만, 희망, 기대, 실망, 자기성찰. 우리 각자는 자신이 일하는 회사, 더 잘 조직되어야 하는 국가, 이런저런 것을 해냈어야 하는 우리 아이들, 시간이 손가락 사이로 빠져 나가는데 왜 그런지 이해할 수도 없을 만큼 흐트러진 우리 자신의 좋고 나쁜 질을 판단하는 데 있어서, 하나가 아니라 수많은 시금석을 가지고 있는 것 같다. 우리가 진실과 거짓을—이 용어들의 조직적 의미에서—구별할 수 있는 특히 적극적인 능력이 있다는 증거를 원한다면, 아무 사무실에서나 커피 기계 옆에 자리를 잡고 대화를 들어보라. 우리를 조직한다고 주장하는 이들의 주장이 거짓임을 입증하는 문제라면, 우리는 모두 새로운 칼 포퍼다!

조직은 놀라울 정도로 취약하다. 우리가 그 "위"에 위치하고 그 "아래"에 위치하는 대본의 이중화를 언제든지 놓칠 수 있기 때문이다. "그것을 돌보는 것은 내 일이 아니다, 그건 당신 일이다." "그건 내 급여 수준보다 훨씬 위다." "나는 그것과 무관하다." "나는 거기서 손 떼고 있다. 알아서 하라고 해." 그리고 이러한 실패는 대본과 그것이 조직하는 존재자들 사이에 유사성이 없기 때문에 더욱 빈번하게 발생한다. 그래서 새로운 비적정성이 생긴다. "그것은 규정에 어긋난다." "이것은 계획에 없었다." "우리가 할 수 있는 일이 없다." "그 사람들 저 안에서 자고 있는 거야, 아니면 뭐지?" 이런 장엄한 표현에 이르기까지. "이것은 더 이상 우리의 문제가 아니다." 대본에 눈이 있고 프로젝트에도 눈이 있음을 아주 직접적으로 증언하는 표현이다….

조직에 관한 한, 우리는 계속해서 모든 행위 과정의 무게를 매우 민감한 저울로 측정한다. 우선 수행 테스트가 있다. 폴과 피에르는 최종적으로 리옹 역 시계탑에서 만났는가 하는 것이다. 그러나 이 테스트는 하나의 개별적 대본만 입증한다. 대본들의 일관성에 대한 시험도 있다. 같은 시간, 같은 장소에서 폴이나 피에르는 다른 대본들의 모든 "폴들", 모든 "피에르들"과 어느 정도 양립할 수 있는 명령을 받았는가 하는 것이다. 조직 컨설턴트, "코치", 관리자, "구조조정 전문가"들은 참여자들을 모순된 방향으로 이끄는 수많은 "모순된 명령들"을 추적함으로써 꽤 많은 돈을 번다. 그러고 나서 그들은 새로운 탈/재조직화의 순환을 다시 시작한다. 새로운 불만, 소란, 고통의 합주가 이 새로운 순환을 논평하고 지켜보고 분석하고 반박한다. 이에 대해 다른 코치들, 다른 관리자들, 다른 컨설턴트들이 들어와 업무 순서도와 파워 포인트를 갖고서 분석하고 해독하고 뒤섞고 방해한다. 조직화는 불가능할 수도 있지만, 여전히 우리는 마침내 완벽하게 잘 조직화하는 것을 꿈꾼다─모든 것을 다시 시작해야 하는 그다음 날까지.

그러나 또 다른, 훨씬 더 자기반성적인 테스트가 있다. 어떻게 우리는 조직의 관성에 의존하여 그것이 가지고 있지 않은 관성을 결정할 수 있는가? 사실 흥미롭게도 조직은 본질이 아닌데도 불구하고 모든 사람이 마치 조직이 특정한 객관성, 고유한 내용을 가지고 있는 것처럼, 마치 그 자신의 직무, "핵심 사업", 말하자면 "영혼", 때로는 심지어 사람들이 말하는 "문화"까지도 가지고 있는 것처럼 이야기한다. "우리가 무엇인지", "무엇을 원하는지", "우선순위가 무엇인지" 이해하기 위해 더 많은 컨설턴트들의 도움을 받아 더 많은 회의를 하고 조직의 기록 보관소를 더 많이 찾아가게 된다. 더욱 놀라운 반복도 있다. 이번에는 우리가 "의지"할 것으로 여겨지는 조직의 "토대"로 돌아간다. 근거가 전혀 없는 토대지만, 우리가 어떻게 해야 "소명에 계속 충실할지" 결정할 때 갈고리, 색인, 도로표지판 역할을 한다. 우리는 자신에게 "어떻게 설립자들의 정신에 충실할 것인가", 혹은 또 다른 생물학적 수수께끼와의 현기증 나는 교차를 통해 "우리 조직의 DNA가 무엇인가?"라고 진지하게 묻는다[REP·ORG]. 이전의 시나리오들만큼이나 분산되고 모순되고 즉각적이지만 조직의 "안정적인 본질"이 조금 더 오래 지속될 수 있도록 하는 역할과 기능을 부여하는 수많은 새 시나리오를 시간의 심연을 가로질러 던질 수 있게 해주는, 신화적인 과거와 상상된 미래 사이의 놀라운 저글링이다. 아리스토텔레스의 『형이상학』과 하이데거의 『존재와 시간』 사이에서도 전혀 어색해 보이지 않는 조직화 행위에 대한 경탄스러운 존재론. 그 끊임없는 반복의 불안정한 시간을 통해 안정된 조직의 존재.

◉ 타자로서의 존재의 특정한 변이, 즉 틀을 가진다.

그런 진부하고 사소한 활동에 대해 형이상학이나 존재론을 말하는 것은 너무 과장된 것이라고 반대하는 사람들도 있을 것이다. 그러나 생각해보면 그 외의 다른 어떤 존재양식도 "동위소"라는 용어가 가리키는 특정한 유형의 공간적, 시간적, 행위소적 연속성을 확보하지 못한다. 반대로 철학은 조직화 행위에서 자신의 가장 중요한 개념 중 일부를 끌어냈을 수도 있다. 사실 모든 대본은 틀FRAME, 틀 지우기framing를 그 용어의 극히 현실적인 의미에서 정의한다. 피에르와 폴은 일단 그들이 공동으로 작성한 대본 아래에 놓이면 실제로 자신들을 틀 짓는 어떤 것 안에 있게 된다. 매우 중요한 혁신이다. 다른 어떤 양식도 그것이 뒤에 남기는 개체들에게 경계를 보장하지 않기 때문이다. 물론 그러한 경계는 대본마다 다르며, 공간상에서 명확히 경계를 정하는 것은 시간상에서 같은 순간에 만기에 도달하는 것을 보장하는 것과 마찬가지로 불가능하다. 그럼에도 불구하고 그것에는 한계, 기능, 정의를 확립하는 기능이 있다.

그래서 다른 많은 양식과의 **조화**HARMONICS가 생긴다. 물론 법과 그러하다. 법은 다른 방식으로는 얻을 수 없는 연속성을 평면들의 연결에 제공하기 때문이다[LAW·ORG]. 습관, "축복 받은" 습관과도 그러하다.

습관은 전치사를 약간 가리고 그래서 어느 정도 안정된 행위 과정을 보장한다[HAB·ORG]. 종교와도 그러하다. 종교와 조직은 각기 고유한 방식으로 끝과 관계되기 때문이다—종교는 완성이라는 의미에서(비록 완성되지는 않지만), 조직은 한계라는 의미에서[REL·ORG]. 교회가 이 연결고리를 이용하고 남용했다고 해서, 〈경제〉가 천 년 동안 신성한 대본divine Script이라는 관념으로 개념화되어왔으며, 앞으로 보게 될 것처럼 여전히 그러하다는 사실을 인정할 수 없는 것은 아니다.

본질ESSENCE이라는 여러 양식에 적용되는 용어가 내용을 가지고 있다면, 그것의 특징 가운데 하나가 조직화 행위에 의존한다는 것은 거의 의심의 여지가 없다. 마치 흥미롭게도 그 안에 대본을 놓을 수 있는 틀이 대본 위에 있다는 생각을 버릴 때에만 눈에 들어오는 틀 지우기의 존재자들beings of framing을 조직을 통해 발견하는 것과 같다. 우리는 첫 번째 역설—대본은 지속되지 않는 것을 통해 지속성을 얻는다—에 두 번째 역설을 더해야 한다. 즉, 틀이 대본에서 나오기 때문에 틀은 대본에 틀 지우기를 할 수 있다는 것이다. 틀은 연속성, 안정성, 본질, 관성, 코나투스의 효과를 달성하며, 틀의 중요성은 안정성에 대한 모든 희망을 불러일으키는 것을 멈춘 적이 없다. 비록 "아래"에 위치할 실체가 틀 배후에 없고, 그 장치를 "지지할" 또 다른 세계가 없다고 하더라도, 틀은 갱신, 반송, 수정, 불평, 복종을 통해 어떤 것을 지속하게 할 가능성을 제공한다. 즉, 마침내 가장자리, 경계, 질서, 한계, 벽, 끝을 가진 어떤 것, 요컨대 존재로서의 존재의 철학이 헛되이 추구했지만 달성하지 못한 것처럼 보이기 시작하는 어떤 것, **제도**INSTITUTION라는 복합적인 용어에 그것의 가장 중요한 특징들 가운데 하나를 제공할 어떤 것 말이다.

그것은 스스로 유지하지 못하지만, 그 안에는 작은 것과 큰 것이 있고, 둘러싸는 것과 둘러싸이는 것, 구조화되는 것과 구조화하는 것, 틀 지어지는 것과 틀 지우는 것이 있다. 우리가 아무런 보장도 없이 결국 확실한 연속성을 얻게 되는 것은 작은 불연속성—인지과학자들이 "실행 격차execution gap"라고 부르는 것의 공백—에 의해서이다. 우리 각자는 어떤 주어진 순간의 경우, 조직"에" 신뢰를 둘 수 없다는 것을 완벽하게 알고 있지만, 우리가 또한 조직에 의지할 수 있다는 것도 알고 있다. 결국, 본질들이 있다—그것들이 충분히 연속적으로 유지된다는 조건에서. 우리가 대본의 연속적인 흐름에서 잠시도 우리 자신을 분리하지 않는 것에 동의한다면, 타자로서의 존재도 주의와 경계, 사전예방의 과잉을 통해 결국 축복받은 본질을 제공하게 된다. 따라서 바로 타자로서의 존재의 관대함이 그것의 오래된 적수(또는 오래된 공범?)인 존재로서의 존재에게 후자가 최종적인 것과 기층substratum에서 절망적으로 찾았던 임시 피난처를 제공하는 것이다.

그래서 대본을 쓰는 데 〈섭리〉가 없어도 된다 ⊙

그토록 평범하고 널리 퍼져 있는 존재양식에 집중하는 것이 왜 그렇게 어려운가? 우리가 이 모든 대본들 사이의 일관성의 확립을 두 번째 수준에 맡기고자 하는 유혹에 자신도 모르게 굴복할 위험이 항상 있기 때문이다. 바로 이 지점에서 우리가 방금 환기한 일상적 경험이 전도될 위험이 있다. 우리는 조직화 행위의 본성에 내재된 간극에서 출발한 다음, 이를 이 존재양식에 고유한 경험으로 받아들이거나, 아니면 (대문자로 시작하는) 〈조직〉으로 방향을 틀어 그러한 간극을 바로잡아야 하는 오류로 받아들일 수도 있다—양립할 수 없고 일관되지 않은 것들을 (대문자로 시작하는) 〈대본〉의 기적적인 작성 덕분에 양립할 수 있고 일관성 있는 것으로 만들 것을 기대하면서 말이다. 여기서 우리는 작은 **초월성**TRANSCENDENCE에서 거대 초월성으로의 흔히 있는 미끄러짐을 마주친다. 우리는 〈섭리〉를 믿기 시작한다. 이 세상의 모든 "피에르들"과 "폴들"에게 모든 역할을 할당하는 모든 대본을 미리 기획할 수 있고, 그래서 그들 모두가 같은 순간, 같은 곳에서 만기에 도달하거나 적어도 서로 양립할 수 있는 방식의 리듬에 맞춰지는 것을 확인할 수 있는 익명의 침묵하는 〈저자〉를 어쨌든 믿기 시작한다.

여기에 놓쳐서는 안 될 분기가 있다. 첫 번째 길은 지극히 평범하지만 실제로는 정확하게 등록하기 어려운 **내재성**IMMANENCE으로 우리를 인도한다. 두 번째 길은 유럽 역사에서 결정적인 중요성을 지닌 초월성의 희망으로 향한다. 첫 번째 경우에는 하나의 분석 수준만 있다. 두 번째 경우에는 두 개의 수준이 있으며 그 사이에는 근본적인 단절이 있다. 근대인이 〈섭리〉를 믿는다고 말할 수 있는 것은 그들이 그와 반대되는 경험에도 불구하고 너무나 일관되게 두 번째 길을 택했기 때문이다. 그것은 교회의 교부들이 묵상했던 "신의 계획이라는 경제", 즉 신성한 경륜dispensation이라는 형태의 것이 아니라, 비록 세속화되었지만 그럼에도 불구하고 하나의 수준에 머무르는 것을 받아들이기에는 너무나 종교적인 형태의 것이다. 니체가 "왜 우리는 여전히 종교를 믿는가"라고 물었을 때 그 물음은 바로 조직에 관한 것이어야 했다.

◉ 쌓임과 총합을 분명히 구별한다면 ◉

지금은 믿거나 두려움에 떨 때가 아니다. 과연 총합aggregation이 있지만, 그것은 우리가 하나의 수준에 있는지 두 개의 수준에 있는지에 따라 상당히 다르게 이해된다. "합리적"이라는 훌륭한 단어를 왜곡한 것이 바로 이 범주 오류라고 해도 과언이 아니다.

피에르와 폴의 경우, "그들의 기동력이 발휘될 수 있는 여지를 제한" 하는 데 개입하는 것은, 모든 "피에르들"과 모든 "폴들"을 분리시키며 일관성 없는 역할을 부여하는 대본들의 쌓임piling up이다. 그리고 그 이유는 쉽게 이해할 수 있다. 친구들 위에 치과 의사들, 시어머니들 위에 어머니들, 여자 친구들 위에 상사들, 프로젝트들 위에 손자 손녀들이 쌓임으로써, 결국 이 모든 대본들은 미분화된 덩어리로 합쳐지며 이 덩어리는 대본들에 대해 초월적인 또 다른 질서의 현상과 유사하기 때문이다. 하지만 그것은 단지 유사성의 문제일 뿐이다. 피에르와 폴이 한숨을 쉬며 "파리 생활", "소비 사회", 그리고 어쩌면 삶 자체를 저주한다고 해서, 그들이 가리키고 있는 것이 리옹 역에서의 만남과 어떤 다른 물질로 만들어졌다는 것을 의미하지는 않는다. 시간이 있다면, 그들은 적어도 원칙적으로는 운명처럼 그들의 어깨 위에 떨어지는 모든 것을 분석할 수 있을 것이다(하지만 다른 시나리오들이 그들이 아끼려는 시간을 빼앗아간다!). 혹은 이 〈운명〉은 수천 개의 개별적인 작은 운명으로 나뉘어 그 각각이 폴과 피에르의 결정을 다른 비율로 통합할 수도 있을 것이다. 우리는 그 점을 인정하는 편이 나을 것이다. 즉, 어제는 "피에르 4번", 그저께는 "피에르 5번"의 어머니, 10개월 전에는 "폴 6번"의 여자 친구, 사무실에는 "폴 7번"의 상사 등 모든 것이 시간과 공간 속에 분산되어 있고, 이 모두가 꽤나 무겁게 다가오기 시작한다. 이 모든 "폴들"과 "피에르들" 중에서 올바른 폴과 올바른 피에르는 없으며, 둘 모두가 그들의 계보가 남긴 몸에 국한되어 있다는 점을 고려하면 더욱 그러하다

[REP·ORG]. 자신의 몸 하나만으로 천 명의 등장인물들의 무게를 감당하는 것은 참으로 보기 드문 현상이다.

총합의 다른 버전은 이러한 서로 다른 시나리오들의 증식이 첫 번째 수준과는 완전히 다른 직조로 만들어진 더 높은 수준의 징후, 표현, 체현일 뿐이라고 믿는 것이다. 이 수준은 참가자들이 받은 모순된 충동의 원천이면서 동시에 그들을 대본들의 한심한 혼란에서 벗어날 수 있게 해줄 질서나 논리, 일관성에 대한 희망의 원천일 것이다. 그렇다면 그것은 더는 단순한 총합의 문제가 아니라, 평범한 대본들 자체가 더 높은 수준의 사절, 대리자, 대표자, 징후가 되는 변성transmutation의 문제가 될 것이다. 전화 통화를 하는 피에르와 폴, 상사의 일정표를 들고 있는 비서, 화난 어머니, 기분이 상한 연인과 같은 수백만 명의 작은 파견자들은, 〈섭리〉라는 단어의 무거움을 다소 완화시키기 위해 우리가 **배정자**DISPATCHER, 또는 **메타배정자**METADISPATCHER라고 부르는 것에 자리를 내줄 것이다. 누군가가 조직의 혼란에 "질서를 가져다줄 것"을 〈사회〉, 〈시장〉, 〈국가〉, 〈자본주의〉에 요청할 때마다 우리는 무제한의 자금이 있는 은행 계좌처럼 이러한 익명의 메타배정자들로부터 인출한다. 마치 총합 덕분에 단순한 쌓임에 비해 합리성이 증가한 것처럼 말이다.

⊙ 그리고 〈사회〉로 알려진 유령 메타배정자를 피한다면 말이다 ⊙

문제는 뒤죽박죽이 된 이러한 대본들에 너무 빨리 질서를 부여하려는 시도를 피해야 한다는 것이다. 여기가 바로 우리의 탐구가 사회과학의 가장 깊숙이 자리 잡은 방법에 저항해야 하는 곳이다. 우리가 대본들을 "하나의 틀로" "대체"하고, 대본들이 그 "안"에서 발견되는 "맥락을 추적하려" 한다면, 우리는 조직화 행위에 특유한 움직임을 시야에서 놓치게 되고, 따라서 틀 지우기의 작동, 연속성의 작동, 그리고 앞으로 보겠지만 규모 변화의 작동을 이해할 수 있는 희망을 완전히 잃게 될 것이다. 여기서 범주 오류는 배가될 것이다. 첫 번째 오류—"특정 사례를 그것의 틀로 대체하지" 않고 남겨놓는 것—를 바로잡고 있다고 믿음으로써 사회학이 우리를 두 번째 오류—틀로 사례를 설명할 수 있다고 여기는 것!—로 이끌기 때문이다.

여기가 바로 **사회**SOCIETY라는 독특한 유령이 나타나는 지점이다. 그것은 대본들 가운데서 대본들의 모순된 명령을 대신하여 갑자기 (타르드는 "느닷없이 *ex abrupto*"라고 말한다) 등장하는 특이한 존재자로서, 더 높은 익명의 합리적인 〈대본〉—어떠한 경우에도 설명을 제공할 수 있는 〈대본〉—에 근거하여 역할, 규범, 만기, 진리진술의 시험을 배정하기 위해 나타난다. 〈사회〉는 "집단적 존재자"의 출현으로서, 우리가 처음부터 **집합체**COLLECTIVE라고 불렀던 것과 혼동해서는 안 되는데, 〈사회〉는 그것을 조립할 수 있게 해주는 수단과 조립자가 하나도 없기 때문이다. 게다가 그 일관성이 너무 불확실해서 어떤 사회학자들은 반대로 "개인에 충실해야 한다"고 주장하기도 한다. 마치 **개인**INDIVIDUALS이라는 것이 있기라도 한 것처럼! 마치 개인들이 오래전부터 서로 양립할 수 없는 대본들 속에 분산되어 있던 것이 아닌 것처럼, 마치 개인들이 그 어원에도 불구하고 공간적, 시간적, 행위소적 연속성이 어떠한 동위소에 의해서도 보장되지 않는 수백 명의 "폴들"과 "피에르들"로 무한히 나누어질 수 있는 것이 아닌 것처럼 말이다. 그리고 여기서 사회 이론이라는 거대한 기계가 작동하기 시작했고, 행위 과정의 달성에서 "개인"과 〈사회〉의 각기 다른 역할을 찾으려는 불가능한 노력이 시작되었다.

우리 민족학자는 이렇게 말한다. "확실히 근대인에게서 놀랄 일은 끝이 없다. 여기서 그들은 "사회"와 "개인"을 모두 견고한 총합체aggregates로 간주하지만, 어느 것도 그들의 경험에 부합하지 않는다. 첫 번째는 〈사회〉가 지나치게 초월적인 총합체이기 때문이고, 두 번째는 〈개인〉이 지나치게 통일된 총합체이기 때문이다." 그러나 더 깊이 생각하면서 그는 이 두 가지 심령체ectoplasm가 사실은 조직화 행위의 본성에 대한 범주 오류(결국에는 충분히 용서할 수 있는 오류)라는 것을 깨닫게 된다. 언제나 그렇듯이, 우리가 어려운 이분법에 직면하는 것은 또 다른 통과의 정확한 몸짓을 놓쳤기 때문이다. 그 몸짓을 복원하는 순간 모순은 사라진다.

실제로 대본과 순간에 따라 우리는 어떤 주어진 시나리오의 "아래"나 "위"에 놓인다. 그렇다. 우리는 서로 양립할 수 없는 위치들을 차지하고 서로 교차하지 않는 일정들을 유지함으로써, 결국 우리가 통제할 수 없는 운명이 어깨를 짓누르는 것처럼 느끼게 된다. 사회학의 독특한 이분법은 여기서 유래한다. 사회학은 〈사회〉와 〈개인〉이라는 두 개의 유령으로 시작하는데, 이 두 유령은 부분적으로 존재하지만, 대본의 궤적에서 순간적인 부분으로만 존재한다. 따라서 우리는 물리학자들이 파동-입자 이중성에 대해 수행한 작업을 이러한 조직화 행위에 대해 수행하면 충분하다. 〈개인〉은 "위"의 계열과 조금 더 비슷해 보이고, 〈사회〉는 "아래"의 계열과 조금 더 비슷해 보인다. 그러나 그러한 유사성은 그다지 눈에 띄지 않으며, 무엇보다도 둘 사이의 교대가 파악되지 않는다. 각각의 행위 과정에서 〈개인〉과 〈사회〉의 비율을 찾으려고 애쓰는 대신, 이러한 왜곡되고 일시적인 형상들을 뒤에 남기는 조직화 행위를 따라가는 것이 더 낫다. 그것은 언제나 유령을 따라가는 문제다.

◉ 작은 것이 큰 것을 측정한다는 방법론적 결정을 유지함으로써 ◉

총합은 있지만 수준의 단절은 없다. 작은 초월성은 있지만 거대 초월성은 없다. 쌓임은 있지만 변성은 없다. 하나의 수준이 있는 것이지, 두 개의 수준이 있는 것이 아니다. 이제 우리는 대본을 따라가는 과정을 인식했고 또 다른 수준을 위해 이 과정을 포기할 위험을 발견했으므로, 이 실 가닥을 사용하여 그러한 규모의 변화가 발생할 수 있도록 하는 중개자를 파악할 것이다. 이것은 우리를 우리 과제의 핵심, 즉 〈경제〉가 그 자신의 방식으로 총합과 메타배정자를 정의할 수 있었던 이유를 이해하는 데로 안내할 것이다.

독자들은 아마도 우리가 두 친구의 만남과 같은 사소한 사례를 통해 조직화 행위를 이해한다고 주장하는 것에 놀랐을 것이다. 그러나 이제 전체 문제는 대본의 진행 과정에 주의를 집중함으로써, 메타배정자가 전혀 없이도 큰 것을 작은 것의 연약하고 도구화된 확장으로 취급할 수 있는지를 아는 것으로 귀결된다. 측정 도구의 선택은 중요한 문제다. 우리에게 다른 모든 것을 측정하기 위한 척도scale를 제공하는 것은 그런 사소한 사례이지, 우리가 그 작은 사례를 위치시키거나 배열하거나 질서 잡거나 배치할 수 있게 하는 조직—기업, 국가, 시장—이 아니다. 모든 것은 이 척도의 역전에 달려 있다. "조직적으로"라는 부사가 "조직하다"라는 동사로 이어지고, 이는 "조직"이라는 명사로, 특히 우리가 "시장 조직"이라고 부르는 명사로 이어지는 것이다.

⊙ **그것은 규모 조정의 작동을 따라갈 수 있는 유일한 방법이다.**

우리가 상대적 **규모 조정**SCALING/DIMENSIONNEMENT이라는 매우 중요한 현상을 감지할 수 있는 것은, 대본보다 "더 큰" 두 번째 수준의 존재를 더 이상 가정하지 않기 때문이다. 우리가 그렇게 사소한 예로 시작할 수 있었던 것은 피에르와 폴이 리옹 역에서 만날 약속을 잡을 때 두 사람 모두가, 마치 빌 게이츠가 마이크로소프트의 경영관리 순서도를 재설계하거나, 파리 증권거래소가 새로운 자동경매 시스템을 도입하거나, 프랑스 국회의원들이 새로운 공식적 회계 원칙을 통해 부처가 아닌 사업별로 예산안에 투표할 수 있게 되는 것만큼이나 확실하게 대본 아래 위치했기 때문이다. 『전쟁과 평화』의 저자가 자신이 그토록 눈부시게 묘사했던 보로디노 전투의 그 모든 혼란스러운 느낌을 망가뜨리는 거대한 기계론적 은유로 나중에 그것을 설명할 수 있다고 생각했을 때 움찔했다고 해도, 지금은 그렇게 두려워할 때가 아니다. 톨스토이는 〈시계 공 신〉이 미리 써놓은 〈거대 대본〉이라는 환상에 의존함으로써 우연성을 필연성으로 바꾸었고, 〈전쟁〉은 신성한 〈운명〉이라는 거대한 메커니즘의 불가항력적인 전개에 의해 신기하게도 진정되었다. 반면에 우리는 대본들의 혼란을 너무 빨리 진정시키려는 유혹에 저항하고 그 혼란 속에 머물러야 한다.

이 새로운 존재양식에서 문제가 되는 것은 작은 것이 어떻게 큰 것에 포함되는지를 아는 것이 아니라, 모든 배치들의 상대적인 크기를 어떻게 수정할 수 있는지를 아는 것이다. 지난 세기에 우리는 새로운 리바이어던들—전쟁하는 국민국가, 다국적 기업, 사방으로 확장하는 네트워크, 글로벌 시장 등—의 영향력을 발견하면서 거대 조직들의 증식에 모두가 놀랐다. 우리가 그러한 거대 조직들을 정의하기 위해 작은 규모의 사례에서 출발할 수 있는 것은, 다른 대본들과 연결될 수 있는 대본의 역량 때문이다. 바로 여기서 우리는 하나의 존재양식으로서의 조직과, "개인", "규범", 그리고 다소 성급하게 "사회"과학이라고 칭해진 것의 전체 장치 등과 나란히 공존하는 것으로 여겨지는 현실의 특정 영역으로서의 "조직들"을 혼동해서는 안 된다. 이 세상에 태어날 때부터 크거나 작은 존재자는 없으며, 커지고 작아지는 것은 전적으로 대본들의 순환에 달려 있다. 달리 말해, 규모는 불변하는 것이 아니다.

앞서 정치적 양식[POL]을 그것의 정당한 장소로 복원하려고 할 때 보았듯이, 우리는 크기의 차이를 자기 설명적인 것으로 받아들이려는 유혹을 물리쳐야 했다. 정치의 "배후"에는 아무것도 없었고, 특히 이미 구성된 "집단들"은 없었다. 총합의 변화는 그 자체로 정말 순환적인 정치적 로고스의 운동에 의해 설명되어야 했다. 집단 형성은 〈원〉에서 나왔고, 〈원〉이 없었다면 집단은 전혀 존재하지 않았을 것이다. 마찬가지로 조직을 이미 존재하는 다른 어떤 것, 즉 조직을 잠정적으로 유지하게 하는 대본보다 "더 큰" 어떤 것으로 설명하는 것은 불가능하다. 만약 "확대"되는 어떤 것이 있다면, 그것은 정치적 원[POL]만큼이나 자신의 장르에서 독창적이고, 자신이 포착하는 모든 것의 크기를 변화시킬 수 있게 하는 새로운 존재자가 순환하고 있기 때문이다[POL·ORG].

달리 말해, 대본은 크기의 차이를 "운반"한다. 이것이 바로 우리가 **프로젝트**PROJECT에 대해 말할 때 그것의 독특한 특징 가운데 하나, 즉 앞으로는 만기와 약속을 개시하거나 계획하고 뒤로는 자원과 병참logistics을 배치하여 전과 후를 생성할 수 있는 능력에 초점을 맞추면서 의미하는 바이다. 프로젝트가 순환을 시작하는 모든 곳에서─프로젝트는 실천에 기입되든 문서에 기입되든 암묵적인 언어 기반 대본에 의해 주로 묘사된다—규모의 차이가 발생한다. 우리는 자신이 아래와 위에 있고, 틀 지어지고 틀 지우고, 안과 밖에 있다고 느낀다. 전과 후를 결정하는 리듬에 사로잡혀 있다고 느낀다. 이 움직임을 명확하게 이해하면, 이 대본들의 품질이나 도구가 수정될 때마다 그것들이 수집하는 현상의 규모도 수정되리라는 것을 더 이상 어렵지 않게 이해할 수 있다.

이렇게 하면 경제화 장치를 전면에 드러낼 수 있다 ⊙

이번에는 작업할 준비를 갖추었다. 민족학자가 단일한 수준을 완고히 고수하는 경우에만, 규모 조정을 위한 기구와 장치가 전면에 나타날 수 있는 것이다. 결국 그의 완고함을 통해서 이제 **경제화**ECONOMIZATION의 핵심 현상이 밝혀진다. 하나의 영역으로서의 〈경제〉는 경제화할 수 있는 규율들/학문 분과들disciplines에 선행하지 않는다. 〈경제〉가 그것들에 의해 체제를 갖추기 때문이다. 미셸 칼롱Michel Callon의 강력한 표현을 빌리자면, "경제학 없이는 경제도 없다." 경제적 문제를 다룰 때는 우화에 나오는 거북이처럼 수행적 발화 위에 수행적 발화를 "끝까지" 쌓아 올릴 준비가 되어 있어야 한다!

방법은 기본적으로 첫 번째 〈자연〉의 경우와 같다. 지식[REF]을 재물질화하기 위해 우리는 완전히 관념화된 물질, 즉 3장과 4장에서 우리를 사로잡았던 그 유명한 **합리적 실체**RES RATIOCINANS를 해체해야 했다. 오직 그럴 때에만 멀리 떨어진 존재자들에 접근하는 데 필요한 지시의 연쇄들이 그 모든 두께, 독창성, 비용, 취약성, 그리고 그 모든 아름다움까지 드러내며 나타날 수 있었음을 기억할 것이다. 마찬가지로 우리가 자신을 단일한 수준으로 제한할 때에만, 대본들을 쌓아 올리는 것 외에는 다른 총합체가 없는 수준으로 제한해야만, 우리는 대본들이 쌓이고 병합되는 장치들의 물질성을 전면으로 끌어올리는 데 성공할 수 있다. 반대로, 경제학에 의해 연구되어야 할—그리고 경제학에 의해 생산되거나 은닉되거나 체제를 갖추지 않는—경제적 물질이 있다고 단순히 가정하는 순간, 이 모든 장치들은 사라진다. 다시 한 번 재료들의 물질성은 유물론이라는 관념론과 대립한다.

19세기 중반 뉴욕 증권거래소의 주식 중개인들의 예를 들어보자. 이 신사들은 서로의 말에 대한 신뢰 덕분에 만기가 다가오는 계약에 대한 정보를 밀실에서 천천히 근엄하게 교환했다. 외부의 대중은 매주 그들이 의존할 수 있는 주식 시세를 거의 듣지 못했다. 여기서 우리는 피에르와 폴에 대한 꾸며낸 일화만큼이나 "작고" 장비가 제대로 갖춰지지 않은 상황에 처해 있다. 이제 1867년에 전신기, 인쇄기, 회계장부를 기술적으로 조합한 주식 시세 표시기라는 훌륭한 도구가 이 조직에 도입된다. 무슨 일이 일어났을까? 주식 중개인들 사이의 조정에 관한 모든 것이 바뀌게 되었다. 이제부터 그들은 천공 종이테이프 두루마리(나중에는 스크린에 투사됨)를 통해 전 세계에서 실시간으로 볼 수 있게 되는 인쇄되고 기록된 주식 시세의 연속적인 리듬에 따르게 된다. 새로운 현상이 나타난다. 가치의 추출이 같은 세계에 속한 사람들끼리의 언어 교환과 매우 밀접히 혼합되어 있었을 때에는 알려지지 않았던 새로운 현상이다. 스스로 그리고 지속적으로 포착되는 가격 변동은 모든 언어의 외부에서 그 자신의 일관성을 가지게 되었으며, 더욱 객관화되고 밀도가 높아지고 가속화되었다. 그것은 곧 전신선의 채널을 통해 소위 세계화될 것이다. 경제학의 대상 가운데 하나가 이러한 장치에서 태어났다.

모든 것이 실제로 크기가 바뀌었지만, 그 변화는 오늘날 휴대폰으로 확장된 티커(주식 시세 표시기)의 개입 없이는 이해할 수 없을 것이다. 더 높은 수준의 출현이라는 점에서는 크기의 변화가 없었지만, 규모 조정의 중요한 변화가 있었다. 작은 것과 큰 것의 관계에 대한 완전히 다른 두 가지 정의, 즉 하나는 삽입과 내장에 의한 정의이며 다른 하나는 연결과 수집에 의한 정의이다.

경제화를 따라간다는 것은 주식 시세 표시기와 같은 장치들의 인상적인 합계를 더해 나가는 것이다. 사실 우리는 회계장부, 대차대조표, 급여 명세서, 통계 도구, 트레이딩 룸, 로이터 화면, 순서도, 일정표, 프로젝트 관리 소프트웨어, 자동 주식매매 시스템 등 경제가 통과하는 경로들에 매우 익숙하다. 요컨대 **배정 키**ALLOCATION KEYS라는 표현이나 **가치 측정기**VALUE METER라는 발명된 용어로 함께 묶을 수 있는 것들 말이다—평가와 가치를 측정하기 때문에 그런 이름이 붙었다(곧 그 방법을 살펴볼 것이다). 이를 통해 우리는 피에르와 폴의 만남을 조직하는 대본으로부터, 적군파를 쫓아내거나, 150만 프랑스 교육공무원들에게 급여를 지급하거나, 몇 마이크로초 만에 수십억 개의 주식 시세를 바꾸는 대본으로 통과해 갈 수 있는 것이다. 장치를 바꿈으로써? 그렇다. 규모를 바꿈으로써? 그렇다. 수준을 바꿈으로써? 아니다.

⊙ 그리고 소유권의 두 가지 다른 의미를 구별할 수 있다 ⊙

가장 큰 어려움은 이러한 가치 측정기와 배정 키에 그것들이 결여하는 미덕을 부여하지 않는 데 있다. 사실 그것들 모두는 중요한 것과 중요한 사람을 분배하는 기묘한 기능을 가지고 있다. 경제화의 도구에 너무나 전형적인 이러한 기묘함을 포착하려면, **소유권**PROPERTY 관념 속에서, 행위 과정의 조정과 이해 당사자들의 분배에 필요한 대본들의 움직임의 메아리를 들을 수 있어야 한다. 우리는 "이것은 내 것이다"와 "저것은 너의 것이다"라는 진술에서 어떤 조직화 행위를 파악해야 하지만, 반드시 장 자크 루소가 다음과 같이 묘사한 대로는 아니다—"어떤 땅에 울타리를 치고 나서 "이것은 내 것이다"라고 말하고 그것을 그대로 믿을 만큼 순진한 사람들을 찾아낸 최초의 사람이 시민 사회의 진정한 창시자였다." 루소는 매우 고독한 삶을 살았을 것이다. 오케스트라에서 연주거나, 공을 패스하거나, 무대 입장을 놓치거나, 사교 모임에서 음식을 대접하거나, 숨어서 사냥을 해보지도 않았을 것이다. 그렇지 않았더라면 그는 "이것은 내 것이다!"와 "저것은 너의 것이다!"가 재산권뿐만 아니라 "시민 사회"보다 수십만 년 앞선다는 사실을 이해했을 것이다. 사실 이 말들은 행위 과정이 조금 복잡해지자마자, 공동 작업에 협력하는 사람들의 대본을 시작할 수 있게 해주는 작은 문구들이다. 분장실에서 감독이 여배우에게 말한다. "준비해, 다음은 당신이야." 성급한 파트너가 소리친다. "네가 연주할 차례야." 사냥꾼이 총으로 멧돼지를 겨냥하며 외친다. "이건 내 거야." 토지와 건물 부지의 구획을 표시하는 용도로 사용되기 훨씬 전에, "이것은 내 것이다"라는 표현은 그렇지 않았으면 "끝나"지 못했을 협력의 경계를 긋는 역할을 했다. 그런 울타리 친 땅에서 "말뚝을 뽑아내고 구덩이를 메움으로써" "시민 사회"가 어떻게 진전했을지 알기 어렵다. 그러한 분배를 믿으며 출발 신호를 기다릴 만큼 "충분히 순진한" 사람들이 없었다면, 인류는 아예 존재하지 않았을 것이다. 따라서 우리가 불평등의 기원을 이러한 소유권의 의미에서 찾아야 하는 것이 아니다. 루소가 궁극적으로 옳다면 그것은 다음 단계에서 그러하다.

특별히 장비가 잘 갖춰진 어떤 대본이 충분히 가시적인 경계를 만들 수 있다고 한번 가정해보자. 그 대본을 따르는 사람들이 어떤 믿을 만한 이유를 가지고 "우리는 그것에 대해 걱정할 필요가 없다. 이제 서로 빚진 것이 없다"라고 말할 수 있게 하고, 미래의 소유자의 입에서 "그건 우리가 걱정할 일이 아니야"라는 정말 흥미로운 표현을 할 수 있게 할 만큼 말이다. 이것은 루소의 유명한 감탄사와 비슷하지만 약간 변형된 표현이다. 즉, 강탈자는 "어떤 땅에 울타리를 치고 나서 "이것은 내 것이다"라고 말한 첫 번째 사람"이 아니라, "당신을 돌보는 건 내 몫이 아니다"라고 말한 두 번째 사람이다! 그리고 만약 그가 무언가를 둘러싸는데 성공했다면, 그것은 말뚝과 도랑으로 둘러싼 것일 뿐만 아니라 〈회계장부Accounts Book〉라는 훨씬 더 신뢰할 수 있는 문서를 가지고 그렇게한 것이다. 〈회계장부〉는 그가 고려하지 않는 모든 것을 울타리 외부에 두고, 그가 고려하고 그에게 속하는 모든 것을 내부에 두며, 내부는 외부보다 덜 계산된다. 지불증서[손 떼기]quittance라는 감탄스러운 표현. 나아가 경제학자들은 외부화와 내부화라는 한 쌍의 정말 완벽한 표현으로 이 인클로저enclosure의 윤곽을 그려냈다. 우리가 무엇을 고려해야하는가? 더 이상 우리가 고려할 필요가 없는 것은 무엇인가? "뭐라고? 내가 내 형제를 지키는 자인가?"

◉ 계산 장치를 약간 추가하는 것을 포함하면서.

이제 한 걸음 더 나아가 대본의 양이 늘어나고, 고려해야 할 요소의 수가 어지러울 정도로 늘어나며, 만기의 리듬이 점점 더 빨라진다고 가정해보자. 이번에는 대본과 프로젝트가 서로 얽혀서 발생하는 문제들을 측정할 수 있고, 셀 수 있고, 수량화할 수 있으며, 따라서 계산할 수 있도록 만들어야 한다. 어떻게 할당하고 분배하고 공유하고 조정할 것인가? 대본은 여전히 존재하지만, 주식 시세 표시기의 예에서 볼 수 있듯이 반드시 양적 데이터를 생산하는 장치가 장착되어 있다. 장비가 갖춰진 대본이 없다면 그러한 상호 얽힘은 불가능할 것이다. 연속으로 배치하기에는 우리가 너무 많고 준객체와 준주체도 너무 많기 때문이다. 모순되는 명령이 너무 많다. 거래 속도가 너무 빠르다. 우리는 길을 잃을 것이다.

경제화의 규율들과 학문 분과들이 생겨났을 때, 그것들은 "prendre des mesures"라는 프랑스어 표현의 두 가지 의미, 즉 "측정하다taking measurements"와 "조치하다taking measures"를 연결하는 매우 특정한 유형의 "어떤 성질, 얼마만큼quali-quanta"이라는 물음으로 넘쳐나면서 그 모습을 드러냈다—여기서 "가치 측정기"라는 신조어가 나온다. 이러한 종류의 양은 은하계 적색왜성의 수나 선량계의 수치보다는 부동산 보유 부담금의 분배 비율—틀림없이 양이다—과 더 비슷해 보인다. 경제화는 **측정 척도**MEASURING MEASURES를 생산하는데, 이는 **측정된 값**MEASURED MEASURES과 혼동되어서는 안 된다. 이렇게 생산된 수치들의 본질과 그에 대한 계산을 통해서 가치 측정기는 가치와 사실을 융합한다—다행히도 그것이 가치 측정기의 주요 기능, 즉 누가 누구에게 얼마 동안 얼마를 갚아야 하는지 분배하는 것이기 때문이다.

경제화는 이러한 장치를 통해 확산된다. 앞에서 살펴본 대로 지시가 도구와 **기입**INSCRIPTIONS이라는 매우 특정한 표의문자를 통해 확산되는 것과 마찬가지다[REF·ORG]. 대본의 궤적은 리듬을 부여하고 질서를 잡고 수집을 수행하지만, 결코 멀리 있는 사태에 접근할 수는 없다. 주식 시세 표시기는 지시의 의미에서 가격을 측정하지 않는다. 그것은 한편으로 끊임없이 변동하는 가격이라는 새로운 현상과, 다른 한편으로 이러한 가격의 새로운 관찰자 및 수익자, 새로운 주식 "중개인", 이 새로운 데이터에 의해 "배치"되거나 "동요"되는 새로운 개체들 모두를 드러내는 방식으로, 가격에 리듬과 속도를 부여하고 그것을 시각화하고 정렬하고 가속화하고 표현하고 형식화한다. 그리고 각각의 장치가 등장할 때마다 새로운 (준)객체와 새로운 (준)주체가 출현한다. 양극단에서 새로운 역량을 생산하는 이러한 능력은 지시의 연쇄에서도 보았던 것으로, 지시의 연쇄는 객관성을 부여받은 인식하는 주체뿐만 아니라 똑같이 객관성을 부여받은 인식되는 객체를 뒤에 남길 수 있다. 마찬가지로 대본의 궤적은 장비를 갖춤으로써 양극단에서 일종의 대리인—주식 중개인은 실제로 주식 시세 표시기로 바뀌었다—과 일종의 배치—가격은 형태와 성격을 바꿨다—를 생산한다. 이는 같은 동전의 양면이다.

"경제적 이성"이라는 표현으로 혼동해서는 안 되는 두 가지 양식.

첫 번째 〈자연〉의 책이 수학적 문자로 쓰였다면, 두 번째 〈자연〉의 책도 공교롭게도 수학적 문자로 쓰였지만, 이것이 〈총계정 원장Grand livre〉을 성경과 혼동하거나 〈신〉이 그 책의 저자라고 믿을 이유가 되지는 않는다. 경제학자들은 이러한 구별을 존중하지 않음으로써 새로운 **악성 역전**MALIGN INVERSION을 통해 매우 풍부해야 할 것을 희소하게 만들고 풍요의 뿔을 고갈시킬 위험이 있다. 다행히도 오랜 탐구의 가혹한 시련으로 단련된 근대인의 인류학자에게는 서로 닮았다는 이유로 두 가지 양식을 혼동하는 일에 저항하는 것이 더는 어렵지 않다. 같은 계산, 같은 숫자가 같은 전치사에 의해 파견되지 않았음에도 불구하고 지시와 조직 모두에 쓰일 수는 있다[REF·ORG]. 그러나 지시의 연쇄의 모든 도구가 수행적 차원을 가지고 있다고 해도, 그 기능은 상수가 **형식**FORM에서 형식으로 통과하게 하는 것이며, 재산권을 분할하거나 연속되는 만기와 지불증서들을 조정하는 것이 아니다. 계산이나 계산 장치라는 용어에 더 이상 오도되지 말아야 한다. 경제화 장치들이 계산을 가능하게 한다고 해서 그것이 더 이상 수행적이지 않게 된다는 의미는 결코 아니다. 가치 측정기가 생산한 데이터가 계산 가능하다면, 그것은 조직적 대본으로서의 데이터의 성격과 관련된 이유 때문이지, 앞으로 보겠지만, 데이터가 특권적으로 접근할 수 있는 수량화 가능한 물질을 역으로 지시하기 때문이 아니다. 말하자면 세계의 기초를 형성하고 모든 행동과 모든 가치평가를 설명하는 특정한 영역이 되기 훨씬 전에, 경제학이라는 학문 분과는, 조직화 행위의 관점에서 볼 때 우리가 다양한 대본을 따를 수 있게 하고 가능하다면—그러나 이것이 불가능하다는 것을 우리는 알고 있다!—이전의 대본들을 탈/재조직하는 새로운 대본과의 불일치를 종식시키기 위해, 시간의 경과에 따라 서서히 발명된 장치들의 연결로서 우리에게 나타난다.

분기점을 다루는 데 세심한 주의가 필요하다. 바로 이 지점에서 무고하고 필수불가결한 경제화의 작업이, ⟨이성⟩—지시의 연쇄로부터 분리된 ⟨이성⟩[REF·DC]!—의 이름으로 결정되는 포함과 배제의 형이상학이라는 의미에서의 ⟨경제⟩로 넘어갈 것이기 때문이다. 바로 이 지점에서 경제학자들이 3세기 동안 무분별하게 사용해온 "합리적"이라는 용어가 독이 된다. 그것은 이 탐구에서 우리가 하는 것처럼 각각의 양식에 고유한 이성을 따라가는 것을 허용하지 않을 뿐만 아니라, 신중하게 구분되어야 하는 두 가지 양식을 혼동하게 만든다. 그 예리한 칼날이 정말 필요할 때 오컴의 면도날은 어디에 있는가?

우리는 〈경제〉가 경험의 실을 따라갈 준비가 되어 있지 않다는 것을 안다. 그것은 **개인**INDIVIDUAL을 자신의 기초로 삼고 개인에게 타고난 합리성을 부여했다! 이제 대본의 실을 따라가다 보면 이 정박 지점은 어떤 토대에도 적절치 않아 보인다. 개인은 이차적이고 부차적이다. 개인을 자족적이고 견고하며 완전한 주체로 결코 통합할 수 없는 모순된 명령들의 경로에 의해 뒤에 남겨지는 다양한 형태의 역할에 개인은 전적으로 의존한다. 그러나 우리는 "합리적 계산"이라는 표현에서도 있을 법하지 않은 것을 발견한다. 이미 수많은 외부 존재자들로부터 도움을 받은 행위자들은 자신과 연결된 가치 측정기로부터도 근사적 추론의 파편을 요청해야 한다. 계산 장치가 없으면 계산 능력도 없다. "제한된 합리성"이라는 표현은 그와 같은 철저한 관점의 반전을 묘사하기에는 다소 약하다! 〈경제적 계산〉의 도래 덕분에 마침내 합리적이 된 우주의 거대한 배경도법을 스케치하는 일이 불가능하다는 것을 우리는 이해할 수 있다. 우리는 그 자리에서 무엇을 발견할 수 있을까? 때로는 프로젝트의 단편, 때로는 선호도 할당, 때로는 역할 제안, 때로는 지불증서와 같은 대본의 통과로부터 무언가를 받기를 기다리면서 어둠 속을 더듬고 헤매며 떨고 있는 작은 존재자들이다.

우리는 인류학자가 가까운 사람들에 대해 느끼는 놀라움에 공감할 수 있다. "뭐라고?" 그는 의아해한다. "자신들이 합리적으로 계산하는 개인적 행위자인 것처럼 이 세계에서—어쨌든 나와 같은 세계에서!—살고 있다고 믿으려 애쓰는 사람들이 정말 수억 명이나 있다는 것인가? 그리고 그들은 이 믿기 어려운 우주론을 수십억 명의 다른 존재자들에게로 확장했다고? 어떤 민족지학적 발견이 이것을 능가할 수 있을까?"
그러나 물론 그는 이것이 근대인의 비극적인 자기기만의 결과가 아니라는 것을 알고 있다. 그는 그렇게 모든 경험에 반하고 명백히 유토피아적인 것을 믿기 위해 우리가 어떤 기구와 제도, 연결망, 학교, 장치에 접속되어야 하는지, 어떤 앱을 다운로드하는 법을 배워야 하는지 알기 시작했다.

〈경제〉가 이해관계와 정념의 계산을 너무 빨리 끝내려고 부적절하게 사용하는 관념화된 물질을 얻기 위해, 조직과 융합시키는 또 다른 양식이 무엇인지 연구자가 파악할 수 있다면 말이다. 이 탐구가 첫 번째 〈자연〉을 풀어내는 데 성공했다면, 그것은 지시와 재생산의 융합을 펼쳐냄으로써 그렇게 한 것이다[REF·REP]. 그렇다면 〈경제〉를 탈관념화하고 마침내 내재성의 취향을 되찾아 그것을 재물질화하기 위해 우리는 어떤 새로운 교차를 존중하는 법을 배워야 하는가? 아마도 우리는 나머지 모든 것이 걸려 있는 이 새로운 고르디우스의 매듭을 자르지 않고도 풀 수 있을 것이다.

15장

정념적 이해관계의 존재자들을 동원하기

전체는 항상 부분보다 열등하지만 ⊙ 조직의 경험에 대해 오류를 범하는 몇 가지 이유가 있다 ⊙ 조직을 정치적 원과 혼동하는 것[POL·ORG] ⊙ 조직을 유기체와 혼동하는 것[REP·ORG] ⊙ 대본을 기술적으로 안정화하는 것 [TEC·ORG] ⊙ 대본의 불평등한 분배를 규모 조정과 혼동하는 것 ⊙ 이 모든 것이 사회적인 것에 대한 전도된 경험으로 이어진다.

대본을 움직이게 하는 것의 경험으로 돌아감으로써 ⊙ 우리는 존재자들이 생존하기 위해 통과해야 하는 것을 측정할 수 있다 ⊙ 정념적 이해관계의 존재자들을 발견하면서 말이다[ATT].

그러나 이 새로운 경험을 묘사하는 데 있어 몇 가지 장애물을 제거해야 한다. 첫째, 내장의 관념 ⊙ 둘째, 선호도 계산의 관념 ⊙ 셋째, 〈주체〉/〈객체〉 관계라는 장애물 ⊙ 넷째, 교환이라는 장애물 ⊙ 마지막 다섯째, 상품 숭배.

그런 다음 존재의 특정한 변이 양식이 나타난다 ⊙ 그것은 독창적인 통과, 즉 이해관계와 가치부여이며 ⊙ 특유한 적정성 조건을 지닌다.

이러한 존재자들의 반죽은 ⊙ 조직과의 교차[ATT·ORG]라는 수수께끼로 이어진다 ⊙ 그것은 두 번째 〈자연〉의 물질을 해체할 수 있게 해줄 것이다.

전체는 항상 부분보다 열등하지만 ▶

우리가 대본의 경험에서 등을 돌리는 한, 경제화의 작업과 〈경제〉의 형이상학을 구별하는 것은 불가능하다. 개인INDIVIDUAL이라는 관념은 분산된 대본들SCRIPTS 아래에 있는 경험도, 그 위에 있는 경험도 포착하지 못한다. 사회SOCIETY라는 관념 역시 모순된 대본들의 더미 아래에서 자신을 발견하는 경험도, 매번 잘 제한되고 항상 똑같이 "작은" 장소에서 대본을 부분적으로 다시 쓰는 경험도 등록하지 못한다. 큰 것은 작은 것보다 작고, 작은 것은 작은 것이 아니라 분배되어 있는 것이다…. 그렇다면 〈개인〉이나 〈사회〉로부터 시작하는 것은 희망 없는 일이다. 그것은 말 그대로 아무 곳으로도 이어지지 못할 것이다—어쨌든 길이 없다! 우리는 결합의 규모 조정에서 오류를 저질렀다. 그렇다. 큰 오류, 크기의 오류다!

우리 인류학자는 조직화 행위ORGANIZING ACT의 경험과 조직학이 제공하는 공식 버전 사이의 거리에 더 이상 놀라지 말아야 한다는 것을 알고 있다. 그럼에도 불구하고 그는 관찰되어야 할 현상의 상대적 크기가 역전된 것처럼 보인다는 사실에 의해 끊임없이 방해받지 않을 수 없다. 즉, 조직은 마치 명확히 정의된 경계와 자족적이고 완전한 동일성을 가진 개별적 개체가 훨씬 더 큰 전체의 "내부에" 삽입되어 있는 것처럼 그에게 제시되는 것이다. 그러나 조직은 큰 것과 열린 것 안에 들어가 있는 작은 것과 닫힌 것이 아니라, 오히려 분산되는 것, 사방으로 뻗어나가는 것, 다중적인 것이다. 그것은 항상 제한된 장소에서 다른 등장인물에게 다른 역할을 위임하는 대본의 올가미에 의해 그때그때 붙잡히는 것으로 간혹 드러날 뿐이다—이것이 대본을 약간 덜 분산되게 하겠지만 잠시 동안만 그렇다. 그 관계는 작은 것과 큰 것의 관계가 아니라, 어떤 구불거리는 움직임과 그것에 리듬을 부여하는 당김음 리듬의 관계이며, 때로는—마치 "아래에" 있는 것처럼—위에서 내려오는 명령을 따르고 있다는 느낌을 주기도 하고, 때로는—마치 "위에서" 전체 시나리오를 훑어보고 다시 쓸 수 있는 것처럼—조직의 "**수동 재시작**MANUAL RESTART"을 부추기기도 한다.

◄ 조직의 경험에 대해 오류를 범하는 몇 가지 이유가 있다 ►

크기의 감각, 통로와 운반 수단의 감각을 되찾고 규모를 불변의 요소로 간주하지 않으려면, 이제 우리의 투쟁을 역으로 수행해야 한다. 지금까지는 너무 빨리 포화되는 세계에서 비가시적 존재자들이 순환할 수 있도록 공간을 비워야 했다면, 이제 우리는 장비, 수량, 만기, 리듬만 서로 다른 대본들 사이의 연결이나 쌓임을 수준의 단절로 간주할 때마다 우리가 감지한다고 생각하는 심령체들을 그 세계로부터 제거해야 한다. 언제나 그렇듯이 여기서도, 조직이라는 고유한 존재양식의 부분적 독창성을 인식하지 못하는 근대인은 **자연**NATURE이나 **언어**LANGUAGE처럼 모든 곳으로 확장할 수 없는 〈사회〉를 발명함으로써 "빈틈 메우기"에 나섰다. 그러나 실제에 있어 사회적인 것, 즉 결합의 궤적은 사회학의 경험과는 완전히 다른 경험으로 이어진다. 그것은 더는 놀랄 일이 아니다. 이미 7장에서 **심리학**PSYCHOLOGY이 인간 정신의 헤아릴 수 없는 깊이와는 전혀 다른 곳으로 이어지는 것을 본 적이 있지 않은가.

◉ 조직을 정치적 원과 혼동하는 것[POL·ORG] ◉

동시에 우리 분석가는 근대인이 조직화 행위의 완전한 독창성을 식별하지 못했던 모든 좋은 이유를 잘 알고 있다. 먼저 그것을 정치와 섞으려는 유혹이 있다[POL·ORG]. 능숙한 외삽을 통해서 근대인은 〈사회〉에 대해 말하면서도 마치 대본의 명령이 12장에서 설명한 〈원〉과 유사한 것처럼 가정한다. 정치적 발화 과정에서 그려지는 "우리"가 그 과정 안에서 표현되는 "나"보다 항상 "더 큰" 것으로 나타나는 것은 사실이다. 왜냐하면 이 "우리"는 〈원〉의 특질과 갱신의 속도에 따라 그 주권자들을 더 충실하거나 덜 충실하게 "대표"하기 때문이다. 이 두 가지 리듬—즉 대표의 〈원〉의 반복과 대본의 반복(하나는 다시 시작하는 것이고, 다른 하나는 만기에 도달하는 것이다)—을 혼동하면, 실제로 우리는 각 "구성원"의 어깨를 더 큰 무게로 누르고 있는 집단에 "속해 있다"고 느낄 수 있다. 정치와 조직이 외견상 같은 순환 구조 속에 뒤섞여 사회과학이 두 가지 모두를 놓칠 위험이 있다는 예상치 못한 결과와 함께 말이다….

그러나 두 경우 모두에서 전체와 부분의 관계는 신발 상자 더미 안에 있는 신발 상자의 관계가 아니다. 언제라도 정치적 반복과 조직적 반복의 특질에 따라 이 "전체"는 다시 그것의 부분보다 작아질 수 있다. 얼마나 많은 전능한 독재자들이 하룻밤 사이에 겁에 질린 작은 도망자가 되었는가? 얼마나 많은 강력한 CEO들이 어느 우울한 이른 아침에 황금 낙하산을 타고 고층 빌딩에서 뛰어내리고 싶은 충동을 느꼈던가? 어떤 정치인, 어떤 이사, 어떤 대표자, 어떤 대의원이 이러한 갑작스러운 규모 축소를 무시할 수 있는가? 상대적 규모 조정은 항상 이 두 가지 양식의 순환의 결과이다. 정치체나 조직은 존재를 지속하기 위해 어떤 종류의 관성에도 의존할 수 없다. 전체는 부분들보다 작다. 그리고 전체가 부분들의 특정 측면을 포착한다면, 그것은 전체가 계속 움직이고 연결하고 반복하고 처음부터 다시 시작하는 동안에만 그러하다.

(결합ASSOCIATIONS의 사회학과 반대되는) "사회적인 것"의 사회학은 사회적인 것을 인간과학의 주요 현상 가운데 하나로 보는 점에서는 옳았을지 모르지만, 사회적인 것을 동어반복적으로 정의한 것은 오류였으며 그것을 모든 양식으로 확장하려 한 것은 훨씬 더 큰 오류였다. 대본이 그 자체로 동어반복적인 것으로 나타나려면(우리는 〈사회〉를 만들고 〈사회〉는 우리를 만든다거나, 우리는 외부로부터 규범에 의해 묶여 있는 동시에 그럼에도 불구하고 우리는 규범을 갈망한다거나), 우리가 작은 시간적 간극 덕분에 같은 시나리오의 "위"에 있든 "아래"에 있든 결코 정확히 같은 시점에 그리고 정확히 같은 역량에 있지 않다는 사실을 잊어버려야 한다. 불행히도 동어반복의 관념은 대본 고유의 이러한 굴곡sinuosity을 완전히 간과한다. 그리고 설령 이러한 확장 양식을 따라간다고 해도, 이것은 여전히—첫 번째 〈자연〉이나 두 번째 〈자연〉은 말할 것도 없고—

정치, 종교, 법, 정신에 대한 템플릿 역할을 할 수 없을 것이다. 다시 한 번 우리는 각 양식이 다른 모든 양식에 대해 헤게모니적 메타언어를 제시하려는 경향을 목도한다. 지극히 순진한 경향이지만 우리의 탐구는 그런 경향으로부터 우리를 보호하는 것을 목표로 한다[REP·ORG]. 정치체는 유령이지만, 〈사회〉라는 유령과 같은 심령체는 아니다. 여기서 그리스어와 라틴어를 혼동해서는 안 된다. **아우토퓌오스**AUTOPHUOS는 하나의 존재양식이지만, 그 자체로 독자적인*sui generis* 〈사회〉는 그렇지 않다.

⊙ 조직을 유기체와 혼동하는 것[REP·ORG] ⊙

따라서 이미 현존하고, 이미 크고, 이미 둘러싸고, 이미 틀을 갖춘 무언가를 추가하려는 시도를 포기해야 한다. 그러한 시도는 대본의 특정한 움직임을 은폐하는 것과 같기 때문이다. 다행히도 이 새로운 유혹은 이미 잘 알려져 있다. 그것은 바로 조직을 유기체론organicism으로 기울게 하려는 유혹이다. 조직의 "배후"에 있는 "거대한 생물"은 재생산의 존재자들을 **프로젝트**PROJECTS가 생산하는 존재자들과 혼동한 데서 비롯된다[REP·ORG]. 게다가 이 혼동은 양방향으로 진행된다. "아무도 몸이 무엇을 할 수 있는지 알지 못하기" 때문이다. 정치에 적용되는 것은 조직에도 적용된다. 그것은 다른 괴물에 의해 더 망가지지 않고도 이미 충분히 괴물 같다….

생명체가 "조직화되어" 있다거나, 다국적 기업이 유기체처럼 반응한다거나, 그런 기업이 "공룡처럼" 사라질 것이라고 무심코 말할 때, 우리는 그것들 자체의 존재를 유지하는 문제는 이미 해결되었다고 전제한다. 마치 아주 작은 대본의 통과 없이도 그것이 가능한 것처럼 말이다.

그러나 생물학과 사회학은 동일한 수수께끼에 직면해 있다. 다시 말해, 우리는 조직(국가, 기업, 네트워크, 시장)을 하나의 몸으로 간주할 수 없는데, 그 이유는 몸[REP]이 어떻게 스스로를 유지하는지 정확히 알지 못하기 때문이다! 반대로 조직[ORG]의 위나 뒤에는 또 다른 세계가 없기 때문에 우리는 조직이 "위", "아래", "앞", "뒤"의 무언가를 만들어내는 특정한 방식을 발견할 수 있으며, 우리가 다루는 것이 IBM이든, 선물 시장이든, DNA이든 같은 문제가 발생할 것이다. 다시 말해, 이 존재양식 고유의 작은 **초월성**TRANSCENDENCE은 (정치의 존재양식[POL]과 마찬가지로) 다른 큰 초월성이 기생적으로 도입되지 않는 경우에만 발견될 수 있다. 우리는 더 이상 메네니우스 원로원 의원이 활동적이고 배고픈 몸의 〈구성원들〉이 한가하고 배부른 〈위장〉과 "유기적" 연대를 유지해야 한다는 순진한 우화로 로마 평민들의 파업을 멈출 수 있는 시대에 살고 있지 않다[POL·ORG]. 쌓임으로서의 총합은 맞지만, 〈위대한 존재〉로서의 총합은 아니다. 〈경제〉의 재물질화에는 이런 대가가 따른다.

◉ 대본을 기술적으로 안정화하는 것[TEC·ORG] ◉

모든 것에도 불구하고 그러한 결론을 믿을 수 없게 만드는 것은 세 번째 이유, 즉 더 이상 구두 또는 서면 명령이 아닌 재료들이 점진적으로 도입되어 지속적인 방식으로 상대적 규모를 변경하기 때문이라고 연구자는 생각한다. 감히 들어갈 엄두도 내지 못했던 최상층에 CEO 사무실이 있는 100층짜리 빌딩의 관리자라면, 어떻게 조직이 개인보다 "더 크지 않다"고 주장할 수 있겠는가? 펜타곤에 다가가면서 누가 작다고 느끼지 않을 수 있겠는가? 이집트 피라미드와 마주하고 있는 자기도취적인 장군이 전투를 시작하기 전에 어떻게 자신의 작은 체구를 "그 위에 드리운 40세기"와 연관시키지 않을 수 있겠는가? 돌, 콘크리트, 강철로 된 명령에 의해 대본이 전달되는 경우, 우리가 대본 "아래에" 위치한다는 것은 다른 무게를 가지며, 각 대본은 되돌아갈 가능성 없이 정확한 위치 "안에" 배치된다. "제자리에 놓인다는 것"은 그 자리가 피에르와 폴의 사례처럼 전화로 주고받은 몇 마디 말로 이루어진 시나리오인지, 아니면 다양한 재료로 이루어진 석관이 짓누르는 장소인지에 따라 다른 의미를 지닌다. 상대적 **규모 조정**SCALING은, 더 이상 그 어떤 것으로도 그것을 되돌릴 수 없을 때에는, "큰 것"과 "작은 것" 사이의 크기 차이가 되는 것 같다.

  그러나 인류학자는 자신의 입장을 유지할 자격이 있다고 생각한다. 기술에 대해 말하는 것만으로는 사회적인 것과 거리를 두는 방법으로 충분하지 않다는 것을 잘 알고 있기 때문이다. 사실 우리가 알다시피 이것은 사회학에서 행위자-연결망 이론의 기원이기도 하다. 즉, 우리가 상황의 "기술적 차원"이라고 부르는 것은 항상 대본이며, 비록 그것이 상이한 만기에 따라 위치가 표시되는 일반적인 존재자들을 위해 오래전에 사라진 조직자들에 의해 아주 오래전에 초안이 작성되었다 하더라도 어쨌든 지침, 명령, 기입, 분배로서 자신의 본성을 유지하는 대본이다[TEC·ORG]. 파리에 있는 오스만 스타일의 6층짜리 건물에 더 이상 하인이 없다고 해서 건축가 발망Balmain의 대본이 계속 작동하지 않는다는 의미는 아니다(그의 이름이 파사드에 새겨져 있다). 발망은 1904년에 소유주를 위한 엘리베이터를 5층까지만 운행하기로 결정했다. 오늘날 5층에서 6층으로 가는 뒷계단을 올라야 하는 모든 학생들은 시간적으로 너무 분산된 대본의 "아래"에 있기 때문에, 대본의 "위"에 있으려면

1904년의 발망 사무소로 다시 돌아가거나 아니면 특권적 입주민을 위한 엘리베이터의 운행 범위를 확장하는 기술에 많은 돈을 써야 할 것이다. 여기에는 실제로 주인과 하인의 차이를 계단의 차이라는 사실상 불가역적인 무게를 바닥짐 삼아 안정화ballast하려는 결정이 있었다···. 리옹 역에서의 피에르와 폴의 만남은 전화 통화만큼 가벼웠고 둘이 성공적으로 만난 후에는 허공으로 사라졌다. 반면 하인이 없어진 지 오래지만 발망의 시나리오는 여전히 6층 세입자들을 무겁게 짓누르고 있다.

그러나 조직의 존재자들의 관점에서 볼 때, 모든 대본은—공간적, 시간적, 행위소적 **탈연동**SHIFTING OUT을 제외하고는—여전히 비교 가능하다. 우리가 "상대적"이라는 단어를 공간과 시간에 분산된 관계, 즉 [NET] 유형의 연결망에 의해 추적된 결합에 좌우되는 것이라는 평범한 의미에서 사용한다면 말이다. 가벼운 발화체utterances/énoncés와 무겁게 안정화된 발화체, 만기가 단기인 발화체와 장기인 발화체, 되돌릴 수 있는 발화체와 되돌리기 어려운 발화체를 구별할 수 있다고 해서, 그것들이 모두 수행적 효과를 가진다는 사실을 인식하지 못하는 것은 아니다. 앞 장에서 보았듯이 **가치 측정기**VALUE METERS의 수량적이고 계산적인 특성이 그것의 **배정 키**ALLOCATION KEYS로서의 본성을 박탈하지 않는 것과 마찬가지로, 다양한 재료들의 기울기를 통과한다는 사실이 소위 사회-기술적 배치가 그것의 분배자로서의 기능을 수행하지 못하게 하는 것도 아니다. 나아가 모든 제도가 역할, 장소, 기능의 분배를 가능한 한 명확하게 하려고 집요하게 노력하는 이유도 바로 여기에 있다. 대본은 만기에 도달하면 항상 갱신되어야 하기 때문에, 명령을 더 단단한 재료로 주조하는 것은 정의상 대본이 항상 결여하는 지속성을 배정자에게 제공할 것이다.

그러나 이 관계는 항상 주어진 힘의 분배에 상대적이다. 우리는 한 기업이 다른 기업을 위해 마련된 공간을 점유해야 할 때마다 그 사실을 깨닫는다. 돌이킬 수 없을 것으로 여겨지는 모든 결정은 재조직을 통해서, 경우에 따라서는 곡괭이나 다이너마이트를 통해서 돌이킬 수 있다. 예컨대 1960년대부터 파리 지하철 엔지니어들은 지하철과 철도를 상호 연결하기 위해 약 15년 동안 엄청난 대규모 공사를 진행해야 했다. 과거에 제3공화국 파리 시 정부의 다수당인 사회당의 결정으로 지하철과 철도의 상호 연결이 그동안 확실하게 실행 불가능했기 때문이다. 사회당은 민간 철도 회사들이 새 지하철망에 들어올 수 없을 만큼 터널을 좁게 만들기로 함으로써 쉽게 돌이킬 수 있는 표심을 확보하려 했다. 과연 그 선출직 공무원들이 믿었던 대로 확실했을까? 잠정적으로 확실했다고 해두자…. 사회-기술적 장치들을 따라가면서 우리 연구자는 슬로건, 조직도, 회계 기법, 콘크리트 벽 등이 제공하는 재료들의 기울기 사이에 인위적인 구분을 도입하지 않는 법을 점차 배워나간다[ORG·NET]. "대리석에 새겨져 있지 않은가?" 그렇다. 그리고 주철이나 화강암에도 새겨져 있다—그러나 새겨져 있든 아니든 이것들은 모두 여전히 대본이다.

◉ 대본의 불평등한 분배를 규모 조정과 혼동하는 것 ◉

조직의 경험에 대해 오해하는 네 번째 이유는 "전체는 항상 부분들보다 작다"라는 진술이 "전체는 부분들보다 크다"로 변형되기 때문이며, 이러한 변형이 불평등을 식별하는 데 중요한 역할을 하기 때문이다. 전도된 것을 전도함으로써 우리는 특별히 편리하고 도덕적으로 필수적인 좌표계를 잃을 위험에 처하지 않을까? 높고 낮음, 크고 작음의 관계가 웅장한 중앙 계단, 거대한 홀, 장엄한 페디먼트, 개인 전용 출입구 등 수많은 조직의 벽과 건축물 앞에서 저항할 수 없이 느껴지는 것처럼, "작다"라는 느낌은 대본을 수정할 수 있는 기회의 수에 결정적으로 달려 있다. 대본이 다시 쓰이는 좁게 제한된 공간에 전혀 접근할 수 없는 사람은 "작다." 신체적으로 더 크거나 도덕적으로 우월하지 않더라도 역할이 재분배되고 대본이 재작성되는 사무실을—거의 항상 사무실의 문제이기 때문에—빈번히 출입하는 사람은 "크다." 즉, "보스"나 "주인"이다. 여기 걸려 있는 문제가 "실행"하는 사람과 "결정"하는 사람 사이에서 역할을 배정하는 또 다른 일련의 지시와 기입이라는 사실, 그리고 이 일련의 지시와 기입 역시 평평하고 그것의 규모 조정이 전적으로 상대적이라는 사실은, 절대적이고 돌이킬 수 없는 차이라는 저항할 수 없는 인상을 막지 못한다. 바로 상식이 올바르게 지배domination라고 부르는 것이다. 그리고 권력과 불평등에 대한 수많은 비난이 끊임없이 주장하는 것은 바로 이러한 종종 압도적인 차이다. 그렇다. 대본 쓰기의 분배는 실제로 불평등하다. 그렇다. 어떤 존재자들은 다른 존재자들보다 훨씬 더 자주 "아래"에 있다. 모든 것이 평평하지만 결국 실제로 "위"와 "아래"가 있다.

그럼에도 불구하고 우리 연구자가 대본을 완고하게 따라가는 것을 멈출 수 없다면, 그것은 그가 집요하게 지배에 초점을 맞출 때 자신이 상대화하고자 하는 차이들을 다시 한 번 얼어붙게 할 위험을 종종 발견하기 때문이다. 그가 그렇게 완강하게 고집하는 것은 상대적인 차이가 결국 절대적인 것으로 은폐되는 정확한 메커니즘에 접근하기를 원하기 때문이다. 따라서 그에게는 항상 불평등의 유연성, 즉 우연성을 고수하고, 잠정적으로 돌이킬 수 없는 결정을 통해 얻는 것보다 더 큰 힘, 내구성, 견고성을 불평등에 부여하지 않고, 주인을 "아래"의 가엾은 사람들을 영구히 지배할 초월적 수준의 거주자로 변형하는 것을 거부하는 것이 필수적으로 보인다.

힘의 관계에 변화를 등록하는 것은 처음부터 저울이 공평한 상황에서, 필요한 경우 가상의 상황에서 우리가 시작하려고 항상 노력하는 한에서만 가능하다. 우리 민족학자가 보기에, 때때로 무정하고 "불평등의 무게를 과소평가한다"거나 심지어 "권력 관계를 무시한다"는 비난을 받을 위험이 있더라도, 불평등을 뒤집는 데 기여하는 유일한 방법은 불평등의 상대적 크기에 대한 어떠한 환상에도 결코 굴복하지 않는 것이다. 따라서 "나쁜" 초월성으로, 즉 두 가지 수준으로 이루어진 초월성으로 은밀하게 미끄러지지 말아야 한다. 저울은 이미 충분히 불공평하므로 부정의의 무게까지 미리 짊어지게 해서는 안 된다. 그의 만트라는 이렇다. 지배가 문제가 될 때는 무슨 일이 있어도 거기에 더 보태지 말라.

◉ 이 모든 것이 사회적인 것에 대한 전도된 경험으로 이어진다.

따라서 전체가 부분들보다 우월해 보이려면 몇 가지 조건이 필요하다는 것을 알 수 있다. 우선 조직화 행위의 리듬은 보이지 않거나 중단되어야 한다. 집단을 구성하는 정치적 요구 조건과 조직 사이에 혼동이 있어야 한다. 조직에게나 살아 있는 유기체에게나 억지스러운 생물학이 조직에 부여되어야 한다. 기술적 우회의 움직임은 시야에서 사라져야 한다. 지배 관계를 얼어붙게 하려는 노력이 있어야 한다. 마지막으로 앞 장에서 보았듯이 **메타배정자**METADISPATCHER의 지고한 지혜에 대한 믿음은—종교적 〈섭리〉든 세속적 〈섭리〉든—토론의 대상이 되어서는 안 된다. 이러한 조건이 누적되면 두 가지 수준에서 사회적인 것을 경험하는 일은 믿기 어려운 것이 될 거라고 생각할 수도 있다. 그러나 사실은 정반대이다. 단일 수준에서 마침내 평평하고 연속적이며 내재적인 사회적인 것을 경험하는 일은, 비록 그것이 가장 흔한 경험임에도 불구하고 가장 해독하기 어렵고 불가능하며 심지어 스캔들처럼 보인다. 이러한 전도를 어떻게 설명할 수 있을까? 이러한 "부분보다 우월한 전체"가 경험에 주어지지 않는다면, 그것은 대체 어디서 오는 것일까?

대본을 움직이게 하는 것의 경험으로 돌아감으로써 ⊙

이 질문을 스스로에게 던지면서 연구자는 자신의 출발점이었던 경험의 자세한 내용을 충분히 충실하게 따르지 못했음을 알아차린다. 그는 피에르와 폴이 어떻게 대본을 조정하는지 완벽하게 이해했고 그 조정에서 무엇이 독창적인지 분명하게 파악했다[ORG]. 그러나 그는 아직 피에르와 폴이 도대체 왜 리옹 역에서 만나고 싶어 했는지를 이해할 만큼 충분히 멀리 되돌아가지는 않았다. 그는 그들을 조직하는 조직화의 리듬은 포착했지만, 그들을 움직이게 하는 에너지는 포착하지 못했다. 그는 그들이 매 순간 각각의 피에르와 각각의 폴에게 무수히 많은 "피에르는 이렇게 한다"와 "폴은 저렇게 한다"를 위임하는 등장인물들의 폭격을 받고 있음을 분명하게 알지만, 그럼에도 불구하고 그는 인용 부호 없는 피에르와 폴을 출발점으로 선택했다. 마치 그들이 그 자체로 스스로 존재하는 것처럼, 마치 그들이 항상 대본의 발신 지점이자 수신 지점인 것처럼. 마치 주도권이 그들에게서 나오는 것처럼 말이다.

이제 분석가는 조사를 확장하면서 기차역에서 만난 피에르와 폴이 생각했던 것보다 훨씬 더 분산되어 있으며, 사회 이론에서 말하는 분할할 수 없는 개인이 아니라, 다른 것들이 그들을 자극시키고 그들을 행위자로 만드는 충동을 부여하고 있음을 이내 깨닫는다. 그는 사실 그들이 만남을 조직하게 된 것은 공통의 "욕망"이 그들을 "한데 묶었기" 때문임을 알아차린다. 그것은 바로 소프트웨어 프로그램을 만들고자 하는 욕망으로, 그 프로그램은 그들에 따르면 혁신의 잠재적 "수익"과 "아름다움"에 의해 "유인된" 많은 사람들의 "관심"을 "끌고" 있지만, 다른 한편 그 발명의 "위험"과 "결과"에 대해 "경각심을 가진" 다른 사람들은 그것에 대해 "우려"하고 있다. 우리 주인공들의 관심을 끄는interests/intéresse 것은 바로 이것이다. 따라서 연구자는 그들의 관심 혹은 이해관계의 초점으로 시선을 향해야 한다. 그것이 그들을 움직이게 한 것이기 때문이다. 이 초점과 관련하여 만남을 조직하는 일은 결국 일시적으로 다른 어떤 것을 위해 활용되는 보조물로 간주된다. 대본이 지시를 기준점을 설정하기 위한 단순한 도구로 사용하는 것과 마찬가지로[REF·ORG], 이제 대본은 또 다른 유형의 움직임을 시작하기 위한 도구 역할을 한다.

그는 피에르와 폴의 이편과 저편에, 말하자면 그들보다 약간 앞에—그러나 위나 아래는 아닌—또 다른 연계가 있다는 것을 깨닫기 시작했고 이제 그것을 따라가는 법을 배워야 한다. 경험에 주어지는 것은 대본의 "아래"와 "위"에 있는 피에르와 폴만이 아니다. 그들에게 열렬히 관심을 일으키고 그들을 자극하며 그들을 넘쳐흐르는 것들을 애착하는 피에르와 폴 또한 경험에 주어진다. 따라서 그는 이제 두 등장인물을 자극하는 것에 집중할 필요가 있다. 우리 분석가가 대본의 연결만 따라간다면, 행위자들에게 실제 내용을 형성하는 이러한 흐름을 따라갈 수 없을 것이다. 어떻게 그런 연계, 그런 넘쳐흐름을 묘사할 수 있을까?

◉ 우리는 존재자들이 생존하기 위해
통과해야 하는 것을 측정할 수 있다 ▶

그 질문을 제기하는 것만으로도 또 다른 유형의 연결망이 조금씩 등장하는 것을 보기에 충분하다. 재생산의 존재자들에 대해 했던 말을 이 유형의 연결망에 대해서도 할 수 있다. 즉, 그것은 모든 것 중에서 가장 중요하고, 경험에서 가장 분명하게 지각할 수 있으며, 처음부터 오해하지 않고 특징짓기 가장 어렵다는 것이다. **수리오**Souriau의 용어를 빌리자면 그 연결망의 patuité, 즉 그것의 고유한 현존 형태가 그것을 더는 보이지 않게 한다. 그 연결망은 생존하기 위해 통과해야 하는 존재자들의 점점 더 길어지는 목록의 형태로 나타나기 때문이다. 그러나 이번에는 존속하고, 유지하고, 통과하고, 재생산하고, 지속하기 위해 힘의 선이나 계보가 감수하는 위험의 문제가 아니다. 준주체와 준객체를 연결하고 지속적으로 유지하는 데 필요한 일련의 놀라운 우회로가 나타나는 것이다. 이제 우리 앞에 있는 것은 생성과 변화의 위험에 던져진 몸으로서의 피에르와 폴이 아니라, 피에르와 폴을 자신의 결합 연쇄의 일부로 가진 존재자들이 통과해야 하는 모든 것이다. 문제는 더 이상 (우리가 **세 번째 그룹**THIRD GROUP에서 만난 것처럼) 결합된 인간들의 연쇄가 아니라, (두 번째 그룹에서처럼) 줄줄이 늘어선 비인간들의 연쇄가 아니라, 인간과 비인간을 끝없는 연쇄로 연결할 수 있는 역량이다. 감히 화학적 비유를 사용해서 인간을 H로 표시하고 비인간을 NH로 표시한다면, 그것은 마치 긴 고분자 사슬, 즉 NH-H-NH-NH-H-H-NH-H-H-H-NH를 따라가는 것과 같다. 이 사슬에서 우리는 때로는 "사회적 관계"처럼 보이는 부분(H-H)이나 "객체"의 총합처럼 보이는 부분(NH-NH)도 인식할 수 있겠지만, 관심의 초점은 이행(H-NH 또는 NH-H)에 맞춰질 것이다.

그것들은 확실히 **행위 과정**COURSE OF ACTION 전반에 걸쳐 시험의 등록을 통해 식별할 수 있는 연결망[NET]을 형성한다. 만약 내가 사람들이 말하는 대로 "형편이 좋다면", 모베르 거리의 훌륭한 케제르 제과점에서 브리오슈를 사기 위해 내가 통과해야 하는 일련의 몸짓, 행위, 제품을 추적할 수 있을 것이다. 그러나 내가 배고프고 가난하다면, 빵 한 조각을 얻기 위해 동전 몇 푼을 구걸해야 할 것이고, 이 행위 과정 역시 내가 오늘 생존하기 위해 통과해야 하는 일련의 과정—구걸, 동전, 빵 조각—을 매우 정확하게 정의한다. 두 가지 행위 과정의 차이는 내가 거쳐야 하는 일련의 이질적인 단계에 있는 것이 아니라, 한 단계에서 다른 단계로 통과하는 데 영향을 미치는 기호sign에 있다. 즉, 빵 조각의 경우에는 부정적 기호이고(고난ills과 빈곤의 문제), 브리오슈의 경우에는 긍정적 기호이다(재화goods와 풍요의 문제). 이런 식으로 진행하면 우리는 시작점이 거의 중요하지 않은 일종의 격자를 그릴 수 있다. 만약 우리가 한 사람은 (두 번 생각할 것도 없이) 브리오슈를 사려고 찾아가고 다른 사람은 (아주 고통스럽게) 빵 한 조각을 구걸하기 위해 찾아가는 그런 제빵사를 정의하고자 한다면, 우리는 다시 또 제빵사가 조달해야 하는 전체 재화(밀가루, 설탕, 반죽 기계, 조수)와 그가 감내해야 하는 고난(일찍 일어나기, 계산원의 수다, 세금 납부, 제빵사 조합 대표 투표 등)을 정의하는, 분명히 다르게 구성되었지만 똑같이 이질적인 일련의 과정을 마주하게 될 것이다.

따라서 이 격자는 어떤 지점에서든 어떤 방향으로든 읽을 수 있다. 여기서 유의할 것은 제빵사는 가난한 사람의 길에도 부유한 사람의 길에도 있다는 것, 부자의 길에서 빈자를 발견할 수도 있고 그 역도 마찬가지이며, 제빵사의 길에서 둘 모두를 발견할 수도 있고, 부자는 빈자의 길을 가로지를 수도 있다는 것이다(부자는 빈자의 어려움을 덜어줄 수도 있지만 무시하고 지나칠 수도 있다). 또한 빵 조각과 브리오슈가 그 세 가지 길 모두에서 발견된다는 점도 주목하자. 이러한 종류의 일련의 과정은 소유한 사람(또는 소유하지 않은 사람)만큼이나 소유된 것(또는 소유되지 않은 것)도 묘사한다. 우리는 더 이상 우리가 가치 있는 것을 원하는지, 혹은 우리가 원하는 것이 가치 있는 것이 되는지에 대해 걱정하지 않고 같은 상황을 묘사할 수 있다. 그 일련의 과정은 완전히 뒤집힐 수도 있다. 이 예가 보여주듯이 어떤 경우에도 어떤 주어진 요소는 그것이 통과해야 하는 외부자들의 집합, 타자들의 집합에 의해 정의되기 때문이다.

⊙ 정념적 이해관계의 존재자들을 발견하면서 말이다[ATT].

이런 유형의 연결망을 어떻게 규정할 수 있을까? 동사 "있다to be/être"로는 그 격자를 포착할 수 없다. 가브리엘 타르드는—다시 타르드다—마지막 저서 『경제심리학*Psychologie économique*』(1902)에서 우리를 올바른 길로 안내했다. 즉, 동사 "가지다to have/avoir"를 선택하면 모든 것이 바뀐다는 것이다. 타르드는 동사 "있다"에서는 자기 동일성, 즉 실체로부터의 "쉬운 탈출구"를 제외하고는 이해관계interests와 관련되는 어떤 흥미로운 것도 이끌어낼 수 없다고 말한다. 그러나 동사 "가지다"에서는 완전히 대안적인 철학을 얻을 수 있을 것이다. (동일성과는 달리) 탐욕avidity은 소유하는 존재자와 소유되는 존재자를 가역적인 방식으로 정의하기 때문이다. 존재자가 통과해야 하고, 통과할 수 있고, 통과하고자하는 다른 존재자들의 목록보다 존재자에 대한 더 나은 정의는 없다. 기호가 없다면(그러나 기호가 전부다!) 빈자와 부자는 같은 배를 타고 있는것이다. 우리가 소유하지 않은 것은 우리가 쉽게 얻을 수 있는 것만큼이나 우리를 붙잡고attaches 있기 때문이다. 이런 의미에서 우리는 변이되고 소외된다. 마치 여기서 다시 동일성과 본질의 철학이—존재로서의존재의 철학이—소유함과 소유됨의 탐욕, 쾌락, 정념, 욕정, 유혹을 숨기며 우리를 속인 것처럼 말이다. 이 철학은 우리가 가지고 있는지도 몰랐던 속성을 우리에게 줄 수 있는 것들에 대한 우리의 애착을 결코 인정하지 못하도록 강요했을 것이다. 그러나 바로 이 애착이 우리가 가난하다면 우리를 지구의 한쪽 끝에서 다른 쪽 끝으로 이동하게 만드는 이유이고, 우리가 부유하다면 우리가 가장 탐내는 재화goods는 우리 쪽으로옮기고 "비재화bads"는 다른 이들에게 떠미는 이유이다.

우리가 자신의 방법적 원칙에 충실하다면, 여기서—비록 스스로 제도화하기 매우 어려워 보이지만—특정한 존재자들을 인식할 수 있다.그것은 바로 우리의 연구에서 끝에서 두 번째인 새로운 전치사의 현존을 등록하도록 만드는 정념적 이해관계passionate interest의 존재자들, 또는선호에 따라서는 이해관계가 있는 정념interested passions의 존재자들이다.이제 우리는 새로운 존재양식을 마주하고 있으며, 기존에 인정된 용어에 의지할 수 없어서 이 새로운 존재양식을 동원mobilization, 또는 더 낮게는 **애착**ATTACHMENT[ATT]이라고 부를 것이다.

이 대조를 추출하는 것이 어려운 이유는 그것이 재생산의 존재자들

[REP·ATT]만큼이나 변신의 존재자들[MET·ATT]과도 공명하기 때문이다. 똑같은 외부성, 갑작스러운 변형에 대한 똑같은 놀라움, 누가 표적이 되는지에 대한 똑같은 불확실성, 활력을 불어넣는 힘에 이끌려가는 열정과 사방에서 우리를 능가하는 힘에 종속되는 우울함 사이의 똑같이 잔인한 교대. 이 탐욕, 이 질투, 이 집착 안에 있는 너무나 많은 정념들. 실로 소유되는 것은 얼마나 위험한 일인가? 금에 대한 갈망이 아마존 한가운데서 길을 잃은 정복자들을 광기로 몰아넣었고, 마찬가지로 에밀 졸라의 『여인들의 행복 백화점』에서는 선택의 풍부함이 새 백화점에 진열된 엄청나게 많은 상품으로 인한 혼란에 허둥대는 부유한 여성 쇼핑객들을 타락시켰다. 자본주의의 악행에 대해 말할 때, 그 폐해 앞에서 우리를 무력하게 만드는 흑마술을 이해하기 위해서는 주술로 눈을 돌려야 하지 않을까? 그러나 이것들은 동일한 존재자들이 아니다. 왜냐하면 변신의 존재자들은 준주체와 마찬가지로 준객체를 전혀 알지 못하고, 그것들을 긴 연쇄 속에서 유지하려 하지 않기 때문이다. 그것들은 통과한다. 그것들은 운반한다. 그것들은 돌연변이를 일으킨다. 그러나 의심의 여지는 없다. 그것들은 숨어서 기다리면서 재화와 비재화의 연계를 지켜보며 언제든 그 연계를 완전히 다른 정념으로 바꿀 준비가 되어 있다.

그러나 이 새로운 경험을 묘사하는 데 있어
몇 가지 장애물을 제거해야 한다. 첫째, 내장의 관념 ⊙

애착의 존재자들을 어떻게 특징지을 수 있을까? 피에르와 폴을 움직이게 한 것을 따라가기 위한 가장 간단한 해결책은 그들이 특정한 "사회적 차원"을 추가해야 하는 "경제적 이해관계"를 갖는다고 말하는 것이다. 그러나 여기서 민족학자는 생산과 교환의 흐름을 발견하고 마치 〈경제〉가 〈사회〉의 침대에 누워 있는 것처럼, 즉 "사회적 관계에 내장되어 있는embedded" 것처럼 사회경제학socioeconomics을 재발명함으로써 열린 문을 부수고 있을 것이다.

이 첫 번째 장애물은 치우기 쉽다. 첫째, 우리가 이해하기 시작한 것처럼 〈경제〉가 어떠한 귀속 가능한 경험에도 대응하지 않기 때문이기도 하지만, 무엇보다도 〈경제〉를 침대에 넣을 수 있는 이불, 캐노피, 호텔 방 역할을 할 수 있는 "〈사회〉" 같은 것은 없고, 〈경제〉를 내장하기 위한 틀 역할을 할 수 있는 것도 없기 때문이다. 이 양식의 관점에서 볼 때, "〈사회〉"라고 불리는 것은 어수선하게 쌓인 대본들의 효과일 뿐이다. 그 대본의 정확한 성격과 그것을 쌓는 유형은 이미 시야에서 사라졌다—그리고 장소, 역할, 기능을 할당하는 거대한 〈배정자〉, 〈메타배정자〉, 〈섭리〉가 정치와의 혼동을 통해 대본에 은밀하게 더해졌다. 그가 어느 사무실에서 지혜를 행사했는지, 어떠한 수단으로 명령, 형식, 기준을 전달했는지 우리가 알 수 있는 방법이 없다. 우리는 〈경제〉를 구성하는 양파 같은 층을 벗겨내려고 하기 때문에, 〈경제〉를 뛰어넘거나 그것의 외피 역할을 하는 그 자체로 독자적인 "〈사회〉"를 상상하는 오류를 범하지 않을 것이다. 사회경제학에 대해 말하는 것은 하나의 범주 오류 위에 또 다른 범주 오류를 쌓아 올리는 것에 불과하다. 두 개의 수준이 아니라 하나의 수준만 있는 것이라면, 그리고 우리가 사회적인 것에서 평평함의 경험을 회복하기 위해 그토록 많이 노력했다면, 그것은 "〈사회〉"의 초월성을 "〈경제〉"의 초월성에 추가하지 않기 위해서였다. 우리 자신을 자유롭게 하려면 이 기회를 이용해 그 두 가지 모두에서 자유로워지는 편이 더 나을 것이다. 사회적 세계는 평평하다. 자유에는 이러한 대가가 따르며 아마도 **자유주의**LIBERALISM 또한 그러할 것이다—접두사 "신neo" 이 붙은 그 단어의 반의어와 혼동하지 말아야 한다….

◉ 둘째, 선호도 계산의 관념 ◉

피에르와 폴이 "계산을 했고" 잠재 고객 및 경쟁자의 선호도와 함께 "자신의 선호도"를 표현했다고 단언함으로써 그 연계를 너무 서둘러 매끄럽게 처리하려고 하지 말자. 물론 그들은 서류 가방에 들어 있는 "비즈니스 플랜"을 작성했고, 시간이 있다면 기차역에 있는 르 트랑 블루의 바에서 "비즈니스 엔젤"을 설득하기 위해 디자인한 "파워포인트"의 "불릿 포인트[글머리 기호]"를 검토하며 논의할 것이다(주변 환경은 프랑스어이겠지만 이 맥락에서는 영어가 필수다). 그러나 이러한 계산은 특정한 행위 과정을 뒷받침하지는 않는다. 그것은 오히려 프랑크 코초이Franck Cochoy가 "**질에 기반을 둔 계산**QUALCULATIONS"이라고 부르는 것이다. 그러한 계산은 대본의 교차에 대한 판단을 정교하게 다듬지만 궁극적으로 대본을 시작하는 데 필요한 정념은 풀어내지 못한다. 우리가 파악하고자 하는 것은 무엇이 대본을 움직이게 하는가, 무엇이 피에르와 폴 그리고 그들의 소프트웨어가 유인하거나 걱정시키는 모든 사람을 문자 그대로 움직이게 하는가이다. 계산이 등장할 때, 그것은 행위성의 분배를 강화하고, 강조하고, 증폭하고, 단순화하고, 승인하고, 형식화하고, 수행하기 위한 것이지, 매번 다른 것들에 의해 움직이고, 감동하고, 애착을 느끼고, 열광하는 경험을 대체하기 위한 것이 아니다. 계산에 정당한 위치를 부여하려면 정념에도, 즉 정념의 계산에도 정당한 위치를 부여해야 한다.

⊙ 셋째, 〈주체〉/〈객체〉 관계라는 장애물 ⊙

그 경험은 우리가 사물에 의해 움직이는 경험인가, 아니면 사물에 투영된 우리의 욕망에 의해 움직이는 경험인가? 여기에 또 다른 장애물이 있다. 그것으로 인해 우리는 피에르와 폴의 경험에서 한편으로 그들이 발명한 소프트웨어에서 비롯된 것과 다른 한편으로 발명가들 자신과 후원자들 그리고/또는 경쟁자들로부터 비롯된 것을 구분해야 한다. 우리 민족학자는 이번에는 편안한 느낌이다. 그는 〈주체〉/〈객체〉 문제와 충분히 씨름해왔기에 뷔리당의 당나귀를 굶어 죽게 만든 이 불가능한 선택에 더 이상 갇혀 있지 않아도 된다. 즉, 내가 이 물건에 관심을 갖는 것은 그것의 "객관적 성질" 때문인가, 아니면 내가 관심을 갖기 때문에 이 물건에서 온갖 좋은 성질을 발견하는 것인가, 아니면 그것에 관심이 있다고 "내가 믿게 하기" 위해 다른 사람들이 내게 "영향을 미쳤기" 때문인가? 이 탐구에서 우리는 준객체와 준주체를 도입하기 위해 많은 노력을 기울였으며, 이제 이 모든 "준"의 결실을 거둘 수 있다.

관심 혹은 이해관계가 개인에서 비롯된 것인지, 객체에서 비롯된 것인지, 아니면 환경의 영향에서 비롯된 것인지의 질문은 더 이상 제기할 필요가 없다. 우리는 단순히 피에르와 폴은 물론이고 그들의 친구나 적들 역시 준객체와 준주체의 긴 연쇄 속에서 연결되어 있고, 애착하고 있고, 묶여 있고, 관심 혹은 이해관계를 갖고 있으며, 준객체와 준주체의 놀라운 전개가 이 경험의 요점이라고 말할 수 있다. 관심 혹은 이해관계는 예기치 않게 발생하며, 그것은 사람과 사물을 많든 적든 정념적으로 애착하게 만든다. "사물의 이력"이든 "사물의 사회적 삶"이든 용어는 거의 중요하지 않다. 중요한 것은 우리가 마침내 이러한 연쇄의 광대한 움직임에 자신을 맡겨 그것들로부터 준주체의 측면에서는 새로운 역량과 속성을 얻고, 준객체의 측면에서는 새로운 기능과 용도를 얻는 진정한 코페르니쿠스 혁명을 포착하는 것이다. 우리가 신성, 악마, 천사, 신에 대해 이러한 전도reversal를 할 수 있었다면(그들이 우리에게 주어지고 그들이 우리에게 온다), 이러한 흥미로운 것들의 긴 정렬이 우리를 행동하게 만든다는 사실을 인정하는 데에는 그리 큰 비용이 들지 않을 것이다.

관심/이해관계interest의 어원이 나타내는 것은 결국 이것이다. 탁월한 매개자인 이해관계는 그것이 생기기 전에는 서로 애착할 수 있다는 것을 알지 못하는 두 개체 사이에서 발생한다. 여기서도 행위 과정을 연장하기 위해 "연속성의 단절"이 도입되어야 한다. 그것은 가역적 덧셈의 문제다. 객체란 무엇인가? 그것에 붙어 있고 그것을 애착하는 준주체들의 집합이다. 주체란 무엇인가? 그것에 붙어 있고 그것을 애착하는 준객체들의 집합이다. 경험을 따라가려면 무엇이 〈주체〉에서 비롯하고 무엇이 〈객체〉에서 비롯하는지 역추적하는 것은 별 쓸모가 없다. 오히려 우리는 어떤 새로운 단절, 어떤 새로운 불연속성, 어떤 새로운 **번역**TRANSLATION을 통해 이해관계가 어떤 (준)객체의 (준)주체를, 또는 그 반대의 경우를 증가시키는지 알아내야 한다.

◉ 넷째, 교환이라는 장애물 ◉

"번역? 아니다. 번역이 아니라 교환, 등가물의 단순한 교환, 즉 단순한 **전송**DISPLACEMENT/TRANSLATION이다!" 그리고 여기에 제거해야 할 네 번째 장애물이 있다. 등가물의 교환에는 커다란 이점이 있다. 어떠한 변형이나 변신 없이 원인과 결과의 흐름 외에는 아무 일도 일어나지 않는다는 점이다. 이것은 확실히 더블클릭의 고질적인 죄악—변형 없는 운반만 있어야 한다는 주장—이지만, 연구자가 묘사하고자 하는 경험은 분명히 아니다[ATT·DC]. 다행히도 연구자의 귀는 두꺼운 가면 뒤에 숨어 있는 사악한 천재의 투덜거리는 소리를 들을 수 있을 만큼 충분히 민감하다. 사악한 천재는 연구자가 경제 문제의 특권적 영역인 "교환의 세계"를 발견하여 열린 문을 열고 있으며, 거기에 이러한 교환이 불러일으키는 감정, 탐욕, 정념의 떨림을 약간 더하고 있을 뿐이라고 믿게 하고 싶다. 반면에 연구자가 관심을 갖는 것은 가치의 출현으로 인해 모든 지점에서 도입되는 단절이다. 사물들이 움직이고 부글거리며 이제 우리가 더 이상 그것들 없이는 할 수 없는 너무나 많은 일들이 일어나고 있다.

"교환exchange"이라는 단어 속에는 무엇보다도 "변화change"가 있지만, 우리가 그 단어에서 느끼는 것은 그와 반대로 가치평가valuation가 발생하는 비등가성nonequivalence의 심연, 끊임없이 극복되는 심연이다. 피에르와 폴이 "매력적이고" "애착이 가는" 소프트웨어에 애착하기 전에는 소프트웨어와 그들 사이에는 공통된 척도가 없었다. 그러나 이제 그들과 소프트웨어는 서로를 정의한다. 예전에는 아무 생각 없이 이 가게 앞을 지나쳤는데 지금은 어떻게 10분 전만 해도 있는지도 몰랐던 이 향수 없이는 더 이상 잘 지낼 수 없게 되었을까? 비닐봉지에 담긴 이 닭고기를 사면서 대수롭지 않게 여겼다가 어떤 예상치 못한 발견 때문에 지금 그것이 그토록 역겨워졌는가? 별다른 흥미를 느끼지 못하는 무심한 고객을 끌어들이려고 가게 주인이 몇 달 동안 애썼지만 허사였는데, 이제 제품 배치를 약간 바꾸었더니 가게가 손님으로 가득 차고 물건이 동나고 있다. 물론 나중에 척도가 조정된 도구 세트가 완비되면, 이러한 비등가물들은 등가물들의 단순한 교환으로 바뀌겠지만, 그것들이 모두 "같은" 가치를 갖기 전에는, 그리고 "더 이상 아무 일도 일어나지 않게 되기" 전에는, 그것들에 먼저 무언가 가치가 있어야 한다. 교환이 있기 전에 그렇게 수많은 변화들이 있어야 한다. 등가성이 있기 전에 수많은 가치부여valorization가 있어야 한다. 이러한 변화와 가치평가는 변이, 놀라움, 흥분, 불확실성으로 가득 차 있으며 고객에게 활기를 불어넣는다. 이 모든 것이 일어나려면 얼마나 많은 영혼이 필요한가!

◉ 마지막 다섯째, 상품 숭배.

"아니, 당신은 여기서 정말 과장하고 있다. 이국주의에 저항하겠다고 약속한 인류학자가 이제 시장의 지배를 받고 상품에 장악된 경제적 행위자인 우리를 진짜 야만인으로 착각하기 시작했다. 근대의 시장 교환은 사회적 의존과 얽힘으로 이루어진 고대의 유대와 혼동되어서는 안된다. 고전을 다시 읽어보라. 그 모든 오래된 유대가 "차가운 이해관계의 계산으로 해체되었다"는 사실을 모르는가? 좋든 나쁘든 그것은 다 끝났다."

그러나 이국주의가 애착 경험의 경로에 그런 장애물을 설치한다면, 그것은 정반대의 이유에서다. 왜 우리는 규모를 키웠다는 구실로 우리가 타자들과 전혀 다르다고 믿는가? 민족학자가 숙제를 해냈기 때문이다. 우리 연구자는 안데스 산맥 지역의 "사물의 이력", 남태평양 지역의 선물 증여, 정확한 등가물의 이전으로 자신을 완전히 분리하고 서로 청산하는 일이 결코 없도록 하는 이로쿼이족의 의무에 대한 경제인류학의 놀라운 논의를 주의 깊게 읽었다. 요컨대 그는 다른 곳에서는 경제를 사회적, 도덕적, 미적, 법적, 정치적 관계의 침대에서 몰아내는 것이 불가능하다는 점을 완벽하게 파악했다. 그 문헌들은 상당히 매력적이지만 항상 멀리 떨어진 곳에서, 먼 과거에서, 어제의 세계에서 온 것이며 종종 가슴 아픈 향수로 특징지어진다. 마치 이 모든 연구가 대칭적이기를 망각하고 오로지 근대 시장 조직과 대조되는 대척점의 지도를 그려야 할 의무가 있다고 믿었던 것처럼 말이다. 그래서 우리 연구자는 자기 주위를 둘러보고, 조사하고, 질문하고, 놀란다. 그는 더 이상 누가 누구의 대척점에 있는지 알지 못한다는 것을 인정해야 한다.

그는 "저쪽" 사람들은 "작은 비누 같은" 물건을 팔지 않는다고 들었다. 그러나 그는 비누의 역사와 화학에 대해 어느 정도 알고 있고, 그러한 발명의 놀라운 복잡성도 안다. 그리고 리처드 파워스Richard Powers의 뛰어난 소설 『이익Gain』을 읽은 적이 있기 때문에 마케팅 부서가 시장 점유율을 유지하기 위해 어떤 비장의 책략을 사용해야 하는지도 잘 알고 있다. 상품화를 비판하는 사람 가운데 누가 작은 비누를 제조하고 포장하고 마케팅하고 판매하는 방법을 알겠는가? 그는 "소비자 사회"에 대한 우울한 이야기를 들으면서도 진열대에 "지속 가능한 개발"과 "책임 있는 농업"에 대한 정보 표시가 붙어 있는 슈퍼마켓을 방문하고, 포장에는 법적 고지, 기술 정보, 쿠폰, 보너스, 고객지원 및 불만처리 전화번호가 적혀 있는 것을 보게 된다. 청산이라고? 그런 계약을 "청산"하는 사람이 있는가? 친구 덕분에 그는 텔레톤[자선기금 모금 등을 위한 장시간 방송]의 조직을 따라갈 수 있었고, 공공 자선 단체의 판매 및 회계 메커니즘이 영리를 목적으로 상품을 판매하는 기업만큼이나 장비를 잘 갖추고 복잡하며 전문적이라는 것을 관찰할 수 있었다. 그렇다면 상품

물신주의는 어디에 있는가? 그는 어느 날 볼로냐에서 살라미 소시지를 서둘러 사러 가던 도중에 "슬로푸드" 활동가들을 마주쳤고, 롬바르디아 농민들, 에밀리아로마냐의 미식 문화, 가난한 농부들의 전 세계적 연대 운동과 연결된 긴 일련의 유대를 그의 눈앞에 펼쳐 보이는 대열로 인해 속도를 줄일 수밖에 없었다. 소시지 속의 정치! 그가 손가락질 받는 금융가들을 향해 눈을 돌리면 무엇을 발견할까? "차가운 계산"? 아니, 작은 투기꾼 그룹이다. 그들은 로이터 스크린의 깜박임에 취하고 테스토스테론에 중독되어 있으며, 쿨라 교역에 참여하는 태평양 섬 주민들만큼이나 이상한 추측을 하고 시야가 좁고 기이하게 소리치고 매개의 연쇄를 확립하는 데 창의적이다. 그들이 냉정한 계산을 한다고? 물론 멀리 떨어진 곳에서 그들을 바라보는 사람들에게는 그럴 수도 있지만, 우리가 월스트리트나 런던 금융가라고 부르는 마녀의 가마솥 안에서 그들은 뜨겁게 끓고 거품을 뿜어내고 있다.

시장의 민족학자는 놀라움을 금치 못한다. 그의 정보원들이 상품 숭배merchandise cult를 실천하는 것일까? 그들은 사람, 재화, 비재화 사이의 애착이 놀랍도록 복잡하게 얽혀 있다는 사실을 무자비한 상품화라는 관념 아래—그들이 그것에 기뻐하든 분개하든—숨기기를 원할까? 그들은 이론적으로는 상품 숭배에 전혀 무관심한 것처럼 보이지만, 실제로는 계속 그것에 뛰어들며 결코 거기서 빠져나오지 못한다. 우리 연구의 매 단계에서 끈질기게 제기되는 똑같은 질문이지만, 어떻게 근대인은 자신이 실제로 하는 일을 그렇게 공식적으로 무시할 수 있을까? 어떻게 상류에서는 재화를 생산하기 위해 통과해야 하는 개체들의 수를 인식하지 못하고, 하류에서는 좋든 싫든 자신이 이러한 각각의 재화에 붙들려 각각의 비재화로 방해받게 되는 예기치 못한 결과들의 수를 인식하지 못할 수 있을까? 매번 그 연쇄의 모든 고리에서 그들은 어떠한 연속성으로도 숨길 수 없는 놀라운 불연속성, 복잡한 이질성을 은폐하는 데 성공한다.

상품화commodification에 대해 이야기하는 사람들이 믿는 것처럼 다른 어떤 일도 "일어나지" 않고 교환에서 등가성만 운반되었다면, 상품과 사람을 조정하는 과정에 열정적으로 투여되는 수백만 시간은 어떻게 설명할 것인가? 왜 수만 명의 마케터, 머천다이저, 디자이너, 포장업자, 홍보 담당자, 회계사, 변호사, 분석가, 금융가가 있는가? 경제인류학과 고고학이 소중히 증거를 보존해온 오래된 얽힘으로부터의 급진적 단절을 통해 우리를 영구히 분리시켰다고 주장되는 교환이라는 돌연변이에 대해 우리가 정말로 무엇을 알고 있는가? 항상 그렇듯이 여기서도 연구자는 이국주의, 특히 옥시덴탈리즘, 고대 세계의 그 모든 풍부한 혼돈을 상품의 잔인한 유물론으로 덮어버렸을 마침내 합리적인 〈경제〉의 옥시덴탈리즘을 피하는 법을 배워야 한다.

그런 다음 존재의 특정한 변이 양식이 나타난다 ▶

존재양식의 존재론이 유기농 살라미에 대한 식욕이나 비누 포장에 대한 선호도 문제를 포함하도록 정말 낮아져야 하는가? 물론 그렇다. 왜냐하면 이것들은 가장 흔하고 공통된 경험이기 때문이다. 다행히도 이 양식은 파악하기 그리 어렵지 않다. 우리는 단지 습관적인 관계를 뒤집고 경제인류학에서 "근대 시장경제에 대한 예외"로 간주하는 모든 것, 즉 지금은 고대 문화에서만 발견될 수 있는 예외를, 우리를 아주 정확하게 묘사하는 일반적인 경우로—규모만 빼고—받아들이기만 하면 된다.

여기서 문제가 되는 것은 어떤 변이인가? 가장 기본적인 변이, 즉 어떤 주어진 존재자가 생존하기 위해 통과해야 하는 다른 존재자들뿐만 아니라, 그 존재자에게 더 이상 없어서는 안 되며 생존을 위해 연쇄 속에서 서로 연결되어 있어야 하는 다른 존재자들을 정의하는 변이이다.

바로 이러한 연계를 통해 우리는 점점 더 확장되는 규모로 사물과 사람을 움직이고 동원하는 것을 인식할 수 있다. 이 연계는 또한 때로는 신석기 시대까지 거슬러 올라가는 이른바 "교환의 삶"이라고 불리는 역사를 연구하는 모든 관찰자들에게 강한 인상을 주었다―이는 엄청나게 활발했던 수크, 박람회, 시장, 항구 등 페르낭 브로델Fernand Braudel이 "세계-경제"라고 적절하게 묘사한 것들로서, 경제화의 학문 분과들이 거기서 몇 가지 특징을 가져오게 된다. 이러한 존재양식은 "사물이 움직인다", "사물이 이동한다", "사물이 가열된다", "사물이 연결된다", "사물이 정렬된다"는 사실로 인식할 수 있다. 그것은 마치 변이하고, 목마르고, 정념적이고, 소외되고, 활력이 넘치는 모든 존재자들이 매우 이상한 유형의 연결망을 따라 출발하는 것과 같은데, 이 연결망이 "송아지, 암소, 돼지, 병아리" 등 완전히 이질적인 존재자들을 그것들 사이에 주체들을 끼워 넣음으로써 함께 엮어내기 때문이다. 그리고 주체들은 이러한 끼워 넣기로부터 매번 새롭고 예상치 못한 속성을 얻는다.

"상업commerce"과 심지어 "소비consumption"라는 훌륭한 단어들은 고대 문화의 인류학에 의해 친숙해진 이러한 "사물의 이력"에 대한 추적을 상당히 잘 정의할 것이다. 앞에서 설명한 격자를 따라가는 것으로 충분하다. 그 격자는 준주체가 생존하기 위해 통과해야 하는 존재자들의 목록과, 이런저런 인간들이 통과해야 하고 통과하려 하고 통과할 수 있는 준객체들의 목록을 등록한다. 준객체를 예로 들면, 준객체는 그것에 붙어 있고 그것을 애착하는 모든 것이자 그 모든 것을 가지고 있다. 준주체를 예로 들면, 준주체는 그것에 붙어 있고 그것을 애착하는 모든 것이자 그 모든 것을 가지고 있다. 출발점은 중요하지 않다. 유일하게 중요한 것은 객체를 정의하는 애착(호불호, 의무와 무관심, 열정과 냉정 등)과 주체를 정의하는 애착(호불호, 의무와 무관심, 열정과 냉정 등)이 서로 얽혀 있다는 것뿐이다. 이 도표는 이른바 "물질적" 재화와 "비물질적" 재화 사이의 차이를 표시하지 않는 것과 마찬가지로, (불필요한) 욕망과 (필요한) 욕구 사이의 차이도 표시하지 않는다. 타르드는 "생산의 힘"에 대한 좋은 예를 책, 사치품, 패션, 그리고 대화에서 찾는다! 여기서 유일하게 중요한 것은 주어진 경로를 따라 증식되어야 하는 외부자의 수이며, 그것의 현존은 혁신이나 결핍의 시험에서만 느껴진다.

우리는 이제 애착을 "정념적 이해관계"로 정의하는 것이 왜 중요한지 이해할 수 있다. 이해관계는 우리가 보았듯이 사이에 있는 모든 것, 어떤 개체가 어딘가로 가기 위해 통과해야 하는 모든 것을 의미하며, 정념은 애착의 강도를 정의한다. 격자의 각 자리에 재화는 플러스 기호로, 비재화는 마이너스 기호로 표시하면, 다른 어떤 양식보다 더 정확하게 우리를 정의하는 의무, 배경, 층위의 거대한 매트릭스가 펼쳐지기 시작할 것이다. 이 매트릭스는 근대주의에서는 주변부와 다른 문화, 그리고 물론 가장 평범한 일상적 실천을 제외하고는 그 자체로 나타날 권리가 없지만, 여기에는 상상적인 것이 전혀 없다. 왜냐하면 우리는 수크에서 일어나는 다양한 거래의 미묘한 분포, 실리콘밸리 기업들의 상호 지분 참여, 파리 베르시 지역에 소재한 재정경제부 사무실에 있는 산업 간 도표의 행과 열, 뉴욕시 퀸스 지역의 폐차장에 있는 모든 미국 자동차 부품들의 뒤섞임을 따라가면 이 매트릭스의 미로를 지도로 그려낼 수 있기 때문이다. 이 매트릭스가 바로 우리의 세계이다.

⊙ 그것은 독창적인 통과, 즉 이해관계와 가치부여이며 ⊙

통과가 있고, 변이가 있으며, 변이에는 새로움이 있다. 따라서 세 가지 특징으로 표준적으로 정의할 수 있는 별개의 존재양식이 있다. 그것은 존재의 한 종류—동원, 이해관계, 가치평가(통상적으로 수용된 용어는 없음)—일 뿐만 아니라 초월성의 한 유형이자 하나의 특정한 진리진술 체제이다.

그렇다면 이 애착의 양식[ATT]이 아찔한 도약으로 덮어버리는 불연속성, **공백**HIATUS, 간극은 무엇인가? 그것은 바로 재화와 이를 전유하는 수단 사이의 통약불가능성, 애착의 이질성, 그리고 가치의 갑작스러운 난입이다. 우리는 이를 끊임없이 경험하며 항상 놀라움을 금치 못한다. 우리는 우리가 이 재화에 그렇게 관심이 많은지 몰랐고, 이 욕망 앞에서 그렇게 무력한지 몰랐으며, 이 물건의 가치가 그렇게 크거나 작은지 몰랐다. 물론 우리는 이를 끊임없이 경험하지만, 우리의 경험은 차가움과 뜨거움, 외양(등가성)과 실재(비등가성)의 역전으로 인해 끊임없이 중단되고 차단되고 편향되고 단절된다.

그렇기 때문에 경제적 소비를 원하는 사람보다 마케팅 전문가가 진열대의 열기와 언제나 무관심한 소비자를 유혹하는 어려움에 대해 훨씬 더 많은 것을 알고 있다. 그러나 "머천다이저"는 마케팅 교수보다 훨씬 더 많은 것을 알고 있다. 그리고 슈퍼마켓 판매대 담당자는 "머천다이저"보다 훨씬 더 많은 것을 알고 있다. 이 놀라운 전도된 서열은 (정치적 실천[POL]에서 보았듯이) 우리가 내려다보는 이들의 실천적 경험으로 계속 더 내려간다면, 정념적 이해관계의 비밀은 사실 전혀 비밀이 아니라는 것을 의미한다. 재화든 비재화든 자신이 정말 애착을 가지고 있다는 것을 아는 사람들은 소비자, 생산자, 장인, 상인, 제조업자, 팬, 실업자, 시음자, 혁신가이며, 이해관계와 정념의 광대한 매트릭스를 누르고, 밀고, 담그고, 휘젓고, 갈아내는 모든 사람들이다. 더블클릭이 마치 뉴턴의 법칙처럼 수요와 공급의 관계를 계속 모델링할 수 있지만, 한 가지 확실한 것은 더블클릭이 애착과 취향의 미세한 변화에 무감각한 상인이나 사업가가 된다면 그 즉시 파산할 것이라는 점이다!

우리를 지칠 줄 모르고 가로지르는 이 존재자들은 가치 정향valence, 활력 부여energization, 투자investment라고 불러야 한다. 가치란 준주체의 경우 그들이 가로질러야 하는 열column의 수, 준객체의 경우 그들이 가로질러야 하는 행line의 수의 항상 위험한 연장lengthening이라고 해보자. 가치를 부여한다는 것은 (새로운 "제품"을 계기로 새로운 이해관계나 새로운 정념, 새로운 애착을 가질 수 있게 되었음을 발견했을 때) 새로운 행을 삽입하거나, (새로운 "수요"를 계기로 재료와 서비스의 다른 조합이 존재할 수 있음을 발견했을 때) 새로운 열을 삽입함으로써 차이의 출현을 등록하는 것을 의미한다. 등가물의 전이로 환원할 수 없는 것이 한 가지 있다면, 그것은 가치의 난입—새로운 행, 새로운 열, 새로운 외부자, 새로운 변이—이나 가치잠식devalorization—행과 열의 갑작스러운 사라짐—이다.

우리 민족학자는 가치를 정의하는 일에 성급하게 뛰어들면 안 된다는 것을 잘 알고 있다…. 그러나 그는 아마도 정념적 이해관계의 존재자들을 제자리로 돌려놓는다면 가치에 대한 정의 없이도 잘 해나갈 수 있다고 생각한다. 결국 상품의 탄생에 필요한 긴 일련의 개체들을 횡단하지 않는다면 "노동 가치"에 몰두한다는 것은 무엇을 의미하는가? "시장 가치"가 또 다른 횡단, 즉 이번에는 그런 상품을 대체할 수 있는 일련의 존재자들을 따라가는 또 다른 횡단이 아니라면 그것은 대체 무엇인가? 이러한 필수 요소—생산의 필수 요소—도, 이러한 대체 요소—교환의 대체 요소—도 항상 등가성에 선행하는 전혀 예측할 수 없는 새로운 존재자들의 난입 없이는 앞으로 나아갈 수 없다. 어디서든 〈경제〉의 얼음같이 차가운 계산은 정념적 애착의 불길 앞에서 녹아내린다. 전도를 전도하지 않으면, 즉 우리가 머리—계산 장치—로 걷게 하고자 했던 것을 자신의 발—애착—로 걷게 하지 않으면, 근대인의 인류학은 불가능하다.

◉ 특유한 적정성 조건을 지닌다.

이 체제에 고유한 적정성 및 비적정성 조건은 없고, 이 체제는 참이나 거짓과 동떨어져 있으며, 애착은 합리적이지 않고, 무관심은 훨씬 더 비합리적이라며 이의를 제기하는 사람도 있을 것이다. 마치 우리가 즐거움과 무관심의 차이를 놀라울 정도로 정확하게 알고 있지 못한 것처럼! 마치 재화와 비재화를 분별하는 엄청난 웅성거림이 지구 전체에서 발생하고 있지 않은 것처럼! 마치 진리—그렇다, 진리—를 추구함에 있어 빈부의 차이는 중요하지 않은 것처럼 오직 합리성, 객관적 지식, 진리에 대해서만 말하는 이 근대인들은 얼마나 놀라운가…. 이 세계의 재화에 대한 애증의 감정에는 얼마나 많은 위선이 있을까? 자신들을 개종시키러 온 사람들에게 "금Gold이 당신들의 신God의 이름인가?"라고 반박한 골드코스트 원주민들을 우리는 얼마나 이해하고 있을까?

"어떻게 하면 수단을 확보할 수 있을까?" 우리 모두가 이와 같은 질문에 답하는 데 보내는 시간과 그런 질문을 탐구하는 데 소비하는 에너지를 세어볼 수 있는가? 내가 무엇을 원하는지 알지만, 수단이 없다. 수단은 있지만, 내가 원하는 것을 찾을 수 없다. 수단은 있지만, 내가 무엇을 원하는지 알지 못한다. 수단이 있고 내가 무엇을 원하는지 알지만, 다른 사람들도 그것을 원한다. 그리고 우리는 "합리적 계산"의 증거를 그 안에서 찾지 못한다는 구실로 이 모든 지식을 미분화 상태로 남겨둘 것인가? 즐기다, 가지다, 소유하다, 이익을 얻다―이 모든 동사가 우리를 지구의 한쪽 끝에서 다른 쪽 끝으로 이동시키고 지구의 모든 존재자들을 차례로 이동시키는데, 이것은 존중할 만한 존재양식이 아닌가? 우리의 가장 중요한 이해관계를 저울질하고 우리의 생존을 보장하는 모든 것을 평가하는 과정은 참과 거짓에 민감하지 않겠는가? 이 평가는 다른 어떤 것과도 다르겠지만, 그것이 참과 거짓, 선과 악을 자신의 방식으로 구별하지 못한다는 것은 전혀 타당해 보이지 않는다.

우리가 모든 양식에 대해 이렇게 말하기는 했지만, 어떤 시금석이 우리 각자가 재화와 비재화 사이에서, 애착의 새로운 연쇄의 성공과 실패 사이에서 확립할 수 있는 미묘한 구별에 필적할 수 있는가? 어떤 고해신부나 정신분석가의 분별력이, 두 가지 속옷 원단을 비교하고 그 차이를 구별하여 중국의 이런저런 포목점을 흥하거나 망하게 할 수 있는 스무 살 여자 재봉사의 "쇼핑 노하우"에 견줄 수 있겠는가? 사람들의 이해관계에 예상치 못한 반전을 줄 수 있는 기업가의 노하우를 어떻게 규정할 수 있겠는가? 재선적으로 인한 시간 손실 없이 생산자에서 소비자까지 직접적으로―꽤 간접적으로―연결되는 표준화된 컨테이너의 예상치 못한 도입으로 해운사들의 관행을 바꿀 수 있었던 운송 기술자 맬컴 매클레인Malcolm McLean의 천재성은 감탄할 수밖에 없지 않은가? 새로운 불연속성의 중개를 통해 연속성이 얻어진 새로운 예! 그리고 이 이야기를 다룬 책의 과장되지 않은 제목을 빌리자면, "세계를 더 작게, 세계 경제를 더 크게 만든" 상자 덕분에 규모가 변화한 새로운 사례이다. 그리고 "제품에 대한 마케팅 연구를 하는가?"라는 질문에 대한 스티브 잡스의 예리하고 창의적인 지혜를 담은 경탄스러운 답변을 생각해보라. "소비자가 무엇을 원하는지 아는 것은 소비자의 일이 아니다." 각각의 행위 과정이 절합될 때마다 가치의 놀라움이 나타나는 것이다.

우리는 이 양식의 적정성 및 비적정성 조건을 포착하지 못하게 하는 것이 다른 저울, 다른 시금석에 따른 계산이라는 생각으로 은밀하게 미끄러져 가는 것임을 알기 시작한다. 마치 그러한 평가를 냉정하게, 그리고 무엇보다도 지속적으로 계산할 수 있는 것처럼 말이다. 여기서 연구자의 첫 번째 놀라움을 다시 한 번 보게 된다. 즉, 이 방대한 반죽kneading에서 차가움으로 정의되는 것은 아무것도 없으며, 오히려 여기 있는 모든 것이 뜨겁다. 여기서는 어떤 것도 계산에 의해 정의되지 않으며, 적어도 등가성과 변형 없는 운반을 전제로 하는 계산의 일부로는 정의되지 않는다[ATT·DC]. "가치 있다"는 "비 오다"와 같이 목적어나 주어가 없는 자동사로서, 예측 불가능한 사건의 한 형태일 것이다. 그렇다. 변화가 교환에 선행하고 번역이 단순한 전송에 선행하듯이 가치 있음은 언제나 등가성에 선행한다. 나중에 습관이 등가성의 원활한 운반으로 이러한 무수한 불연속성을 덮어버린다 해도[HAB·ATT], 그것을 계산하는 것은 여전히 불가능할 것이다. 분배는 가능하지만 계산은 불가능하다—어쨌든 아직은 안 된다.

이러한 존재자들의 반죽은 ▶

민족학자는 여전히 단어를 찾는 중이지만, 우리는 그가 무엇을 하려고 하는지 충분히 감지할 수 있다. 그는 가치의 난입으로 근대인의 그 거대한 현상이 단순화되는 것을 원하지 않는다. 마침내 합리적인 〈경제〉라는 생각이 극지방의 만년설에서 물질의 가장 내밀한 특성에 이르기까지 지구 전체를 동원하게 된 예상치 못한 변형의 규모와 세계의 가공할 만한 반죽을 감추도록 허용해서는 안 된다. 사물과 사람의 그러한 반죽의 규모를 파악할 수 있는 평범한 단어도 찾아내지 못한다면 그는 얼마나 불쌍한 인류학자이겠는가! 이처럼 비등가적이고 놀랍고 통약불가능한 가치들을 창조하는 것, 이처럼 점점 더 거대한 규모로 가치들이 파괴되는 것을 포착하려면, 얼마나 많은 정념이 방정식에 투입되어야 하겠는가! 근대인은 낡은 욕구, 낡은 욕망, 낡은 물건, 낡은 시장을 파괴하면서 매일 새로운 욕구, 새로운 욕망, 새로운 물건, 새로운 시장을 발명하지 않는가? 그들은 우리가 매일 더 연루되고 더 놀라고 더 흥미를 느끼고 더 가난해지거나 더 부유해지는 거대한 매트릭스를 계속 복잡하게 만들지 않는가? 그런데 우리는 아무런 변형 없이 이동할 수 있으며 동일성을 위한 동일성 덕분에 그들의 미친 발명품을 "설명"할 수 있는 가치의 원천―토지, 노동, 교환, 금융―이 있는 것처럼 해나가야 하는 것인가? 모든 행위자가 상품과 사람의 긴 연결을 "통과"하려고 노력하며 각각의 연결이 그들을 놀라게 하는데도 불구하고, 논쟁의 여지가 없는 필연성의 순환 외에는 "아무 일도 일어나지 않는" 것인가?

⊙ 조직과의 교차[ATT·ORG]라는 수수께끼로 이어진다 ⊙

그러나 이러한 이동성, 이러한 탐욕, 이러한 정념, 이러한 이해관계가 바로 〈경제〉의 관심사가 아닐까? 꼭 그렇지는 않다. 그리고 이것이 바로 문제이다. 여기서 우리는 속도를 늦춰야 한다. 서두르지 않도록 각별히 주의하라. 자세히 살펴보라. 거의 다 왔다. 수준 변화가 없는 규모 조정을 이해하려면, 우리는 애착의 존재자들과 조직의 존재자들이 어떻게 서로 연결되어 있는지 이해해야 한다. 그것들을 다른 어떤 것, 특히 어떤 **물질**MATTER에 빠뜨리지 않으면서 말이다. 이 [ATT·ORG] 교차를 탐구함으로써 우리는 메타배정자에 호소하지 않고도 분배를 따라갈 수 있을 것이다.

규모 변화에 관한 최고의 저서 가운데 하나에서 윌리엄 크로넌William Cronon이 제시한 예를 들어보자. 그는 애착과 대본의 연결망이 끝에서 끝까지 연결될 때 어떻게 미시간호 기슭의 인디언 마을이 "자연의 대도시"—우리가 시카고로 알고 있는 세계-경제를 지칭하는 크로넌의 용어—의 크기를 갖게 되었는지 보여준다. 그리고 그가 누구보다도 잘 엮어낸 것은 새로운 가치평가 및 새로운 회계 장비와 관련된 연속적인 혁신이다. 밀 포대를 수레와 배로 옮기며 제분소로 가는 내내 애정 어린 시선으로 바라보던 농부는, 이제 기차에서 내려 자신의 개봉된 포대의 그 황금빛 내용물이—얼마 전에 발명된—곡물 엘리베이터의 양동이에서 다른 모든 포대의 황금빛 내용물과 섞이는 것을 처음에는 겁먹은 채 바라보면서 가치에 대한 전혀 다른 정의를 곧 알게 된다. 그는 처음에 제분업자의 지폐 대신 받은 작은 종이 영수증을 의심스럽게 바라본다. 이 종이쪽지들을 가지고 어마어마한 선물 시장이 형성되어 시카고를 곡물과 관련된 모든 대본의 세계적 중심지로 만들 것이라고 그가 어떻게 상상할 수 있었겠는가? 시카고가 확장되면서 곡물 시장은 철도 노선, 곡물 엘리베이터, 종이 채권의 극도의 구체성으로 인해 "추상적인" 것이 된다. 방대한 사회-기술적 연결망은 수많은 행위자들의 상대적 크기를 변화시키고 이들에게 의무를 지우고 이해관계를 갖게 하고 행동하게 하는 존재자들의 종류를 변화시킨다. 애착의 지원을 받아 대본은 속도를 높이고 그들의 리듬을 강요한다. 수량화의 홍수가 밀려온다. 그 다음에는 무슨 일이 일어날까?

⊙ 그것은 두 번째 〈자연〉의 물질을 해체할 수 있게 해줄 것이다.

우리가 〈경제〉에 진입했는가? 아직 아니다. 종이 채권은 아직 대본으로 남아 있고, 선물 시장은 다시 시작하기를 반복하며 만기일과 지불증서를 찍어대고, 소유권을 분배하고, 투기를 마구잡이로 일삼고 있다…. 우리가 〈경제〉에 진입하기 위해서는—따라서 경제화 장치에서 벗어나기 위해서는—모든 것은 우리가 작동시킬 계산, 장치, 규율이라는 관념에 달려 있으며, 그것들을 형식들의 연계[REF](3장과 4장에서 정의함)와 비교하는 데 달려 있다. 다소 도발적으로 표현하자면, 우리의 연구는 〈경제〉가 "〈자연〉"과학들과 동일한 기초에 기반을 둔 과학인지, 아니면 지시의 연쇄[REF]를 확립하려는 목표를 갖지 않는 매우 특정한 형태의 계산의 규율인지 질문해야 한다.

주의 깊은 독자라면 우리가 재생산의 존재자들[REP]과 애착의 존재자들[ATT] 사이에서 이끌어내려는 유사성을 분명히 알아차렸을 것이다. 두 양식은 생존을 위해 "통과"해야 하는 일련의 존재자들에 의해 정의된다는 점에서 이미 유사하다. 물론 재생산의 존재자들이 준객체와 준주체 모두에 선행하는 반면, 정념적 이해관계의 존재자들은 객체와 주체, 상품과 사람 사이의 언제나 놀라운 연결—이전의 양식들이 그 연결을 끊임없이 증식시킨다—을 그려낸다는 점에서 두 양식은 서로 다르다[REP·ATT]. 그러나 그 두 양식은 ⟨자연⟩의 발명(재생산의 존재자들의 경우)과 우리가 **두 번째 자연**SECOND NATURE이라고 부르는 것의 발명 (애착의 존재자들의 경우)을 위한 원재료 역할을 한다는 점에서 가장 강한 유사성이 있다.

이 책의 1부에서 우리는 "⟨자연⟩"이 어떻게 재생산 양식과 지시 양식을 융합했는지 살펴보았다[REP·REF]. 그 지점에서 연장실체라는 물질은 지식의 요구와 재생산의 요구 사이의 융합, 내삽으로 우리에게 나타났다. 이제 우리는 두 가지 양식의 교차[ATT·ORG]를 이용해 ⟨경제⟩를 비판하지 않으면서 ⟨경제⟩의 방향을 바꿀 수 있는지 여부에 대한 질문에 직면한다. 더 정확히 말하면, 경제학이라는 학문 분과가 결국 (두 번째) 물질의 관념론을 생성시키게 되는 미묘한 우회로를 식별할 수 있는지 여부에 대한 질문이다. 다시 한 번, 물질은 지식[REF·ORG]으로부터 우회된 생각에 기초하여 적어도 두 가지 양식, 즉 애착의 양식과 조직의 양식의 융합[ATT·ORG]을 통해 탄생할 것이다. 이번에 그 융합은 소위 자연과학을 통해 알려지는 **연장실체**RES EXTENSA가 아니라 새로운 ⟨과학⟩, 즉 경제학에 의해 단순히 "알려지는" 새로운 물질을 만들어낼 것이다. 그러면 두 번째 유물론의 가혹한 필연성은 첫 번째 유물론의 가혹한 필연성을 따를 것이다. 다시 한 번 이 연구에서 근대인에 대한 모든 해석과 이성에 대한 모든 정의에 접근하는 문을 열거나 닫는 것은 "물질"의 융합이다. 역사적으로 **인식론**EPISTEMOLOGY과 ⟨정치경제학⟩은 함께 태어났고 서로에 대한 의존을 멈추지 않았다. 이제 그 둘은 함께 무대에서 물러나는 법을 배워야 한다.

다행히도 우리가 재생산의 도약이나 간극을 지시의 도약이나 간극과 구별하는 법을 배운 것처럼[REP·REF], 각기 그 자신의 참과 거짓을 정의하는 두 가지 다른 도약, 두 가지 다른 공백, 즉 조직의 도약이나 간극을 애착의 도약이나 간극과 혼동하지 않고 구별하는 일을 막을 것은 아무것도 없다. 그래서 우리는 옳은 계산에 대한 완전히 다른 정의를 얻으려면 이 두 가지 유형의 불연속성을 매끄럽게 하기 위해 그 상황에 무엇이 더해져야 하는지도 알 수 있다. 계산된 평가의 정확성을 결정하기 위해 여러 가지 적정성 조건들이 결합한다는 점에는 의심의 여지가 없다. 아무도 바닥 줄의 결론 아래에 더 쓰지 못하도록 하려면 수많은 줄을 써야 한다. 이제 우리가 주목해야 할 것은 세 번째이자 마지막 양식이다.

이 작업에는 섬세하고 민첩한 손가락이 필요하지만, 경제적 학문 분과들이 그것들이 포용하는 존재자들에 무엇을 더할 것인지를 가능한 한 정확하게 식별하면서 비경제화할 다른 방법은 없다. 〈경제〉에 대한 단순한 비판에 그친다면, 정념적 이해관계의 거대한 혼돈을 회복시켜 그 열기와 폭력, 그 복잡성과 얽힘을 복원하는 것이 무슨 소용이 있었겠는가? 대본의 기이한 리듬을 포착하고 대본이 분배하는 모든 것의 상대적 규모를 수정하는 그것의 역량을 포착하는 것이 무슨 소용이 있었겠는가? 경제화라는 필수 불가결한 규율에 걸맞은 자리를 스케치하는 편이 더 나을 것이다. 두 번째 경험주의는 첫 번째 경험주의보다 훨씬 더 경제적 경험을 회복하는 법을 배워야 한다.

16장

양심의 거리낌의 경험을 강화하기

애착과 조직의 교차[ATT·ORG]에 대한 탐지는 ⊙ 회계 장치에 대한 찬사로 이어져야 했다.

그러나 〈경제〉는 가치로부터 자유로운 사실을 통해 가치를 계산한다고 주장한다 ⊙ 그것은 청산의 경험을 변형시켜 ⊙ 최적을 계산할 수 있는 〈섭리〉의 칙령으로 바꾸고 ⊙ 재화와 비재화가 분배되는 현장을 비워낸다.

도덕의 질문이 이미 각 양식에 대해 제기되었지만 ⊙ 그럼에도 불구하고 목적과 수단에 대한 불확실성에는 도덕의 새로운 원천이 있다.

책임감 있는 존재자는 호소에 응답하는 존재자이다 ⊙ 그것은 우주에 대한 경험 없이 보편적일 수 없다.

따라서 우리는 도덕의 존재자들[MOR]의 사양을 작성할 수 있고 ⊙ 그들의 특정한 진리진술 양식을 정의할 수 있다. 바로 양심의 거리낌을 다시 시작하는 것이다 ⊙ 그리고 그들의 특정한 변이를 정의할 수 있다. 바로 최적의 추구이다.

〈경제〉는 형이상학으로 변형된다 ⊙ 〈경제〉가 두 가지 유형의 계산을 지시와 도덕의 교차[REF·MOR]에서 융합할 때 그렇게 된다 ⊙ 이로 인해 그것은 규율을 과학으로 착각한다 ⊙ 경제적 물질만을 묘사하는 과학으로 말이다.

그래서 〈경제〉는 모든 도덕적 경험에 종지부를 찍는다.

준객체와 준주체를 연결하는 네 번째 그룹은 ⊙ 보이는 손과 보이지 않는 손 사이의 끝없는 전쟁이 잘못 이해하는 것이다.

근대인은 〈경제〉의 물질에 대해 불가지론적일 수 있는가? ⊙ 그리고 경제학이라는 제도를 위한 새로운 토대를 제공할 수 있는가?

애착과 조직의 교차[ATT·ORG]에 대한 탐지는 ⊙

고생의 끝에 가까워짐을 느끼면서 우리 연구자는 이제 숨 쉬기가 조금 편해졌다. 그러나 동시에 자신이 하고자 하는 작업의 어려움에 다시 숨이 멎는 듯하다. 그것은 바로 계산이 묘사를 대체할 수 없도록 계산 행위를 묘사하는 일이며, 이는 **대본**SCRIPTS을 전개하는 일과 다를 바 없다. 이것이 **두 번째 자연**SECOND NATURE의 방향을 전환하여 〈경제〉 대신 경제화를 담당하는 규율들과 학문 분과들의 섬세한 연결망이 출현할 수 있도록 하는 유일한 방법이다. 아무것도 더하지 않고 아무것도 빼지 않은 채 말이다. 그는 다음과 같은 경구에 마음이 끌릴 만큼 자신의 프로그램을 믿기 시작했다. "지금까지 경제화하는 사람들은 단지 세계를 수행해왔을 뿐이지만, 이제 문제는 그것을 묘사하는 것이다!"

그가 조직의 존재자들에 대해 탐구하게 된 것은 그 두 번째 수준이 어디에서 오는지 알 수 없었기 때문이다. 그는 정보원들이 모든 행위자가 거주하는 일반적인 틀이라고 지정한 **메타배정자**METADISPATCHER, 즉 "부분보다 우월한 전체"를 찾을 수 없었다. 그러나 이제 그는 초월적 수준에 대한 보충 가설을 세우지 않고 단지 대본의 움직임만을 따라가면서 [ORG], 규모 조정scaling과 틀 지우기framing의 효과가 어디에서 오는지 파악하기 시작했다.

다음으로 그가 이해관계의 존재자들[ATT]을 전경으로 가져오려 애쓴 것은 정념과 애착의 경험을 이른바 경제적 계산의 차가움과 어떻게 조화시킬 수 있을지 알지 못했기 때문이다. 그러나 이제 그는 계산 장치가 추가됨으로써 어떻게 "교환의 삶"이 식별될 수 있는지 이해하기 시작했고, 계산 자체가 (준)객체와 (준)주체, 재화와 비재화와 사람의 긴 연쇄를 연결하는 놀라운 평가를 결코 대체할 수 없음을 알게 되었다. 그래서 그는 그 **행위 과정들**COURSES OF ACTION을 설명했다고 느낀다. 즉, 그것은 두 가지 유형의 연계된 불연속성 덕분에 정념적 이해관계와 대본이 연결되는 움직임이다.

⊙ 회계 장치에 대한 찬사로 이어져야 했다.

그러나 그는 자신이 아직 이러한 흐름의 경험에 충분히 충실하지 못하다고 느낀다. 그가 옳았다면, 사실상 경제화를 배우는 일이 그토록 큰 수수께끼가 아니었을 것이고, 〈경제〉의 형이상학이라고 불려야 하는 것이 생겨나지도 않았을 것이다. 우리는 그저 대본의 경로와 마찬가지로 이해관계의 경로에 장비, 주판, 기준, 도구, 장치, 모델 등 요컨대 **가치 측정기**VALUE METERS를 장착함으로써[ATT·ORG], 행위자들이 점점 더 늘어나는 수많은 연결 속에서 방향을 찾고 서로 다른 당사자들이 수용할 수 있는 **배정 키**ALLOCATION KEYS를 얻을 수 있도록 도와주었을 것이다. 사실상 회계와 총계정 원장Great Book에 찬사를 보내는 것으로 충분했을 것이다. 이 총계정 원장은 여전히 우리의 마음속에 있으며 아무도 그것을 잊을 수 없다. 부유하든 가난하든, 은행가든 걸인이든, 국가 원수든 잡역부든, 우리 모두가 자신이 얼마나 가치가 있고 무엇을 할 수 있고 얼마만큼 빚지고 있는지 알기 위해 반드시 훑어봐야 하는 책이 바로 〈회계장부〉이자 〈대차대조표〉이다. 이 도구는 결코 위대한 〈이성〉의 역사로 바뀌지 않았을 것이다. 두 번째 〈자연〉이 첫 번째 〈자연〉을 뒤따르는 일도 없었을 것이다.

갈릴레오가 감탄스러운 은유로 "〈자연〉의 책은 수학적 기호로 쓰였다"고 두 번 생각하지 않고 주장했다는 사실을 상기해보자. 이는 혼동을 조용히 인정하면서 동시에 그 중요성을 부인한다는 점에서 근대인에게 매우 특징적인 은유이다. 이것이 〈책〉이라면 **기입**INSCRIPTIONS, 펜, 저자, 인쇄기는 어디에 있는가? 무관심한 익명의 〈자연〉이 어떤 매체 위에도 쓰지 않은 채 쓴다면, 왜 〈책〉에 대해 이야기한 것인가? 〈신의 책〉에서 빌려온 그 미약한 은유 덕분에 우리는 사물 자체에서 힘의 관계나 인과적 연쇄의 왜곡 없는 이동만을 본다고—아무튼 대단히 가치 있는 의도에서—주장함으로써, 우리가 다루고 있는 것이 존재를 지속하기 위한 존재자들의 아찔한 도약인지, 아니면 상수를 유지하고 멀리 있는 사태에 도달할 수 있게 해주는 객관적 지시를 생산하기 위한 기입 기술들의 똑같이 아찔한 또 다른 도약인지 결코 알 수 없었다[REP·REF]. 물질MATTER이라는 동일한 하이브리드 관념 속에서, 자신의 존재를 지속하기 위한 존재자들의 비밀과 세계가 자신을 기입하고 출판할 수 있게 하는 과학자들의 비밀이 내삽되었다. 낙하하는 물체의 운동은 우리가 그

물체를 통제할 수 있게 해주는 물리 법칙의 단순한 아바타가 되었다. 이 융합을 증류하는 데 우리에게 그토록 많은 노력이 필요했다면, 그것은 물리학, 화학, 생물학의 〈책〉이 일반 대중에게 거의 알려지지 않았고, 갈릴레오의 은유가 닳고 닳아서 우리가 여전히 지식을 지속성 자체로 착각하고 있기 때문이다[MET·REF].

두 번째 〈물질〉의 관념론을 드러내는 것이 첫 번째 〈물질〉의 관념론을 드러내는 것보다 더 쉬울 것이다. 경제화를 가능하게 하는 그 책들은 여전히 완벽하게 가시적이기 때문이다. 그 책들의 빨간색 잉크와 녹색 잉크는 여전히 신선하고, 우리는 행과 열이 여전히 비어 있는 스프레드시트에 의지한다. 우리가 측량기사의 삼각법으로부터 몽 에귀유의 궤적을 분리해내는 법을 배우기 위해 끊임없이 주의를 기울여야 했을지 모르지만, 회계장부와 계산되는 것의 행동은 몇 초 이상 혼동할 일이 없다. "경제 법칙"에 의해 구성된다고 가정되는 또 다른 "〈물질〉"의 은유를 반박하기 위해 전문가가 될 필요는 없다. 초급 사무원, 서기, 초급 회계사, "필경사"가 되면 충분하다. 입주자들이 공동으로 지불해야 하는 비용을 계산하기 위해 아파트 관리인이 진짜 과학자처럼 사무실에 혼자 남아 있어야 한다고 생각하는 사람은 아무도 없다. 어쨌든 모두가 알다시피 그를 혼자 내버려두면 그에 따른 위험은 당신이 감수해야 한다….

계산—혹은 **질에 기반을 둔 계산**QUALCULATION—을 위한 장치를 전경에 가져오는 것은 당연히 더 쉬울 것이다. 표준화를 통해 이전과 동일한 질적 수량화 효과를 창출하여 비가시적이었던 새로운 가치 측정기의 설치와 확장을 모든 사람이 감지할 수 있기 때문이다. 구글 학술 검색에서 피인용지수를 비교하며 자신을 동료들과 견주어 측정하는 연구자들은, 자신의 순위에 집착하는 대학 총장들처럼 이러한 장치의 확산을 우수성의 척도(지시적[REF] 의미에서의 척도)와 혼동할 정도로 수치에 중독되어 있지 않다. 그들은 항상 그렇듯이 여기서도 문제는 가치의 분배와 재분배를 가능하게 하는 기준이라는 것을 잘 알고 있다. 금융계에서 가격 옵션을 계산하는 자동화 시스템에 블랙-숄즈-머튼Black-Scholes-Merton 방정식을 적용하여 발생한 실패로부터 회복해야 하는 은행가들은 이 방정식이 열역학 법칙보다는 아파트 관리인이 수행하는 백분율 계산과 더 비슷하며, 컴퓨터 알고리즘이 스스로 계산하도록 내버려두어서는 안 된다는 것도 잘 알고 있다! 따라서 비경제화하는 것은 우리 머리를 "비인식론화"하는 것보다 더 쉬운 작업일 것이다.

그러나 〈경제〉는 가치로부터 자유로운
사실을 통해 가치를 계산한다고 주장한다 ⊚

그러나 이것은 대문자로 시작하는 〈경제〉가 자신을 나타내는 방식이 전혀 아니다. 〈경제〉는 다른 어떤 것, 더 결정적이고 더 근본적인 것을 주장한다. 그것은 뒤얽힌 형식을 배열하는 약한 도움을 제공할 뿐만 아니라, 그와 관련된 모든 사람에게 가치의 문제가 발생하지 않는 것처럼 보이는 논쟁의 여지가 없는 사실을 등록한다고 주장한다. 이 〈경제〉 덕분에 가치부여[ATT]와 대본의 만기[ORG]에 관한 문제는 사실facts이 될 것이고, 심지어 지시의 연쇄[REF]와 날카롭게 구별되는 놀라운 현상으로서 "더 이상 논의할 필요가 없는 사실"이 될 것이다. 여기서 연구자를 놀라게 할 것은 아무것도 없다고 말할 수 있다. 어떠한 과학도 "가치에 무관심한" 경험적 파악에 의해 정의되는 것 아닌가? 그러나 근대인의 민족학자를 불신으로 이끄는 것은 바로 이러한 주장이다. 객관적 지식에 고유한 파악을 식별하는 문제에서 우리가 굴복하지 않았던 사실과 가치의 표준적 구분을 어떻게 여기서 다시, 게다가 훨씬 더 단호한 형태로 발견하게 된 것인가? 지시의 연쇄가 **사실**FACTS의 느린 제조를 실제로 허용하기는 하지만, 사실을 논쟁의 여지가 없게 만드는 것에서 시작하지는 않는다. 반대로 지시의 연쇄는 논쟁 중인 바로 그 사물들 자체를 연구자들이 증인으로 불러들일 수 있게 한다. 이제 여기서 한 번의 특이한 반전을 통해 가치의 문제가 사실의 문제로, 단순하고 날것이고 완고하고 물질적이고 둔감한 사실의 문제로 기울어진다. 마치 총계정 원장이 (첫 번째) 〈자연〉의 책보다 훨씬 더 큰 힘을 가진 것처럼 말이다. 총계정 원장은 물리학 법칙보다 훨씬 더 많은 신용credit을 지닌 것 같다. 이는 매우 정상적이다. 그것이 실제로 〈신용〉의 책이기 때문이다! 우리는 어떤 신뢰, 어떤 신용을 그것에 부여해야 하는가? "가치로부터 자유로운" 가치의 과학에 어떤 가치를 부여해야 하는가? 지시의 존재자들이 "가치에 무관심"했다면, 그것은 그것들이 가치로부터 자유로워졌거나 가치에 무관심indifferent해서가 아니라, 단지 다르기different 때문이었다. 부도덕하지도 비도덕적이지도 않은 지시의 존재자들의 진리진술 양식은 매우 독특해서(상수를 유지하기 위해 형식을 통과하는 것), 인식되는 사물들(전혀 다르게 자신의 경로를 따라가는 사물들)의 진리진술 양식과 어떤 식으로든 서로 교차하지 않았을 뿐이다.

〈경제〉의 명령에 직면한 우리의 분석가는 사실과 가치의 구분에 대한 다소 논쟁적이고 과장된, 거의 위협적인 버전에 직면해 있다. 마치 가치 측정기의 설정 자체에 존재하는 이중의 "측정"―"측정하다"와 "조치하다"의 이중의 의미―이 지시적 유형[REF]의 측정을 위해 사라진 것처럼 말이다. 그 변형은 총체적이다. 이제 그것은 더 이상 논의되지 않을 사실의 문제가 아니라, 처음부터 논의가 금지된 사실의 문제, 말하자면 논의해서는 안 되는 사실의 문제이기 때문이다. 사실을 논의"해서는 안 된다는" 이상한 의무론이 생겨난 것이다.

앞서 보았듯이 지시의 연쇄의 점진적인 연장이 인식하는 주체와 인식되는 객체 사이의 거리를 조금씩 줄이는 것을 목표로 하고 종종 그런 효과를 내기도 한다는 점을 고려하면, 장비를 갖추고 교정되는 지식의 도식을 이렇게 왜곡되게 사용하는 것은 더욱 이상한 일이다. 어떤 이상한 격변으로 인해 우리는 자신의 역할, 의무, 요구가 상세히 작성된 대본에 우선적으로 관련되는 사람들과의 거리를 점점 더 늘리기 위해 지식을 사용하게 된 것인가? 〈경제〉가 모든 지시의 연쇄의 확실성보다 우월한 절대적 확실성의 원천을 발견했든가, 아니면 우리가 또 다른 수수께끼, 새로운 범주 오류를 다루고 있든가 둘 중의 하나이다.

◉ 그것은 청산의 경험을 변형시켜 ◉

마치 두 번째 〈자연〉을 불러낼 때 너무 모호하고 너무 완강해서 전혀 있을 법하지 않은 확실성이 보충되었던 것 같다. 이러한 보충을 어떻게 정의할 수 있을까? 이를 위해서는 다시 한 번 경제인류학의 결과로 돌아가서 그와 대조되는 청산being quits이라는 종종 두려운 경험을 복원해야 한다. 마르셀 모스의 『증여론』 이후 이러한 경제인류학 문헌에 몰두한 모든 유럽인은 거기서 묘사된 다른 사람들의 혼돈imbroglios 앞에 공포로 움츠러들 수밖에 없다. 그들은 탄식한다. "그러나 그 불쌍한 사람들은 거기에서 결코 벗어나지 못할 것이다. 그들은 언제나 묶여 있고, 붙잡혀 있고, 빚져 있고, 빠져 있고, 휘말려 있고, 뒤얽혀 있을 것이다."

이러한 놀라움을 표현하는 사람들은 자신도 모르게 〈경제〉라는 엄격한 규율이 가져다준 커다란 이점으로부터 이익을 얻는다. 그들은 오랜 단련을 통해 거래하는 사람들과 "청산"하는 데 익숙해진 것이다.

유럽 역사가 추출한 대조는 사실상 "다른 문화들"의 모든 인류학과 단절되는 것처럼 보인다. 우리는 그와 정반대되는 것을 추가함으로써 그러한 혼돈에서 벗어날 수 있는 방법을 찾아냈다고 생각하는 것 같다. "이제 우리는 청산했다. 나는 당신에게 빚진 것이 없다. 우리는 등가물을 교환했다. 안녕!" 이런 관점에서 우리는 항상 빚지고, 항상 의존하고, 항상 되돌려주는 것을 방지하는 절차를 극대화했다. 이제 낯선 사람이 된 가까운 사람들 사이에서 등가물을 교환하는 가공할 만한 발명을 통해 우리는 만기일이 도래하고 지불증서가 건네지면 다른 모든 관계를 청산하는 법을 배웠다. 이것은 상당히 최근에 발명되었지만, 적어도 로크 이래로 수많은 로빈슨 크루소 스타일의 모험 덕분에, 마치 우리가 〈시장〉과 함께 시작하여 〈시장〉과 함께 끝날 것처럼 〈역사〉의 시작점에 자리하게 되었다. 마치 "다른 문화들"이 갇혀 있는 것처럼 보이는 그 모든 혼돈으로부터 우리가 일종의 사유 재산을 발명해낸 것처럼 말이다. 이러한 종결, 금융, "회계 결산"에 대한 집착에는 정말로 과도하고 강제된 무언가가 있다. 특히 그것은, 그 모든 오래된 애착을 청산했다고 믿었는데 갑자기 예상치 못한 채권자로부터 지난 2세기에 걸쳐 인출된 채권, 즉 지구라는 보물을 담보로 한 채권을 긴급히 상환하라고 요구받은 사람들로부터 나온다.

⊛ 최적을 계산할 수 있는 〈섭리〉의 칙령으로 바꾸고 ⊛

우리는 연구자의 딜레마를 볼 수 있다. 만약 그가 경제화의 규율이라는 약간의 보충물을 이끌어내는 데 만족했다면, 그는 〈경제〉의 진짜 독을 숨긴 채 일종의 정적주의를 보여주는 데 그쳤을 것이다. 아니면 그는 근대주의를 피하는 일에 참여했을 것이다. 근대주의가 가치에 무관심한 절대적 확실성의 원천을 발견했다는 이유로 우리와 가까운 사람들을 우리가 빚진 것이 없는 낯선 사람으로 취급하기 때문이다. 그러나 바로 이 지점에서 우리는 우리의 묘사 작업에서 어떠한 메타배정자도 없이 해나가려고 했던 오랜 노력의 이점을 충분히 활용할 수도 있을 것이다.

〈경제〉라는 규율 혹은 학문 분과가 〈과학〉으로 인정받는다면, 그것은 〈경제〉가 어떤 자연과학도 제공할 수 없는 무언가를 추가하기 때문이다. 그것은 바로 모든 대본을 총합하고 통합하는 상위 심급에 의해 최종적으로 계산된 **최적**OPTIMUM의 확실성이다. 이것이 우리가 전혀 있을 법하지 않다고 지적했던 두 번째 수준의 위험이다. 근대인은 수준을 변경하여 모든 대본이 총합되는 상위 수준으로 이동함으로써 합리성을 얻는다고 주장한다. 그러나 바로 여기서 그들은 곧바로 비이성unreason을 향해 간다.

첫 번째 〈자연〉은 통일되고 질서정연할 수 있었지만, 그것의 증언은 아무리 교화적이라 할지라도 인간에게 무관심하고 무도덕하다고 동시에 선언되었기 때문에 결코 설득력을 가질 수 없었다. 그래서 그것이 도덕 법칙을 지시하는 것은 당연히 어려운 일이었다. 두 번째 〈자연〉은 완전히 다른 성격을 가지고 있다. 두 번째 〈자연〉이 옳은 일을 할 때 밝혀낸 사실은 단순히 논쟁의 여지가 없을 뿐만 아니라 〈섭리Providence〉의 인장까지 찍힌다. 역설적이게도 모든 가치가 가치로부터 자유로운 사실에 의해 정의되는 것이다! 인류학자가 근대인의 유일무이한 독창성을 이해하려면 바로 이 놀라운 교차를 직면해야 한다. 근대인은 지시의 사실과 형식적으로 유사한 물질적인 경제적 사실의 특이한 양식 속에 있는 〈섭리〉를 믿는다─그러나 단순히 유사할 뿐이며 이것이 핵심이다. 따라서 우리는 칼 폴라니Karl Polanyi가 "세속적 종교"로 정의한 것, 즉 계산된 최적이라는 종교를 이해하기 위해 한 걸음 더 나아가야 한다.

⊙ 재화와 비재화가 분배되는 현장을 비워낸다.

　14장 도입부에서 우리 연구자를 가장 놀라게 한 것은, 그가 발견한 것이 모든 관련 당사자가 가장 직접적인 관심사에 대해 열띤 토론을 벌이는 시끄럽고 흥분된 광장이 아닌 텅 빈 장소뿐이었다는 점이다. 애착[ATT]을 부정하는 것, 계산과 무관하게 가시적인 대본이 있는 조직[ORG]이 항상 존재해왔음을 부정하는 것은 전혀 다른 문제이지만, 가장 놀라운 것은 최적이 **양심의 거리낌**SCRUPLES을 피할 수 있다는 주장이다. 갈등으로 고통받는 인간에게 이 한 방울의 물을 주지 않을 수 있다는 생각, 무엇이 더 좋고 무엇이 더 나쁜지에 대한 집단적 망설임을 거부할 수 있다는 생각은, 결국 우리가 지금까지 연구해온 근대인의 모든 특성 가운데 가장 놀라운 것이다. 종종 은유적으로 사용되는 표현이지만, 마치 실로 "도덕경제" 외에는 아무것도 없었던 것처럼, 마치 우리가 비잔틴 사람들이 오이코노미아*oekonomia*라는 이름으로 축복했던 신성한 〈경륜〉을 진정으로 떠난 적이 없었던 것처럼─그러나 감히 그들이 했던 것처럼 그것을 참된 종교로 만들지는 않으면서─말이다.

원형 극장에서 합리주의자가 주먹으로 탁자를 내려치며 상대주의자들에게 "신사 여러분, 당신들이 좋든 싫든 물리학 법칙은 존재합니다!"라고 선언하는 것은 감동적이다. 합리주의자의 재앙적인 인식론에도 불구하고 그가 무엇을 말하려고 하는지 알 수 있기 때문이다. 합리주의자는 우리가 마침내 과학적 객관성의 길을 통해 접근하게 된 세계가 인간의 손으로 만들어지지 않고 "나 자신의 의지"에 의존하지 않기를 바라지만, 다른 한편 우리가 그것을 파악하기 위해 점점 더 가까이 다가갈 수 있기를 희망한다. 어떻게 이에 반대할 수 있겠는가? 그러나 파워포인트 발표가 끝나갈 때 관리자가 주먹을 치고 마지막 불릿 포인트가 최종 결론을 지시하며, 마치 "더 이상 논의할 것이 없다", 다른 해결책은 없으며 직접적으로 관련된 사람들은 모든 대본을 직접 검토하는 것에서 거리를 두어야 한다고 말할 때, 상황은 훨씬 더 이해하기 어렵다. 우리는 아고라가 활기찬 관련 행위자들로 가득할 것으로 예상했지만, 그곳은 텅 비어 있다. 어떻게 평가와 분배의 무대가 비어 있을 수 있었을까? 우리가 이해해야 하는 것은 바로 그것이다.

연구자의 의심을 확증하는 것은 **유물론**MATERIALISM에 대한 호소가 그 두 경우에서 얼마나 다른가 하는 점이다. 인식론에 얽매어 있기는 하지만 물리학 법칙은 항상 예상치 못한 가능성의 원천이었는데, "두 번째 〈자연〉의 법칙"은 왜 그렇게 자주 포기와 불능의 규칙으로 제시되는 것인가? 엔지니어, 과학자, 예술가, 장인이 자신의 재료에 몰두하면, 즉시 모든 것이 가능해진다. 이 재료들은 복합적이며 아이디어를 주고 무한한 가능성을 열어주며 뜻밖의 역량을 드러내기 때문이다[TEC·REF]. 이에 반해 경제적 물질의 독특한 특징은 우리가 그것에 호소할 때 논쟁의 여지가 없는 필연성의 전이에 결박된다는 점이다. 더 이상 아무것도 할 수 없다. 우리의 손은 묶였다. "다른 가능한 방안은 없다." 경제적 물질에서 증류된 유물론은 다른 물질이 숨기지 못한 독을 생산한다는 증거가 여기에 있다.

우리가 경제학을 정말 "물리학화"해야 한다면, 그것은 물리학, 실제 물리학처럼 보일 것이다. 꿰맞추어지고 기발하고 장비가 갖춰지고 다양한 형태의 모습을 띠게 될 것이며, 그 덕분에 우리는 대부분 실패할 수 있을 만큼 충분히 운 좋은 섬세한 실험들을 기획할 수 있을 것이다. 물리학은 논쟁의 여지가 없는 사실을 이용해 마음을 굳게 한다는 비난을 받은 적이 없다. 도스토예프스키는 『죄와 벌』에서 이에 대한 놀라움을 표현했다. 사회적 관계에서 더 많은 연민을 원하는 주인공에게 누군가 이렇게 대답한다. "연민이요? 하지만 얼마 전에 현대 사상에 밝은 레베챠트니코프 씨는 요즘 과학 자체에서 연민을 금지한다고, 그리고 정치경제학이 발달한 영국에서는 벌써 그렇다고 하던데요." 우리가 경제학에 대해 더 이상 동의할 수 없고 어떠한 계산도 더 이상 맞지 않는다는 것은 놀라운 일이 아니다! 따라서 공정성을 재발견하려면 먼저 "도덕적 질문"에 정면으로 마주해야 한다. 가치의 과학에 대해 이야기해야 하므로 그에 대해 공개적으로 이야기하는 편이 더 낫다.

도덕의 질문이 이미 각 양식에 대해 제기되었지만 ⊙

"아니, 갑자기 도덕화하기 시작하는군! 프로젝트 막바지에 와서 마치 푸짐한 식사 후 디저트처럼 영혼의 보충제나 작은 선물, 달콤한 메모 같은 것을 원해서인가?" 우리의 탐구에 대해 이렇게 비꼬듯이 말하기 전에, 독자들은 아마도 내가 각 양식의 적정성 및 비적정성 조건을 끌어냈다는 의미에서 처음부터 "도덕화"해왔음을 인정할 것이다. 모든 창설은 가장 분별력 있는 판단인 "가치 판단"을 내포한다. 따라서 우리의 탐구에서 "사실"에 대한 모든 질문이 다루어진 후에 "도덕적 질문"이 도입된 것이 아니다. 도덕적 질문은 처음부터 다뤄졌다. 참과 거짓, 선과 악을 자신의 방식으로 구별할 수 없는 양식은 없다. 물론 내가 각 양식이 마치 참과 거짓을 구분하는 가장 훌륭한 시금석과 가장 세련된 감각을 가진 것처럼 고의적으로 과장하기는 했지만 말이다.

자기 재생산에 성공하느냐 아니면 영원히 사라지느냐 사이의 가장 커다란 차이를 유지하는 재생산[REP]으로 시작해보자! 재생산의 존재자들은 도덕적이지도 비도덕적이지도 않고 심지어 무도덕적이지도 않다. 그들은 후계자나 후손, 결과물이라는 다른 존재자들이 없으면 사라질 것이기 때문이다. 그러나 이는 도덕화하는 꽤 괜찮은, 특히나 결정적인 방법이다. 게다가 지시의 연쇄의 존재양식—정확히 "사실"의 존재양식—은 자신의 방식으로 선과 악을 완벽하게 결정할 수 있다[REF]. 검증된 발화와 거짓된 발화 사이에서 항상 새롭게 시작되어야 하는 그러한 판별에 얼마나 많은 가치가 있는가! 법에서[LAW] 좋은 판결과 나쁜 판결의 차이를 감지하는 것 또한 많은 판사를 밤에 깨어 있게 만드는 "도덕화"의 한 방법인 것 같다. 종교에서[REL] 부재와 현존, 죽음과 부활, 또는 고대 이미지에서처럼 지옥과 천국을 분리하는 것이 무엇인지 감지할 만큼 구원에 대한 강한 헌신을 느끼는 사람들이 선과 악에 대해서도 많을 것을 알고 있다는 데에는 의심의 여지가 없다. 전통적인 도덕이 도외시하는 엔지니어들조차 좋은 조립과 나쁜 조립, 효과적인 것과 효과적이지 않은 것, 좋은 도구와 나쁜 도구 사이의 큰 차이를 본다[TEC]. 그들도 자신의 방식으로 "도덕화"하지 않는가? 그리고 허구의 작품들은 당신에게 의무를 부과하고 죄책감이 들게 하지 않는가[FIC]? 당신을 사로잡지 않는가? 우리는 아무리 대수롭지 않은 영화나 소설 중에서도 잘 구성된 작품과 그렇지 않은 작품을 구별할 수 있지 않은가? 도덕이라고 불리는 것의 가장 중요한 원천 가운데 하나가 〈정치적 원〉의 갱신과 포기에 있다는 것을 어떻게 부인할 수 있겠는가[POL]? 정치적 용기와 비겁함의 차이를 간과하기는 쉽지 않다. 그리고 습관[HAB]에서도 잘 잊어버리는 자동적인 행동과 더 능숙하게 주의를 기울여 선을 추구하는 것 사이에는 큰 차이가 있지 않은가? 흑마술과 백마술의 차이, 치유하는 치료사와 현혹시키고 해를 끼치는 치료사 사이의 포착하기 어려운 그 미세한 차이를 누가 충분히 세심하게 묘사할 수 있을까[MET]?

요컨대 모든 양식은—만약 그런 것이 있었다면—도덕의 제도라고 불릴 수 있는 것에 참여한다. 이분화 논자들의 긴 줄을 따라가면, 세계를 박탈당한 인간이 "당위"를 박탈당한 존재자들에게 가치를 "추가"하기를 기대하는 칸트에 도달하게 된다. 칸트 이전에는, 그리고 나머지 세계에서는, 모든 존재자가 "그래야 해", "그러지 말아야 해"라고 외쳤고 이런 망설임을 통해 존재와 비존재의 차이를 측정했다. 야콥 폰 윅스퀼 Jakob von Uexküll의 진드기부터 교황 베네딕토 16세까지—그리고 심지어 르네 마그리트의 파이프까지도—세계의 모든 것이 가치평가를 한다. "존재"와 "당위"를 대립시키는 대신, 존재자가 계속 존재하기 위해 얼마나 많은 존재자를 통과해야 하는지, 얼마나 많은 변이에 적응하는 법을 배워야 하는지 세어보라. 이 점에서 니체가 옳다. "가치"라는 단어는 반의어가 없다—특히 "사실"이라는 단어는 아니다.

자신은 "존재"와 "당위"를 대립시킬 수 있다고 믿는 도덕철학의 뻔한

얘기를 받아들이는 어리석음을 피하는 방법이 아마도 있을 것이다. 우리의 탐구 전체가 증명하듯이, 모든 존재자는 다른 존재자들을 박탈당하면 즉시 존재하지 않게 될 것이다. 그것의 존재 자체, 그것의 실체는 그것이 생존하기 위해, 생존을 얻기 위해 통과해야 하는 다른 존재자들을 탐구해야 하는 최고의 의무에 의해 정의된다. 이것이 내가 그것의 **절합**ARTICULATION이라고 불렀던 것이다. 따라서 존재와 당위를 대립시키는 이들은 목이 졸리고 머리가 잘리고 내장이 제거된, 자신의 필요를 충족시킬 수 있는 모든 수단을 박탈당한 존재자들, 도덕철학의 암울한 림보에서 고통 속에 살아가는 영혼들을 다루고 있는 것이다. 그리고 우리가 보았듯이 이 절합은 심지어 돌, 고양이, 매트, 파이프 등 인간 주체의 높은 도덕성을 돋보이게 하는 것 외에는 아무 역할도 없는 것 같은 그 모든 초라한 "객체"에서도 표현된다. 그러나 무엇보다 이상한 순간은 도덕철학자들이 경제적 물질에서 "존재"와 "당위"를 대립시킬 것을 주장할 때이다! 그 모든 문제가 존재자들을 계속 증식시켜 결국 평가와 분배의 계산이 제대로 이루어질 수 있는 약간의 기회를 만드는 데 있는데도 말이다.

◉ 그럼에도 불구하고 목적과 수단에 대한 불확실성에는 도덕의 새로운 원천이 있다.

그러나 일상적인 언어가 "도덕"이라는 용어로 이렇게 복합적인 상황을 가리킨다고 해서 우리가 도덕의 전달자를 탐지할 방법이 없다고 결론지어야 하는 것은 아니다. 우리가 이미 정신의 전달자psychophors를 인정했는데[MET], 도덕의 전달자ethophors는 왜 안 되겠는가? 각각의 양식에 고유한 선과 악의 모든 차이 외에도, 우리가 모두 "도덕적 경험"이라는 라벨 아래 간직하고 있을 법한 뉘앙스를 설명할 수 있는 선과 악에 대한 보충적 감각이 있을 수 있다. 이제 우리가 타자로서의 존재가 품고 있는 타자성이라는 보물을 제대로 이해했다면, 모든 존재자에게 하나의 수수께끼가 제기된다. "만약 내가 타자를 통해서만 존재한다면, 우리 중 어느 것이 목적이고 어느 것이 수단인가? 그것을 거쳐 통과해야 하는 나는 그것의 수단인가, 아니면 그것이 나의 수단인가? 내가 목적인가, 아니면 그것이 나의 목적인가?" 이는 우리가 수단과 목적의 긴 연쇄를 연결하는 행위 과정을 따라가기 시작할 때 더 이상 벗어날 수 없는 **네 번째 그룹**FOURTH GROUP의 문제이다. 그리고 연쇄가 길어질수록 그 질문은 더 고통스러워진다. 특히 근대주의의 괄호가 닫힘에 따라 생태 위기가 경제의 모든 부문에서 불러일으키는 비인간의 다양성을 우리가 점점 더 많이 복원시킨다면 더욱더 그러할 것이다. 저 나무, 이 물고기, 저 숲, 이 장소, 저 곤충, 이 유전자, 저 희토류—그것들은 나의 목적인가, 아니면 내가 다시 그것들의 목적이 되어야 하는가? 우리는 고대인의 우주론과 그들의 불안으로 서서히 회귀한다. 그것이 그렇게 근거 없는 것이 아니었다는 것을 갑자기 깨달으면서 말이다.

존재로서의 존재의 철학에서는 이 질문이 나타나지 않았다. 그 철학에서 자신의 동일성을 유지한다는 것은 일시적인 것을 잊고 영속성을 목표로 하면서 모든 속성 아래에 놓여 있는 실체에 자신을 연결하는 것을 의미했다. 목적은 오직, 그 자체로 충분하며 자기원인인*causa sui*인 실체 자체뿐이다. 따라서 모든 도덕은, 존재 자체이든 아니면 어떤 세계와도 단절된 근대의 "자기 확립된" 도덕 법칙이든, 동어반복에 기반을 두고 질서화되었다. 이 기반의 견고성에 대해서는 무한정 논쟁할 수 있지만,

도덕을 가능한 한 논쟁의 여지가 없는 토대 위에 확립하는 것 외에 다른 프로젝트는 상상할 수 없었다. 이른바 "단순한 내재성"에서 초월성으로 넘어가야 했다. 그리고 이 영역에서도 아무도 두 번째 수준을 발견한 적이 없기 때문에 도덕철학은 세계의 비도덕성, "기준점 상실", "논쟁의 여지가 없는 원칙"의 필요성, "그럼에도 불구하고 판단하고" "상대주의"와 "단순한 우연성을 피하기" 위해 "외부적 관점"을 가져야 하는 의무 등과 관련한 불만을 해결하는 거대한 고충 처리국이 되었다. 여기 도덕 자체에 대해 의심을 불러일으키기 쉬운 프로젝트가 있다.

　지금까지 우리가 사용해온 "기준점"이 잘 이해되었다면 도덕성은 세계 자체의 한 속성일 뿐이다. 모든 존재양식이 선과 악의 차이들 가운데 하나를 훌륭하게 표현하는데, 도덕을 인간이나 실체 또는 동어반복적 법칙 위에 세우려는 것은 무의미해 보인다. 그럼에도 불구하고, 다른 양식들에 흩어져 있는 도덕성들 외에도, 실로 또 다른 손잡이가 있다. 우리가 이제 이해하고 있듯이, 이 손잡이는 목적과 수단의 최적 분배에 대한 양심의 거리낌이라는 반복이다. 모든 존재자가 자신의 방식과 관점에 따라 세계를 재구성한다면, 화이트헤드WHITEHEAD가 말했듯이 그것의 최고 가치는 물론 스스로 존재하는 것이다. 그러나 존재자는 자신을 존재하게 해준, 그리고 그들이 자신의 궁극적 목적이 아니라고 절대 확신할 수는 없는 수많은 것들, 타자들을, 무수한 단순한 수단들처럼 그림자 속에 남겨둔다는 불안감을 떨쳐버릴 수 없다. 그리고 그것은 분명히 인간만의 문제가 아니다. 칸트주의자들만이 그 불쌍한 주체들에게 전 세계를 대신해서—게다가 세계도 없이!—도덕적이어야 한다는 엄청난 부담을 떠맡긴다.

　준객체와 준주체를 유지하는 모든 것을 계속 다시 시작해야 하는 체제가 있다면, 그것은 양심의 거리낌과 도덕의 전달자인 존재자들의 양식이다([MOR]로 표기). 다시 한 번 〈주체〉/〈객체〉 대립은 존재양식의 탐지를 불가능하게 만들지만, 이 양식은 우리가 준주체와 준객체의 고난을 식별하기 시작하자마자, 핵심 질문이 제기되자마자 들을 수 있게 한다. 〈경제〉가—그것의 위대함이 여기에 있다—대담하게 제기한 그 핵심 질문은 바로 "여기에 있는 것이 최적의 조합이라는 것을 어떻게 알 수 있는가?"라는 것이다.

책임감 있는 존재자는 호소에 응답하는 존재자이다 ▶

근대인은 물질이라는 이중으로 잘못 구상된 융합체에 남겨두었다고 생각한 세계를 상실함으로써, 스스로에게서 말하자면 "어떠한 도덕적 의미도" 박탈했다. 그들은 경험의 실을 잃어버리거나 폭력적으로 끊어버렸다. 도덕적 의미에 접근하려면, "정당화"를 허용할 "도덕 원칙"을 찾는 일을 할 수 있도록, "특정 사례의 세부 사항과는 거리를 두고" 그런 것은 윤리학이나 의무론에 맡겨야 한다고 주장하면서 말이다. 근대인이 다른 각각의 양식이 도입한 귀중한 구별로부터 이득을 얻으려고 애쓰지도 않았다는 점에서, 그러한 추구는 훨씬 더 결실이 없는 것으로 드러났다. 그래서 이 대조를 새로이 추출하고 그것에 다시 한 번 고유한 존재론을 부여하는 것이 우리의 탐구에 중요하다.

어떤 상황에서도 최대한 가까이 따라갈 수 있을 만큼 충분히 다가간다면 도덕을 전달하는 존재자들의 특정한 통과가 남긴 흔적을 감지할 수 있다. 지질학자가 가이거 계수기를 장착해야만 방사능이 찰칵거리는 소리를 들을 수 있는 것처럼, 우리가 도덕의 특정한 방출에 집중한다면 세계에 도덕의 현존을 등록할 수 있다. 그리고 일단 그 도구가 보정되고 나면, 누구도 지질학자에게 방사능이 "전부 그의 머리에", "마음에" 아니면 "바위 속에" 있는지 물을 생각을 하지 않듯이, 누구도 세계가 도덕을, 그것을 등록할 만큼 민감한 도구를 가진 사람을 향해 방출한다는 것을 더 이상 의심하지 않을 것이다.

우리가 두려워하고 있다면, 실제로 우리를 두렵게 하는 존재자들이 있기 때문이라고 생각하는 것이 ("아무것도 아닌 것"이 우리를 "불안하게 만든다"고 믿는 대신) 훨씬 더 단순했던 것처럼[MET], 그리고 우리를 구원하기 위해 우리에게 말을 거는 존재자들의 현존을 인정하는 것이 더 객관적—그렇다, 객관적—이었던 것처럼[REL], 우리가 "내가 그것에 응답한다. 내가 책임진다!"라고 당당하게 선언할 때 그것은 존재자들이 우리에게 다가와서 우리를 불렀기 때문이라고 이해하는 것이 훨씬 더 우아하고 어쨌든 더 경험적이다. 그것이 없다면 "책임을 느낀다feeling responsible"는 표현이 무엇을 의미하는지 알기 어렵다. 오직 도덕주의자들만이 그들의 섬세한 도덕적 감각을 자극하는 냄새 없이도 무언가를 느낀다고 주장한다. 가장 일반적인 경험에서 응답한다responding는 것은 항상 외부의 호소appeal에 대답하는 것을 의미해야 한다. 그렇지 않으면 **책임**RESPONSIBLE을 느끼는 사람들은, 목소리들이 깊은 침묵 속에서 그들에게 말을 하는 그런 비정상적인 영혼들일 것이다.

응답자 없는 느낌. 두 번째 경험주의는 그것으로 세계를 채우지 않는다. 그린란드 빙하 위를 비행하는 여행자들은, 그전 여행 때는 웅장한 풍경으로 여겨졌던 것이 이제 의미가 달라져서 비행기 여행의 존속이 부분적으로 의존하는 것, 그리고 우리 자신이 생존을 위해 부분적으로 의존하는 것이 되고 있는 것을 보는 당혹스러운 경험을 하게 된다. 우리가 어떻게 "불활성이고" "내재적 가치가 없는" 어떤 것에 "가치"를 투사하는 것에 불과하다는 말로 그 경험을 등록할 수 있겠는가? 빙하도 "도덕적 차원"을 획득했다는 사실을 이해하지 못하는 사람들은 도덕에 접근할 기회를 스스로 박탈하고 있다. 도덕적 존재자들 없이 도덕적이기를 추구하는 것은 자손을 갖지 않고 번식하려고 하거나[REP], 구원의 천사들이 우리에게 도달하게 하지 않으면서 〈신〉을 믿기를 바라는 것과 같다[REL]. 사물들 자체에 도덕적 감각을 확장하는 무언가―또는 좀더 정제된 도덕적 감각의 획득을 허용하는 무언가―가 있어야 한다고 요구하는 것이 유물론, 우리의 유물론, 두 번째 경험주의의 유물론이다.

⊙ 그것은 우주에 대한 경험 없이 보편적일 수 없다.

이것이 바로 우주 없는without a universe 보편적인universal 도덕이라는 생각을 그토록 이상하게 만드는 것이다! 차라리 강이나 바다에서 멀리 떨어진 곳에 항구를 건설하는 편이 더 나을 것이다. 근대인은 법[LAW]과 마찬가지로 도덕[MOR]도 독점하지 않는다고 항상 생각해왔다. 그들은 다른 민족들도 비록 이상하고 쓰여 있지 않지만 "자신의" 법을 가지고 있으며, 비록 판별의 기준이 이해할 수 없고 때로는 "끔찍한 관습"을 가지고 있다고 해도 "도덕적 감각이 아예 없을" 정도로 야만적이지 않다는 것을 항상 인식해왔다.

다른 문화들과 차별화된다는 근대인의 주장은 다른 데에서 비롯된다. 즉, 그들이 보편적 도덕을 추구해왔다는 점이다. 그들은 자민족중심주의, 헤게모니, 독선주의로 비난받을 수 있다. 그들의 자만이 조롱받을 수 있고 계속되는 실패가 지적될 수 있다. 그럼에도 불구하고 그들은 이러한 보편적 도덕의 추구에 헌신했고 그로부터 그들의 도덕철학을 이끌어냈다는 것은 여전히 사실이다. 그러나 도덕이 보편적이려면 우주에 접근할 수 있어야 한다. 보편적인 것을 추구한다고 주장하며 동시에 자신을─당위를 결여하는 사실로 축소된─세계로부터 단절시키면서 근대인이 성공할 가능성은 조금도 없었다. 그들은 결국 냉소와 절망이 뒤섞인 채 "도덕적 상대주의"라고 부르는 도덕적 다원주의로 귀결될 수밖에 없었다.

우리가 특히 도덕의 특정한 음조에 따라 전개될 수 있는 다중우주로의 통로를 그들에게 되돌려주면 이 상황은 바뀐다. 이제는 도덕적 다원주의가 아니라 복수의 존재자들이 있을 것이며, 그 존재자들의 배치는 각각의 특정한 조사 과정을 통해 매번 목적과 수단의 양립 가능성을 다시 고려함으로써 최적화되어야 한다. 그러면 우리는 근대인의 미친 야망, 커다란 불행, 끊임없는 불안, 진정한 미덕을 모두 이해할 수 있을 것이다. 그들은 양심의 거리낌이 커지는 것을 막지 못한 채 우주에 대해 최적의 질문을 제기하려 해왔다. 그들을 조롱하는 것, 그들의 유산을 상실하는 것, 최적화의 과제를 포기하는 것은 배신이 될 것이다. 불가능한 형이상학에 빠져 있도록 근대인을 내버려두어서는 안 된다. 그들의 모든 대조 중에서 가장 귀중한 것들은 다른 제도들에 모아야 한다. 그들은 최적을 발명했음에도 섭리적 〈경제〉의 도움에 대한 잘못된 믿음 때문에 그것을 바로 잃어버렸을지 모르지만, 우리가 낙관주의optimism로 알려진 그 이상하고 역설적인 가치를 재건하는 일을 막을 수 있는 것은 아무것도 없다. 도덕의 존재자들의 존재론적 존엄성을 회복함으로써 외교적 작업을 수행하고 근대인이 추출하려 했으나 실패한 대조를 매우 다르게 이해할 수 있을 것이다.

따라서 우리는 도덕의 존재자들[MOR]의 사양을 작성할 수 있고 ⊳

도덕의 존재자들이 정말 존재한다면 다른 모든 양식의 요구 조건 및 의무 사항과 구별되는 **사양**SPECIFICATIONS이 있어야 한다. 우리가 알고 있듯이 이 사양은 적어도 네 가지 요구 조건을 포함한다. 어떤 공백hiatus이 그 양식을 감지할 수 있게 하는가? 어떤 유형의 존재자들이 있는가? 어떻게 참과 거짓을 구별하는가? 타자로서의 존재의 어떤 특정한 측면을 인출해서 자신을 다른 양식과 구별하는가?

존재자를 정의하기 위해서는 언제나 그렇듯이 경험의 실을 따르는 것으로 충분하다. 여기서는 도덕적인 **양심의 거리낌**SCRUPLE에 시달릴 때 우리에게 일어나는 일의 실을 따르면 된다. 아무것도 변하지 않지만 모든 것이 변한다. 모든 것이 다시 시작되지만, "내가 옳은 일을 했나 그른 일을 했나?"라는 고유한 반복의 유형에 의해 다시 시작되기 때문이다. 도덕적 존재자는 모든 존재자를 새로운 질문의 관점에서 재고한다. 모든 양식이 이전 양식과 관련하여 성찰적이지만, 이 양식은 말하자면 모든 성찰성을 누적한다. 양심의 거리낌을 전달하는 존재자들은 다른 양식이 이런 방식으로 제기하지 않은 질문을 사후에 제기한다. "우리가 옳았는가? 아마도 우리는 처음부터 다시 시작해야 할 것이다. 처음부터 다시 시작하자." 다른 모든 양식은 자신을 앞으로 던지고, 자신을 말한다. 연속적인 탈연동의 기록보관소를 구축하려는 법[LAW](사실 이것은 법과 도덕 사이의 수많은 공명을 설명한다[LAW·MOR]), 그리고 물론 한계와 끝의 심급인 조직(그리고 이것은 여러 양식에 적용되는 탁월한 용어인 **규칙**RULE의 형태로 조직과 도덕 사이의 수많은 공명을 설명한다[ORG·MOR])을 제외하고 말이다.

그러나 도덕적 존재자들—따라서 사물들 그 자체—은 독특한 대조를 이끌어낸다. "그런데 우리가 목적을 수단으로, 또는 수단을 목적으로 착각했으면 어쩌지? 존재자들의 분배를 잘못 했으면 어쩌지?" 도덕이 무대에 오르면 합리성은 순례자의 지팡이를 다시 잡는다. "내가 옳았다. 그렇지만 어쩌면 내가 틀렸을 수도 있다." "안다, 알아. 그렇지만…" 바로 도덕주의자들이 흔히 "도덕적 입장"—비타협성, 반복의 결여, 따라서 양심의 거리낌의 결여로 판단되는 입장—의 표현이라고 여기는 것과 정반대인 양심의 거리낌이다. "도덕적으로" 말한다는 것은 도덕적인 문제에 대해 말한다는 것과는 전혀 다른 방식으로 사람을 관여시킨다. 다시 한 번 "도덕적으로"라는 부사는 해당 **영역**DOMAIN과 연관된 명제와는 다른 명제로 이어진다.

◉ 그들의 특정한 진리진술 양식을 정의할 수 있다. 바로 양심의 거리낌을 다시 시작하는 것이다 ◉

이 통과에서 우리는 어떻게 하나의 독자적인 진리진술 및 비진리진술 형식을 구별할 수 있을까? 그 앞의 열한 가지 양식들의 요구 조건과 의무를 고려하면, 이미 도덕적 양심의 거리낌을 키우기에 충분한 차이가 있는 것 같다. 그러나 우리는 이것을 매우 일상적으로 내밀하게 경험한다. 단순히 걱정하고 막연하게 불안해하는 것으로는 충분하지 않다. 모든 연결의 전반적인 품질을 검증하기 위해 새로운 탐색의 움직임에 헌신해야 한다. 여기에 독특한 요구 사항이 있다. 상식이 어렵지 않게 그것으로 들어온다. "나는 그것을 생각하고 잊는다"는 노래 후렴구처럼 "아무것도 하지 않고" 걱정하는 것만으로는 충분하지 않다. "헌신하지 않는" 그런 악어의 눈물은 항상 심각한 부도덕의 증거로 간주되어 왔다. 우리를 괴롭히는 것은 처음의 양심의 거리낌이 단지 막연한 출발점에 불과했던 어떤 것을 검증하는 새로운 모험에 헌신하는 것이다. 이 것이 도덕적 감각의 진실, 또는 오히려 점진적인 검증을 정의하는 것이다. 도덕 특유의 거의 전문적인 통과는, 처음의 불안함이 감지했을 뿐인 어떤 것을 입증하거나 반증할 수 있게 해주는 더듬어 나아가는 과정에서 더 전진할 수단을 자신에게 제공하는 데 있다. "지옥으로 가는 길은 선의로 포장되어 있다"고 하는데, 우리가 틀렸는지 아닌지 어떻게 알 수 있는가? 다시 시작함으로써 알 수 있다. 다시 시작하는 것이 바로 우리가 접근할 수 있는, 그리고 길을 더듬고 느끼는 것을 통해서만 빠져나올 수 있는 유일한 연옥이다.

이것이 (정치적 양식[POL]의 경우와 마찬가지로) 비적정성 조건들을 어렵지 않게 발견할 수 있게 해주는 것이다. 그것들은 모두 **반복**REPRISE 의 중단, 사건의 포기, 증거의 전문적 장치에 대한 무관심에서 비롯된다. 우리는 걱정을 멈추고 양심의 거리낌을 중단한다. 조직의 풍부한 기반을 이용해 "우리는 영원히 빚진 것이 없다"라고 선언한다. 설상가상으로 우리는 원칙을 찾는 것으로 도피하기 시작하고, 우리가 옳은지 그른지 검증할 수단이 더 이상 없을 외부적이고 소위 초월적인 관점을 추구한다. 어떤 사람들은 심지어 종교적 양식의 구원의 요구와 종말에서 모든 탐구를 끝내기 위한, 심지어 모든 타협의 필요성을 부인하기 위한 구실을 찾기까지 한다[REL·MOR]. "내가 구원을 받았는데 도덕적인 것이 무슨 소용인가?" 이러한 입장을 취하는 것은 도덕만큼이나 종교를 배반하는 것이다. 태만negligence이라는 비진리진술. **결의론**CASUISTICS이라는 단어는 우리가 각 개별 사례를 다룰 때 주의, 경계, 사전예방에 주어

저야 하는 강한 감각을 회복시키기에는 아마도 너무 가볍다.

달리 말하면, 도덕의 모든 것은 **객관적**OBJECTIVE이고 경험적이며 실험적이고 협상 가능하며, 사례를 점점 더 세심하게 흡수한다는 것을 전제로 하며, 양보나 타협, 심지어 자신의 평판을 해치고 다수에게 약속하는 비굴한 타협을 절묘하게 행사하는 것을 전제로 한다. 당신이 도덕적 존재자로서 출발하면, 모든 것이 당신의 것이고 당신과 관련되며 당신을 사로잡고 당신을 걱정시킨다. 앞서 보았듯이 소유 의식이 "이제 나의 것이다"로 표현된다면, "그것은 내가 걱정할 일이 아니다"라는 말이 들릴 때 우리는 어떤 새로운 부적절함을 발견했다고 거의 확신할 수 있다. 이 존재양식의 독창성은 바로 여기에 있다. 그것은 한계를 모른다. 이 점에서 이 존재양식은 앞에 나온 조직의 양식, 틀 지우기framing의 존재자들과 강하게 대립된다[ORG·MOR]. 이 존재양식은 한계가 보이면 그것을 넘으려 하지 않는 것에 대해 양심의 거리낌을 느낀다. 자기를 제한하는 것이, 자신이 빚진 것이 없다고 믿는 것이 커다란 잘못인가?

◑ 그리고 그들의 특정한 변이를 정의할 수 있다.
바로 최적의 추구이다.

여기서 우리는 도덕적 존재자들의 세 번째 특징을 만나게 된다. 그것은 그들의 초월성의 유형, 그들이 타자로서의 존재로부터 추출한 존재로의 도약, 그들의 매우 특정한 형태의 **변이**ALTERATION로서, 바로 모든 것이 통약불가능하지만 가능한 한 결합되어야 한다는 것이다. 그들의 목적과 수단의 관계가 측정되어야 하는 존재자들은 정의상 그들 간에 공통의 척도가 없고 있을 수도 없다. 각각이 또한 하나의 목적으로 간주될 수 있기 때문이다(적어도 여기서 칸트는 도덕적 특성을 등록하는 데 성공했다. 그것을 인간에게로 제한하기는 했지만 말이다). 그래서 어떤 계산으로도 최적을 최적화할 방법이 전혀 없지만, 그럼에도 불구하고 최적에 도달해야 한다. 선과 악의 무게를 서로에 대해 비교해서 측정할 수 없지만 그래도 측정해야 한다.

탁월하게도 라틴어에서는 계산과 양심의 거리낌의 어원이 같다. 계산에 쓰이는 작은 돌들이 신발 안에 박혀 살을 누른다! 이 돌 가운데 하나, 이 모순의 항들 가운데 하나를 제거하면 우리는 모든 도덕적 감각을 잃는다. 모든 연결들을 측정할 수 있게 만들면, 우리는 양심의 거리낌에 종지부를 찍음으로써 공리주의로 기울어진다. 그것들을 최적화하기 위해 통약가능하게 만든다는 생각을 포기하면, 선과 악의 국지적 버전에 자신을 가두게 된다. 중요한 것과 중요하지 않은 것의 분배에 제한을 두고, 도덕화하기 시작하며, "강력한 도덕적 신념"의 소유와 도덕적 양심의 거리낌의 행사를 혼동하게 될 것이다. 결국 "목적의 왕국"에서 영원히 쫓겨날 것이다.

각각의 양식과 마찬가지로, 우리는 좋은 **초월성**TRANSCENDENCE과 나쁜 초월성의 대립을 재발견한다. 통약가능한 것과 통약불가능한 것 사이의 거리를 조심스럽게 유지하는 것은 좋은 초월성이다. 상황에서 빠져나와 그렇지 않으면 단순히 "사실적인 것"으로 남아 있을 상황을 "판단"할 수 있게 만드는 "외부적" 관점을 추구하는 것은 우리를 경험 밖으로, 혹은 도덕적 실험 밖으로 기울게 하고 **도덕주의**MORALISM로 이어지는 나쁜 초월성의 전형적인 예이다.

〈경제〉는 형이상학으로 변형된다 ⊙

여기서 모든 매듭의 매듭인 〈경제〉에 의해 한데 얽힌 세 가지 양식을 마침내 정의할 수 있을 것이다. 최적은 계산 불가능하더라도 계산해야 한다. 이 배리paralogism에 접근하는 데에는 두 가지 방법이 있다. 하나는 지시의 양식을 모방해서 거기에 도달하지 않고도 그것을 계산할 수 있는 것처럼 하는 것이고[REF·MOR], 또 하나는 직접적으로 관련되고 수단과 목적의 분배에서 다시 한 번 실수했을 수도 있다는 양심의 거리낌으로 괴로워하는 존재자들을 항상 갱신되어야 하는 형식으로 조립하는 것이다. 한 경우에는 무대가 비워진다. "계속 가! 여기서는 볼 것이 없다. 우리는 빚진 게 없다." 다른 경우에는 무대가 가득 찬다. 한 경우에는 논쟁의 여지가 없는 사실/가치가 있고, 다른 경우에는 계산 장치를 둘러싸고 논쟁이 계속 다시 시작된다. 한 경우에는 〈경제〉와 〈자연〉이 불가사의하게 말하고 명령을 내리며, 다른 경우에는 가엾은 인간들이 〈섭리〉 없이 사는 법을 배운다. 다시 한 번, 놓쳐서는 안 되는 대조이다.

⊙ 〈경제〉가 두 가지 유형의 계산을
지시와 도덕의 교차[REF·MOR]에서 융합할 때 그렇게 된다 ⊙

어떻게 이런 버전들 가운데 하나에서 다른 것으로 부지불식간에 넘어갈 수 있을까? 여기 놀라운 것은 없다. 바로 엄지손가락 톰Tom Thumb과 달리 조약돌들을 혼동할 우리의 오랜 적인 더블클릭의 실수, 이번에는 완전히 의도적인 실수를 통해서이다[MOR·DC]. 조심하라! 이번에는 우리가 그러기 직전이다. **계산**CALCULATION의 본성에 대한 작고 아주 사소하고 극미한 실수만 있어도 그렇게 된다. 과학자들이 사용하는 바로 그 도구들에 대한 어떤 모호성을 통해서, 그리고 지시에 필요한 기입의 움직임과 애착에 필요한 셈하기의 움직임 사이에[REF·ATT], 지시에 필요한 기입의 움직임과 프로젝트에 필요한 대본의 움직임 사이에[REF·ORG], 지시에 필요한 기입의 움직임과 최적의 갱신에 필요한 대차대조표의 움직임 사이에[REF·MOR] 망설임을 도입하는 약간의 클리나멘을 통해서 말이다. 경제학자들이 숫자의 인간인 만큼, 그들이 정념적 이해관계[ATT], 조직[ORG], 그리고 최적[MOR]의 문제에 대해 제공한 해결책은 해독할 수 없는 것처럼 보였다. 그것이 지시의 작업에서의 동일한 계산의 궤적과 의도적으로 혼합되었기 때문이다. 이것이 우리가 마침내 해독할 수 있게 될 암호이다.

모든 경우에 우리는 기입, 도구, 신호, 책, 방정식, 모델에 직면하지만 그것들의 의미와 방향은 전치사에 의해 완전히 수정된다. 우리가 지시적 의미에서의 객관적 지식으로 귀결되는 것은 우리가 셈하고 측정하고 열거하고 평가하고 모델을 만들기 때문이 아니다. 모든 경우에 계산 장치가 사용되지만, 여기에 있는 것은 단순한 동음이의어이다. 숫자와 모델, 심지어 정리를 통해서 멀리 떨어진 사태에 접근할 수도 있지만, 우리는 분할하고 분배하고 공유하는 비율을 정하고 "측정하는/조치하는" 방법을 배울 수도 있다. 그것은 전혀 같은 것이 아니다. 경제적 규율과 경제학을 배우는 데 있어 핵심은 이해관계, 역할, 기능이 분배되는 대본과 회계를 보정하고 배열하는 데 그것들이 도움이 되도록 수량화의 습관을 동원하는 것이다. 그러나 더블클릭이 개입하게 하면, 그는 논쟁의 여지가 없는 계산의 결과를 통해 내가 당신에게 빚이 없고 그것은 "내 것"이 아님을 당신에게 증명할 것이다. 인식론에 사로잡힌 그 사악한 천재는 이제 경제학의 〈악마〉, 〈분열자〉가 된다. 사람들이 이성들의 실을 상실하도록 〈이성〉이 발명된다. 루소가 필수 불가결한 인클로저에서 발견했다고 생각한 불평등의 기원이 여기에 있다. 바로 여기에서 경제학의 이마에 카인의 표식이 새겨질 위험이 있다. "제가 아우를 지키는 사람입니까?"

경제화의 실천이 충분히 "객관적"이지 않다고 불평해봤자 소용없다. 〈경제〉는 그렇지 않으면 스스로 객관성을 향해 갔을 지식의 방향을 이해관계의 목적을 위해 돌리지 않는다[REF]. 이제 외교관이 된 우리 인류학자가 비판적이지 않은 방식으로 이런 말을 할 만큼 능숙할까? 〈경제〉에 걸려 있는 문제는 객관적 지식이 아니며 객관적 지식이었던 적도 없다. 그것은 애착, 조직, 분배, 도덕이다. 〈경제〉는 〈법〉과 마찬가지로 지시를 목표로 하지 않는다. 〈경제〉의 어려운 훈련이 진정으로 지시하려는 야심을 가졌다면, 그것은 애착의 다원성, 열기, 통약불가능성을[ATT], 대본의 철저한 리듬을[ORG], 최적의 끊임없는 갱신을[MOR] 전개했어야 했다. 그랬다면 경제의 인류학을 시작하기까지 두 세기가 걸리지는 않았을 것이다. 경제인류학은 바로 거기서 시작했을 것이고, 정념과 이해관계가 결합된 위대한 과학이 되었을 것이다. 경제학은 인류학이나 교환의 역사와 동일한 외연을 가졌을 것이다. 우리의 이상한 이해관계들, 가치들의 뒤얽힘, 그것들을 요약하는 것의 어려움, 그리고 최대한 많은 사람이 최적의 반복을 공유하도록 하기 위한 훨씬 더 미묘한 실험에 대한 수많은 책이 경제학부에서 나왔을 것이다.

⊙ 이로 인해 그것은 규율을 과학으로 착각한다 ⊙

이제 경제학은 가시적으로 다른 목표들을 추구한다. 여기서 범주 오류는 경제학이 물리학이나 화학, 생물학과 마찬가지로 "경제적 물질"에 대한 객관적 지식을 목표로 삼았다고 믿는 것이다. 우리는 이러한 오류에 매우 익숙하다. 우리는 탐구의 거의 모든 단계에서 이러한 오류와 맞닥뜨렸다. 그것은 인식론적 오류, 즉 지시적 유형의 지식이—그리고 그러한 지식만이—우리의 존재 전체를 정의해서 다른 모든 진리진술 양식에 대한 궁극적인 재판관의 역할을 해야 한다고 믿는 오류이다 [REF·PRE]. 그러나 경제학이 객관적 지식을 목표로 하지 않는다면, 그것은 비합리적이고 거짓말이거나 아니면 적어도 불필요한 것이다! 이것이 경제학은 "영혼이 없다"라고 보는 사람들이 경제학에 대해 제기하는 비난이다. 경제학은 단지 형식을 배열하는 것이 아니라 알아야 하고, 그것은 단지 규율이나 학문 분과discipline가 아니라 과학이어야 한다는 것이다.

그러나 불평해봤자 소용없다. 경제화는 지식 이외에 다른 기능이 항상 있었다. 멀리 있는 존재자들에 대한 접근 외에 다른 많은 목표들이 존재한다. 합리적인 것은 하나 이상의 다수의 실로 짜여 있다. 〈경제〉가 이 세 가지 존재양식을 구별하면서 제도화하지 못한다면, 이 어려움을 모든 근대적 제도들과 공유하게 된다. 일상생활의 측면에서 우리가 실제로 거주하는 것은 첫 번째 자연이 아니라 두 번째 자연, 페터 슬로터다이크가 말하는 "수정궁Crystal Palace"이라는 점을 잊지 말자. 그렇다면 이곳에서 생존하기 위해 매우 다른 자원이 필요하다는 사실은 놀라운 일이 아니다. 결국 앞으로 그 지위가 불확실한 이러한 장치의 어원에서 실제로 문제가 되는 것은 서식지, 즉 오이코스*oikos*이다.

"관방학*cameral sciences*"이 정확히 과학이 아닌 것은 물리학, 화학, 교육학과 완전히 다른 등록부에 속하기 때문이다. 관방학은 어려운 요가 수련이나 자기 통제나 타인 통제와 같은 영적인 훈련에 더 가깝다. 경제학을 지시와 혼동하는 것은 종교에 당신을 멀리 있는 존재자들의 영역으로 운반하라고 요청하거나[REL·ORG], 법적 판결을 통해 상실을 애도할 수 있기를 기대하는 것만큼이나[MET·LAW] 어불성설이다. 계산 장치는 객관적 지식을 목표로 한 적이 없다. 게다가 그것은 비유사성의 심연, 우리가 방금 인식한 세 가지 공백을 덮어버리지 못했을 것이다. 어떤 의미에서 그것은 항상 더 나은 것을 해왔거나, 어쨌든 다른 어떤 것을 해왔다. 즉, 선호를 표현하고 지불증서를 작성하고 결과를 추적하고 회계를 결산하고, 그리고 우리가 그것의 방향을 돌리는 방법을 안다면, 아마도 최적을 새로 계산하는 데 쓰이는 것도 가능하게 해왔다. 경제학의 계산은 지시의 연쇄[REF]를 추적한다는 의미에서의 "지식"을 목표로 해본 적이 없다. 그것이 해야 할 더 나은 일들이 있다. 그것은 그렇지 않으면 무한하고 끝이 없을 것에 한계를 설정해야 한다. 수단과 목적을 분배해야 하는 사람들에게 도구를 제공해야 한다. 말하자면 애착, 대본, 양심의 거리낌이라는 원재료로부터 형식을 갖추고, 형식을 만들고, 형식을 제공하고, 관계를 수행하는 것이다. 이 삶의 형식들의 모든 중요성, 심지어 말하자면 모든 위대함이 여기에 있다.

경제학의 냉정함, 무관심, 무감각, 추상성, 형식주의에 대한 불만의 목소리들은, 경제학이 지시하려는 것이 아니라 가열하고 틀 지우고 식히고 논쟁하려는 것이라면 사실상 무의미하다. 무슨 일이 있었던 것인가? 우리는 분할, 공유, 분배, 할당을 조정하기 위해, 달리 말하면 혁신, 애착, 가치평가, 헌신, 그리고 재화와 사람들의 뒤얽힘의 확산에 한계를 정하기 위해—끝을 부여하기 위해, 즉 금융을 위해[finance는 "끝"을 의미하는 라틴어 finis에서 유래함]—달리 말하면 번창시키기 위해, 계산 장치를 대본에 장착하는 것의 중요성을 어떻게 놓칠 수 있었는가? 어떻게 계산하는 것의 본성을 계산되는 것의 본성과 혼동할 수 있었는가?

◉ 경제적 물질만을 묘사하는 과학으로 말이다.

그렇다면 경제화의 규율들과 분과 학문들은 〈경제〉의 오류에 대해 완전히 결백할 수 있을까? 불행히도 아니다. 우리는 계산의 본성에 대한 계산의 작은 오류가 치명적인 운명으로 이어진다는 것을 인식해야 하기 때문이다. 이러한 인식론적 열정이 첫 번째 〈자연〉을 고통스럽게 괴롭혔지만, 두 번째 〈자연〉을 훨씬 더 변형시켰다. 두 번째 〈자연〉이 새로운 융합을 통해 첫 번째 〈자연〉으로부터 [REP·REF]라는 범주 오류를 빌려와서 (우리가 추출하려고 그토록 애썼던) 다의성을 완전히 상실한 "물질"을 상상했을 때, 인식론적 열정은 치명적인 것이 되었다. 경제화를 할당, 분배, 분할, 공유, 정화 등의 행위 과정의 전개를 허용하는 것으로 보는 대신, 두 번째 〈자연〉은 자신을, 모든 조직이 스스로를 토론되고 다시 쓰이는 대본들의 더미로 상상하는 것을 금지하는 것으로 정의한다. 지식을 닮으려는 꿈에 이끌려온 두 번째 〈자연〉은 이제 더 나아간다. 그것은 자신이 어떠한 조직, 어떠한 대본의 우여곡절, 최적에 대한 어떠한 새로운 논쟁도 피할 수 있다고 믿는다. 그것은 준객체와 준주체의 뒤섞임을 자동적으로 계산할 수 있다고 믿고, 따라서 "〈자연〉 법칙" 같은 유형의 인과관계를 가진 논쟁의 여지가 없는 변형의 법칙을 발견할 수 있다고 믿는다. 애착, 조직, 최적([ATT], [ORG], [MOR]) 대신 "스스로 유지하는" 어떤 것, 모든 간섭과 개입을 회피하는 무언가가 있을 것이다. 어떠한 대본에도 더 이상 의존하지 않는 메타배정자가 있을 것이다. 유물론의 오랜 역사는 놀랍게도 거대한 섭리적 서사로 끝날 것이다! 〈섭리〉는 〈목적의 왕국〉까지 확장되었다. 손익 계산의 〈신〉, 쉽지 않은 일이었다…. 첫 번째 〈자연〉 다음에 두 번째 〈자연〉, 첫 번째 초자연적인 것 다음에 두 번째 초자연적인 것! 의심의 여지없이 근대인은 우리를 놀라게 하는 것을 절대 멈추지 않을 것이다.

그래서 〈경제〉는 모든 도덕적 경험에 종지부를 찍는다.

도덕적 존재자들에 대한 우리의 규정이 옳다면, 가치의 표현을 "단순한 사실의 문제"로 만들어 최적을 계산할 수 있게 한다는 주장이 〈경제〉에 어떤 재앙을 가져올 수 있는지 이해할 수 있다. 메타배정자는 다시는 여러 대본 가운데 하나에 불과하지 않을 것이다[ORG·MOR]. 애착[ATT]의 놀라운 따뜻함을 부정하는 것은 궁극적으로 중요하지 않다. 재화와 비재화의 지구는 계속 그것의 축을 돌 것이다. 상인도 소비자도 혁신가도 기업가도 이러한 부정을 조금도 중요하게 생각하지 않을 것이다. 그들은 이전처럼 계속 사업을 하고 진열대를 채우며 기업의 놀라운 창의성을 점점 더 밀어붙일 것이다. 조직화된 장치[ORG]의 중요성을 누락하는 것은 이미 더 심각하다. 사람들이 〈경제〉에 대해 말할 때, 그들이 규율, 배열, 틀 지우기를 배우는 긴 과정을 말하는 것인지, 아니면 체제를 갖추고 정의상 모든 방향으로 흘러넘치는 것을 말하는 것인지 더 이상 알 수 없기 때문이다. 그러나 소위 "장부를 마감한다"는 구실로 도덕적 표현을 단락시키고, 양심의 거리낌에 대한 탐구를 중단하고, 목적과 수단의 분배에 대한 개입을 중단할 것을 주장하는 것은 지적 나병의 한 형태 같은 것이다. 이것은 근대인의 얼굴에 나타나 보이고 안에서부터 그들을 잠식하는 낙인stigma이다. 조직은 존중받을 만했다. 계산은 존중받을 만했다. 모델은 존중받을 만했다. 경제학은 존중받을 만했다. 그러나 조직과 도덕의 내삽은 그렇지 않다[ORG·MOR]. 이것은 너무 많은 범죄이다. 그것들을 사람이 똑바로 바라볼 수 없는 괴물로 만드는 범죄이다. 우리는 최적의 탐색에 이끌리고 건강한 낙관주의optimism를 표명하면서, 그와 동시에 최적과 가장 직접적으로 관련되는 사람들과 거리를 둠으로써 최적의 반복을 단락시킬 계산을 통해 최적을 발견했다고 주장할 수는 없는 것이다. 〈섭리〉를 부정하면서 동시에 〈경제〉라는 초자연적인 것을 재도입할 수는 없다. 신과 맘몬을 둘 다 섬길 수 없는 것은 어떠한 〈신〉도 초월적이라고 믿으면서 섬겨서는 안 되기 때문이다.

준객체와 준주체를 연결하는 네 번째 그룹은 ▶

준객체QUASI OBJECTS와 **준주체**QUASI SUBJECTS를 세 가지 다른 방식으로 뒤섞는 **네 번째 그룹**FOURTH GROUP에 속하는 세 가지 존재양식을 통해 보았듯이, 제도화된 〈경제〉는 우리가 근대인의 경험을 정당하게 취급할 수 있게 해주지 않는 것 같다. 〈사회〉, 〈언어〉, 〈자연〉, 〈심리〉와 마찬가지로 경제적 영역이란 것은 없다. 경제학, 사회학, 심리학이 근대주의에서 벗어나는 데 가장 어려움을 겪는 학문 분과인 것은—"인문과학의 위기"라는 부드러운 완곡어법으로 묘사되는 상황—우연이 아니다. 반대로 인류학화되고 재분배되어야 할 것이 하나 있다면 그것은 이 〈경제〉라는 대륙이며, 그것으로부터 정말 중요한 것, 문자 그대로 중요한 것(셈하는 것), 즉 조직을 추적 가능하고 다루기 쉽게 만드는 장치들만을 추출할 수 있도록 해야 한다. 그것이 경제적 계산의 특성, 효과, 중요성을 정당화하는 것이다. 여기에 조금이라도 형이상학의 기미가 첨가돼서는 안 된다.

그러나 잘못 형성된 제도인 〈경제〉에 일종의 문명적 실수로 세 가지 대조를 수집하는 임무가 맡겨졌다. 세 가지 모두 인간과 비인간의 상호 얽힘과 관련되지만, 그 어느 것도 내구성 있는 창설의 가능성은 없다. 다시 한 번, 하나의 대조를 표현하기 위해—"조심! 우리는 계산해야 한다. 그러지 않으면 우리는 애착의 수, 대본의 불일치, 계산할 수 없는 최적의 계산에 압도될 것이다."—다른 것들을 억압해도 된다고 여겨져 왔다. 사실 근대주의의 이러한 세 가지 엄청난 발견—상품과 사람 간의 상호 얽힘이 행성 규모로 급증하는 것[ATT], 전 지구적 규모 변화와 이동을 허용하는 기입 장치들을 통해 대본들이 상호 연동되는 것[ORG], 양심의 거리낌이 우주 전체로 확장되는 것[MOR]—을 정당하게 다루는 것은 쉽지 않기 때문이다. 첫 번째 양식은 얽힘을 증식시키지만, 두 번째 양식은 거의 정반대의 역할을 수행하고(우리는 소유권을 배움으로써 청산하는 법을 배운다!), 세 번째 양식은 최적을 달성하는 올바른 방법을 찾기 위해 의심의 확장을 제한하지 못하도록 한다. 물론 이 모든 발견을 동시에 수용할 수 있는 서식지를 찾기는—그리고 경제학이 이제부터 생태학ECOLOGY과 공유해야 하는 어원을 마침내 정당히 다루는 것도—쉽지 않다. 이것이 서구가 가장 부실하게 조립된 그 제도를 고수할 이유는 아니다. 세 번째 대조, 즉 도덕의 대조가 가장 크게 고통받는다는 점에서 더욱 그렇다.

어떤 의미에서 이것은 이미 세계의 통과를, 멀리 떨어진 사태에 접근하는 데 필요한 데이터를 파악하는 것과 혼동한 우리에게 놀랄 일이 아니다[REP·REF]. 그러나 이것이 여전히 우리를 놀라게 하는 것은 그것이 인식론보다 훨씬 더 세속적이고 가장 뿌리 깊고 가장 중요한 모순이기 때문이다. 이 지구상에 굴복하지 말아야 하는 것이 있다면, 그것은 우리가 다른 어떤 행위를 하지 않아도 우리가 가장 소중히 여기고 가장 강하게 고수하는 것을 가능한 최선의 방법으로 분배하기 위해 〈섭리〉가 주어진다는 생각이다. 근대적 경험 전체가 논쟁의 여지가 없는 메타배정자의 통제 아래 사는 것에 대항해왔다. 아무도 우리가 그 반대를 믿게 만들 수 없다. 우리는 그것이 거짓이라는 것을 안다. 문제는, "순수하고 견고한 경제적 합리성"을 나머지 세계에 가르칠 수 있다고 생각했던 백인들이 어떻게 여전히 그 "세속적 종교"에 빠져 있는가 하는 것이다. 왜 그들은 이 세계의 위와 아래에 있는 또 다른 세계를 계속해서 믿는가? 왜 조직의 결과가 아니라 우리가 동의할 수밖에 없는 일련의 칙령이 펼쳐지는 세상을 계속 믿는 것인가? 다시 말해, 백인들은 스스로를 유물론자이자 무신론자라고 믿으면서도 왜 〈구원〉의 경제, 즉 〈신〉의 구원 사역을 세상에 분배하는 것을 가리키는 그리스 교부들이 정립한 〈경제〉에 대한 그 낡은 관념에서 벗어나지 못했는가?

⊙ 보이는 손과 보이지 않는 손 사이의 끝없는 전쟁이 잘못 이해하는 것이다.

근대인은 운이 없었다고 말해야 한다. 그들은 경제적 자유를 맛본 적이 없었다. "어느 폭군을 선호하는가? **시장**MARKETS이라는 **보이지 않는 손** INVISIBLE HAND을 가진 폭군과 **국가**STATE라는 보이는 손을 가진 폭군 가운데서 말이다." 근대인은 그들의 짧은 역사에서 단 한 번도 이 단순한 질문에서 벗어날 수 없었다. 페스트와 콜레라 중 하나를 선택해야 했다(실제 페스트와 실제 콜레라를 근절한 후에도…). 그들은 손이 아예 없을 수도 있다고 상상하지 못했다! 모든 폭정, 모든 거대 초월성에서 벗어날 수 있다고 생각하지 않았다. 처음에는 유럽을, 다음에는 지구 전체를 피로 뒤덮는 일을 이보다 더 많이 한 종교전쟁이 있었던가? 누가 감히 이 모든 대칭적인 범죄의 흑서Black Books를 쓸 용기가 있겠는가? 그 두 진영은, 마치 우리의 위든 아래든 다른 어딘가에 메타배정자가 존재하고, 그는 우리가 맹목적으로 따르고 자동적으로 믿을 만큼 강력하고 전지적이며, 모든 조직, 모든 개입, 모든 간섭, 모든 대본의 평범한 국지적 수정을 넘어서 있는 것처럼 행동한다. 두 진영 간의 유일한 차이점은 메타배정자가 〈국가〉의 경우에는 모든 행위 과정 앞에 있고 〈시장〉의 경우에는 그 뒤에 있다는 것이다. 그러나 메타배정자라는 관념 자체가 조직적 존재양식[ORG]의 전개를—정치적 원[POL]은 말할 것도 없고—완전히 무효화한다. 이미 구성된 유기체가 이미 다른 곳에, 위나 아래나 앞이나 뒤에 있다면, 더 이상 할 일이 없는 것이다.

수천만의 불쌍한 사람들에 대한 조직적인 암살과 약탈을 정당화해온 다양한 선언문들을 오늘날 뒤늦게나마 읽고, 그러한 몰록과 맘몬에게 재물로 바쳐진 희생자들에게 씌워진 혐의가 얼마나 박약한 것이었는지 생각해보는 사람들은, 피눈물을 흘리며 내재성의 시대가 오기를 절망적으로 희망하고 〈손〉의 폭정을 증오하고 있을 것이다. 메타배정자는 없다. 아주 단순하다. 적어도 그런 〈신〉은 존재하지 않는다. 〈시장〉이라고 부르든 〈국가〉라고 부르든 누구도 그 자리를 차지할 수 없었다. 누구도 그런 종류의 지식, 그런 선견을 가져본 적이 없다. 〈섭리〉는 없다.

근대인은 〈경제〉의 물질에 대해 불가지론적일 수 있는가? ⊙

이제 질문은 이렇게 된다. "근대인은 마침내 〈경제〉의 물질에 대해 불가지론적일 수 있는가?" 물론 우리는 섭리적 메타배정자를 믿고 싶은 유혹을 이해할 수 있다. 그러한 유혹의 역사, 쉬운 길로 빠지는 것의 역사는 여러 번 쓰였다. 먼저, 군주들의 탐욕으로부터 부를 보호하려는 욕망이 있다. 군주들이 간섭해서는 안 되는 경제적 물질이라는 금고를 만드는 것보다 부를 더 잘 보호하는 방법이 있는가? 미셸 푸코Michel Foucault가 잘 보여주었듯이, 무엇보다도 통치자들로부터 보이지 않는 손의 효과를 숨겨야 한다. 그들에게 "손 떼시오!"라고 말하는 것이다. 그러다가 적절한 순간에 시계, 저울, 와트의 원심조속기와 같은 본보기들이 나타나, 그때까지만 해도 "함께 거래하기 즐거운" "균형 잡힌" 사람들의 단순한 실용적 지혜의 문제였던 균형까지도 이제 자동화할 수 있다는 증거를 제공했다. 산업의 전경을 빠르게 채우고 있는 거대한 자동화 기계에 경제 기계를 동화시키는 데 누가 어떻게 저항할 수 있었겠는가? 그 경제 기계는 빈약한 인간 지능의 힘을 무한히 능가하지 않았는가? 그것은 전문가들의 손에 있지 않았는가? 그러다가 다윈이 폭력적이고 피비린내 나며 무자비할 정도로 정의로운 새로운 자연과 함께 등장했을 때, 〈경제〉는 곧바로 그의 유산을 집어 들었다(다윈의 진화론이 섭리적인 첫 번째 〈자연〉의 모든 계획뿐만 아니라 섭리적인 두 번째 〈자연〉의 모든 계획도 망쳐놓았음에도 불구하고 말이다). 가장 권위 있는 물리학의 모델을 기반으로 구축된 자기조절 기계는, 〈자연〉의 영원한 가혹함을 모방하며 권력자들의 간섭으로부터 풍요의 뿔을 보호했고, 냉정하고 진지한 전문가들의 전유물이었으며, 게다가 그것의 광범위한 수치 데이터 덕분에 수학적인 결과가 넘쳐났다. 솔직히 말해 이 세속적 종교는 확산되지 않을 수 없었다!

조직의 대본을 보이지 않게 하고 최적의 계산을 자동화하는 이러한 전복을 가리키기 위해 **자본주의**CAPITALISM라는 용어가 사용되었다. 불행히도 이 용어의 비판적 힘은 메타배정자—즉, 거대한 세력을 위해 완전히 헌신하고 노예가 되는 것을 기쁘게 여기는 모든 사람의 운명을 "거머쥔" 자—의 이름만 바꾸는 데 사용되면 매우 빨리 닳아 없어진다. 이 특정한 종교의 끔찍한 아이러니는, 우리의 눈이 천국으로 향하기를 멈추기를 원했던 바로 그 행위자들에 의해 그것이 끊임없이 강화된다는 것이다. 순교자들의 선한 믿음으로부터, 그들이 자신을 희생한 그 신앙의 특성에 대한 어떠한 증거도 이끌어낼 수 없다는 것이 증거라면 증거라고 할 수 있을 것이다. "인민의 아편"에 맞선 투쟁이라는 명목으로 얼마나 많은 사람이 죽었는가? "내 왕국은 이 세상에 속한 것이 아니다"라고 말해야 하는 것은 〈경제〉이다. 특히 겁에 질린 계급의 적들이 인민위원의 지배를 피하기 위해 어떠한 범죄라도, 심지어 "자기 조절하는" 시장을 믿는 범죄를 저질렀을 것이기 때문에 더욱 그러하다. 계산도, 실험도, 더듬어 모색하는 것도 없는 소위 "공통선"의 저장소인 〈국가〉라고 불리는 차가운 괴물에게 자신의 운명을 맡기는 것이 아닌 어떤 것이라도 말이다.

〈국가〉를 종교로부터 분리하는 것을 꿈꾸기 전에 그렇게도 많은 종교전쟁이 일어나야 했다면, 우리는 〈국가의 섭리〉와 〈시장의 섭리〉로부터 자신을 분리하기로 하기 전에 얼마나 많은 "〈경제〉를 둘러싼 전쟁"을 견뎌야 할 것인가? 우리는 언제 진정한 유물론자가 되어 이 오랜 어린애 취급, 이러한 의존 상황을 끝낼 것인가? 자신이 나머지 세계에 불신앙unbelief을 가르친다고 생각했고 자신의 소위 "세속화"를 자랑스럽게 여기던 사람들이 마침내 경제적 자유를 배울 수 있다고 상상할 수 있겠는가? 그들에게 피난처를 제공한 행성을 어쩌면 되돌릴 수 없을 정도로 더럽힌 것에 만족하지 않고, 그들은 더 나아가 바로 "자유주의"라는 단어를 타락시켰다. "공화국"이라는 단어의 의미가 "이슬람"이나 "사회주의"라는 형용사를 추가함으로써 전도된 것처럼, **자유주의LIBERALISM**라는 단어의 의미는 "신neo"이라는 접두사를 추가함으로써 왜곡되었다. 그들은 "무엇이든 하게 두라, 통과하게 하라laisser faire, laisser passer"라는 표현이 "아무것도 가게 하지 말라, 아무것도 지나가게 하지 말라!"라는 감탄스러운 명령을 충실히 번역한 것이라고 생각한다.

◀ 그리고 경제학이라는 제도를 위한 새로운 토대를 제공할 수 있는가?

그러나 **경제학**ECONOMICS의 장치에서 그 어떤 것도 이러한 믿음의 과잉이나 비판의 과잉을 보증하지 않는다. 끊임없이 최적을 다시 계산해야 하는 사람들을 모으는 데 사용될 수 있는 프로토콜을 갖기 위해서, 대본의 뒤섞임을 추적하고 누가 무엇을 언제까지 어느 만큼까지 소유하는지 명확하고 이해할 수 있게 기록하는 것을 가능하게 만드는 것은 계산 매트릭스의 문제일 뿐이다. 경제학이 수행하는 공식화의 모든 것은 전적으로 대본의 국지적 재협상을 허용하는 것을 목표로 한다. 어떤 것도 메타배정자의 신비스러운 현존을 요구하지 않는다. 경제화가 없으면, 우리는 "우리 차례"가 언제인지, 무엇이 "우리 것"인지 알 수 없으며, 어떻게 최적화의 경로로 돌아갈지, 언제까지 결산을 해야 할지도 알 수 없을 것이다.

　이 단순하고 평범한 진실에 대해 의심이 든다면, 어떤 신비한 바이러스의 행위로 인해 모든 하드디스크와 백업 장치에서 모든 가치 측정기가 지워지는 상황을 상상해보라. 애착의 범위, 다중성, 강도, 다양성은 그런 것이어서, 그것을 완전히 계산 가능하게는 아니더라도, 적어도 새로운 지적 기술이 계속 증식하는 수많은 화면들에서 판독 가능하게 하는 도구를 계속 정교화하지 않고는 우리가 그 안에서 길을 찾을 수 없다[ATT·ORG]. 틀 지우기framing가 그토록 널리 퍼져 있는 것은 흘러넘침의 규모 때문이다. 과학의 발달이 지시의 경로를 포장하는 데 필요한 장비를 점점 더 가시화하는 것처럼[REF], 경제화 도구의 인공성은 경제학과 〈경제〉의 형이상학─후자는 전자의 발전이 남긴 유령적 이미지일 뿐이다─사이의 균열을 매일매일 더 쉽게 파악할 수 있게 할 것이다. 그럼에도 불구하고 우리는 심지어 자신의 마음 깊은 곳에서 회계학이 순환하도록 허용하는 시각화, 계산, 통계, 모델링, 보급, 계측 기법에 시선을 고정하는 데 성공하지는 못했다.

　흥미롭게도 백인들은, 그들이 보기에 "경제적 합리성"을 따르지 않고 혼돈되어 있는 다른 문화들을 만날 때에만 경험의 실을 다시 연결할 준비가 되어 있다! 사실 근대인은 위대한 발견의 시대 이래로 세계 곳곳에서 재화, 비재화, 사람들의 뒤얽힘에 관해 깊은 곳에 있는 것과 표면에 있는 것의 각각의 역할에 대한 근대인의 맹목적 태도를 공유하지 않을 만큼 충분히 이상한 사람들을 마주쳐왔기 때문이다. 이중의 이국주의를 피하면서 이 대조를 우리에게 복원시킨 것은 『거대한 전환』에서의 칼 폴라니의 천재성이다. 백인들은 자신들 안에서는 보지 못하는 것을—그들이 이국적이라고 잘못 생각하는—타자들에게서 보는 데 매우 능숙하다. 그것은 바로 뒤얽힘 자체를 구성하는 것과는 근본적으로 구별되는 규율인 〈경제〉에 자양분을 공급하는 계산 장치의 틀 지우기를 벗어나는 것의 증식이다. **옥시덴탈리즘**OCCIDENTALISM은, 백인들은 머리끝까지 경제화되지만 "타자들"은 (우리가 유감스러워하든 경탄하든) 여전히 비등가물들의 상징적 유희를 시장 교환을 변형시키는 규칙들과 "혼동"하는 단계에 있다고 믿는 데 있다. "그들"은 그들의 재화와 비재화에 얽혀서 완전히 혼동되어 있고, "우리"만이 계산하고 이성적이며 합리적일 수 있다는 것이다(혹은 적어도 그것이 〈타자들〉, "그들"도 그러한 역량을 얻어서 이제 우리보다 더 잘 행사하게 되기 전까지 우리가 사물을 보던 방식이다). 자, 대칭적 인류학이 타당한 사례가 있다면, 그것은 분명히 이것이다. "우리"는 정확히 "그들"과 같다. 경제학이 많은 것을 셈하지만 동시에 매우 적은 것을 셈하며 무엇보다 매우 서투르게 셈하고 계산이 결코 맞지 않는다는 점에서 말이다.

우리 인류학자는 병적으로 순진해서—그것이 그의 소명이자 매력이기도 하다—"합리적"인 것에 대한 강조가 의도적으로 비가시화하려고 했던 세 가지 존재양식을 가시화함으로써 〈경제〉의 방향을 바꿀 수 있다고 진정으로 믿는다. 그는 〈경제〉가 최근의 영역이기 때문에—티머시 미첼Timothy Mitchell은 그것이 전후 시기에 응고된 것으로 본다—다시 더 유동적으로 될 수 있다고 상상한다. 그가 보기에 정념적 이해관계를 연결하는 연쇄들의 전개를 막거나, 배정 키를 계산의 기초가 되는 대본의 리듬과 분별하는 일을 막을 것은 아무것도 없다. 그는 텅 빈 아고라가 최적의 계산을 다시 계속하도록 부름을 받은 모든 사람으로 다시 채워지는 꿈―백일몽―을 꾸기까지 한다. 그는 〈신〉의 개입이 그것의 내재성을 잘못 이끄는 일 없이, "자, 이제 계산하자"라고 선언할 장비와 기술, 정치와 도덕을 마침내 갖게 될 조립체를 상상한다. 한마디로 문명이다.

확실히 세계적으로 성공한 것으로 보이는 〈경제〉의 유토피아를 종식시키는 것보다 더 유토피아적인 것이 어디 있겠는가? 그러나 꿈꾼다고 우리 민족학자를 나무라는 것은 잔인한 일일 것이다. 그가 자신의 일을 잘 하지 않았는가? 저자에게서 아마 독자에게서도 그가 또 다른 사건을 위한 토대를 마련했다는 의심, 어쩌면 희망을 어떻게 느끼지 못하겠는가? 결국 〈경제〉는 땅에서 떨어져서, 지구에서 멀리 떨어져서, 이 세계 바깥에서 살아간다는 현저한 약점이 있다. 어떻게 그것이 세계의 귀환에서 살아남을 수 있을까? 빚을 탕감해줄 능력도 없고, 오히려 우리의 놀란 눈앞에서 모든 지불증서를 무효로 하겠다고 강력하게 위협하는 〈채권자〉의 독촉장을 어떻게 견딜 수 있을까? "당신과 계산이 끝난 게 아니다!" 우리는 처음부터 다시 시작해야 한다. 계산으로 돌아가자. 계산해보자 *Calculemus*.

다가올 문명을 찬양할 수 있을까?

실패를 피하려면 탐구가 거쳐야 하는 시험을 일련의 테스트를 통해 정의해야 한다.

첫 번째 테스트: 발견된 경험이 공유될 수 있는가?

두 번째 테스트: 한 양식의 발견은 다른 양식들을 존중할 수 있게 하는가? ⊙ (그런데 왜 12+3개의 양식인가?)

세 번째 테스트: 저자의 설명과 다른 설명을 제안할 수 있는가?

네 번째 테스트: 탐구가 외교적 장치로 변할 수 있는가? ⊙ 양식에 맞게 조정된 제도들이 설계될 수 있도록 ⊙ 더불어 비교인류학을 위한 새로운 공간이 ⊙ 가치를 둘러싼 일련의 협상을 통해 열리면서 말이다.

새로운 전쟁들, 새로운 평화들.

**실패를 피하려면 탐구가 거쳐야 하는 시험을
일련의 테스트를 통해 정의해야 한다.**

작업의 막바지에 다다른 작가는 아침에 일어나서 문득 불안한 마음이 든다. 대중 앞에 한 번도 공개하지 않고 수년간 이것저것 한데 모은 것이 혹시 진저브레드 하우스나 앙리 루소의 그림 같아 보이지 않을지 걱정스럽다. 그것들을 수집한 독학자의 기이한 취향에 대해서는 많은 것을 말하지만, 그가 묘사한다고 주장하는 세계에 대해서는 거의 말하지 않는 진기한 것들의 뒤범벅 같은 것 말이다. 연구의 기초가 되는 질문지가 사반세기 동안 "견뎌왔고" 그 과정에서 자신이 그것을 한 번도 "놓아버리지" 않았으며 언제나 그것에서 자신을 자주 매혹시키는 명확화 효과를 끌어냈다며 마음을 가라앉히려고 해보지만, 그는 이 증언이 얼마나 연약한지, 그리고 스핑크스가 자신이 "만들어야 할 작품"의 수수께끼 앞에 놓인 사람을 속이기 위해 얼마나 많은 계략을 쓸 수 있는지 잘 알고 있다.

내가 마음을 놓을 수 있는 유일한 방법은 이 책을 이제 마침내 시작될 수 있게 된 집단적 탐구의 "임시 보고서"로 여기는 것이다. 이것이 나의 또 한 번의 일시적인 변덕에 그치지 않도록 하기 위해, 나는 장비를 갖추고 집단적으로 수행되는 후속 연구가 이 책(다시 말하지만 지나치게 커진 문서의 요약일 뿐이다)을 어떻게 확장할 수 있을지 설명해야 한다. 그러려면 먼저 이 탐구가 응해야 하는 여러 가지 테스트를 명시해야 한다.

첫 번째 테스트: 발견된 경험이 공유될 수 있는가?

첫 번째 독해 테스트는 서론에서 밝혔듯이 존재양식들의 경험이, 양식good sense과 크게 다른—그러나 **상식**COMMON SENSE과는 크게 다르지 않으며 이것이 정말 중요한 문제이다—표현에도 불구하고, 타자들과 공유될 수 있는지 여부를 결정하는 것이다. 내가 그동안 제시해온 방법, 또는 더 평범한 용어를 사용하자면 경로 안내는 사실 아주 간단하다. 먼저 근대인들 가운데서 그들이 가장 고수하고 있는 것 같은 **영역들**DOMAINS을 선택한다. 관심을 그 영역들에서 **연결망들**NETWORKS로 옮긴다. 그런 다음 그 연결망들의 확장 방식을 살펴보면서, 한 번에 두 개씩 각각의 연결망을 다른 확장 양식들과 비교하여 점차 독특한 별개의 음조들을 추출하고 탐지한다. 마지막으로 가장 어려운 부분인데, 이 불연속적인 궤적들의 종종 연약한 안내에 우리 자신을 전적으로 맡긴다. 여기서 초월적 수준의 안심되지만 공허한 도움은 버린다. 이 마지막 작업은 〈객체〉와 〈주체〉라는 다목적 집게는 물론이고 〈자연〉, 〈언어〉, 〈사회〉, 〈경제〉 등 〈이분화〉의 역사에서 물려받은 총합들에 대한 오랜 회의론을 전제로 하는 섬세한 작업이다. 그 작업은 물론 몇 가지 놀라움과 많은 이상한 조우가 있기는 하지만, 상식을 놀라게 하거나 경악시킬 수 있는 것은 아니다.

따라서 첫 번째 테스트는 이렇게 정식화될 수 있다. 내가 이러한 경로 안내 절차를 따름으로써, 혼란에 빠진 근대의 제도들이 포착할 수 없게 만들었던 음조나 파장을 어느 정도 독자들이 지각할 수 있게 만들 수 있었는가? 첫 번째 경험주의가 인간의 마음속에 위치시킨, 관계들을 전달하는 존재자들을 따라가는 이 방식에 대해, 윌리엄 제임스를 따라 두 번째 경험주의라는 이름을 사용할 권리를 정말로 얻었는가? 그렇다면 나는 **일차적 성질과 이차적 성질**PRIMARY QUALITIES AND SECONDARY QUALITIES의 **이분화**BIFURCATION를 종식시켰다고 자부할 수 있을까? 만약 이 테스트가 실패한다면, 만약 독자들이 여기 모인 경험들에 민감해질 준비가 더 잘 되어 있다고 느끼지 못한다면, 그들의 주의가 매 경우마다 다른 사양을 가진 존재자들에게로 향하지 않는다면, 다 끝난 일이다. 독자들은 그저 재미와 짜증이 섞인 기분으로 근대주의의 축적 모형, 프랑스 집배원 페르디낭 슈발Ferdinand Cheval이 수십 년 동안 서로 다른 스타일을 혼합하여 건설한 유명한 궁전과 같은 일종의 이상적인 궁전—확실히 환상으로 가득하지만 성냥개비로 파리 모형을, 코르크 마개로 베이징 모형을 만드는 것만큼만 유용하다—을 방문했을 뿐이다.

두 번째 테스트:
한 양식의 발견은 다른 양식들을 존중할 수 있게 하는가? ⊙

반대로 첫 번째 테스트가 적어도 부분적으로라도 성공한다면, 그리고 독자가 우리의 방법이 경험의 실과 그 제도적 표현 사이에 확립한 간극을 이용하여 한 양식이나 여러 양식에 관해 내가 등록하는 문서와 나란히 문서를 등록하기 시작한다면, 우리는 두 번째 테스트로 넘어갈 수 있다. 그것은 양식들 간의 비교이다. 즉, 여러 존재론적 템플릿들을 교차시켜 각각의 특징을 조금씩 평가해 나감으로써 품질을 향상시킬 수 있는가? 그리고 훨씬 더 어려운 하위 테스트가 있다. 즉, 모든 양식을 그러한 감싸는 운동으로 한 번에 다룸으로써 핍진성verisimilitude을 향상시킬 수 있는가?

이 텍스트에 수반되는 디지털 환경에서 양식들과 교차들이 더 발전되겠지만, 그래도 내가 각 양식을 너무 빨리 통과했고 각 교차는 많은 학문적 지식이 필요하다는 것을 잘 안다. 그러나 내게 각 영역, 제도, 시기, 양식 간의 반작용에 대해 전문가가 요구하는 세부 수준으로 더 깊이 들어가라고 요구하는 것은 공평하지 못하다. 따라서 그것은 우리의 탐구가 요구하는 판단 방식은 아니며, 사용 가능한 유일한 기준은 주어진 양식에 대한 조명이 연속적인 교차를 통해 다른 양식들을 복원하는 것을 가능하게 하는지 여부이다. 전문가들은 당연히 이 질문을 스스로에게 할 필요가 없다. 그러나 인류학자는 해야 한다. 내 생각에 근대인은 이 작업을 시도해본 적이 없고 그래서 다른 집합체들에 대한 오해뿐만 아니라 자기 자신에 대한 오해를 증폭시키게 된 것이다. 그들은 앞으로 나아가느라 너무 바빴다. 스스로를 직시하고 자신의 카드를 인정하는 데 동의한 적이 없다. 이상하게도 인류학의 역사에서 백인들과의 "최초의 접촉"은 없었다. 따라서 내가 설정하고자 하는 신화적 장면은 이것이다. 그들의 모든 가치를 한꺼번에 펼쳐서 마침내 그 가치들을 정당하게 대할 수 있을까?

나는 이것이 무리한 시도라는 것을 잘 안다. 그러나 유언장을 남기지 않고 사망한 부유하고 괴팍한 친척에게서 유산을 상속받는다면, 그의 모든 재산과 모든 서류의 목록을 작성하려고 하지 않겠는가? 우리는 결코 근대적이었던 적이 없고 앞으로도 근대적이지 않을 것이므로, 여전히 무슨 일이 있었는지 정말 알아야 하지 않겠는가? 그리고 전체를 명확히 보기 위해 세부 사항에 대해 어느 정도 모호해진 것을 정당화하는 또 다른 요인이 있다. 바로 우리의 목표는 근대화 전선의 진전과 지체의 좌표계와는 다른 좌표계를 사용해서 집합체들을 더 쉽게 비교할 수 있게 하는 것이라는 사실이다. **근대화 전선**MODERNIZATION FRONT은 객관적인 것과 주관적인 것, 이성과 비이성, 낡은 것과 진보적인 것, 과학과 문화, 국지적인 것과 세계적인 것을 구별해서 운동을 측정하기 때문이다. 나는 그 시스템이 적절한 기준점을 제공할 수 없다는 것을 보여주었다고 생각한다. 이제 근대화 대신 생태화가 우리의 의무라면, 컴퓨터 과학의 은유를 사용하자면, 운영체제를 바꾸는 것은 지극히 정상적인 일이다.

두 번째 테스트는 이렇게 정식화될 수 있다. 독자들은 모든 가치를 병렬적으로 파악하는 것을 이점으로, 말하자면 그들이 보기에 파악 속도가 너무 빠른 것을 부분적으로 보상하는 이점이라고 보았는가? 이 두 번째 테스트가 실패하면, 전문가들은 우리의 연약한 조립체를 쉽게 해체할 수 있을 것이다. 그것은 자동 파쇄기 안으로 쉽게 들어갈 또 하나의 시스템, 거대서사에 불과할 것이다. 내가 이 테스트의 성공에 베팅한 것은 용서받을 수 있는 일이기를 바란다. 어떤 가치에 빛을 복원하는 것과 그 빛이 지금까지 그늘에 가려져 있던 다른 가치를 비추도록 하는 것, 나아가 또 다른 가치, 그리고 또 다른 가치를 비추는 것은 다른 일이며, 이것이 나에게는 훨씬 더 유망해 보인다. 근대인을 만나서 "그런데 결국 당신이 정말로 마음을 쓰는 것은 무엇인가?"라고 묻는 일이 앞으로 다가올 **외교**DIPLOMACY를 더 잘 준비하는 것 아니겠는가?

◀ (그런데 왜 12+3개의 양식인가?)

다른 테스트로 넘어가기 전에, 여기서 상상하는 양식의 수에 대한 가능한 반대를 다룰 필요가 있다. 이 질문에 대한 대답은 없고, 고백하자면 12(+3)라는 수와 너무 깔끔한 범주 도표에 너무 잘 정렬된 각기 세 가지로 이루어진 다섯 개의 그룹은 사실 꽤 당황스럽다. 사반세기 동안 견고하게 유지되어왔다고 해서 저자의 정신 건강이 특별히 안심할 만한 것은 아니다…. 나는 체계적인 정신에 대해서는 회의적이지만 체계적인 접근의 작은 이점을 믿기 때문에, 이 양식의 수를 탐구자뿐만 아니라 내가 연구하는 사람들에게도 역사적 우연성이 만든 뜻밖의 효과라고 생각한다. 그래서 나는 **수리오**SOURIAU에게서 가져온 매력적인 이미지 외에 다른 정당화를 구하지 않는다. 즉, 라스코 동굴 벽화의 색들은 단지 그것을 그린 사람이 발아래에서 발견한 색에 불과하다. "노란 황토, 붉은 황토, 녹색 점토, 숯검정. 그는 그것으로 만족해야 했다." 좀 더 최근의 비유로 말하자면, 이 열네 가지 색상을 사용해서 만족스러운 해상도로 전체적인 근대적 경험의 이미지를 얻을 수 있다고 해보자. 103,404개의 색이면 더 좋을까? 물론이다. 그러나 그렇다면 **피벗 테이블**PIVOT TABLE 작성은 당신의 몫이며 내가 할 수 있는 일이 아니다. 어쨌든 필요한 양식의 수에 대한 질문은 다른 연구자들이 다른 후보 양식을 제안할 때, 나머지 모든 것과 마찬가지로 실천적으로—그러나 진지한 검토 후에—해결될 것이다.

세 번째 테스트: 저자의 설명과 다른 설명을 제안할 수 있는가?

그것은 우리를 외교적 준비와 관련이 있는 세 번째 테스트로 연결한다. 이 텍스트가 이미 처음 두 가지 테스트를 통과했다면, 나는 덜 두려운 마음으로 세 번째 테스트에 접근할 것이다. 이번 테스트는 기본적으로 나 자신의 가정들과 연관되기 때문이다. 그 전제들이 특이하다고 idiosyncratic? 그렇다. 이런 일에 자신을 던지려면 당연히 바보스러워야 idiotic 한다. 그러나 이런 바보스러움이 경험과 경험의 제도적 표현 사이의 공간을 열어주는 역할을 한다면 불필요한 단계가 아닐 수도 있다. 결국 중요한 것은 그것을 고수할 만큼 분별없는 이 자원봉사자의 이름이 아니라, 그가 출구를 열었는지 여부이다. 이제 **공동조사자**COINVESTIGATOR가 된 독자들이 나와 전혀 다른 방식으로 경험을 복원하고 가치를 연결할 것을 제안하는 일을 막을 수 있는 것은 아무것도 없다.

다시 말해, 이 테스트는 내가 이 임시 보고서에서 (1) 경험과 (2) 그것을—내가 보기에 거의 항상 시의적절하지 않게—수용하는 형이상학, 그리고 마지막으로 (3) 나 자신의 임시적이고 일회용인 또 다른 형이상학을 구분할 만큼 충분히 노력했는지 묻는 것에 해당한다. 그러나 나의 정식화들이 파쇄되기 전에 독자들은 그것들을 너무 부당하게 다뤄서는 안 된다. 그것들의 기이함은 다음의 사실로 균형이 맞춰져야 한다. 이 정식화들은 각 양식이 다른 모든 양식과 공명하는 것뿐만 아니라, 종종 그것을 배반해온 제도 및 그것을 때로는 아주 서툴게 둘러싸고 있는 영역과 구별되는 것, 그리고 마지막으로—가장 어려운 것인데—비교인류학을 위한 통로를 여는 것을 허용해야 한다는 것이다. 나는 내 정식화들의 약점을 인정하는 첫 번째 사람이지만, 누군가가 그것들을 기각하겠다고 주장한다면 그 도전자는 이 세 가지 제약 조건에 응답해야 한다….

네 번째 테스트: 탐구가 외교적 장치로 변할 수 있는가? ▶

주된 어려움은 탐구가 전치사[PRE]의 후원 아래 유지되어야 한다는 사실에서 비롯된다는 것을 나는 잘 안다. 나는 이것을 여러 차례 보여주 었다. 각 양식은 다른 모든 양식을 자신의 보호 아래 둔다. 허구의 존재 자들에게는 모든 것이, 심지어 자연, 법, 과학조차도 미학화할 계기이다. 그러나 종교에게는 모든 것이, 심지어 조직, 도덕, 자연까지도 "〈신〉의 영광을 노래하는 것" 외에는 목표가 없다. 물론 지식에게는 모든 것이, 심지어 습관, 종교, 변신, 정치조차도—심지어 완전히 다른 경로를 따르 는 재생산의 존재자들까지도—지시의 연쇄의 요구 조건을 따라야 한 다. 피벗 테이블 전체에 걸쳐 그러하다. 특히 더블클릭이 제공하는 모든 템플릿을 종식시키는 템플릿의 용이성에 굴복하지 않는다면 비교를 늘 리기 쉽지 않다. 이제 이 탐구는 그 영역들 가운데 어떠한 것이 아닌 전 치사의 지배 아래 진행된다. 전치사는 토대 없는 **토대**FOUNDATION를 제공 하며, 뒤에 오는 모든 것이 어떤 키로 받아들여져야 할지 명시하면서도 뒤에 오는 것에 대해 아무것도 말하지 않기 때문에—오직 상황에 대한 세심한 묘사만이 이것을 할 수 있다—그것이 제공하는 토대는 매우 연 약하다.

그러므로 내가 줄곧 탐구와 심지어 질문지에 대해 이야기했지만, 그 렇다고 내가 지식의 양식에서 작업하고 있다는 것은 아니다. "탐구"라 는 용어는 양식의 다양성을 보존하는 것을 목적으로 하는 다양식적 plurimodal 의미로 받아들여져야 한다. 이러한 접근법을 "경험 철학"이라고 부를 수 있을까? 철학이 묘사 작업에 얼마나 무관심해졌는지 생각하면 확신이 들지 않는다. 실험적 형이상학? 코스모폴리틱스? 비교인류학? 실용적 존재론? 우체부 슈발이라면 분명히 이 기획의 상징이 될 수 있는 한 가지 이상의 발견을 했을 것이다. 이러한 합리적 모험의 반복을 위치시키기 위해, 그러나 그것이 더블클릭의 후원 아래 일어나는 것은 아님을 분명히 표시하기 위해, 나는 그것을 외교라는 용어에 맡겼다. 가치는 사라지지 않으려면 외교적으로 협상되어야 한다. 이것은 관계 형성과 비교 분석의 프로토콜 속에서 **상대주의**RELATIVISM의 폐해—단일 관점의 절대주의—를 피하려는 실용적 **관계주의**RELATIONISM이다.

나는 나 자신이 형편없는 외교관이라는 것을 알고 있다. 그리고 내가 제시한 유명한 가치들을 가능한 한 최선의 관점에서 수용할 책임이 있는 제도들에 대해 온갖 나쁜 말을 했기 때문에, 배역 선정도 분명 잘못되었다는 것도 알고 있다. 결국 어떤 제도도 진정 제자리에 있지 않다. 어떤 영역도 정말 견고하지 않다. 다른 양식에 비해 근대주의의 유린을 덜 받은 법조차 견고하지 않다. 그러한 예비 평화교섭 후에 외교 회담을 시작하라! 아고라에 나가서 모두가 소중히 여기는 제도들이 부패했다고 외치는 외교관은 열렬히 환영받을 것이다! 차라리 디오게네스와 그의 개에게 의전 책임자의 역할을 맡기는 편이 나을지도 모르겠다…. 그러나 걸려 있는 문제들이 바로 그러한 것들이다. 우리가 처음에는 아고라에서 쫓겨날 위험이 있지만, 참여자들이 잃을 것보다 얻을 것이 더 많다고 느끼기 시작하면 곧 다시 부름을 받게 될 것이다.

⊙ 양식에 맞게 조정된 제도들이 설계될 수 있도록 ⊙

걸려 있는 문제가 무엇인지 상기해보자. 제도는 가치를 수용하는 것 외에 다른 정당성이 없다. 제도가 유지되고 소중히 여겨지지 않으면 근본주의만이 승리할 수 있다. 제도가 가치의 실을 표현하기 시작하면, 왜 제도를 계속 비판하겠는가? 그러나 제도가 너무 멀거나 초월적인 토대에 의존해서 가치의 실의 움직임을 방해한다면, 왜 제도를 존중해야 하는가? 자기 확신하는 제도도 몹시 걱정스럽지만, 자신의 보물을 잃을까 두려워하는 제도도 안심되지 않는다. 우리가 원하는 것은 다른 존재양식들을 예단하지 않고 모욕하지 않으며 또한 단순한 관성을 통해 어떠한 **반복**REPRISE도 없이 지속할 수 있으리라 믿지 않으면서, 그 자신의 고유한 존재양식의 궤적을 따르는 제도이다.

〈과학〉에서 해방된, 모욕을 입에 담지 않고 지시의 연쇄를 전개할 수 있는 과학들이 더 아름답지 않은가?─더 객관적이고 더 존중할 만하지 않은가? 물신숭배를 모욕하고 공적, 사적 행동에 관한 법을 만들어야 하는 의무에서 해방된, 그리고 그를 부르는 사람들의 회심의 특질과 전적으로 연결된 〈구원〉의 신이, 마침내 재조립된 〈교회〉에서 더 잘 자리 잡을 수 있지 않겠는가? 우리는 변신의 존재자들의 도움과 위협 없이는 잠시도 살 수 없기 때문에, 비가시적 존재자들을 모욕하고 내적 자아를 탐구해야 한다고 느끼기보다는 그들을 받아들이는 모든 장치에서 마침내 그들을 인정할 수는 없겠는가?

⊙ 더불어 비교인류학을 위한 새로운 공간이 ⊙

그 모든 것이 터무니없어 보이는가? 우리가 다른 집합체들의 도움을 구하는 데 그것을 사용하지 않는다면 그러하다. 우리는 그러한 집합체들을 근대화하여 의고주의에서 벗어나게 하는 것이 우리의 첫 번째 의무라는 믿음 아래 그들의 능력을 거부했다. 우리 자신이 과학이라는 이름으로 무엇을 하고 있는지 전혀 모르면서, 다른 집합체들에게 객관적이고 과학적인 이성을 팔겠다는 것은 얼마나 어리석은 생각인가! 정치와 법에 대한 우리의 공식적 정의의 어떤 것도 우리 자신의 경험에 대응하지 않는데도 민주주의와 법치국가를 보편화한다는 주장에 우리는 얼마나 자주 실망했는가? 우리의 시장 조직이 어떤 모습인지 그리고 어떤 여러 형식의 가치들에 의존하는지 정의하지도 못하면서 경제적 합리성을 확장한다고 주장해온 우리의 활동을 뭐라고 불러야 할까? 물려받은 거룩한 〈교회〉를 자신의 땅에서 갱신하지 못했던 선교사들이 불태운 물신들을 생각하면 얼마나 부끄러운 일인가! 그러나 너무 늦기 전에, 근대화가 모든 곳에서 평등하게 전개되기 전에, 마침내 자신이 무엇에 마음을 쓰는지 알고 자신의 제도의 비밀을 타자들과 공유할 수 있는 근대인과의 지구적 토론이 어떨지 상상해보라!

나는 종종 파르테논 신전의 훼손된 프리즈를 아테네에서 오염으로 인한 검은 구름 사이로 바라보거나, 엘긴 경이 훔친 대리석이 보관된 대영박물관 방에서 바라보면서 현대의 범아테네 축제 행렬은 어떤 모습일지 궁금했다. 누가 우리의 대표자가 될 것인가? 얼마나 많은 장르와 종들이 포함될 것인가? 그들은 어떤 라벨 아래 정열될 것인가? 어떤 거대한 울타리를 향해 갈 것인가? 그들 중 얼마나 인간의 형태를 하고 있을 것인가? 만약 그들이 공동으로 말하거나 맹세하거나 희생해야 한다면, 어떤 시민 의식이나 종교 의식이 어떤 아고라에서 그들을 모을 수 있을 것인가? 만약 그들의 행진에 노래가 있어야 하거나 그들의 긴 행렬에 리듬이 있어야 한다면, 그들은 어떤 악기로 어떤 소리를 낼 것인가? 우리는 그런 범아테네 축제를 상상할 수 있을까?

◉ 가치를 둘러싼 일련의 협상을 통해 열리면서 말이다.

이 텍스트가 네 번째 테스트를 통과할 수 있다면, 상황은 정말 흥미로워질 것이다. 협상이 구체화될 수 있는 것이다. 먼저 내부 협상이 있고, 그다음에 외부 협상이 있게 된다. 나는 처음에 **범주**CATEGORY라는 관념이, 말하는 사람이 아고라에 들어와 이 가치들에 주로 관심을 가진 사람들에게 그들의 이상과 완전히 또는 부분적으로 다른 버전을 복원하게 한다는 것을 상기했다. 그런데 외교의 역사가 증명하듯이 외교관들은 종종 상대방보다 자신의 위임자들과 더 많은 문제를 겪는다. 힘들게 체결된 조약이, 외교관들이 국내 사람들에게 진정 이익이 된다는 것을 설득하는 데 실패해서 비준되지 못한 경우가 얼마나 많았는가? 그러한 이익이 너무 좁게 이해되거나 위협을 받는 것처럼 보이면, 대화를 시작하는 것은 무의미하다. 외교관은 즉시 배신행위로 비난받을 것이다. 내가 참여하고 싶은 작업은 일종의 협상, 거래, 배합을 제안해서 평화를 위한 일련의 공식을 테스트하는 것이다. "물론 그렇다. 〈과학〉, 〈경제〉, 〈사회〉를 이런 방식으로 정의하면서 당신은 필수적으로 보였던 방어물을 잃게 된다. 그러나 한편 그 방어물은 이미 오래전에 무너졌고, 다른 한편 당신은 지금까지 억압되거나 멸시받아온 가치들과 다른 견고한 합의를 얻게 된다. 노력할 만한 가치가 있는 일 아닌가?"

그런 회담의 성공을 믿으려면 순진해야 한다고? 글쎄, 그렇긴 하지만 외교관은 순진한 만큼 교활하기도 한 혼종적인 인물이다. 나는 내 제안이 환상인지 아닌지 알 수 있는 유일한 방법은 자신의 이상의 다른 버전들을 정식화하는 데 직접 관심이 있는 사람들과 실제로 협상을 수행하는 것이라고 주장한다. 우리의 공동 연구 프로젝트로 할 수 있는 것이 바로 그것이다. 이 프로젝트의 세 번째 단계는 가치들 사이의 갈등의 "가장 뜨거운" 구역들에 초점이 맞춰진 그러한 대화를 전제로 한다.

새로운 전쟁들, 새로운 평화들.

그런 구역들을 식별하고, 외교의 시련에 자신을 맡길 만큼 걱정하는 주권자들을 모으는 것은 분명히 더 이상 전쟁 상황이 아니라는 것, 적어도 더 이상 정복 전쟁의 신속한 성공에 대한 무모한 자신감이 있는 상황은 아니라는 것을 전제로 한다. 근대화 전선은 그러한 전쟁 상태이며 아마도 전쟁이 선언되지는 않았지만, 전사들이 점호에 나타나지 않은 사람들을 반역자로 총살하기 더 쉬워졌다는 점에서 훨씬 더 폭력적이다. 우리가 결국 근대화 전선을 "전쟁 목표"가 마침내 상술되어 명시적으로 선언된 갈등의 전선으로 취급한다면, 근대성과 근대화, 세계화와 보편화에 관한 이 모든 문제가 얼마나 명확해지겠는가! 전쟁이 아니라면 누가 최고 중재자인지 말해보자. 정말로 전쟁이라면, 실제로 전쟁을 선언하고 전선과 목표를 정의하자. 그렇다. 교전 당사자들이 적어도 우리가 왜 그들과 싸우는지 알 수 있도록 "14개 항"을 작성하자.

평화롭다고 믿거나 적어도 승리를 너무 확신하는 한, 아무도 그렇게 당면한 문제를 명확히 하는 데 관심을 가질 수 없다고 말할 수 있다. 근대주의가 미래의 유토피아로 돌진하면서 전혀 예상할 수 없었던 두 가지 새로운 전선에서 우리가 전쟁을 하고 있지 않는다면 말이다. 보편화, 세계화, 근대화는 불가역적인 정복을 위한 운동의 독특한 원천인 한, 서구인들을 기쁘게 했다. 이제 동양과 남반구의 모든 곳에서 타자들이 그러한 운동을 세계화하고 보편화하고 근대화하면서, 서구인들에게 훨씬 덜 즐거운 상황이 되었다! 이 모든 새로운 세계화, 근대화 방식들 가운데에서, 과거 근대인의 역사와 대조되는 국지적 역사들에 해당하는 것들을 골라낼 수 있는 좋은 기회이다. 우리가 근대인이었던 적이 없다면, 〈이분화〉를 역전시킬 수 있는 발명의 보물은 모든 집합체들 안에 여전히 있다.

그러나 처음부터 우리를 깨어 있게 한 것은 바로 두 번째 전선이며, 그것은 가장 확신에 찬 근대화 세력들도 불가피하게 이 이상한 외교적 회담에 나와야 할 만큼—나는 이에 대해 거의 의심하지 않는다—카드를 철저히 재분배할 것이다. 지구가 하나뿐이고 그것이 우리와 맞선다면 우리는 어떻게 할 것인가? 우리는 어떤 전쟁학으로도—우리 앞에서 무력하지만 자신에게서 우리 지구인을 제거할 수 있는, 혹은 우리가 그렇다고 들은—가이아와 그 앞에서 무력한 우리 사이의 것만큼이나 비대칭적인 갈등에 대비할 수 없다. 그것은 우리가 질 수밖에 없는 이상한 전쟁이다. 우리가 이기면 우리가 지고, 우리가 지면 우리는 여전히 진다…. 그리고 지구 시스템의 이러한 피드백 루프를 불러일으킬 수 있는 존재자가 존재하는지, 그리고 그런 존재자가 우리에게 적대적일지조차도 확실히 알지 못한다는 점에서 더더욱 이상한 전쟁이다.

근대화 세력들은 자신의 프로젝트에 무관심한 자연에서 살아남는 법을 알고 있었다. 그러나 〈자연〉이 더 이상 무관심하지 않을 때, **인류세** ANTHROPOCENE의 〈자연〉이 자신의 무게에 민감해지고 심지어 과민해질 때, 사실은 우리가 아니라 자기 자신에게 관심을 가질 때, 그것이 찾고 있는 것을 누가 어떻게 정의할 수 있을 것인가? 자, 우리의 생존을 전혀 중요시하지 않고 우리를 지배하고 소유할 수 있는 것에게 지배와 소유에 대해 계속 이야기해보라. 이제 진짜 "전투 없는 전쟁"이 벌어지고 있다. 우리가 듣기 두려워하는 것은 슬로터다이크가 말했듯이 〈신〉은 없고, 하나의 지구만 있다는 이 "단일기원설"의 선언이다—언제나 초월성이라는 긴장 속에서 살아왔던 사람들에게는 무서운 선언이다. 우리의 선조들은 그들에게서 모든 기준점과 한계를 박탈한 것 같은 "〈신〉의 죽음"을 매우 두려워했다. 〈신〉이 없으면 "모든 것이 허용된다"라고 그들은 말하곤 했다. 이제 좁은 한계의 귀환으로 우리는 전혀 다른 기준점들을 찾아야 한다. 가이아가 우리와 맞선다면, 이제 허용되는 것이 많지 않기 때문이다. 우리가 가이아를 기다리는 동안, 이제 우리를 위협하는 것은 부조리의 감각이 아니라 다가오는 문명에 대한 적절한 준비의 결여이다. 최악의 상황을 막기 위해 우리의 탐구가 미리 찬양하려고 하는 것이 바로 그러한 문명이다.

형이상학적 전회?
─브뤼노 라투르, 『존재양식의 탐구』에 대하여

파트리스 마니글리에

      ㆍㆍㆍㆍㆍㆍ   ㆍㆍㆍ

    존재양식의 탐구라는 제목에 근대인의 인류학이라는 부제가 붙은 이
책은 다음과 같은 의문을 불러일으키지 않을 수 없다. 이것은 제목에서
암시하듯 형이상학에 관한 저작인가(철학자 에티엔 수리오의 1943년 저
작[1]을 모방한 것으로서)? 아니면 부제가 나타내듯 인류학에 관한 저작인
가? 하지만 한 가지는 확실하다. 그것은 어떤 특정한 인간 집단, 이 경우
는 "근대인"이 될 터인데, 이 근대인이 특정한 사물(가령 박테리아)에 대
해 그 외의 사물(예컨대 유니콘)보다 더 "참된 존재"를 부여하는 데 있어
어떤 방식으로 일치하고 있는지를 조사하는 것이 문제는 아니라는 것

---

* 이 해설은 프랑스의 소장철학자 파트리스 마니글리에가 2012년에 발표한 서평을 번역한 것
  이다. 『존재양식의 탐구』 원서에는 실려 있지 않지만 한국 독자들의 이해를 돕기 위해 특별히
  수록하게 되었다. 마니글리에는 20세기 프랑스 철학에 관한 전문 연구자이자 브뤼노 라투르
  와 다양한 협업을 함께해온 지적 동료이기도 하다. 초역은 『現代思想』 2016년 3월 임시증간호
  에 수록된 일본어 번역본을 이용했으며, 프랑스어 원본과 대조하여 오류를 수정했다. 출전은
  다음과 같다. Patrice Maniglier, "Un tournant métaphysique? Sur Bruno Latour, *Enquête sur les
  Modes d'Existence*", *Critique*, n° 786, Novembre 2012, pp. 916-932.

1 É. Souriau, *Les Différents Modes d'existence* [1943]. 브뤼노 라투르와 이사벨 스탕게르스의 서문
  을 덧붙여 2009년에 PUF에서 재출간되었다.

이다. 라투르는 서두에서 다음과 같이 독자에게 알린다. 자신이 고찰해 보자고 제안하는 것은 "언어행위 이론에서처럼 말하기 방식만을 가리 키는 것이 아니라 존재양식들을 가리킨다." 그래서 이 탐구는 "'X란 무 엇인가?'(과학이란 무엇인가? 기술의 본질이란 무엇인가?)라는 오래된 질 문"을 다시 거론함으로써, "그 과정에서 각각의 경우마다 서로 다른 속 성을 갖는 새로운 존재자들을 발견하게 될 것이다."(46-47쪽) 독자들 중 에는 불안을 느끼는 사람도 있을 수 있다. 형이상학에 대한 자율성을 획 득하기 위해 사회과학이 치른 거대한 전투에 의해 플라톤과 아리스토 텔레스의 복권에는 종지부가 찍힌 것 아니었던가? 바로 그 이유로, 또 바로 그 과정에서 통계조사나 민족지적 현장조사 같은 객관화의 세련 된 수법이 전개되어온 것이 아니었던가? 그러니 이제 더 이상 어느 쪽 을 선택해야 할지 고민할 일은 없는 것 아닌가? "존재양식 일반"에 대해 말할지, 아니면 근대인의 입장에서 존재양식에 대해 말할지 하는 선택, 혹은 형이상학이냐 인류학이냐 하는 선택 같은 것 말이다.

　"대륙계"와 마찬가지로 "분석계"의 맥락[2]에서도 형이상학을 다시 활 성화시키고 있는 현재의 맥락에서, 라투르가 인간과학에서의 형이상학 적 전회라 불릴 수 있는 것[3]을 수행하고 있는 유일한 존재는 아니다. 그

---

2 "분석계"의 맥락에 대해서는 E. Garcia et F. Nef (éd.), *Métaphysique contemporaine*, Paris, Vrin, 2007을 보라. "대륙계"의 맥락에 대해서는 퀑탱 메이야수의 저작 『유한성 이후』(정지은 옮김, 도서출판 b, 2010)와 트리스탕 가르시아의 저작 *Forme et Objet* (PUF, 2011)를 보라. 단, 여기 서 언급한 것은 이 맥락에서 가장 두드러진 것만을 든 것이다.

3 이에 대해서는 다음의 저작들을 언급해두자. 에두아르두 비베이루스 지 카스트루의 저작 『식 인의 형이상학』(박이대승·박수경 옮김, 후마니타스, 2018), 필리프 데스콜라의 저작 *Par-delà nature et culture* (Gallimard, 2005), 팀 잉골드의 저작 *Une brève histoire des lignes* (Zones sensibles, 2011), 메릴린 스트래선의 저작 *The Gender of the Gift* (University of California Press, 1988). 또 다른 스타일로는 P. Livet et R. Ogien (éd.), "L'Enquête ontologique. Du mode d'existence des objets sociaux", *Raisons pratiques*, n° 11, 2000을 보라.

러나 그가 그중에서도 가장 놀라운 존재라고는 할 수 있을 것이다. 그는 레비-스트로스와 그레마스가 신화와 이야기를 다룬 방식으로 과학을 다루고자 하는 상대주의적 사회학자로서 세간에서는 통용되고 있지 않을까?[4] 그렇다면 이것은 배신인 것일까? 아니, 그렇지 않다. 오히려 문제는 형이상학 자체를 재정의하는 데 있기 때문이다. 실제로 형이상학은 더 이상 존재 일반에 대한 일의적 진리를 논하는 시도로 간주되지 않는다. 그보다는 우리의 모든 "제도"(종교도, 과학도, 그리고 정치도, 경영도, 문학도, 심리학도 모두 제도다)에 대해, 그것들이 갖고 있는 실재성의 무게를 다시 부여할 수 있도록 허용해주는 전적으로 특이한 종류의 "외교diplomatie[또는 교섭]"로 간주되고 있다. 반면 그 무게를 여러 제도들 중 하나의 제도("과학")로 환원하는 일은 여타의 제도를 부정하는 경향을 갖는 것이다.

과학 문헌의 기호학으로부터 평평한 형이상학으로

사회과학이 형이상학과 관련을 맺게 된 것은 상당히 오래전의 일이다. 예를 들어 뒤르켐에 대해서도 그런 생각을 해볼 수 있는데, 그는 집합의식의 초정신성hyperspiritualité이라고 부르는 것을 발명했다.[5] 그렇지만 라투르의 경우는 형이상학에 대한 사회학의 귀결을 평가하려는 것

---

4 브뤼노 라투르·스티브 울거, 『실험실 생활: 과학적 사실의 구성』(이상원 옮김, 한울, 2019)을 보라. 이것이 라투르가 "합리주의"라는 이름으로 이른바 "과학 전쟁"을 벌인 사람들, 특히 소칼과 브리크몽이 가장 좋아하는 표적이 된 이유다(『지적 사기』, 이희재 옮김, 한국경제신문, 2014).

5 에밀 뒤르켐, 『사회학적 방법의 규칙들』(민혜숙 옮김, 이른비, 2021)을 보라. 아울러 P. Maniglier, "Institution symbolique et vie sémiologique. La réalité sociale des signes chez Saussure et Durkheim", *Revue de métaphysique et de morale*, vol. 2, n° 54, 2007, pp. 179-204를 보라.

이 아니라 두 학문 분과를 구별할 수 없게 만들려고 한다. 파스퇴르를 다룬 1984년의 작은 저서[6]에서 그는 이미 과학사에 대한 경험적 작업 뒤에 일종의 형이상학적-사회학적 소론을 덧붙인 바 있다. 그 소론의 제목은 「비非환원」이었고, 비트겐슈타인의 『논리-철학 논고』 스타일로 번호가 매겨져 있었으며, 또 스피노자의 『에티카』를 떠올리게 하는 주해가 곁들어져 있었다. 라투르의 모든 저작에서 많든 적든 어쨌든 발견되는 이러한 이중 체제를 어떻게 이해하면 좋을까?

이 물음에 답하기 위해 그의 첫 번째 저작으로 돌아가 보자. 단, 이 저작이 그리 형이상학적인 것은 아니다. 라투르의 저술은 스티브 울거와의 공저인 『실험실 생활』로 시작된다. 정보원들이 말하는 것을 이해하고 정보원들이 소중하게 여기는 것을 이해하기 위해 민족지적 방식으로 과학에 대해 고찰한다. 단, 정보원들의 과학을 습득하기 위해서가 아니라—요컨대 다른 인류학자가 구아야키족 되기(현지인 되기)를 결단한다고 한다면, 과학인류학자는 그 대상(즉, 과학자)이 된다고 하는 것일 텐데—인식을 목적으로 한 그들의 무지 자체를 이용하기 위해서다. 실제로 인류학은 문화적 차이를—따라서 타자의 동기나 습관에 대한 우리의 초기의 무지를—앎의 도구로 삼는 방법으로 특징지을 수 있다. 인류학은 다른 학문과 달리 인식이 아니다. 왜냐하면 미리 정의된 이론적 틀("사실"과 "규칙성"에 따라 증명되는 경우도 있는 가설)을 전제하는 대신, 이론적 틀을 변경하는 것 자체를 목적으로 하기 때문이다. 요컨대 인류학자는 출발점이 되는 "문화"와 도달점이 되는 "문화" 쌍방을 대등하게 변이체變異體로 취급하는 것을 가능케 하는 것만을, 모든 문화의 진

---

6 B. Latour, *Pasteur: guerre et paix des microbes, suivi de Irréductions*, Paris, La Découverte, 2001 [1984].

706

리로서 받아들일 것이라는 말이다.[7] 표면상으로 보자면, 이토록 형이상학으로부터 동떨어진 게 또 있을까?

그렇긴 하지만 인류학은 인간과학에서 계속 진정한 트로이의 목마로 남아 있었고, 그것은 바로 상대주의의 또 하나의 비틀림에 의해서였다. 실제로 "타자들"이 타자들 자신을 문화적 존재라고 특징짓는 일은 거의 없다. 반대로 그들은 에두아르두 비베이루스 지 카스트루가 말하는 "다자연주의"의 형식을 종종 고백한다. 한편에는 서구의 과학만이 접근할 수 있는 유일한 "자연"이 있고, 다른 한편에는 "표상"이나 "상징 기호", "사회적 구성"에 의해 만들어진 "문화들"의 복수성이 있다고 서술하는 대신, 인류학자는 자연들의 복수성이 존재한다고 주장해야 할 것이다. 거기에서는 과학 또한 다른 수많은 자연을 만드는 방식 중 하나일 뿐이다. 따라서 한편에는 정신(혹은 언어, 혹은 문화)이 있고 다른 한편에는 존재(혹은 실재, 혹은 세계)가 있는 것이 아니라, 복수의 존재 방식이 있는 것이다. 존재론은 인류학의 담론이 된다. 왜냐하면 존재라는 용어는 가장 강력한 비교항으로 나타나기 때문이다. 이는 존재라는 용어가 가장 미규정적이라는 뜻이 아니라, 반대로 그것이 가장 강도적임을 의미한다. 이것은 우리에게 가장 큰 위치 이동과 방향 상실을 강요한다. 문화라는 이념은 어떤 특정한 "존재론"의 귀결에 불과하다. 여기서야말로 급진적이어야 한다. "존재론"은 존재나 이데아에 관한 "이론"이나 존재에 대한 "이해"로 간주되지 않고, 오히려 이러저러한 사물을 존재자로 규정하는 방식 그 자체로 간주되는 것이다. 따라서 에번스 프리처드의

---

7 인류학에 대한 이러한 정의를 더 정교화하기 위해서는 R. Wagner, *The Invention of Culture*, Chicago, University of Chicago Press, 1981, 앞서 언급한 비베이루스 지 카스트루의 『식인의 형이상학』, 그리고 P. Maniglier, "Le tournant anthropologique d'Alain Badiou", dans I. Vodoz et F. Tarby (éd.), *Autour d'Alain Badiou*, Paris, Germina, 2011을 보라.

정보원이 다음과 같이 말한 것은 당연한 일이었다. "당신들이 사는 곳에는 주술사가 존재하지 않을지도 모르지만, 우리가 사는 곳에는 주술사가 있다."[8] 이와 같은 발언은 문제의 단순한 중립화("각자에게는 각자의 신앙이 있다")로 이해되어서는 안 된다. 에번스 프리처드의 정보원은 오히려 왜 그들이 있는 곳에는 주술사가 존재하고, 우리가 있는 곳에는 존재하지 않는지를 이해하기 위해 존재론적으로 행해져야 하는 일련의 조작을 가지고, 우리에게 우리 자신을 (그리고 그 부족, 즉 아잔데 부족을) 재정의하도록 권유하고 있는 것이다. 따라서 문제는 쌍방의 세계에서 존재한다고 선언되는 것 모두를 존재자로 받아들이는 데 있는 것이 아니라, 오히려 우리의 세계에서 실효적으로 존재하는 것을, 타자의 세계에서 실효적으로 존재하는 것과의 차이를 통해 더 잘 이해하는 데 있다.

브뤼노 라투르는 항상 자신을 인류학자로 규정해왔으며, 피에르 부르디외의 "비판사회학"에 대한 그의 논쟁[9]은 사회학(인식론에 관한 보다 "고전적인" 지식)과 인류학(근대의 "현학적인 무지") 사이의 논쟁으로 다시 읽을 수도 있을 것이다. 그러나 "형이상학적 전회"는 그가 궁극적으로 자신을 규정하게 되는 학문 영역, 즉 과학사회학에 의해 그의 작업에서 독특한 모습을 드러내게 된다. 과학사회학도 인류학과 마찬가지로 형이상학으로부터 선험적으로 멀리 떨어져 있는 것처럼 보인다. 실제로 라투르의 저작은 영사기가 운동의 광학적 환영을 산출하는 것과 마찬가지로, 인간의 행위가 "과학적 사실"을 산출한다는 이념을 실현하는 것으로 해석되어왔다. 즉, 외부 세계의 요소(입자나 미생물)에 관심을 갖

---

8 E. Evans-Pritchard, *Witchcraft, Oracles and Magic among the Azande*, Oxford, Oxford University Press, 1937, p. 540.

9 B. Latour, *Changer de société, refaire de la sociologie*, Paris, La Découverte, 2005.

는다고 자처하는 과학자들은 실제로는 단지 자신의 환상에 관심을 갖고 있는 데 불과할 뿐이라는 것이다. 라투르는 항상 자신의 기획에 대한 이러한 환원주의적 해석을 거부해왔다. 그에게는 자생적 실재론을 사회학적 관념론으로 치환하는 것이 문제가 아니라, 바로 이러한 대립을 뛰어넘는 것이야말로 문제인 것이다.[10] 정신과 실재 사이의, 지식과 존재 사이의, 주체와 객체 사이의, 혹은 언어와 세계 사이의 선언選言 명제 대신, 존재 자체가 만들어지고 있는 상태에 있다라는 것, 그리고 이것이야말로 바로 과학적 활동에서 일어나는 일이라는 점을 우리는 받아들여야 한다. 베르그손이 말했듯이 "기성품" 실재, 즉 발견되기를 기다리고 있는 실재를 가정하는 대신, 실재론은 존재 자체가 "사실을 확립하는" 작업의 과정 속에 있다는 것, 즉 존재가 구성 중에 있으며 만들어지고 있다in the making라는 것을 인정해야 하지 않을까? 이것이야말로 라투르의 저작을 그 시작부터 이끌어온 직관이다. 이는 결국 주체와 객체 사이의 대응이라는 이론을, 어떤 각인에서 다른 각인으로의 변형-번역이라는 이론(즉, 『존재양식의 탐구』가 "지시의 연쇄"(125쪽)라고 부르는 것)으로 치환하는 일이다. 따라서 이것은 존재론을 기호학에 의해 중성화하는 문제가 아니다. 중요한 문제는 바로 또 하나의 존재론, 즉 과정적 존재론(이로부터 화이트헤드와 윌리엄 제임스에 대한 끊임없는 언급이 나오는 것인데, 이는 베르그손에게도, 또 알튀세르나 스피노자에게도 적용된다), 모든 기호를 바꿔 쓰는réécriture 본질적인 것이 매개자로 이해됨으로써 존재와 혼동되는 그러한 존재론을 주장하는 것이다.

---

10 이 점에 대해서는 브뤼노 라투르, 『우리는 결코 근대인이었던 적이 없다』(홍철기 옮김, 갈무리, 2009)의 서두를 보라. 거기에는 이렇게 적혀 있다. "나는 정말로 펩티드 자체에 대해서 이야기하는 것이지 단지 기유맹 교수의 실험실에 있는 펩티드의 표상에 대해서 이야기하는 것이 아니다."(번역본 28쪽)

기호의 바꿔 쓰기와 바로 그러한 존재의 현현 사이에는 어떠한 모순도 존재하지 않는다는 앞서 말한 이념은, 그가 종교적이고 신학적인 차원에서 선택한 입장으로부터 발생하는 무언가라는 점에 주의할 필요가 있다. 1985년 시점에서 유지되고 있는, 샤를 페기와 루돌프 불트만에 의해 촉발된 논문[11]에서 라투르는, 신은 인간의 담론을 넘어선 초월적이고 절대적으로 고립된 존재가 아니라, 어떤 주해exegesis가 다른 주해 속에서 되풀이되는 바로 그 순간에 현현하는 바로 그 존재라고 서술한다. 우리가 말씀을 되찾는 그 순간에 우리는 신을 감지한다. 실로 우리가 느끼는 긴장과 곤란(우리의 "말문이 막히는" 일)이 우리의 신神 경험을 완성시키는 것이며, 이를 초월한 그 어떤 것도 우리에게는 필요치 않다.[12] 우리가 노출되는 이러한 시련은 경험을 설명함으로써 충분하다.[13] 요컨대 라투르는 신학에서 유래하는 이념을 과학에 적용하고 있는 셈이다. 우리는 『존재양식의 탐구』 도처에서 이 점이 작동하고 있음을 목도한다. 거대한 몽매주의적 '초월성' 대신, 우리는 충분히 잘 정의된 다양한 "작은 초월성"(314-316쪽)을 발견한다. 이것은 바꿔 쓰기의 연쇄(따라서 기호학적인 선線)가 계속 이어지게 함으로써, 그것을 방해하고자 끊임없이 위협하는 특정한 "공백hiatus"을 뛰어넘는 일이다.

---

11 이 명제에 대해서는 한 논문이 다음과 같이 남아 있다. "Pourquoi Péguy se répète-t-il? Péguy est-il illisible?", *Péguy écrivain*, Paris, Klincksieck, 1977. 그리고 이 논문에 대한 M. Gil의 논평 및 설명은 *Péguy au pied de la lettre*, Paris, Cerf, 2011을 보라.

12 지금까지의 이야기에 대해서는 B. Latour, *Jubiler ou les Tourments de la parole religieuse* (Éd. du Seuil, 2002), 그리고 종교에 대해 논의하고 있는 『존재양식의 탐구』 11장을 보라. 라투르 자신도 이 종교적 발견의 중요성을 다음에서 설명하고 있다. B. Latour, "Biographie d'une enquête: à propos d'un livre sur les modes d'existence", *Archives de Philosophie*. 이 문헌은 www.bruno-latour.fr에서 입수할 수 있다.

13 이 "시련/시험épreuve"이라는 개념은 라투르가 존재론적 경험을 최종적으로 특징짓기 위해 사용하는 말이다. B. Latour, "Irréductions", dans *Pasteur*, op. cit., p. 242 et passim.

그러나 라투르적 사회학의 형이상학적 전회에 있어 이보다 더 특수한 이유가 존재한다. 이는 미셸 칼롱[14]에 의해 만들어진 행위자-연결망이라는 개념을 라투르가 사용하는 방식과 관련된다. 과학 문헌은 모종의 존재를 (부분적으로, 일시적으로, 과정적으로) 포착하거나 드러내는데, 이 존재는 말해지고 있는 것에 포함되어 있는 것이 아니라 실제로 문헌 안에서 작동하고 있는 것이다. 따라서 파스퇴르의 미생물은 단순히 담론의 효과에 불과한 것이 아니라 전적으로 실재하는 행위자이며, 비록 미생물의 존재 전체가 파스퇴르와 파스퇴르주의자의 논문뿐만 아니라 그들이 설치하거나 재배치할 것을 요구한 건축적인 동시에 정치적인 장치에 회부되는 시험에 달려 있다고 해도 그렇다. 이는 다음과 같은 새로운 존재론적 명제를 이끌어낸다. 요컨대 여기서 우리가 다루고 있는 것은 말하는 존재, 즉 세계를 표상하는 것을 업으로 삼는 정신도 아니고, 혹은 말해지는 존재, 즉 "발견되기"를 계속 기다리고 있는 사물도 아니다. 우리는 지금 서로 동등하게 상호 행위하는 과정에 있는 행위자들 전체를 다루고 있으며, 그것은 어느 순간에 지식의 수단에 종속되는 것(파스퇴르, 그의 피펫, 그의 종이 시트)과, 알려진 것에 종속되는 것 사이에서 배분된다. 지식의 이원론 대신에 우리는 행위자-연결망과 만나게 되는 것이다.

이는 모든 존재자를 평평하게 만드는 것으로 이어진다. 즉, 행위자들은 도처에서 그들이 관계적이고 분자적인 존재만을 갖는 단일 평면 위에 배분된다. 행위자는 글로벌한 개체가 아니라 극히 작은 조작적 요소이며, 그 정확한 규정은 과학적(혹은 기술적, 종교적) 연결망에서의 행위

---

14 미셸 칼롱, 「번역의 사회학의 몇 가지 요소들: 가리비와 생브리외 만의 어부들 길들이기」, 심하나·홍성욱 옮김, 『인간·사물·동맹』(홍성욱 엮음, 이음, 2010)을 보라.

자의 국지적 행위에 의존한다. 인간과 비인간, 큰 것과 작은 것, 인공물과 유기체는 모두 동등하게 존재한다. 마누엘 데란다는 이러한 형이상학적 입장을 특징짓기 위해 "평평한 존재론flat ontology"이라는 표현을 고안했다. 이 표현은 널리 받아들여지고 있다고 해도 좋을 것이다.[15] 우리가 라투르에 의해 획득한 이 입장의 버전에는 매우 특수한 특징이 있다. 즉, 대상은 침묵하는 존재가 아니라 말도 하고 행위도 한다는 점이다. 반대로 주체는 특별한 존재가 아니다. 즉, 주체는 다른 행위소를 자신의 행위 속에 "가입"시키고 다른 행위소의 이해관계를 번역하는 한에서 "아는" 존재일 뿐이다. 그런 까닭에 파스퇴르는 그에게 귀속되는 "혁명"의 외관상의 "주체"가 되는 것인데, 왜냐하면 그는 미생물과 위생학자 등의 양립 불가능한 이해관계를 동시에 번역해냈기 때문이다. 과학 문헌은 서술로서가 아니라 다양한 요구들 사이의 타협안으로서 생각되어야 한다.[16] 따라서 이것은 우리에게 과학에 대한 새로운 정의를 선사하는데, 더군다나 이는 과학자들이 자신에 대해 가지고 있는 이해에 더 가까운 것이기도 하다. 이 정의에 따르면 과학은 인간의 상징 기호의 그 물망 속에서 실재를 표상하는 것이 아니라, 비인간이 말하게 하는 것을 우리에게 허용하는 번역 장치를 만드는 것으로 이루어진다. 어떠한 경우에도 관계적임과 동시에 행위적이고 (그리고 이미 항상 반행위적이기도 하고, 행위에 대한 행위까지도 포함하는) "번역적"인 이 존재는 결코 그 전체가 주어지지 않는다. 이 존재는 과정적인 것이다. 복잡하게 접혀 있는 이 형이상학의 온갖 교묘함과 얽힘을 모두 펼치기 위해서는 많은 페

---

15 마누엘 데란다, 『강도의 과학과 잠재성의 철학: 잠재성에서 현실성으로』(이정우·김영범 옮김, 그린비, 2009), 103쪽을 보라.

16 이 점에 대해서는 앞서 언급한 미셸 칼롱의 기본 문헌 「번역의 사회학의 몇 가지 요소들」로 돌아갈 필요가 있다.

이지가 필요할 것이다. 이 문제는 이 정도로 해두자. 라투르가 이를 다양한 저작에서 다루었을 뿐만 아니라, 현대 형이상학 부흥의 중요한 인물인 그레이엄 하먼이 한 권의 책 전체를 이것의 재구성과 비판적 논의에 바쳤다.[17] 여기서 우리가 하고 싶었던 것은 라투르가 과학 문헌의 기호학으로부터 어떻게 관계적이고 행위적이고 과정적이고 평평하기도 한 독특한 형이상학으로 나아갔는지를 보여주는 것이었다.

"평평한" 형이상학의 발전이라는 현재의 맥락에서 이 형이상학적 명제의 힘은, 타자의 입장을 번역할 수 있는 전적으로 특이한 능력을 부여하는데, 라투르의 입장에서는 그 힘이 선험적 형이상학 체계의 문제가 아니라 과학, 기술, 정치, 종교, 조직 등에서 수행된 경험적 작업의 귀결이자 도구의 문제라는 사실에 놓여 있다(이것들은 모두 생태학적 명제를 배경으로 하고 있다).[18] 이 시도의 풍요로움, 그 일관성, 형이상학의 가장 첨단적인 전개에 가교를 구축하면서 다양한 경험적 영역을 연합하고 쇄신하는 그 가능성은, 현대의 풍경 속에서 대단히 드문, 혹은 진실로 말하자면, 단 하나뿐인 시도인 것이다.

외교관으로서 형이상학자의 초상

그렇긴 하지만 이 형이상학의 입장에 관한 모호함은 해소하지 않으면 안 된다. 이 형이상학은 "비非비판적"이기를 단호히 바라며, 혹은 분석철학자 스트로슨에 의해 도입된 말을 빌리자면, "비수정주의자"이기

---

17 그레이엄 하먼, 『네트워크의 군주: 브뤼노 라투르와 객체지향 철학』(김효진 옮김, 갈무리, 2019).

18 이 마지막 요섬에 대해서는 특히 B. Latour, *Politiques de la nature. Comment faire entrer les sciences en démocratie*, Paris, La Découverte, 1999를 보라.

를 바란다. 그것은 우리의 존재론을 반박하려는 것이 아니라, 그것을 서술하고자 하는 것이다. 하지만 그럼에도 불구하고 결국은 다른 존재론과 대립하는 어떤 하나의 존재론을, 가령 행위자-연결망 이론을 구축하면서 끝나고 마는 게 아닐까? 이 긴장감은 분명히 그레이엄 하먼의 저작에서 발견된다. 그 책에서 라투르는 라이프니츠나 스피노자, 이븐 시나와 같은 자격의 형이상학자로 등장한다. 행위소, 연결망, 힘의 관계 등과 같은 방법론적 개념이 세계의 개념화나 좀 더 전문적으로는 형식 존재론과 같은 것들 속에서 이 주석자(하먼)에 의해 실현되고 있다. 하먼은 이러한 소개가 부정확하다는 것을 인지하고 있다. 왜냐하면 그는 자신이 라투르의 제2기 저작이라고 부르는 것을 모두 다루지 않았다고 고백하고 있기 때문이다. 그가 올바로 말했듯이, 이 제2기 저작은 제1기 저작과 동시에 구성된 주저를 통해 정교하게 다듬어져 왔으며, 이는 설령 하먼에 의한 주석이 나왔을 시점에는 그 주저가 아직 미출간된 상태였다고 해도 달라지지 않는 사실이다.[19] 이 주저가 바로 라투르가 오늘 출판한 『존재양식의 탐구』다. 그렇다면 혹시 전회 속에 또 다른 전회가 있다는 뜻일까?

있는 것은 오히려 상세한 설명이다. 실제로 "연결망"은 존재로서의 존재가 아니라, 단지 다른 것들 속에 있는 하나의 존재양식이다. 왜냐하면 라투르에게 있어서는 비록 화이트헤드나 베르그손의 형이상학처럼 "실험적"인 것(즉, 과학과 마찬가지로 가설적이고 일시적이며 점진적이고 수정 가능한 것)이라 할지라도, 또 마이농이나 하먼, 트리스탕 가르시아의 형이상학처럼 "평평한" 것(즉, 미니멀하고 비非배타적인 것)이라 하

---

19 그레이엄 하먼, 『네트워크의 군주』, 17쪽을 보라.

더라도, 일반적 존재론을 정식화하는 것은 문제가 될 수 없을 터이기 때문이다. "비환원의 원리"는 그것과 정반대다. "어떤 것도 그 자체로 다른 어떤 것으로 환원 가능하지도 않고 환원 불가능하지도 않다."[20] 이 원리가 요구하는 종류의 다원주의의 사정권 전체를, 라투르가 1984년에 이미 파악하지 못했을 수는 있다. 그는 단 하나의 개념 장치밖에 전개할 수 없었기 때문에, 실제로 「비환원」은 "물질"의 존재론을 정식화하고 있다는 인상을 준다. 라투르에 따르면 그가 연구하고 있는 현상은 이 "물질"로부터 만들어지고 있는 것이다. 그러나 만일 우리가 한편으로 모든 존재자의 존재에 관한 진리를 진술하기를 계속 바란다면, 평평한 존재론을 진전시키는 것으로는 충분치 않다. 바로 이 모노톤이야말로 라투르가 연결망이라는 자신의 개념에 대해 가하는 비판이며, 이 개념이 그로 하여금 어느 영역(종교, 법, 경제, 과학 등)도 대체로 같다라고 말하게 하는 것이다. "요컨대 그것들이 '조사를 통해 밝혀진 예상치 못한 요소들로 이질적으로 구성되어 있다'고 말하고 있는 것이다. 확실히 그는 정보원들과 마찬가지로 한 가지 놀라움에서 또 다른 놀라움으로 옮겨가지만, 놀랍게도 이러한 놀라움은 각 요소가 같은 방식으로 놀라워지기 때문에 이제는 어떤 면에서 놀랍지 않게 된다."(65쪽) 이상의 인용문이 보여주는 것은 라투르와 그의 선구자들의 차이가 그 형이상학의 연속성 속에 있는 것이 아니라, 그가 실천에 대해 부여하는 의미 자체에 있다는 것이다. 그리고 이 의미라는 것이 바로 외교이다. 복수의 존재론을 산출하는 대립이나 혼란을 중재하는 것이 핵심인 것이다. 따라서 어떤 것에 대한 지식이 아니라, 타자성의 빛으로 우리 자신을 재서술하기

---

20 B. Latour, *Pasteur*, op. cit., p. 243.

redescription de nous-mêmes 위해, 우리의 가장 잘 확립된 명증성의 차이를 경험하는 것에 근거한 앎으로서 인류학을 정의하고자 한다면, 이 형이상학은 구석구석까지 인류학인 것이다.

『존재양식의 탐구』는 라투르가 인류학으로서 행위자-연결망의 실패라고 간주하는 것으로부터 시작한다. "나와 동료들이 객관성의 제조를 설명하기 위해 제안한 대안적 버전에 대해 일부 연구자들이—우리가 그들의 가치를 다른 사람들이 마침내 이해할 수 있게 하려고 노력했던 바로 그 연구자들이—격한 반론을 제기했다."(34쪽) 분명히 "과학 전쟁"을 암시하고 있는 대목인데, 라투르는 고결하게도 "합리주의" 입장에 의해 희생당한 자신의 작업에 대한 오해의 책임을 스스로 짊어지고 있다. 왜냐하면 다시 쓰여야redécrire 할 쪽은 바로 "이성"이고, 인류학자는 그가 표상하는 것과 대립할 수는 없을 것이기 때문이다. 바르톨로메 데 라스 카사스가 그의 시대의 학자들이 "인디오"를 자신과 유사한 존재로 보도록 (라스 카사스가 대살육으로부터 구출하고 싶었던) 그 존재들의 삶과 사유의 형식을 번역할 수 없었더라면, 우리는 그가 실패했다고 말할 권리가 있었을 것이다. 마찬가지로 만일 라투르가 그들의 내적인 타자성의 빛에 비추어 그들에게 제시한 그들 자신의 재서술redescription을 "합리주의자"가 받아들이지 않는다면, 그것은 라투르가 그의 작업에 실패했다는 것을 의미한다. 인류학은 외교이며, 그 외에는 존재 이유가 없다. 따라서 그에게 전쟁이란 곧 외교의 실패다. 라투르는 모종의 변형을 통해 다른 존재와 동등해지기 위해, 모두가 자기 자신을 다른 방식으로 생각하도록 강요함으로써 오해를 없애려고 한다. "어떤 사람에게 그가 정말 중요하게 여기는 것에 대해 잘 말하는 것", 그리고 "아고라에 서는 것", 즉 그것은 어떤 의미에서 모든 비판에 자신을 노출시키는 일이다. 이것이야말로 라투르가 자신의 논의에 부여하는 궁극의 규범이며 (99, 110쪽), 사회과학 일반의 인식론을 특징짓는 것으로 이보다 더 단순하면서도 동시에 올바른 정식화는 아마도 발견할 수 없을 것이다.

그렇다면 이 모든 것은 과연 어떤 점에서 여전히 형이상학과 관련되는 것일까? 그것은 외교적으로 해결해야 할 분쟁이 정확히 '존재'를 대상으로 삼는다는 점에서이다. 문제는 과학이 사람들로부터 오해받고 있다는 것만이 아니라, '존재'의 진리에 관해 과학의 독점을 인정하는 데서 발생한다. "과학에 의해 확립"된 것 이외에는 그 어떤 것도 "진정으로 존재하지 않는다." 나머지 모든 것은 모두 그 이외의 것, 결국 (예컨대 종교적) 신앙, (예컨대 정치적 혹은 경제적) 이해관계, (예컨대 법에 대한) 복종심 등에 속한다. 라투르가 그의 『존재양식의 탐구』에서 제안하는 바는 과학과 그 이외의 (푸코의 표현을 빌리자면) "진리 실천"을 비교 가능하게 하고, 또 동시에 차별화하는 방식이다. 이들 모두는 공통된 것으로서 "공백hiatus"(불연속성, 뛰어넘어야 할 틈새―가령 개인에게는 파멸의 가능성, 과학적 추론에서는 근거 없는 주장이 갖는 위험, 법에서는 절차상 하자에 대한 혐의)과 "통과passe"(연속성―가령 과학에서는 지도상의 기입과 시각적 랜드마크 사이의 동일성과 같은 구조적 동일성, 종교에서는 성서 재해석의 충실성), 그리고 "통과"가 "공백"을 뛰어넘는 데 성공할지 여부를 정의하는 "적정성 및 비적정성의 조건"을 함축하고 있다. 이 세 가지 개념을 통해 라투르는 우리가 흔히 사용하는 용어 속에 본질적으로 내포되어 있는 것, 즉 사물의 존속과 습관의 서투름을 포함하는 거의 모든 것을 효과적으로 다시 쓰고 있다. 즉, 모든 "존재양식"은 그 자체로 가변적인 진리의 기준에 따라 다양한 유형의 연속성을 가능하게 하는 다양한 유형의 불연속성으로 재정의된다. 예를 들어 과학의 연속성은 두 가지 방향으로 나아가야 한다. 즉, 농장의 소에서 실험실의 파스퇴르로, 그리고 또 그 역방향으로 말이다. 반대로 사물의 존속을 특징짓는 연속성은 일방향적이다.

이렇게 라투르는 서로 연관된 다양한 영역의 경험을 매우 추상적인 용어를 통해 표로 복원한다. 그 표는 동일성과 차이의 모순된 게임의 다양한 양상 속에서 양식의 다양성 전체를 포착하는데, 그것은 실로 헤겔을 방불케 한다. 그러나 이때의 헤겔은 변증법적이지도 선형적이지도 않고, 표를 갖고 있으면서 이접적이다(게다가 헤겔보다 더 읽기 쉽다!). 그 과정에서 라투르는, 위대한 철학자들에게는 언제나 찾아볼 수 있다고 들뢰즈가 말한 것을 수행한다. 즉, 그는 세상을 다른 방식으로 재분할한다. 그리하여 심리학은 일종의 주술이 되고, 언어는 허구의 일부가 되고(그 반대가 아니라), 기술은 인간보다 훨씬 선행하는 무언가가 되는 등의 일들이 발생한다. 『존재양식의 탐구』는 그의 저술의 요약이자 동시에 그를 대표하는 주저이다. 왜냐하면 라투르는 이 저작에 그 이전의 연구 성과를 집대성하는 동시에 그의 모든 힘과 모든 일관성으로 어떤 하나의 계획을 보여주고 있기 때문이다.[21]

그런데 이 모든 것을 위해 "존재양식"을 통한 우회가 꼭 필요했던 것일까? 달리 말하자면, 가령 "진리 실천"에 대해 이야기하는 것만으로 안되었던 것일까? 그렇다. 왜냐하면 존재론적 어휘에 관한 어떠한 침묵도,

---

21 각각의 존재양식은 암묵적으로 라투르 자신의 이전 저작들 혹은 그와 가까운 관계자들의 저작을 적어도 하나 이상 참조하고 있다. 그가 지시[REF]라고 부르는 것에 대해서는 그의 수많은 과학사회학 저작, 정치[POL]에 대해서는 *Politiques de la nature*, 심리학(라투르는 이를 "변신métamorphose"이라고 부르며 [MET]에 대응시키고 있다)에 대해서는 토비 나탕의 저작, 기술[TEC]에 대해서는 기술사회학에 대한 그의 저작(특히 *Aramis ou l'Amour des techniques*), 종교[REL]에 대해서는 *Jubiler ou les Tourments de la parole religieuse*, 법[LAW]에 대해서는 *La Fabrique du droit*, 조직[ORG]에 대해서는 조직사회학에 관한 그의 저술이 대응하는 식이다.

인류학자가 존재 자체에 대해서는 아무것도 말하지 않고, 오로지 존재와 "관계 맺는" 방식, 존재에 "도달하는" 방식, 존재를 "참조하는" 방식에 대해서만 말한다는 인상을 줄 터이기 때문이다. 마치 '존재'는 영원히 물러나 있기라도 하듯이 말이다. 형이상학의 어휘를 피한다고 해서 얻을 수 있는 건 아무것도 없다. 왜냐하면 중요한 것은 과학의 예외적인 (그리고 자기 파괴적인) 특권에 도전하는 것이고, 이 특권은 객관성으로서의 존재에 대한 유보된 접근이라는 이념에 근거하고 있기 때문에, 정확히 형이상학적 성격을 가지고 있기 때문이다.[22] 라투르는 이 특권을 그 자체로 되돌려놓을 뿐이다. 그러니까 한편에는 활동적일 뿐인 실천 *praxis*(가령 종교 혹은 심리학)이 있고, 다른 한편에는 존재에 진정으로 관여하는 제작 행위*poiêsis*(과학, 기술, 경우에 따라서는 경제학 등)가 있는 것이 아니다. 그보다는 대상(이 말은 시몽동이 그의 저작 『기술적 대상들의 존재양식에 대하여』에서 사용한 의미로 이해해야 한다. 덧붙여 라투르는 존재양식이라는 단어도 여기서 따왔다고 말하고 있다)을 존재하게 하는 (창설하는) 다양한 방식이 존재하는 것이다. 따라서 형이상학의 목적은 더 이상 하나의 존재론을 제안하는 것이 아니라, 반대로 어떤 때는 기술적 대상의, 어떤 때는 경제적 가치의, 또 어떤 때는 통상적인 사물의 존재론적 특이성을, 그야말로 다양한 존재론적 특이성들을 밝히는 것이다. 각각의 영역마다 서로 다른 범주표(99-100쪽)가 대응한다. "존재"는 물리학자 힉스가 제시한 기본 입자인 힉스 보손의 경우와 아르헨티나 화폐인 페소의 경우에 서로 같은 것을 의미하지는 않지만, 그것들은 서로 동등하게 존재하고 있으며, 형이상학자의 일이란 바로 이 동등성과 다

---

22 이상은 라투르가, 형이상학은 근대인이 궁극적으로 각각의 실천의 가치를 평가하기 위한 메타언어라는 점을 설명할 때 말하고자 하는 것이다(47쪽).

양성을 밝히는 데 있다.

새로운 쟁점과 새로운 방법. 형이상학은 화이트헤드처럼 사변적 선취에 의해 나아가는 것이 아니라, 우리가 대조적 재범주화recatégorisation contrastive라고 부를 수 있는 것에 의해 나아간다. 중요한 것은 두 가지 존재양식을 더 이상 혼동하지 않는 법을 배우는 것인데, 이는 우리 자신에 대한 우리의 범주적 이해를 정교화하기 위함이다. 이때의 방법은 다시 한 번 인류학적이다. 그 방법은 오해로부터 출발하는데, 이는 인류학자가 그것 없이는 "지적" 의사소통이 거의 불가능한 애매성équivoques에 관심을 갖는 것과 전적으로 동일하다. 예컨대 의례적 증여를 타산적 교환이나 신비한 관대함의 형식으로 인류학자들이 이해하게 만든 것과 같은 그런 오해다. 형이상학적 오해는 라투르가 "범주 오류"라고 부르는 것과 관련된다. 예를 들어 형사소송의 "피해자"가 그들의 분노와 고통의 논리에 따라 법적 판단을 내릴 때 저지르는 오류다. 혹은 전형적으로는 회의론자가 유령을 믿는 사람에게 유령을 과학의 "지시의 연쇄"에 포함시킬 수 있느냐고 요구할 때의 오해다. 이러한 오해들은 라투르의 입장에서 보면 수정해야 할 우연한 사고가 아니다. 이것이야말로 탐구의 진정한 영역이며, 사유의 실험 조건이자 사유의 실험 장치인 것이다. 인류학이 무매개적인 오해를 수정하기 위해 성취해야 할 변형의 총체로서 그 오해를 존재하게 함으로써만 타자의 사유 속으로 들어갈 수 있듯이, 형이상학자는 그가 혼동한 다른 양식과의 대조를 통해 항상 존재양식을 정의하게 될 것이다. 따라서 『존재양식의 탐구』는 하나의 존재론을 제안하는 것이 아니라, 경우에 따라서는 타자가 탐구를 재개할 수 있게 해줄 그러한 실험의 프로토콜을 제안하는 것이다. 따라서 실험적 형이상학은 베르그손이나 화이트헤드의 그것과는 다른 의미를 갖게 된다. 즉, 존재론의 수정 가능하고 가설적인 특징을 의식하는 것이 문제가 아니라, 형이상학으로서 인류학 혹은 비교연구의 진정한 방법을 정의하는 것이 문제인 것이다.

원한다면 우리는 여전히 '존재' 일반에 대해 말할 수도 있을 것이다. 그러나 이렇게 말한다면 '존재'란 '분리된 것'(결합되어야 하는 것)이 아니라 '혼동된 것'(풀어야 하는 것, 대조되어야 하는 것)이다. 존재론은 [어떻게 대상에 진정으로 다가갈 것인가 하는] 접근의 문제를 풀어야 하는 것이 아니라, 애매성의 문제를 풀어야 한다. 그 최상의 가치는 합치adéquation가 아니라, 베르그손이 다른 방식으로 표현했듯이 정확성précision이다. 이것은 단순히 "존재"가 여러 가지 의미—여러 범주의 온갖 학설이 만들어내는 의미—로 말해진다고 말하는 문제가 아니라, "존재"가 그 의미의 분리 속에서만 의미를 갖는다는 것을 보여주는 문제다. 혼동된 것에는 아무런 의미도 없다. 다시 한 번 말하지만, 이것은 우리가 이 혼동의 배후에 있는 모종의 구별된 실재를 가정하고 그 권리를 다시 확립할 것을 요구하지 않는다. 우리는 실존주의 전통에서 말하는 것처럼 불안과 죽음 속에서가 아니라, 명확화désambiguation 혹은 좀 더 전문적으로는 대조적 재범주화라고 불릴 수 있는 것 속에서, 하이데거처럼 말한다면 '존재'로서의 '존재'의 현상성 그 자체를 탐구해야 한다. 따라서 라투르는 우리 시대에 적합한 '존재' 물음을 다시 묻는 조건을 정의한 것이다. 그것은 분명 이중적 의미에서 역설적인 존재론이다. 왜냐하면 이 존재론은 매개뿐만 아니라 애매성도 그 고유한 요소로 삼고 있기 때문이다. 그러나 이 존재론은 어쩌면 하이데거에서 바디우에 이르기까지 20세기의 위대한 형이상학자들이 제안한 그 어떤 존재론보다도 더 일관된 것이고, 무엇보다도 근대적 맥락에 더 적확하며, 우리의 삶과 앎에 대해 더 불가분한 것이다. 오늘날 바디우와 라투르를 비교하고 대립시키는 경향이 있다. 보편적인 것과 다른 주체의 물음에 대해 우리 시대가 뚜렷이 부각시키게 될 선택지 중 하나가 존재하는 것일지도 모른다.

전체 그 자체에 대한 외교는 존재하지 않는다

이만한 규모의 저작이라면 아무래도 온갖 종류의 크고 작은 반론에 노출되지 않을 수 없다. 하지만 그 반론이 어떤 것이든 간에, 그것이 라투르의 프로젝트에 기여하든가 대안적인 버전을 제안하는 것이 아니라면 의미를 갖지 못할 것이다. 우리는 단 하나의 반론으로 만족하기로 하자. 그것은 형이상학의 지위에 관한 것이다. 외교와의 비교는 멋진 것이지만, 그것은 대단히 엄혹한 물음을 남기게 된다. 즉, 라투르가 궁극적으로 누구를 대표하기를 원하는가 하는 물음이다. 어떤 외교관[또는 교섭인]도 한 사람의 대표자로서, 그 사람이 대표하는 존재에 대해 열렬한 관심을 갖고 있다. 외교관이 용병이 될 수는 없다. 외교관은 우리 모두를 사랑하기에, 논쟁 위에 공통의 거주 가능한 세계를 구성하고자 하는 사람이 아니다. 오히려 해당 외교관이 전적으로 특수하게 관련되어 있는 존재양식을 옹호하기 위해, 다른 여러 세계들 중에서 바로 이 세계의 대표가 되기로 결단하는 자이며, 이 존재양식이 그 이외의 존재양식을 대표하도록 하겠노라 결단하는 자이다. '전체'에 대한 외교관의 관심은 부차적인 것일 수밖에 없다. 이것이야말로 특이성이라고 불릴 수 있는 것과, 그 특이성에 의해 소급적으로 특수성이라고 규정되는 것 사이의 비범한 (그러나 결코 절대적이지는 않은) 차이다. 그리고 이 특수성(공통 부류로의 분할, 따라서 특이적이지 않고 중립적인 하위 분할에 의해 구성됨)에 의해 '전체'에는 "이론적" 관심(즉, 말해질 수 있는 어떤 사태, 의미를 갖는 것)이나 "실천적" 관심(즉, 지켜야 할 가치, 우리가 결단에 앞서 따져보아 중요하다고 간주된 어떤 것)이 주어지는 것이다.

그렇다면 라투르는 무엇의, 혹은 누구의 대표자일까? 연결망일까? 물론 그럴 수도 있겠지만, 그는 이제 마찬가지로 "전치사"(즉, 각각의 존재양식을 이 열쇠에 의해 읽을 수 있게 해주는 것)의 대표라고도 할 수 있을 것이다. 그리고 서서히 그가 열렬히 옹호하는 각 존재양식의 대표자도 되어가고 있다. 그러나 그때 그는 이중, 삼중, 사중 등등의 대리인 형상이 되는 건 아닌가? 그는 "근대인" 일반을 대표하고 있다고 하면 되는 것일까? 그 경우, 외교관은 직접적으로 존재양식들 사이에서 일하는 것이 아니라, 이 존재양식들을 공존시키는 다양한 방식들 사이에서 일하는 것이며, 그렇다고 할 경우 우리는 훨씬 더 고전적인 방향성의 인류학 저작을 다루고 있는 셈이다. 라투르가 표방하는 가치적 존재자인 가이아에게 문제가 아닌 한에서는 그런 것일까?[23] 그러나 이 가치적 존재자는 그러한 것으로서의 "존재양식"을 구성하고 있지 않은 것 아닌가? 또 이 외교의 일부를 이루고 있지 않은 것 아닌가?

그렇다면 라투르는 종교의 외교관인 것일까? 전기적으로 보자면 이 점에는 의심의 여지가 없다. 라투르 자신도 말했다. 자신이 가톨릭에 뛰어든 것이야말로 존재 자체가 매개라는 이념으로 자신을 이끌었다고.[24] 그리고 실제로 그의 종교의 정의는, 그 정의가 '사랑'을 종교의 본질적

---

23 "이제 우리는 가이아 앞으로 소환되었다."(31쪽) 또한 B. Latour, "Steps Toward the Writing of a Compositionist Manifesto", *New Literary History*, vol. 41, 2010, p 471-490과 같은 호에 수록된 대담도 보라.

24 B. Latour, "Biographie d'une enquête", op. cit., p. 126.

개념으로 삼고 있기 때문에, 지극히 보수적이라는 점을 너무나도 쉽게 알아챌 수 있다. 그 방식에서 우리는 과도할 정도의 기독교 중심주의를 발견할 수도 있을 것이다. 아마도 거기에는 우리에게 모든 재범주화를 가르치는 능력이 뛰어난 인류학자가 자신에게 완전히 이방인이 될 수는 없었다는 징후가 존재할지도 모른다. 하지만 이 점에 대해서는 궁극적으로 그가 스스로 해결을 해야 할 것이다. 그는 "근대" 세계, 바꿔 말하자면 세속화된 세계를 위해 노력하는 것을 멈추지 않았다. 그 세계는 종교를 위해 이차적인 장소가 아닌 장소를 만들 수 있는 세계, 종교를 "개인적 신념"이나 "도덕적 가치"와 같은 무해한 공간으로 격하시키지 않는 세계이지만, 이 모든 것이 의미를 갖는 것은 종교를 완전히 새로 정의한다는 대가를 치를 경우뿐이다. 라투르의 저작에는 어느 정도 파스칼이 존재하고 있는데, 그것은 부르디외가 비장한 파스칼을 그린 것과 대조적으로, 쾌활한 파스칼이다—라투르의 파스칼적 성찰이 『환희』라는 제목을 달고 있는 것도 우연이 아니다. 자유사상가를 더 한층 자유사상가가 되도록 한 번 더 회전시킴으로써 역으로 자신에게 합류하도록 설득하기 위해 자유사상가를 향해 이야기하는 어떤 파스칼. 혹은 더 진실에 가까워 보이는 것으로 말하자면, 과학과 종교 사이에서 중간적인 길을 찾으려고 완고하게 노력하는 와중에, 이 중간적인 길이 데카르트와 갈릴레오의 "초기 근대성"에 의해 주어진 빈곤한 이원론을 훨씬 뛰어넘는 다양한 존재들을 함축하고 있다는 것을 발견하고 마는 어떤 라이프니츠.

이 길을 가는 도중에 라투르는 현대의 형이상학적 전회에 관한 가장 설득력 있고 동시에 가장 관대한 버전을 정식화한 셈이다. 그 정식화는 무엇이든 어떤 실정성에 존재를 봉합시켜버리지 않기 때문에, 형이상학이 중요하다고 하는 의식을 만족시키는 동시에, 사회과학이든 자연과학이든 경험적 지식의 다양성에 대한 정열도 만족시킬 수 있다. 그 정식화는 가장 확실하게 체계성의 요구(그것 없이는 그 이름에 걸맞은 형이상학은 존재하지 않을 것이다)와 유일하고 동질적인 존재론적 담론에 관한 의심(그러나 그것은 "펑펑"하기는 할 것이다)을 만족시키는 것이다. 또한 그 정식화는 탈구축의 초비판적 상대주의와 ("사변적"이라고 불리는) 새로운 형이상학이 만족하고 있는 다소 과시적인 독단론을 동시에 극복하는 것이기도 하다. 의심할 여지는 전혀 없다.『존재양식의 탐구』는 하나의 길을 개척한 것이다. 라투르는 이제 분명히 우리 시대의 위대한 명제 중 하나를 만들어내고 있다.

번역: 박성관 (독립연구자)

상세 차례

2장 탐구를 위한 문서 수집

탐구는 범주 오류의 탐지로 시작한다 (85) 일차 오류와 혼동하지 않기 위해서이다 (86) 이차 오류만이 중요하다. (89)

양식마다 특정한 진리진술의 유형이 있다 (91) 법의 예로 되돌아가서 살펴보자. (93)

따라서 참과 거짓은 주어진 양식의 내부와 외부에서 표현된다 (94) 먼저 각 양식의 적정성 및 비적정성 조건을 정의하고 (96) 다음으로 그 양식의 해석의 키, 즉 그것의 전치사를 정의한다면 말이다. (97)

그러면 각 양식에 대해 그것의 음조로 말할 수 있을 것이다 (99) "범주"의 어원이 암시하고 (99) 법의 요구 조건과 종교의 요구 조건 사이의 대조가 증명하듯이. (101)

탐구는 연결망 유형[NET]에 대한 이해와 전치사 유형[PRE]에 대한 이해를 연결한다 (103) 피벗 테이블을 구성하는 교차들을 정의함으로써. (105)

그것은 다소 특이한 [NET·PRE] 교차이다 (106) 행위자−연결망 이론과의 양립 가능성 문제를 일으키는 교차이다. (106)

탐구 조건들의 요약. (107)

합리적인 것이란 다양한 이성들의 실 가닥을 따르는 것이다. (109)

3장 대응의 위험한 변화

가장 어려운 문제인 〈과학〉의 문제에서 시작해보자 (115) 통과의 식별을 수반하는 방법의 원리를 응용함으로써 (119) 통과의 식별은 두 가지 별개의 존재양식의 융합을 해체할 수 있게 해준다. (120)

어떤 평범한 여정의 묘사: 몽 에귀유 등산의 예 (121) 이 예는 지시의 연쇄와 불변의 가동물을 정의하는 데 도움이 된다 (125) 지시가 인식하는 주체에도 인식되는 객체에도 매여 있지 않음을 보여줌으로써. (126)

〈주체〉/〈객체〉 대응이라는 관념은 두 가지 통과를 융합한다 (131) 존재자들은 존재를 지속하기 위해 불변의 가동물을 통과하지 않는다는 것이 명백하기 때문이다. (132)

비록 지시의 연쇄[REF]의 확장에는 제한이 없지만 (134) 실제로 서로에게 대응하는 두 가지 존재양식이 있다. (137)

그러므로 새로운 적정성 조건을 등록해야 한다 (138) 그것은 언어와 존재 사이의 상이한 분배를 허가할 것이다. (141)

이는 실험실이라는 전형적인 사례에서 특히 분명해진다. (141)

그래서 새로운 존재양식인 재생산의 존재양식[REP]이 두드러진다 (145) 그리고 가시적인 상태로 놔두기 어려운 [REP·REF] 교차가 두드러진다 (147) 특히 더블클릭의 간섭에 저항해야 할 때 그러하다. (148)

4장 공간 만드는 법을 배우기

다양한 양식들에 충분한 공간을 주려면 (153) 우리는 먼저 재생산 양식[REP]에 따라 존재자들을 파악하려고 노력해야 한다 (154) 이 양식을 여러 궤적 가운데 하나로 만듦으로써 말이다 (156) 침투적인 물질적 공간이라는 이상한 관념을 피할 수 있도록. (160)

모든 공간을 차지한 이들이 그럼에도 불구하고 공간이 부족하다면 (161) 그것은 그들이 물질이라는 관념을 해체할 수 없었기 때문이다 (164) [REP·REF] 교차의 적절한 사용을 통해서 말이다. (164)

이제 우리가 "형식"이라는 단어의 두 가지 의미를 구별하기 시작하자마자 (165) 즉, 상수를 유지하는 형식과 지시의 공백을 줄이는 형식으로 (166) 우리는 형식주의에 대한 비형식주의적인 묘사를 얻기 시작한다 (167) 그러나 그것은 불행히도 "형식"이라는 단어의 세 번째 의미에 의해 지워진 것으로 드러난다. (169)

여기서 우리는 재생산의 존재자들이 따르는 경로에 대해 오류를 범할 위험이 있다 (170) 물질이라는 관념에서 두 가지 별개의 과정을 혼동할 위험이 있다는 점에서 그러하다. (172)

몽 에귀유 산행에 대한 형식주의적 묘사는 (173) 귀류법 논증을 통해 이중의 이미지를 생성하며 (175) 그것은 일차적 성질과 이차적 성질의 분할로 이어진다. (176)

그러나 일차적 성질과 이차적 성질로의 〈이분화〉의 근원이 정확하게 식별되고 나면 (177) 그것은 경험에 너무나 반하는 가설이 되며 (178) 합리주의의 마법은 사라진다 (180) 우리가 이제 더는 존재자들을 물질과 혼동할 수 없기 때문이다 (182) 물질은 "체험"만큼이나 세계도 정당히 대하지 않는다. (184)

5장 말하기의 장애물 제거하기

우리가 가장 어려운 부분에서 시작해야 했다면 (189) 그것은 형식주의를 토론의 종결과 연결하는 "직설적 말하기"에 대한 고집 때문이다. (190)

이 직설적 말하기가 지시[REF]의 요구 사항에 의지할 수 없음에도 불구하고 (192) 그것은 다른 모든 양식의 실격으로 이어진다 (194) 지식과 정치 사이의 위험한 융합[REF·POL]을 만듦으로써 말이다 (196) 그 융합은 토론을 끝내기 위해 경험의 실을 포기하게 만든다. (196)

다행히도 우리가 교차를 인식하도록 해주는 방법은 (200) 정치[POL]에 고유한 진리진술을 식별하는 데 성공할 것이다 (201) 정치의 진리진술은 〈원〉의 계속되는 갱신과 관련이 있다 (203) 지시의 과정은 〈원〉을 적절히 판단할 수 없다. (204)

따라서 우리는 한 가지 이상의 진리진술 유형이 있음을 인정해야 한다 (206) "논쟁의 여지가 없는 사실"이라는 기이한 융합을 저지하고 (209) 그래서 자연어의 표현 역량을 회복시키기 위해서 말이다. (210)

가장 어려운 과제가 남아 있다. 바로 말과 사물의 구분으로 돌아가는 것이다 (212) 물질, 즉 합리적 실체로부터 우리 자신을 해방시키고 (213) 우리에게 새로운 분석력과 분별력을 주면서 (216) 실재에 괄호를 치지 않고 가치에 관해 말하기 위해서이다. (217)

언어는 그것에 부과되는 세계처럼 잘 절합되어 있다 (218) 우리가 기호라는 관념을 회의적으로 취급한다면 말이다. (220)

실로 존재양식이 걸려 있고 두 가지 이상의 존재양식이 있다 (221) 그 때문에 우리는 양식들 간의 간섭의 역사를 고려해야 한다. (224)

6장 구성의 약간의 결함을 수정하기

근대인에 대한 탐구의 어려움은 (229) 사실이 어떻게 구성되는지 긍정적인 방식으로 이해하는 것이 불가능하다는 점에서 온다 (230) 그것은 비판 정신과 근본에 대한 추구 사이의 기묘한 공모로 이어진다. (234)

따라서 우리는 구성이라는 관념을 되돌아보고 세 가지 특징을 구별해야 한다 (237) 1. 행위는 이중화된다 (237) 2. 행위의 방향은 불확실하다 (238) 3. 행위는 좋다, 나쁘다로 규정된다. (239)

이제 구성주의는 좋은 구성의 특징을 유지하는 데 성공하지 못한다. (240)

따라서 우리는 창설이라는 개념으로 전환해야 한다 (241) 그러나 창설이 일어나기 위해서는 자신의 자원을 가진 존재자들이 있어야 한다 (242) 그것은 존재로서의 존재와 타자로서의 존재 사이의 기술적 구별을 함의한다 (244) 그것은 따라서 여러 가지 형태의 타자성이나 변이를 함의한다. (245)

그러면 우리는 방법론적 곤경에 직면하게 된다 (246) 그로 인해 우리는 구성주의의 실패에 대한 설명을 다른 곳에서 찾아야 한다 (247) 그것은 우상파괴와 물신숭배에 대한 투쟁이다. (248)

마치 종교적 가치의 추출이 우상을 오해한 것 같다 (249) 인간의 손으로 만들어진 것이 아닌 〈신〉의 모순된 명령 때문이다 (251) 그것은 새로운 컬트, 반물신숭배로 이어졌다 (253)

그것은 또한 타자들의 믿음에 대한 믿음의 발명으로 이어졌다 (254) 그것은 "합리적"이라는 단어를 전투 단어로 바꾸었다. (256)

우리는 믿음에 대한 믿음을 종식해야 한다 (257) 근대인이 지닌 이중 언어의 이중 뿌리를 탐지함으로써 (259) 그것은 지식과 믿음 사이의 그럴 법하지 않은 연결에서 생겨난다. (261)

창설의 존재자들에게 온 것을 환영하며. (264)

경험 이외에 아무것도 아닌, 그러나 경험 이하도 아닌. (267)

2부 어떻게 존재양식의 다원주의로부터 이득을 얻는가

7장 변신의 존재자들을 복원하기

우리는 존재론적 다원주의로부터 이득을 얻을 것이다 (273) 어떤 비가시적 존재자들에 접근하려 하면서. (275)

비가시적 세계들이 없듯이 "가시적 세계" 같은 것도 없다 (276) 우리가 내부성을 생산하는 연결망[NET]을 파악하려고 노력한다면. (277)

주체의 자율성이 "외부"에서 오는 것이기 때문에 (280) 내부성과 외부성 모두 없는 것이 더 낫다. (282)

감정의 경험으로 돌아가자 (283) 이는 우리가 표적의 불확실성을 발견하게 해주고 (285) 정신적 변환자 그리고 다른 "정신변경자"의 힘을 발견하게 해준다. (287)

이러한 존재자들의 창설은 치료적 장치에서 이루어졌다 (289) 특히 민족정신의학 실험실에서 이루어졌다. (290)

변신[MET]의 존재자들은 (293) 까다로운 진리진술 형식을 가지고 있으며 (294) 특정한 존재론적 요구 조건을 가지고 있다 (296) 이는 합리적으로 따라갈 수 있다 (297) 더블클릭[DC]의 판정이 적용되지 않는다면 말이다. (298)

그들의 고유성은 변이의 어떤 끌어냄에서 비롯된다 (300) 이는 왜 비가시성이 그들의 사양에 포함되는지 설명해준다. (302)

[REP·MET] 교차는 극히 중요하다 (303) 그러나 그것은 주로 다른 집합체들에 의해 다루어져 왔다 (304) 따라서 그것은 비교인류학에 협상을 위한 새로운 기반을 제공한다. (305)

8장 기술의 존재자들을 가시화하기

기술에 부과된 특이한 침묵과 (311) 기술의 특정한 초월성의 형태에 부과된 특이한 침묵은 (314) 연결망 분석[TEC·NET]뿐만 아니라 (317) 독창적인 존재양식의 탐지를 요구한다 (319) 그것은 재생산[REP·TEC]과는 다르다. (320)

우리는 기술적 우회로의 경험으로 돌아가야 한다 (322) 그것은 더블클릭과 형식/기능 관계에 의해 숨겨졌다. (324)

이 지점에서 [REP·REF] 교차의 교훈을 도출함으로써 (327) 우리는 더는 기술을 그것이 남긴 객체들과 혼동하지 않을 것이다. (329)

기술은 특정한 형태의 비가시성을 제공한다 (330) 즉, 기술적 미로이다. (332)

기술의 존재양식은 [MET·TEC] 계략에 의존한다 (333) 재생산의 존재자들[REP·TEC]의 지속성에 의존하는 것만큼이나. (334)

[TEC]에 고유한 진리진술은 (336) 독창적인 접힘에 의존한다 (338) 그 접힘은 탈연동이라는 핵심적인 관념 덕분에 탐지될 수 있다. (339)

이 양식의 펼침은 우리에게 더 많은 기동 공간을 준다. (342)

9장 허구의 존재자들을 위치시키기

존재양식을 증식시키는 것은 언어의 중요성을 약화시키는 것을 의미한다 (347) 이는 말과 세계의 〈이분화〉에서 다른 한쪽의 문제다. (349)

의미와 기호를 혼동하지 않기 위해 (350) 우리는 허구[FIC]의 존재자들의 경험으로 되돌아가야 한다. (352)

예술 작품의 제도가 과대평가한 존재자들 (353) 그러나 존재론적 무게를 박탈당한 존재자들. (355)

이제 [FIC]의 존재자들의 경험은 우리에게 그들의 고유한 일관성을 인정하라고 요청한다 (356) 그들의 독창적인 궤적과 (358) 특정한 사양을 인정하라고 요청한다. (360)

허구의 존재자들은 새로운 변이, 즉 재료와 형상 사이의 진동에서 생겨난다 (361) 이는 허구의 존재자들에게 특히 까다로운 진리진술 양식을 부여한다. (363)

우리는 우리의 작품들의 자식이다. (365)

작품의 파견은 어떤 탈연동을 함의한다 (366) 그것은 기술의 존재자들의 탈연동과는 다르다[TEC·FIC]. (367)

허구[FIC]의 존재자들은 예술 작품을 훨씬 넘어서 확산한다 (370) 허구의 존재자들은 특정한 교차에 거주한다[FIC·REF] (371) 거기서 그들은 형상의 훈육에서 작은 차이를 겪

는다 (373) 그 차이로 인해 대응에 대한 오해가 생긴다. (374)

그러면 우리는 의미와 기호의 차이를 다시 살펴볼 수 있고 (376) 절합된 세계에 접근하는 또 다른 방법을 발견할 수 있다. (379)

10장 외양을 존중하는 법 배우기

양식의 용량뿐만 아니라 순간에도 민감하려면 (385) 인류학자는 옥시덴탈리즘의 유혹에 저항해야 한다. (387)

본질에 고유한 존재양식이 있는가? (388)

가장 널리 퍼진 양식, 전치사에서 시작하면서도 그것을 생략하는 양식인 (390) 습관 [HAB]도 존재양식이다 (392) 내재성을 생산하는 역설적 공백을 가진 존재양식이다. (393)

주의 깊은 습관의 경험을 따라감으로써 (395) 우리는 습관의 존재양식이 어떻게 연속성을 그려내는지 본다 (396) 그것의 특정한 적정성 조건 때문에. (397)

습관은 고유한 존재론적 존엄성을 가진다 (400) 그것은 가리되 숨기지는 않는다는 사실에서 비롯된다. (402)

그래서 우리는 이론과 실천 사이의 거리를 매우 다르게 이해하며 (403) 그것은 우리가 더블클릭을 보다 너그럽게 정의할 수 있게 해준다[HAB·DC]. (405)

각각의 양식은 습관과 유희하는 나름의 방식을 가지고 있다. (407)

습관의 존재양식은 제도를 긍정적으로 정의하는 데 도움이 될 수 있다 (409) 화자가 속한 세대를 고려하고 (410) 근본주의의 유혹을 피한다면 말이다. (413)

2부 결론: 존재양식을 배열하기

이 지점에서 우리는 예상치 못한 배열의 문제를 마주친다. (419)

첫 번째 그룹에서는 〈객체〉도 〈주체〉도 관여하지 않는다. (420)

힘의 선과 계보[REP]는 연속성을 강조한다 (421) 반면 변신의 존재자들[MET]은 차이를 강조하고 (423) 습관의 존재자들[HAB]은 파견을 강조한다. (424)

두 번째 그룹은 준객체를 중심으로 회전한다 (425) 준객체 [TEC], [FIC], [REF]는 n+1 발화 평면의 원점에 있으며 (426) 이는 n-1 평면에서 반동 효과를 생산한다. (427)

이 배열은 오래된 〈주체〉/〈객체〉 관계의 화해적 버전을 제공하며 (428) 따라서 인류발생에 대한 다른 가능한 입장을 제공한다. (429)

3부 어떻게 집합체들을 재정의할 것인가

11장 말에 민감한 존재자들을 환영하기

종교적 양식에 대해 말하지 않는 것이 불가능하다면 (435) 우리는 〈종교〉 영역이라는 경계에 의지해서는 안 된다 (438) 대신 사랑의 위기라는 경험으로 돌아가야 한다 (441) 그것은 영혼의 격동을 가져다주는 천사를 발견할 수 있게 해준다 (445) 우리가 [MET·REL] 교차를 탐구하면서 돌봄과 구원을 구별한다면 말이다. (446)

그러면 우리는 특유한 공백을 발견한다 (447) 그것은 〈말〉을 갱신할 수 있게 해준다 (449) 단, 합리적인 것의 경로를 벗어나지 않으면서 말이다. (450)

종교의 존재자들[REL]은 특별한 사양을 가진다 (452) 그들은 나타나고 사라진다 (453) 그리고 그들은 특히 판별력 있는 적정성 조건을 가지고 있다 (455) 왜냐하면 그들이 정의하는 생존의 형식은 어떠한 실체에도 기초하지 않고 (457) 특유한 변이, 즉 "때가 이르렀다"와 (458) 고유한 진리진술 형식으로 특징지어지기 때문이다. (460)

그것은 강력하지만 보호되어야 할 연약한 제도이다 (461) 그것은 [REL·PRE] 교차의 오해로부터 보호되어야 한다 (462) [MET·REL] 교차의 오해와 (465) 부당한 합리화를 생산하는 [REF·REL] 교차의 오해로부터만큼이나 말이다. (466)

합리화란 믿음에 대한 믿음을 생산하는 것이며 (468) 지식과 믿음을 모두 잃게 한다 (471) 이웃한 존재자들과 멀리 있는 존재자들 모두의 상실과 (472) 초자연적인 것의 불필요한 발명으로도 이어진다. (473)

그래서 항상 메타언어의 용어를 명시하는 것이 중요하다. (475)

12장 정치적인 것의 유령을 불러내기

대조가 사라질 수 있는가? 정치적인 것의 경우. (479)

자신의 가치를 정당하게 자랑스러워하지만 (481) 실천적 묘사에 대한 파악이 없는 제도 (482) 그것이 보편화될 수 있기 전에 자기 검토가 필요하다. (484)

정치[POL]에서 이성을 너무 빨리 포기하지 않으려면 (486) 그리고 대표성의 위기는 없다는 것을 이해하려면 (488) 우리는 [POL]의 비이성을 과대평가해서는 안 되며 (489) 정치적 말의 경험을 따라가야 한다. (491)

객체지향적 정치는 (492) 정치적 〈원〉의 불가능성을 식별할 수 있게 해준다 (493) 우리가 정치에 대해 말하는 것과 정치적으로 말하는 것을 정확하게 구별한다면 말이다. (495)

그런 다음 우리는 그 불가능한 〈원〉을 그려내는 특정한 유형의 통과를 발견한다 (497)

〈원〉은 그것이 다시 시작되는가에 따라 포함하거나 배제한다. (499)

[POL] 유형의 공백의 첫 번째 정의: 곡선 (501) 그리고 매우 특이한 궤적: 자율성. (503)

그 공백의 새로운 정의: 불연속성 (504) 그리고 특히 까다로운 유형의 진리진술 (508) [REF·POL] 교차가 그것을 잘못 이해한다. (509)

[POL]은 타자성의 매우 독특한 추출을 실행한다 (510) 그것은 유령 대중을 정의한다 (512) 〈사회〉의 형상에 대립하는 것으로서 말이다 (514) 〈사회〉의 형상은 정치적인 것을 지금보다 더 괴물로 만들 것이다. (515)

우리는 "구부러지게" 말하면서도 잘 말하는 그런 언어를 다시 배울 수 있을까? (517)

13장 법의 통과와 준주체

다행히도 법에 대해 "법적으로" 말하는 것에는 문제가 없다 (521) 법이 그 자체의 설명이기 때문이다. (522)

그러나 법은 특별한 어려움을 안겨준다 (524) 강점과 약점의 이상한 혼합 (525) 거의 자율적이지 않은 자율성 (526) 그리고 법에 너무 많은 가치가 부과되어 있다는 사실 때문이다. (527)

따라서 우리는 특별한 프로토콜을 수립해야 한다 (528) 수단으로 포장된 법의 통과를 따라가고 (529) 대단히 까다로운 법의 적정성 조건을 인식하기 위해서. (532)

법은 발화의 평면들을 연결한다 (535) 그 자신의 특정한 형식주의 덕분에. (537)

우리는 이제 준주체의 특성을 이해할 수 있다 (540) 준주체들의 기여를 존중하는 법을 배우면서. 첫째, 정치의 존재자들[POL] (542) 다음으로 법의 존재자들[LAW] (543) 마지막으로 종교의 존재자들[REL]. (544)

준주체들은 모두 음조에 민감한 발화 체제들이다. (545)

양식들의 분류는 우리가 말해야 하는 것을 잘 절합할 수 있도록 해준다 (546) 또한 〈주체〉/〈객체〉의 차이에 대한 근대주의적 집착을 마침내 설명할 수 있도록 해준다. (549)

우리 인류학자의 새로운 두려움: 네 번째 그룹, 〈경제〉의 대륙 (550)

14장 조직에 관해 자신의 언어로 말하기

두 번째 〈자연〉은 첫 번째 〈자연〉과 전혀 다르게 저항한다 (555) 그것은 〈경제〉를 우회하기 어렵게 만든다 (559) 〈경제〉와 일상적 경험 사이의 세 가지 간극을 식별하지 않으면 말이다. (111)

첫 번째 간극, 온도: 뜨거움 대신 차가움. (560)

두 번째 간극: 붐비는 아고라 대신 빈 장소. (561)

세 번째 간극: 감지할 수 있는 수준의 차이가 없음. (563)

이 모든 것은 우리가 세 가지 구별되는 양식들 [ATT], [ORG], [MOR]의 융합을 가정할 수 있게 해준다. (564)

조직[ORG]의 역설적 상황은 (565) 약하게 장비를 갖춘 경우에서 시작한다면 더 쉽게 발견할 수 있다 (566) 그것은 대본이 어떻게 우리를 "거꾸로" 뒤집는지 볼 수 있게 해준다. (568)

조직화는 필연적으로 탈/재조직화이다. (570)

여기에 별개의 존재양식이 있다 (571) 이 양식은 고유한 명시적인 적정성 및 비적정성 조건과 (573) 타자로서의 존재의 특정한 변이, 즉 틀을 가진다. (576)

그래서 대본을 쓰는 데 〈섭리〉가 없어도 된다 (578) 쌓임과 총합을 분명히 구별한다면 (579) 그리고 〈사회〉로 알려진 유령 메타배정자를 피한다면 말이다 (581) 작은 것이 큰 것을 측정한다는 방법론적 결정을 유지함으로써 (584) 그것은 규모 조정의 작동을 따라갈 수 있는 유일한 방법이다. (585)

이렇게 하면 경제화 장치를 전면에 드러낼 수 있다 (587) 그리고 소유권의 두 가지 다른 의미를 구별할 수 있다 (589) 계산 장치를 약간 추가하는 것을 포함하면서. (591)

"경제적 이성"이라는 표현으로 혼동해서는 안 되는 두 가지 양식. (593)

15장 정념적 이해관계의 존재자들을 동원하기

전체는 항상 부분보다 열등하지만 (599) 조직의 경험에 대해 오류를 범하는 몇 가지 이유가 있다 (600) 조직을 정치적 원과 혼동하는 것[POL·ORG] (601) 조직을 유기체와 혼동하는 것[REP·ORG] (603) 대본을 기술적으로 안정화하는 것[TEC·ORG] (604) 대본의 불평등한 분배를 규모 조정과 혼동하는 것 (607) 이 모든 것이 사회적인 것에 대한 전도된 경험으로 이어진다. (609)

대본을 움직이게 하는 것의 경험으로 돌아감으로써 (610) 우리는 존재자들이 생존하기 위해 통과해야 하는 것을 측정할 수 있다 (612) 정념적 이해관계의 존재자들을 발견하면서 말이다[ATT]. (614)

그러나 이 새로운 경험을 묘사하는 데 있어 몇 가지 장애물을 제거해야 한다. 첫째, 내장의 관념 (616) 둘째, 선호도 계산의 관념 (618) 셋째, 〈주체〉/〈객체〉 관계라는 장애물 (619) 넷째, 교환이라는 장애물 (620) 마지막 다섯째, 상품 숭배. (622)

그런 다음 존재의 특정한 변이 양식이 나타난다 (625) 그것은 독창적인 통과, 즉 이해관

계와 가치부여이며 (628) 특유한 적정성 조건을 지닌다. (630)

이러한 존재자들의 반죽은 (633) 조직과의 교차[ATT·ORG]라는 수수께끼로 이어진다 (634) 그것은 두 번째 〈자연〉의 물질을 해체할 수 있게 해줄 것이다. (635)

16장 양심의 거리낌의 경험을 강화하기

애착과 조직의 교차[ATT·ORG]에 대한 탐지는 (641) 회계 장치에 대한 찬사로 이어져야 했다. (642)

그러나 〈경제〉는 가치로부터 자유로운 사실을 통해 가치를 계산한다고 주장한다 (645) 그것은 청산의 경험을 변형시켜 (647) 최적을 계산할 수 있는 〈섭리〉의 칙령으로 바꾸고 (649) 재화와 비재화가 분배되는 현장을 비워낸다. (650)

도덕의 질문이 이미 각 양식에 대해 제기되었지만 (652) 그럼에도 불구하고 목적과 수단에 대한 불확실성에는 도덕의 새로운 원천이 있다. (655)

책임감 있는 존재자는 호소에 응답하는 존재자이다 (658) 그것은 우주에 대한 경험 없이 보편적일 수 없다. (660)

따라서 우리는 도덕의 존재자들[MOR]의 사양을 작성할 수 있고 (662) 그들의 특정한 진리진술 양식을 정의할 수 있다. 바로 양심의 거리낌을 다시 시작하는 것이다 (663) 그리고 그들의 특정한 변이를 정의할 수 있다. 바로 최적의 추구이다. (665)

〈경제〉는 형이상학으로 변형된다 (667) 〈경제〉가 두 가지 유형의 계산을 지시와 도덕의 교차[REF·MOR]에서 융합할 때 그렇게 된다 (667) 이로 인해 그것은 규율을 과학으로 착각한다 (670) 경제적 물질만을 묘사하는 과학으로 말이다. (672)

그래서 〈경제〉는 모든 도덕적 경험에 종지부를 찍는다. (673)

준객체와 준주체를 연결하는 네 번째 그룹은 (674) 보이는 손과 보이지 않는 손 사이의 끝없는 전쟁이 잘못 이해하는 것이다. (676)

근대인은 〈경제〉의 물질에 대해 불가지론적일 수 있는가? (678) 그리고 경제학이라는 제도를 위한 새로운 토대를 제공할 수 있는가? (680)

결론: 다가올 문명을 찬양할 수 있을까?

실패를 피하려면 탐구가 거쳐야 하는 시험을 일련의 테스트를 통해 정의해야 한다. (687)

첫 번째 테스트: 발견된 경험이 공유될 수 있는가? (688)

두 번째 테스트: 한 양식의 발견은 다른 양식들을 존중할 수 있게 하는가? (689) (그런데 왜 12+3개의 양식인가?) (692)

세 번째 테스트: 저자의 설명과 다른 설명을 제안할 수 있는가? (693)

네 번째 테스트: 탐구가 외교적 장치로 변할 수 있는가? (694) 양식에 맞게 조정된 제도들이 설계될 수 있도록 (696) 더불어 비교인류학을 위한 새로운 공간이 (697) 가치를 둘러싼 일련의 협상을 통해 열리면서 말이다. (698)

새로운 전쟁들, 새로운 평화들. (699)

피벗 테이블

이름	공백	궤적
그룹 1: 준객체 및 준주체와 무관		
[REP] 재생산 reproduction	재생산의 위험	존재자의 연장
[MET] 변신 metamorphosis	위기와 충격	돌연변이, 감정, 변형
[HAB] 습관 habit	주저함과 조정	중단 없는 행위 과정
그룹 2: 준객체		
[TEC] 기술 technology	장애물, 우회로	독창성과 발명의 지그재그
[FIC] 허구 fiction	재료와 형식 사이의 동요	삼중의 탈연동: 시간, 공간, 행위소
[REF] 지시 reference	형식들의 거리와 비유사성	기입으로 포장하기
그룹 3: 준주체		
[POL] 정치 politics	대표되기 또는 복종받기의 불가능성	연속성을 만드는 〈원〉
[LAW] 법 law	사건과 행위의 분산	수단을 통한 사건과 행위의 연결
[REL] 종교 religion	시간의 단절	인격적 개인의 생성
그룹 4: 준객체와 준주체의 연결		
[ATT] 애착 attachment	욕망과 결핍	재화와 비재화의 증식
[ORG] 조직 organization	무질서	대본의 생산과 대본을 따르기
[MOR] 도덕 morality	목적에 대한 불안	수단과 목적 사이의 연결을 탐험하기
그룹 5: 탐구의 메타언어		
[NET] 연결망 network	결합의 놀라움	이질적 연결을 따라가기
[PRE] 전치사 preposition	범주 오류	교차의 탐지
[DC] 더블클릭 double click	공백에 대한 공포	번역 없는 전송
이름	공백	궤적

이 표는 보고서에 제시된 탐구의 현황을 요약한 것이다. 지금까지 인식된 열다섯 가지 양식이 행으로 나열되어 있고, 열에는 각 양식에 대한 네 가지 표준적 질문이 제시되어 있다. 양식들은 어떤 공백, 어떤 궤적으로 구분되는가?(1열과 2열)

적정성/비적정성 조건	창설하는 존재자	변이	이름
그룹 1: 준객체 및 준주체와 무관			
연속하고 계승하다/ 사라지다	힘의 선, 계보, 사회	연속성을 탐험하기	[REP]
통과시키고 설치하고 보호하다/ 소외시키고 파괴하다	영향, 신성, 정신	차이를 탐험하기	[MET]
주의를 기울이다/ 주의를 상실하다	전치사의 가림막	본질을 획득하기	[HAB]
그룹 2: 준객체			
재배열하고 설정하고 조정하다/ 실패하고 파괴하고 모방하다	위임, 장치, 발명	저항을 접고 재분배하기	[TEC]
버티게 하다, 믿게 하다/ 실패하고 패배하게 하다	파견, 형상화, 형식, 예술 작품	세계들을 증식하기	[FIC]
정보를 가져오다/ 정보를 잃어버리다	변형을 통해 유지되는 상수	멀리 있는 개체들에 도달하기	[REF]
그룹 3: 준주체			
〈원〉을 다시 시작하고 확장하다/ 〈원〉을 정지시키거나 축소하다	조립체의 집단과 형상	둘러싸고 재집단화하기	[POL]
발화의 평면들을 재연결하다/ 발화의 평면들을 끊다	안전의 운반자	행위와 행위자의 연속성을 보장하기	[LAW]
구원하다, 현존하게 하다/ 상실하다, 제거하다	현존을 낳는 신들	시간의 완성에 도달하기	[REL]
그룹 4: 준객체와 준주체의 연결			
떠맡다, 관심을 일으키다/ 거래를 중단하다	정념적 이해관계	재화와 비재화를 증식하기	[ATT]
대본을 숙달하다/ 대본을 시야에서 놓치다	틀 지우기, 조직화, 제국	틀의 크기나 길이를 바꾸기	[ORG]
계산을 갱신하다/ 양심의 거리낌을 중단하다	"목적의 왕국"	불가능한 최적을 계산하기	[MOR]
그룹 5: 탐구의 메타언어			
영역을 가로지르다/ 탐구의 자유를 잃다	비환원의 연결망	결합을 확장하기	[NET]
각 양식에 템플릿을 주다/ 양식들을 한데 구겨 넣다	해석의 키	존재론적 다원성을 보장하기	[PRE]
문자 그대로 말하다/ 비유와 수사어구를 통해 말하다	논쟁의 여지 없는 〈이성〉의 통치	타자에도 불구하고 동일성을 유지하기	[DC]
적정성/비적정성 조건	**창설하는 존재자**	**변이**	**이름**

각 양식의 적정성 및 비적정성 조건은 무엇인가?(3열) 양식들은 어떤 존재자를 창설할 준비가 되어 있어야 하는가?(4열) 마지막으로, 각 경우에 타자로서의 존재는 어떤 변이를 겪게 되는가?(5열)

지은이 **브뤼노 라투르 Bruno Latour**

프랑스 철학자, 사회학자, 인류학자. 과학기술과 인문사회 사이의 학제적 조류를 이끈 과학기술학(STS)의 대가이며, 근대성 비판과 인간중심주의 해체에 토대를 둔 생태주의 정치철학을 독보적으로 제시한 사상가다. 인문사회과학 분야의 노벨상이라 불리는 홀베르상과 교토상을 받았다.

1947년 프랑스에서 태어나 철학박사 학위를 받았고, 아프리카에서 인류학 현장 연구를 경험하며 과학과 기술에 대한 인류학 연구로 학문적 관심을 넓혔다. 파리 국립광업대학, 런던 정치경제대학, 하버드 대학, 파리정치대학 교수를 역임했다. 라투르가 현대사회와 과학기술의 관계를 설명하기 위해 고안한 '행위자-연결망 이론'(ANT)은 혁신적인 사회이론으로 평가받으며 인류학, 지리학, 경제학, 생태학, 미학, 문학 등으로 적용 범위를 넓히고 있다. 2022년 75세를 일기로 타계했다.

첫 저서 『실험실 생활』 이후, 세계 20여 개국에 번역 출간된 『우리는 결코 근대인이었던 적이 없다』와 『판도라의 희망』 『자연의 정치』를 거쳐 『사회적인 것의 재조립』 『존재양식의 탐구』에 이르기까지 숱한 문제작을 펴냈다. 말년에는 기후변화의 심각성을 알리고 대안을 모색하는 공공지식인으로 활동했으며 『지구와 충돌하지 않고 착륙하는 방법』 『녹색 계급의 출현』 등의 저작을 통해 신기후체제에 대응하는 방법을 깊이 탐구했다.

옮긴이 **황장진**

성균관대학교와 동대학원에서 정치외교학을 공부했고 카이스트 대학원에서 과학저널리즘을 전공했다. 코리아헤럴드 편집국장을 역임했으며 연합뉴스에서 근무했다. 브뤼노 라투르의 사상에서 깊은 감화를 받은 뒤로 그의 책을 꾸준히 번역하고 있다. 대표 역서로 『처음 읽는 브뤼노 라투르』가 있다.